DUNS SCOTUS

THOMAS WILLIAMS (Org.)

DUNS SCOTUS

DIRETOR EDITORIAL:
Marcelo C. Araújo

REVISÃO:
Maria Isabel de Araújo

COORDENAÇÃO EDITORIAL:
Ana Lúcia de Castro Leite

DIAGRAMAÇÃO:
Bruno Olivoto

TRADUÇÃO:
Cassiano Terra Rodrigues

CAPA:
Vinicio Frezza / Informart

COPIDESQUE:
Mônica Reis

ILUSTRAÇÃO:
Maurício Pereira

Organizadores da Bibliografia Scotística em Língua Portuguesa: Cléber E. dos Santos Dias (IDC, Porto Alegre), José F. P. Meirinhos (Universidade do Porto) e Roberto Hofmeister Pich (PUCRS, Porto Alegre).

Coleção Companions & Companions

Título original: *The Cambridge Companion to Duns Scotus*
© Cambridge University Press
40 West 20th Street, New York, NY 10011-4211, USA
ISBN 0-521-63563-2

Todos os direitos em língua portuguesa, para o Brasil, reservados à Editora Ideias & Letras, 2017.

2ª impressão.

Rua Barão de Itapetininga, 274
República - São Paulo/SP
Cep: 01042-000 – (11) 3862-4831
Televendas: 0800 777 6004
vendas@ideiaseletras.com.br
www.ideiaseletras.com.br

Dados Internacionais de Catalogação na Publicação (CIP)
(Câmara Brasileira do Livro, SP, Brasil)

Duns Scotus / Thomas Williams (org.); [tradução Cassiano Terra Rodrigues]. – São Paulo: Ideias & Letras, 2013.

Título original: The Cambridge companion to Duns Scotus.
ISBN 978-85-65893-17-6

1. Duns Scotus, John, ca. 1266-1308 I. Williams, Thomas.

13-02335   CDD-189.4

Índice para catálogo sistemático:
1. Duns Scotus: Filosofia escolástica 189.4

Sumário

Colaboradores 7

Abreviações e método de citação 11

Duns Scotus em tradução para o inglês 13

Introdução: A vida de John Duns Scotus 17
    THOMAS WILLIAMS

1. Scotus sobre Metafísica 35
    PETER KING

2. Espaço e Tempo 97
    NEIL LEWIS

3. Universais e Individuação 135
    TIMOTHY B. NOONE

4. Teoria Modal de Duns Scotus 169
    CALVIN G. NORMORE

5. Filosofia da Linguagem de Duns Scotus 207
    DOMINIK PERLER

6. Duns Scotus sobre a Teologia Natural 245
    JAMES F. ROSS E TODD BATES

7. Duns Scotus sobre o Conhecimento Natural e Sobrenatural de Deus 301
    WILLIAM E. MANN

8. Filosofia da Mente 333
    RICHARD CROSS

9. Cognição 359
    ROBERT PASNAU

10. A Teoria da Lei Natural de Scotus 393
    HANNES MÖHLE

11. Da Metaética à Teoria da Ação 417
    THOMAS WILLIAMS

12. Repensando as Disposições Morais: Scotus sobre as Virtudes 441
    BONNIE KENT

Bibliografia 473

Bibliografia Scotística em Língua Portuguesa 493

Citações de obras atribuídas a John Duns Scotus 525

Índice remissivo 535

Colaboradores

TODD BATES é estudante de doutorado no Departamento de Filosofia da Universidade da Pensilvânia.

RICHARD CROSS é *Tutorial Fellow* em teologia, Oriel College, Universidade de Oxford. Autor de *The Physics of Duns Scotus: The Scientific Context of a Theological Vision*, *Duns Scotus* (Great Medieval Thinkers) e *The Metaphysics of the Incarnation: Thomas Aquinas to Duns Scotus*, todos publicados pela Oxford University Press e escreveu numerosos artigos sobre teologia, filosofia e ciência medieval, sobre teologia da Patrística e da Reforma e sobre a filosofia da religião.

BONNIE KENT é Professora Associada de Filosofia na Universidade da Califórnia em Irvine e autora de *Virtues of the Will: The Transformation of Ethics in the Late Thirteenth Century*. Seus artigos incluem "Moral Provincialism", "Moral Growth and the Unity of the Virtues", e "Augustine's Ethics" em *The Cambridge Companion to Augustine*.

PETER KING é Professor de Filosofia e Estudos Medievais na Universidade de Toronto. Tradutor de *John Buridan's Logic: The Treatise on Supposition, The Treatise on Consequences* e de *Augustine: Against the Academicians and The Teacher* e autor de outras publicações sobre filosofia medieval.

NEIL LEWIS é Professor Associado de Filosofia na Universidade de Georgetown. Autor de vários artigos sobre filosofia medieval, inclusive de uma edição do *De Libero Arbitrio* de Roberto Grosseteste. Sua pesquisa tem foco no desenvolvimento da filosofia medieval na Britânia. Atualmente está editando várias obras de Grosseteste e é membro do time editorial liderado pelo professor Rega Wood, que prepara edições das obras de Richard Rufus de Cornwall.

WILLIAM E. MANN é Professor da cadeira Marsh de Filosofia Moral e Intelectual na Universidade de Vermont. Escreveu largamente sobre tópicos de filosofia medieval e filosofia da religião. Seus artigos recentes incluem "Augustine on evil and original sin" em *The Cambridge Companion to Augustine* e "Abelard's Ethics: The Inside Story" em *The Cambridge Companion to Abelard*.

HANNES MÖHLE é *Wissenschaftlicher Assistent* no *Philosophisches Seminar* da Universidade de Bonn. Autor de *Ethik als Scientia Practica nach Johannes Duns Scotus: Eine philosophische Grundlegung* e coeditor da edição futura dos *Theoremata*.

TIMOTHY B. NOONE é Professor Associado de Filosofia na Universidade Católica da América e atual diretor do Scotus Project, um time editorial que atualmente edita a *Opera Philosophica* de Duns Scotus. Um dos coeditores dos três volumes da *Opera* que já foram publicados e autor de muitos artigos sobre a filosofia franciscana na Idade Média.

CALVIN G. NORMORE é Professor de Filosofia na Universidade da Califórnia em Los Angeles. Suas publicações incluem "Ockham on mental language", "Some aspects of Ockham's logic" em *The Cambridge Companion to Ockham*, e do capítulo 18 ("Future contingents") em *The Cambridge History of Later Medieval Philosophy*.

ROBERT PASNAU é Professor Assistente de Filosofia na Universidade do Colorado, Boulder. Autor de *Thomas Aquinas on Human Nature* e *Theories of Cognition in the Later Middle Ages*, ambos publicados pela Cambridge.

DOMINIK PERLER é Professor de Filosofia na Universidade de Basileia, Suíça. Autor de *Der propositionale Wahrheitsbegriff im 14. Jahrhundert*, *Repräsentation bei Descartes* e *Theorien der Intentionalität im Mittelalter* e editor de *Ancient and Medieval Theories of Intentionality*.

JAMES F. ROSS é Professor de Filosofia e Direito na Universidade da Pensilvânia. Autor de *Philosophical Theology* e *Portraying Analogy*, assim como de numerosos artigos nas áreas de filosofia medieval, metafísica e filosofia da religião.

THOMAS WILLIAMS é Professor Associado de Filosofia na Universidade de Iowa. Tradutor de Agostinho, *On the Free Choice of the Will*, do *Monologion*, do *Proslogion* e dos *Três Diálogos Filosóficos: Sobre a Verdade, sobre o Livre Arbítrio e sobre a Queda do Diabo*, de Anselmo. Seus artigos recentes incluem contribuições aos *Cambridge Companions* para Agostinho, Anselmo, Abelardo e filosofia medieval.

Abreviações e método de citação

Obras de Scotus
Referências às obras de Scotus são dadas da seguinte maneira:
Add.	*Additiones magnae*
Coll.	*Collationes oxonienses et parisienses*
De Primo Princ.	*De Primo Principio*
In De an.	*Quaestiones super libros De Anima*
In Metaph.	*Quaestiones super libros Metaphysicorum Aristotelis*
In Periherm. I	*Quaestiones in I et II librum Perihermeneias*
In Periherm. II	*Octo Quaestiones in duos libros Perihermeneias*
In Porph.	*Quaestiones in librum Porphyrii Isagoge*. Trata-se da mesma obra à qual frequentemente se refere como *Super Universalia Porphyrii*, tal como é conhecida na edição Wadding.
In Praed.	*Quaestiones super Praedicamenta Aristotelis*
In Soph. El.	*Quaestiones in libros Elenchorum*
Lect.	*Lectura*
Ord.	*Ordinatio*. Alguns autores usam *Op. Ox.* (= *Opus Oxoniense*) para as partes que não foram ainda editadas criticamente
Quodl.	*Quaestiones Quodlibetales*
Rep.	*Reportatio parisiensis*
Theor.	*Theoremata*

As referências são dadas usando divisões internas padronizadas, com "prol." para Prólogo, "d." para distinção, "q." para questão e "n." para número de parágrafo. Citações de edições modernas são dadas somente em casos em que elas oferecem uma referência mais precisa. Elas são identificadas da seguinte maneira:

Bonaventure   *Opera Philosophica*. 1997-. Saint Bonaventure, NY: The Franciscan Institute.

Vaticano   *Opera Omnia*. 1950-. Cidade do Vaticano: Tipografia Poliglota Vaticana.

Wadding   *Opera Omnia*. 1639. Editada por Luke Wadding. Lyon: Laurentius Durand. Fac-símile: Hildesheim: Georg Olms, 1968.

Outros autores

Referências às obras de Aristóteles são dadas de acordo com as seguintes abreviações:

Cat.	*Categorias*
De an.	*De Anima*
De gen. et corr.	*De generatione et corruption*
Metaph.	*Metafísica*
Eth. Nic.	*Ética Nicomaqueia*
Peri herm.	*Peri hermeneias (De interpretation)*
Phys.	*Física*
An. Post.	*Segundos Analíticos*
Soph. El.	*Refutações Sofísticas*
Top.	*Tópicos*

Referências à *Summa Theologiae* de Tomás de Aquino são dadas como *ST* seguidas da parte, questão e artigo. IaIIae = Primeira parte da segunda parte; IIaIIae = Segunda parte da segunda parte. *Summa contra gentiles* é abreviada como *SCG*.

Outras abreviações

AL   *Aristoteles Latinus*
CSEL   *Corpus Scriptorum Ecclesiasticorum Latinorum*
PG   *Patrologia Graeca*
PL   *Patrologia Latina*
Ad   Resposta a uma objeção
in corp.   *In corpore* (na resposta do autor à questão)

Duns Scotus em tradução para o inglês

Obras completas
De Primo Princ., Wolter 1966
In Metaph., Etzkorn and Wolter 1997
Quodl., Alluntis and Wolter 1975

Coletâneas
(Um asterisco indica que somente uma parte do texto foi traduzida.)

Add.
I, d. 33, q. 2*: Bosley and Tweedale 1997, 329-334 (identificado equivocadamente como *Rep.* I, d. 33, q. 2).

Lect.
Prol., pars 4, qq. 1-2*: Wolter 1986, 127-143
I, d. 2, pars 1, qq. 1-2: Wolter 1986, 157-189

Ord.
Prol., pars 1, q. un.: Wolter 1951
I, d. 2, pars 1, q. 1: Wolter 1987, 35-81
I, d. 2, pars 1, q. 3: Wolter 1987, 83-95
I, d. 3, pars 1, q. 1: Wolter 1987, 14-33
I, d. 3, pars 1, q. 3*: Wolter 1987, 4-8
I, d. 3, pars 1, q. 4: Wolter 1987, 97-132
I, d. 8, pars 1, q. 3: Wolter 1987, 2-3
I, d 17, pars 1, qq. 1-2, nn. 62-66: Wolter 1986, 207-209
I, d. 38, pars 2 e d. 39, qq. 1-5: Bosley and Tweedale 1997, 284-300
I, d. 42: Bosley and Tweedale 1997, 65-68
I, d. 42: Bosley and Tweedale 1997, 68-69

1, d. 44: Wolter 1986, 255-261
1, d. 48: Wolter 1986, 235-237
2, d. 1, q. 3: Bosley and Tweedale 1997, 215-230
2, d. 3, pars 1, qq. 1-6: Spade 1994, 57-113
2, d. 6, q. 2*: Wolter 1986, 463-477
2, d. 7, q. un.*: Wolter 1986, 219-225
2, d. 39, qq. 1-2: Wolter 1986, 197-205
2, d. 40, q. un.: Wolter 1986, 225-229
2, d. 41, q. un.: Wolter 1986, 229-235
2, d. 42, qq. 1-4, nn. 10-11: Wolter 1986, 173-175
2, d. 43, q. 2: Wolter 1986, 477-479
2, d. 44, q. un.: Wolter 1986, 459-463
3, d. 17, q. un.*: Wolter 1986, 181-183
3, d. 26, q. un.*: Wolter 1986, 179-181
3, d. 27, q. un.*: Wolter 1986, 423-447
3, d. 28, q. un.*: Wolter 1986, 447-455
3, d. 29, q. un.: Wolter 1986, 455-457
3, d. 33, q. un.: Wolter 1986, 319-347
3, d. 34, q. un.: Wolter 1986, 347-377
3, d. 36, q. un.: Wolter 1986, 377-421
3, d. 37, q. un.: Wolter 1986, 269-287
3, d. 38, q. un.: Wolter 1986, 481-501
3, d. 39, q. un.: Wolter 1986, 501-519
4, d. 15, q. 2*: Wolter 1986, 311-317
4, d. 17, q. un.*: Wolter 1986, 263-269
4, d. 21, q. 2*: Wolter 1986, 519-521
4, d. 29, q. un.*: Wolter 1986, 175-177
4, d. 33, q. 1: Wolter 1986, 289-297
4, d. 33, q. 3: Wolter 1986, 297-311
4, d. 36, q. 1: Wolter 1986, 523-533
4, d. 43, q. 2: Wolter 1987, 134-162
4, d. 46, q. 1: Wolter 1986, 239-255

4, d. 49, qq. 9-10*: Wolter 1986, 183-197

Rep.
1A, prol., q. 3*: Wolter 1987, 9-12
1A, d. 2, qq. 1-4: Wolter and Adams 1982

Introdução

A VIDA DE JOHN DUNS SCOTUS

Thomas Williams

Sabemos muito pouco sobre os detalhes corretos da vida de Scotus e da cronologia de seus escritos, e as demonstrações e argumentos usados para estabelecer o que sabemos às vezes são repulsivamente complexos. Não tento, aqui, expor todas as especulações nem sequer dar sentença definitiva sobre todas as controvérsias. O que se segue, portanto, é um relato parcial e inevitavelmente controverso da vida e das obras de Scotus. Creio que tal relato merece ganhar ampla aceitação por parte dos estudantes de Scotus; indico alguns pontos de discussão no texto e ofereço consideráveis referências àqueles que desejam explorar essas questões com mais pormenor.[1]

I. VIDA DE SCOTUS

Para servir de guia em meio às complexidades da narração a seguir, proponho primeiramente uma cronologia em forma de tabela. "AA" significa "ano acadêmico", um período que vai do começo de outubro ao fim de junho.

---

[1] O relato que segue se baseia em Wolter 1993, 1995, 1996; S. Dumont 1996, 2001; Noone 1995; e as introduções para as edições críticas das obras de Scotus (ver tabela de edições, abaixo). Sou grato a Timothy B. Noone por suas úteis observações a uma versão anterior deste ensaio.

Entre 23 de dezembro de 1265 e 17 de março de 1266	John Duns nasce em Duns, Escócia, a poucos quilômetros da fronteira com a Inglaterra.
17 de março de 1291	Ordenado padre no mosteiro de Saint Andrews, Northampton, Inglaterra.
AA 1300-1301	Participa em uma disputa sob Filipe de Bridlington.
26 de julho de 1300	Foi um dos vinte e dois candidatos apresentados ao Bispo de Lincoln para as capacidades de ouvir confissões na igreja franciscana em Oxford.
AA 1302-1303	Leciona em Paris sobre as *Sentenças* de Pedro Lombardo.
Junho de 1303	Banido da França junto com oitenta outros frades por tomar o lado do papa numa disputa com o rei da França; mais provável que tenha retornado a Oxford.
Abril de 1304	Permitido o retorno à França; completou as lições sobre as *Sentenças*.
18 de novembro de 1304	Indicado para mestre regente de teologia para os franciscanos em Paris, por Gonçalo de Balboa.
Início de 1305	Iniciado como mestre.
Advento de 1306 ou Quaresma de 1307	Disputou as *Questões Quodlibetais*.
Outubro de 1307	Assume deveres como *lector* no *studium* franciscano em Colônia.
8 de novembro de 1308	Falece em Colônia.

A primeira data definitiva que temos para a vida de Scotus é a de sua ordenação para o sacerdócio na Ordem dos Frades Menores – os franciscanos –, no Priorado de Saint Andrews em Northampton, Inglaterra, em 17 de março de 1291. A idade mínima para a ordenação era vinte e cinco anos, portanto, podemos concluir que Scotus nasceu antes de 17 de março de 1266. Mas quanto antes? A conjectura, plausível, mas de maneira alguma certa, é a de que Scotus teria sido ordenado tão logo fosse canonicamente permitido. Já que o Bispo de Lincoln (a diocese que incluía Oxford, onde Scotus estava estudando, assim como o Priorado de Saint Andrews) ordenara padres em Wycombe em 23 de dezembro de 1290, podemos datar o nascimento de Scotus entre 23 de dezembro de 1265 e 17 de março de 1266.

Parece provável que Scotus tenha começado seus estudos com os franciscanos em Oxford ainda muito jovem. A história escrita por John Mair (ou John Major, ou Joannes Majoris) em 1521 diz que "quando [Scotus] não era mais que um garoto, mas já com os fundamentos de gramática, ele foi levado por dois frades menores [isto é, franciscanos] escoceses para Oxford, pois naquela época não existia universidade na Escócia. Pela graça daqueles frades ele viveu no convento dos frades menores em Oxford".[2] A. G. Little[3] relata que era comum os garotos começarem seus estudos em Oxford quando já tivessem a idade de dez ou doze anos. E o próprio Scotus, em uma observação que muitos consideraram bastante natural como uma reflexão sobre a sua formação inicial, nota que "hoje em dia, garotos são ensinados e treinados imediatamente em questões pertencentes ao clero ou ao ofício divino, então atualmente um garoto de treze anos está mais adequadamente instruído nessas questões do que um camponês de vinte e cinco anos poderia ser na igreja primitiva".[4]

---

[2] Major 1892, p. 206; citado em Wolter 1993, p. 6.
[3] Little 1892, p. 191.
[4] Ord. 4, d. 25, q. 2, n. 2.

É difícil conseguir indícios diretos sobre a educação teológica de Scotus em Oxford. Uma cronologia comumente aceita supõe que ele seguiu o curso comum de formação para estudantes universitários.[5] Esse curso exigia que, depois de completar seus estudos preliminares na faculdade de artes, Scotus passasse seis anos acadêmicos estudando teologia. Nos seus sétimo e oitavo anos, ele teria aprendido a servir como oponente, e, no nono, como respondente, nas disputas. No seu décimo ano ele teria preparado suas lições sobre as Sentenças de Pedro Lombardo, a serem apresentadas no ano seguinte. No seu décimo segundo ano, Scotus obrigatoriamente deveria lecionar sobre a Bíblia; e no seu ano final, a disputar sob vários mestres. Hoje sabemos que Scotus participou em uma disputa sob Filipe Bridlington durante o ano de regência deste último, que foi o ano acadêmico de 1300-1301.[6] Esse fato sugeriria que o ano final de formação de Scotus em Oxford foi 1300-1301. Se foi isso mesmo, poderíamos concluir que Scotus começou seus estudos teológicos sobre as Sentenças em 1288, serviu como oponente em 1294-1296 e como respondente em 1296-1297, preparou suas lições sobre as Sentenças em 1297-1298, apresentou-as em 1298-1299 e lecionou sobre a Bíblia em 1299-1300. Depois de seus estudos se completarem, em 1301, mais um ano ainda seria necessário antes de Scotus estar qualificado para ler as Sentenças em Paris; Brampton, portanto, conclui que "ele deve ter ensinado em algum convento desconhecido na Inglaterra como *lector*".[7]

Infelizmente, a suposição sobre a qual essa cronologia se apoia – a de que Scotus teria seguido o curso universitário típico culminando em mestre em teologia – é muito provavelmente falsa. O regulamento da

---

[5] A afirmação clássica dessa cronologia está em Brampton 1964. Ela foi defendida por Allan B. Wolter, especialmente em Wolter 1995, e foi amplamente aceita por outros escritores.
[6] Brampton 1964, p. 17-18.
[7] Brampton 1964, p. 17.

universidade para esse curso valia para mestres leigos, não para membros das ordens mendicantes, a quem eram concedidas muitas dispensas da sequência prescrita para candidatos leigos a receber a titulação.[8] Com efeito, o sistema educativo franciscano permitia tanta flexibilidade em vários níveis de estudo que é impossível reconstruir uma cronologia ano a ano dos estudos de Scotus, ou mesmo determinar exatamente quando eles começaram.

Mas temos bons indícios relativos aos estágios finais de sua carreira acadêmica em Oxford. Por exemplo, sabemos que Scotus estava em Oxford em julho de 1300, quando o provincial inglês, Hugh de Hertilpole, pediu ao Bispo Dalderby que concedesse permissão a certo "Johannes Duns", junto com outros vinte e um, para ouvir confissões na igreja franciscana em Oxford.[9] Conforme observa Wolter,[10] parece altamente improvável que Hugh tivesse apresentado Scotus para as capacidades de ouvir confissões na igreja de Oxford se ele tivesse determinado que Scotus fosse a Paris para o período letivo de outono, que só começaria dali a mais ou menos dez semanas. Então, é razoável concluir que Scotus permaneceu em Oxford de 1300 a 1301.

Encontram-se mais indícios em uma afirmação feita por Scotus no prólogo de sua *Ordinatio*. Tendo argumentado que a longa duração da Igreja testemunha sua autoridade divina, ele considera a objeção de que o Islã também tem existido por séculos:

> Se uma objeção for levantada acerca da permanência da seita de Mohammed, eu replico: essa seita começou mais de seiscentos anos depois da

---

[8] Roest 2000, p. 100. O estudo de Roest oferece uma excelente visão de sobrevoo do desenvolvimento do sistema educativo franciscano.

[9] Hugh se encontrou pessoalmente com o Bispo Dalderby em Dorchester on Thames em 26 de julho de 1300. O Bispo achou que o pedido para 22 licenças foi demasiado excessivo para uma única igreja e selecionou oito dos frades. Scotus não estava entre eles.

[10] Wolter 1995, p. 187-188.

lei de Cristo, e, se Deus quiser, em breve será trazida a término, já que se enfraqueceu enormemente no ano cristão de 1300 e muitos de seus crentes estão mortos e ainda muitos mais fugiram, e uma profecia atual entre eles afirma que sua seita será trazida a término.[11]

O que Scotus tem em mente aqui é a derrota do Sultão do Egito pelos turcos aliados com os cristãos da Armênia e da Geórgia em 23 de dezembro de 1299. Notícias dessa derrota chegaram a Oxford provavelmente em junho de 1300, mas a excitação por ela gerada teve fôlego curto. Na verdade, essa passagem aparece na segunda parte do Prólogo à *Ordinatio*, que é a versão revisada de suas lições em Oxford, mas não tem antecedente na *Lectura*, que dá o texto mesmo das lições que ele apresentou algum tempo antes. A conclusão óbvia a ser tirada é a de que Scotus estava apenas começando a revisar suas lições de Oxford no verão ou começo do outono de 1300, e as lições foram dadas algum tempo antes.[12]

Scotus começou a lecionar sobre as *Sentenças* na Universidade de Paris em outubro de 1302. Na primavera de 1303, ele provavelmente participou na disputa entre o Mestre Regente franciscano, Gonçalo de Balboa e o dominicano Mestre Eckhart. Por volta daquela época, a campanha do Rei Filipe IV ("o Belo") da França para convocar um conselho geral para depor o papa Bonifácio VIII passou a andar a toda marcha. Começando em março, Filipe assegurou o apoio, primeiro, da nobreza francesa, depois de quase todo o alto clero, e, finalmente, da Universidade de Paris e do cabido de Notre Dame. Little continua a contar: "em 24 de junho uma grande demonstração antipapal foi organizada nos jardins do Louvre; os frades mendicantes compareceram em procissão e a reunião foi dirigida por Bertold de Saint Denys, bispo de Orleans e ex-reitor da universidade, e por dois frades pregadores e dois frades menores".[13] No dia seguinte,

---

[11] *Ord.*, prol., pars 2, q. un., n. 112.
[12] Os editores do Vaticano, porém, datam as lições de 1300-1. Ver Vaticano 19: 33*, e cf. Brampton 1964, p. 8-9, e Wolter 1996, p. 45-47.
[13] Little 1932, p. 575.

comissários reais visitaram o convento franciscano e perguntaram a cada frade se consentia com as propostas do rei. Oitenta e quatro franciscanos, quase todos franceses, entraram na lista dos que concordavam com o rei; oitenta e sete, a maior parte estrangeiros, discordaram. Entre os discordantes estavam Scotus e Gonsalvus. O rei ordenou que os frades dissidentes deixassem a França em três dias.

Não temos certeza absoluta para onde Scotus foi durante seu exílio da França. Alguns sugeriram Cambridge, já que parece que Scotus lá lecionou em algum momento.[14] Mas a maioria dos estudiosos acham mais plausível supor que ele retornou a Oxford, e os editores do Vaticano acreditam que a assim chamada *Lectura Completa*, um grupo de lições dadas em Oxford sobre o livro 3 das *Sentenças*, data do exílio de Scotus.[15] O que quer que tenha acontecido, o exílio não foi longo. Bonifácio VIII morreu em 11 de outubro, e novo papa, Bento XI, firmou a paz com Filipe. Em abril de 1304, Rei Filipe IV permitiu que Scotus e os outros frades retornassem a Paris. Scotus provavelmente terminou suas lições com o livro 4 das *Sentenças*.

Um pouco antes, no ano acadêmico de 1304-1305, Scotus atuou como respondente na disputa formal que fazia parte da incipiência de Gilles de Ligny ("incipiência" é o nome para os exercícios acadêmicos pelos quais um teólogo bacharel recebia o doutorado e era promovido a mestre). Logo depois disso, em 18 de novembro, o ministro geral franciscano, Gonçalo de Balboa, enviou uma carta ao ministro provincial da França pedindo que Scotus fosse o próximo na linha para essa promoção: "Eu vos designo John o Escocês, com cuja vida louvável, conhecimento extraordinário e inteligência a mais sutil eu travei o mais completo contato, em parte por causa de longa experiência e em parte por sua reputação,

---

[14] Scotus se refere à sua lição de Cambridge em *Ord*. 1, d. 4, n. 1. Ver *Reportatio* 1C, abaixo. Também é possível que Scotus tenha lecionado em Cambridge algum tempo antes de ir para Paris em 1302.

[15] Vaticano 19: 33*.

que se espalha por toda parte".¹⁶ Scotus iniciou como mestre logo no começo de 1305. Foi por volta dessa época que ele disputou com o dominicano Guillaume Pierre Godin sobre o princípio de individuação.¹⁷ Ou no Advento de 1306 ou na Quaresma de 1307 ele conduziu uma disputa quodlibetal.

De acordo com a tradição, o tempo de Scotus em Paris terminou de maneira súbita e inesperada quando o ministro geral o transferiu para o *studium* franciscano em Colônia. Se essa história de remoção apressada é verdadeira ou não, o fato que se sabe é que o sucessor de Scotus em Paris foi mestre pelo menos já em 25 de outubro de 1307, e Scotus é relacionado como "*lector* de Colônia" em um documento datado de 20 de fevereiro de 1308¹⁸; é provável, portanto, que Scotus tenha começado a ensinar em Colônia em outubro de 1307 e continuado durante o resto do ano acadêmico. Sem dispor de indícios concretos, várias especulações, que vão do fantástico ao mundano, foram propostas para explicar a razão pela qual Scotus foi transferido da mais prestigiosa universidade de Paris no auge de sua carreira. Uma das explicações mais engenhosas foi a de Callebaut¹⁹, que defendeu que Scotus corria perigo por causa de sua oposição às vigorosas medidas do rei francês para suprimir os Cavaleiros Templários, medidas essas que foram entusiasticamente apoiadas por Jean de Pouilly, que teria acusado Scotus de heresia por defender a concepção imaculada e expressado o desejo de atacar Scotus "não com argumentos, mas de alguma outra maneira" (*non argumentis sed aliter*). Portanto, de acordo com Callebaut, Gonçalo enviou Scotus para Colônia para que não corresse perigo. Uma explicação mais factível foi sugerida por Longpré, que observou ser comum para os franciscanos enviarem seus teólogos máximos de um lugar

---

16 Little 1892, p. 220. Note-se que o adjetivo "sutil" passou a ser associado a Scotus já durante sua vida, embora eu não saiba de nenhuma aparição do epíteto "Doutor Sutil" a não ser alguns anos após sua morte.
17 Ver Noone 1995, p. 394-395. Uma edição dessa disputa está impressa em Stroick 1974, p. 581-608.
18 Little 1932, p. 582; Wolter 1993, p. 12.
19 Callebaut 1928.

para outro.²⁰ Mas qualquer que tenha sido a razão para estar em Colônia, ele não ficou lá por muito tempo. Scotus faleceu em Colônia em 1308; a data tradicionalmente dada é 8 de novembro. Foi enterrado na igreja franciscana em Colônia, onde hoje seus restos mortais descansam em um ornamentado sarcófago que traz o epitáfio latino associado por séculos ao seu local de sepultamento:

Scotia me genuit	Escócia me gerou,
Anglia me suscepit	Inglaterra me recebeu,
Gallia me docuit	Gália me ensinou,
Colonia me tenet	Colônia me tem.

Scotus foi beatificado pelo papa João Paulo II na Basílica de São Pedro, em Roma, em 20 de março de 1993.

II. Obras de Scotus

O que se segue é uma discussão das obras de Scotus em ordem cronológica aproximada (já que nenhuma ordem exata pode ser dada). Para cada obra, indico a melhor edição disponível, se houver (note-se que a edição Wadding de 1639 não é uma edição crítica e, portanto, tem de ser usada com cuidado; as edições do Instituto Franciscano de Saint Bonaventure e do Vaticano são edições críticas). Discussões mais pormenorizadas da natureza, autenticidade, autoridade e cronologia das obras de Scotus podem ser encontradas nos prefácios críticos aos volumes 1, 2, 3 e 5, da edição do Instituto Franciscano, e nos volumes 1, 4, 6, 7, 17 e 19, da edição do Vaticano.

---

20 Wolter 1993, p. 13.

Quaestiones super Porphyrii Isagogem	Edição: Bonaventure 1
Quaestiones in librum Praedicamentorum	Edição: Bonaventure 1
Quaestiones in primum librum Perihermeneias	Edição: Bonaventure 2
Quaestiones in duos libros Perihermeneias	Edição: Bonaventure 2
Quaestiones super librum Elenchorum Aristotelis	Edição: Bonaventure 2

Essas obras são conhecidas conjuntamente como as *parva logicalia*, ou "pequenas obras lógicas". São tradicionalmente datadas do início da carreira de Scotus, possivelmente bastante precoce, já de 1295, embora os indícios atualmente disponíveis não permitam nenhuma datação definitiva. Há indícios substanciais de que essas são obras genuínas de Scotus.[21] A tradição de manuscritos para cada uma dessas obras contém atribuições a Scotus. Antonius Andreas, precoce e geralmente leal seguidor de Scotus, inclui sumários das questões de Scotus sobre a *Isagoge* e os *Praedicamenta* em suas próprias obras. E Adam Wodeham, notório por suas citações precisas de Scotus, cita duas vezes as questões sobre o *Peri hermeneias* em sua *Lectura secunda*.

Lectura	edição (livros 1-3): Vaticano 16-21

A *Lectura* contém as notas de Scotus para as lições que ele deu sobre os Livros 1 e 2 das *Sentenças* como bacharel em teologia em Oxford. Trata-se, portanto, de sua mais precoce obra teológica, e já que as revisões tardias dessas lições, a *Ordinatio*, nunca foram completadas, trata-se do único comentário de Oxford de que dispomos sobre certas partes das *Sentenças*. Por

---

[21] Para um exame mais pormenorizado desses indícios e uma discussão da datação das obras lógicas, ver Bonaventure 1: XXVI-XXXI. As outras obras lógicas que aparecem como de Scotus na edição de Wadding não são autênticas.

exemplo, Scotus nunca ditou uma versão revisada do Livro 2, dd. 15-25, e a edição do Vaticano da *Ordinatio* não contém questões sobre essas distinções.

Também temos um grupo de notas de lições sobre o Livro 3, a *Lectura Completa*, que existe somente em três manuscritos. Essas lições foram também dadas em Oxford, mas mais tarde, possivelmente durante o exílio de Scotus de Paris, em 1303-1304. Não temos nenhuma *Lectura* sobre o Livro 4. Alguns defenderam que Scotus nunca lecionou sobre o Livro 4 em Oxford, mas Wolter sugere que "a total ausência de quaisquer lições de Oxford sobre os Livros 3 e 4 antes de Scotus ir a Paris pode ser uma consequência dos assaltos destrutivos sofridos pelas bibliotecas das universidades inglesas em 1535 e 1550".[22]

Quaestiones super libros De Anima	edição: Bonaventure 5

Embora alguns estudiosos neguem a autenticidade do comentário-questão sobre o *De Anima* de Aristóteles, as atribuições a Scotus na tradição de manuscritos e sua citação explícita por Adam Wodeham dão forte testemunho em favor de sua autenticidade. Mais discussão sobre a autenticidade e datação da obra deve ser buscada na edição crítica.

Quaestiones super libros Metaphysicorum Aristotelis	edição: Bonaventure 3-4

Os editores da edição crítica dizem que "essa obra do Doutor Sutil nos chegou em estado desordenado"[23], com questões ordenadas diferentemente em diferentes manuscritos, manuscritos únicos em mãos múltiplas, questões transcritas mais de uma vez em um único manuscrito e a ordenação dos parágrafos dentro de questões variando de um manuscrito

---

[22] Wolter 1993, p. 34.
[23] Bonaventure 3: XXXIII.

a outro. Não obstante, dizem eles, "o significado do texto que chegou até nós raramente fica comprometido".[24]

As *Questões sobre a Metafísica* foram tradicionalmente datadas bem cedo, uma tradição que os editores do Vaticano seguem[25], mas os editores da edição crítica defendem que nenhuma datação única é possível para toda a obra: "Sugerimos que essas questões foram compostas e revistas ao longo de um extenso período de tempo e que certas questões são de um período tardio da carreira de Scotus".[26] Com efeito, detalhadas análises textuais feitas por Dumont, Noone e pelos próprios editores sugerem fortemente que os Livros 7, 8 e 9 datam, em sua forma presente, de uma época tardia na carreira de Scotus; Wolter observa que o Livro 7 deve datar de entre a composição do Livro 2 da *Ordinatio* e do Livro 2 da *Reportatio*.[27] Por outro lado, Richard Cross defende que o Livro 5 das *Questões sobre a Metafísica* devem anteceder a data de composição da *Lectura* e, portanto, que os cinco primeiros livros devem todos ser datados de antes de 1300.[28]

Scotus também escreveu uma *Expositio* sobre a *Metafísica* de Aristóteles. A *Expositio* ficou perdida por séculos, mas um manuscrito contendo a obra foi recentemente descoberto por Giorgio Pini, que está preparando uma edição.[29] A *Expositio Super Libros Metaphysicorum Aristotelis* impressa como de autoria de Scotus, na edição Wadding, é obra de Antonius Andreas.

| *Ordinatio* | edição (Livros 1-3 e Livro 4, distinções 1-7): Vaticano 1-11 edição (o restante do Livro 4): Wadding 10 |

---

[24] Bonaventure 3: XXXVII.
[25] Vaticano 19: 41*-42*.
[26] Bonaventure 3: XLII.
[27] S. Dumont 1995; Noone 1995; Wolter 1996, p. 52.
[28] Cross 1998, p. 245-246.
[29] Ver Giorgio Pini, " 'Notabilia Scoti super Metaphysicam': Uma testimonianza ritrovata dall'insegnamento di Duns Scoto sulla 'Metafisica'," *Archivum Franciscanum Historicum* 89 (1996): 138-180.

Uma *ordinatio* é um texto que o próprio instrutor colocou em ordem para preparar para a publicação (isto é, para ser copiada pelos escribas oficiais da universidade e para ser distribuída aos vendedores de livros). A *Ordinatio* de Scotus é sua revisão das lições que ele deu como bacharel em Oxford, baseada na *Lectura*. Podemos discernir claramente ao menos duas etapas de revisão. A primeira revisão iniciou-se no verão de 1300 e foi deixada incompleta quando Scotus partiu para Paris em 1302 – provavelmente não passou muito do Livro 2. Revisões adicionais foram feitas em Paris; sabemos que Scotus ainda ditava questões para o Livro 4 até 1304, bem como atualizava partes que ele já revisara enquanto estava em Oxford. Essas atualizações em geral tinham a forma de adições marginais ou textos interpolados que refletiam o que Scotus ensinava em Paris.

Collationes oxonienses et parisienses	Edição: Wadding 3; Harris 1927, 2: 371-378; Balic 1929; três ainda não editadas

As *Collationes* representam disputas em que Scotus participou em Oxford e em Paris. Dumont observa que "as *Collationes* são talvez as obras de teologia de Scotus menos estudadas; no entanto, o fato de o próprio Scotus se referir a elas várias vezes no curso da sua revisão da *Ordinatio* indica sua importância".[30] Ele defende que as *Collationes* de Oxford foram disputadas ou durante o exílio de Scotus de Paris em 1303-1304 ou em algum momento entre 1305 e sua morte em 1308.[31] As *Collationes* de Paris talvez tenham sido disputadas várias vezes entre 1302 e 1307.

Reportatio parisiensis	Edição: ver abaixo

---

[30] S. Dumont 1996, p. 69.
[31] Ambas as datas colocam certos problemas. Para uma discussão completa dos indícios, ver S. Dumont 1996.

Uma *reportatio* é um relatório feito por um estudante de uma lição. Temos uma série de *reportationes* das lições de Scotus em Paris, e a relação entre as várias versões não é clara. Também há questionamentos sobre a ordem em que ele comentou as *Sentenças*. Uma concepção plausível é que ele comentou sequencialmente sobre todos os quatro livros no ano acadêmico de 1302-1303, sendo interrompido próximo do fim por seu exílio de Paris, e terminando com o Livro 4 quando da sua volta na primavera de 1304. Há referências feitas no futuro no Livro 4 a tópicos que Scotus tratará no Livro 3, talvez no ano acadêmico de 1304-1305, quando ele pode ter dado outro curso completo de lições sobre as *Sentenças*. Um fato claro é o de que o próprio Scotus examinou pessoalmente uma *reportatio* de suas lições sobre o Livro 1, que, portanto, ficou conhecida como a *Reportatio Examinata*. Já que essa obra representa o comentário mais maduro de Scotus sobre questões tratadas nas *Sentenças* 1, ela é de importância sem paralelo para o entendimento de seu pensamento e seu desenvolvimento. Embora ainda não haja edição crítica da *Reportatio Examinata*, uma edição preliminar, com tradução para o inglês, feita por Allan B. Wolter e Oleg V. Bychkov foi publicada recentemente pelo Instituto Franciscano (2 vols., 2004 e 2008). O que a edição Wadding imprime como *Reportatio* 1 é na verdade o Livro 1 das *Additiones Magnae*.

Os editores do Vaticano[32] identificam as seguintes versões da *Reportatio*: Sobre o Livro 1:

Reportatio 1A (A *Reportatio examinata*)	Edição: Instituto Franciscano (qq. 1-21, 2005) Edição: Paris 1517
Reportatio 1B *Reportatio* 1C (identificada como Reportatio cantabrigiensis)	Edição: ainda não editada
Reportatio 1D	Edição: ainda não editada
Reportatio 1E[33]	Edição: ainda não editada

---

[32] Vaticano 1: 144*-149*, 7: 4*-5*.

[33] *Reportatio* 1E é considerada por muitos como um amálgama das lições de Henry Harclay e das obras do próprio Scotus. Mas ver Balic 1939, 2: 4-9.

Sobre o Livro 2:

Reportatio 2A	Edição: Wadding 11
Reportatio 2B (uma versão mais curta e fonte principal para as Additiones 2)	Edição: ainda não editada

Sobre o Livro 3:

Reportatio 3A	Edição: Wadding 11
Reportatio 3B, 3C, 3D	Edição: ainda não editada

Sobre o Livro 4:

Reportatio 4A	Edição: ainda não editada
Reportatio 4B	Edição: ainda não editada
Additiones magnae	Edição (Livro 1): Wadding (identificado

As *Additiones magnae* sobre os Livros 1 e 2 das *Sentenças* foram compiladas por William de Alnwick, colega e secretário de Scotus, com base nas lições de Scotus em Oxford e em Paris, mas principalmente com base nas últimas (de fato, alguns manuscritos chamam as *Additiones* de "Lectura Parisiensis"). Foram produzidas mais provavelmente entre 1312 e 1325.[34] Os editores do Vaticano têm uma opinião pouco respeitosa quando à fidelidade de Alnwick ao espírito de Scotus, ao menos no tocante às *Additiones* sobre o Livro 2, d. 25[35], mas a opinião deles não é generalizada, e Dumont certamente está correto em dizer que os indícios que temos "nos dão toda indicação de que as *Additiones* são fiéis a Scotus".[36] Três manuscritos das *Additiones* 2 contêm um *explicit* que atribui as *Additiones* a Scotus e identifica Alnwick como seu compilador e não como seu autor:

---

[34] Para os argumentos que estabelecem essas datas, ver Wolter 1996, p. 44.
[35] Vaticano 19: 39*-40*, nota 3.
[36] S. Dumont 2001, p. 767; ver também Balic 1927, p. 101-103, e Wolter 1996, p. 44-45.

Aqui terminam as Adições ao segundo livro do Mestre John Duns, extraídas pelo Mestre William de Alnwick da Ordem dos Frades Menores com base nas lições de Paris e de Oxford do antes referido Mestre John.[37]

Nas suas primeiras publicações, as *Additiones* foram identificadas como um apêndice à *Ordinatio* de Scotus, mas gradualmente vieram a ser inseridas na *Ordinatio* propriamente para suprir matéria onde Scotus deixara a *Ordinatio* incompleta, processo que confirma a crença dos contemporâneos e sucessores imediatos de Scotus na autenticidade das *Additiones*. Além disso, as *Additiones* são citadas no início do século XIV como uma autêntica obra de Scotus, particularmente por Adam Wodeham. Então, embora a ocasião ou o propósito preciso da compilação de Alnwick não sejam claros, há indícios inconfutáveis de que as *Additiones* representam o ensinamento do próprio Scotus.

Quaestiones Quodlibetales	Edição: Alluntis 1963

Era parte do dever de um mestre regente conduzir disputas quodlibetais, assim chamadas porque "podem ser sobre qualquer tópico (*de quolibet*) e iniciadas por qualquer membro da audiência (*a quolibet*)".[38] As *Questões Quodlibetais* de Scotus foram disputadas ou no Advento de 1306 ou na Quaresma de 1307. Depois ele as revisou, completando a revisão até a última questão – q. 21.

De Primo Principio	Edição: Wolter 1966

---

[37] *Expliciunt Additiones secundi libri magistri Iohannis Duns extractae per magistrum Gillermum de Alnwick de ordine fratrum minorum de Lectura Parisiensi et Oxoniensi praedicti magistri Iohannis.* A redação dada aqui é a de Oxford, Balliol College, MS 208, f. 40v. Vat. Lat. 876, f. 310v, e Berlin, Staatsbibliothek, Lat. Fol. MS 928, f. 35vb têm *explicita* semelhantes.

[38] Kenny e Pinborg 1982, p. 22.

Este curto tratado de teologia natural – já considerado certa vez uma obra precoce – é hoje geralmente aceito como uma das obras maduras de Scotus, e talvez seja sua última obra. Cerca de metade dela é tirada *verbatim* do Livro 1 da *Ordinatio*. Wolter observa que

> uma análise cuidadosa [dos manuscritos] leva à conclusão de que Scotus contou com auxílio secretarial considerável para compor a versão final. Ele parece ter se contentado em esboçar os delineamentos principais do tratado e confiado a seu amanuense ou a outros escribas a tarefa de preencher a substância da obra com aquelas seções da *Ordinatio* por ele indicadas. Isso explicaria por que certas palavras foram apagadas quando deveriam ter sido copiadas, ou, ao contrário, por que palavras ou frases foram adicionadas quando dificilmente poderiam ter sido pretendidas, em momentos em que o amanuense obviamente ultrapassou os limites da seção que Scotus desejava fosse copiada. Isso também explicaria as incomuns inflexões de frase ou outras diferenças estilísticas entre este e outros escritos de Scotus.[39]

O texto resultante, de acordo com isso, é por vezes obscuro, e o *De Primo Principio*, portanto, é lido da melhor maneira junto com os tratamentos paralelos na *Ordinatio* e na *Reportatio examinata*.

Theoremata	Edição: Bonaventure 2

Perto do fim do *De Primo Principio*, Scotus observa que vem discutindo conclusões metafísicas sobre Deus, alcançadas pela razão natural, e anuncia sua intenção de fazer um volume *Vade-Mecum* tratando das questões de fé. Alguns identificaram tal volume com o assim chamado *Tractatus de Creditis*, Teoremas 14 a 16 dos *Theoremata*. Contudo, essa identificação é difícil de sustentar face às evidentes discrepâncias doutrinárias entre o *De Primo Principio* e o *Tractatus de Creditis*. Muito por causa dessas discrepâncias, a autenticidade dos *Theoremata* é bastante discutida. Segundo o meu

---

[39] Wolter 1966, X-XI.

juízo, o balanço das provas exige que rejeitemos a atribuição dessa obra a Scotus, mas a questão de modo algum está definida.[40] Os editores da nova edição crítica, de fato, julgam que "tanto os argumentos externos como os internos falam em favor de Scotus ser o autor do texto dos *Theoremata*", embora talvez nem o título da obra nem sua organização venham de Scotus. Os leitores podem julgar por si mesmos se os argumentos aduzidos em favor dessa afirmação (Bonnaventure 2: 576-580) bastam para sustentar a conclusão dos editores.

---

[40] Para uma visão diferente, ver Ross e Bates, cap. 6 neste volume, seção II.

1 Scotus sobre Metafísica

Peter King

Este capítulo discute a metafísica de Scotus sob seis cabeçalhos: a natureza da metafísica como uma disciplina (Seção I); identidade e distintividade (Seção II); a extensão e o escopo das categorias aristotélicas (Seção III); causalidade e ordens essenciais (Seção IV); matéria, forma e o composto de matéria e forma (Seção V); e um breve retorno à natureza da metafísica (Seção VI). Alguns tópicos metafísicos não são tratados aqui, mas em outros capítulos deste volume: espaço e tempo (capítulo 2), universais e individuação (capítulo 3) e modalidade (capítulo 4). A prova de Scotus da existência de Deus, discutida na Seção IV, é examinada no capítulo 6.

I. METAFÍSICA COMO A CIÊNCIA DO SER

I.1. Ciência Teorética

Scotus sustenta haver exatamente três ciências teoréticas reais, perseguidas por si mesmas, que estão abertas a nós na nossa vida presente: a metafísica, a matemática e a física (*In Metaph.* 6, q. 1, nn. 43-46). Cada qualificação é importante. A exigência de que essas ciências sejam perseguidas por si mesmas exclui a ética, cujo objetivo principal está em direcionar e regular a vontade. A exigência de que somos capazes de alcançar esse conhecimento na condição de nossa vida presente, na qual só podemos saber coisas através da percepção sensorial e, por conseguinte, não temos acesso epistêmico direto aos princípios ou coisas imateriais, exclui a teologia no sentido estrito, bem como uma metafísica propriamente axiomática; contudo, podemos construir uma teologia "natural" e uma metafísica dentro de nossas limitações.[1] Matemática e física são definidas em termos de substância material. A matemática lida com substâncias materiais em seu aspecto material, nomeadamente, em termos de seus traços puramente quantitativos (que têm em virtude de sua matéria) e de tudo o que for consequência desses traços. A física, por outro lado, lida com substâncias materiais em seu aspecto formal, já que a forma é a fonte de suas operações específicas, assim como o movimento, o *repouso* e outros atributos abertos à percepção sensível.[2] Outras ciências teoréticas que lidam com a substância material, por exemplo, a astronomia, a ótica, a música (como teoria das proporções harmônicas), a biologia e as semelhantes serão subordinadas a elas.

Todavia, a metafísica não é definida em termos de substância imaterial. Em vez disso, Scotus identifica o assunto da metafísica como o ser enquanto ser.[3] Isso se deve em parte à nossa falta de acesso direto à substância imaterial, conforme observado antes (*In Metaph.* 6, q. 1, n. 56). Mas há outras razões para recusar a alegação de que a metafísica é propriamente sobre Deus ou sobre a substância, as alternativas tradicionais.[4] Falando rigorosamente, o objeto de estudo metafísico deve ser a realidade, em geral, que inclui Deus e a substância, mas também outras coisas (as criaturas e os acidentes, respectivamente).

---

[1] Ver *In Metaph.* 6, q. 1, nn. 55-56, e *In Metaph.* prol., nn. 26-27. Ver também *Lect.* prol., pars 4, qq. 1-2, e *Ord.* prol., p. 4, qq. 1-2 para o sentido em que a teologia pode ser uma ciência (embora mais uma ciência prática do que especulativa: *Ord.* prol., pars 5, qq. 1-2). Deus, é claro, tem esse conhecimento perfeito, embora Scotus relute em chamá-lo de "ciência", já que o conhecimento de Deus não seja discursivo (*In Metaph.* 1, q. 1, n. 135).

[2] Ver *In Metaph.* 6, q. 1, nn. 52-53, nn. 62-63, nn. 73-84. Scotus rejeita, portanto, as alegações tradicionais de que a matemática é primordialmente sobre a quantidade e a física sobre o móvel.

[3] Ver principalmente *In Metaph.* 6, q. 4, nn. 10-12, e *Rep.* 1A prol., q. 3, a. 1 (texto em Wolter 1987). A fórmula é tradicional: ver Aristóteles, *Metaph.* 6.1 (1026°30-32). Ver ainda Honnefelder 1979 e Boulnois 1988.

[4] As substâncias imateriais são Deus e os anjos, mas, já que os anjos são claramente dependentes de Deus, essa alternativa é normalmente dada só para Deus.

Scotus torna essa linha argumentativa precisa com a noção de *objeto primário*, que, por sua vez, requer a noção de *objeto per se*.

I.2. O Objeto Primário de uma Ciência

O objeto *per se* de algo é aquilo a que ele se aplica por sua natureza. Por exemplo, quando Jonas vê uma ovelha negra, seu poder de visão é efetivado[5] *[actualized]* pela negritude particular da lã da ovelha, que é, portanto, o objeto *per se* de seu ver; a própria ovelha é "vista" somente de maneira acidental ou incidental. Da mesma maneira, o objeto *per se* da edificação é a casa que é edificada; o edificador pode também ficar forte por causa de seu labor físico, mas a saúde não é aquilo de que trata a edificação por definição, ainda que seja um resultado da construção. Por conseguinte, objetos *per se* são itens particulares no mundo: a negritude da lã da ovelha, a casa recém-edificada.

O objeto primário de algo é o traço não relacional mais geral, ou conjunto de traços, em virtude dos quais seu objeto *per se* conta como seu objeto *per se*.[6] O objeto primário deve ser não relacional, pois, de outra maneira, corre o risco de ser vazio. Dizer pois que a visão de Jonas é atualizada por qualquer coisa de visível é verdadeiro, mas trivial, já que *visível* é um termo relacional que significa "capaz de atualizar a faculdade da visão". O objeto primário também deve ser geral: dizer que Jonas vê a negritude da lã da ovelha em virtude de sua negritude também é verdadeiro e também é trivial; podemos sentir coisas verdes tanto quanto coisas negras.[7] Mas não

---

[5] N.T.: Do original inglês *actualized*.

[6] A definição scotista é inspirada pela discussão de Aristóteles sobre "sujeitos comensuráveis" em *Post. An.* 1.4 (73ᵇ32-74ᵃ3). Ver *Ord.* 1, d. 3, p. 1, qq. 1-2, n. 49. Scotus com frequência fala de objetos primários em termos de potências, como na sua introdução da noção em *Ord.* prol., pars 3, qq. 1-3, n. 142, mas a noção é mais geral. Ver King 1994, p. 234-235.

[7] Em uma anotação tardia a *Ord.* 1, d. 3, p. 1, qq. 1-2, n. 24, Scotus observa: "O objeto *per se* é claro com base nos atos da potência; o objeto primário, porém, é derivado de muitos objetos *per se*, já que é adequado".

podemos ver tudo na categoria da Qualidade. Por conseguinte, a caracterização mais informativa daquilo que podemos ver é a *cor*, o objeto primário da vista. De maneira análoga, o objeto primário da geometria é a *figura*, em vez de (digamos) o *triângulo*.

Scotus sustenta, então, que o objeto primário da metafísica é o *ser* – que o intelecto humano em sua condição presente é capaz de ter conhecimento do ser como tal.[8] Por conseguinte, o objeto primário do intelecto humano é o *ser*, uma formulação alternativa que Scotus discute um tanto quanto longamente.[9] Em certo sentido, somos metafísicos espontaneamente. Não que esse conhecimento nos seja fácil! No entanto, somos naturalmente aptos a tê-lo: uma concepção que Scotus crê estar implícita na observação inicial da *Metafísica* de Aristóteles, a de que todos os homens por natureza desejam o saber (980ª 21).[10]

Scotus recusa as alegações tradicionais sobre o assunto da metafísica. Porque o objeto primário, por definição, deve ser verdadeiramente predicável de qualquer coisa que caia sob ele como um objeto *per se*.[11] Assim, se a substância fosse seu objeto primário, a metafísica absolutamente não lidaria com os acidentes, já que os acidentes não são substâncias (ainda que dependentes existencialmente delas). Mas isso é claramente falso. Da mesma forma, Deus não pode ser o objeto primário da metafísica, pois nem tudo é Deus. Contudo, há um sentido simples em que qualquer coisa capaz de existência real é um ser. Em *Quodl.* Q. 3, n. 6, Scotus distingue vários sentidos de "ser" ou "coisa", dos quais o mais amplo é qualquer coisa que não inclua contradição. Ele diz explicitamente que o ser assim conce-

---

[8] Essas alegações são equivalentes sob duas suposições geralmente sustentadas: (1) a metafísica é o conhecimento alcançável nesta vida, conforme mencionado na Seção I.1; e (2) a metafísica não é subordinada a nenhuma outra ciência.

[9] Ver *Lect.* 1, d. 3, pars 1, qq. 1-2; *Ord.* 1, d. 3, pars 1, q. 3; *Quodl.* q. 14, nn. 38-73. Scotus também trata da questão brevemente em *In Metaph.* 2, qq. 2-3, nn. 32-33.

[10] Ver *In Metaph.* 2, qq. 2-3; *Ord.* 1, d. 3, pars 1, q. 3, nn. 185-188; e *Quodl.* q. 14, n. 39.

[11] Scotus afirma uma versão dessa alegação a respeito das potências cognitivas em *Ord.* 1, d. 3, pars 1, q. 3, n. 118: "O que quer que se conheça *per se*, por uma potência cognitiva, ou é seu objeto primário ou está contido sob seu objeto primário".

bido de maneira ampla é o assunto apropriado da metafísica (*Quodl.*, q. 3, n. 9). Deus, os anjos e as substâncias são todos considerados na metafísica, na medida em que são seres, mas não são o objeto primário da metafísica mais do que os triângulos o são da geometria.

Scotus admite que Deus e a substância, porém, são específicos à metafísica em outro sentido. Visto que a substância é mais ser do que o acidente, e Deus é mais completo e mais perfeito – as palavras são as mesmas em latim – do que qualquer outro ser. Enquanto seres, são tratados da mesma maneira, mas há uma escala ascendente de completude que torna o estudo da substância mais profícuo para a metafísica do que o estudo dos acidentes – e tanto mais ainda para Deus.[12] Mais uma vez, a metafísica investiga a maneira como os seres estão relacionados uns com os outros, e, já que tudo depende de Deus, em certo sentido Deus poderia ser chamado de tema principal da metafísica.[13] No entanto, nenhuma dessas propostas deve ser confundida com a tese fundamental de Scotus de que o objeto primário da metafísica é o *ser*.

I.3. A Univocidade do "Ser"

Para defender sua tese, Scotus tem de mostrar duas coisas. Uma: há um sentido uniforme não trivial em que se pode dizer que tudo que a metafísica considera é um ser; outra: o intelecto humano está equipado para conhecer o ser como tal. Ele trata das duas defendendo a univocidade do 'ser'.[14] Scotus sustenta que há uma noção única e unificada de

---

[12] Scotus chama isso de "ordem de perfeição" em *Ord*. 1, d. 3, pars 1, qq. 1-2, nn. 95-98. Essa concepção, também, tem uma herança aristotélica (ver Morrison 1987) e é uma antecedente da "Grande Cadeia do Ser".

[13] Ver *In Metaph*. 1, q. 1, nn. 130-136, e a discussão das ordens essenciais na Seção IV.

[14] Em seu *In Praed*. 4.37-38, Scotus defende que 'ser' é uma noção análoga e por isso equívoca logicamente; pode-se defender que uma concepção parecida é dada no fim de *In Metaph*. 1, q. 1, n. 96 (mas ver a conclusão da Seção IV. 2 para uma maneira alternativa de se ler essa passagem). Scotus defende a univocidade do 'ser' extensa-

ser¹⁵ que vale igualmente para a substância e o acidente (e de maneira geral para todas as dez categorias), assim como para Deus e as criaturas, que serve para fundamentar a metafísica como ciência. Os dois argumentos que ele parece ter considerado os mais fortes são os seguintes:

Primeiro, podemos estar certos de um único conceito ao mesmo tempo em que duvidamos de outro. Por exemplo, podemos estar certos de que Deus é um ser, mas duvidar se Deus é finito ou infinito, ou mesmo material ou imaterial. Isso mostra que a noção de ser é diferente das noções de ser finito e ser infinito, das quais ela é predicada, e, por conseguinte, unívoca a ambas.¹⁶

Segundo, Scotus defende que na nossa condição presente todo nosso conhecimento deriva da percepção sensória, e isso leva somente a conceitos simples que têm um conteúdo em comum com aquilo que os inspira. Por conseguinte, não há base para formar conceitos simples análogos. Além disso, possuímos um conceito simples de ser, visto que, de outra maneira, não teríamos concepção alguma de substância. Já que ela não é sentida diretamente, a substância seria inteiramente desconhecida e sequer seria "algo que não sei o quê", a menos que houvesse um conceito simples e comum a ela e aos acidentes (que são sentidos diretamente).¹⁷ Mas o único conceito que poderia servir a este propósito é o conceito de ser. Uma linha

---

mente alhures: *In De an.* q. 21, nn. 7-8; *In Metaph.* 6, q. 1, nn. 47-48, e q. 4, n. 11; *Lect.* 1, d. 3, pars 1, qq. 1-2, nn. 97-113; *Coll.* 13, nn. 3-5; *Coll.* q. 3 (Harris 1927), nn. 372-373; *Ord.* 1, d. 3, pars 1, qq. 1-2, nn. 26-55, e q. 3, nn. 131-166. A questão é complicada pelo fato de que Scotus pensa que a analogia e a univocidade podem ser compatíveis: Ver *Ord.* 1, d. 8, pars 1, q. 3, n. 83, e Boulnois 1988.

¹⁵ *Ord.* 1, d. 3, pars 1, qq. 1-2, n. 26: "Chamo de 'unívoco' o conceito que é unificado de tal maneira que sua unidade basta para haver uma contradição ao se afirmá-lo e negá-lo do mesmo sujeito; também basta exercer a função de um termo médio em um silogismo, de modo que os termos extremos estejam unidos como um único no médio de modo que sua unidade de um com o outro possa ser deduzida sem falácia de equivocação". Ver *In Soph. El.* qq. 15-16 para como os termos análogos produzem falácias.

¹⁶ Ver a referência na nota 13. Os contemporâneos de Scotus chamavam isso de "Aquiles" de seu argumento em favor da univocidade (S. Dumont 1998, p. 308).

¹⁷ A substância é cognoscível em si mesma, embora não o seja por nós na nossa presente condição: *In Metaph.* 7, q. 3, n. 16.

de raciocínio parecida pode ser aplicada a Deus e às criaturas. Por conseguinte, ou temos de admitir que Deus e a substância são inteiramente desconhecidos, ou conceder que 'ser' é unívoco. Já que a primeira alternativa é claramente inaceitável, a segunda tem de ser válida.

Esses argumentos estabelecem que temos um conceito unívoco de ser. Contudo, eles não mostram que esse conceito é o objeto primário de nosso intelecto, já que ainda tem de ser estabelecido que esse conceito cobre tudo: que ele é "adequado" no sentido de que é predicável univocamente *in quid* de tudo o que o intelecto pode compreender.[18] Aqui certo cuidado é necessário, pois Scotus pensa que, para falar rigorosamente, nenhum conceito é adequado no sentido exigido, embora nosso conceito de ser seja o que chega mais perto disso.[19] Resulta que 'ser' não é predicável univocamente *in quid* nem de diferenças últimas nem dos atributos próprios do ser (*passiones entis*), embora seja predicável de cada um deles *in quale* (n. 151). Examinemos esse raciocínio.

Uma diferença[20] é *última* se ela mesma não tem diferenças. Os exemplos mais comuns de diferenças são de compósitos: substâncias são diferenciadas em animadas e inanimadas por 'vivo', por exemplo, que pode, por sua vez, ser resolvido nas diferentes espécies do viver – a vida caracterizada somente pelas funções nutritiva e reprodutiva, a vida caracterizada pelos outros poderes de locomoção e assim por diante. Somente quando chegamos a diferenças que não são, elas mesmas, decomponíveis em outras, é que teremos chegado às diferenças últimas, que, portanto, são puramente qualitativas. Scotus, porém, deixa aberta a identificação de quais diferenças são últimas.[21] Agora, Scotus oferece duas provas de

---

[18] Ser predicado *in quid* de algo é dizer o que a coisa é, é descrever sua essência. De maneira semelhante, ser predicado *in quale* é dizer como algo é, é descrever seu modo de ser.
[19] *Lect.* 1, d. 3, pars 1, qq. 1-2, nn. 97-104; *Ord.* 1, d. 3, pars 1, q. 3, n. 129.
[20] N.T.: Do original inglês *differentia*.
[21] Scotus parece admitir dois tipos de diferenças últimas. Primeiro, há as diferenças individuais, uma para cada indivíduo distinto, pela qual (digamos) Sócrates e Platão são diversos um do outro: ver In Metaph. 7, q. 13, n. 123; *Lect.* 2, d. 3, pars 1,

que 'ser' não é predicado univocamente *in quid* de diferenças últimas. Primeiro, se 'ser' é predicável univocamente de duas diferenças distintas, essas diferenças devem ser seres que são elas mesmas diferenciadas umas das outras por aspectos próprios diferenciadores que, por sua vez, são diferenças distintas (já que o par original era distinto). Se essas últimas diferenças incluem o ser quididativamente, a mesma linha de raciocínio vale para elas. Portanto, para evitar o regresso infinito, deve haver algumas diferenças indecomponíveis que não incluem o ser quididativamente, isto é, diferenças das quais 'ser' não é predicado *in quid* (n. 132).[22] Segundo, assim como um ser compósito é composto de ato e potência, assim também um conceito heterogêneo é composto de um conceito efetivo e um potencial, isto é, um conceito determinável e um determinante. Já que todo conceito não irredutivelmente simples é resolvível em conceitos irredutivelmente simples, só precisamos considerar esses últimos. Da mesma maneira, eles têm de ser compostos de elementos determináveis e determinantes. Mas já que são irredutivelmente simples, nenhum componente pode ser mais decomposto. Por conseguinte, um conceito irredutivelmente simples tem de ser constituído por dois conceitos indecomponíveis. Um é puramente determinável, sem nada que o determine, nomeadamente, o ser; o outro não tem nada determinável em si, mas é puramente determinante, nomeadamente, uma diferença última. Por definição, o ser não pode ser predicado *in quid* do último (n. 133).

Um atributo próprio é um aspecto que inclui seu sujeito na sua definição, embora o contrário não seja verdadeiro.[23] Por exemplo, *ímpar* é um atributo próprio de número, já que ao explicar o que 'ímpar'

---

qq. 5-6, n. 172; Ord. 2, d. 3, pars 1, qq. 5-6, n. 186. Segundo, há as diferenças específicas irredutivelmente simples. Scotus não diz quais diferenças específicas são irredutivelmente simples.

[22] Scotus dá um argumento regressivo semelhante em *In Metaph.* 7, q. 13, n. 121, e q. 17, n. 19.

[23] Tecnicamente, isso se exprime em se dizendo que atributos próprios são predicáveis *per se secundo modo* de seus sujeitos. A noção vem de Aristóteles, *Post. An.* 1.4 (73^a37-73^b5).

significa precisamos falar de número, mas podemos explicar 'número' sem falar de ímpar ou de par (a despeito do fato de que todo número é necessariamente ímpar ou par). Por conseguinte, um atributo próprio não pertence à essência de seu sujeito, ainda que esteja necessariamente conjuminado com ele, como a propriedade *risível* está necessariamente presente em todos os seres humanos. Scotus identifica três atributos próprios de ser: *uno*, *verdadeiro* e *bom*. Esses aspectos são coextensivos com ser, mas cada um adiciona algo distintivo à noção de ser, algo além do próprio ser. O que cada um é, então, envolve algo diferente do próprio ser, e, portanto, 'ser' não pode ser predicado *in quid* de seus atributos próprios (n. 134).[24]

Scotus conclui que podemos dizer que ser é o objeto primário do intelecto e o assunto apropriado da metafísica somente com a qualificação de que diferenças últimas e os atributos próprios de ser estão incluídos, não quididativamente, mas de uma maneira derivativa. Com efeito, 'ser' é predicável *in quale* deles. Além disso, já que diferenças últimas são constituintes de seres (embora em si mesmas puramente qualitativas) e os atributos próprios de ser caracterizam todos os seres como tais, Scotus diz que elas estão contidas "virtualmente" sob o ser.[25] Por conseguinte, o objeto primário da metafísica é o *ser*, que é predicável – essencial ou denominativamente – de tudo que há.

Resta um desafio para a interpretação que Scotus faz da metafísica. Duas coisas são *diferentes* quando há algum fator real comum que está combinado em cada item com um elemento real distintivo. Esse é o caso com espécies coordenadas sob seu gênero próximo: elas partilham o gê-

---

[24] Esse é um caso de um teorema geral: nenhum sujeito é quididativamente predicável de seus próprios atributos. Scotus tira a lista de atributos próprios de Aristóteles, *Metaph.* 4.2 (1003^{b}23-36).

[25] Scotus escreve: "Digo que o ser é o objeto primário de nosso intelecto, pois um primado duplo acontece nele, a saber, um primado de comunidade e um primado de virtualidade, pois qualquer coisa inteligível *per se* ou inclui essencialmente a noção de ser ou está virtualmente contida em algo que a inclui" (n. 137). Ele indica o mesmo ponto em *Quodl.* q. 5, nn. 26-29.

nero como um fator real comum, mas cada uma é separada da outra pela presença de uma diferença, que, em combinação com o gênero, produz cada espécie. Duas coisas são *diversas* quando não há fator real comum e, por conseguinte, nenhuma fundação para um elemento distintivo. Tradicionalmente, esse é o caso das dez categorias: elas são diversas umas das outras, já que não compartilham nenhum fator real comum. Sua diversidade é o resultado de lacunas ontológicas entre elas. Igualmente, Deus e as criaturas sempre foram considerados diversos, já que não havia nenhuma realidade comum entre eles; a distância entre o finito e o infinito parecia insuperável.

Ora, a interpretação feita por Scotus da metafísica parece substituir a diversidade ontológica entre as dez categorias, e entre Deus e a criatura, com a mera diferença. Por um lado, se 'ser' é predicável univocamente *in quid* das dez categorias, então parece que ele será o gênero supremo sobre todas elas.[26] Mas Aristóteles e Porfírio foram levados a oferecer argumentos convincentes contra a existência de uma categoria única para toda a realidade.[27] Por outro lado, se Deus e as criaturas são meramente diferentes e não diversos, então há um fator real comum a Deus e às criaturas. Isso solapa a transcendência de Deus. Além disso, tal fato significaria que Deus não poderia ser simples, mas, antes, uma composição real de fatores comuns e diferenciadores.

O desafio com o qual Scotus se confronta, então, está em explicar como sua interpretação da metafísica pode evitar essas consequências indesejadas. Sua resposta envolve muitos dos aspectos distintivos de sua metafísica: as distinções formal e modal, os transcendentais, a interpretação da estrutura dos seres compósitos. Retornaremos à natureza da metafísica

---

[26] Evitar essa conclusão parece ter sido o motivo para Aristóteles dizer que o 'ser' diz-se em muitos sentidos que são, no melhor dos casos, somente análogos uns aos outros, embora talvez estejam relacionados a um único significado central: *Metaph.* 4.2 (1003^a31-1003^b19). A maioria dos comentadores medievais e modernos de Aristóteles sustentou, portanto, que o 'ser' não é unívoco cruzando-se as categorias.

[27] Aristóteles, *Metaph.* 3.3 (998^b22-27); Porfírio, *Isag.* 2 (Porfírio 1887, 6.5-11; Porfírio 1966, 11.20-12.6).

para concluirmos na Seção VI, após examinar alguns dos aspectos técnicos da metafísica de Scotus nas seções seguintes.

II. IDENTIDADE E DISTINTIVIDADE

II.1. Distinção Real e Distinção de Razão

Scotus sustenta que dois itens são *realmente distintos* um do outro se e somente se são separáveis: um pode existir sem o outro, ao menos por poder divino.[28] Mais precisamente, diz-se que são "distintos como uma coisa (*res*) e outra" se e somente se são separáveis. Isso vale para coisas efetivamente separadas e também para coisas e suas partes potencialmente separadas, sejam as partes físicas ou metafísicas. Essa distinção real vale entre Sócrates e Platão, Sócrates e sua mão, a matéria primordial e a forma substancial, itens que pertencem a diferentes categorias e assim por diante; não há outra exigência de que os itens assim distinguidos sejam "coisas" em um sentido pleno. Inversamente, Scotus sustenta que itens são *realmente idênticos* se e somente se não são realmente distintos – isto é, se e somente se nenhum deles puder existir sem o outro, mesmo que pelo poder divino.[29]

No entanto, a identidade real não implica identificação[30] completa. Porque, como veremos, Scotus sustenta que itens realmente idênticos podem, não obstante, ter propriedades distintas – em termos modernos, que a Indiscernibilidade dos Idênticos malogra – em virtude de serem formal ou modalmente distintos.

---

[28] Ver *Ord.* 2, d. 2, pars 1, q. 2, nn. 92-94, onde Scotus acrescenta que dois itens podem realmente ser distintos se são proporcionalmente análogos a coisas separáveis, como no caso das partes de uma definição; ignoro esse refinamento no que se segue. O critério de separabilidade para a distintividade real deriva de Aristóteles, *Top.* 7.1 (152^{b}34-35); ver cap. 4 para a ligação entre poder divino e separabilidade.

[29] Ver *Ord.* 2, d. 1, qq. 4-5, nn. 200-202, para a alegação de Scotus de que a inseparabilidade é necessária para a identidade real, e *Quodl.* q. 3, n. 46 para sua suficiência.

[30] N.T.: Do original inglês *sameness*.

As distinções formal e modal também podem ser chamadas de distinções "reais" em um sentido amplo; não se deve confundi-las com a distinção entre uma coisa e outra, descrita no parágrafo precedente, visto que as distinções formal e modal demarcam diferenças que existem independentemente de qualquer atividade da parte do intelecto.[31] No tocante a esse ponto, elas devem ser diferenciadas de uma *distinção de razão*, ou distinção conceitual, que é feita pela mente ao menos em parte: hoje pode ser concebido como o ontem de amanhã ou o amanhã de ontem, por exemplo, ou Venus concebido como a Estrela Dalva ou Estrela Vésper. Em termos técnicos, o intelecto é uma causa total ou parcial da distinção conceitual. Além disso, pode haver algum fundamento na realidade para a mente traçar uma distinção conceitual – um fundamento – que pode até fazer com que a mente assim proceda.[32] Mas mesmo que haja esse fundamento, o que torna uma distinção conceitual e não real em sentido amplo não é se há um fundamento objetivo na realidade para a distinção (que é irrelevante), mas se a distinção é o produto de alguma sorte de atividade mental. As distinções formal e modal, porém, demarcam as diferenças genuínas que existiriam no mundo mesmo que não houvesse mente alguma.

II.2. Distinção Formal

A intuição central por trás da distinção formal de Scotus é, *grosso modo*, a de que a inseparabilidade existencial não implica a identidade na defini-

---

[31] Por exemplo, Scotus escreve que as perfeições divinas são distintas "por uma alteridade que não é nem causada pelo intelecto nem ainda tão grande como temos em mente quando falamos de coisas (*res*) diversas, mas é uma diferenças real menor, se toda diferença não causada pelo intelecto fosse chamada de 'real'" (*In Metaph.* 4, q. 2, n. 143).

[32] Essa distinção é às vezes chamada de *distinctio rationis a parte rei* (uma "distinção conceitual real"). Se não há distinção real no objeto, mas o objeto não obstante faz com que o intelecto o conceba de diferentes maneiras, Scotus às vezes diz que há uma distinção *virtual* ou *potencial* no objeto; ver, por exemplo, *Lect.* 1, d. 2, pars 2, qq. 1-4, n. 271.

ção, sustentada pela convicção de que este é um fato sobre a maneira como as coisas são, e não sobre como as concebemos.³³ Já que itens formalmente distintos são existencialmente inseparáveis, eles são realmente idênticos, no sentido que acabou de ser definido. Por conseguinte, a distinção formal vale somente para uma única coisa real. Na terminologia de Scotus, ela é "menos" do que uma distinção entre uma coisa e outra. Agora, alguns itens realmente idênticos podem diferir nas suas definições. Mais precisamente, eles podem diferir em *ratio*, a qual é uma generalização da noção rigorosa de 'definição' ou explicação³⁴ aristotélica: uma *ratio*, como uma definição, seleciona o aspecto ou conjunto de aspectos que fazem com que algo seja o que é, embora não precise fazê-lo por gênero e diferença. Todas as definições são *rationes*, mas não o contrário: há itens que não têm definições, mas têm um conjunto de aspectos que os fazem ser o que são – os gêneros mais altos, potências, as quatro causas, unidades acidentais e assim por diante. Dessa maneira, itens que são formalmente distintos têm definições não idênticas ou *rationes*; ou seja, a *ratio* de um não inclui a do outro. Por exemplo, as faculdades psicológicas do intelecto e da vontade são realmente idênticas à alma, mas formalmente distintas umas das outras, já que ser o que é um intelecto não inclui a vontade, e ser o que é uma vontade não inclui o intelecto.³⁵ Além disso, tanto a identidade real e a não identidade definicional são independentes de qualquer atividade do intelecto. Descobrimos *rationes* pelo intelecto, mas não as criamos.³⁶ Por conseguinte, a distinção entre itens formalmente dis-

---

33 Scotus discute a distinção formal *ex professo* em *Lect.* 1, d. 8, pars 1, q. 4, nn. 172-188; *Ord.* 1, d. 2, pars 2, qq. 1-4, nn. 388-410, e d. 8, pars 1, q. 4 , nn. 191-217; e em várias lições parisienses, a maior parte sobrevivente em transcrições de estudantes (*reportationes*). Esses tratamentos variam terminologicamente e, pode-se dizer, também na doutrina que apresentam: ver Grajewski 1944, Gelber 1974, e Jordan 1984 para mais discussão. Centrarei a análise na apresentação feita por Scotus na sua *Ordinatio*.
34 N.T.: Do original inglês *account*.
35 Ver *Op. Ox.* 2, d. 16, q. un., n. 17.
36 Scotus explicita esse ponto em *Ord.* 1, d. 8, pars 1, q. 4, n. 193: "Além disso, a definição indica não somente um aspecto que é causado pela mente, mas a quididade de uma coisa; a não identidade formal é portanto *ex parte rei*". Ver também d. 25, q. un., n. 10, e *In Metaph.* 7, q. 13, nn. 90-91.

tintos parece estar presente no mundo, nem sequer em parte causada pelo intelecto. Portanto, ela é 'real' no sentido amplo.

A distinção formal é central à metafísica de Scotus. Ele sustenta, por exemplo, que há uma distinção formal entre cada uma das seguintes coisas (dentro de uma coisa individual): o gênero e a diferença específica[37]; a essência e seus atributos próprios; as faculdades da alma e a própria alma; as Pessoas da Trindade e a essência divina; a natureza comum irrestrita e a diferença individual – e essa lista não é exaustiva.[38] A presença de itens formalmente distintos dentro de uma coisa fornece uma base real para nosso uso[39] de conceitos diferentes para essa coisa, que assim estão ancorados na realidade. Pois, por definição, itens formalmente distintos exibem propriedades diferentes, e essas propriedades podem servir como a base real para nossos conceitos distintos. Sem multiplicar a quantidade das coisas, podemos traçar distinções mais refinadas no mundo. No entanto, mesmo que não multipliquemos as coisas, parece que multiplicamos algo. O que são os itens distinguidos pela distinção formal? Mais exatamente, estamos ontologicamente comprometidos com o que ao usar a distinção formal?

Scotus oferece um paralelo em *Op. Ox.* 4, d. 46, q. 3, n. 3: assim como uma distinção real no sentido rigoroso distingue uma coisa (*res*) de outra, da mesma maneira a distinção formal distingue uma 'coisinha'[40] (*realitas*: o diminutivo de *res*) ou 'formalidade' de outra. Em outro lugar ele as chamade"entidades"[41], objetos formais, intenções, *rationes* reais e *rationes* for-

---

[37] N.T.: Do original inglês specific *differentia*.

[38] Para o gênero e a diferença específica, ver *In Metaph.* 7, q. 19, nn. 20-21 e n. 43; *Lect.* 1, d. 8, pars 1, q. 3, nn. 100-105; *Ord.* 1, d. 8, pars 1, q. 3, nn. 101-107, e 2, d. 3, pars 1, qq. 5-6, nn. 189-190. Para a natureza comum não contraída e a diferença individual, ver *Lect.* 2, d. 3, pars 1, qq. 5-6, n. 171; *Ord.* 2, d. 3, pars 1, qq. 5-6, n. 188; e King 1992. Frequentemente se diz que Scotus postula uma distinção formal entre a essência e a existência de algo, mas há poucas provas textuais para essa afirmação: ver O'Brien 1964, e Seção V.3.

[39] N.T.: Do original inglês *deployment*.

[40] N.T.: Do original inglês *thinglet*.

[41] N.T.: a palavra em latim é *entitas*. Um lugar em que Scotus usa o termo é *Ord.* 2, d. 3, q. 1, p. 1.

mais. A variedade dessa terminologia sugere que Scotus não pensava que algo de muito importante dependesse disso; afinal de contas, itens formalmente distintos ainda são realmente idênticos. Mais importantes são suas afirmações explícitas sobre como expressar a distinção formal, já que aqui Scotus parece se preocupar precisamente com o comprometimento ontológico.[42] Por exemplo, Scotus distingue cuidadosamente "*A* não é formalmente o mesmo que *B*" de "*A* e *B* não são formalmente os mesmos", com base em que a segunda sentença poderia ser considerada como que implicando a pluralidade pelo seu sujeito conjuntivo (n. 2). Da mesma maneira, ele rejeita que "A formalidade *A* é distinta da formalidade *B*", já que parece estar comprometida com a existência de formalidades, e, na verdade, com uma pluralidade delas (n. 10, 343[b]); o segundo problema é evitado em "A formalidade *A* é formalmente distinta da formalidade *B*", a qual envolve somente a distintividade formal, e não a distintividade *simpliciter* (n. 13). Em geral, Scotus parece preferir considerar "formalmente" como um operador modal: "*A* não é formalmente *B*" (n. 4).[43] Essa formulação minimiza os comprometimentos ontológicos da distinção formal, já que à primeira vista não requer a existência de portadores de propriedades múltiplos dentro de um único e mesmo sujeito, mas simplesmente assevera que uma relação particular não vale entre os dois "jeitos" (*A* e *B*) como uma coisa pode ser. É claro que esses jeitos são reais no sentido amplo, mas não precisam ser entendidos segundo o modelo das coisas.[44]

---

[42] A análise mais extensa dada por Scotus da lógica da distinção formal está na *collatio* impressa como *Quaest. misc. de form.* q. 1 (a única parte autêntica daquela coleção), também conhecida como a *logica Scoti*, discutida a seguir.

[43] Scotus afirma o mesmo ponto em *Ord.* 1, d. 2, pars 2, qq. 1-4, n. 404: "teremos então de conceder que há uma distinção? É melhor usar a formulação negativa 'Isso não é formalmente o mesmo que aquilo' ao invés de 'Essas coisas são formalmente distintas'". Ver também a discussão em Gelber 1974.

[44] Um inconveniente para a abordagem modal é que ela parece permitir a inferência que vai de *A* ser φ ao seu sujeito ser φ; se *B* então tem a propriedade ψ incompatível com φ, então o sujeito em questão teria as propriedades incompatíveis φ e ψ. Mas rejeitar essa inferência parece tratar as maneiras em que algo é como se fossem coisas propriamente, e com isso estamos de volta às versões *a*-modais da distinção formal. Até onde Scotus adota a abordagem modal, assim como o sucesso dela, tem sido objeto de polêmica desde o século XIV.

Ora, mesmo que Scotus evite multiplicar as entidades nas coisas pela distinção formal (um ponto altamente discutível), outra dificuldade permanece. Dado que a distinção formal é real no sentido amplo, não deve então haver algum grau de complexidade em seu sujeito? A distinção formal vale na realidade antes da operação do intelecto. Mesmo que não houvesse em um sujeito portadores de propriedades distintos como se fossem coisas, então, não obstante parece que nenhuma coisa à qual uma distinção formal vale pode ser simples. Isso excluiria qualquer distinção formal em Deus.

Scotus argumenta que a realidade da distinção formal é compatível com a simplicidade de Deus. A composição real, para Scotus, é uma questão de um item estar em potência para com e ser perfeccionado pela atividade de outro item: o gênero está em potência para com a diferença (formalmente distinta), por exemplo, a qual o atualiza como a espécie.[45] Mas não há potência alguma em Deus absolutamente. A essência de Deus não está em potência para com as Pessoas da Trindade nem estão as Pessoas da Trindade em potência umas para com as outras. Por conseguinte, as distinções formais entre as Pessoas e entre cada Pessoa e a essência de Deus não introduzem nenhuma composição real em Deus, e, portanto, a simplicidade divina pode ser mantida. Scotus diz que os elementos formalmente distintos em Deus estão contidos de tal maneira que perfazem uma unidade (eles estão contidos "unitivamente"), mas não por meio de composição real.[46]

II.3. Distinção Modal

Scotus introduz e descreve a distinção modal em *Ord.* I, d. 8, pars 1, q. 3, nn. 138-140. Ela deve ser uma distinção ainda menor do que a formal, mas, não obstante, real no sentido amplo. A intuição central por trás da distinção modal de Scotus é, *grosso modo*, a de que algumas naturezas vêm a

---

[45] Ver ainda a discussão nas Seções V.3 e VI.
[46] Scotus lista vários graus de unidade em *Ord.* 1, d. 2, pars 2, qq. 1-4, n. 403. Esse é um tema fundamental, muito bem explorado, em Cross 1998.

ser em uma série de graus que formam parte inseparável de o que são, e que este é um fato sobre a maneira como as coisas são, em vez de sobre como as concebemos.⁴⁷ Por exemplo, tome-se uma forma acidental que admite variação qualitativa, digamos "brancura no décimo grau de intensidade". O grau de intensidade da brancura não é uma diferença da cor: a brancura particular é a cor que é, seja ela mais ou menos resplandecente; nenhum elemento formal ou essencial naquele matiz de brancura é alterado pelas diferentes quantidades de intensidade que ela possa ter. Em vez disso, o grau de resplandecência é o que Scotus chama um *modo intrínseco* da natureza dada, pois ele explica claramente como a natureza existe: neste caso, quão intensa é a brancura.

Além disso, a natureza será inseparável do grau em que ocorre. Embora possamos conceber a brancura separadamente de seu grau particular de intensidade, nosso conceito não é adequado à realidade da coisa branca diante de nós, que, afinal de contas, tem esse grau de intensidade de fato. Tampouco o modo pode ser concebido separadamente da natureza. Não faz sentido falar de graus sem dizer de o que os graus são. Por conseguinte, o modo intrínseco não é formalmente distinto de sua natureza, já que o modo só pode ser (adequadamente) compreendido pela *ratio* ou definição da natureza.⁴⁸ Finalmente, é claro que a distinção modal é real no sentido amplo, já que a natureza e seu modo intrínseco estão realmente conjuminados na coisa, antes de qualquer atividade do intelecto; algo realmente tem um dado grau de brancura, alguém o pense assim ou não.

---

⁴⁷ A distinção modal parece ser a generalização de Scotus da noção de variabilidade qualitativa, discutida melhor na Seção III.2.3.

⁴⁸ Uma natureza é separável de qualquer grau dado se permite uma gama de variação; por que então não temos uma distinção real entre a natureza e seu modo intrínseco? Pela mesma razão de que não há uma distinção real entre a natureza comum contraída e a não contraída – porque *essa* coisa particular não pode existir sem seu dado modo e sem, portanto, deixar de exemplificar aquele modo intrínseco da natureza; ver King 1992.

Scotus usa a distinção modal em casos de intensificação e remissão de formas (discutidos na Seção III.2.3), em que algum aspecto qualitativo admite variação contínua em uma dada série: a intensidade de cor, a quantidade de calor, a força de desejo e coisas do tipo. Mas o emprego metafísico mais importante da distinção modal feito por Scotus acha-se na sua explicação do ser finito e do ser infinito, da qual passamos a falar agora.

III. A ESTRUTURA DA REALIDADE

III.1. O Ser e os Transcendentais

O ser é comum às dez categorias e, portanto, não está contido sob nenhuma delas: ele é *transcendental* (*Ord.* I, d. 8, pars 1, q. 3, n. 114). Os atributos próprios do ser são igualmente transcendentais, pois de outra maneira não poderiam ser atributos próprios. Scotus identifica dois outros tipos de itens que não estão contidos sob nenhuma categoria: (1) os "atributos disjuntivos"; e (2) as perfeições puras.

Itens incluídos sob (1) são coextensivos com o ser e são imediatamente predicados dele, dividindo-o por uma disjunção de propriedades, como "infinito ou finito", "necessário ou possível", "ato ou potência", "anterior ou posterior" e coisas assim em número ilimitado (*Ord.* I, d. 38, pars 2, e d. 39, qq. 1-5, n. 13).[49] Parece tratar-se de construções primordialmente lógicas ou conceituais tiradas de atributos reais mais simples; Scotus nunca dá sinal algum de sustentar existir um único atributo que tenha uma estru-

---

[49] Ver Wolter 1941. Um dos disjuntos valerá de maneira típica propriamente só para Deus e o outro para o resto da criação (por exemplo, "necessário" para Deus e "(meramente) possível" para qualquer criatura); Scotus indica que em geral uma pessoa deveria ser capaz de concluir a existência de algo a que o disjunto mais perfeito se aplica da existência de algo a que o disjunto menos perfeito se aplica. Note-se que alguns dos atributos disjuntivos também criam relações entre as criaturas: ordens diferentes de anterioridade e posterioridade, ou relações de ato e potência, por exemplo.

tura interna disjuntiva. Por conseguinte, pode-se dizer que dividem o ser completamente e, com isso, podem ser classificados como transcendentais.

Scotus entende que uma perfeição pura é uma propriedade que, *grosso modo*, é melhor ter do que não ter.[50] É necessário precisar essa fórmula de duas maneiras. Primeiro, não devemos considerar o contraste implícito em "do que" como se indicasse a ausência da perfeição – já que qualquer ser positivo é melhor do que a mera não existência – mas, antes, como comparada com qualquer outro ser positivo com o qual é incompatível. Segundo, a perfeição tem de tornar aquele que a possui melhor, não importa que tipo de coisa seu possuidor possa ser, mesmo que a sabedoria fosse contrária a sua natureza. Os cães não podem ser sábios e ainda assim permanecerem cães. Mas seria melhor a um cão deixar de ser cão e se tornar sábio do que não. Em suma, perfeições puras não são relativas a tipos[51]. Algumas de suas propriedades mais importantes são as seguintes: todas as perfeições puras são por definição compossíveis (*Quodl.* q. 5, n. 20); cada perfeição pura é irredutivelmente simples (*Quodl.* q. 1, nn. 8-12) e compatível com a infinidade (*Quodl.* q. 5, n. 23); elas são todas igualmente perfeitas (*Ord.* I, d. 8, q. 1)[52]; e nenhuma perfeição pura é formalmente incompartilhável (*incommunicabilis*), um resultado importante para a Trindade (*Quodl.* q. 5, n. 32). Elas são transcendentais, por definição, já que se aplicam a coisas independentemente de sua espécie [53]. Diferentemente de outros transcendentais, elas não são simplesmente coextensivas ao ser; os cães são seres, mas não são sábios. Tampouco são simplesmente próprias só a Deus, já que os cães têm vida assim como Deus, embora limitada. Antes, sua extensão pode variar.

---

[50] Scotus deriva essa caracterização grosseira das perfeições puras de Anselmo, *Monologion 5*; sua glosa a isso se encontra em *Quodl.* q. 5, n. 31.

[51] N.T.: Do original inglês *Kinds*.

[52] Todas as perfeições puras são igualmente perfeitas já que são formalmente infinitas, mas, de outra maneira, podem ser ordenadas. Por exemplo, já que uma pessoa tem de estar viva para ser sábia, a vida (como uma perfeição pura) é anterior à sabedoria (como uma perfeição pura).

[53] N.T.: Do original inglês kind.

Já que os transcendentais não estão contidos sob nenhuma categoria, só podem ser assunto de uma ciência que investiga itens fora das categorias: a metafísica, que Scotus explica etimologicamente como "a ciência que transcende [*transcendens scientia*], ou seja, a ciência dos transcendentais" (*In Metaph.* prol., n. 18). Essa descrição da metafísica não exclui nada, já que o ser é um dos transcendentais, mas dá uma direção particular e uma ênfase às investigações de Scotus. Um problema saliente é como os transcendentais estão relacionados com os "não transcendentais", nomeadamente, as dez categorias. Scotus dá a seguinte explicação[54]: o ser, "o primeiro dos transcendentais", é quantificado em infinito e finito, sendo que o segundo é imediatamente dividido nas dez categorias. Ora, o sentido no qual o ser é "quantificado" exige alguma explicação, já que não tem nada a ver com a categoria da Quantidade. Scotus nos diz, em *Quodl.* q. 6, n. 18, haver um sentido transcendental de 'quantidade', que é mais apropriadamente chamada de "magnitude", que mede a grandeza ou excelência intrínseca de o que uma coisa é[55] (isso tem de ser transcendental, já que a grandeza é ao menos em parte uma função das perfeições puras). Então, de maneira muito grosseira, a magnitude mede a excelência entre os seres ou suas naturezas, e essa excelência pode ser ou de um grau infinito ou de um grau finito. A escala de excelência define uma série na qual os seres podem ser situados, já que suas naturezas exibem graus variantes de excelência. O ser quantificado, em suma, é um modo intrínseco de ser.

A explicação scotista da estrutura da realidade tem, assim, na sua base, uma distinção modal entre o ser e suas manifestações finitas e infinitas. Assim como uma dada qualidade, tal como a brancura, pode estar presente em quantidades intensivas distintas e ainda assim permanecer completamente brancura, da mesma maneira o ser pode estar presente em excelência infinita e finita e ainda assim permanecer ser completamente. O ser, portanto, aparece em dois modos: infinito e finito. O ser finito se divide imediatamente nas dez categorias.

---

[54] Ver *Lect.* 1, d. 8, pars 1, q. 3, n. 107; *Ord.* 1, d. 8, pars 1, q. 3, n. 113; *Quodl.* q. 5, n. 58.

[55] Em *Quodl.* q. 5, n. 58, Scotus nos diz que essa quantidade pode ser usada para construir uma ordem essencial entre as naturezas, talvez na ordem de eminência; ver Seção 4.1.

Com essa alegação, Scotus tem a primeira parte de sua solução para a dificuldade apresentada no fim da Seção I.3 (inquietações sobre a composição real são tratadas na conclusão). Nesse caso, conforme vimos na discussão da distinção modal na Seção II.3, uma distinção modal é menos do que uma distinção formal, pois diferenças nos modos não afetam o conteúdo formal daquilo de que são modos. Por conseguinte, as distinções modais não podem funcionar como diferenças e, portanto, não se relacionam com seus sujeitos como com os gêneros. Essa conclusão parece correta. Diferentes intensidades de brancura não são diferentes em espécie[56], mas simplesmente diferentes em grau. No caso presente, Scotus infere que o *ser* não pode ser um gênero, já que os aspectos que o distinguem são modos, e não diferenças (tampouco um *ser finito* é um gênero sobre as categorias, já que não há fator de mediação para a divisão). O ser está "acima" das categorias, mas não de maneira que seja um gênero. A univocidade do ser não leva a um gênero único supremo. Por conseguinte, as categorias podem ainda ser os gêneros mais altos das coisas; há exatamente muito mais coisas que podem estar contidas sob os gêneros – a saber, os transcendentais.

III. 2. As Categorias

Scotus sustenta que a divisão do ser finito em dez categorias é imediata e suficiente: que deve haver precisamente essas dez categorias e não outras.[57] A distinção não é meramente lógica, mas "tirada das próprias essências" (*In Praed.* Q. 11, n 26). Já que não há gênero superior acima das dez categorias, porém, a única maneira de esclarecer a natureza de cada categoria é considerá-la independentemente das outras e ver quais são suas características definidoras – olhar para

---

[56] N.T.: Do original inglês *kind*.
[57] Ver *In Praed.* q. 11, n. 26, e *In Metaph.* 5, qq. 5-6, n. 81. A última parte dessa alegação pode precisar de qualificação, pois em um acréscimo posterior ao texto, dado em *In Metaph.* 5, qq. 5-6, nn. 73-80, Scotus indica que os argumentos usados para estabelecer a suficiência da divisão são falaciosos.

as próprias essências. Scotus segue Aristóteles, dedicando a maior parte de sua atenção às primeiras quatro categorias: Substância, Quantidade, Qualidade e Relação. Poucas palavras sobre cada uma delas são apropriadas.

III.2.1. SUBSTÂNCIA. Deve haver objetos capazes de existência independente, raciocina Scotus em *In Metaph.* 7, q. 2, n. 24, já que se não fosse assim haveria um regresso infinito de seres puramente dependentes. Esses objetos autossuficientes, os sujeitos subjacentes da predicação, são as substâncias. Ora, as substâncias são seres primariamente e *per se* (*Quodl.* q. 3, n. 13). Elas também são unidades, em um sentido a ser explorado na Seção V.3, e, por conseguinte, *per se* unas., Scotus sustenta mais precisamente que uma substância é realmente idêntica à sua essência, embora formalmente distinta dela.[58] As partes essenciais que constituem um substância primária, a saber, a matéria e a forma, combinam-se para produzir um todo unificado. Outros aspectos da substância, como sua habilidade para permanecer numericamente uma enquanto receptiva de contrários, fluem de sua independência e unidade existenciais.

Esses são vários dos jeitos em que a substância distingue-se de elementos das categorias restantes, isto é, do acidente. Scotus é um realista no que tange os acidentes. Ele sustenta que os acidentes têm algum ser próprio que não é simplesmente redutível ao ser das substâncias em que estão naturalmente presentes, e, com efeito, que essa era a concepção de Aristóteles (*In Metaph.* 7, q. 47, q. 4, n. 17). No entanto, de um ponto de vista metafísico, parece haver uma distinção fundamental entre a categoria da Substância, por um lado, e as nove categorias acidentais, por outro: a primeira inclui itens que são capazes de existir de maneira autossuficiente, ao passo que as outras não. Essa divisão entre substâncias e acidentes parece ser tão imediata quanto a divisão em dez categorias – se não mais fundamental ainda, já que as nove categorias acidentais poderiam ser diversificadas segundo a distinção fundamental entre substância e acidente; é

---

[58] Ver *In Praed.* q. 15, n. 10; *In Metaph.* 7, q. 7, nn. 22-25, e q. 16, n. 26; *Ord.* 2, d. 3, pars 1, q. 1, n. 32; *Op. Ox.* 3, d. 22, q. un., n. 11.

plausível considerá-las como subespécies, como tipos de acidentes. Afinal, conforme um chavão medieval, ser um acidente quer dizer ser inerente a alguma coisa: *esse accidentis est inesse*.

Scotus defende que essa linha de raciocínio interpreta de maneira infeliz a natureza dos acidentes e que, entendidos de maneira apropriada, os acidentes não envolvem essencialmente a inerência (*In Metaph.* 7, q. 1). Ele começa com a distinção entre a união efetiva de um acidente existente com seu sujeito existente e a dependência que um acidente pode ter de sua natureza de uma substância de sua natureza. A segunda distinção precisa ser demonstrada de maneira que a primeira não precisa (n. 9).[59] Além disso, com "de sua natureza", Scotus quer dizer o que está incluído *per se* no conceito quididativo de um acidente, conforme está oposto a tudo que possa ser realmente idêntico a ele ou um concomitante necessário dele (n. 14). Por exemplo, atributos próprios ficam de fora das definições quididativas rigorosas de seus sujeitos, como vimos na Seção I.3. Não obstante, eles são realmente idênticos a seus sujeitos.

Uma vez que essas distinções tenham sido feitas, Scotus declara que a inderência caracteriza os acidentes de maneira bastante parecida como os atributos próprios caracterizam seus sujeitos: a inderência é realmente idêntica o dado acidente e um concomitante necessário (salvo o poder divino), mas fica de fora da essência do acidente, falando rigorosamente (n. 15). Se não fosse assim, não haveria um sentido unificado singular de 'ser' válido para as substâncias e para os acidentes (n. 16); com efeito, os acidentes são seres assim como as substâncias, embora as substâncias tenham prioridade sobre os acidentes de várias maneiras (n. 30). Portanto, a diferença entre substância e acidentes – embora real – não é quididativa.

---

[59] Uma distinção era tradicionalmente feita nesse ponto: os acidentes, dizia-se, ou são efetivamente inerentes a um sujeito ou têm uma aptidão para o serem, e essa última característica é a característica definidora da acidentalidade. Scotus, porém, acha que essa dependência de aptidão não é tão forte quanto a dependência de essência que tem em mente aqui (n. 10). Às vezes ele recorre a essa noção quando se exige menor precisão (ver *In Metaph.* 7, q. 4, n. 17).

III.2.2. QUANTIDADE. A categoria da Quantidade é constituída de itens dos quais 'mais' e 'menos' podem ser predicados, e Aristóteles sugere que ela é dividida em duas espécies: (1) quantidades discretas, como os números e as enunciações; e (2) quantidades contínuas, como o tempo, as superfícies geométricas e os lugares.[60] Mas essas afirmações sobre a Quantidade não são suficientes para dar a ela um caráter unitário. A predicabilidade de 'mais' e 'menos' de qualquer quantidade pode ser um aspecto – e mesmo um aspecto necessário – das quantidades, mas não pode ser um aspecto definitório; a essência da Quantidade explica por que 'mais' e 'menos' são predicáveis e não vice-versa. Pior ainda, a distinção entre (1) e (2) somente indica o problema: por que pensar que há uma única categoria afinal em vez de duas categorias distintas relativas a itens discretos e itens contínuos?

Scotus defende que há um aspecto peculiar que unifica a Quantidade: *divisibilidade homeômera*, isto é, a divisibilidade entre partes do mesmo tipo.[61] Isso é mais importante do que *medida*, já que todas as quantidades são definidas conforme suas partes estejam juntas ou separadas, mas somente as quantidades discretas têm imediatamente uma unidade que pode ser usada como uma medida (essas observações não valem para a quantidade transcendental descrita na Seção III.1). As quantidades permitem o mais e o menos justamente porque têm partes distintas, que permitem comparação. Assim, a Quantidade é uma categoria unificada singular.

A divisibilidade homeômera aplicada a duas espécies de Quantidade dá resultados diferentes. As quantidades discretas têm partes que são do mesmo tipo (as partes dos números são números) e elas são comparadas umas com as outras pela referência à magnitude de unidade que naturalmente têm na qualidade de discretas. Mas, quando aplicadas a quantida-

---

[60] Aristóteles, *Cat.* 6 (4b20-5ª14) e *Metaph.* 5.13 (1020ª10-11).
[61] Ver *In Praed.* qq. 16-17, nn. 13-16, e *In Metaph.* 5, q. 9, nn. 17-32. Nessa última passagem, Scotus indica, em nn. 30-31, que a divisibilidade homeômera é, estritamente falando, o atributo primário próprio da Quantidade, em vez de sua essência ou parte de sua essência: não podemos isolar a essência da Quantidade, já que se trata de uma divisão imediata do ser finito. Ver também *In Metaph.* 7, q. 13, n. 98, para a divisibilidade de quantidades particulares.

des contínuas, Scotus pensa que a divisibilidade homeômera implica uma posição conhecida como "divisibilismo": qualquer quantidade contínua é infinitamente divisível potencialmente (embora não efetivamente), já que cada parte de uma quantidade contínua é ela mesma contínua, e, portanto, capaz de ser ainda dividida em partes divisíveis e assim por diante (*Ord.* 2, d. 2, pars 2, q. 5, nn. 332-353). Scotus passa por dificuldades para defender que a indivisibilidade infinita das quantidades contínuas também tem uma consequência ulterior, a saber, que essas quantidades não são compostas de elementos indivisíveis ("átomos"), embora possam ser constituídas deles.[62] A distinção pode ser explicada da seguinte maneira. Scotus concede que quantidades contínuas podem incluir indivisíveis: um segmento de linha, por exemplo, incorpora dois indivisíveis como seus pontos de limite. Além disso, a divisibilidade potencialmente infinita de uma quantidade contínua sugere que há um número potencialmente infinito desses indivisíveis existindo "na" quantidade (mais precisamente, eles existem *potencialmente* em uma quantidade contínua). Mas um outro passo totalmente diferente é dizer que a quantidade contínua é constituída desses elementos, ainda que de um número potencialmente infinito deles.[63] Por conseguinte, embora haja indivisíveis em uma magnitude contínua, isso não implica que seja composta deles. Scotus dá duas razões para recusar a afirmação. Primeiro, ela seria um erro categorial, já que, então, as quantidades contínuas em última instância seriam o mesmo que quantidades discretas. Segundo, Scotus defende que indivisíveis como os pontos, os quais literalmente não têm extensão, não podem ser "adicionados" finitamente de modo a produzir qualquer magnitude finita – e já que somente um número finito desses indivisíveis são atuais[64], eles não podem constituir uma quantidade contínua (*Lect.* 2, d. 2, pars 2, qq. 5-6, nn. 355-358). A conclusão, então, é que as quantidades contínuas podem resumir-se em indivisíveis, mas não podem ser compostas deles.

---

[62] Se os argumentos de Scotus têm sucesso é outra questão: ver Cross 1998, p. 118-133.
[63] Na matemática contemporânea, esse é o trabalho de uma função mensurável.
[64] N.T.: Do original inglês specific *actual*.

III.2.3. QUALIDADE. A categoria da Qualidade é composta de itens que têm 'semelhante' e 'dessemelhante' como predicados deles. A mesma questão que surgiu em relação à Quantidade aparece novamente na Qualidade, a saber, se há qualquer coisa que unifique a categoria. Aristóteles lista quatro tipos de qualidades: (1) hábitos e disposições, e, assim, ocorrências mentais em geral; (2) capacidades e incapacidades naturais; (3) qualidades e afecções passivas, como a cor e o amargor; e (4) as formas e figuras das coisas. Scotus, de maneira notável, parece não ter chegado a uma conclusão acerca do estatuto categorial dessa divisão. Na sua obra precoce *In Praed.* qq. 30-36, ele dá o passo incomum de apresentar duas maneiras possíveis de analisar a unidade de Qualidade. Primeiro, ele propõe que Aristóteles não está fazendo uma lista de espécies, mas simplesmente "modos" diferentes de qualidades, isto é, diferenças acidentais de vários tipos de qualidades (nn. 35-36).[65] Depois de responder às várias questões levantadas quanto à lista de Aristóteles, Scotus ainda assim propõe uma segunda resposta: que Aristóteles estava na verdade enumerando as espécies de Qualidade e não meros modos, mas que ele se utilizou dessas diferenças acidentais porque as diferenças reais de (1)-(4) são desconhecidas (n. 65). Mais tarde, ao discutir se as categorias são realmente distintas, Scotus observa que duas das divisões de Qualidade estão contidas sob (1) como uma espécie, embora não diga quais são as duas (*In Metaph.* 5, qq. 5-6, n. 113). Nenhuma explicação simples da unidade de Qualidade está por vir.

As qualidades todas são passíveis de mais ou de menos. Algumas qualidades admitem uma gama de variação contínua, como o brilho de um tom de cor, a intensidade de um desejo, o grau de temperatura. Se concebermos começar de um dado ponto básico, pode-se dizer que a qualidade é intensificada ou abrandada na gama dada: *intensio et remissio formarum*. No entanto, se uma qualidade é uma forma simples, como ela pode se aumentar ou diminuir? Scotus argumenta que várias respostas inicialmente possíveis

---

[65] Scotus propõe a mesma interpretação em *Op. Ox.* 4, d. 6, q. 10, n. 14, embora ali ele novamente dê uma explicação alternativa à questão presente (que tipo de qualidade são as virtudes teológicas).

a essa questão devem ser rejeitadas. Primeiro, não podemos identificar as diferentes intensidades com diferentes espécies da qualidade, de modo que gradações diferentes de temperatura são tipos literalmente diferentes de temperatura, pois não há maneira pronta de se identificar as diferenças atômicas de um número infinito de determináveis.[66] À luz da distinção modal de Scotus, discutida acima, isso deveria parecer particularmente plausível, já que dois graus de calor parece diferir não em espécie, mas em grau, e, conforme ele defendera antes, diferenças modais não constituem diferenças formais.

Uma estratégia diferente tenta explicar a metafísica subjacente recorrendo à realização diferencial da qualidade, ou porque a qualidade específica participa em sua Forma em maior ou menor grau ou porque a qualidade é mais ou menos atualizada na instância particular. Scotus rejeita essa estratégia por muitas razões, e a menor delas não é que ela não é explicativa. As diferenças em intensidade qualitativa refletem a medida diferencial em que uma qualidade é de alguma forma realizada em um sujeito, mas então essas "medidas diferenciais" precisam ser explicadas (e da mesma maneira) tanto quanto a variabilidade qualitativa que elas devem explicar.[67] Portanto, uma abordagem diferente do problema da variação qualitativa é necessária.

Scotus sustenta que as qualidades variam em grau pela presença das *partes* da qualidade em questão. Ou seja, a explicação correta de mais ou menos de uma dada intensidade qualitativa se dá pela presença ou ausência de partes homogêneas dessa qualidade.[68] O brilho de uma luz é medido por "força de vela" (a quantidade de luz emitida por uma única vela). Para produzir uma luz mais brilhante, acrescente-se outra vela acesa, que se torna uma nova parte da luz total. É, também, o mesmo tipo de parte: cada parte (vela acesa) acrescenta exatamente a mesma coisa ao todo (brilho). E,

---

[66] Ver *Lect.* 1, d. 17, pars 2, q. 1, nn. 142-143; *Ord.* 1, d. 17, pars 2, q. 1, nn. 202-224, e q. 2, n. 255. A discussão de Scotus é mais complexa do que indiquei aqui: ver Cross 1998, pp. 173-180.

[67] Ver *Ord.* 1, d. 17, pars 2, qq. 1-2, nn. 241-248 para a primeira versão da proposta e *Lect.* 1, d. 17, pars 2, q. 3, nn. 188-196 para a segunda.

[68] Ver *Lect.* 1, d. 17, pars 2, q. 4, nn. 206-239; e *Ord.* 1, d. 17, pars 2, q. 2, n. 249.

assim como com o brilho da luz, da mesma maneira acontece com outras qualidades intensivas – força em cavalos de força, por exemplo. Scotus argumenta que essa teoria funcionará até nos casos mais recalcitrantes. Por exemplo, as diferenças em tons de cor não são claramente o produto de se amalgamar mais das mesmas partes da cor; o azul-escuro não parece ter sido feito pelo acréscimo de mais partes de azul (cada azul igualmente como o anterior) a um dado matiz. Mas o modelo também funciona aqui, mantém Scotus; somos enganados por pensarmos nessas partes como partes espaciais.[69] As partes de azul adicionais não estão ao lado em seguida das partes já existentes, mas, por assim dizer, são desenhadas em cima delas, e qualquer pessoa que conheça crianças e lápis de cor sabe que isso produz um tom mais escuro de azul. Casos de variação qualitativa, portanto, são redutíveis a diferenças quantitativas nas "partes" das qualidades.

III.2.4. RELAÇÃO. Scotus diferencia os seres em *absolutos* e *não absolutos*, e, o último termo, "exprime uma condição de uma coisa com respeito a outra" (*Quodl.* q. 3, n. 12). A distinção serve para separar os itens que envolvem algum tipo de referência a alguma outra coisa dos que não fazem esse tipo de referência. As categorias do ser absoluto são as três primeiras: Substância, Quantidade e Qualidade. As sete restantes, e paradigmaticamente a categoria de Relação, são não absolutas, já que um item que pertence a cada uma delas depende, para seu ser, de alguma coisa que não é nem seu ser nem seu sujeito. Contudo, essa distinção não capta o que é exclusivo da categoria de Relação; no máximo, sugere que as categorias não absolutas poderiam ser amalgamadas. Dessa maneira, Scotus é levado a fazer outra distinção entre as categorias não absolutas: cada uma delas envolve uma relação à sua própria maneira, mas as relações podem ser *intrínsecas* ou *extrínsecamente advenientes*.[70] O sentido dessa distinção é o seguinte:

---

[69] *Lect.* 1, d. 17, pars 2, q. 4, n. 241, argumentado em favor de graus de calor.
[70] Ver *Op. Ox.* 3, d. 1, q. 1, n. 15; 4, d. 6, q. 10, nn. 3-4; 4, d. 13, q. 1, nn. 9-11. Tecnicamente, relações intrinsecamente advenientes existem dados seus extremos e as fundações; as relações advenientes extrinsecamente não.

a categoria de Relação é a única categoria que é completamente definida pela "referência a alguma outra coisa" (isto é, a relação) mencionada anteriormente. Nas seis categorias restantes, afora a relação intrinsecamente adveniente que define sua natureza, deve haver ainda outra relação extrinsecamente adveniente, uma que forme uma condição para que o item categórico esteja presente (*In Metaph*. 5, qq. 5-6, nn. 93-103). Por exemplo, a categoria da Ação inclui itens como *aquecer*, que, por sua natureza, envolve uma relação com algo que é aquecido. Mas para que exista aquecimento não basta haver alguma coisa com a potência passiva para ser aquecida; também deve haver um fator externo que atualize a potência ativa. Isso que atualiza a potência ativa relaciona-se extrinsecamente à ação de aquecer; é uma condição de haver qualquer aquecimento – de maneira semelhante para a categoria da Paixão. As categorias restantes requerem outras circunstâncias externas: o Lugar é um tipo distinto de coisa relativa com sua fundação na coisa localizada e no término do lugar; o Tempo substitui e é substituído por outros itens do mesmo tipo na sucessão; a Posição é uma coisa relativa que existe no todo ou nas partes de uma substância; o Estado (*habitus*) é uma coisa relativa inerente a um corpo que está em volta de ou contido em outro. Portanto, a categoria da Relação é definível de maneira única como a categoria que inclui todas as relações intrinsecamente advenientes e somente elas.

Scotus é um realista no tocante às relações: elas são acidentes que caracterizam objetos individuais (*In Metaph*. 5, q. 11, n. 47) e ao menos algumas são realmente distintas de seus sujeitos e de outros acidentes.[71] Todas as relações, não importa como sejam, têm o traço distintivo de estarem direcionadas "para" outra (nn. 62-63), embora estejam em um único sujeito.[72] Suponha-se, por exemplo, que Sócrates é mais alto do que Platão. Nesse

---

[71] Ver Henninger 1989, cap. 5, para a teoria das relações de Scotus.
[72] Scotus defende que uma relação é primordialmente dirigida somente "para" uma coisa singular (*In Metaph*. 5, q. 11, n. 65) ou, em termos modernos, que relações poliádicas são redutíveis a relações diádicas. Simplesmente suporei esse resultado nesta discussão.

caso, Sócrates tem um acidente particular, nomeadamente, sua estatura, e Platão, da mesma maneira, tem sua estatura particular; esses são acidentes realmente individuais e distintos, já que são inerentes a substâncias individuais realmente distintas. Cada um é também realmente distinto da substância à qual é inerente, já que Sócrates ou Platão poderiam mudar em quantidade e não obstante continuarem existindo. Ora, se a estatura de Sócrates é maior que a de Platão, então um acidente particular também existe em Sócrates, nomeadamente, sua altura (relativamente a Platão). A estatura de Sócrates é chamada de *fundação* da relação. Scotus defende que uma relação em geral não é o mesmo que uma fundação (n. 50): a inerência da estatura particular de Sócrates em Sócrates é uma condição necessária, mas não suficiente, para essa relação existir, já que Sócrates poderia permanecer com a mesma estatura enquanto Platão gradualmente crescesse e ficasse mais alto do que ele.[73] Da mesma maneira, a estatura particular de Platão é necessária, mas não suficiente, já que Sócrates poderia diminuir de estatura com a idade. A estatura de Platão é chamada de *terminus* da relação, e "para" ela é a relação de altura em Sócrates.[74] A própria relação é inerente em Sócrates, não na estatura de Sócrates; acidentes não são inerentes aos acidentes. Sócrates é, dessa forma, o *sujeito* da relação. A relação relaciona seu sujeito à coisa que é o término: a altura é uma relação que vale entre Sócrates e Platão, não entre seus acidentes, embora somente exista dada a fundação em um e o término em outro. Sócrates e Platão são aquilo que a relação relaciona.[75]

---

[73] Ver *Lect.* 2, d. 1, q. 5, n. 184, e *Ord.* 2, d. 1, q. 5, nn. 200-204. Scotus dá vários outros argumentos para essa conclusão.

[74] Scotus indica que uma relação pode ter algo absoluto como seu término (*In Metaph.* 5, q. 11, n. 66): é um artifício desse exemplo o término da altura de Sócrates ser um acidente inerente a Platão. (Isso será importante para relações de terceiro-modo: ver Seção III.2.4).

[75] Dada uma relação, é questão direta determinar sua correlação: transponha-se a fundação e o término, de modo que o antigo término seja a nova fundação e a antiga fundação seja o novo término; haverá agora uma relação no sujeito que tem a nova fundação. Platão ser mais baixo que Sócrates depende dos mesmos acidentes particulares de estatura em cada um, mas, dessa vez, considerados do ponto de vista de Platão, por assim dizer. Correlações são "simultâneas" a relações nesse sentido (*In Praed.* q. 27 e *In Metaph.* 5, q. 11, n. 81).

A relação de altura em Sócrates é ela mesma um acidente particular, realmente distinto de sua fundação e de seu sujeito, já que o segundo não poderia existir sem o primeiro se Platão crescesse. Ora, a discussão precedente não trata da questão ontológica de se a altura que é inerente a Sócrates é corretamente analisada como *altura para Platão* que é inerente em Sócrates – ou, numa formulação mais simples e talvez mais atraente, se a relação em Sócrates é o acidente particular "*mais alto que Platão*".[76] Há duas razões para se sustentar que não é isso. Primeiro, se fosse "*mais alto que Platão*", então seu gênero próprio na categoria de Relação não seria a altura, mas, antes, a *altura para Platão,* e haveria ao menos tantas espécies como há casos individuais de altura. Segundo, indivíduos não podem aparecer nas definições aristotélicas; se considerarmos que a individualidade do acidente permite a inclusão do indivíduo como parte da fórmula do acidente, então o indivíduo diferirá em essência de sua espécie, o que não pode acontecer. Por essas duas razões, então, Scotus conclui que uma relação individual não incorpora uma referência essencial à própria coisa à qual está relacionada. No entanto, resta um problema: o que distingue o fato de Sócrates ser mais alto do que Platão do fato de ele ser mais alto do que Antístenes?

Essa última dificuldade é um caso do problema mais geral de como os acidentes são individualizados. Scotus sustenta claramente que as relações são individualizadas: ele nos diz que "há tantas paternidades em uma pessoa que é pai quantas há filiações nos diversos filhos" (*In Metaph.* 5, q. 12-14, n. 28), para citar um caso entre muitos. Scotus é menos claro do que se deseja sobre esse ponto, mas uma resposta alinhada à sua discussão dos acidentes numericamente distintos (*In Metaph.* 5, q. 7) é que uma relação individual tem um princípio dúplice de individuação, a saber, por meio de sua fundação e por meio de seu término. O término explica o caráter dirigido que uma relação individual tem sem entrar na fórmula de sua essência, não mais do que seu sujeito o faz. Por conseguinte, a altura em Sócrates é a altura com respeito a Platão, mas não é em si mesma uma

---

[76] Essa é a moderna redução padrão das relações diádicas a predicados monádicos: "finalizar" a relação com seu *relatum*.

"*altura para Platão*": sua característica de ser "*para Platão*" pertence à sua essência tanto quanto seu ser em Sócrates.

Scotus examina e rejeita a visão de que todas as relações são de alguma maneira meramente conceituais ou baseadas na mente, que, segundo o slogan dos idealistas britânicos, "somente o pensamento relaciona".[77] Sócrates é realmente mais alto do que Platão independentemente de qualquer atividade mental. Trata-se do paradigma daquilo que Scotus chama de *relação real*: uma relação para a qual a existência real de sua fundação e de seu término são conjuntamente suficientes.[78] Tampouco a categoria de Relação deveria ser dividida em relações reais e relações meramente conceituais; conforme Scotus observa acerbamente, "*rosa* não é dividida em rosas reais e rosas meramente conceituais, pois elas são dois modos de ser da mesma coisa" (*In Metaph*. 5, q. 11, n. 42).[79] Em vez disso, Scotus adota, com qualificações, a lista dos três modos de relação de Aristóteles[80]: (1) relações de primeiro modo são relações numéricas fundadas na Quantidade, sejam elas determinadas ou não; (2) relações de segundo modo são entre o ativo e o passivo, fundadas sobre uma única categoria absoluta; e (3) relações de terceiro modo são "do mensurável à medida", que podem ser fundadas sobre qualquer categoria. A última merece comentário específico, já que tem papel-chave na metafísica de Scotus.

---

[77] *Lect.* 2, d. 1, q. 5, nn. 204-209; *In Metaph.* 5, q. 11, nn. 13-21; *Ord.* 2, d. 1, q. 5, nn. 223-227.

[78] *Quodl.* q. 6, n. 82. Ver também *Lect.* 1, d. 31, q. un., n. 6, e *Ord.* 1, d. 31, q. un., n. 6.

[79] O argumento de Scotus para essa conclusão depende de sua tese de que um objeto enquanto considerado pelo intelecto tem um estatuto ontológico específico, um tipo menor de ser (*esse diminutum*): ver n. 44.

[80] Aristóteles *Metaph.* 5.15 (1020b26-32). Scotus discute cada modo em *In Metaph.* 5, qq. 12-13. Ele acha que a lista é claramente incompleta, já que não há jeito óbvio de classificar relações espaciais, relações temporais e relações semânticas, e muitas outras; por conseguinte, os três modos não são as próprias espécies de Relação, mas, antes, são no máximo paradigmáticos das espécies genuínas (*In Metaph.* 5, q. 11, nn. 57-59).

Três aspectos separam relações de terceiro modo das relações de primeiro e segundo modos. Primeiro, conforme observa Aristóteles, no caso das relações de terceiro modo, a ordenação normal de uma relação é inversa: algo é caracterizado relacionalmente como "o cognoscível", por exemplo, porque pode haver conhecimento a respeito dele, e não o contrário. Segundo, relações de terceiro modo não implicam a existência real das correlações correspondentes: algo pode muito bem ser cognoscível sem que pessoa alguma o conheça (a condição de "não mutualidade"). Terceiro, conforme tradicionalmente concebido, a condição de não mutualidade sugere que relações de terceiro modo servem como um modelo de como itens independentes e dependentes estão relacionados: o conhecedor é dependente do cognoscível para seu conhecimento, mas o cognoscível é o que é independentemente de haver qualquer conhecimento efetivo.

Tradicionalmente, considera-se que os segundo e terceiro aspectos das relações de terceiro modo, quais sejam, a condição de não mutualidade e a condição de dependência, definem as relações de terceiro modo. No entanto, Scotus sustenta que não se trata disso, e que a interpretação tradicional depende de uma mistura inapropriada de mutualidade (que é uma questão de cossubstância) e dependência. Scotus sustenta, em vez disso, que a dependência característica de ao menos algumas relações de terceiro-modo é de dois tipos distintos (*In Metaph.* 5, q. 11, n. 60). Há a dependência em perfeição, que considero ser algo da seguinte sorte: o conhecimento tem de "igualar-se" ao cognoscível, no sentido de que o conhecimento é julgado como tal em virtude de sua exatidão no espelhar o cognoscível. Segundo, há uma dependência existencial: o conhecimento não pode existir sem o cognoscível, mas não o contrário. Quanto à não mutualidade, Scotus defende que relações de terceiro modo são mútuas, mas o que elas relacionam diferem entre si no que tange ao ato e à potência, diferentemente do caso das relações de primeiro e segundo modo (*In Metaph.* 5, qq. 12-14, nn. 100-104). A tese da "não mutualidade" parece ser somente uma maneira confusa de se chegar à diferença entre ato e potência. É claro que Scotus não pretende solapar as dependências genuínas que essas relações envolvem. A mutualidade é uma questão da correlação correspondente (o correlativo). Isso, afinal, tem de estar de alguma maneira presente para servir como uma denominação para o elemento independente: o cognoscível só é cognoscível enquanto relação potencial que possa substituir para um conhecedor. Tampouco a mutualidade implica a dependência mútua.

Scotus deixa claro que sustenta que a correlação de uma relação de terceiro modo preserva a direção da dependência. Já que uma relação pode ser terminada em alguma coisa absoluta, uma correlação de terceiro modo pode simplesmente tomar o ser absoluto inteiro, seu sujeito, como a fundação – já que a fundação não precisa ser distinta da relação ou, nesse caso, da correlação. Quando essas condições existem, a destruição da correlação não produz mudança alguma na sua fundação, o término da relação original. E essa é precisamente a interpretação dada por Scotus da relação entre o criador, Deus, e as criaturas.[81] Em suma, é possível a uma correlação de terceiro modo produzir somente o que veio a ser conhecido como a "mudança de Cambridge", uma mudança que acontece inteiramente em um dos relatos sem nenhuma mudança ontológica no outro. Isso sugere um ponto que Scotus não explicita, mas que, penso, seria bem do seu gosto: um correlativo de terceiro modo, sob as condições descritas neste parágrafo, nada mais é do que uma denominação extrínseca de seu sujeito (Deus não é essencialmente um Criador, embora sejamos essencialmente suas criaturas). Segundo essa interpretação, Scotus pode, de maneira totalmente correta, negar a visão tradicional de que a correlação de uma relação de terceiro modo real é uma relação de razão. Deus realmente é descrito de maneira correta como o Criador, independentemente de haver quaisquer mentes que assim pensem.

Scotus aplica sua análise das relações de terceiro modo em muitos pontos de sua filosofia, talvez de maneira mais notável nas suas definições técnicas do conhecimento [82] intuitivo e abstrativo (*Quodl.* q. 13, nn. 34-

---

[81] *Lect.* 2, d. 1, q. 5, nn. 240-242, e *Ord.* 2, d. 1, q. 5, nn. 261-262; Henninger 1989, p. 78-85.
[82] N.T.: Do original inglês *cognition*.

47). Mas uma aplicação particularmente importante na metafísica é sua análise da relação entre causa e efeito como uma forma de dependência. Passemos agora a esse ponto.

IV. CAUSALIDADE

IV.1. A Ordem Causal

O ser, como vimos na Seção III.1, é transcendentalmente dividido por atributos disjuntivos. Um desses atributos é a divisão "anterior ou posterior": os seres podem ser ordenados uns com os outros com respeito a algum tipo de anterioridade ou posterioridade.[83] Instantes de tempo, por exemplo, ficam em uma ordem linear única de "antes" e "depois"; Scotus chama isso de "ordem de duração". Igualmente, podemos considerar os seres, ou talvez sua natureza, pelas suas "perfeição e nobreza em essência": essa é a "ordem de eminência" de Scotus (*De Primo Princ.* 1.7).[84] Obviamente, nenhum desses casos de anterioridade ou posterioridade é causal. Os itens elencados por cada um são independentes uns dos outros em relação à posição de cada um nas respectivas ordenações. Diferentemente, outras relações de anterioridade e posterioridade envolvem a dependência (essencial), a saber, quando o anterior puder ser sem o posterior, mas não o contrário (*De Primo Princ.* 1.8). Os acidentes dependem da substância dessa maneira; do mesmo modo, as crianças dependem de seus pais dessa maneira, ao menos para virem a ser (embora não para continuarem existindo). No entanto, Scotus interpreta a dependência como mais do que só uma

---

[83] Aristóteles dá múltiplos sentidos de anterioridade e posterioridade em *Cat.* 12 e *Metaph.* 5.11. Scotus defende em *In Praed.* q. 43 e *In Metaph.* 5, q. 8 que todos têm o significado radical de "mais perto (ou mais longe) de um princípio [*source*]". Ver Gorman 1993 para uma discussão dos sentidos "ontológicos" de Scotus para anterioridade.

[84] Talvez a eminência possa gerar uma ordenação linear usando a magnitude – que é o sentido transcendental de quantidade – para hierarquizar as essências. Ver Seção III.1.

ligação necessária, explicando-a da seguinte maneira: "ainda que o anterior fosse necessariamente a causa do posterior, e, por conseguinte, não fosse capaz de ser sem ele, isso não se dá porque ele requer o posterior para sua existência, mas o contrário" (*IBID.*). Há uma distinção a ser feita entre (1) o que é requisito para o ser de *X* e (2) o que decorre de se postular o ser de *X*, mesmo que decorra da própria natureza de *X*.[85] Suponha-se que *A* é uma causa necessária de *B*, e que *B* cause necessariamente *C*. Se *B* existe, então tanto *A* como *C* devem existir. No entanto, *A* e *C* não são um par, já que *B* depende de *A* como sua causa, mas não de *C*. Naturalmente, nem todas as causas são causas necessárias, mas Scotus sustenta que pode haver dependência mesmo quando somente causas necessárias estejam envolvidas.

A ordem de dependência, contudo, não é idêntica à ordem causal; é mais geral. Primeiro, pode haver dependência onde costumeiramente não falaríamos de causalidade. Uma substância não é normalmente a "causa" de seus acidentes contingentes, nem um sujeito é a causa de seus atributos apropriados. Segundo, Scotus introduz especificamente uma espécie não causal de dependência que tem um papel-chave na sua prova da existência de Deus: sua "terceira divisão" da ordem de dependência (*De Primo Princ.* 1. 11-14), que aparece em duas variedades. Embora não seja causal, tal relação de dependência é induzida por relações causais, particularmente pela presença de uma causa comum.

Uma dada causa pode ter um ou vários efeitos, e cada um desses efeitos pode, por sua vez, ser ele mesmo uma causa que pode ter um ou vários efeitos adicionais (obviamente, esses *efeitos que viram causas* podem produzir seus próprios efeitos, ou a partir de si mesmos, ou em combinação com outras cocausas parciais). Assim, temos uma ordem parcial definida sobre todos os efeitos de uma dada causa. Elementos adjacentes na ordem parcial são *aproximados*, elementos não adjacentes são *remotos*. Agora, suponha-se que *A* seja a causa aproximada tanto de *B*

---

[85] A frase "ser de *X*" é deliberadamente ambígua entre a existência de *X* e a essência de *X* (o que é ser *X*).

como de *C*, mas que *A* não possa causar *C* até que tenha causado *B* (não que *B* concorra em causar *C*; *A* só tem de tirar *B* de seu sistema, por assim dizer, antes de causar *C*).[86] Nesse caso, diz Scotus, "*C* depende de *B*". A relação não é causal, já que nenhum é a causa do outro[87], embora tenham uma causa aproximada comum. Esta é a primeira espécie de relação de dependência não causal de Scotus.

Para os elementos remotos, suponha-se que *A* tenha os dois efeitos aproximados *B* e *C*, mas ainda que *B* causa *D*. Nesse caso, *D* é o efeito aproximado de *B*, mas o efeito remoto de *A* (ou igualmente *B* é a causa aproximada de *D* e *A* é a causa remota de *D*). Aqui, *C* e *D* têm uma causa comum, a saber, *A*, embora o primeiro seja um efeito aproximado de *A* e o segundo seja um efeito remoto de *A*. Numa situação dessas, diz Scotus, o efeito remoto depende do efeito aproximado de sua causa comum – isto é, *D* depende de *C*. Todavia, a relação de *C* e *D*, novamente, não é ela mesma causal, pois nenhum é a causa do outro. Essa é a segunda espécie de relação de dependência não causal de Scotus.

A ordem causal é, portanto, um tipo específico de dependência, a saber, um tipo em que a dependência do posterior com relação ao anterior é direta, tendo a ver com o exercício das potências[88]. Eis por que a causalidade fica dentro do âmbito da metafísica, visto que a divisão "ser por que outro é" (causa) e "ser devido a outro" (efeito) classifica os seres independentemente de qualquer coisa que seja especificamente física, isto é, independentemente da mudança ou do movimento.[89]

A "quarta divisão" (*De Primo Princ.* 1.15) de Scotus é a "bem conhecida" classificação dos quatro tipos de causas e seus efeitos correspondentes: formal,

---

[86] O fato de que *C* é portanto produzido mais tarde no tempo do que *B* não faz dele um efeito "remoto" no sentido técnico de Scotus, o que depende da presença de intermediários causais.

[87] Essa inferência vale somente se Scotus rejeitar a assim chamada causalidade *sine qua non*. Ele recusa: ver *Ord.* 1, d. 3, pars 3, q. 2, n. 415.

[88] N.T.: Do original inglês *powers*.

[89] Ver *In Metaph.* 9, qq. 3-4, n. 16; o mesmo ponto é feito em *In Metaph.* 1, q. 1, n. 83.

final, material e eficiente.[90] Para cada tipo de causa pode ser dada uma interpretação puramente metafísica.[91] Além disso, cada uma produz seu próprio resultado: a causa formal produz o que é formado, a causa material, o que é feito material (*materiatum*), a causa final produz seu fim (*finitum*), e a causa eficiente produz seu efeito.[92] Esses resultados podem coincidir na realidade como quando as causas material e formal constituem uma única coisa: por exemplo, o mármore e a forma são combinados pelo escultor para produzir uma estátua. As causas material e formal são intrínsecas, ao passo que as causas eficiente e final são tipicamente extrínsecas. Neste exemplo, o escultor é a causa eficiente e seu pagamento (digamos) é a causa final.

O exemplo do escultor, simples como é, ilustra uma importante tese sobre a causalidade: causas múltiplas podem agir simultaneamente para produzir dado efeito.[93] Scotus defende que as quatro causas não só combinam entre si para produzir um dado efeito, mas são *essencialmente ordenadas* na sua produção da única e mesma coisa (*De Primo Princ.* 2.29-32),

---

[90] Scotus sustenta que esses são todos os tipos de causas existentes (*Ord.* 1, d. 3, pars 3, q. 2, n. 415). Em um texto cancelado que originalmente fazia parte de n. 414 ele cita com aprovação a prova da *sufficientia* de Averróis para as quatro causas apresenta em seu *In Phys.* 2 com. 30-31.

[91] *In Metaph.* 9, qq. 3-4, nn. 16-18. O ponto é evidente para os primeiros três, mas requer um pouco de cuidado para se lidar com a causa eficiente. Scotus defende que a causalidade eficiente envolve apenas "conferir existência", ao invés do "produzir algo" mais físico, mesmo que essa existência só possa ser conferida por meios físicos (com a notável exceção da criação eficiente do mundo a partir do nada por Deus).

[92] *De Primo Princ.* 1.15. O idioma inglês não tem um termo correspondente para o preciso *causatum* usado por Scotus, que designa o que uma causa provoca; usarei "efeito" em sentido amplo com esse propósito de traduzir *causatum*.

[93] Scotus discute a causalidade concomitante em *Ord.* 1, d. 3, pars 3, q. 2, nn. 495-496, e *Quodl.* q. 15, nn. 33-35. As causas podem concorrer de maneira igual ou desigual. No primeiro caso, cada causa exerce o mesmo tipo de potência, e as duas causas operam conjuntamente, como quando duas pessoas levantam uma mesa. No segundo caso, as causas estão ordenadas essencialmente umas para com as outras de tal maneira que uma causa mais elevada move a causa mais baixa e a causa mais baixa não move sem a causa mais elevada (a relação entre a alma e a forma do corpo pode ser assim: ver Seção V.2). Cada uma dessas maneiras tem ainda mais divisões.

uma conclusão explorada abaixo. A noção scotista de "ordem essencial" das causas é fundamental para sua metafísica. Causas de mesmo tipo podem formar uma ordem essencial, também, ou podem formar somente uma ordem acidental. Mas antes de poder explorar essa noção, precisamos primeiro distinguir causas *per se* de causas acidentais.[94] Brevemente, uma causa é *per se* se seu efeito é um objeto *per se* de sua potência causal (tal como definida na Seção I), ou seja, ela produz o dado efeito por sua própria natureza. Construtores constroem casas e, dessa maneira, são a causa *per se* dos edifícios; também podem criar congestionamentos no tráfego ao bloquear ruas, mas são somente a causa acidental ou incidental dos congestionamentos. De maneira mais precisa, causas acidentais não estão relacionadas imediatamente ao conteúdo da potência que é exercitada no ato de causar um dado efeito, ao contrário das causas *per se*.

Scotus sustenta que uma ordem essencial consiste em itens que são relacionados por uma ordenação de prioridade ou em uma linha causal ou nas ordens de eminência ou em uma variedade de dependências não causais esboçadas nos primeiros dois parágrafos desta seção, onde as ordens essenciais são distinguidas das ordens acidentais por três aspectos[95]: (1) o posterior depende *per se* do anterior na medida em que o posterior é por sua vez uma causa; (2) a causalidade do anterior tem uma característica distinta, já que é mais perfeita ou mais completa; e (3) todos os membros da série são simultâneos. A ideia-chave operante aqui é a de que uma causa não pode somente causar seu efeito, mas pode também causar a causalidade de seu efeito. Considere-se o seguinte exemplo. Seguro um graveto em minha mão, e com ele movimento uma pedra; o graveto tem a potência[96] de mover a pedra, já que o faz, mas só pode exercer essa

---

[94] Uma causa *per se* também é chamada de "causa essencial", o que pode ser enganador: uma ordem de causas essenciais pode não ser uma ordem essencial de causas, conforme indicado por Scotus em 2.33 e 3.10; ver também *In Metaph.* 2, qq. 4-6, n. 80, e 5, q. 8, n. 7. Uma série de bolas de bilhar que colidam ou a série dos ancestrais são exemplos disso.

[95] *De Primo Princ.* 3.11; Ver também *In Metaph.* 2, qq. 4-6, nn. 80-101, e 8, qq. 2-3, n. 128 para (b).

[96] N.T.: Do original inglês *power*

potência causal por causa de minha atividade. O graveto é a causa aproximada do movimento da pedra, e eu sou a causa remota desse movimento; poderíamos dizer com igual justiça ou que o graveto move a pedra ou que eu o faço. Mas, mais importante, eu sou a causa aproximada da causalidade do graveto, já que o graveto só causa o movimento da pedra por meio de meu exercício da minha potência causal. O graveto poderia ter a potência de mover a pedra (de uma maneira que uma bolha de sabão, digamos, jamais poderia), mas a potência fica inerte até que eu exercite minhas potências. Assim, a minha potência de produzir a atividade causal do graveto é mais perfeita e mais completa do que a mera potência do graveto de assim fazer. Além disso, é claro que o graveto exercita sua causalidade de mover a pedra só enquanto eu estou exercitando as minhas potências; a causalidade do graveto tem de ser simultânea ao meu exercício da minha causalidade. Por conseguinte, são simultâneos.

A força da concepção scotista das ordens essenciais pode não ser evidente de maneira imediata. Examinarei duas das muitas aplicações de sua teoria: a relação entre as quatro causas, e, na próxima subseção, a alegação de que ao menos algumas ordens essenciais têm de ter uma primeira causa.

Scotus sustenta que as quatro causas estão ordenadas essencialmente na sua causação de uma única e mesma coisa. Ele argumenta da seguinte maneira.[97] O tipo de ordem possuída pelas quatro causas fica claro com base na ordem exemplificada pelo fim e pela eficiente: o fim causa a causalidade da causa eficiente porque a causa eficiente só causa (eficientemente) em virtude de perseguir o fim. Se o fim não fosse perseguido, a causa eficiente não seria posta em movimento. Essa é uma ordenação essencial,

---

[97] *De Primo Princ.* 2.25-32; Ver também *In Metaph.* 5, q. 1, nn. 54-59. Scotus dá um argumento específico para sua conclusão em *De Primo Princ.* 2.30. Se se pode esperar que alguma coisa produza outra que é essencialmente uma, e o produto decorrer de uma pluralidade de causas, então as causas estão relacionadas umas às outras como o ato e a potência ou possuem uma unidade de ordem. Ele então indica que as quatro causas não estão todas relacionadas como o ato e a potência (somente a matéria e a forma assim estão). Ele então adiciona que as quatro causas produzem uma coisa que é essencialmente uma, a saber, o composto (ver Seção V.3). Portanto, as quatro causas possuem uma unidade de ordem no seu causar um efeito que é essencialmente uno.

conforme descrito anteriormente. Por conseguinte, o tipo de dependência essencial que existe entre as quatro causas é o de uma causa depender de outra para sua causalidade. A eficiente não seria movida a produzir efeito, a menos que o fim a movesse (metaforicamente) para a ação. A eficiente depende da final para sua causalidade.[98] Agora, se há uma ordem essencial entre as causas final e eficiente, ela não pode ser uma função de dependência não causal, já que as causas final e eficiente não têm uma causa comum. Antes, ela deve cair sob a quarta divisão scotista como uma ordem direta entre as causas. A causa final não precisa causar a existência da causa eficiente, é claro; o pagamento não faz existir o escultor. Antes, a causa final (o pagamento) faz com que a causa eficiente (o escultor) exercite seus poderes eficientes para produzir o efeito (a estátua). Por conseguinte, a causa final é anterior à causa eficiente, enquanto causa, porque a causa final faz (finalmente) com que a causa eficiente produza o efeito.

É claro que a causa eficiente não causa finalmente a matéria, tampouco a forma. No entanto, ela causa eficientemente a causalidade da matéria assim como causa eficientemente a causalidade da forma. O escultor combina a matéria e a forma de tal maneira que produz uma estátua. Isto é, a causa eficiente faz com que a matéria seja informada (da maneira como é) e faz com que a forma seja "materializada" (da maneira como é). Por conseguinte, a eficiente causa (eficientemente) a causalidade tanto da matéria como da forma. Isso quer dizer que a eficiente é a causa comum da causalidade da matéria e da causalidade da forma (2.32). Além disso, desses dois efeitos comuns da causa eficiente, a matéria é anterior à forma, já que possui um ser próprio (ver Seção V.1); por conseguinte, a causa material é anterior à formal na primeira variedade scotista de dependência não causal.

---

[98] Por que o fim não depende do eficiente para sua causalidade, já que sem a causa eficiente a final não conseguiria produzir seu resultado? Porque o fim inicia a sequência de causas movendo a causa eficiente à ação. Então, embora aja por meio das causas eficientes, a causa final é anterior, uma vez que inicia o movimento. A causa eficiente de maneira alguma move a causa final à ação.

Scotus pode combinar esses diferentes tipos de ordenação essencial juntos para produzir uma ordenação essencial única e unificada de causas pela aplicação de seu "teorema da transitividade": se *A* é anterior a *B*, e *B* é anterior a *C*, então *A* é anterior a *C* (*De Primo Princ.* 2.5). Esse teorema não restringe as anterioridades ao mesmo tipo de dependência.[99] Portanto, a final (enquanto final) é anterior à eficiente (enquanto eficiente) em virtude da causalidade final; a eficiente (enquanto eficiente) é a causa comum (eficiente) da material (enquanto material) e da formal (enquanto formal). Esse é o sentido em que as quatro causas podem ser unidas para produzir um único e mesmo resultado.

IV. 2. A Existência de Deus

Scotus aplica o aparato técnico desenvolvido na subseção precedente na sua prova da existência de Deus.[100] Sua prova é discutida longamente no capítulo 6. Examinarei aqui somente a aplicação que ele faz de sua análise da causalidade em seu argumento de que uma infinidade de coisas essencialmente ordenadas é impossível, que procede da seguinte maneira[101]:

---

[99] Isso é levemente impreciso; não se pode misturar a eminência e a dependência no teorema da transitividade. Prova: a forma depende da matéria; por conseguinte, a matéria é anterior à forma. Mas a forma é mais eminente que a matéria; por conseguinte, a forma é anterior à matéria. Se a transitividade pudesse cruzar a primeira divisão de Scotus, haveria um círculo em uma ordem essencial. Note-se que Scotus explica cuidadosamente o teorema da transitividade disjuntivamente em termos de dependência e eminência.

[100] Temos várias versões dessa prova. Ver *Lect.* 1, d. 2, pars 1, qq. 1-2; *In Metaph.* 2, qq. 4-6; *Ord.* 1, d. 2, pars 1, qq. 1-2; *Rep.* 1A, d. 2, qq. 1-4 (texto em Wolter e Adams 1982); e todo o *De Primo Principio*. Há também várias discussões relatadas nas aulas de Scotus em Paris. Ver Cress 1975 para uma pesquisa da literatura para esse ponto. A prova de Scotus tem até seus imitadores modernos: ver Loux 1984.

[101] *De Primo Princ.* 3.12-13: *Infinitas essentialiter ordinatorum est impossibilis... tum quia universitas causatorum essentialiter ordinatorum est causata; igitur ab aliqua causa quae nihil est universitatis; tunc enim esset causa sui; tota enim universitas dependentium dependet et a nullo illius universitatis.* Em outras versões da prova a formulação é parecida.

Uma infinidade de coisas que estão essencialmente ordenadas é impossível... Prova: a totalidade de coisas causadas que estão essencialmente ordenadas é causada, e portanto é causada por alguma causa que não é parte da totalidade, pois então seria a causa de si mesma; pois o todo da totalidade de coisas dependentes é dependente, e não de qualquer coisa que pertença à totalidade.

Esse argumento denso e intrincado – chamemo-lo de "Argumento Causal" – é o motor de toda a prova de Scotus. Ele serve para estabelecer a existência de ao menos uma única causa não causada da totalidade ou série de coisas causadas que constituem uma ordem essencial. Scotus afirma o Argumento Causal em sua generalidade completa, sem referência ao tipo de causalidade em questão: ele funciona para qualquer ordem de causas em que uma única delas gera séries de causas. Ele o aplica aqui à causalidade eficiente; mais tarde será aplicado sem modificações à finalidade (3.29-30). Depois de usar o Argumento Causal para deduzir a existência de causas não causadas em cada uma das distintas ordens causais – há uma prova completamente diferente para a ordem não causal de eminência – Scotus passa então a argumentar que um único e mesmo item tem de ser o primeiro em cada uma das ordens; e, disso, basta um curto passo para provar que essa única primeira causa tem os atributos divinos relevantes. O Argumento Causal, então, sustenta o resto da prova de Scotus. Mas exatamente o que ele prova?

Scotus considera que o Argumento Causal exclui a possibilidade de uma infinidade de coisas que são essencialmente ordenadas (isto é, para alguma ordem essencial; doravante, não lembrarei mais disso). Algo parecido com isso tem tradicionalmente sido o ponto fraco de argumentos causais em favor da existência de Deus, já que não parece haver razão alguma pela qual não poderíamos ter uma série em que qualquer elemento dado sempre tenha uma causa aproximada anterior. No entanto, antes de desfazermos a prova de Scotus, um rápido olhar mostra que ele não tenta mostrar que entre qualquer par de elementos na série deve haver somente um número finito de outros elementos na série. Esse ponto simplesmente não é tratado. O que ele tenta sim mostrar no Argumento Causal é que qualquer série ascendente de coisas essencialmente ordenadas deve ser limitada por algo que é simplesmente primeiro com respeito a essa ordem.

Um momento de reflexão sobre a etimologia da palavra "infinito" confirma esse ponto, já que *in-finitum* literalmente significava ilimitado. Por conseguinte, o Argumento Causal pretende provar que qualquer totalidade de coisas causais que são essencialmente ordenadas deve ser limitada, isto é, que a série deve ter alguma causa não causada.[102] Não há totalidade ilimitada alguma de coisas ordenadas essencialmente, mesmo que o limite para a totalidade esteja infinitamente (no sentido moderno principal) distante de qualquer elemento dado da série em que se comece a traçar a cadeia causal.

Scotus começa o Argumento Causal com a alegação de que a totalidade de coisas causadas que estão ordenadas essencialmente tem ela mesma uma causa. Ele não dá uma prova dessa alegação, mas podemos construir uma em seu nome. Em *De Primo Princ.* 3.5, Scotus usa o princípio de que nada pode vir a existir a menos que tenha sido causado (*ex nihilo nihil fit*). Mas a totalidade de coisas causadas que são ordenadas essencialmente passa ela mesma a ser, já que, de outra maneira, ela não seria uma totalidade de coisas assim causadas (totalidades são totalidades existentes). Por conseguinte, a totalidade é causada. Mas se algo é causado, então deve ter ao menos uma causa. Portanto, a totalidade tem uma causa: chamemo-la de *C*.

A seguir, Scotus defende que *C*, a causa da totalidade, não é parte da totalidade, pois, se fosse, pertenceria a algo de que é a causa, e isso é impossível, já que nada pode ser causa de si mesmo. No entanto, embora *C* não seja parte da totalidade, a totalidade é essencialmente ordenada para *C*: por definição, *C* causa a totalidade, e, então, é aquilo pelo que a totalidade existe e que ela requer. Com efeito, deve ficar claro que *C* tem de estar na série de causas essenciais que está correlacionada com a totalidade. Porque a totalidade em questão é uma totalidade de coisas que são causadas – um ponto que é importante para se entender o caráter metafísico da prova de Scotus, que deve ser considerado logo mais. A série correlata pode incluir a maioria das coisas em dada totalidade, se não todas elas, mas o argumento de Scotus não supõe isso.

---

[102] Mais exatamente, o argumento causal demonstra que qualquer totalidade de coisas essencialmente ordenadas é limitada pela causa primeira na série correlata de causas, conforme veremos na reconstrução da demonstração.

Por fim, Scotus chega à conclusão de que C deve ser primeiro na série correlata de causas: "o todo da totalidade de coisas dependentes é dependente, e não de alguma coisa que pertence a essa totalidade" – visto que C não fosse primeiro na série correlata de causas. Então C teria alguma causa. Mas se C tem uma causa, por definição C é causado. Mas se C é causado, então tem de pertencer à totalidade de coisas causadas (que de outra maneira não seria uma totalidade já que C ficaria de fora dela). Mas, pelo argumento dado no parágrafo anterior, isso é impossível. Por conseguinte, C tem de ser primeiro, e a totalidade é limitada por ele. Portanto, dada a totalidade de coisas essencialmente causadas, há alguma causa que é a causa da totalidade e não é ela mesma causada. Ela é simplesmente primeira. Assim, não pode haver uma totalidade ilimitada de coisas que são essencialmente causadas: C.Q.D.

O Argumento Causal, tal como reconstruído aqui, depende de se distinguir a totalidade de coisas causadas da série correlata de suas causas. A compreensão da razão pela qual Scotus começa com a totalidade de coisas causadas, em vez de com as causas, ilumina diretamente o caráter metafísico de sua prova, já que o Argumento Causal é uma peça de pura metafísica: ele não inclui quaisquer alegações sobre os seres contingentes no mundo.[103] Em *De Primo Princ.* 3.4-6, no processo de montar o todo de sua prova, Scotus é cuidadoso em apontar que está procedendo em termos do possível em vez de em termos do efetivo. Especificamente, ele começa com a premissa (metafisicamente necessária) de que alguma natureza é contingente, que é uma alegação sobre o "ser quiditativo", em vez de sobre qualquer ser efetivo. Tais alegações sobre o possível são necessárias, conforme ele diz (3.5), e, portanto, têm a força modal necessária para demonstrações metafísicas. E mais, elas claramente não envolvem nenhuma mudança ou movimento, e, por conseguinte, não são parte da física. O Argumento Causal reflete o comprometimento de Scotus com a investigação metafísica ao iniciar-se com efeitos meramente possíveis (a saber, naturezas causáveis) e

---

[103] Scotus caracteriza todo o *De Primo Principio* como metafísica: ver 4.86.

deduzir a existência de uma primeira causa efetiva deles, enquanto recorre somente a axiomas sobre ordens essenciais de causas.

Além de chegar à conclusão definitiva de que há um ser pessoal infinito e perfeito, criador e objetivo de tudo que há, o Argumento Causal ilustra uma concepção de metafísica que é típica de Scotus – porque nela, Scotus explora a natureza de ser por meio das maneiras em que os seres estão relacionados uns com os outros. Vem à luz que a estrutura causal do mundo tem uma ordem subjacente, desnudada pela investigação metafísica, que mostra como diferentes espécies de coisas dependem umas das outras. Nesse sentido, a metafísica preocupa-se com todas as coisas na medida em que são "atribuídas a Deus" (*In Metaph.* I, q. 1, n. 96).

IV.3. Automudança

Há aspectos causais do mundo físico que admitem investigação metafísica, mesmo sem referência a Deus. Um exemplo é dado pela doutrina scotista da possibilidade da automudança – com efeito, doutrina segundo a qual a automudança é um aspecto bastante difundido do mundo físico. Por "automudança", Scotus tem em mente casos de mudança em que o agente e o paciente envolvidos são realmente idênticos.[104] Em sentido amplo, "mu-

---

[104] Scotus discute a possibilidade geral de automudança definitivamente em *In Metaph.* 9, q. 14. Ele considera o caso do movimento local, e, em particular, o movimento da luz e dos corpos pesados, em *Ord.* 2, d. 2, pars 2, q. 6. A automudança quantitativa no caso de aumento e diminuição é considerado em *Rep.* 4 , d. 44, q. 1, e no caso de condensação e rarefação em *Op. Ox.* 4, d. 12, q. 4. A automudança qualitativa na atividade das sementes e do sêmen é considerada em *Op. Ox.* 2, d. 18, q. un., e 3, d. 4, q. un. A automudança na vontade é discutida extensamente em *In Metaph.* 9, q. 15, e in *Op. Ox.* 2, d. 25, q. un.; a automudança no intelecto, *Ord.* 1, d. 3, pars 3, q. 2, nn. 486-494, e 2, d. 3, pars 2, q. 1, bem como *In De an.* q. 13 (essa obra é considerada espúria por alguns). Há discussões frequentemente paralelas também na *Lectura*. Ver King 1994. Há um argumento em Sylwanowicz 1996, cap. 6, de que Scotus desenvolveu a distinção formal a partir de reflexões sobre o automovimento.

dança" refere-se a qualquer caso em que o *não ser* é anterior ao *ser*, mas para a maioria dos propósitos um sentido estrito de "mudança" foi considerado mais útil, captado na concepção de que a mudança envolve "um movimento para a forma" (*Phys.* 6.5 235^{b}6-7). Três princípios estão envolvidos: o sujeito da mudança, que é o substrato que persiste; uma forma *f*; e a falta inicial de *f* no sujeito – de modo que o sujeito não é *f* (mas é potencialmente para *f*). Uma mudança começa com o ser do sujeito meramente em potência para *f* e termina com o sujeito informado por *f* em ato; o movimento "entre" esses dois polos é propriamente a mudança, na qual a potência do sujeito para *f* é progressivamente atualizada.[105] Já que a mudança envolve essencialmente a atualização de uma potência, um quarto fator também precisa ser adicionado a essa análise: a causa, ou, de maneira mais geral, o *princípio*, da atualização da potência. Isso exige alguns comentários.

Scotus expressa sua discussão da mudança em um nível abstrato, falando de princípios em vez de causas. Ora, princípios estão para as causas como o gênero para a espécie: as causas são só um tipo de princípio (*Metaph.* 5.1, 1013ª 17). Aproximadamente, na medida em que princípios são considerados como constituintes metafísicos dos seres, um princípio, como um constituinte metafísico de algo, é a fonte de algum aspecto ou propriedade que a coisa possui. Forma e matéria são princípios de uma substância material nesse sentido, e assim também potência e ato. Distinções paralelas àquelas traçadas no caso da causação valem também para os princípios, para os quais Scotus cunha um vocabulário artificial. A ver-

---

[105] Scotus, como a maioria dos filósofos medievais, considerava a observação de Aristóteles de que "o movimento ou a mudança" são "a atualização de uma potência enquanto potência" (*Phys.* 3.1 [201a 11-12]) como a definição real de mudança, na qual a cláusula "enquanto potência" era compreendida com referência a todos os estados do sujeito intermediários entre cada término da mudança. Casos de mudança que são movimentos foram definidos com mais precisão em *Phys.* 3.1 (201a 28-29) como a "atualização do móvel enquanto móvel": o substrato que persiste é a substância, e a forma em questão pertence a uma das categorias da Quantidade, da Qualidade ou do Lugar. A explicação de Scotus vale em geral para os automutantes, e, com isso, ao caso mais particular dos automovedores.

são mais geral da causação é chamada de "principiação" (*principiatio*), e a atividade a ela correspondente é chamada de "principiar" (*principiare*). O resultado da atividade *principiativa* é o que se chama de "principiado" (paralelamente ao efeito em um caso de causação). No entanto, diferentemente de um efeito estritamente causal, o resultado de uma atividade *principiativa* não precisa ser alguma coisa que seja distinta: pode ser a própria atividade *principiativa*, como no caso das potências geralmente chamadas de "operações" (potências cujos atos são internos e perfectivos ao agente: ver *Quodl.* q. 13, n. 47). Assim, a explicação causal é somente uma única variedade de explicação *principiativa*; como a explicação causal, uma explicação *principiativa* de uma mudança particular citará alguma coisa como o princípio responsável pela mudança, em que a mudança é o resultado de uma atividade *principiativa*. Na maior parte das vezes, Scotus interpretará os princípios envolvidos nos casos de automudança como potências ativas ou passivas.[106]

A atualização de uma potência, conforme descrita, é um caso de mudança. A existência da forma no sujeito depende de princípios que são lógica, se não temporalmente, anteriores, os quais explicam os poderes[107] que ele pode exercer, seja ativo ou passivo. Scotus argumenta primeiro que a automudança é possível em geral, e em seguida considera a realidade da automudança em casos particulares. Seu argumento em favor da possibilidade da automudança, dado em *In Metaph.* 9, q. 14, n. 24, vai da seguinte maneira. O objeto primário de uma potência para *f*, seja ativo ou passivo, tem de ser geral. Mas, conforme vimos na Seção I, tudo que estiver contido sob o objeto primário de uma potência tem de ser um objeto *per se* dessa mesma potência. Ora, se for possível para uma única e mesma coisa ter uma potência ativa para *f* e uma potência passiva para *f*, então uma única e mesma coisa pode, ao menos em princípio, ser o objeto *per se* passivo de sua própria potência causal ativa.

---

[106] A distinção entre potências ativas e passivas corresponde *grosso modo* a nossas noções modais ordinárias de habilidades e capacidades, respectivamente.

[107] N.T.: Do original inglês *powers*.

Além de seus detalhes técnicos, a intenção do argumento de Scotus deve ser clara: as potências estão geralmente direcionadas para tipos de indivíduos, e não há razão pela qual um indivíduo com uma dada potência não deva cair sob o tipo geral para o qual a potência está dirigida e, então, possivelmente ser o recipiente de sua própria atividade causal. Para um caso desses ser mais do que possível, contudo, um tipo particular de atividade causal é exigido. A causação é *unívoca* quando a forma produzida é especificamente a mesma que uma forma contida na causa, e *equívoca* quando não.[108] Scotus defende que a automudança só é possível em casos de causalidade equívoca, já que para ocorrer qualquer mudança o sujeito tem de ser inicialmente desprovido da forma – mas, por definição, uma causa unívoca já possui a forma dada e, por conseguinte, não é desprovida dela (*Ord.* I, d. 3, pars 3, q. 2, n. 514).

De acordo com Scotus, então, a automudança é possível quando uma única e mesma coisa tem uma forma *f* que fundamenta a potência causal ativa para causar equivocamente outra forma *y* e também está em potência passiva para receber *y*. Na linguagem dos princípios, uma única e mesma coisa tem um princípio ativo para produzir uma forma, que ela presentemente não tem, e um princípio passivo de receber essa forma, e esses dois princípios conjuntamente produzem (ou "principiam") o resultado (*In Metaph.* 9, q. 14, nn. 84-85). Um exemplo poderia esclarecer a tese de Scotus: "uma pedra é informada pela forma *peso*". Por conseguinte, ela é ativa com respeito ao peso, ou, em linguagem clara, a pedra é efetivamente pesada. Ora, é um fato que a pedra tem uma potência *principiativa* passiva para ser movida para baixo. No fim das contas, pedras podem ser movidas para

---

[108] Isso não é o mesmo que a distinção entre a causalidade *per se* e a acidental, já que uma coisa poderia produzir de sua natureza equivocamente um dado efeito. Há dificuldades particulares no caso em que a causa "contém eminentemente" a forma do efeito: ver *Quodl.* q. 5, nn. 23-24.

baixo! Por conseguinte, a pedra está em potência para o movido para baixo e é passiva relativamente ao movimento para baixo. Agora, suponha-se que a forma *peso* produza uma potência *principiativa* ativa na pedra. Para que essa potência *principiativa* passiva poderia ser? Parece claro que o peso de um corpo está intimamente ligado ao seu mover-se para baixo. Suponha-se que a potência *principiativa* passiva engendrada na pedra por seu peso sirva para atualizar a potência *principiativa* passiva da pedra para ser movida para baixo, de modo que o par de potências *principiativas* passivas produzam conjuntamente na pedra a forma *mover para baixo* como um resultado. Por conseguinte, a pedra é ativa com respeito ao movimento para descendente em virtude de sua potência *principiativa* ativa, mesmo que efetivamente não se mova para baixo. A pedra, portanto, é passivamente capaz de ser movida para baixo, e é ativa com respeito à forma *mover para baixo*. Em outras palavras, ela é automovente.

Segundo a análise de Scotus, há um sentido genuíno em que é uma única e a mesma coisa que se automodifica, mesmo que ela não o faça pela operação de princípios internos que podem ser realmente distintos. É o escultor, e não suas mãos ou sua habilidade de cinzelar o mármore, a causa da estátua, mesmo que ele só possa ser a causa por meio do exercício de suas habilidades com as mãos. O mesmo vale para as potências *principiativas* ativa e passiva (*In Metaph.* 9, qq. 3-4, nn. 19-20). É uma questão de física, e não de metafísica, saber se uma coisa tem todos os princípios requeridos necessários para o automovimento; tudo depende de se as modalidades *principiativas* apropriadas estão realizadas apropriadamente no sujeito. Por exemplo, o poder de locomoção de um animal é devido à localização das potências relevantes em distintas partes constituintes do animal: a alma tem a potência *principiativa* ativa de mover o corpo, e o corpo tem a potência *principiativa* passiva de ser movido, cuja combinação pode resultar na locomoção. Se isso acontece efetivamente não é uma questão para o metafísico.

V. PARTICULARES

V.1. Matéria

É notório que Scotus defende a existência da matéria primordial.[109] Ele começa com a explicação dada por Aristóteles da mudança substancial, que ele diz ser "mais efetiva do que outros argumentos (ainda que alguns a rejeitem)": todo agente natural requer algo passivo sobre o que agir e que é mudado de um oposto a outro; mas um oposto não é em si mudado em outro (a brancura não se torna negritude); por conseguinte, assim como na mudança acidental, deve haver algo na geração ou na corrupção substancial que permaneça o mesmo, subjazendo à mudança de uma forma oposta e outra – e isso é a *matéria*.[110] A menos que haja um substrato preexistente que persista por intermédio da mudança substancial, literalmente não haveria mudança, no sentido técnico: uma substância brotaria no não ser e outra no ser, mas não haveria devir. A "mudança" substancial ocorreria somente segundo o modelo da criação divina ou da transubstanciação.[111] Scotus conclui que, em qualquer caso de mudança substancial, deve haver alguma matéria. Que tipo de ser é ela?

Para resolver essa questão, Scotus traça uma distinção entre potência modal *objetiva* e potência modal *subjetiva*.[112] De maneira muito elementar, algo

---

[109] Ver *In Metaph.* 7, q. 5, e *Lect.* 2, d. 12, q.un. O assunto também é discutido em *Op. Ox.* 2, d. 12, qq. 1-2, mas há problemas textuais que fazem dessa passagem uma fonte menos confiável. Darei referências, mas a explicação a seguir é baseada nas duas primeiras obras.

[110] *In Metaph.* 7, q. 5, n. 7, e *Lect.* 2, d. 12, q. un., n. 11 (a observação citada vem daqui): cf. *Op. Ox.* 2, d. 12, q. 1, n. 10. Scotus alude ao argumento em *Ord.* 2, d. 1, qq. 4-5, n. 204. Ver Aristóteles, *Phys.* 1.7 (190a14-21); *De gen. et corr.* 1.4 (319b6-320a7); *Metaph.* 12.1-2 (1069b3-9); e 12.2-3 (1069b32-1070a2).

[111] O argumento de Scotus enfrenta a objeção de que efetivamente transforma a mudança em mudança acidental. Para rebater essa acusação, Scotus argumenta que unidades substanciais que são compostos de matéria e forma têm um ser não meramente redutível ao de suas partes metafísicas constituintes: ver Seção V.3.

[112] *In Metaph.* 7, q. 5, n. 17, e *Lect.* 2, d. 12, q. un., n. 30, para matéria, e *In Metaph.* 9, qq. 1-2, nn. 40-48, para a distinção em si mesma.

está em potência modal objetiva se seu todo for meramente possível, ao passo que estará na potência modal subjetiva se o sujeito já existir, embora seu término – aquilo para o que a potência é potência (usualmente alguma forma) – não exista. Por exemplo, o irmão gêmeo não existente de Sócrates está em potência modal objetiva, ao passo que o próprio Sócrates está em potência modal subjetiva para alguma mudança acidental, por exemplo, tornar-se branco. Já que todos os casos de mudança envolvem um substrato que persiste, o substrato tem de estar em potência modal subjetiva, e não objetiva. Porque, se estivesse em potência modal objetiva, não existiria, mas seria possível somente, "e então seria simplesmente um não ser" (*Lect.* 2, d. 12, q. un., n. 32). Como vimos no último parágrafo, isso não é adequado para a mudança substancial. E Scotus ainda argumenta que a matéria simplesmente não pode ser identificada com a potência modal subjetiva, pois a matéria permanece uma vez que a potência modal subjetiva tenha sido atualizada (*In Metaph.* 9, qq. 1-2, n. 49). Por conseguinte, a matéria é algum ser positivo no qual reside a potência modal subjetiva (q. 5, n. 19). Portanto, Scotus rejeita o alinhamento simplista da relação entre matéria e forma com a relação entre potência e ato. Assim, a matéria é um ser que é ela mesma "causa e princípio" de seres, um ser que subjaz à mudança substancial (*Lect.* 2, d. 12, q. un., n. 29).

Mas Scotus quer tirar uma conclusão mais forte do que essa, pois ele sustenta que uma única e mesma matéria-prima[113] é subjacente a tudo que existe – ou seja, a matéria em potência não só a qualquer forma, mas a toda forma (*Lect.* 2, d. 12, q. un., n. 37). Em face disso, a inferência parece injustificada. Scotus dá várias razões para ela. Primeiro, Scotus argumenta que já que Deus criou a matéria e a forma imediatamente (isto é, sem qualquer causa interveniente) e não as criou juntas, Deus poderia também conservar a matéria sem a forma. Mas isso é exatamente admitir que uma matéria primordial poderia existir, que ela é de direito próprio um ser.[114] Segundo, Scotus dá uma variedade de argumentos, cada um

---

[113] N.T.: Do original inglês *stuff*.
[114] Ver *Op. Ox.* 2, d. 12, q. 2, n. 4, e *Rep.* 2, d. 12, q. 2, n. 6. Por conseguinte, Scotus rejeita a alegação de que os seres materiais têm de ser compostos hilemórficos.

tirando proveito do princípio de que a forma não é essencial à matéria em nenhuma combinação ou composto dado, e, portanto, não pode ser essencial à matéria de modo algum.[115] Se a matéria é essencial à forma é outra questão (discutida na Seção V.2). Assim, Scotus conclui: "a matéria primordial é um ser". Por conseguinte, há uma distinção real entre matéria e forma em um composto, e qualquer composto dado de matéria e forma será um composto de dois itens realmente distintos. Como, então, o composto pode ser uma unidade requer um argumento delicado da parte de Scotus. Mas, primeiro, temos de considerar quantas formas podem inerir à matéria de algo.

V.2. Forma

A forma substancial de algo faz esse algo ser *o que* é, localizando-o na categoria da Substância. Ora, as formas substanciais dos indivíduos são elas mesmas individuais: Scotus argumenta que se a forma, ao invés disso, fosse abstrata, então, primeiro, já que a matéria é toda o mesmo tipo de coisa (a saber, matéria primordial), também a forma assim seria; segundo, formas criadas – como a alma intelectiva humana em virtude de sua origem não material – não têm a mesma essência como matéria.[116] Scotus conclui que as formas substanciais precisam ser indivíduos, e, com efeito, indivíduos com essências distintas da essência da matéria. As formas têm dois papéis distintos na constituição de particulares materiais: por um lado, elas informam a matéria; por outro, são partes essenciais do composto total. Mas esses, segundo Scotus, não são aspectos intrínsecos da forma, já que podemos ver que a forma não tem essas "imperfeições" no caso do divino (*Ord.* I, d. 8, pars 1, q. 4, n. 213). A forma

---

[115] *Ibid.* Massobrio 1991, p. 240, e Cross 1998, p. 23-24, critica o movimento de Scotus, de "não essencial em qualquer" para simplesmente "não essencial", como falacioso.

[116] *Lect.* 2, d. 12, q. un., nn. 56-57. Ver também o texto de *Op. Ox.* 2, d. 12, q. un., dado em Stella 1955, pp. 309-310. Scotus tem um ponto parecido, em *In Metaph.* 7, q. 16, n. 45. Ver Wood 1996, para uma discussão de Scotus sobre as formas individuais.

pode, portanto, autossustentar-se: ela é anterior à matéria e também anterior ao composto, já que cada um é em ato pela forma, e não o contrário (*In Metaph.* 7, q. 6, n. 9), e, dessa maneira, tem algum ser próprio (n. 12). Mas se a forma não precisa informar a matéria e tem ser próprio, então é possível para uma forma corpórea existir independentemente da matéria – uma conclusão explícita de Scotus.[117] Como resultado, podemos sensatamente perguntar sobre a maneira como a forma substancial existe em dado indivíduo concreto (*suppositum*). E aqui, argumenta Scotus, podemos dizer que embora as formas substanciais sejam todas iguais[118] em sua natureza, um indivíduo concreto pode exemplificar a natureza ou essência da forma substancial de maneira mais perfeita do que outro (*In Metaph.* 8, qq. 2-3, n. 37), embora essa admissão não nos force a postular graus efetivos entre diferentes indivíduos do mesmo tipo (n. 38).

Nenhuma dessas propriedades de formas substanciais, contudo, estabelece a questão de quantas formas substanciais um dado objeto concreto pode ter (a mesma coisa pode estar localizada mais exatamente na categoria da Substância por suas diferentes formas substanciais).A resposta variará dependendo do tipo de objeto em questão, é óbvio, mas Scotus argumenta claramente que no caso mais complexo de todos – os seres vivos –, mais de uma forma substancial deve estar presente. Além dos motivos teológicos, ele tem dois argumentos filosóficos baseados na natureza da mudança substancial em favor dessa conclusão.[119]

O primeiro de seus argumentos baseia-se em casos de corrupção substancial, que indica haver uma distinção entre a alma que anima e a "forma do corpo" (*forma corporeitatis*), em que a segunda é, aproximadamente, a forma que estrutura o corpo orgânico como um todo. Ele raciocina da seguinte maneira: quando um ser vivo morre, seu corpo permanece, na ausência de sua alma vivificadora;

---

[117] *Rep.* 2, d. 12, q. 2, n. 12: "Por conseguinte, já que [matéria e forma] são cada uma delas um ser absoluto, concedo que cada uma pode existir sem a outra; mas a forma corporal não é com isso imaterial, já que, a despeito do fato de que está separada, a matéria perfectiva nunca é compatível com ela".

[118] N.T.: Do original inglês *the same*.

[119] Ver também Richard Cross, sua contribuição para este volume, na qual o primeiro argumento scotista em favor da pluralidade das formas substanciais é discutido em contraste com seu contexto histórico e teológico.

por conseguinte, a forma pela qual seu corpo é o corpo que é deve ser diferente de sua alma (*Op. Ox.* 4, d. 11, q. 3, n. 54). O corpo de Sócrates antes de beber cicuta e o corpo depois disso são numericamente o mesmo, e, já que por definição a morte é a separação da alma do corpo, essa igualdade não pode ser explicada pelo recurso à alma, e, então, deve haver outra forma substancial, uma forma que preserve o corpo como corpo, antes e depois da morte.

Essa linha de raciocínio depende certamente da plausibilidade de se identificar o cadáver de Sócrates com seu corpo (anteriormente) vivo, mas o ônus da prova cabe àqueles que queiram negar isso. Scotus dá outra razão para sustentar sua alegação, porém, baseado na regularidade da corrupção substancial. Quando coisas vivas morrem, elas regularmente se transformam em cadáveres de certos tipos: homens que morrem nunca são substituídos por raios de lua ou elefantes, mas sempre por corpos (cadáveres) materiais que têm uma notável semelhança com o composto. Tampouco as coisas vivas reduzem-se imediatamente aos quatro elementos. Em vez disso, o cadáver tem de passar por um processo de decomposição. A explicação, uma vez que a pluralidade de formas substanciais é postulada, é óbvia e intuitiva: o composto simplesmente perdeu sua forma substancial "suprema"; a forma do corpo permanece para explicar a identidade e a resiliência do cadáver (n. 38).

O segundo argumento dado por Scotus baseia-se na geração substancial, e, particularmente, na geração humana: se Deus – e não os progenitores – dá a alma na geração, parece que os progenitores só contribuem com a matéria à sua progênie, o que parece subestimar seu papel. A solução de Scotus está em propor que os progenitores humanos contribuem com uma forma substancial, a saber, a forma do corpo, que é informada ademais pela alma humana (*Op. Ox.* 3, d. 2, q. 3, n. 5) contribuída por Deus. Contudo, a matéria não é organizada primeiro pela forma do corpo e depois pela alma humana em momentos distintos, mas ambos informam a matéria de uma só vez (*ibid.*). Essa alegação sugere que a forma do corpo não é "forte" o bastante para organizar o corpo orgânico por si mesmo, mas para fazê-lo precisa da causalidade simultânea da alma. Há alguns indícios de que esta é a concepção de Scotus, pois ele explica que os cadáveres humanos se decompõem por causa da fraqueza da forma do corpo (*Op. Ox.* 4, d. 11, q. 3, n. 55).[120]

---

[120] Não é claro se para Scotus a alma e a forma do corpo são causas igualmente

Esses argumentos dão base para se distinguir a alma da forma do corpo nos seres vivos. Scotus recusa toda tentativa de se dividir a alma mais uma vez em formas separadas (vegetativa, sensitiva, intelectiva): a alma e seus grupos de poderes não estão realmente distintos uns dos outros, mas tão só formalmente, seja nas plantas, nos animais brutos ou nos humanos, de maneira que uma única alma é a forma substancial do ser vivo.[121] Se insistirmos que a forma do corpo só pode exercer sua causalidade de maneira simultânea com a alma, então a posição scotista começa a se parecer bastante com a dos defensores da unicidade da forma substancial. Essa semelhança é ainda mais surpreendente à luz de uma passagem em que Scotus nota que, no curso natural dos acontecimentos, é impossível para a mesma matéria estar sob duas formas substanciais de uma só vez.[122] Mas há outras formas substanciais operantes – além da forma do corpo –, visto que Scotus também pensa ser plausível que órgãos corporais diferentes são diferentes em tipo pela presença de formas substanciais distintas (n. 46). De outra maneira, ele raciocina, não conseguiríamos explicar as unidades locais diferentes encontradas em diferentes órgãos: as estruturas físicas do coração, os pulmões, os rins e assim por diante (*In Metaph.* 7, q. 20, n. 38). Não fica claro exatamente até onde Scotus deseja levar essa linha de pensamento, já que, no fim, ela parece deixar a forma do corpo sem função alguma, mas ele claramente pensa que a forma e a função do (digamos) coração não podem ser explicadas pelos mesmos princípios que explicam a forma e a função dos rins. As formas dos órgãos corporais são atuais em relação à matéria primordial

---

concorrentes, tanto quanto um homem poderia levantar um peso bastante pesado por um curto período de tempo mas dois o poderiam levantar indefinidamente, ou se a forma do corpo está essencialmente ordenada para a alma no exercício de sua causalidade: ver Seção IV.1 e nota 94.

[121] Ver *Ord.* 2, d. 1, q. 6, n. 321; *Op. Ox.* 2, d. 16, q. un., nn. 17-18; *Op. Ox.* 4, d. 11, q. 3, n. 27 e n. 37; *Rep.* 2, d. 3, q. 2, n. 12; e q. 8, n. 8.

[122] A passagem é *Op. Ox.* 4, d. 10, q. 2, n. 4: *Impossibile est eamdem materiam esse simul sub duabus formis substantialibus.*

subjacente e potenciais em relação à forma do corpo, que – lembre-se – é a forma do corpo como um todo.

Scotus rejeita a extensão dessa lógica a misturas dos quatro elementos (terra, ar, fogo, água), mesmo no caso de substâncias inanimadas. Ou seja, Scotus nega que precisemos postular formas substanciais dos quatro elementos em suas misturas. Seu argumento principal parece ser que, se realmente temos misturas, então por definição as formas dos elementos químicos não estruturam a mistura ou sequer partes da mistura: em terminologia moderna, misturas não só simplesmente intervêm em seus componentes químicos, mas são aspectos emergentes (*Lect.* 2, d. 15, q. un., nn. 38-43). É claro, não misturas preservarão as formas dos elementos, mas nesses casos não ficamos tentados a pensar que há formas substanciais adicionais.

V.3. Substâncias Compostas

Para Scotus, então, um ser vivo particular inclui a matéria primordial, a forma do corpo, formas locais de órgãos corporais e a alma. Para cada um, há uma alegação a favor de ser tratado como um ser de direito próprio. Como podem todos esses seres disparatados constituírem um objeto unificado para o qual há uma alegação de que deve ser considerado como ontologicamente básico? A resposta a essa questão é complexa, e precisa ser tratada delicadamente para que as várias linhas da resposta scotista sejam desembaraçadas.

Scotus é cuidadoso em distinguir a existência (*esse*) que cada elemento componente de um ser vivo particular tem. Por exemplo, a alma tem existência *per se*, e essa existência é separada da existência do composto do qual a alma é um elemento constituinte, ainda que quando combinada com o corpo, a alma tenha existência através do composto (*In Metaph.* 7, q. 6, nn. 12-13). O ponto aqui é sutil. Scotus está sustentando que embora os elementos constituintes de um todo unificado tenham suas existências individuais próprias, o todo, não obstante, pode ter somente uma única existência, e as existências dos elementos constituintes podem de alguma maneira ser dependentes da existência do todo. Ao responder a um argumento que tenta inferir a singularidade da forma substancial do fato de que um composto é uma existência singular, Scotus escreve (*Op. Ox.* 4, d. 11, q. 3, n. 46):

> Concedo a segunda alegação, qual seja, a de que só uma única existência que pertence a um único ser. Mas a segunda proposição, a de que uma única existência requer exatamente uma única forma, deve ser negada [...] Porque assim como 'ser' e 'um' estão divididos em simples e composto, da mesma forma estão 'existência' e 'uma existência'. Portanto, a existência que é essencialmente uma não está restrita precisamente à existência simples, assim como nada que é dividido está restrito precisamente a uma das divisões que o dividem. Desse modo há uma única existência de todo o composto, que não obstante contém muitas entidades parciais. Porque nada sei dessa ficção de que a existência que sobrevém na essência não ser composta se a essência for composta. A existência do composto total inclui a existência de todas as partes dessa maneira, e inclui muitas existências parciais que pertencem às muitas partes ou formas, assim como o ser total constituído de muitas formas inclui essas atualidades parciais.

As existências das partes constituintes do composto não são simplesmente adicionadas ou agregadas; em vez disso, elas têm uma ordem essencial de umas com relação às outras, e sobretudo uma ordem essencial para com a "suprema" forma substancial que dá existência ao todo do composto, conforme Scotus vai dizer. Portanto, o composto total pode ser dividido em ato e potência, a saber, a forma final "completiva" e o restante do composto. E, assim como com as existências, da mesma maneira acontece com os seres: a unidade do composto deve ser encontrada na união de seus elementos constituintes por meio de uma ordem interna essencial. Os seres que são a matéria e a forma são distintos (*In Metaph*. 8, q. 4, n. 41), mas estão essencialmente ordenados uns para com os outros (nn. 31-33).

Scotus considera que a ordenação das formas é onipresente e que a incapacidade de certas formas para serem ordenadas é um traço distintivo dos seres *per se*. Em *Quodl.* q. 9, n. 7, Scotus distingue três tipos de seres *per se*: (1) seres que existem isoladamente, ou separados de um sujeito, (2) seres que não são nem inerentes a outros nem têm qualquer aptidão para tal e (3) seres com atualidade[123] última, de modo que não podem estar ordenados *per se* para nenhum ato [124] ulterior. Um exemplo de (1) é a brancura considerada à parte todo sujeito. Em (2) Scotus parece estar falando da forma substancial, a qual informa seu sujeito *per se* e o faz ser o que ele é. Mas (3) é o tipo decisivo: esses são os seres que são ontologicamente básicos, os particulares concretos inteiramente atuais [125]. A marca do concreto é a incapacidade de ser *per se* ordenado para qualquer ato ulterior. Eis a razão pela qual o indivíduo tem um lugar privilegiado na ontologia de Scotus.

A ordenação essencial das partes constituintes de uma substância composta é uma descrição da unidade do composto. *Nota bene*: ela descreve a unidade, mas não a explica, já que o princípio da ordenação essencial tem a ver com as relações ato-potência entre esses elementos, e Scotus pensa que esses elementos são dados imediatamente.[126] Scotus, assim, está plenamente ciente dos limites de sua interpretação.

A essência do composto é algo distinto de qualquer de seus elementos constituintes: é um composto de forma como tal e de matéria como tal. Não pode ser identificado simplesmente com a forma substancial, já que ela é só uma dos constituintes do composto e tem essência e existência próprias, como vimos. Contudo, a forma substancial dá ainda atualidade ao restante dos elementos que perfazem o composto, e, nessa linha, pode ser chamada de "forma parcial" do composto (*Op. Ox.* 3, d. 2, q. 2, nn. 9-10). Ela não deve ser confundida com a "forma do todo" (a saber, o todo do composto), a qual "não é uma forma informante", mas, antes, aquela em virtude da qual o composto

---

[123] N.T.: Do original inglês *actuality*.
[124] N.T.: Do original inglês *act*.
[125] N.T.: Do original inglês *actual*.
[126] Scotus nega explicitamente que sua interpretação dá uma explicação: *In Metaph.* 8, q. 4, n. 11 e n. 54; *Lect.* 2, d. 12, q. un., n. 50; *Op. Ox.* 2, d. 12, q. un., n. 16, e 3, d. 2, q. 2, n. 10. Ver Cross 1995 e 1998. A ulterior inexplicabilidade das relações ato-potência é uma consequência do fato de que elas dividem o ser transcendentalmente, e, por conseguinte, não há nada mais superior, algo em cujos termos uma explicação poderia ser dada.

como um todo tem uma natureza ou quididade.[127] Em suma, a essência do composto é algo que está acima e além das partes do composto, irredutível a elas. O que é ser esse composto (ou esse tipo de composto) é um aspecto emergente.

A essência do composto, então, está ligada firmemente a todos os elementos constituintes do composto, já que estão ordenados mutuamente de maneira essencial. Com efeito, parece ser como se um composto individual pudesse ter uma essência somente se todas as suas partes constituintes estiverem alinhadas de maneira apropriada. Esse parece ser o raciocínio subjacente à rejeição por Scotus de qualquer distinção real entre essência e existência: "A existência é realmente a mesma que a essência".[128] O *quê* de uma coisa é que ela está armada daquele jeito, que é exatamente o que ela *é*. Essência e existência são inseparáveis dentro do indivíduo concreto.[129] Scotus sugere que, nas criaturas, essência e existência "são como a quididade e seu modo", embora em Deus a existência seja uma parte formal da essência divina (*Quodl*. q. 1, n. 11, adição).

Scotus sustenta que a essência de um composto em geral, como oposta a um composto individual, é ela mesma composta, já que o gênero e a diferença que conjuntamente constituem a natureza específica da essência devem ser ao menos em forma distintos.[130] Por um lado, se ou o gênero ou a diferença fossem retirados, a natureza específica seria destruída; daí serem realmente inseparáveis. Mas, igualmente, o gênero e a diferença são formalmente distintos, já que, de outra maneira, a diferença não poderia contribuir com nenhum aspecto diferenciador formal ao gênero – ela simplesmente "repetiria" o conteúdo do gênero. E, já que a distinção formal vale *a*

---

[127] *Ibid*. Ver Cross 1998, p. 87, assim como sua contribuição a este volume.

[128] *Op. Ox.* 2, d. 16, q. 1, n. 10, onde Scotus declara que a existência não se relaciona com a essência como o ato para com a potência. Ver também *Op. Ox.* 4, d. 13, q. 1, n. 38: "é simplesmente também que a existência é algo diferente da essência". Ver ainda O'Brien 1964, Hoeres 1965, e Wolter 1990a, cap. 12.

[129] O problema do indivíduo não efetivo é uma dificuldade para a generalização dessa interpretação, mas é claro que objetos não efetivos têm essências em primeiro lugar: ver Boler 1996.

[130] *Lect*. I, d. 8, pars 1, q. 3, nn. 100-105; *Ord*. I, d. 8, pars 1, q. 3, nn. 101-107, e 2, d. 3, pars 1, qq. 5-6, nn. 189-190; ver também *In Metaph*. 7, q. 19, nn. 20-21 e n. 43.

parte rei, deve haver alguma complexidade ou composição real em toda natureza específica. Por conseguinte, a quididade de todas as criaturas tem de ser complexa ao menos nesse sentido. O mesmo, entretanto, não vale para Deus. Para ver o porquê disso, precisamos voltar à última questão proposta no fim da Seção I, para entender como Scotus evita qualquer comunidade real entre Deus e a criatura.

VI. CONCLUSÃO

Retomemos o problema: se Deus e as criaturas são meramente diferentes, e não diversos, então haveria algum fator real comum a Deus e às criaturas, sendo com isso solapada a transcendência divina. Mas parecia que Deus e as criaturas eram só diferentes, já que *ser* é unívoco a eles.[131] A resposta de Scotus a essa dificuldade na *Ord.* I, d. 8, pars 1, q. 3, tem três partes. Primeiro, embora distinções formais possam introduzir a complexidade real, elas só introduzem a composição real quando estão combinadas como gênero e diferenciação. Nesse caso, há elementos unidos como potência (gênero) e ato (diferenciação), perfazendo um composto. Mas, a menos que elementos distintos estejam assim relacionados, eles não produzirão a composição no sentido relevante, e, portanto, não é necessária nenhuma composição introduzida pela distinção formal.[132] Segundo, a distinção modal entre ser finito e ser infinito não dá uma base real para a composição. A distinção modal reflete uma realidade com um modo intrínseco dado, e não há concepção do modo separada da realidade da qual é um modo (ver Seção II.3). Por conseguinte, o grau modal de ser não indica um fator real diferente do próprio ser que pudesse ser a base da composição em Deus. Assim, a simplicidade de Deus é preservada. Terceiro, os conceitos de uma natureza com e sem seu modo intrínseco estão relacionados como conceitos mais ou menos prefeitos de uma única e mesma coisa.

---

[131] A questão se há um único gênero de todas as coisas foi tratada no fim da Seção III.1. Ver S. Dumont 1998 para a solução desenhada aqui.

[132] Ver também *Coll.* 36 n. 9 para esse ponto.

Aplicada ao caso presente, a alegação de Scotus é a de que a noção unívoca de ser é um conceito imperfeito, embora determinável para um conceito perfeito ou de uma realidade infinita (Deus) ou de uma realidade finita (criaturas).[133] Por conseguinte, essa noção não implica uma comunidade real entre Deus e as criaturas, já que, em si mesma, só é determinável a cada um. Assim, a transcendência de Deus é preservada.

Os fatores complexos que entram na discussão scotista da natureza da metafísica como um empreendimento podem servir de modelo para a complexidade do pensamento do Doutor Sutil. Ainda há discordância quanto a muitas de suas doutrinas, sobre pontos grandes e pequenos.

Ao leitor, aconselha-se tomar todos os exames da metafísica de Scotus – até este! – com um grão de sal e voltar aos próprios textos para mais iluminação.

---

[133] Ver Catania 1993.

2 Espaço e Tempo

Neil Lewis

Por volta do fim do século XIII, ficou claro que a física e a cosmologia de Aristóteles apresentavam alegações que eram incompatíveis com a onipotência de Deus. De acordo com Scotus, "tudo que não inclua manifestamente uma contradição e de que não se siga necessariamente uma contradição é possível para Deus".[1] Mas muitos estados de coisas, considerados impossíveis por Aristóteles, não pareciam envolver contradição alguma. Já em 1277, Étienne Tempier, bispo de Paris, publicara sua influente condenação de – dentre outras coisas – várias alegações centrais da física e da cosmologia de Aristóteles, exatamente porque elas implicavam em limitações ao poder absoluto de Deus.[2] Essa condenação, porém, não levou a uma rejeição total do pensamento aristotélico. Aristóteles fornecera a concepção mais detalhada e poderosa do universo físico conhecida dos pensadores medievais, e Scotus, como a maioria de seus contemporâneos, estava profundamente enredado nessa concepção em suas grandes linhas gerais e em boa parte nos seus detalhes. Mas ele fazia parte de um movimento, iniciado no fim do século XIII, e que ganharia força no XIV, no qual essa concepção era escrutinizada intensamente e modificada em numerosos aspectos fundamentais. E a nenhum outro ponto o pensamento de Aristóteles apresentava problemas maiores do que com relação às doutrinas do espaço e do tempo. Os escritos de

---

[1] *Ord.* 4, d. 10, q. 2, n. 11.
[2] Sobre a Condenação, ver Grant 1979.

Scotus foram um importante capítulo no reexame e na modificação das teorias aristotélicas sobre essas questões.³

I. LUGAR

I.1. Lugar, Onde e Posição

Scotus tem pouco a dizer explicitamente sobre o espaço. Ele se preocupa muito mais com o *lugar*.⁴ Nisso ele segue Aristóteles, que apresenta teorias sobre o tempo e o lugar no Livro 4 da *Física*, mas pouco diz sobre o espaço, já que seu interesse principal é o movimento (isto é, a mudança gradual), e particularmente o movimento local – o movimento de um lugar para outro.

Scotus usa três noções espaciais fundamentais: o lugar (*locus*), o onde (*ubi*) e a posição (*positio*) de um corpo. Ele não explica essas noções em termos de um espaço distinto dos corpos no qual os corpos se localizam, mas, como Aristóteles, recusa toda concepção do espaço desse tipo, e, em

---

3   As discussões de Scotus sobre essas questões estão inseridas de maneira típica dentro de discussões teológicas bastante elaboradas. De particular importância são *Ord*. e *Lect*. 2, d. 2, qq. 1-2, onde Scotus considera o tempo e o lugar enquanto discute a duração, o lugar e o movimento dos anjos. Ver também *Ord*. 4, d. 10, q. 2, e 4, d. 48, q. 16, onde Scotus discute, respectivamente, se o mesmo corpo pode estar em dois lugares ao mesmo tempo e se dois corpos podem estar no mesmo lugar ao mesmo tempo. Limitações de espaço impedem a consideração dessas duas questões neste capítulo (o leitor interessado encontrará uma discussão abreviada delas em Cross 1998, p. 200-201. Esse livro é leitura essencial a respeito da teoria física de Scotus e contém explicações pormenorizadas de todas as questões tratadas neste capítulo, bem como muitas outras). *Ord*. 4, d. 48, q. 2 é uma discussão importante da relação do tempo com o movimento do céu. Scotus discute explicitamente e com certa extensão o lugar, na importante décima primeira Questão Quodlibetal.

4   Acerca das ideias de Scotus sobre o lugar, ver Duhem 1913-1959 (uma conveniente tradução para o inglês contendo todas as passagens relevantes sobre Scotus sobre espaço e tempo encontra-se em Ariew 1985); Cross 1998, cap. 11; Lang 1983; e Harris 1927, 2: 122-129.

vez disso, explica-os em termos das relações de continência ou correspondência das partes que se dão entre os corpos, ou, mais particularmente, as superfícies dos corpos.

Dessa maneira, Scotus aceita a definição aristotélica de lugar de um corpo como "o primeiro limite imóvel do corpo, que o contém".[5] Esse limite é uma superfície bidimensional do corpo que contém em contato com o corpo contido que ocupa o lugar. Ao lugar de um corpo corresponde seu onde (*ubi*): "a circunscrição do corpo [contido] que vem de sua circunscrição por um lugar".[6] O onde de um corpo é uma relação de *estar contido por* que ele tem com um corpo continente. Scotus explica tratar-se de uma relação que advém de fora: a existência dos dois corpos não implica que um deles esteja contido pelo outro; uma causa externa é necessária para tanto.[7] Um corpo tem uma posição dado que cada uma

---

[5] Ver Aristóteles *Phys.* 4.4 (212a201); Scotus, *Ord.* 2, d. 2, pars 2, qq. 1-2, n. 219. A definição aristotélica tenta captar a ideia de que o lugar de um corpo não pode ser parte do corpo, mas tem de contê-lo e também não pode ser nem maior nem menor do que o corpo contido, mas deve ser separável do dele e tem de ser distinguível relativamente ao acima e ao abaixo. Aristóteles defende que somente a superfície imóvel do corpo contido em contato com um corpo pode satisfazer todas essas condições. Nas *Categorias* (4b2-25), Aristóteles, porém, propõe uma interpretação diferente do lugar que trata o lugar de um corpo como de fato uma extensão tridimensional. Os pensadores medievais entendiam isso como uma concepção vulgar de lugar e normalmente seguiam a *Física*, na qual Aristóteles explicitamente recusa essa concepção de lugar.

[6] Scotus tira a definição de "onde" do *Liber sex principiorum* do século XII, falsamente atribuído a Gilberto Porretano. Ver *Quodl.* 11.1, n. 1. Nas *Categorias*, Aristóteles distingue implicitamente o lugar e o onde, considerando o lugar segundo a categoria da quantidade, mas dando uma categoria para o "onde". Isso levou ao desenvolvimento da distinção entre o lugar de um corpo e seu onde. Ver Grant 1976.

[7] *Quodl.* 11.4, n. 34. Mais especificamente, Scotus defende que uma relação extrinsecamente adveniente "não acompanha a fundação, mesmo quando o termo é posto". A fundação é o aspecto do item que está na relação (isto é, do sujeito) que funda a relação – a cor de um objeto, por exemplo, serve para fundar uma relação de semelhança entre ele e outros objetos da mesma cor. A corporeidade de um objeto funda o fato de ele ser contido por outro corpo. No caso de rela-

das partes de sua superfície corresponde a uma parte da superfície de um corpo continente, e a superfície total do corpo corresponde à superfície total do corpo continente.[8]

A doutrina do poder absoluto de Deus distingue o que pode acontecer no curso da natureza de o que pode acontecer pelo exercício do poder de Deus de fazer qualquer coisa, exceto o que envolva uma contradição. No curso da natureza, cada corpo, com uma exceção importante, tem de, em virtude de ter volume, existir neste ou naquele lugar particular, atual e determinado, igual em tamanho a si mesmo, e ter posição. E na medida em que um corpo é um corpo natural, ele tem de existir em um lugar, natural ou violentamente.[9] A exceção a essas condições é a mais externa esfera celestial.[10] Pela razão de que ela não tem literalmente nada além de si, ela não é contida por corpo algum e, portanto, não tem lugar algum em sentido estrito.[11] Mas Scotus defende ser possível, pelo poder absoluto de Deus, que todo e qualquer corpo que seja não satisfaça as condições acima, já que é absolutamente possível para qualquer corpo não ter um lugar.

ções extrinsecamente advenientes, como *ser contido por*, a existência da fundação e do termo (aquele para o qual a relação é) não implica que a relação vale entre os relatos. Uma causa externa também é necessária para colocá-los em relação mútua.

[8] *Ord.* 4, d. 10, q. 1, n. 14.

[9] *Ord.* 2, d. 2, pars 2, qq. 1-2, nn. 216-217; *Lect.* 2, d. 2, pars 2, qq. 1-2, nn. 191-192.

[10] Para uma visão geral das doutrinas cosmológicas medievais, ver Grant 1978.

[11] Se não tem lugar, como pode ter movimento local (isto é, movimento de lugar a lugar)? Os pensadores medievais ofereceram várias soluções a esse problema. De acordo com Scotus, "se o primeiro céu é movido, é movido como situante, e não como situado, pois agora ele situa o corpo diferentemente do que o situava antes. Mas em si mesmo não está situado diferentemente, porque não está absolutamente situado. Isso é o que Averróis quer dizer quando diz que 'o céu está em um lugar por meio de seu centro', porque para ele estar em algum lugar é situar um item situável de maneira fixa em um lugar" (*Quodl.* 11.1, n. 12).

I.2. A Anterioridade do Corpo com Relação ao Lugar

Scotus observa que, além da mais externa esfera celestial, Aristóteles negaria que um corpo poderia existir sem um lugar. Os católicos cederam nesse ponto[12], porque, raciocina Scotus, se a mais externa esfera não é contida por corpo algum, então "ela não inclui contradição alguma de que um corpo exista sem um corpo que o contenha [e assim não tenha lugar], e, portanto, sem um onde".[13] O corpo é *naturalmente anterior* ao lugar e ao onde, o que implica, alega Scotus, que para qualquer corpo *C*, o estado de coisas "*C* existe e não tem lugar" não envolve contradição alguma e, por conseguinte, é possível a Deus criá-lo. Scotus considera que esse é um caso do princípio mais geral de que não é contradição alguma para um absoluto (isto é, um item não relacional) permanecer em existência sem uma relação com o que é naturalmente posterior a ele.[14] No entanto, Scotus concede que um corpo, se não necessariamente em um lugar, por sua corporeidade é necessariamente capaz de estar em um lugar.[15]

Scotus apresenta dois experimentos teóricos em que um corpo existe sem um lugar. Primeiro, Deus poderia fazer uma pedra, "embora sem que existisse nenhum outro corpo localizado". Segundo, ele poderia fazer uma pedra "que existisse separadamente de todo outro corpo, porque ele poderia fazê-la fora do Universo".[16] Em cada um desses casos, a pedra não existiria em um lugar. No primeiro, Scotus parece ter em vista a existência

---

[12] *Ord.* 2, d. 2, pars 2, qq. 1-2, nn. 230-231; *Lect.* 2, d. 2, pars 2, qq. 1-2, nn. 223-224.

[13] *Quodl.* 11.1, n. 4.

[14] *Quodl.* 11.1, n. 4. Conforme indicado por Cross (Cross 1998, p. 204-205), se Scotus quer dizer aqui simplesmente que para qualquer *A*, e qualquer item *B* naturalmente posterior ao qual *A* está relacionado, é possível para *A* não estar relacionado a *B*, isso não implicará ser possível a *A* não ter absolutamente nenhuma relação com itens como *B*. Tirar essa conclusão implicaria uma falácia mais ou menos segundo as seguintes linhas: para qualquer cor é possível um objeto não ter essa cor; portanto, é possível que um item não tenha nenhuma cor.

[15] *Quodl.* 11.1, n. 10.

[16] *Ord.* 2, d. 2, pars 2, qq. 1-2, n. 231; *Lect.* 2, d. 2, pars 2, qq. 1-2, n. 224.

de somente uma única pedra. No segundo, ele parece ter em vista uma situação em que o cosmos existe e os corpos dentro dele têm lugares, mas a pedra existe em algum sentido fora do cosmos.

I.3. A Existência do Vácuo

Uma doutrina-chave da física aristotélica é a negação da possibilidade de um vácuo. Em sentido estreito, um vácuo é um lugar sem corpos – uma superfície côncava que não contém corpo algum. Falando mais amplamente, um vácuo é um espaço tridimensional vazio sem corpos. Segundo Aristóteles, no livro 4 da *Física*, em nenhum sentido o vácuo existe ou poderia existir, seja dentro, seja fora do cosmos.[17]

Todavia, de acordo com Scotus, a possibilidade ao menos de um vácuo intracósmico precisa ser admitida. Esse vácuo intracósmico pode ser produzido por Deus, embora não seja atual e não possa ser produzido pelas operações da natureza. Assim, Deus poderia aniquilar a matéria elementar contida sob os céus. Se ele o fizesse, o céu não entraria instantaneamente em colapso, já que uma mudança dessa teria de levar algum tempo. "Portanto, a superfície côncava do céu pode permanecer em existência e ainda assim não conter corpo algum".[18]

Então, o que fazer com os argumentos de Aristóteles contra o vácuo? Scotus menciona três argumentos. O primeiro é que esse espaço vazio implicaria a existência de uma infinidade de lugares.[19] O texto ao qual Scotus se refere aqui é obscuro, mas ele pensa que, qualquer que seja a maneira como for interpretado, Aristóteles se baseia na ideia de que um vácuo seria um espaço de fato dimensionado e indica o problema alegado de que esse espaço não poderia ser preenchido por um corpo, pois, então, dois itens tridimensionais poderiam coincidir no espaço, fato que Aristóteles consi-

---

[17] Para as discussões de Aristóteles e dos medievais sobre o vácuo, ver Grant 1981.
[18] *Quodl.* 11.2, n. 17.
[19] Ver *Phys.* 4.4 (211b 20-23).

dera impossível. Scotus concorda que tal espaço vazio de fato dimensionado é impossível. As únicas dimensões efetivas que existem são as de um corpo. Onde não há corpo, não pode haver espaço tridimensional. Mas, de acordo com Scotus, um vácuo intracósmico não deve ser concebido como um espaço de fato dimensionado: "O vácuo posto como possível para Deus... não é um espaço que tem dimensões positivas, mas aqui há somente a *possibilidade* das dimensões de certo tamanho, junto com a falta de toda dimensão efetiva".[20] Nesse vácuo, nada haveria entre os lados – nem um corpo *nem um espaço tridimensional vazio* –, mas poderia haver um corpo com determinado volume.

E, no entanto, Scotus alega: embora os lados desse vácuo nada tenham entre si, estariam *de fato* distantes um do outro. Portanto, precisamos rejeitar o segundo argumento de Aristóteles, qual seja, o de que se nada há entre dois itens, eles estão juntos. Em vez disso, temos de dizer que uma relação de distância *efetiva* entre os lados de um vácuo intracósmico requer somente que "um corpo que tenha o mesmo volume de um corpo posto entre eles quando o espaço estiver de fato preenchido possa ser colocado entre eles". Assim, Scotus sustenta que embora nada haja de fato entre os lados, há algo entre eles "de uma maneira potencial e restritiva": eles não têm alguma coisa entre eles, mas algo com determinado volume poderia existir entre eles. É só quando nenhum corpo está *ou poderia estar* posto entre dois itens que eles têm de estar juntos.[21]

Terceiro, a menos que se pense ser uma contradição que dois itens estejam de fato distantes um do outro e ainda assim nada ter entre eles de fato, Scotus replica que o caso é análogo àquele em que poderiam existir dois instantes sem tempo algum entre si. Ele alega que haveria uma distância efetiva entre esses instantes, "embora não haja tempo positivo entre eles... Para haver uma distância por exemplo temporal entre eles, basta que um tempo potencial ou restritivo seja aceito". O mesmo é verdadeiro para

---

[20] *Quodl.* 11.2, n. 21.
[21] *Quodl.* 11.2, n. 22.

um vácuo. Ele teria uma relação de distância *de fato* entre os lados, mas nada existiria de fato entre eles.[22]

Se um vácuo intracósmico é possível pelo poder absoluto de Deus, o que dizer de um vácuo extracósmico? A questão de um vácuo extracósmico fora levantada de maneira supreendente pela Condenação de 1277, que condenara a proposição de que "Deus não poderia mover o cosmos em linha reta, porque ele deixaria atrás de si um vácuo".[23] Isso sugeria que negar ao menos a possibilidade de um vácuo extracósmico era heresia.

Scotus não acreditava em um vácuo extracósmico. Ele negava que o cosmos fora feito por Deus dentro de um vácuo preexistente[24], e não pensava, como alguns, que a imensidade de Deus criasse a necessidade de que Deus, para agir sobre o cosmos, tivesse de estar diante dele em um vácuo existente.[25] Mas, se um vácuo extracósmico não existe de fato, será ao menos possível para Deus produzir um vácuo desse tipo? Henrique de Gand pensava que sim. Deus poderia criar um corpo fora e distante do céu mais externo. Henrique de Gand enfatiza que não quer dizer que tal corpo seria criado em um vácuo preexistente, não mais do que o próprio vácuo o fora, mas, antes, que a criação do corpo resultaria em um vácuo entre o corpo e o céu. A descrição da natureza desse vácuo é parecida com a descrição scotista de um vácuo intracósmico, que só envolve a dimensão potencial restritiva, uma ideia que Scotus provavelmente tirou de Henrique de Gand. De acordo com este último, o céu e o acima citado corpo não estariam distantes no sentido *per se* de "haver alguma distância positiva de dimensão corpórea entre eles", mas estariam distantes em um sentido que ele chama de incidental, no qual "embora nada haja de positivo entre eles, ainda assim, em volta ou entre eles pode haver algo que tenha em si mesmo uma dimensão positiva pela qual pode-se considerar

---

22 *Quodl.* 11.2, n. 24.
23 Para a influência da condenação dessa proposição, ver Grant 1979, p. 226-232.
24 *Ord.* 1, d. 37, q. un., n. 9.
25 Para esses argumentos, ver Grant 1981, p. 144-147.

haver uma distância entre eles".²⁶ Scotus, conforme vimos, concede que Deus poderia criar uma pedra fora do cosmos, mas não diz explicitamente que ela estaria distante do cosmos. Não é implausível pensar que ele tenha pretendido dizer isso, porém, com o ensinamento de Henrique de Gand em mente.²⁷

I.4. A Imobilidade do Lugar

Outra parte importante das reflexões sobre o lugar feitas por Scotus é sua solução para os problemas apresentados pela imobilidade do lugar, ou seja, pelos fatos de que (1) um corpo pode se mover do lugar que ocupa e outro corpo pode vir a ocupar *o mesmo* lugar, embora os corpos imediatamente circundantes mudem – um barco atracado em um rio, por exemplo, pode continuar a ocupar o mesmo lugar a despeito de mudanças na água que o circunda. Esses fenômenos levaram Aristóteles a definir o lugar como um limite *imóvel*, pois sugeriam que o lugar persiste, sem que corpo algum seja destruído ou se mova por causa de mudanças ocorridas com os corpos contidos ou continentes. No entanto, os pensadores medievais viam dificuldades para a reconciliação da concepção aristotélica de lugar com esses fenômenos.

Para saber o por quê, precisamos entender a diferença entre a identidade²⁸ e a distintividade numérica e a identidade e a diferença específica e de tipo. Essa distinção pode ser explicada, em termos contemporâneos, em termos da distinção entre *tokens* e tipos. Um tipo tem casos; um *token* é um caso de um tipo, mas não é ele mesmo um tipo. O tipo *ser humano*, por exemplo, tem como *tokens* Sócrates, Platão e assim por diante. O tipo *vermelho* tem como *tokens* esta vermelhidão particular, aquela vermelhidão particular e assim por diante. De maneira

---

26 *Quodlibet* 13.3 (Henry of Ghent 1979-, 18: 16-17).
27 A alternativa seria considerar a referência feita por Scotus à pedra estar "fora" do cosmos como uma maneira de indicar que a pedra não teria relações espaciais ou *quase* espaciais para com o cosmos.
28 N.T.: Do original inglês *sameness*.

semelhante, podemos distinguir um tipo de relação – digamos, *estar ao norte de* – de *tokens* desse tipo, o estar ao norte de particular em que Boston está com relação a Nova York, e o estar ao norte de particular em que São Francisco está com relação a Los Angeles e assim por diante. Diz-se que *tokens* não idênticos do mesmo tipo são numericamente distintos, mas especificamente os mesmos, isto é, idênticos[29] em tipo.

Agora, no caso das relações, podemos perguntar o que é necessário para que a mesma relação permaneça em existência numericamente. A resposta de Scotus é que uma condição necessária seja que os extremos relacionados permaneçam numericamente os mesmos. Por exemplo, se Frederico está ao lado de Maria, a relação de *token* de estar ao lado de que Frederico tem para com Maria cessa de existir se Maria abandona sua posição e João passa a ocupá-la. Agora Frederico está em uma relação numericamente diferente (embora especificamente a mesma) de estar ao lado de.

O fato de um extremo numericamente distinto implicar uma relação numericamente diferente gera problemas acerca da imobilidade do lugar. Porque a definição aristotélica de lugar como o primeiro limite imóvel de um corpo *continente* pode sugerir que um lugar é de fato uma *relação de continência* existente entre um corpo e aquilo que ele contém.[30] E isso pode sugerir que o lugar particular que um corpo ocupa é simplesmente uma relação de continência de *token* entre um corpo continente particular e aquele corpo contido. Mas, se for assim, uma mudança tanto no continente particular como no conteúdo particular implicará que, numericamente, a mesma relação de continência não mais exista e, dessa maneira, que o lugar anteriormente existente não exista mais. Lugares não continuarão a existir conforme mudem os conteúdos e os continentes, e isso se choca com a nossa concepção corriqueira de lugar.

---

[29] N.T.: Do original inglês *the same*.
[30] O leitor teve ter em mente que aqui e no que se segue a relação de continência é uma relação do corpo *continente* para com o corpo contido. O corpo contido, ao invés, está na relação de ser contido (seu onde).

Scotus admite que para um lugar existir deve haver uma relação efetiva de continência.[31] Mas ele deixa aberta a questão de se os lugares são essas relações – tal como as objeções acima supõem – ou, antes, se são corpos que ficam nessas relações. Ele afirma que podemos explicar o primeiro tipo de fenômeno – a identidade de lugar com conteúdos mutáveis – qualquer que seja a explicação que dermos. Se considerarmos que o lugar de um corpo é a relação de continência que seu continente mantém com ele, podemos dizer que com mudanças no corpo contido a relação de continência não varia no sujeito (no continente), permanecendo este relacionado ao novo conteúdo *da mesma maneira*.[32] O ponto de Scotus parece ser que embora numericamente o mesmo lugar exista somente enquanto o continente e o contido permanecerem numericamente os mesmos, apesar disso podemos dizer que o mesmo lugar continua a existir, porque o mesmo continente continua a ter o mesmo *tipo* de relação de continência para com os novos conteúdos. De fato, em tais contextos "o mesmo lugar" não refere à identidade numérica das relações, mas à igualdade de um *tipo* particular de relação de continência.

Alternativamente, podemos tratar o lugar não como uma relação de continência, mas como um corpo-que-está-em-uma-relação-de-continência para com um conteúdo. Podemos então dizer que a diferença numérica das relações de continência do mesmo corpo numericamente para com conteúdos numericamente diferentes não implica que haja mais do que um único "corpo-que-está-em-uma-relação-de-continência", diz Scotus, não mais do que o fato de que um único objeto tem muitas relações numericamente distintas de semelhança para com objetos diferentes implicar que esse objeto é muitos objetos semelhantes. Lugares, entendidos dessa maneira, não são contados pela contagem do número de relações de continência numericamente distintas, mas pela contagem do número de sujeitos numericamente distintos que têm essas relações, e, no caso em questão, resta numericamente só um sujeito assim.[33]

---

[31] *Quodl*. 11.3, n. 28.
[32] *Quodl*. 11.3, n. 28.
[33] *Quodl*. 11.3, n. 28.

O segundo problema – o de como um corpo pode ficar no mesmo lugar enquanto suas cercanias imediatas mudam – havia preocupado os primeiros comentadores latinos da teoria do lugar de Aristóteles. Muitos concluíram que uma solução adequada deve recorrer à permanência de certas relações que envolvem todo o céu ou seus términos fixos – seus polos e o centro da Terra. Teorias nessas linhas foram propostas, dentre outros, por Tomás de Aquino e Egídio Romano (ou Egídio de Colonna), e, antes deles, por Roberto Grosseteste e Ricardo Rufus de Cornwall (ou Richardus Sophista).[34]

Scotus menciona duas dessas teorias. Cada teoria erra, crê Scotus, em sua alegação de que, a despeito da mudança no continente de um objeto localizado, certas relações-chave continuam a existir para garantir a identidade do lugar. A apresentação que Scotus faz dessas teorias é bastante concisa, embora apresentem semelhanças com as teorias apresentadas por pensadores anteriores como Tomás de Aquino e Egídio Romano.

De acordo com a primeira teoria, o mesmo lugar continua a existir porque os corpos sucessivos que contêm imediatamente um corpo – corpos sucessivos de ar, por exemplo – têm todos a *mesma relação* para com o centro e os polos do céu.[35] Mas, objeta Scotus, cada continente sucessivo é numericamente distinto do anterior e, portanto, tem de ter acidentes numericamente distintos, relacionais e não relacionais. Assim, os continentes sucessivos não estão nas *mesmas* relações para com os polos e o centro do céu, mas em relações *numericamente distintas*.[36]

A segunda teoria considera que o lugar de um corpo é "o limite de todo o Universo".[37] Scotus talvez tenha em mente a teoria de Egídio Romano. De acordo com Egídio, embora a água flua constantemente em torno de um barco ancorado em um rio, não se diz que o barco muda de lugar, porque "ele tem a

---

[34] Para Tomás de Aquino e Egidio Romano, ver Duhem 1913-1959, cap. 4. Para Grosseteste, ver Dales 1963, pp. 80-82. Para as concepções de Richardus Sophista sobre o lugar, como diferentes das de Rogério Bacon, ver Wood 1997a, p. 239-246.
[35] *Ord.* 2, d. 2, pars 2, qq. 1-2, n. 221; *Lect.* 2, d. 2, pars 2, qq. 1-2, n. 198.
[36] *Ord.* 2, d. 2, pars 2, qq. 1-2, n. 222. Ver também *Lect.* 2, d. 2, pars 2, qq. 1-2, nn. 200-201.
[37] *Ord.* 2, d. 2, pars 2, qq. 1-2, n. 223; *Lect.* 2, d. 2, pars 2, qq. 1-2, n. 199.

mesma ordem em relação a todo o rio". De maneira mais geral, algo cujas cercanias imediatas mudassem não mudaria de lugar, "porque teria a mesma ordem com relação a todo o Universo".[38] Por "todo o Universo", Egídio parece querer dizer particularmente a esfera mais externa. O problema com isso, pensa Scotus, é que o objeto contido está numa relação para com todo o Universo em virtude de estar em relação para com uma parte particular do limite da esfera. Conforme a esfera rotaciona, ela não mais permanecerá numericamente na mesma relação, pois essa parte particular do limite da esfera ter-se-á movimentado, para ser substituída por uma parte numericamente distinta. Assim, o objeto contido não reterá numericamente a mesma relação para com todo o Universo.[39]

Nessas críticas, Scotus supõe, talvez injustamente, que essas teorias se referem à identidade numérica das relações, e não à identidade específica. O próprio Scotus passa a resolver o problema de como o mesmo lugar pode permanecer em existência, mesmo que as cercanias imediatas de um corpo contido mudem, pela referência a relações que permanecem específicas, mas não numericamente as mesmas.

Scotus começa pela suposição de que se um corpo está contido por continentes numericamente distintos, há relações de continência numericamente distintas e o corpo ocupa lugares numericamente distintos.[40] Então, quando o sujeito (ou seja, o continente) de uma relação de continência é movido de lugar, o lugar original do objeto contido cessa de existir, e o objeto contido passa a ocupar um lugar numericamente distinto. Scotus introduz então a ideia da *ratio* de um lugar. Com isso, parece que ele quer dizer algo como o caráter ou a natureza do lugar. Ele sustenta que conforme mudam as cercanias imediatas do objeto localizado, os lugares numericamente distintos têm características numericamente distintas. No entanto, essas características não obstante

---

[38] *Sent.* 1.37.2.1.1 (citado em Vaticano 7: 163, nota F). Richardus Sophista propõe uma teoria parecida. Ver Wood 1997a, p. 242, n. 72.
[39] *Ord.* 2, d. 2, pars 2, qq. 1-2, n. 223; *Lect.* 2, d. 2, pars 2, qq. 1-2, n. 202.
[40] Scotus apresenta sua versão da imobilidade do lugar em *Ord.* 2, d. 2, pars 2, qq. 1-2, nn. 224-229, e *Lect.* 2, d. 2, pars 2, qq. 1-2, nn. 204-206.

são *equivalentes* umas às outras com respeito ao movimento local. Com relação a essa equivalência, as características podem ser consideradas como idênticas. Portanto, Scotus sugere que quando dizemos que um objeto continua a ocupar o mesmo lugar conforme mudam suas cercanias imediatas, não é porque ele ocupa o lugar numericamente o mesmo, mas porque ele ocupa lugares numericamente distintos cujas características numericamente distintas, ainda assim, são equivalentes com respeito ao movimento local.

Que equivalência é essa? É que os continentes sucessivos imediatos do objeto contido têm o *mesmo tipo* de relação *para com todo o Universo*. Em virtude disso, os lugares numericamente distintos serão indiscerníveis com respeito ao movimento local: a um observador não pareceriam mais diferentes como lugares do que se tivessem permanecido numericamente o mesmo lugar. A solução scotista, portanto, é a de que, a despeito das mudanças para os objetos que imediatamente o contêm, um objeto contido continuará a estar no mesmo lugar, dado que os objetos contidos mantêm a mesma *espécie* de relação para com todo o Universo. A identidade de lugar nesse contexto se refere à identidade específica ou de tipo do lugar.

Mas qual é a relação que existe entre um continente imediato de um objeto e todo o Universo? O uso da expressão "todo o Universo" por Scotus sugere fortemente que ele apresenta uma versão de um dos tipos de teorias que ele estava atacando (no qual a mesma expressão é usada), mas uma versão em que se deixa bastante claro que a identidade de lugar se refere à identidade de certos *tipos* de relação. Se for assim, sua interpretação da imobilidade de lugar constitui um útil esclarecimento de teorias anteriores, mas não um grande rompimento com elas.[41]

---

[41] Alternativamente, Richard Cross sugeriu (Cross 1998, p. 210) que "a identidade (específica) de um lugar é determinada não por sua relação com qualquer ponto de referência imóvel, mas por sua relação com todo o Universo: ou seja, talvez, para com a estrutura total de outros lugares (imóveis)", sendo a "identidade de um lugar estabelecida por sua locação dentro desse todo".

II. CONTINUA ESPACIAL E TEMPORAL[42]

II.1. O Conceito de Continuidade

No livro 6 das *Categorias*, Aristóteles distingue entre quantidades discretas – como o número e a linguagem – e quantidades contínuas – como as linhas, as superfícies, os corpos, o tempo e o lugar (Aristóteles também trata o movimento como contínuo alhures). Aristóteles define os *continua* como itens cujas partes partilham uma fronteira ou limite comum, o qual não tem extensão na dimensão pertinente. Por exemplo, partes adjacentes de uma linha partilham um ponto como uma fronteira comum; partes adjacentes de um período de tempo partilham um instante. Na *Física*, livro 6.1, Aristóteles repete essa interpretação da continuidade e defende que daí se segue que os *continua* não podem ser compostos de indivisíveis, isto é, de fronteiras sem extensão nas dimensões pertinentes – pontos sobre uma linha, superfícies, instantes no tempo e assim por diante. Antes, os *continua* são "divisíveis em divisíveis que são sempre divisíveis". Com efeito, em *De Caelo* I.1, Aristóteles define a continuidade em termos de divisibilidade infinita.

Scotus aprovava as concepções aristotélicas sobre a continuidade, as quais formavam a corrente principal do pensamento medieval. Ele concordava que o lugar, o tempo e o movimento são contínuos e não compostos de indivisíveis. Mas ele popularizou importantes argumentos não aristotélicos contra a composição dos *continua* feita de indivisíveis.[43]

---

[42] Cross 1998, cap. 7, dá uma excelente e pormenorizada discussão das questões consideradas nessa seção.

[43] Para as versões medievais da continuidade, ver Murdoch 1982.

II.2. Itens Sucessivos e Permanentes

Importante distinção pode ser traçada entre *continua* espaciais, por um lado, e o movimento e o tempo, por outro. Seguindo a tradição, Scotus chama os últimos de "itens sucessivos"; aos primeiros, dá o nome de "itens permanentes".[44] Um item sucessivo existe de maneira sucessiva. Scotus fala deles como se fossem constituídos de "partes flutuantes". Um item sucessivo não existe e não pode existir em nenhum instante temporal, mas sua existência é precisamente uma questão de uma parte suceder outra. Portanto, pode-se dizer que tal item tem partes temporais. O tempo e o movimento são dessa natureza. Itens permanentes, por outro lado – por exemplo, um corpo – existem como um todo em qualquer instante de tempo em que existam. Scotus argumenta que é possível a tais itens existirem como um todo por um único instante, diferentemente dos itens sucessivos.[45]

A despeito dessa importante diferença entre itens sucessivos e permanentes, Scotus concorda com Aristóteles sobre uma importante semelhança entre os *continua* sucessivos e temporais: "Ou todos eles [a magnitude espacial, o tempo e o movimento] são compostos de indivisíveis e são divisíveis em indivisíveis, ou nenhum deles o é".[46] Chamemos essa tese de Tese da Correspondência (TC). A TC significa que se um tipo de *continuum* não é composto de indivisíveis, isso será verdadeiro para todos os tipos.

II.3. Indivisibilismo

De acordo com o Indivisibilismo, os *continua* são compostos de itens indivisíveis como suas partes últimas. Assim, o Indivisibilismo não só afirma que há indivisíveis *in continua*, como também alega que eles são literalmente *partes* de *continua*. O Indivisibilismo pode assumir muitas formas,

---

[44] Ver *Quodl.* 12.1, n. 7.
[45] Ver *Quodl.* 12.3, n. 18.
[46] Aristóteles, *Phys.* 6.1 (231b18-20) (tradução de Barnes).

dependendo das respostas dadas às seguintes questões: (1) quanto indivisíveis estão em um *continuum*? (2) Como os indivisíveis em um *continuum* estão ordenados? (3) Qual a natureza dos indivisíveis? A crítica scotista do Indivisibilismo infelizmente é arruinada por não conseguir especificar claramente a forma de Indivisibilismo que ele tem em mente, mas, em geral, ele parece se preocupar em atacar uma forma de Indivisibilismo segundo o qual os *continua* são compostos de indivisíveis inteiramente sem magnitude na dimensão ou nas dimensões pertinentes e que estão *imediatamente* ordenados relativamente uns aos outros. Ao dizer que dois indivisíveis são imediatos um ao outro, com isso Scotus quer dizer ao menos que não há entre eles um item de tipo com o qual possam formar fronteiras com ele, nem tampouco outro indivisível. Assim, dois pontos imediatos sobre uma linha não teria segmento de linha ou ponto algum entre eles. Chamemos qualquer forma desse tipo de forma de Indivisibilismo Imediato (II). Podemos notar que não fica claro se Scotus visa uma forma de II que considera os indivisíveis como se de alguma maneira estivessem exatamente um ao lado do outro, ou se, em vez disso, ele visa uma forma de II que considera que os indivisíveis envolvem algum tipo de lacuna entre eles.[47] Além disso, frequentemente não fica claro se ele visa uma forma de II que considera que os *continua* contêm um número finito ou um número infinito de indivisíveis. Os argumentos mencionados por Scotus em favor de II, bem como seus argumentos contra II, sugerem às vezes diferentes versões de II.

O Indivisibilismo pode assumir formas diferentes de II. Algumas consideram que os indivisíveis têm magnitude, mas, apesar disso, considera-os impassíveis de divisão. Scotus considera um Indivisibilismo desse tipo. Ele descreve tais indivisíveis como *mínima*, e, seguindo Aristóteles, nega que os *continua* possam ser compostos de *mínima*.[48] Os indivisíveis poderiam também ser ordenados de maneiras que II não compreende. Uma possibilidade é sustentar que os indivisíveis estão ordenados densamente – com a estrutura dos números racionais – de maneira que

---

[47] Cross 1998, p. 118, sugere que Scotus tinha a última em mente.
[48] Omito discussão dos *minima* aqui. Sobre esse ponto, ver Cross 1998, p. 127-133.

entre quaisquer dois indivisíveis existe outro.[49] Outra possibilidade, não reconhecida por nenhuma pensador medieval, é considerar que os indivisíveis não só estão ordenados densamente, mas, também, que estão ordenados de maneira contínua no sentido definido por Dedekind, ou seja, como se tivessem a estrutura dos números reais.[50] Alguns pensadores medievais também sustentavam que *continua* de tamanhos diferentes contêm infinidades de indivisíveis de tamanhos diferentes.[51] Scotus não considera nenhuma dessas possibilidades.

II.4. As Críticas de Scotus aos Argumentos a Favor do Indivisibilismo

Scotus menciona dois argumentos em apoio de II quando considera a questão de se um anjo pode se mover com um movimento contínuo.[52] Ele observa que se o movimento fosse discreto, uma resposta negativa teria de ser dada a essa questão. Mas Scotus sustenta que o movimento é contínuo, e se aplica a rejeitar a concepção de que o movimento é composto de indivisíveis – limites de fases do movimento –, pois ele acha que isso daria a entender que o movimento seria discreto e que, dada a TC, também o seriam outros *continua*.

O primeiro argumento em favor do Indivisibilismo que ele considera é o de que a divisibilidade infinita dos *continua* implica que é possível um *continuum* ter sido infinitamente dividido. Isso implica a existência de indivisíveis, aos quais é possível que o *continuum* tenha sido reduzido por divisão. E esse ponto, por sua vez, implica que tais

---

[49] Bradwardine atribui essa concepção a Grosseteste em *De continuo*. Ver Murdoch 1982, p. 578, n. 42.
[50] Uma explicação lúcida da teoria da continuidade de Dedekind é dada em Waismann 1959, p. 198-204.
[51] Essa era a visão de Grosseteste em *De luce* (Bauer 1912, p. 53-54).
[52] Murdoch 1982, p. 576, observar que essa questão formava uma motivação importante para as discussões do século XIV sobre a continuidade.

indivisíveis são partes de *continua*.⁵³ Podemos observar que mesmo que esse argumento obviamente não implique que os indivisíveis estejam ordenados imediatamente, ele parece sim implicar que eles são infinitos em número.

É evidente que o argumento pode ser atacado em vários pontos, mas Scotus centraliza sobre a alegação de que o fato de um *continuum* ser infinitamente divisível implica necessariamente a possibilidade de ele ter sido dividido. Essa inferência, alega Scotus, é simplesmente falaciosa. É verdade que os *continua* são infinitamente divisíveis, mas a divisibilidade infinita – a possibilidade de um processo ser infinitamente divisível – não implica necessariamente que esse processo pode ter sido completado: bem o contrário! Nisso, Scotus repete um ponto já indicado por Aristóteles, mas, diferentemente de Aristóteles, Scotus dá uma interpretação detalhada e sofisticada da lógica dos enunciados acerca da divisibilidade infinita.⁵⁴

O segundo argumento levanta o problema acerca da existência de itens sucessivos. Se somente um indivisível de um item sucessivo é real, parece que não podemos explicar a existência desse item sucessivo, exceto em termos de um único indivisível dele ser imediatamente seguido por outro, e isso parece implicar que o tempo e o movimento são compostos de indivisíveis.⁵⁵ Scotus – eu sugiro – concorda que somente um indivisível de tempo (ou de movimento) existe, mas rejeita o Indivisibilismo. Esse argumento levanta, portanto, uma dificuldade premente para ele. Voltarei a ela na discussão sobre o tempo.⁵⁶

---

⁵³ *Ord.* 2, d. 2, pars 2, q. 5, n. 288; *Lect.* 2, d. 2, pars 2, qq. 5-6, n. 263.
⁵⁴ Ver *Ord.* 2, d. 2, pars 2, q. 5, nn. 354-375; *Lect.* 2, d. 2, pars 2, qq. 5-6, nn. 360-373.
⁵⁵ *Ord.* 2, d. 2, pars 2, q. 5, n. 289; *Lect.* 2, d. 2, pars 2, qq. 5-6, n. 264.
⁵⁶ Ver Seções III.1 e III.2 neste capítulo.

II.5. Os Argumentos de Scotus Contra o Indivisibilismo

Numerosos argumentos de Scotus contra o indivisibilismo são argumentos-padrão tirados do livro 6 da *Física* de Aristóteles.[57] Mas Scotus pensa que dois argumentos ainda mais efetivos de natureza geométrica podem ser feitos contra o Indivisibilismo. "Em geral", observa, "todo o livro 10 dos *Elementos* de Euclides refuta a composição de uma linha com base em pontos [e, dessa forma, dada a TC, o Indivisibilismo em geral]. Pois [se as linhas fossem compostas de pontos], não haveria absolutamente nenhuma linha irracional".[58] Esses argumentos resistem a um breve sumário. Um deles, que vem de Algazel e foi popularizado por Rogério Bacon,[59] intenta mostrar que se o Indivisibilismo fosse verdadeiro, a diagonal de um quadrado teria de ser comensurável, e, na verdade, igual aos lados. Outro, que também vem de Algazel, intenta mostrar que dois círculos concêntricos teriam de ser do mesmo tamanho. Em cada caso, a estratégia de Scotus é mostrar que se o Indivisibilismo fosse verdadeiro, os lados e a diagonal e os círculos teriam de ser compostos do mesmo número de pontos, e isso, ele sustenta, implicaria a identidade de tamanho, já que "é impossível que dois itens desiguais sejam compostos de partes que são iguais em quantidade e multiplicidade".[60] Podemos observar nesses argumentos que Scotus supõe serem os pontos imediatos uns em relação aos outros, e, portanto, não consegue minar formas de Indivisibilismo diferentes de II.

---

[57] *Ord.* 2, d. 2, pars 2, q. 5, nn. 316-319; *Lect.* 2, d. 2, pars 2, qq. 5-6, n. 348. Para os argumentos do livro 6 da *Física* de Aristóteles, ver White 1992, cap. 1.

[58] *Ord.* 2, d. 2, pars 2, q. 5, n. 331. Os argumentos geométricos são apresentados em nn. 320-330. Esses argumentos estão traduzidos por John Murdoch em Grant 1974, pp. 316-317, e são discutidos em Cross 1998, cap. 7.

[59] Ver Muckle 1933, p. 12-13, e Thijssen 1984.

[60] *Ord.* 2, d. 2, pars 2, q. 5, n. 321.

II.6. A Natureza dos Indivisíveis

Por rejeitar o Indivisibilismo, Scotus nega que os indivisíveis existem ou como *partes* efetivas ou potenciais dos *continua*. Mas ele pensa que os indivisíveis existem efetivamente como limites efetivos dos *continua* – como pontos finais de uma linha, por exemplo – e potencialmente como limites potenciais – como um ponto potencial da divisão de uma linha, por exemplo. Mas qual a natureza desses itens? De acordo com uma concepção mencionada por Scotus, esses limites não são entidades absolutas ou positivas. Dizer que um indivisível de um item sucessivo[61] existe, por exemplo, é dizer simplesmente que há uma falta de sucessão contínua. De acordo com essa concepção, os indivisíveis são itens puramente restritivos.[62] Essa concepção "não entitiva" dos indivisíveis, tal como hoje em dia é chamada, sugere que a referência aos indivisíveis pode ser parafraseada em termos de referências a itens divisíveis unicamente. Guilherme de Ockham e outros nominalistas do século XIV desenvolveriam uma abordagem nessa linha.[63]

O não entitismo é atraente porque ao tratar os indivisíveis como entidades absolutas levanta problemas difíceis. Scotus observa que se os indivisíveis são entidades absolutas, parece que Deus poderia separar um indivisível de um *continuum*. Também enfrentamos o problema de explicar como um indivisível e o *continuum* que ele limita formam uma entidade unificada. Além disso, parece que antes de uma linha ser efetivamente dividida, há somente um ponto único no meio dela. Mas, quando é dividida, dois pontos de fato existem. Então, existe agora um ponto que não existia antes, e não parece que veio a existir por um processo de geração. Então, como foi que passou a existir?[64]

---

[61] Isto é, um instante de tempo ou um indivisível de movimento, um assim chamado *mutatum esse* – a fronteira entre duas fases do movimento.
[62] *Ord.* 2, d. 2, pars 2, q. 5, n. 376.
[63] Para a teoria de Ockham, ver Stump 1982.
[64] Para esses argumentos, ver *Ord.* 2, d. 2, pars 2, q. 5, nn. 377-379.

Scotus não responde a esses argumentos, mas pensa que há vários outros argumentos que mostram a necessidade de se rejeitar o não entitismo.[65] De acordo com ele, os indivisíveis como itens absolutos são necessários para se explicar a geração. O não entitismo contradiz a afirmação de Aristóteles segundo a qual "a natureza de uma linha é feita de pontos".[66] O não entitismo terá de tratar as linhas, as superfícies e os corpos como meras restrições, ou terá de sustentar que a única dimensão é o corpo. E se as superfícies são restrições, então, de acordo com o não entitismo, os pontos serão restrições de restrições, e, adicionalmente, muitas qualidades sensíveis não terão sujeito algum ao qual inerir – as cores não terão superfícies às quais inerir, por exemplo.

III. TEMPO

Nas suas discussões de tempo, como nas de lugar, Scotus confronta certas assunções centrais da física aristotélica com o conjunto mais rico de possibilidades do teólogo.[67] Scotus está particularmente interessado na relação entre tempo e movimento. Aristóteles em geral negava a possibilidade do tempo sem movimento e, em particular, a possibilidade do tempo sem o movimento do céu. Mas Scotus deseja afirmar que pode haver tempo – em um sentido a ser explicado – sem o movimento do céu e, na verdade, sem absolutamente qualquer movimento. Os escritos de Sco-

---

[65] Ver *Ord.* 2, d. 2, pars 2, q. 5, nn. 380-385.
[66] *Post. An.* 1.4 (73a34-37).
[67] Para as ideias de Scotus a respeito do tempo, Duhem em Ariew 1985, p. 295-299, permanece importante. Harris em Harris 1927 baseia sua interpretação das ideias de Scotus sobre o tempo quase totalmente no não autêntico *De rerum principio*, atribuído atualmente a Vital Du Four, e é seguido nisso por Donikowski 1995, p. 67-71. Corss 1997a e 1998, cap. 12 e cap. 13, dá a interpretação mais pormenorizada e sofisticada, embora divirja em vários aspectos importantes da minha interpretação. Craig 1988, p. 129-133, dá uma breve interpretação substancialmente de acordo com o que apresento nessa seção.

tus também levantam questões de profundo interesse para a metafísica do tempo no século XX. Pensadores do século XX, como McTaggart, Russell e Broad ajudaram a esclarecer e a atrair a atenção dos filósofos para questões acerca do estatuto ontológico do passado, do presente e do futuro e o fluxo do tempo. Há um fluxo objetivo do tempo, ou será que o sentido que temos do fluxo do tempo é simplesmente um fenômeno psicológico? Serão as categorias de passado, presente e futuro ontologicamente significativas, dizendo-nos algo sobre o que é e o que não é parte da realidade? Filósofos antigos lutaram com essas questões, mas frequentemente o fizeram de maneiras a obscurecer como justamente interpretar suas observações. Scotus não é uma exceção. Ele tem muitas coisas a dizer que sugerem uma posição com relação a essas questões, mas frequentemente fica obscuro exatamente quais são suas ideias.

III.1. O Estatuto Ontológico de Passado, Presente e Futuro

Segundo alguns filósofos, as distinções de passado, presente e futuro não têm mais importância ontológica do que as de *aqui* e *ali*. Essa posição é em geral defendida com recurso à ideia de que termos como "passado", "presente" e "futuro", junto com os tempos verbais, têm uma função puramente indicial. Com isso, quer-se dizer, por exemplo, que o conteúdo informativo de uma enunciação de "X é presente" é simplesmente o fato de que X é simultâneo à própria enunciação. O conteúdo de uma enunciação de "X é passado/futuro" é simplesmente o fato de que X é anterior/posterior à enunciação. O presente, de acordo com essa ideia, não tem estatuto ontológico especial. Na verdade, devemos sustentar que todos os tempos e seus conteúdos estão no mesmo patamar ontológico, são todos igualmente reais. É difícil exprimir essa concepção, porém, já que "são igualmente reais" implica um uso do verbo "é" no tempo presente, e, dessa maneira, parece querer dizer "são presentemente reais". Isso parece sugerir equivocadamente que são todos igualmente presentes. Uma linguagem metafisicamente perspícua faria bem em utilizar verbos sem tempo, portanto, tal como acontece na matemática. Assim, a alegação de que todos os tempos e seus conteúdos são igualmente reais poderia ser apresentada como a ideia de que tudo que *existe* em um tempo (inclusive o próprio tempo) *é* real, na qual os itálicos indicam usos dos verbos sem os tempos verbais.[68]

Contra essa ideia opôs-se uma doutrina hoje em dia chamada de "presentismo". Trata-se da ideia de que somente o que é presente é real. Com isso, não se pretende que somente o que é presente é presentemente real, como se o passado ou o futuro pudessem ser reais, não somente reais *e presentes*. Antes, nega-se a inteligibilidade de se falar de o que não é presente como se fosse real em qualquer sentido. O conceito de real é só o de que é presente.[69] As noções de passado, presente e futuro, portanto, são investidas de força ontológica, com o presente exprimindo a realidade e o passado e o futuro, modos de irrealidade. Essa concepção exige a rejeição da ideia de que os adjetivos "passado", "presente" e "futuro" e os tempos verbais têm uma função puramente indicial.

Ao menos com base em um texto – *Lectura* I, d. 39, q. 5 – pode-se interpretar que Scotus adota alguma forma de presentismo.[70] Sua forma de presentismo é, contudo, limitada, já que diz respeito somente à realidade de itens *temporais* – isto é, itens sucessivos e suscetíveis de mudança. Com relação a essas entidades, tudo que é real sobre elas é o que é presente. Scotus aceita que há alguns itens não temporais[71] e que esses itens não são abarcados pelo escopo de sua versão do presentismo.

A sugestão de que Scotus adota uma forma de presentismo em *Lectura* I, d. 39, q. 5 está no seu ataque à interpretação tomista de como Deus

---

[68] Ver, por exemplo, Smart 1963, cap. 7.

[69] O exponente recente mais notável dessa concepção é Arthur Prior, em Prior 1970, p. 245-248. Segundo Prior, conceber o passado e o futuro, e não somente o presente, como reais, está no mesmo pé que conceber o que é possível como real, e não como efetivo.

[70] *Lect.* 1, d. 39 está traduzida com comentário adjunto em Vos Jaczn, Veldhuis, Looman-Graaskamp 1994. Cross 1998, p. 245 (ver também Cross 1997a) considera a adesão ao presentismo nesse texto como "atípica".

[71] A saber, um item no qual não pode haver um fluxo de forma e no qual não pode haver esse fluxo em nada que naturalmente acompanhe o item. Ver *Ord.* 2, d. 2, pars 1, q. 4, nn. 171-172.

conhece os contingentes futuros.[72] De acordo com Scotus, os tomistas sustentam que "todas as coisas estão presentes a Deus em eternidade com relação a sua existência efetiva". Elas não estão presentes a Deus sucessivamente, como a corrente toda está presente sucessivamente a uma vareta fincada no meio dela. Antes, "o todo do tempo e qualquer coisa sucessiva no tempo é presente à eternidade". O estar presente a Deus de um item (precisamos observar) não deve ser confundido com seu ser temporalmente presente (como oposto ao passado ou ao futuro), já que a ideia tomista é precisamente a de que itens que são passados e futuros também estão presentes a Deus, embora não estejam temporalmente presentes.

Para apoiar essa concepção, alguns tomistas recorreram à imensidade de Deus. Eles alegam que sua imensidade requer que todos os lugares estejam presentes a ele, e, portanto, deve também requerer que todo o tempo esteja presente a ele. Scotus discute isso. A imensidade de Deus exige somente que lugares *efetivamente existentes* estejam presentes a Deus, não que lugares só potencialmente existentes estejam presentes a Deus. Então, nem sua imensidade exige que o futuro esteja presente a Deus, pois o futuro é meramente potencial, nem parte alguma da realidade está presente a Deus mais do que um lugar meramente potencial. E, também, se todas as coisas futuras estivessem presentes a Deus com relação a sua existência efetiva, Deus, não poderia causar nada de maneira nova. O que se relaciona com Deus como presente a ele em relação a sua existência efetiva está relacionado com Deus como algo já causado, e não como algo ainda a ser causado. Então, se um contingente futuro está presente a Deus em relação a sua existência causal, Deus só causará o contingente futuro se ele causar a mesma coisa duas vezes seguidas.

Essas críticas supõem a irrealidade do futuro, mas não parece pressupor a irrealidade do passado. Contudo, acontece que Scotus de fato trabalha com a suposição de que tanto o passado como o futuro são irreais,

---

[72] Material paralelo pode ser encontrado em *Ord.* 1, d. 39, mas já que esse texto foi introduzido na *Ordinatio* por um editor tardio, ele deve ser usado com cautela como fonte das teorias de Scotus.

já que ele, mais tarde, resume sua posição como aquela segundo a qual "nada há do tempo a não ser um instante. Portanto, embora [o tempo] flua continuamente, ele não será simultaneamente um todo com relação à eternidade... Portanto, nada está presente à eternidade, a não ser um 'agora' de tempo".[73] A alegação de que nada há temporalmente, a não ser um instante, se for uma razão para atacar a concepção tomista de conhecimento divino, não pode querer dizer simplesmente que tudo que é *presente* temporalmente é um instante. Porque isso deixa aberta a possibilidade de que o futuro e o passado são reais, e somente não estão presentes, e, assim, são objetos adequados para a visão eterna de Deus, a qual se estende a tudo que é real. Em vez disso, Scotus quer dizer que tudo que é temporalmente real é um instante – o instante presente.

E, no entanto, Scotus também afirma que o *tempo flui continuamente*. Portanto, ele sugere que isso é compatível com a doutrina de que tudo que é temporalmente real é o instante presente. Mas, como mencionei na última seção, há um argumento para mostrar que se tudo que é temporalmente real é um instante, para que o próprio tempo seja real, o tempo tem de ser discreto, composto de instantes ordenados de maneira imediata uns em relação aos outros, e essa é a ideia recusada por Scotus.

O argumento é que para haver tempo deve haver um indivisível do tempo em existência, pois tudo que existe temporalmente é um instante. Mas, se for assim, então a sucessividade do tempo só pode ser explicada se esse instante for seguido imediatamente por outro instante. Se não houvesse essa sucessão, então, já que para haver tempo basta haver um indivisível de tempo em existência, não haveria tempo, uma vez que um instante já passou. Portanto, para explicar a realidade do tempo, temos de sustentar que um instante de tempo é seguido imediatamente por outro.[74] Para Scotus, contudo, isso dá no mesmo que sustentar a concepção errônea de que o tempo é discreto e composto de indivisíveis.

---

[73] *Lect.* 1, d. 39, qq. 1-5, n. 85.
[74] *Ord.* 2, d. 2, pars 2, q. 5, n. 289; *Lect.* 2, d. 2, pars 2, qq. 5-6, n. 264.

Ora, Scotus concorda com a suposição de que tudo que há de tempo é um instante – a concepção que ele propusera na *Lectura* I, d. 39, q. 5. Mas decorre realmente que para assegurar a existência do tempo temos de considerá-lo como um composto de instantes ordenados imediatamente? Scotus acha que não. O argumento erra ao supor que o ser do tempo consiste na existência de um indivisível de tempo. À alegação de seu oponente de que "só há tempo quando há um indivisível", Scotus replica que "se esse fosse o caso, o tempo nunca teria ser, exceto o ser de um indivisível. Mas seu ser está em fluxo".[75] O ponto de Scotus, se é que o entendo, é o que de em sentido estrito é errado dizer que *há* tempo em um instante, se com isso queremos dizer que o tempo como um todo existe em um instante. Porque o tempo, sendo um item sucessivo, é o tipo de coisa que não pode existir como um todo em um instante. Em geral, quando dizemos que um item sucessivo existe, não podemos querer dizer que ele existe como um todo em dado ponto de tempo. Um movimento, por exemplo, não existe como um todo em um instante, pois em um instante não há sequer uma parte do movimento, mas simplesmente um limite indivisível de suas fases. Decorre então que o movimento não existe, se tudo que existe de movimento é um indivisível? Não, pois "existir" ou "ter ser" para o movimento é simplesmente *ocorrer*. De fato, já que Scotus considera que o movimento é um fluxo de forma[76], existir, para o movimento, é a forma fluir. De maneira semelhante, para o tempo – outro item sucessivo – existir é estar em fluxo. O fenômeno do fluxo não pode ser compreendido se limitarmos nossa atenção ao instante singular. Antes, o fluxo constante do tempo implica que o instante presente passará e será sucedido por algo. Mas sucedido precisamente por o quê? Não teremos de considerar o instante como

---

[75] Ver *Lect.* 2, d. 2, pars 2, qq. 5-6, nn. 374-379. Na *Ordinatio*, Scotus simplesmente responde que "quando esse [indivisível] cai, uma parte que flui continuamente, e não um indivisível, o sucede. Tampouco qualquer coisa imediatamente [o sucede], exceto no sentido em que um *continuum* é imediato a um indivisível." (*Ord.* 2, d. 2, pars 2, q. 5, n. 387).

[76] *Ord.* 2, d. 2, pars 1, q. 4, nn. 171-172. Sobre o movimento como *fluxus formae*, ver Maier 1982.

imediatamente sucedido por outro instante? Scotus acha que não. Embora tudo que há de tempo ou de movimento seja um instante indivisível, esse indivisível não será imediatamente seguido por outro indivisível, mas por uma *parte* em fluxo de tempo ou de forma. Segundo essa concepção, a estrutura do tempo e do movimento é a mesma que a da linha. Um ponto não é imediato a outro; uma *parte* de uma linha é imediata a um ponto. O ponto forma um limite extrínseco dessa parte; a própria parte que é imediata ao ponto não tem ponto inicial, pois entre qualquer ponto dessa parte e o ponto limite haverá ainda outro ponto.[77] A mesma relação vale entre instantes e indivisíveis de movimento e trechos de tempo e movimento, respectivamente.[78]

III.2. Fluxo Objetivo de Tempo

A resposta de Scotus ao argumento de que o tempo é composto de indivisíveis faz referência à ideia de fluxo. Mas o que essa referência ao fluxo quer dizer? Poder-se-ia alegar que ela simplesmente refere ao fato de que o tempo, como uma linha, é contínuo, e não discreto. Como uma linha, por assim dizer, "flui" de termo a termo, da mesma maneira fluem o tempo e o movimento. Mas talvez haja algo mais aí, o fato de Scotus usar a noção de fluxo *passim* para referir ao tempo e ao movimento, embora não para referir aos *continua* espaciais, sugere que o conceito de fluxo indica algo mais

---

[77] Para mais discussão do sentido em que se pode dizer que um segmento de linha é imediato a um ponto, ver Cross 1998, p. 136-137.

[78] Contudo, se supomos o presentismo, como penso que Scotus faz, há uma desanalogia significativa entre os casos de tempo e uma linha. Porque o todo de uma linha é efetivo, e, portanto, há pouca dificuldade na ideia de que um ponto é seguido por um segmento de linha. Mas, de acordo com o presentismo, só o instante presente e seus conteúdos são efetivos. Como então pode o instante presente ser imediatamente seguido por uma parte de tempo, algo que necessariamente dura mais do que um instante e de que nada, a não ser um instante, é efetivo, instante esse que não é ele mesmo uma parte de tempo?

do que a mera continuidade. Esse certamente tem de ser o caso se Scotus endossar o presentismo, visto que, em numerosos lugares, ele sustenta que um instante "passa de repente" (*raptim transit*).[79] Assim, o instante presente tem só uma existência fugidia. O que é imediatamente presente torna-se passado, e isso marca um aspecto objetivo da realidade temporal. Essa passagem de o que é presente para o passado é precisamente o que os proponentes do fluxo do tempo têm em mente, e assim, dado o presentismo, Scotus parece sustentar que o tempo é caracterizado pelo fluxo objetivo.

Talvez a razão principal para se pensar que Scotus pode não endossar essa concepção de fluxo temporal objetivo tenha de ser achada na sua forçosa rejeição da ideia de um 'agora' fluido, pois uma das maneiras em que se poderia tentar compreender o fluxo objetivo de tempo é em termos de um 'agora' que de alguma maneira flui, por assim dizer, ao longo da linha do tempo, e ele estar em uma posição tornando essa posição e seu conteúdo presentes.

A ideia de um 'agora' fluido é sugerida na *Física*, onde Aristóteles compara o 'agora' a um corpo que é carregado por certa extensão de espaço. Embora o corpo mude nos seus predicados verdadeiros (em seu "ser"), o mesmíssimo corpo (o mesmo corpo "em substância") continua a existir.[80] Então, poder-se-ia pensar que Aristóteles sugere que o mesmíssimo 'agora' flui, sendo caracterizado sucessivamente por predicados diferentes. O próprio Scotus pensa que essa é uma interpretação equivocada de Aristóteles, mas não há dúvida de que alguns de seus contemporâneos adotaram alguma concepção de um 'agora' fluido. Em suas *Questões sobre a Metafísica*, Scotus cita longamente a interpretação de Guilherme de La Mare do tempo. Ao considerar a questão de se o 'agora' do *aevum* (o modo de duração dos anjos) é o mesmo que o 'agora' do tempo, Guilherme defende que isso não é impossível, sustentando que assim como uma linha "flui" de um ponto simples e intrinsecamente imutável, da mesma maneira o 'agora' "causa o tempo por seu fluxo"; e, como tal, "é mutável e variável em seu

---

[79] Por exemplo, *Ord.* 2, d. 2, pars 1, q. 1, n. 55.
[80] *Phys.* 4.10 (218a8-11).

ser [isto é, suas características]", embora em sua essência seja imutável e estático (e, como tal, é o *aevum*). Parece que essa concepção de um 'agora', que causa o tempo por seu fluxo, é a que Scotus se dedica a atacar.[81]

A ideia de um agora que flui também é sugerida por um problema mencionado por Aristóteles na explicação da geração e da corrupção de 'agoras'.[82] Se o mesmíssimo 'agora' não flui, seria possível pensar que há uma pluralidade de 'agoras' sucessivos, um 'agora' que é corrompido e outro que é gerado. Mas quando um 'agora' poderia ser gerado ou corrompido? Não em si mesmo, pois existe nesse momento. Tampouco em um agora imediato a si mesmo, pois Aristóteles (e Scotus) negam que 'agoras', ou os indivisíveis em geral, são imediatos uns aos outros. E muito menos em um agora que não é imediato, pois então o mesmo agora continuaria a existir nos 'agoras' imediatos, e isso é absurdo. Scotus pensa que esse argumento é sofístico. Ele erra ao supor que a existência e a inexistência de um 'agora' tem de ser um assunto de geração e corrupção. 'Agoras' não são nem gerados nem corrompidos e, no entanto, não se segue que uma vez que existam não possam deixar de existir. De fato, é característico dos agoras, ou dos instantes, existir e não existir sem geração e corrupção. A essa ideia, que Aristóteles propusera, Scotus acrescenta uma análise lógica do iniciar e do cessar de um 'agora' ou instante. Dizer que um 'agora' ou um instante cessa é dizer que ele existe e depois não existe; dizer que ele se inicia é dizer que ele existe, mas antes não existia.[83]

---

[81] *In Metaph.* 5, q. 10, n. 23. Está longe de ser claro que a citação da concepção de Guilherme de La Mare por Scotus deve ser considerada como uma aprovação dela, e que Scotus, portanto, adotou diferentes concepções na *Metafísica* e nos comentários às *Sentenças*. A maior parte de 5, q. 10, inclusive a passagem que introduz a ideia de um 'agora' que flui, é feita de citações diretas de Guilherme de La Mare e abre com as palavras "há outra opinião sobre a unidade do tempo e o *aevum*, opinião essa que é mais sutil, e, creio, mais verdadeira". A primeira pessoa "eu", aqui, é Guilherme de La Mare.

[82] *Phys.* 4.10 (218a8-21).

[83] *Ord.* 2, d. 2, pars 1, q. 1, n. 56. Para a interpretação scotista de iniciar e cessar, ver Cross 1998, p. 221-226.

O fato de que 'agoras' não são gerados ou corrompidos, portanto, não exige que afirmemos a tese de um único 'agora' que flui. E Aristóteles já dera argumentos contra um único 'agora' que flui. Um período de tempo é um continuum, e, portanto, tem de ser limitado por dois limites realmente distintos. Esses limites são instantes de tempo, e, portanto, são 'agoras' realmente distintos. Além disso, se o mesmo 'agora' continuasse a existir, isso implicaria a simultaneidade de todos os itens no tempo, já que quaisquer dois itens simultâneos ao mesmo item são simultâneos um ao outro, e todo item no tempo seria simultâneo ao 'agora' em fluxo. Todos esses argumentos, podemos observar, baseiam-se em parte na suposição de que um instante de tempo é um 'agora' – um ponto que um defensor de um 'agora' que flui poderia querer discutir.

A rejeição scotista de um 'agora' em fluxo pretendia ser uma recusa da ideia de que o tempo flui? Embora seja muito tentador pensar que sim[84], sugiro que Scotus não tinha essa intenção. Em vez disso, ele tem particular interesse em recusar o 'agora' em fluxo porque se trata de uma caracterização do fluxo do tempo em termos do movimento de um indivisível, e isso – Scotus pensa – implica que o tempo é composto de indivisíveis. Dessa maneira, Scotus pergunta:

> Como um indivisível poderia fluir ele mesmo agora de acordo com diferentes seres (que necessariamente seriam indivisíveis) sem que todo seu fluxo fosse composto de indivisíveis? O Filósofo almeja provar no Livro 6 da *Física* que um indivisível não pode se mover, pois, então, seu movimento seria composto de indivisíveis. Ele atravessaria algo menor ou igual a si mesmo, antes de atravessar algo maior. Portanto, o tempo seria composto de indivisíveis, e isso é contrário ao Filósofo.[85]

---

[84] Cross 1998, p. 242-251, parece adotar essa interpretação.

[85] *Ord.* 2, d. 2, pars 1, q. 2, n. 99; *Lect.* 2, d. 2, pars 1, q. 2, n. 91. Talvez os indivisíveis que constituem o fluxo do tempo não sejam eles mesmos idênticos ao 'agora' único que flui. Conforme observado por Cross (Cross 1998, 251-253), esse argumento parece ser incoerente com a alegação de Scotus de que um anjo, que é um indivisível, poderia se mover com um movimento contínuo. Ver principalmente *Ord.* 2, d. 2, pars 2, q. 5, nn. 412-427, e *Lect.* 2, d. 2, pars 2, qq. 5-6, nn. 396-419,

E, para apoiar essa interpretação da recusa de Scotus do 'agora' que flui, podemos observar que no lugar de uma concepção de tempo como composto de indivisíveis, Scotus propõe uma interpretação que não obstante retém a noção de fluxo. "Quando um indivisível passa", ele nos diz: "Uma parte contínua que flui, e não um indivisível, o sucede".[86] Se a recusa de um 'agora' que flui fora motivada fundamentalmente por uma recusa da ideia de que o tempo flui objetivamente, seria estranho substituí-la falando de partes em fluxo.

III.3. Tempo e Movimento

Talvez a modificação mais radical operada por Scotus na teoria física de Aristóteles diga respeito à relação entre o tempo e o movimento, ou mudança gradual. Embora muitos filósofos tenham sido bastante preparados para conceder – contra Aristóteles, a possibilidade de um vácuo extra ou intracósmico –, poucos se preparam para discutir a rejeição aristotélica da possibilidade do tempo sem movimento. E, no entanto, Scotus pensa que é possível haver tempo em certo sentido na ausência total de movimento.

De acordo com Aristóteles, o tempo é o número do movimento relativamente ao antes e ao depois.[87] Em todo acontecimento, eles concordam que o tempo é em certo sentido relativo ao movimento, ou, conforme diz Aristóteles, "algum aspecto do movimento". De fato, Aristóteles defendia

---

onde Scotus responde aos argumentos aristotélicos contra o movimento contínuo dos indivisíveis.

[86] *Ord.* 2, d. 2, pars 2, q. 5, n. 387.

[87] Se essas duas questões querem dizer a mesma coisa, isso é assunto para discordâncias acadêmicas. Alguns estudiosos pensam que por "número" Aristóteles concebe uma unidade de duração do movimento – digamos, uma hora – e nesse sentido o tempo é claramente uma medida do movimento. Uma interpretação alternativa é sustentar que com número ele tem em mente não a atribuição de um valor numérico de sua duração, mas, ao invés, a contagem de um movimento como distinto de outro, ou, a contagem de 'agoras' que limitam fases de movimento. Sobre essa questão, ver Sorabji 1983, cap. 7.

no livro 4.11 da *Física*, que a ordenação temporal de itens como antes e depois e a continuidade do tempo derivam da continuidade logicamente anterior e da ordenação em antes e depois do movimento, e isso, por sua vez, vem da continuidade e de uma ordenação em antes e depois da extensão sobre a qual o movimento acontece.

Scotus concorda com Aristóteles no ponto que o próprio movimento tem continuidade em antes e depois – que é logicamente anterior à continuidade do tempo. De fato, ele parece defender que quando falamos da continuidade do tempo e da anterioridade temporal, não estamos falando de uma continuidade e de uma anterioridade que estão para lá das do movimento. Antes, nossa referência ao tempo acrescenta, para lá dessas, simplesmente a ideia de uma medida universal de movimento, já que, existir o tempo é simplesmente existir o movimento que funciona como essa medida.[88] Essa medida universal de movimento será, por assim dizer, um relógio cósmico[89], e esse relógio, como qualquer relógio, será certo movimento periódico. Scotus segue Aristóteles e sustenta que esse movimento

---

[88] *Ord.* 4, d. 48, q. 2. Se o tempo é um atributo do primeiro movimento, isso levanta a questão de em qual sentido o tempo pode medir o próprio primeiro movimento. A ideia de Scotus é que "se o primeiro movimento é medido pelo tempo, isso acontece ou porque o movimento é considerado como algo diferente do tempo... ou, se o tempo é considerado como o mesmo que o movimento, que o movimento pode medir-se a si mesmo – não, com efeito, de um modo primário, mas a respeito de uma parte que é conhecida conforme mede o todo. Como Aristóteles diz no livro 4 da *Física*, 'o tempo mede o movimento marcando certo movimento, o qual mais tarde medirá todo o movimento, da maneira como o comprimento de um cúbito [mede] marcando certa quantidade que mede o todo'" (*Ord.* 2, d. 2, pars 1, q. 3, n. 140).

[89] O conceito de medida, tal como usado neste contexto, não é psicológico. É verdade que dizemos que *uma pessoa* mede algo usando-o como um relógio. A medida nesse sentido requer a existência de mentes, um ponto que levou muitos pensadores medievais a sustentar que a ideia de tempo como medida implica que o tempo seja, ao menos em alguns aspectos, um fenômeno psicológico. Mas quando Scotus fala do tempo como medida do movimento, ele apenas faz referência à existência de algo que tem os aspectos requeridos por um relógio cósmico, seja ou não usado por alguém para medir o movimento, e ele não dá indicação nenhuma de que pensa o tempo sequer como parcialmente psicológico.

periódico tem de ser absolutamente uniforme e o mais rápido de todos os movimentos. De acordo com Aristóteles, somente o movimento circular poderia satisfazer a condição de regularidade, e somente o movimento circular da última esfera externa poderia satisfazer a condição de velocidade. O tempo, portanto, requer a ocorrência do primeiro movimento, o movimento circular diurno da última esfera externa. Será que, por causa disso, deveríamos identificar o tempo totalmente com o primeiro movimento? Scotus nota dificuldades em geral na identificação do tempo com o movimento[90], mas isso não quer dizer que o tempo não pode ser de certa maneira um atributo do movimento, e, de fato, Scotus conclui que o tempo é um atributo do primeiro movimento.

Se o tempo é um atributo do primeiro movimento, parece se seguir, porém, que se o primeiro movimento não ocorresse, não haveria tempo – pelo menos, não até que outro relógio cósmico fosse possível, e Scotus não tem essa possibilidade em vista. Assim, ele é levado a concluir que se o primeiro movimento não acontecesse, "o aspecto de uma medida relativa a todo outro movimento não seria encontrada em nenhum movimento, e, portanto, o tempo não existiria da maneira em que agora está posto como um atributo do primeiro movimento".[91]

Entretanto, essa observação sugere que nesse caso o tempo poderia existir de alguma outra maneira. Ora, diferentemente de Aristóteles e Averróis, Scotus e seus colegas teólogos acreditavam não só que era impossível

---

[90] *Ord.* 2, d. 2, pars 1, q. 2, n. 111; *Lect.* 2, d. 2, pars 1, q. 3, nn. 109-111. Ele observa que o movimento, diferentemente do tempo, pode ser mais rápido ou mais lento, e o mesmo movimento toma mais ou menos tempo. Mas está ainda muito longe de ser claro se isso pode ser verdade para o primeiro movimento, relativamente ao qual o tempo é medido. Porque esse movimento capaz de ir, digamos, duas vezes mais rápido, parece significar uma duração absoluta independente de todo movimento, e não há indicação de que Scotus aprova qualquer ideia desse tipo. Scotus ter percebido que os argumentos contra a identificação do tempo com o movimento em geral possam não valer para uma identificação do tempo com o primeiro movimento, talvez seja a razão pela qual ele se recuse a negar simplesmente que o tempo é idêntico ao primeiro movimento.

[91] *Ord.* 4, d. 48, q. 2.

o primeiro movimento não acontecer e os outros movimentos acontecerem, como também que isso acontecia e acontecerá de fato. A Bíblia relata milagres em que o céu parou, mas o movimento continuou (por exemplo, Josué 10,13), e embora o céu venha a parar, algum movimento continuará a acontecer, ainda que somente pela razão de que isso é exigido pelo tormento eterno dos condenados.[92] Alguns teólogos também acreditavam que antes do céu começar a girar, existia outro tipo de movimento, fosse de natureza corpórea ou espiritual.[93]

Ora, é certamente plausível pensar que se acontece um movimento qualquer, há o tempo. Se, como Scotus, concebemos o tempo como um atributo do primeiro movimento, o que diremos desses casos em que há o movimento sem o primeiro movimento? Duas respostas sugerem-se a si mesmas. Uma é sustentar que o tempo no sentido de uma medida do movimento é somente um tipo de tempo, e que o tempo em outro sentido não numérico poderia existir na ausência de um relógio cósmico. A outra é reter a ideia de que o tempo como tal é uma medida do movimento, mas sustentar que pode haver tempo em algum sentido como uma medida mesmo na ausência do primeiro movimento. Um exemplo do curso anterior é dado por Grosseteste, que sustentava que a ideia de tempo significa somente a concepção não métrica de um "espaço de intervalos que passa da expectativa futura, pelo presente, até o passado". O tempo, nesse sentido, "teria de ter existido mesmo sem as constelações, se um movimento qualquer, corporal ou espiritual, tivesse precedido a condição das luminárias".[94] Mas Scotus tomou o segundo curso. Ele mantém uma ligação justa entre a noção de tempo e a noção de relógio cósmico, e conclui que quando há movimento sem o primeiro movimento, há o que ele chama de tempo *potencial* – uma medida potencial de movimento. Com efeito, Scotus

---

[92] Em *Ord.* 4, d. 48, q. 2, Scotus se refere explicitamente a Josué 10,13 e às *Confissões* 11, de Agostinho de Hipona.

[93] Por exemplo, Alexandre de Hales, *Summa Theologica*, 1.1.2.4.2 (Alexandre de Hales 1924-1948, 1: 108).

[94] *Hexaemeron*, 5.12.2 (Roberto Grosseteste 1982, p. 172).

vai além admitindo a possibilidade de tal tempo potencial na ausência de qualquer movimento que seja.

A ideia de que na ausência total de movimento pode haver o tempo potencial esteia-se na concepção aristotélica de que o repouso é medido pelo tempo, e também na concepção, não partilhada por Aristóteles, de que é absolutamente possível que os itens estejam em um estado de repouso genuíno na ausência total de movimento. Scotus observa que esse poderia ser o estado dos corpos dos abençoados. Sem outros objetos em movimento, eles poderiam estar em um estado de repouso genuíno, já que poderiam existir sem movimento, mas, não obstante, serem naturalmente capazes de movimentar-se. Mas, raciocina Scotus, se um objeto está em um estado de repouso genuíno, deve haver um sentido em que há tempo, pois o repouso, não menos do que o movimento, é medido pelo tempo. Medimos um repouso específico pela referência ao tempo que um movimento teria de levar se acontecesse em vez do repouso. E, já que tal movimento é ele mesmo medido fazendo-se referência ao relógio cósmico, podemos dizer que em geral movimento e repouso são medidos pelo movimento de um relógio cósmico. Se houvesse repouso genuíno na ausência de todo movimento, não haveria relógio cósmico, e, no entanto, esse repouso teria de durar algum tempo.[95]

O tempo de duração desse repouso total é o tempo potencial. O tempo efetivo requer a operação efetiva de um relógio cósmico – a ocorrência efetiva do primeiro movimento. Embora o tempo não possa existir em um estado de repouso total, haveria o tempo potencial de uma maneira análoga àquela em que haveria dimensão potencial em um vácuo intracósmico. Assim como os lados de um vácuo intracósmico estariam *efetivamente* distantes um do outro, da mesma forma aconteceria em caso de um repouso total: os instantes que limitariam esse estado de repouso estariam *efetivamente distantes* um do outro de uma maneira como que temporal (isto é, como se estivessem no tempo). Mas assim como os lados do vácuo não teriam dimensão de fato entre si, tampouco esses instantes teriam um tempo

---

[95] *Quodl.* 11.2, n. 23.

de fato entre si. Quando falamos de tempo e de dimensão potenciais nesses casos, fazemos referência, respectivamente, à possibilidade de ocorrência do primeiro movimento entre os instantes em questão e à possibilidade da existência de um corpo de volume determinado entre os lados do vácuo.[96]

Conforme mencionei, a teoria do tempo potencial também vale para o caso em que algum movimento acontece sem o movimento do céu. "Quando o céu para, Pedro será capaz de andar depois da Ressurreição, e, no entanto, não se considera que esse andar seja em qualquer tempo diferente do nosso tempo comum, contínuo. E, no entanto, ele existe, embora não exista o primeiro movimento do céu".[97] Scotus não quer dizer aqui que o andar de Pedro está no nosso tempo *efetivo*, mas, em vez disso, que *consideramos* esse andar *ou pensamos* nele como se estivesse no nosso tempo, porque temos em mente a suposição contrafactual de que se o primeiro movimento estivesse ocorrendo naquele momento, então muito do tempo efetivo desapareceria.

As teorias do tempo e da dimensão potencial marcam uma grande mudança em relação à tradição aristotélica, pois possibilitam haver itens sem dimensão ou tempo entre si, mas que não estejam menos separados efetivamente uns dos outros do que o estão itens no tempo e na dimensão efetivos – uma possibilidade que Aristóteles certamente negaria. Mas temos de pensar que em cada caso a teoria foi ditada em parte pela aceitação, por parte de Scotus, de alegações aristotélicas centrais, notadamente, a impossibilidade de dimensão efetiva sem corpo e do tempo efetivo sem movimento.

---

[96] *Quodl.* 11.4, n. 24.
[97] *Ord.* 2, d. 2, pars 2, q. 7, n. 502.

3 Universais e Individuação

Timothy B. Noone

Tanto os historiadores da filosofia atuais como os que trabalharam nos últimos dois séculos são unânimes em considerar o pensamento de Duns Scotus acerca dos problemas filosóficos dos universais e da individuação como basilares para grande parte da especulação filosófica dos séculos XIV e XV. Seu juízo é bem fundamentado, baseado sobre numerosos textos em escritores como Guilherme de Ockham, Adam Wodeham, Walter Burley e um bando de outros, cujos pontos de partida para discutir tanto os universais como a individuação frequentemente foram as ideias de Duns Scotus. Além disso, conforme o problema de se justificar e delimitar o alcance do conhecimento natural foi se tornando mais e mais central para a investigação filosófica, e também para a teológica – a influência de Duns Scotus sobre os dois problemas em discussão continuou a crescer. Os realistas, ainda nos séculos XVI e XVII, olhavam para as obras de Scotus em busca de argumentos e ferramentas conceituais de suporte com os quais salvar suas alegações de que os universais existem fora da mente, ao passo que os conceitualistas e os nominalistas dos séculos posteriores muitas vezes começaram suas críticas de oponentes contemporâneos indicando as fraquezas na teoria scotista. A importância histórica do pensamento de Scotus sobre os assuntos considerados aqui fica então bastante clara. Mas o valor sistemático de suas soluções para os problemas dos universais e da individuação não deve ser ignorado. Vários filósofos contemporâneos que trabalham nas áreas da metafísica e da epistemologia recorrem a distinções que possuem semelhanças surpreendentes com as estabelecidas por Scotus e seus seguidores, principalmente no que concerne ao problema dos universais.

No entanto, para entender a perspectiva scotista acerca do problema dos universais e da individuação, é necessário entrarmos em alguma medida na história e no progresso desses problemas, como foram tratados pelos predecessores e contemporâneos de Scotus – pois Scotus, como veremos, está bastante envolvido na consideração, na modificação e na rejeição das ideias deles quando chega às suas próprias soluções. E isso nem é surpreendente, já que o pensamento medieval, em um grau que consideramos memorável, é baseado sobre a leitura de um conjunto de textos clássicos e com autoridade (*auctoritates*) que discutem vários temas filosóficos e teológicos e sobre a construção de uma explicação particular das próprias ideias em resposta a esses textos. No caso dos problemas dos universais e da individuação, os textos clássicos, na época do Doutor Sutil, eram a *Isagoge* de Profírio; o *De Prima Philosophia*, a *Logica* e o *De Anima* de Avicena; a *Metafísica* e o *De Anima* de Aristóteles; e os comentários de Averróis sobre Aristóteles. Dessas fontes para a reflexão filosófica, os escritos de Avicena são os mais importantes para a discussão scotista do problema dos universais, ao passo que para suas ideias sobre a individuação são mais importantes os escritos de Aristóteles, não só segundo a interpretação de Averróis, mas também segundo a interpretação de escritores mais recentes, como Tomás de Aquino, Godofredo de Fontaines e Herinque de Gand.

Se olharmos agora para a nossa experiência para descobrir a base das teorias filosóficas que passaremos a examinar, podemos dizer que o problema dos universais é o mesmo que examinar a questão se os tipos, que compreendemos intelectualmente e dos quais falamos, tanto no discurso cotidiano como no técnico, são mesmo encontráveis nas coisas concretas, individuais, que percebemos à nossa volta, e, se for assim, como estão nelas. O problema da individuação é exatamente o contrário do problema dos universais.[1] Precisamos explicar os aspectos ou o estatuto que damos aos indivíduos precisamente considerados como tais, em contraposição aos tipos, pelo recurso a algum princípio, causa ou entidade que os torne em

---

[1] Para visões gerais notavelmente compreensivas do problema da individuação, ver Gracia 1988, p. 17-63, e 1994, p. 1-20.

indivíduos ou que de alguma maneira explique o seu status de indivíduos. É claro, essa maneira de enunciar o problema dos universais presume que a questão acerca dos universais foi respondida afirmativamente e que é necessário desenvolver uma explicação dos individuais como se opostos aos tipos que invoca aspectos ontológicos, em vez de simplesmente afirmar que os universais estão só na mente e centrar a atenção nos aspectos lógicos e epistemológicos dos universais. Com efeito, embora tenhamos de começar a explicação da teoria scotista dos universais voltando à sua origem em Avicena, muito da discussão feita por Scotus tanto na *Ordinatio* como nas *Quaestiones sobre a Metafísica* de Aristóteles é dedicada a atenuar a suspeita de que uma ontologia mais simples seria suficiente para explicar o mundo tal como ele se nos revela na experiência, no pensamento e na linguagem – uma suspeita que alguns colegas franciscanos de Scotus, em Oxford, já demonstravam (como William Ware, por exemplo), e que logo se tornaria mais difundida e sistemática em sua expressão no pensamento de Guilherme de Ockham.[2]

Por conseguinte, o lugar para começar nosso tratamento é a teoria scotista dos universais e seus esforços para defender e elaborar a ontologia para um realismo moderado, semelhante, mas de modo algum idêntico ao encontrado em Tomás[3], embora ele também critique interpretações alternativas dos universais encontradas em certos realistas extremos, como Rogério Bacon, e faça desaparecer o espectro de uma ontologia reduzida junto com o conceitualismo que a acompanha. Uma vez esboçado o realismo de Scotus, passaremos a examinar suas ideias sobre a individuação, que estão ainda mais enredadas em polêmicas com seus contemporâneos, e veremos em que medida sua solução do problema da individuação é determinado pela matriz de suas convicções sobre o estatuto privilegiado dos individuais

---

[2] William Ware, *Quaestiones in Sententias* 2, d. 9, q. 3 (Vienna, f. 117va); Roger Marston, *Quodlibeta quatuor* 2, q. 30 (Roger Marston 1994, 297); e Duns Scotus, *In Metaph.* 7, q. 13, n. 53. Para a interpretação de Ockham, ver *Summa Logicae* 1, c. 15-17.

[3] Para algumas apropriadas observações sobre as semelhanças entre as concepções de Scotus e de Tomás de Aquino, ver Wolter 1990c.

e seu próprio comprometimento com a realidade das naturezas comuns. Por fim, ofereceremos algumas reflexões sobre o lugar ocupado pelas teorias scotistas na tradição filosófica medieval.

Universais

I.1. Avicena

Na sua maior parte, o pensamento dos escolásticos do século XII acerca dos universais foi dominado pelo ponto de vista de Avicena, renomado filósofo islâmico, cujos escritos foram traduzidos para o latim na segunda metade do século XII. Trabalhando em uma tradição aristotélica identificada por Tweedale como afrodisiana[4], Avicena tentou distinguir a natureza como tal – o conteúdo de um conceito universal, se o leitor quiser – da universalidade que a natureza tem na mente, e ambas, por sua vez, da natureza tal como encontrada em um indivíduo particular que tem essa natureza. É típico dos textos que exprimem a distinção o seguinte ponto, tirado da *Logica* de Avicena:

> O animal em si é alguma e a mesma coisa, seja como objeto dos sentidos, seja como compreendido na alma. Em si, contudo, não é nem universal nem singular, porque, se fosse em si universal de tal maneira que a animalidade como tal (*ex hoc quod est animalitas*) fosse universal, então necessariamente teria de ser o caso que nenhum animal é singular, mas, antes, todo animal seria universal. Se, porém, o animal como tal fosse singular, seria impossível haver mais do que um único e singular animal, a saber, esse mesmo único ao qual a animalidade pertenceria como tal, e seria impossível para qualquer outro item singular ser animal. O animal em si, além do mais, é certo objeto entendido na mente... e, de acordo com isso, o que é entendido como animal é animal somente. Se, porém, além disso, o animal for entendido como universal ou singular ou algo mais, agora algo mais além do animal que está subsumido à animalidade é entendido.[5]

---

4 Tweedale 1993, principalmente p. 81-89.
5 *Logica, pars tertia* (Avicena 1508, f. 12ra).

Aqui, a essência ou natureza de animal é analisada do ponto de vista das predicações lógicas. O argumento é que a universalidade, no sentido de ser predicável de muitos, não é que o animal é essencial e necessário. Fosse assim, então toda instância de animal teria de ser predicável de muitos, e, assim, meu cão Seamus não poderia ser propriamente chamado de animal, já que a animalidade encontrada nele não traz a propriedade de ser predicável de muitos. Alternativamente, se a noção de singularidade, impredicabilidade de muitos, estivesse incluída no próprio conceito de animal, então haveria somente um único animal e, presumivelmente, haveria tantos gêneros e espécies quantos fossem os indivíduos. Já que nenhuma das alternativas parece correta, Avicena afirma que 'animal' só em si mesmo é desprovido de universalidade, no sentido de ser predicável de muitos, e também de singularidade, no sentido de não ser predicável de muitos. O que precisamente é ser animal só em si mesmo, porém, não fica claro, já que isso foi descrito antes na passagem como "alguma coisa", ainda que também seja "certo objeto entendido na mente".

Passando ao seu *De Prima Philosophia*, vemos Avicena caracterizar logo de início a natureza em si mais por meio do que ela não é do que pelo que é. A cavalidade (*equinitas*) é só cavalidade. Não é única, mas também não é muitas; ela não existe entre os sensíveis – de fato, não é nenhum deles em si mesmos, seja efetiva, seja potencialmente. Também a comunidade advém à natureza de maneira extrínseca, já que é considerada comum só na medida em que muitas coisas concordam na definição da natureza, enquanto a singularidade advém a ela de maneira extrínseca também só na medida em que a natureza é encontrada em uma substância individual com suas propriedades particulares e acidentes concretos.[6] Então, a natureza parece ser inteiramente neutra tanto para a existência extramental como para a intramental, já que a

---

6 *Liber de philosophia prima sive scientia divina* V. 1 (Avicena 1977/1980, 228-229).

existência e sua unidade numérica concomitante estão fora da natureza como tal.[7]

Todavia, não significaria isso que a natureza ou a quididade não existem? Ou, então, que a natureza aviceniana é somente uma Forma platônica sob uma roupagem diferente? Absolutamente. Avicena reconhece que a natureza sempre existe ou na mente ou na realidade extramental[8], e, embora permita à natureza ter uma existência no nível da realidade suprassensível na mente de Deus e das Inteligências[9], essa existência não é de modo algum como a das Formas platônicas independentes da mente.

Ademais, o estatuto ontológico da natureza em si mesma permanece ambíguo. Das várias descrições dadas a ela, a natureza parece ser um componente ontológico, e obtemos uma visão dela mais ou menos como o seguinte:

Natureza + acidentes espaço-temporais = substância individual
Natureza + a universalidade da mente = noção universal

Ou seja, a natureza parece ser um constituinte (e o constituinte mais importante, já que caracteriza os itens em questão) do item concreto, indi-

---

[7] A identidade numérica é aquela que pertence a uma substância individual considerada como tal, isto é, 'Sócrates' e 'professor de Platão' designam ambas a mesma personagem histórica que morreu em 399 a.C. e era única em número. A unidade numérica é diferenciada pelos autores escolásticos da unidade específica (a unidade de Platão e Sócrates na espécie humana), da unidade genérica (a unidade de Sócrates e seu cão no gênero animal) e da unidade analógica (a unidade encontrada nos parelhamentos proporcionais, isto é, *cor* está para *branco* assim como *mamífero* está para *humano*). O texto de autoridade clássico para as discussões medievais a respeito da unidade é Aristóteles, *Metaph.* 5.6 (1016b33-1017a3).

Embora minhas observações aqui devam ser tomadas como baseadas exclusivamente no *Avicenna Latinus*, já que não tenho qualquer familiaridade com o idioma árabe, Marmura 1988 e 1992 mostraram-se úteis para trabalhar com os difíceis textos latinos. Quero agradecer à minha colega, Profa. Dra. Thérèse-Anne Druart, pelas informações bibliográficas a respeito de Avicena e auxílio.

[8] *De Prima Philos.* V. 1 (Avicena 1977/80, 234).

[9] *Logica, pars tertia* (Avicena 1508, f. 12va).

vidual, de um tipo e do pensamento predicável de muitos, pelo qual atendemos a itens desse tipo. Com efeito, há ao menos um texto, muitas vezes usado pelos leitores escolásticos de Avicena, em que ele descreve a natureza não só como um simples componente ou constituinte, mas também como aquele constituinte que é naturalmente anterior tanto à coisa individual como à noção universal:

> Mas o animal como comum e o animal como indivíduo, e o animal tomado relativamente ao potencial de ser comum ou próprio do ou relativo ao ser nessas coisas sensíveis ou entendidas na alma, são o animal e algo mais além disso, não somente o animal considerado em si mesmo. Além do mais, é óbvio que quando há o animal e algo mais que não é animal, o animal, então, está nesse item como uma parte, por assim dizer, e nesse aspecto o homem é parecido. Mas o animal pode ser considerado *per se*, embora exista com algo mais, pois sua essência existe com algo mais. Portanto, sua essência pertence a ele [sozinho] *per se*, mas estar ser junto com outra coisa que não ele mesmo é algo que está subsumido à essência ou algo que acompanha sua natureza, assim como [encontramos em] esta animalidade ou esta humanidade. Conformemente, essa consideração é anterior em ser tanto ao animal que é individual por causa de seus acidentes como ao universal que é inteligível e está nestas coisas sensíveis, assim como o simples é anterior ao composto e a parte é anterior ao todo. Deste ser [*esse*], ele não é nem gênero nem espécie, nem individual nem um único nem muitos, mas (antes) deste ser (*esse*) ele é só animal e só homem.[10]

A natureza é aqui identificada como anterior tanto em consideração como em ser [*esse*]. Com base na anterioridade que tem em ser, Avicena pode explicar sua relação com os itens que ela constitui como análogos à relação encontrada entre uma parte e seu todo e ainda também dá a entender que ela é anterior no composto resultante mesmo aos outros constituintes. O ser que a natureza tem não é o que a faz ser universal; antes, seu ser universal decorre de seu ser encontrado nos sensíveis e ser recebida em um intelecto. Tampouco é seu ser a fonte do item individual de um tipo

---

[10] *De Prima Philos.* V. 1 (Avicena 1977/80, 233-234).

considerado como individual, já que a individualidade do item individual vem dos acidentes que acompanham a natureza na realidade extramental, em vez de da natureza como tal.

Por fim, temos que o retrato aviceniano da essência ou natureza é uma imagem intrigante, se não insatisfatória. As essências podem ser consideradas em si mesmas e assim terem algum tipo de ser (*esse*) próprio delas mesmas[11], embora não tenham nenhuma unidade como essência. As essências são encontradas também nas coisas sensíveis fora da mente e em pensamentos dentro da mente. Sob esses aspectos[12], as essências são acompanhadas por condições estranhas à sua natureza, e, por conseguinte, podem ser legitimamente consideradas separadamente desses aspectos adjuntos, já que as essências são anteriores por natureza ao todo que ajudam constituir.

Dentre as alegações perturbadoras envolvidas nessa imagem da essência está a de que as naturezas ou essências têm ser, mas não unidade.[13] A doutrina escolástica trivial das propriedades transcendentais coextensivas do ser parece ser irreconciliável com essa doutrina aviceniana da essência. Um problema correlato é como a natureza tem um ser (*esse*) que seria total e igualmente realizado tanto fora da mente como dentro dela. Em outras palavras, se a natureza é encontrada tanto dentro como fora da mente, ela tem de ter um estatuto ontológico incomum, um estatuto extremamente auto-obliterante. Antes de Scotus, algumas soluções para esses aspectos problemáticos do pensamento de Avicena foram tentadas, mas, no pensamento de Scotus, as tentativas de enfrentar as dificuldades levantadas por esses problemas levaram diretamente às suas teorias da natureza comum e sua unidade menor.

---

[11] *De Prima Philos.* I. 5 (Avicena 1977/80, 34-35).
[12] *Logica, pars* 1, c. 1 (Avicena 1508, f. 2rb).
[13] O problema apresentado aos autores escolásticos pelas naturezas avicenianas foi bem descrito por Owens 1957, p. 4.

I.2. Scotus

Em vários textos, Scotus diferencia um tratamento lógico dos universais de um tratamento metafísico. Conforme mostrado por Marmo[14], conquanto o tratamento lógico dos universais não possa ser totalmente desvinculado do metafísico, já que a interpretação scotista do tratamento propriamente lógico está intimamente ligada à sua ontologia, não obstante distinguir entre as abordagens lógica e metafísica será útil para esclarecer o que Scotus pensava estar em jogo na sua teoria dos universais. Um texto que esclarece a distinção entre aspectos lógicos e metafísicos dos universais pode ser encontrado nas *Quaestiones*, de Scotus, sobre a *Isagoge*, de Porfírio:

> Às vezes [o termo universal] é entendido com referência ao sujeito, a saber, a coisa da primeira intenção à qual a intenção universal se aplica, e, nesse sentido, o universal é o primeiro objeto do intelecto. Outras vezes, [o universal] é entendido com referência à forma, isto é, a coisa da segunda intenção causada pelo intelecto e aplicável a coisas de primeira intenção, e é nesse sentido que o lógico fala propriamente do universal. De uma terceira maneira, o universal é entendido com referência ao agregado de sujeito e forma, e isso é um ser de maneira incidental, já que combina diversas naturezas [...] e nesse sentido não pertence à consideração de nenhum estudo filosófico. [...] Doravante, falaremos nesta obra somente do universal considerado no segundo sentido.[15]

Um universal no segundo sentido aplica-se a uma intenção ou noção do intelecto, tal como o conceito 'homem', o qual verifica completamente a definição de universal enunciada por Aristóteles.[16] De acordo com Scotus, o intelecto forma a intenção lógica do universal quando percebe que a natureza de homem encontra-se tanto em muitos indivíduos como é

---

[14] Marmo 1989. A compreensiva e completa análise de Marmo faz uma correção a um artigo anterior de Daniel A. Dahlstrom (Dahlstrom 1980). Dahlstrom foi um dos primeiros a atrair a atenção dos estudiosos modernos para a importância da distinção scotista entre os aspectos lógicos e metafísicos dos universais.
[15] *In Porph.* q. 4 *proemium*.
[16] Aristóteles, *Peri herm.* 1.7 (17a 39-40); *Post. an.* 1.4 (73b 26-27).

predicável de muitos indivíduos e atribui a segunda intenção de espécie a esse tipo de conceito.[17] Por meio de um procedimento semelhante, os outros predicáveis porfirianos (gênero, diferença, propriedade e acidente) são identificados e, embora sejam eles mesmos tipos de universais que distinguem conceitos de primeira ordem, também estão no gênero do universal como o *genus generalissimum* lógico.[18] O universal no primeiro sentido é o que Scotus identifica nos escritos lógicos e alhures como aquilo que é (*quod quid est*), termo técnico para essência concreta; o universal como *quod quid est* é um aspecto de ser e não uma intenção lógica, já que, como inteligível, ele move o intelecto à atividade.[19] No entanto, um universal, falando mais precisamente, não é o conteúdo de *aquilo que é*, mas, antes, o modo sob o qual essa essência é entendida.[20]

Quando Scotus propõe uma teoria dos universais (de acordo com isso), ele está discutindo os universais no primeiro sentido descrito no parágrafo anterior. No texto citado, ele está interessado, de maneira bastante natural, na função epistemológica das essências na formação de conceitos de primeira ordem, já que precisa trabalhar contra esse pano de fundo para descrever a área da lógica, que lida com segundas intenções. Mas, em seus comentários teológicos e nas suas *Quaestiones* sobre a *Metafísica* de Aristóteles, Scotus trata os universais em termos de seu estatuto ontológico e diretamente em relação aos outros tipos de questões que vimos antes em Avicena. A *Lectura* (2, d. 3, pars 1, q. 1), a *Ordinatio* (2. D. 3, pars 1, q. 1) e as *Quaestiones* sobre a *Metafísica* (7, q. 13), todas têm textos sobre os universais dentro do contexto do tratamento scotista do problema da individuação e da questão de se as naturezas no sentido aviceniano são singulares por si mesmas. Comecemos com esses textos antes de ir a um dos tratamentos *ex professo* de Scotus do problema dos universais nas *Quaestiones* (7, q. 18).

---

[17] *In Porph.* q. 9, n. 17.
[18] *In Porph.* q. 7, nn. 24-26.
[19] *In Porph.* q. 4, n. 6.
[20] *In Porph.* q. 5, n. 4.

Característico do primeiro grupo de textos é a dificuldade com que Scotus estabelece que a natureza como tal não é por si mesma singular, sem dúvida em dívida para com a sugestão de William Ware e de outros de que as naturezas são efetiva e legitimamente singulares por si mesmas e que somente a universalidade precisa ser explicada. Scotus apresenta dois argumentos principais em favor da tese de que as naturezas não são por si mesmas singulares, embora suas provas de algumas das premissas desses argumentos principais sejam muito mais numerosas. Primeiro, ele defende que, se a natureza, quando apresentada como um objeto ao intelecto, for efetivamente singular, então de uma maneira fundamental o intelecto não está compreendendo bem a natureza apresentada no objeto, já que a está "compreendendo" de maneira oposta à que ela efetivamente é, pois a natureza é sempre apreendida pelo intelecto como universal, não como singular. Segundo, Scotus afirma que nada que tenha sua unidade própria e adequada na forma de uma unidade real menor do que a unidade numérica pode ser um único por meio da unidade numérica. A natureza, até como se encontra nesta pedra, tem a sua unidade real, adequada e própria que é menor do que a unidade numérica. Por conseguinte, a natureza até como se encontra nesta pedra tem menos unidade ou uma unidade menor que lhe é própria.[21]

O primeiro argumento parece incontestável, e Scotus pouco faz para dar sustentação a suas alegações. O segundo argumento, porém, é menos seguro, porque a premissa menor parece menos do que óbvia, que é a de que a natureza, até da forma como é encontrada no indivíduo particular, tem uma unidade real, mas menos do que a numérica. Para provar a premissa menor do segundo argumento, Scotus sugere que há somente uma única alternativa para permitir à natureza ter algum tipo de unidade menor do que a numérica, que é dizer que não há unidade real alguma menor do que a unidade numérica, e essa alternativa é simplesmente inaceitável. Scotus mostra com sete argumentos – três dos quais vale a pena lembrar –, precisamente, por que essa alternativa é

---

[21] *Lect.* 2, d. 3, pars 1, q. 1, nn. 8-9; *Ord.* 2, d. 3, pars 1, q. 1, nn. 7-8; *In Metaph.* 7, q. 13, n. 61.

inaceitável. O primeiro, e talvez mais importante, é o de que se toda a unidade real é unidade numérica, então toda genuína diversidade é diversidade numérica, já que unidade e diversidade são aspectos do ser correlativamente opostos. Por sua vez, isso acarreta que unidades específicas e genéricas nessa medida não têm fundação extramental alguma, e, por conseguinte, os conceitos que mantêm juntos itens de uma espécie ou gênero devem seu conteúdo só à mente e a nada mais; esses conceitos são *figmenta* ou *fictiones*.[22] Segundo, a oposição real, como a contrariedade, requer extremos reais e distintos que funcionariam dessa maneira mesmo na ausência de entendimento humano. No entanto, para cada um dos extremos é preciso haver uma unidade não meramente numérica, já que, de outra maneira, teríamos de dizer que esse objeto branco é o oposto daquela coisa preta, e isso significaria que há tantas contrariedades fundamentais quanto há indivíduos opostos.[23] Terceiro, mesmo os sentidos têm em seu objeto certa unidade que não é meramente numérica, já que o objeto do sentido não é o singular como tal, mas, antes, o singular que tem o aspecto formal que o poder sensório detecta.[24]

Depois de defender a unidade e a identidade reais para a natureza, que são distintas, mas não menos do que a unidade e a identidade numéricas, Scotus tem agora de tratar da questão de como ele concebe o estatuto ontológico da natureza. Ele começa, primeiro, sugerindo uma glosa à famosa sentença de Avicena segundo a qual "a cavalidade é só a cavalidade". A alegação de Avicena de que a natureza em si mesma não é nem uma nem muitas, nem universal nem particular, deve ser entendida simplesmente como querendo dizer que a natureza não é numericamente nem uma nem muitas, nem efetivamente universal ou particular em si mesma.[25] A glosa às palavras de Avicena abre a possibilidade de atribuir à natureza a unidade menor que Scotus

---

[22] *Lect.* 2, d. 3, pars 1, q. 1, n. 26; *Ord.* 2, d. 3, pars 1, q. 1, n. 23; *In Metaph.* 7, q. 13, n. 65. De Libera 1996, p. 333, sugere que essa linha argumentativa é apropriada por Scotus da literatura dos *sophismata*.

[23] *Ord.* 2, d. 3, pars 1, q. 1, n. 19.

[24] *Ord.* 2, d. 3, pars 1, q. 1, nn. 20-22. Uma longa discussão da unidade do objeto sensorial pode ser encontrada em *In Metaph.* 1, q. 6, nn. 7-63.

[25] *Ord.* 2, d. 3, pars 1, q. 1, n. 31.

pensa poder-se dizer que ela tem para explicar o caráter repetível da natureza em supósitos individuais, isto é, em sujeitos ontológicos concretamente subsistentes, e também para explicar a função causal exercida pela natureza em informar o intelecto. Além disso, essa glosa permitirá a Scotus introduzir uma distinção entre a universalidade e a comunidade, que é inteiramente estranha ao pensamento do filósofo islâmico.

Eis, então, a maneira como Scotus descreve o estatuto da natureza nos parágrafos seguintes da *Ordinatio*:

> E embora [a natureza] nunca exista sem cada um desses [ser numericamente um ou muitos, ser universal ou particular], não obstante ela não é nada disso, mas é naturalmente anterior a tudo isso. E, de acordo com essa antecedência natural, o <u>aquilo que é</u> [*quod quid est*] é o objeto *per se* do intelecto, é considerado *per se* como tal pelo metafísico e é expresso por uma definição. [...] Contudo, a natureza não só é indiferente ao ser no intelecto e no particular (e, com isso, ao ser universal e ao ser particular, ou singular), mas também, quando ela primeiro tem ser no intelecto, não tem universalidade própria. Porque embora seja entendida sob a universalidade como sob um modo de entendimento, a universalidade não é parte de seu conceito primário. [...] Portanto, o primeiro ato de entendimento é da natureza precisamente sem qualquer entendimento concomitante do modo. [...] E assim como de acordo com o ser que ela quando está primeiro no intelecto, a natureza não é universal em si mesma... da mesma maneira também na realidade extramental, quando a natureza é encontrada com singularidade, a natureza não é determinada em si mesma para a singularidade, mas é naturalmente anterior à causa (*ratio*) que a contrai à singularidade; e na medida em que é naturalmente anterior à causa que a contrai, não repugna a ela existir sem isso [a causa particular que a contrai]. E assim como o objeto na sua primeira presença e 'universalidade' no intelecto tem um ser verdadeiramente inteligível (*esse intelligibile*), assim também na realidade a natureza, de acordo com sua entidade, tem um ser real verdadeiro fora da alma e de acordo com essa entidade ela tem uma unidade proporcional que é indiferente à singularidade, de tal maneira que não repugna a essa unidade estar por si mesma situada junto com toda unidade dada de singularidade.[26]

---

[26] *Ord.* 2, d. 3, pars 1, q. 1, nn. 32-34.

Como Avicena, Scotus pensa que a natureza nunca existe separadamente das coisas concretas fora da mente ou dos pensamentos na mente e que, não obstante, há uma antecedência natural da natureza relativamente a ambas as suas manifestações, dentro ou fora da mente. Mas acabam aqui as semelhanças com a teoria de Avicena. Primeiro, falta tanto à natureza a determinação para a singularidade que a natureza poderia por si mesma estar conjuminada com um princípio de singularidade diferente de um dado. Obviamente, isso quer dizer que a natureza tem um nível de antecedência e identidade ontológicas que ela retém mesmo no item singular fora da mente, onde ela está em seu estado contraído. Em seguida, a natureza tem um ser real fora da mente precisamente porque tem sua própria entidade que entra naturalmente na constituição do item singular fora da mente. Terceiro, porque a natureza tem sua entidade própria, ela possui unidade própria, e é essa unidade menor que é suficientemente indiferente para permitir que a natureza seja por si mesma encontrada, em princípio, junto com qualquer princípio individuador dado. Conforme Scotus afirma alhures, uma unidade menor, ou inferior, é compatível com uma unidade maior.[27]

Assim, o que temos na ontologia scotista dos universais é a doutrina de uma natureza *comum* e não a doutrina aviceniana de uma natureza *neutra*; nessa doutrina, a comunidade da natureza é descrita negativamente ("a natureza não é por si mesma isto"), e, no entanto, essa descrição indica um aspecto positivo. Scotus enfatiza a comunidade da natureza em um parágrafo que resume suas ideias:

> Para confirmar a opinião [enunciada], é claro que a comunidade e a singularidade não estão relacionadas à natureza como estão o ser no intelecto e o ser verdadeiro fora da alma. Porque a comunidade pertence à natureza à parte o intelecto e da mesma maneira também pertence a singularidade, e a comunidade pertence à natureza por si mesma, ao passo que a singularidade pertence à natureza por meio de algo na coisa que contrai a natureza. Mas universalidade não pertence a uma coisa por si mesma. E é por isso que con-

---

[27] *In Metaph.* 7, q. 13, n. 61.

cedo que devemos buscar a causa da universalidade, mas nenhuma causa da comunidade deveria ser buscada separadamente da natureza. E uma vez que a comunidade dentro da natureza é posta em acordo com sua entidade e sua unidade próprias, necessariamente temos de buscar uma causa da singularidade para adicionar algo àquela natureza à qual ela pertence.[28]

A noção de comunidade expressa nesse texto tem ligação direta com a alegação scotista feita no texto anterior de que a natureza não é, propriamente falando, universal quando está presente primeiro no intelecto. Com efeito, as seguintes afirmações são maneiras intimamente relacionadas, embora não idênticas, de descrever o estatuto da natureza: (1) a natureza tem uma unidade menor e uma identidade próprias; (2) a natureza não é ela mesma isso, isto é, sua unidade é um tipo de comunidade; (3) a natureza por si mesma poderia ser encontrada junto com um princípio individuador distinto sem contradição (ou repugnância); e (4) a natureza não é efetivamente universal quando presente primeiro no intelecto. Já que a entidade e a unidade estão relacionadas como noções transcendentais, elas são, de acordo com as ideias escolásticas tradicionais, concomitantes, e a natureza tem uma unidade que é proporcional à sua entidade. O que essa unidade e essa entidade significam é que a natureza tem uma identidade que é real, mas suficientemente indeterminada para ser capaz de ser repetida em uma quantidade de supósitos no mundo, e, no entanto, suficientemente rica em conteúdo para ser capaz de ser recebida em uma faculdade cognitiva sem perder sua identidade de natureza e, com isso, não conseguir ter seu efeito próprio na atividade cognitiva. Em outras palavras, a natureza e sua identidade são o que fazem com que as substâncias individuais no mundo sejam do mesmo tipo e o que faz com que a mente se torne ciente desse tipo quando a natureza é recebida no intelecto. No que tange ao sujeito concretamente existente ou substância individual no mundo, a natureza é um elemento ontologicamente anterior e, no entanto, indeterminado que necessita ser efetivado e determinado; eis por que mais uma fonte tem

---

[28] *Ord.* 2, d. 3, pars 1, q. 1, n. 42. Boulnois, 1992, enfatiza corretamente, à luz desse texto, a importância da comunidade para a doutrina scotista dos universais.

de ser buscada para explicar a singularidade característica das substâncias individuais. Com respeito à faculdade intelectual, a presença da natureza na alma dá somente o conteúdo da noção universal, não a predicação de muitos, e essa é a razão pela qual sua comunidade precisa ainda de mais indeterminação para a verdadeira universalidade.[29]

A posição de Scotus, ainda que expressa em linguagem aviceniana, pode à primeira vista parecer um retorno ao realismo característico dos opositores de Abelardo no século XII.[30] De fato, não se trata absolutamente disso. Primeiro, a comunidade da natureza comum não é absolutamente a universalidade no sentido robusto; de fato, Scotus distingue agudamente entre a universalidade total e a universalidade que ele às vezes usa como sinônimo de comunidade.[31] Isso se torna mais que claro pela função noética que Scotus prescreve à natureza em outro de seus principais textos sobre os universais – *Quaestiones* sobre a *Metafísica* de Aristóteles (7, q. 18). Devido ao fato de que a *natureza* não é por si mesma isso, não cabe a ela dizer que é de muitos assim como que pode ser encontrada em muitos, as duas condições sendo necessárias e conjuntamente suficientes para a universalidade completa. Segundo sua primeira presença no intelecto, a natureza move a mente para a atividade de entender (*intelectio*) e só então, quando ela é efetivamente considerada com referência a muitos supósitos fora da mente, são realizados ambos os aspectos da universalidade por meio da atividade mental de predicação. Conformemente, pode-se dizer da natureza que é o sujeito remoto da predicação universal ou está em potência remota para o universal em sua realização completa, o qual está na mente.[32]

---

[29] Sobre os estágios da ideogenese em Scotus, ver R. Dumont 1965.

[30] Para a ideia de que a posição scotista é a mesma coisa que um conceitualismo dos universais com um realismo da comunidade e, por conseguinte, não propriamente realista ou conceitualista, ver Boulnois 1992, p. 3; p. 28-33.

[31] *Ord.* 2, d. 3, pars 1, q. 1, n. 38.

[32] Scotus, *In Metaph.* 7, q. 18, n. 41, n. 44, e n. 48. Para uma discussão maior da relação entre a natureza e os momentos no processo intelectivo, ver a introdução a Sondag 1993, p. 48-72, e Sondag 1996. A importância mais ampla da discussão scotista da natureza como causa parcial da intelecção pode ser vista em de Muralt 1991, p. 112-118.

Segundo, Scotus pretende que suas ideias sejam um corretivo, em parte, ao realismo mais extremado de alguns dos primeiros franciscanos de Oxford. Na mesma questão, após observar que de maneira alguma Aristóteles mostra a incoerência da concepção platônica, mas a rejeita, antes, com base em ela ser desnecessária, Scotus delineia duas concepções extremadas que utilizam princípios aristotélicos. Uma é o realismo extremado associado a Rogério Bacon (entre outros[33]) na geração de franciscanos de Oxford anterior a Scotus. Tal concepção localiza os universais primordialmente nas coisas e só secundariamente na mente; as coisas universais são predicadas de coisas particulares nessa medida.[34] A concepção oposta localiza o universal primordialmente na mente e só secundariamente, se tanto, nas coisas; essa ideia é associada aos escritos de Pierre de Jean Olivi (Petrus Iohannis Olivi).[35] Scotus se esforça para cavar uma posição intermediária entre os dois extremos. Em resposta à segunda posição extremada, ele usa um raciocínio parecido com o visto acima relativamente à ideia de que a natureza é singular por si mesma. Em resposta à primeira posição extremada, Scotus defende que um de seus principais pontos é falso, a saber, o de que uma coisa universal é predicada de coisas particulares. O que é predicado é uma noção ou intenção universal, não uma coisa, apesar de a base para a predicação ser um aspecto isomórfico de uma coisa, a saber, sua natureza.[36]

II. INDIVIDUAÇÃO

Embora recentemente os estudiosos discordem sobre o quanto precisamente Scotus deve às discussões mais antigas em Oxford e em

---

[33] Ver Sharp 1930, p. 182-183, para a posição de Peckham.
[34] Ver Maloney 1985; Rogério Bacon, *Quaestiones supra libros Primae Philosophiae Aristotelis* (Rogério Bacon 1905-1940, 7:241-245); *Communia naturalium*, I p. 2 d. 3 c. 4 (Rogério Bacon 1905-1940, 2:204).
[35] Pierre Jean de Olivi, *Sent.* 2, q. 13 (Pierre Jean de Olivi 1922, 4:253).
[36] *In Metaph.* 7, q. 18, n. 43.

Paris[37], o contexto histórico geral da teoria da individuação scotista é bastante claro. Muita atenção foi dada ao problema da individuação nas obras teológicas e filosóficas ao longo de todo o século XIII; com efeito, o problema se tornou uma preocupação central dos teólogos nas décadas finais desse século, desde que a teoria aristotélica (e, talvez, a tomista) da individuação fora oficialmente condenada por Etienne Tempier, o bispo de Paris, em 1277.[38] O que se pode dizer dessa atenção é que ela levou a uma pletora de opiniões: a individuação era explicada recorrendo-se à coleção de acidentes encontrados em um sujeito[39], pela quantidade que o sujeito possui[40], a matéria que em parte constitui o sujeito[41], a existência efeti-

---

[37] A posição de Wood 1996 é a de que o pensamento de Richard Rufus é a influência predominante sobre Scotus. Sondag 1997 propõe que o contexto imediato deve ser encontrado nos escritos do mestre parisiense de Scotus, Gonsalvus Hispanus.

[38] Hissette 1977, 1982 mantém que Tomás de Aquino não era o alvo principal. Essa interpretação da condenação foi desafiada por Wippel 1977 e 1981, pp. 381-382.

[39] A concepção era tradicionalmente atribuída a Boécio, mas foi sustentada com algumas variações até durante o século XIII. Ver Boécio, *In Isagoge Porphyrii editio secunda* lib. III (CSEL 48, 235; PL 64, 114); e *De Trinitate* c. 1 (PL 64, 1249). A concepção de Boécio aqui é rastreável até Porfírio e talvez seja tirada de Porfírio a formulação de uma "coleção" de acidentes. Ver Porfírio, *Liber praedicabilium* cap. "De specie" (AL I.6, 13-14; ed. Busse 7.21-23); cf. Hamesse 1974, p. 300. Sobre a popularidade dessa concepção e seu desenvolvimento subsequente na filosofia medieval, ver Gracia 1988, 108-111. O fato de tal concepção não ter sido de jeito nenhum abandonada de todo por volta do fim do século XIII e começo do XIV constata-se pelo contemporâneo de Scotus, John Quidort, ter dedicado tempo a essa concepção também na sua questão disputada sobre a individuação em 1304-1305. Ver o texto de Quidort em Müller 1974, principalmente p. 343.

[40] Tomás de Aquino, *Sent.* 4, d. 12, q. 1, a. 1, qc. 3 in corp. e ad 3 (ed. Parmen. VII 655a 1); *ST.* 1.50.2 in corp.; 3.77.2 in corp. (XII 196b); *SCG* 2.50 arg. 1 (XIII 383a); 4.65 (XV 209b); Egídio Romano, *Quodl.* 1, q. 11 in corp. (ed. Venice 1502, f. 7ra-b); Godofredo de Fontaines, *Quodl.* 7, q. 5 in corp. (Godofredo de Fontaines 1904-1937, 3: 328); *Quodl.* 6, q. 16 in corp. (Godofredo de Fontaines 1904-1937, 3: 259); Tomás de Sutton, *Quodl.* I q. 21 in corp. (Tomás de Sutton 1969, p. 140-143, p. 146).

[41] Aristóteles, *Metaph.* 7, t. 28 (AL 25:137; 7.8, 1034a 4-8). O principal texto de Tomás para essa teoria está no precoce *De ente et essentia* c. 2 (ed. Leonina 371a-b), mas veja-se também Tomás de Aquino, *Sent.* 4, d. 11, q. 1, a. 3, qc. 1 in corp. (ed. Parmen. VII 634b); d. 12, q. 1, a. 1, qc. 3 ad 3 (655a); *ST* 1.7.3 in corp. (IV 75b);

va (*esse*) do sujeito⁴², a relação que o sujeito tem com o agente que o produziu⁴³, ou, finalmente, nada de positivo, mas simplesmente a não identidade de uma coisa com a espécie à qual pertencia relativamente à divisibilidade da espécie e a não identidade de uma coisa com outras coisas da mesma espécie.⁴⁴ Conforme vimos, a propósito da discussão scotista dos universais, mesmo a necessidade de um princípio de individuação fora questionada na literatura tardia do século XIII. Por volta do início do século XIV, parecia que essa variedade desconcertante de opiniões clamava por um tratamento sistemático para se avaliar os méritos de cada perspectiva.

Em várias de suas obras, mas principalmente nas *Quaestiones sobre a Metafísica* de Aristóteles, Scotus dá uma esquematização que permite a comparação direta e a avaliação medida dessas várias posições.⁴⁵ Embora vislumbres do modo como Scotus expõe o problema possam ser vistos de alguma forma nos escritos de Henrique de Gand e de Pierre de Jean Olivi⁴⁶, a organização detalhada do Doutor Sutil das várias posições derivadas de uma disjunção estrita é uma obra-prima de análise. Ao buscar o princípio de individuação, Scotus alega que temos de postular ou um princípio positivo ou um negativo. Se o princípio for positivo, ele tem de ser registrado como um elemento da ontologia aristotélica: tem de ser ou um princípio

---

    3.77.2 in corp. (XII 196b); *SCG* 2.75 arg. 1 (XIII 473a); 2.83 arg. 20 (XIII 523b); 2.93 arg. 2 (XIII 563a); 3.65 arg. 3 (XIV 183b); 4.63 (XV 201ab); Egídio Romano, *Quodl.* 1, q. 11 in corp. (f. 7rab); Godofredo de Fontaines, *Quodl.* 7, q. 5 in corp. (Godofredo de Fontaines 1904-1937, 3: 324).

⁴²   Rogério Bacon, *Communia naturalium* c. 9 (Rogério Bacon 1905-1940, 2: 99); Petrus de Falco, *Quaest. ordinariae* q. 8 in corp. (Petrus Falcus 1968, 1: 311).

⁴³   Roger Marston, *Quodl.* I q. 3 (Roger Marston 1994, p. 13); *Quodl.* II q. 30 (Roger Marston 1994, p. 295); *De Anima* q. 2 (Roger Marston 1932, p. 233); cf. Giacomo de Viterbo, *Quodl.* I q. 21 (Giacomo de Viterbo 1968, p. 223).

⁴⁴   Henrique de Gand, *Summa* a. 39 q. 3 ad 2 (Henrique de Gand 1979, I: 246 Q-S).

⁴⁵   Para a estrutura dos textos de Scotus que discutem a individuação, ver S. Dumont 1995, I: 200-201, e Noone 1995, I: 393-394.

⁴⁶   Henrique de Gand *Quodl.* II, q. 8 (Henrique de Gand 1979, 6: 54-55); Pierre Jean de Olivi, *II Sent.* q. 12 (Pierre Jean de Olivi 1922, p. 212-213).

substancial, tal como a forma, a matéria, ou um princípio acidental, tal como a quantidade, a qualidade, a relação ou a existência efetiva.

Voltando-se à noção de individualidade e baseando-se na estrutura de Gracia para analisar as perspectivas filosóficas acerca da individualidade, podemos perceber rapidamente o que é característico da abordagem scotista. Os filósofos descreviam a individualidade em termos de não predicabilidade (Colleen não pode ser dita como algo mais), identidade (Colleen é a mesma agora que era antes, embora antes fosse pálida e agora esteja corada; de fato, ela é tão ela mesma que não poderia, em princípio, ser identificada com nada mais), divisividade (a habilidade de Colleen de dividir um grupo maior ou espécie, isto é, humano), distinção (a não identidade deste indivíduo, Colleen, com qualquer outro na sua espécie, por exemplo, Paula) e indivisibilidade (a não instanciabilidade ou não repetibilidade, isto é, Colleen não pode ser recorrente – ela é única).[47]

Desses cinco aspectos principais da individualidade, Scotus indica o último como o mais básico e importante; e nisto, com efeito, podemos dizer que sua ênfase difere da de muitos de seus contemporâneos. Por exemplo, em um momento particularmente difícil de seu debate com Guilherme Pedro Godino, o tomista com quem debatia a questão de se a matéria é o princípio de individuação, Scotus expõe sua atitude para com a individualidade da seguinte maneira:

> Contra essa posição [isto é, a de Godino]: a singularidade sobre a qual indagamos nesta discussão é ser um algo *per se* único dentre outros seres (*aliquid per se unum in entibus*) ao qual repugna ser dividido em partes subjetivas; dessa repugnância só pode haver uma única causa.[48]

A frase "ao qual repugna ser dividido em partes subjetivas" pretende expressar a ideia de não instanciabilidade: Paula pode ser dividida em partes integrais, como seu coração, ou seus pulmões/seu corpo e alma, mas

---

[47] Para uma útil descrição desses diferentes aspectos da individualidade, ver Gracia 1994, p. 9-13.

[48] Stroick 1974, p. 596. Correções às leituras falhas foram supridas pela consulta ao único manuscrito (Erfurt, Bibliotheca Amploniana, MS F 369).

não em partes subjetivas, isto é, partes cada uma das quais é uma instância da coisa dividida – a maneira, ao contrário, na qual a espécie humana pode ser dividida em Sócrates e Platão. Na concepção scotista da individuação, a instanciabilidade é contraditória à noção de individualidade como tal.

II.1. A CRÍTICA DE SCOTUS ÀS POSIÇÕES ALTERNATIVAS

Dada a ênfase de Scotus na não instanciabilidade como o aspecto mais fundamental da individualidade e sua ênfase igualmente marcante na individualidade como uma perfeição ontológica, não devemos nos surpreender ao vê-lo recusar todo e qualquer esforço de localizar a fonte da individualidade na negação, posição essa associada a Henrique de Gand. Por mais injusta à verdadeira posição de Henrique de Gand que a análise de Scotus possa ser[49], o Doutor Sutil sempre interpreta a teoria de Henrique de Gand como se invocasse duas negações para explicar como as naturezas são tornadas individuais: uma pela qual a coisa que é individual não é divisível da maneira como é a espécie; outra pela qual o item individual é tornado não idêntico a qualquer outro membro da mesma espécie. A linha de crítica de Scotus é bastante previsível. As negações propostas por Henrique de Gand, tomadas como expressões lógicas, simplesmente descrevem aspectos de uma individualidade de um indivíduo; não descobrem o que é que faz com que os indivíduos tenham esses aspectos. Se, contudo, as negações são compreendidas como princípios ontológicos, elas têm de ser positivas, ou supõe-se que devam indicar algo de positivo, já que a unidade numérica que tentam explicar é um aspecto positivo das coisas. Scotus submete ao mesmo tratamento toda tentativa de evitar o problema da explicação da individualidade pela alegação – que talvez tenha sido feita por Pierre de Auvergne precocemente em sua carreira[50] – de que a natureza é só uma por

---

[49] S. Brown 1994, p. 205-206.
[50] Pierre de Auvergne, *Metaph.* VII q. 25 em O'Donnell 1955, p. 173.

meio da mente que dá 'singular' como uma intenção lógica, assim como a mente dá sua contraparte 'universal'.

Eliminando todo e qualquer princípio de individuação, Scotus considera o leque de opiniões em favor do lado de um princípio positivo. Aqui, as opiniões que o confrontam têm nomes muito distintos como seus aliados. A opinião de Tomás de Aquino, mesmo que sujeita a diferentes interpretações, era geralmente considerada como sob a rubrica da posição "oficial" aristotélica, segundo a qual a matéria é o princípio de individuação. Considerava-se que Godofredo de Fontaines, o ilustre discípulo e crítico de Henrique de Gand, sustentava que a quantidade seria o princípio de individuação, embora na visão de Wippel essa interpretação não faça justiça plena ao pensamento de Godofredo, já que ele postulava a forma como o princípio, adicionalmente à quantidade; a forma é o princípio de individuação e a quantidade a fonte da multiplicidade numérica dentro de uma espécie de substâncias físicas.[51] A visão de que a existência efetiva (*esse*) seria o princípio de individuação também tinha partidários, inclusive Egídio Romano no início de sua carreira.[52] Por fim, a teoria de que o que faz as coisas serem individuais é justamente sua relação com o Primeiro Agente, Deus, era uma tese proposta por Roger Marston.

Na concepção scotista, o que essas teorias têm em comum é que todas elas recorrem a algo acidental para explicar a individuação das substâncias[53] (Scotus centra atenção na individuação das substâncias, acreditando que a individuação dos acidentes deve ser explicada com referência às substâncias às quais inerem). De acordo com Scotus, quatro considerações (*quadruplex via*) impõem a conclusão de que cada uma dessas soluções para o problema da individuação é falha: a noção de substância como ser *per se*, a anterio-

---

[51] Wippel 1994.
[52] Egídio Romano, *I Sent.* d. 36 princ. 1 q. 1 (Ed. Veneza, 1521, f. 185v N); Nash 1950-1951.
[53] *In Metaph.* 7, q. 13, n. 20: "Istud autem quod videtur commune omnibus, aut saltem tribus primis opinionibus de individuatione, 'per accidens formaliter', potest improbari quadruplici via satis rationabili."

ridade da substância com relação ao acidente, a natureza da identidade numérica e a integridade de cada ordem categorial.

A substância, no sentido de primeira substância, é ser *per se* no sentido mais primordial e mais verdadeiro; também é a fonte de atividade e de operação assim como o sujeito último da predicação. Se é assim, qualquer combinação ou agregação de substância e acidente é em si um ser *per accidens*, não um ser *per se*. Consequentemente, a agregação de qualquer acidente, até mesmo a quantidade, e a substância não podem explicar o que faz com que aquela substância como ser primário e *per se* seja aquele ser individual. O acidente, por assim dizer, está fora do âmbito da substância como ser *per se*.[54]

Intimamente relacionada a essa consideração está a segunda consideração feita por Scotus: a anterioridade da substância relativamente ao acidente. A substância é anterior ao acidente por uma anterioridade de natureza; portanto, essa substância, como substância, é anterior por natureza a este acidente. No entanto, se for o caso, este acidente (digamos, esta quantidade) não pode fazer a substância da qual depende ser esta, porque, segundo essa demonstração, o ontologicamente posterior é anterior por natureza ao ontologicamente anterior, e isso é impossível.[55]

A terceira consideração se origina da ênfase colocada por Scotus na individualidade como não instanciabilidade, chamada por ele frequentemente de *singularitas*. Se ser uma entidade individual singular é ser não instanciável e a entidade em questão é uma substância, então, sem uma mudança substancial, a entidade em questão permanecerá 'esta' e não se tornará 'não esta', não importa por qual reconfiguração de acidentes passe. No entanto, os acidentes que pertencem a uma dada substância variam ao longo da duração dessa substância, às vezes drasticamente. Se isso é assim, então, se os acidentes variantes fossem aqueles citados como a causa da individuação, como a quantidade dimensional, a substância se tornaria 'não esta' sem envolver qualquer mudança substancial, contrariamente à

---

[54] *In Metaph.* 7, q. 13, n. 21.
[55] *In Metaph.* 7, q. 13, n. 24.

noção de o que é que significa ser numericamente uma ou única no caso da substância.[56]

A consideração final, a quarta, é tirada da ideia de que cada uma das ordens categóricas ou predicamentais deve ser completa sem nenhuma confusão com os membros de outra ordem, independentemente da inter-relação das ordens categoriais. Para dar um exemplo, devemos ser capazes de passar da 'quantidade' para a 'quantidade contínua' para 'linha' para 'esta linha' sem referência à categoria de qualidade ou qualquer outra categoria. Se, contudo, tomarmos a categoria de substância e tentarmos completar a descendência categorial, com base nessas explicações da individuação só poderemos chegar à espécie, digamos, 'ser humano'; não poderemos chegar a 'este ser humano' sem recorrer a uma categoria acidental, porque, pela força dessas teorias da individuação, está fora da ordem da substância derivar 'este ser humano' de 'ser humano'.[57]

O que pode fazer o leitor pensar que as críticas de Scotus são questionáveis e até mesmo repreensíveis é o fato de ele tratar a teoria materialista da individuação sob o título de uma interpretação acidentalista, colocando tudo junto no mesmo saco, ao passo que a matéria é claramente um princípio substancial na ontologia aristotélica; e quase que o mesmo ponto poderia ser feito acerca da existência efetiva, já que ela é um dos dois princípios constitutivos de um ente (*ens*), isto é, uma substância, na metafísica tomista. O primeiro desses pontos pode ser examinado observando-se que Scotus lida com uma versão particular da tese materialista, uma que recorre ao acidente da quantidade dimensional para explicar como a matéria-prima, em si mesma indeterminada, tem a estrutura das partes do mesmo tipo e, por conseguinte, torna-se matéria assinalada.[58] Baseando-se na matéria dos primeiros escritos

---

[56] *In Metaph.* 7, q. 13, n. 27.

[57] *In Metaph.* 7, q. 13, nn. 28-30.

[58] "Primae duae viae patent quod ponunt accidens formaliter individuare. Tertia etiam communiter ponitur includere secundam, quia differentia in materia absolute secundum rationem potentialitatis distinguit genera physica, ex fine X. Ergo illa, quae distinguit individua, est differentia partium eiusdem rationis, quarum una est extra aliam, et aliam formam recipit. Sed ista diversitas ponitur in materia esse per quantitatem. Quarta etiam ponit accidens, si illud 'esse' ponitur accidens." *In Metaph.* 7, q. 13, n. 19.

de Tomás⁵⁹, os tomistas do tempo de Scotus eram totalmente explícitos sobre esse ponto. Para citar só um exemplo, Guilherme Pedro Godino defendia que a fonte da pluralidade numérica é matéria em última instância, na medida em que possui a capacidade para muitas formas da mesma espécie; mas o princípio aproximado que reduz essa capacidade a ato, de modo que um dado indivíduo de uma espécie possa ser produzido, é a quantidade, a qual dá à matéria extensão.⁶⁰ Conformemente, parece haver uma base legítima – textual, histórica e sistemática – para a alegação de Scotus de que a teoria materialista da individuação recorre ao acidente da quantidade para descrever como a matéria funciona como princípio individuador. Com relação à objeção possível de que o *esse* é mal interpretado como um princípio acidental, é necessário ter em mente que o próprio Tomás de Aquino o descreve como um princípio acidental em várias ocasiões.⁶¹

Depois de sua linha geral de crítica contra as interpretações acidentalistas, Scotus levanta objeções para cada uma das mencionadas maneiras particulares de explicar a individuação. Já que o espaço aqui não permite nada mais do que um tratamento resumido dessas objeções, mencionarei somente as mais importantes. Contra a tese da quantidade, Scotus racio-

---

⁵⁹ Tomás de Aquino, *Sent.* 4, d. 12, a. 1, q. 1 ad tertium (Tomás de Aquino 1929, p. 503): "Et ideo primum individuationis principium est materia, qua acquiritur esse in actu cuilibet tali formae, sive substantiali sive accidentiali. Et secundarium principium individuationis est dimensio, quia ex ipsa habet materia quod dividatur."

⁶⁰ Scotus/Godinus in Stroick 1974, p. 589: "Nam licet prima radix et causa dictae pluralitatis sit natura ipsius materiae, inquantum apta nata est habere plures habilitates ad formas eiusdem rationis, tamen ad hoc quod haec potentia reducatur in actum, oportet materiam esse cum quodam alio, scilicet quantitate, ut extensa est. Ex divisione enim quantitatis sequitur divisio omnis extensi." Jean de Paris distingue as funções da matéria e da quantidade como o princípio de individuação e o princípio de multiplicação: Jean de Paris (Quidort), O.P., *Commentarie sur les Sentences: Reportation, livre II*, Studia Anselmiana, fasc. LII, ed. Jean-Pierre Müller (Rome: Herder 'Orbis Catholicus', 1964), q. 15 (d. 3, q. 3), resp., 67-68: "Quia aliud est principium individuationis et aliud principium multiplicationis individuorum sub una specie, quia hoc habet fieri per quantitatem materiam dividentem per partes."

⁶¹ Ver Owens 1958; sobre a necessidade do *esse* ser limitado, e, por conseguinte, determinado, pela essência, ver Wippel 1998.

cina que a quantidade é ou *terminata* (a quantidade com dimensões definidas e distintivas) ou *interminata* (a quantidade com dimensões indefinidas e genéricas). Se a segunda, a quantidade precede e sucede o indivíduo físico dado; por conseguinte, não pode ser o que explica a unicidade do indivíduo. Alternativamente, se a quantidade é *terminata*, essas dimensões definidas são a expressão da forma substancial do indivíduo e dependem dele para sua entidade, e não o contrário.[62] Considerando-se a tese materialista sobre a individuação, uma das críticas favoritas de Scotus é a de que a matéria, como um princípio de potencialidade, não é bem adequada para funcionar como fonte de determinação e efetividade para a coisa individual. Postular a matéria como o princípio de individuação acarreta em se localizar a fonte da unidade máxima (*unitas maxima*) e da efetividade em um princípio que comumente é a fonte da multiplicidade e da potencialidade.[63] Duas das principais críticas de Scotus à teoria da individuação de tipo *esse* são que: (1) embora a teoria esteja correta em buscar uma fonte de efetividade como princípio de individuação, parece que o *esse* não teria a característica de determinação também exigida no princípio individuador, já que o *esse* recebe sua determinação da essência que efetiva[64]; e (2) se o *esse* funciona como princípio de individuação, propriamente falando, nada pode ser individual se não existir efetivamente, já que não terá precisamente aquela característica peculiar constitutiva da individualidade. Essa segunda alegação parece excluir indivíduos possíveis e colocar em questão a possibilidade de Deus conhecer os indivíduos antes de sua existência

---

[62] In Metaph. 7, q. 13, n. 33.
[63] Godinus/Scotus in Stroick 1974, 588: "...quod non est per se hoc, habet causam suae distinctionis; ex quo sequitur, quod non est causa prima distinctionis. Sed materia non est se ipsa haec, nam si sit, non posset esse communis multis, ergo etc".
[64] In Metaph. 7, q. 13, n. 48:
"Contra quartam viam: quod solummodo aliunde determinatur, non est ultimum determinans. Esse non determinatur in diversis generibus et speciebus nisi per determinationem essentiarum quarum est esse; alioquin dabimus ipsi esse proprias differentias et species et genera praeter illa quae sunt quiditatis."
Para um estudo da crítica de Scotus à teoria existencialista da individuação, ver O. Brown 1979.

efetiva. Quanto à teoria de que os indivíduos são como são graças à relação que mantêm com o Agente que os produz, Scotus indica que a substância é absoluta e anterior a toda relação; por conseguinte, não pode ser tornada 'esta' por uma relação.[65]

Devemos agora fazer uma pausa e ver o que aprendemos com a crítica de Scotus às soluções alternativas para o problema da individuação. Primeiro, ao buscar uma explicação para a individuação das substâncias, Scotus deseja descobrir qual princípio explicaria o aspecto mais marcante de sua individualidade tal como ele a concebe, a não instanciabilidade. Segundo, Scotus vê defeitos nas teses que consideramos por não conseguirem de muitas maneiras enfrentar bem a profundidade do problema da individuação no caso das substâncias, já que em cada caso se recorre à ordem acidental como o fundamento último da individuação substancial. Terceiro, sabemos por implicação o que é que procuramos em um princípio de individuação pela reflexão acerca dos pontos fortes e dos pontos fracos das posições alternativas. Buscamos um princípio que é um elemento positivo na coisa individual que tem de ter as seguintes características: o princípio tem de estar na ordem substancial (para evitar a falha de se recorrer ao ser acidental); ele tem de ser um princípio de efetividade (a teoria materialista é equivocada por não conseguir recorrer a um princípio desse tipo, ao passo que por um tal princípio é a virtude de uma teoria de tipo *esse*); ele tem de ser um princípio de determinação (a teoria de tipo *esse* é arruinada por não conseguir acrescentar esse princípio); e, finalmente, ele tem de ser em si individual, sem precisar por sua vez ser mais individuado (essa é a virtude da interpretação quantitativista, já que a quantidade, como fonte de partes, é em si mesma individual).

---

[65] *In Metaph.* 7, q. 13, n. 50.

II.2. A Solução de Scotus

Já chegamos à solução de Scotus por muitas vias, visto que ele propõe que o princípio de individuação é, no principal, um construto teórico adequado às exigências acima mencionadas como desejáveis a um tal princípio. Mas, não obstante, alguma elaboração é necessária para explicar precisamente todas as implicações de sua posição.

Um ponto preliminar tem de ser feito sobre a terminologia usada por Scotus para descrever seu princípio. Na precoce *Lectura*, o termo preferido de Scotus para descrever seu princípio de individuação é *realitas positiva* (realidade positiva); esse termo continua na posterior *Ordinatio*, com *entitas positiva* (entidade positiva) aparecendo com frequência. Só em um caso Scotus cita a linguagem da forma para descrever o seu princípio de individuação nos escritos teológicos de Oxford: em *Ordinatio* 2, d. 3, pars 1, qq. 5-6, n. 180, ele usa a terminologia de *ultima realitas formae* (realidade última da forma). No entanto, ele constantemente utiliza a linguagem da forma em sua descrição do princípio de individuação nas tardias *Quaestiones*: *forma individualis* (forma individual), *ultimus gradus formae* (grau último da forma), e *haecceitas* ('istidade') são os termos usados no Livro 7, q. 13.[66] O que fazer com essa mudança de terminologia? A posição que assumiremos aqui é que não há uma mudança na doutrina, mas somente uma mudança na ênfase e na expressão, embora certamente haja espaço para discordância; os que estiverem interessados devem consultar o excelente artigo de Dumont para a documentação da mudança terminológica.[67]

O que regularmente encontramos nos textos de Scotus são argumentos diretos em favor de seu princípio de individuação e depois uma série de analogias para explicar o que ele quer dizer com o princípio que ele chama *forma individualis/ultimus gradus formae/entitas positiva/haecceitas*. (Por motivos de espaço, só um dos argumentos diretos será mencionado.) Assim como a

---

[66] Para a datação da *Metafísica*, ver a Introdução a *Opera Philosophica* III-IV (Bonaventure 3: xlii-xlvi).

[67] Ver S. Dumont 1995.

unidade em geral decorre do ser, da mesma forma a unidade decorre de algum tipo de ser. Scotus admite que todos reconhecem haver a unidade individual, ao menos implicitamente reconhecendo que essa unidade consiste na não instanciabilidade da coisa individual. No entanto, se há a unidade individual, deve haver algum ser positivo correspondente a ela para dar a fundação ontológica para essa unidade. Esse ser positivo não pode ser o da natureza específica, já que a unidade formal da natureza é completamente diferente daquela da individual, na medida em que a unidade formal da natureza específica é indeterminada e aberta a múltiplas instanciações, ao passo que a unidade da coisa individual é precisamente uma unidade que não está de maneira alguma aberta a múltiplas instanciações. Portanto, deve haver uma entidade individual que funcione como o fundamento ontológico da unidade individual.[68]

Depois de raciocinar sobre a existência dessa unidade, Scotus passa por bons bocados para descrever o que ela é. De acordo com os próprios termos da teoria que ele propõe, a entidade positiva, que é a fonte última da unidade da coisa individual, não pode ser um objeto de conhecimento científico, já que não pode ser algo de que podemos formar um conceito quididativo, isto é, um conceito que poderia ser essencialmente predicável de muitos. Se a entidade individual instigasse nossos intelectos na vida atual, isso indicaria o que o indivíduo é como indivíduo em contraste com todos e quaisquer outros indivíduos, reais ou possíveis.[69] Já que não temos qualquer conhecimento de trato direto com o princípio entitativo positivo que funciona como fonte da individuação, Scotus precisa explicar analogicamente o que ele é referindo-se a o que conhecemos melhor e tem de focar sobre como ele funciona, já que ao menos temos algum conhecimento da unidade da qual essa entidade é a causa.

Scotus compara o papel determinante do princípio de individuação, tal como ele o concebe, com uma inter-relação de uma diferença específica[70] para com outros itens na árvore de Porfírio: a diferença específica pode com o que está abaixo dela, com o que está acima e com o que é adjacente a ela

---

[68] *Ord.* 2, d. 3, pars 1, qq. 5-6, n. 169.
[69] *In Metaph.* 7, q. 15, nn. 14-17.
[70] N.T.: Do original inglês specific *difference*.

na árvore de Porfírio. Se a diferença específica é vista com referência ao que está abaixo dela, a saber – a natureza específica –, a natureza específica determinada ou informada pela diferença específica é tal que não está mais aberta à multiplicidade no nível específico; está determinada a ser aquela espécie e não outra. Da mesma maneira, a diferença individual determina o indivíduo de tal maneira que ele não está mais aberto à ulterior multiplicidade numérica, mas está determinado a ser este indivíduo e não outro: isto é, ele é não instanciável. Se a diferença específica é entendida com referência ao que está acima dela, podemos dizer que ela contrai o gênero à espécie, como o ato relativo à potência representada pelo gênero.[71] Assim, também, podemos dizer que a diferença individual funciona de maneira parecida com respeito à natureza específica, mas com uma importante qualificação digna de nota. No caso da diferença específica e de gênero, uma determinação formal é adicionada a uma determinação formal, mas, no caso da diferença individual, uma forma não é adicionada a uma forma; antes, a adição é feita a partir da própria realidade da forma ela mesma – a entidade individual é a expressão última da forma da coisa –, e o composto resultante não é constituído em um ser quididativo, mas naquilo que Scotus chama de ser material ou ser contraído.[72] Por fim, se compararmos a diferença específica com os itens adjacentes a ela na árvore de Porfírio, a saber, outras diferenças específicas, podemos dizer que, embora cada diferença específica última dê aos itens na espécie certo aspecto que os distingue e simultaneamente constitua os itens na espécie no ser que eles têm, cada diferença específica, apesar disso, é distinta de todas as outras diferenças. Consequentemente, quando perguntamos o que é comum ao racional e ao irracional, conforme dividam o animal, a resposta apropriada, se desejamos evitar um regresso infinito, é que eles não partilham nada, mas simplesmente são diferentes. Da mesma maneira, as diferenças indivi-

---

[71] A linguagem da contração usada por Scotus parece ser tradicional em sua época; ela pode datar de pelo menos Bacon. Ver *Quaestiones super libros primae philosophiae Aristotelis* (Roger Bacon 1905-1940, 11: 226-239), e Hackett 1994.

[72] *Ord.* 2, d. 3, qq. 5-6, n. 182.

duais são primordial e simplesmente diversas, embora os indivíduos constituídos por essas diferenças sejam itens que partilham da mesma natureza específica, assim como os itens nas espécies diferentes partilham no gênero, a despeito do fato de serem cada um deles constituídos, nas suas espécies respectivas, por diferenças que são primordialmente diversas.[73]

Dois problemas surgem imediatamente acerca da interpretação scotista dos indivíduos. Primeiro, como se distinguem a natureza comum e a diferença individual na coisa individual? Segundo, como pode a natureza, como natureza contraída, reter sua unidade menor, a qual é indiferente a ser justo esta, quando é contraída a ser justo esta por meio da diferença individual? Não estamos dizendo que a natureza tem duas propriedades contraditórias, a unidade menor e a unidade numérica? A resposta de Scotus ao primeiro problema é que a natureza comum e a diferença individual são formalmente distintas, ainda que sejam realmente idênticas.[74] Isso significa que, na medida em que os dois princípios possam ser descrições lógicas dadas, a natureza comum não estaria incluída na descrição da diferença individual e vice-versa, embora ambas sejam partes constitutivas de uma única coisa. O segundo problema, que King bem rotulou de "problema de Ockham"[75], é um pouco mais espinhoso. Scotus sugere, na *Ordinatio* e em outros lugares, que, embora a natureza, como natureza contraída, seja numericamente uma só, ela só o é de maneira denominativa; isto é, assim como se pode dizer que Sócrates é branco, mas não propriamente que é "brancura", embora seja pela forma da brancura que Sócrates seja branco, assim também pode-se dizer que a natureza é numericamente uma só, porque o sujeito no qual ela é encontrada é numericamente um só, mas somente de maneira imprópria, já que ela tem sua própria unidade menor por si mesma. Nas *Quaestiones sobre a Metafísica*, ele complementa o re-

---

[73] Para todo esse parágrafo, ver *Ord.* 2, d. 3, pars 1, qq. 5-6, nn. 176-186, e *In Metaph.* 7, q. 13, nn. 115-164. Esse ponto é bem levantado por Gracia 1996, p. 246-247.

[74] *Ord.* 2, d. 3, pars 1, qq. 56, n. 188.

[75] King 1992, p. 51. King sugere que a relação entre a natureza e a natureza contraída é a de uma realidade comparada com seu modo intrínseco.

curso à predicação denominativa com a doutrina da continência unitiva. A humanidade não inclui a diferença individual de Sócrates, e tampouco a socratidade inclui essencialmente a humanidade. Sócrates, porém, contém unitivamente tanto a natureza humana como a socratidade, e ambas lhe são essenciais.[76]

III. OBSERVAÇÕES FINAIS

Na análise final, as ideias de Scotus sobre os universais e a individuação ligam-se a alguns dos temas centrais e de mais longo alcance de seu pensamento metafísico, como a distinção formal e a doutrina da continência unitiva. Mas também mostram em que medida Scotus está comprometido com a realidade das naturezas comuns e com a importância última dos individuais. A maior parte da tensão nas suas teorias vem da força de seu desejo de achar um lugar para a comunidade e a singularidade[77] na textura das substâncias individuais.

Vistos de uma perspectiva mais histórica, os esforços de Scotus para articular fundações ontológicas mínimas para o realismo moderado podem ser vistos como uma tentativa de evitar a tendência para o conceitualismo latente na distinção intencional de Henrique de Gand, minando a plausibilidade da ontologia simplificada dos individuais sugerida por William Ware. Sem dúvida, ainda será tema de diferentes avaliações filosóficas saber

---

[76] *In Metaph.* 7, q. 13, n. 131:
"In Socrate enim, non solum prius secundum considerationem intellectus sed secundum ordinem naturalem perfectionum unitive contentorum, prius est animal quam homo, et homo quam hic homo ... sicut tamen in aliis unitive contentis non est separatio realis, nec etiam possibilis, sic natura ... numquam separatur ab illa perfectione unitive secum contenta vel ab illo gradu in quo accipitur differentia individualis. Cum etiam numquam fiat in rerum natura nisi sub determinato gradu, quia ille gradus, cum quo ponitur, est secum unitive contentus."

n. 138: "natura non continet unitive illum gradum, sed compositum ex natura et illo gradu."

[77] N.T.: Do original inglês *commonness and uniqueness*.

se todos os elementos metafísicos convocados para estabelecer essa fundação mínima podem ser considerados como garantidos; mas, ao menos, está fora de questão o fato de Scotus acreditar que nada menos poderia solapar a possibilidade da ciência aristotélica. Sobre o problema da individuação, Scotus traz à completude uma abordagem delineada muito antes por Bonaventura.[78] Para localizar seu princípio de individuação dentro do arcabouço da ontologia aristotélica reconhecida, Scotus caracterizava seu princípio de individuação como um princípio formal, mas distinguindo dois tipos de forma: formas quididativas capazes de instanciação múltipla e formas únicas, individuais, que funcionam como fontes de efetividade, mas que são incomunicáveis. Conforme tudo isso, a teoria scotista da individuação parece sustentar a observação geral de que o arcabouço da ontologia aristotélica não dava aos autores escolásticos nenhuma solução pronta ao problema da individuação, além de que os mais proeminentes dentre eles só resolveram o problema adicionando criativamente elementos de sua própria invenção à tradicional ontologia aristotélica.

---

[78] oaventura, *Sent.* 2, d. 3, pars 1, a. 2, q. 3 (Quaracchi: Collegium S. Bonaventurae, 1885), 109b:
"Quaelibet istarum positionum aliquid habet, quod homini non multum intelligenti rationabiliter videri poterit improbabile. Quomodo enim materia, quae omnibus est communis, erit principale principium et causa distinctionis, valde difficile est videre. Rursus, quomodo forma sit tota et praecipua causa numeralis distinctionis, valde est difficile capere, cum omnis forma creata, quantum est de sui natura, nata sit habere aliam similem, sicut et ipse Philosophus dicit etiam in sole et luna esse."

4 Teoria Modal de Duns Scotus

Calvin G. Normore

O interesse recente na teoria modal de John Duns Scotus vem em grande parte da sugestão de que Scotus teria sido o primeiro na Idade Média – e talvez o primeiro desde sempre – a utilizar uma concepção sincrônica de modalidade, a qual teria permitido possibilidades alternativas em dado momento. O interesse vem também do debate sobre se Scotus introduziu ou não uma noção de possibilidade lógica separada de toda questão sobre quais faculdades [1]existem. Essas questões interagem na pergunta sobre Scotus ter tido ou não algum análogo qualquer para a noção de mundo possível, seja no sentido leibniziano, seja no sentido do final do século XX. O interesse medieval tardio na teoria modal de Scotus vinha em grande medida de sua função na interpretação scotista da liberdade humana, da liberdade divina e do debate sobre se a própria possibilidade dependia de alguma maneira de Deus. (Esta discussão tenta iluminar essas questões, que preocupavam ao próprio Scotus e seus contemporâneos.)

Seria desejável, em um ensaio desta natureza, apresentar um quadro do desenvolvimento do pensamento scotista sobre a modalidade, mas, no estado atual dos estudos acadêmicos, isso não é possível. A despeito de quase um século de trabalho por parte da Comissão Scotista e por parte de numerosos acadêmicos bastante habilidosos fora dela, nossa compreensão da tradição textual das obras de Scotus permanece radicalmente incompleta. Em tal situação, qualquer hipótese sobre o desenvolvimento da teoria modal de Scotus tem necessariamente de ser altamente especulativo.

---

[1] N.T.: Do original inglês *powers*.

No que se segue, não tentarei traçar esse desenvolvimento, mas tentarei retratar a teoria modal com a qual Scotus parece ter trabalhado no fim de sua (infelizmente curta) vida. Para alcançar essa finalidade, concentro-me sobre obras que, embora não desprovidas de problemas, é de ampla concordância atualmente que são autênticas e, em sua maioria, ao menos, maduras. São elas: *Questões sobre a Metafísica*; a *Lectura sobre as Sentenças* de Pedro Lombardo; a *Ordinatio sobre as Sentenças* de Pedro Lombardo; a *Reportatio de Paris sobre as Sentenças* de Pedro Lombardo; e o *Tractatus de Primo Principio*.

Dito isso, parece bastante possível que no início de sua produção filosófica Scotus ainda não tivesse alguns elementos cruciais da teoria modal que ele sustentou nas últimas obras. Se as *Octo Quaestiones* impressas na edição Wadding das *Opera Omnia*, de Scotus, forem autênticas, então é digno de nota não haver sinal algum nela da doutrina adotada por ele em outras obras – segundo a qual "*A é B* em *t*" e "*A* pode ser não *B* em *t*" são às vezes verdadeiros juntos em *t*. Ao invés disso, na *Questão 8*, Scotus defende explicitamente que uma sentença no tempo futuro, como "Você estará pálido em *A*" (*Tu eris albus in A*), tem duas leituras possíveis.[2] De acordo com uma delas, a sentença "significa que agora é assim *in re* que você estará pálido no tempo *A*". De acordo com a outra, ela significa agora que você estará pálido depois. Scotus entende que a primeira leitura, mas não a segunda, compromete uma pessoa com o fato de haver algo sobre o estado de coisas atual que serve como fator de verdade [*truthmaker*] para a sentença, e, portanto, entende que a primeira leitura faz uma alegação mais forte do que a segunda. De acordo com a primeira e mais forte leitura, Scotus considera que a sentença "Você estará pálido em *A*" é determinadamente falsa, e, assim entendida, é incoerente com "Você pode não estar pálido em *A*" (*Possis [in A] esse non albus*). De acordo com a segunda e mais fraca leitura de "Você estará pálido em *A*", Scotus diz que ela é "indeterminadamente verdadeira ou falsa", e, de acordo com essa leitura, ela é coerente com "Você pode não estar pálido em *A*". Ele alega que o primeiro par não é mais coerente do que o par "Você está

---

[2] A discussão neste parágrafo baseia-se no texto das *Octo Quaestiones* (= *In Periherm.* II, q. 8) encontradas em Wadding 1: 221-223.

pálido agora" e "É possível você não estar pálido agora". O uso de Scotus da analogia com o caso no tempo presente sugere aqui que ele ainda não tem em mente a sua (tardia?) doutrina da contingência do presente, já que, de acordo com ela, o par no tempo presente é coerente.[3]

I. A CONTINGÊNCIA DO PRESENTE

A doutrina que estou chamando de *doutrina da contingência do presente*, e que outros chamaram de *imagem sincrônica da modalidade*, está claramente presente na discussão do conhecimento anterior dos contingentes futuros no Livro I, d. 39 da *Lectura* de Scotus.[4] Ali, ele

---

[3] Toda a discussão na q. 8 é notável não somente pela divergência com relação à teoria nas obras teológicas de Scotus, mas também pela introdução dos valores "indeterminadamente verdadeiro" e "indeterminadamente falso", que se diferenciam não só de determinadamente verdadeiro e determinadamente falso, como também de verdadeiro e falso *simpliciter*. Scotus – se é ele – passa a defender que a inferência que vai de uma sentença determinadamente verdadeira a uma indeterminadamente verdadeira não é válida, mas ele não desenvolve mais a lógica. Para discussão adicional, ver Normore 1993. Ali, assume uma posição mais forte contra a autenticidade das *Octo Quaestiones* e uma posição mais fraca para a rejeição do texto da inferência de uma verdade indeterminada para uma verdade, do que agora considero garantido.

[4] A terminologia de "imagem sincrônica" é tirada de Simo Knuuttila. Ver Knuuttila 1993 e as referências ali contidas. Há uma importante diferença entre a maneira em que Knuuttila apresenta essa questão e a minha. Conforme ele pensa, uma pessoa tem uma concepção sincrônica se pensa que é possível que p em *t* e é possível que **não p** em *t para qualquer tempo t* que concorde com o tempo do verbo de p. Não creio haver qualquer corpo significativo de opinião medieval que teria negado isso para quaisquer tempos *futuros*. Da maneira como vejo as coisas, o debate é sobre se é possível que p em *t* é possível que **não p** em *t* quando p está no tempo *presente* e *t* é um nome para o tempo *presente*; assim, prefiro falar de contingência do presente. Marilyn Adams indicou-me que minha terminologia não é isenta de problemas, já que sugere que o contraste é com uma ideia de que as *sentenças* no tempo presente são, se verdadeiras, necessariamente verdadeiras. Creio que todas aquelas eminentes personagens medievais que sustentam que o presente não é contingente no meu

defende que Deus conhece o futuro e predestina-o, mas, não obstante, muito dele ainda é contingente. Scotus aceita a necessidade do passado.[5] Ele nega a mesma necessidade ao presente. A chave para essa posição é a alegação de que a atividade de Deus toda acontece em um único "momento" indivisível, ou *nunc*, que nunca "passa ao passado" (*transit in praeteritum*), e que a vontade de Deus, assim como a nossa, é o exercício de uma potência racional – isto é, uma potência para os opostos – que inclui a potência "não evidente" para o contrário em um tempo *t* de tudo que efetivamente escolha no tempo *t*. Postular essa "potência não evidente" é um movimento ousado da parte de Scotus, porque a tradição à qual ele se filia considera mais ou menos como ponto pacífico uma ideia, como aquela apresentada em um tratado sobre as obrigações, atribuído às vezes a Guilherme de Sherwood, e com a qual Scotus tinha familiaridade.[6] Diz o tratado que:

> mais uma vez, tendo-se postulado um contingente falso sobre o instante presente sido, também deve-se negar que ele, a saber, o instante presente,

---

sentido estão plenamente cientes de que a maioria das *sentenças* no tempo presente se torna falsa conforme as coisas mudem, e, então, não são necessariamente verdadeiras. Exatamente como afirmar sua concepção (diferente daquela segundo a qual não é o caso que é possível que p em *t* e é possível que **não p** em *t* quando p está no tempo presente e *t* é um nome para o presente) e, particularmente, como afirmá-la na linguagem de seu próprio tempo e lógica modal é uma questão à qual espero retornar alhures. Em ligação com isso, ver *De Primo Princ.* 4.18.

[5] Ver, por exemplo, *Lect.* 1, d. 40, q. un., onde ele escreve "Ad primum argumentum, quando arguitur quod illud quod transit in praeteritum est necessarium, – conceditur."

[6] É possível que a novidade dessa manobra tenha sido um pouco exagerada. Stephen Dumont e outros mostraram que Henrique de Gand propõe uma doutrina muito parecida com a alegação scotista sobre a potência não evidente da vontade em sua *Quodlibet* 10, q. 10. Dumont indicou que ele a utiliza em problemas sobre o vácuo em *Quodlibet* 13, e Susan Brouwer, Stephen Dumont e Tim Noone mostraram que ele a aplica à Imaculada Concepção em *Quodlibet* 15, q. 13. Há sugestões relacionadas no Comentário às Sentenças de Pierre Jean de Olivi. Henrik Lagerlund defendeu recentemente que Richard Campsall rejeita a necessidade do presente nas suas *Quaestiones super Librum Priorum Analecticorum*, datado de antes de pelo menos 1308. Ver Lagerlund 1999, p. 91-96.

exista. Isso prova-se da seguinte maneira. Seja *a* um nome do instante presente (um nome, digo, que é discreto, não comum). Portanto, já que você está em Roma é agora falso, é impossível que agora, ou em *a*, seja verdadeiro, pois não pode ser verdadeiro exceto por um movimento ou mudança repentina. Não pode ser verdadeiro por uma mudança repentina porque se houvesse uma mudança repentina para a verdade em *a* então seria uma verdade em *a* – porque quando há uma mudança repentina há um término da mudança repentina. Assim, é impossível para essa falsidade ser verdadeira em *a*. Então, é portanto verdadeiro: '*a* não é'. Assim, se a falsidade é postulada, é necessário negar que *a* é, e isso é o que diz a regra.[7]

Para entender o que esse texto afirma – e o que Scotus nega ao afirmar a contingência do presente – é útil considerar o texto no contexto da discussão aristotélica sobre a relação entre a potencialidade e a mudança.

Aristóteles distingue vários sentidos diferentes em que itens podem ser ordenados como anteriores e posteriores. Um dos mais familiares e dos mais importantes é anterior e posterior no tempo. Na sua *Física*, Aristóteles define o tempo como a medida da mudança (*kinesis*) relativamente ao antes e ao depois e define mudança como a efetivação em ato de uma potencialidade como tal. Esse quadro liga a ordenação dos itens como anteriores e posteriores no tempo diretamente à relação entre potência e ato. Em uma dada mudança, a potência é anterior ao ato no tempo. Aristóteles também distingue vários sentidos diferentes de 'possível', um dos quais em que algo é possível só no caso de haver uma potência para produzi-lo. Se casarmos essas duas noções, produzimos uma imagem, de acordo com a qual para se produzir o que é possível, mas não efetivo, é necessária a efetivação em ato de uma potencialidade, o que, por sua vez, requer tempo. Podemos enquadrar a imagem no princípio

A) Se X é A então X pode ser ~A se e somente se for possível mudar de ser A para ser ~A.

---

[7] Guilherme de Sherwood? *Obligationes*, cod. Paris Nat. Lat. 16617, f. 56 v. Citado em Vaticana 17: 498, nota 2.

e a observação de que o resultado de uma mudança é sempre posterior ao começo da mudança. Essa é a imagem subjacente à regra enunciada nas *Obligationes* de Sherwood (?).

O princípio *A* e a doutrina adjunta de que o tempo é a medida da mudança colocam sérias dificuldades para toda tentativa de sugerir que um ser que age fora do tempo (Deus, por exemplo) pode fazer qualquer coisa diferente do que faz. Também levantam dificuldades para a sugestão de que um ser que age em um momento pode fazer qualquer coisa diferente do que efetivamente faz nesse momento. Ambos os conjuntos de dificuldades tornam-se exatos se também supusermos que um ser age livremente somente se puder fazê-lo diferentemente do que faz. Esse complexo de preocupações foi evidenciado por um exemplo formulado primeiramente, até onde sei, por Grosseteste, e assumido por Scotus na sua *Lectura*. Considere-se uma criatura racional – um anjo, por exemplo – que existe somente por um instante, durante o qual ela, suponhamos, ama a Deus. A questão posta é se a criatura poderia amar a Deus livremente.

O argumento de que o anjo poderia não amar a Deus livremente, diz que, para que ele assim o faça, ele tem de ter uma potência para fazer diferentemente, digamos, de odiar a Deus. Mas, continua o argumento, não há potência para odiar a Deus, se for impossível efetivar essa potência; e é impossível (ao menos para um ser que age no tempo) efetivar uma potência se essa potência não puder ser efetivada em qualquer tempo. O anjo em questão existe somente por um instante e não pode efetivar sua suposta potência quando ele não existe, então, se ele tem potência para odiar a Deus, ele pode efetivar essa potência no mesmo instante em que existe. A definição mais geral de Aristóteles do possível é a de que, quando afirmado, não implica uma impossibilidade. Suponha-se então que afirmamos que o anjo odeia a Deus no mesmo instante em que existe e vejamos o que decorre disso.

Já lançamos a hipótese de que o anjo ama a Deus, e não retiramos essa suposição, de modo que supomos agora que o anjo ama a Deus e que o anjo odeia a Deus – e isso é uma contradição. Parece que se formos supor que o anjo que ama a Deus pode, não obstante, odiar a Deus nesse mesmo instante, temos de supor que o anjo não pode fazer o que de fato faz no próprio momento em que o faz. Eis o que o Princípio *A* exclui.

Scotus entende claramente esse argumento e é impelido a modificar o princípio de que ser diferente do que você é efetivamente requer mudança. Sua maneira de fazer isso é adotando um dispositivo usado pelos físicos do século XIII para tratar problemas do *continuum* e, depois, estendido a problemas de teologia – o dispositivo dos *signa*, ou instantes de natureza. Esse dispositivo é baseado em outro dos sentidos aristotélicos de antes e depois – aquilo que ele chama de anterioridade e posterioridade de acordo com a natureza ou substância. Na tradição aristotélica tardia, essa ideia foi ampliada de diversas maneiras, e, nos debates registrados – como, por exemplo, no *Tahafut Al-Tahafut* de Averróis, ou no *Guia* de Maimônides – encontramos uma exploração da ideia de que o criador, na criação, não precisa ser temporalmente anterior, mas tão só naturalmente anterior ao criado. Em seu *De Primo Principio*, o próprio Scotus elabora a noção da seguinte maneira:

> Entendo aqui "anterior" no mesmo sentido que Aristóteles entendia, quando, no livro quinto da *Metafísica*, ele, baseando-se em Platão, mostra que o anterior de acordo com a natureza e a essência é o que pode ser (*contingit*) sem o posterior, mas não o contrário. E a isso entendo da seguinte maneira: que, embora o anterior possa causar necessariamente o posterior, e, portanto, não puder ser sem ele, isso, contudo, não é porque ele precisa do posterior para ser (*ad suum esse*). Antes o contrário, porque ainda que se sustente que o posterior não seja, não obstante o posterior precisa do anterior, necessidade essa que podemos chamar de 'dependência', de modo que podemos dizer que todo posterior depende essencialmente de um anterior e não o contrário, muito embora o posterior às vezes se siga a ele (ao anterior) necessariamente. Pode-se dizer que são anterior e posterior de acordo com a natureza e a essência, conforme outros disseram serem, mas, para falar precisamente, são anterior e posterior de acordo com a dependência.[8]

Aristóteles introduziu a anterioridade natural em termos modais, mas Scotus a explica aqui em termos de o que pode ser suposto sem contradi-

---

[8] *De Primo Princ.* 1.8 em Wolter 1966, p. 4.

ção, afirmando que pode haver relações necessárias (o posterior às vezes se segue ao anterior necessariamente) que é possível negar sem contradição. Esse sentido de 'anterior' ganha nova importância à luz da *Propositio Famosa* de Scotus – uma afirmação segundo a qual[9]

> PF) A ordem entre os conceitos é a ordem que haveria entre os *significata* dos conceitos se esses pudessem existir separados uns dos outros.

A *Propositio Famosa* possibilita a Scotus dar uma interpretação mais refinada da anterioridade natural do que encontramos antes na tradição, além de empregar vários dispositivos lógicos para articulá-la. O resultado é que não só podemos ordenar de maneira significativa dois itens, um relativamente ao outro (anterior e posterior), mas podemos produzir ordenações maiores que partilhem muitas das propriedades do tempo. Particularmente, é possível, às vezes, produzir ordenações de natureza em que podemos falar significativamente de itens como naturalmente anteriores, naturalmente posteriores ou como estando no mesmo ponto. Uma vez que temos tudo isso, podemos introduzir a ideia de um instante de natureza como uma maneira de falar sobre os itens que estão no mesmo ponto na ordenação natural.

Para ver isso mais claramente, talvez seja útil refletir um pouco sobre como poderia ser constituído um instante de natureza. Uma vez que uma pessoa está aberta ao pensamento de que há tipos de causação que não são mudanças, não parece tão inverossímil supor que nem todas as relações causais (amplamente entendidas) envolvem sucessão temporal. Para Scotus, as relações produtivas na Trindade servem como casos óbvios nos quais nenhuma sucessão temporal está envolvida, sendo a criação do mundo (e, com ela, o movimento e, portanto, o tempo) outro caso desse tipo. Mesmo na filosofia natural, a imagem da luz que, emitida pelo Sol, propaga-se

---

[9] Essa não é uma das formulações de Scotus. Uma das maneiras que ele mesmo usa é "qualis ordo realis esset aliqua, si essent distincta realiter, talis est ordo illorum secundum rationem, ubi sunt distincta secundum rationem" (*Rep.* Prol., q. 1, a. 4, n. 39).

instantaneamente através de um meio diáfano, hipótese esta certamente compatível com os dados empíricos de que Scotus dispunha, servia como um caso de processo causal em que o efeito e a causa coincidiam no tempo e em que, a despeito da coincidência temporal, há um sentido claro em que a emissão de luz pelo Sol é anterior à sua recepção na Terra. Ora, se uma pessoa sustenta – como o fazia Scotus – que no sentido relevante uma potência tem de ser anterior à sua efetivação (ver *In Metaph*. 9, q. 14, por exemplo) e essa pessoa aceita a *Propositio Famosa*, ela poderia generalizar esses exemplos para produzir uma ordenação parcial de instantes de natureza. *A* é anterior a *B* se e somente se a menção de *A* para se explicar *B* for necessária. Podemos agora dar uma condição suficiente para a distintividade de dois instantes de natureza *n1* e *n2*. Eles são distintos só no caso de algo indexado a *n1* ser naturalmente anterior ou naturalmente posterior a algo indexado a *n2*. Retornaremos a essa ordenação parcial quando discutirmos as ideias modais de Scotus na sua prova da existência de Deus.[10]

No contexto do anjo que existe só por um único instante de tempo, Scotus considera um instante de tempo divisível em uma sequência de instantes de natureza. O instante presente pode, em um mínimo, ser considerado como um par de instantes de natureza ordenada como antes e depois em natureza. O antes é aquele em que o anjo tem tanto a potência de amar como a de odiar a Deus, e o posterior é aquele em que o anjo efetivou a potência de amar a Deus. Eles são anterior e posterior em natureza porque a potência de amar a Deus é naturalmente anterior à sua efetivação. Já que "no" instante de tempo existe um instante de natureza (a saber, o anterior dos dois) no qual o anjo tem o poder de odiar a Deus, podemos dizer que o anjo tem o poder de odiar a Deus naquele

---

[10] Podemos ligar a noção de um instante de natureza à ideia de *obligatio* pela seguinte ideia, novamente muito especulativa: *n1* é distinto de *n2* se para alguma alegação *A* indexada a *n1* e alguma alegação *B* anexada a *n2*, fosse "A e ~B" considerada como *positum* em uma *obligatio* sob *positio* impossível, ela poderia ser mantida. Dessa maneira, um único instante de natureza poderia ser tratado exatamente como a coleção de alegações que não poderiam ser diferenciadas em *positio* impossível. Para críticas da minha abordagem desse ponto, ver Martim 1999, cap. 7.

instante de tempo (e poderia, relativamente àquele instante "anterior" de natureza, efetivá-lo no instante posterior de natureza), e, dessa maneira, o anjo é agora livre.[11]

Scotus pensa que é por causa dessa ordenação de natureza dentro do instante presente de tempo que podemos falar que o presente só é da maneira como é contingentemente. É como se o passado e o futuro se encontrassem no instante presente com o instante anterior de natureza pertencente ao passado (como seu ponto final) e com o instante posterior pertencente ao futuro (como seu começo).[12] Então, conforme já podemos esperar, a resposta de Scotus ao Princípio *A* e à regra da *Obligatio* que o contém é rejeitar a ambos.[13]

Scotus defende que o presente é contingente, mas insiste que é determinado e, ao menos em uma específica discussão explícita da questão, insiste também que ele é efetivo, diferentemente do futuro.[14] Ao distinguir assim a determinação da necessitação, ele faz parte de um movimento do século XIV que reformulou os termos da discussão so-

---

[11] De fato, Scotus pensa que a potência de odiar a Deus nesse contexto é justamente a mesma potência que a de amar a Deus, porque ambas são justas como a vontade, que é potência racional no seu sentido.

[12] Essa metáfora pode parecer menos implausível se considerarmos que o artifício de instantes de natureza pode ser devido aos esforços do século XIII para se entender como – embora entre quaisquer dois pontos na linha geométrica haja outros – se uma pessoa divide a linha *AC* em dois segmentos *AB* e *BC* de modo a não deixar nada de fora, ela obtém dois segmentos, ambos com términos. A alguns isso parecia exigir que o ponto final de *AB* estava no mesmo lugar na linha que o ponto inicial de *BC*. Creio que Stephen Dumont e outros notaram essa ligação, mas não estou certo se concordam comigo sobre a direção da influência.

[13] Isso ele o faz grosseiramente, dizendo somente: "Essa regra é negada. Com efeito, a técnica da *obligatio* é bem tratada por aquele mestre sem essa regra. Por conseguinte, ela não depende da verdade dessa regra".

[14] Para a alegação de que segundo Aristóteles o presente é determinado e o futuro não o é, e a aparente aceitação disso por parte de Scotus, ver *Lect.* 1, d. 39, qq. 1-5, n. 69. Para a rejeição de Scotus da alegação de que o futuro é efetivo, ver *Lect.* 1, d. 39, qq. 1-5, n. 28 e n. 85. Richard Cross defendeu que isso não representa a opinião refletida de Scotus: ver Cross 1998, p. 244 e a obra ali referenciada. Não partilho da opinião de Cross.

bre os contingentes futuros. Conforme veremos na Seção III, a distinção entre determinação e necessitação é importante para sua discussão de como a vontade pode ser inferior a outra causa em uma ordem essencial e ainda assim ser livre.

A contingência do presente, ou, mais precisamente, a contingência de o que ainda "não passou ao passado" é uma noção utilizada amplamente por Scotus. No caso humano, ele a usa para explicar o que significa para uma vontade humana ser livre em dado tempo t: uma vontade humana é livre em t só no caso de em t ela ter a potência de fazer em t algo diferente de o que faz em t. No caso divino, Scotus se baseia nessa noção para explicar como pode haver, no fim das contas, contingência no mundo. Ele defende que, já que a cooperação causal divina é necessária para tudo, e já que Deus é imutável, nada seria contingente. Não pode haver dúvida de que Scotus pensa que, no momento presente, as coisas poderiam ser diferentes do que são. Isso contrasta nitidamente certas concepções, como a de Ockham ou a de Holkot, que ao menos se propõem a aceitar o Princípio *A*. Não obstante, para Scotus, as alternativas ao presente no presente são exatamente as efetivações das potencialidades que nele estão. A menos que todas as potencialidades existam em todos os momentos, o que é possível sofrerá variação de tempo a tempo, e, então, o tempo e a modalidade ainda não terão se separado completamente.

Além disso, embora rejeite a necessidade do presente, Scotus pensa que o passado é necessário. Por exemplo, em sua *Lectura* 1, d. 40, q. un., ele considera a objeção de que

> o que passou para o passado (*transit in praeteritum*), é necessário – assim como quer o Filósofo, no Livro VI da *Ética a Nicômaco*, aprovando o dito de certa pessoa, que disse isto, a saber, que "isto somente é o que Deus não pode fazer, que o passado não seja o passado".

Ele responde:

> Quanto ao primeiro argumento, quando é argumentado que aquilo que passou para o passado é necessário – seja concedido. E quando é argumentado que [o item] 'que esse é predestinado' passou para o passado, deve ser dito que isto é falso: se, pois, a nossa vontade sempre tivesse a

mesma volição no mesmo instante imóvel, a sua volição não seria passada, as sempre em ato. E assim é sobre a vontade divina, a qual é sempre a mesma. [...] Donde o que é dito no passado que Deus predestinou, ali 'predestinou' liga o 'agora' da eternidade enquanto coexistente com o 'agora' passado.[15]

Isso é um tanto gnômico, mas parece dizer duas coisas: que não há passado para Deus – cujo ato é como um presente eterno – e que, embora esse ato tenha coexistido com nosso passado, ele não partilha da necessidade de nosso passado. Por outro lado, a passagem parece também dizer que o que é genuinamente passado é realmente necessário. Se o que é genuinamente passado é o que é passado para nós, isso levanta uma questão muito delicada – se o que está no nosso passado é realmente necessário ou não. Não sei de nenhuma passagem na qual Scotus enfrenta essa questão claramente.

No capítulo 4 de *De Primo Principio*, Scotus argumenta, com base na premissa de que algo causa de maneira contingente, para concluir que a Causa Primeira é um agente dotado de vontade (DP 4.15).[16] Ele então argumenta com base na premissa de que o Agente Primeiro é dotado de vontade para concluir que a Causa Primeira causa contingentemente tudo aquilo que ela causa (DP 4.23). Ele já argumentara no capítulo 3 que toda causa – exceto as primeiras – acontece somente na medida em que é ela mesma causada pela atividade da primeira causa. Já que a vontade humana é uma causa no sentido relevante, segue-se que ela também causa somente na medida em que seu causar é causado por Deus. Obviamente, isso levanta o espectro do determinismo, e Scotus aparentemente crê ter banido esse espectro, mostrando que a Causa Primeira causa contingentemente e que a vontade humana é uma potência racional (isto é, uma potência que não é determinada por sua natureza para um efeito particular em dadas circunstâncias). Será que essa sua crença é justificada?

---

[15] *Lect.* 1, d. 40, q. un., n. 9.
[16] Já que a particularmente frequente a referência ao texto do *De Primo Principio* é necessária nessa seção, farei referência a ele no corpo do texto usando *DP*, seguido pelo número do parágrafo em Wolter 1966.

II. POSSIBILIDADE E A EXISTÊNCIA DE DEUS

Para responder essa difícil questão, temos primeiro de examinar mais de perto a estrutura da primeira parte da prova scotista da existência (e da infinidade) de Deus, que Scotus apresenta na sua *Ordinatio* e desenvolve mais longamente em *De Primo Principio*. As duas apresentações se sobrepõem consideravelmente, e no que vem a seguir focalizarei a versão mais detalhada em *De Primo Principio*.

Scotus começa o capítulo 1 de *De Primo Principio* introduzindo a noção de ordem essencial. O termo, ele diz, é equívoco e inclui tanto ordens de itens de acordo com a perfeição (pura) como ordens de itens de acordo com a dependência – uma noção que, como vimos na seção anterior, Scotus associa imediatamente com a anterioridade natural. Então, ele passa a identificar quatro ordens "diretas" de dependência, cada ordem correspondente a cada uma das causas aristotélicas, e duas ordens que relacionam itens indiretamente – por meio de suas relações mútuas com algum terceiro item. Ele defende que essa classificação de ordens de dependência é completa. No segundo capítulo, Scotus defende que os vários tipos de dependência estão ordenados de tal maneira que se um item depende de algo mais em qualquer das ordens, tanto esse item como aquilo de que ele depende *dependem* juntos de algo na ordem das causas eficientes e de algo na ordem das causas finais. No capítulo 3, ele defende que há necessariamente uma natureza única que é anterior a todas as outras na ordem das causas eficientes, na ordem das causas finais e na ordem de eminência. A própria prova focaliza a ordem de causas eficientes.

A possibilidade entra na prova já logo de início, porque Scotus começa com a premissa de que

> *P)* Alguma natureza é contingente; portanto, é possível ela ser após não ser (*DP 3.5*).

Disso, ele infere imediatamente

> *C1)* Alguma natureza pode produzir (*DP 3.4*), e então ele apresenta um subargumento para concluir que

C2) Alguma natureza é simplesmente primeira, isto é, não é nem causável nem é causa em virtude de alguma outra coisa (*DP 3.7*).

De muitas maneiras, o coração da prova está neste subargumento. É aqui que Scotus defende que, embora uma sequência de causas acidentalmente ordenadas pudesse estender-se ao infinito, uma sequência de causas ordenadas essencialmente não poderia. A chave para esse argumento é a interpretação de Scotus da distinção entre uma sequência causal ordenada essencialmente (ou *per se*) e uma sequência causal ordenada acidentalmente.

A terminologia de sequências causais ordenadas essencialmente ou *per se* e acidentalmente traz imediatamente à mente a distinção aristotélica entre causas *per se* e causas acidentais, mas, como o próprio Scotus enfatiza (*DP 3.10*), é crucial ao seu argumento não misturar uma sequência ordenada *per se* ou essencialmente com uma sequência de causas *per se*. Na sequência causal criança – pais – avós – bisavós, e assim por diante, cada elo na cadeia causal é um elo de uma causa *per se* para seu efeito, mas essa sequência é o paradigma de Scotus para uma cadeia causal ordenada acidentalmente, e não essencialmente. Em vez de focalizar o caráter intrínseco das causas em operação, Scotus recomenda que devemos focalizar a função que elas exercem no processo causal. Uma sequência de causas ordenadas essencialmente é aquela cujos membros todos operam para produzir um único efeito de uma causa individual *per se*. O próprio Scotus caracteriza uma sequência de causas ordenadas essencialmente da seguinte maneira:

> Causas ordenadas *per se* ou essencialmente diferem de causas ordenadas acidentalmente de três maneiras. A primeira diferença é que nas [causas ordenadas] *per se* o segundo, na medida em que causa, depende do primeiro. Nas [causas ordenadas] acidentalmente não é assim, embora [o segundo] possa depender [do primeiro] em ser ou de alguma outra maneira. A segunda [diferença] é que nas coisas ordenadas *per se* há causalidade de outra *razão* e ordem. Nas [causas ordenadas] acidentalmente não é assim. Essa [diferença] decorre da primeira, pois causa alguma depende essencialmente para causar de outra causa da mesma *ratio*, porque na causação uma única

ratio basta. Uma terceira [diferença] decorre que todas as causas ordenadas são *per se* necessariamente requeridas ao mesmo tempo para causar [o efeito]; de outra forma, faltaria alguma causalidade *per se* para o efeito. [Causas] ordenadas acidentalmente não são requeridas [agir] ao mesmo tempo.[17]

Embora a característica mais obviamente distintiva de uma sequência causal ordenada seja a terceira – a de que todos os seus membros agem imediatamente – Scotus alega tratar-se de uma consequência de uma diferença mais profunda. Essa diferença é que um membro posterior da sequência depende dos anteriores na medida em que causa (*inquantum causat*), em vez de depender deles para existir. Uma causa anterior é uma sequência ordenada essencialmente não causa uma causa posterior, mas causa (em um sentido de 'causa' com uma *ratio* diferente) a atividade causal da causa posterior. Para entender essa obscura doutrina, temos de examinar o que Scotus considera ser outra de suas consequências – a de que temos de entender que os membros anteriores da sequência exercem um tipo diferente de causalidade, um tipo "de uma *ratio* e de uma ordem (*ordo*) diferentes" (*DPP 3.11*), já que para produzir um dado efeito, uma única causa eficiente *per se* basta. Não devemos entender que os membros anteriores de uma sequência ordenada essencialmente para um dado efeito agem como causas parciais do efeito, combinando-se com a causa eficiente usual para resultar na causa eficiente total do efeito. Scotus se contenta em pensar que a causa eficiente total de um efeito é só o que pensamos que ela era; as causas eficientes anteriores a ela na ordem essencial têm uma função muito diferente.

Ainda há muito de misterioso aqui, mas penso já sermos capazes de ver que conceber a relação de Deus para com um evento como um ato de vontade humana – como aquele de uma causa do evento do mesmo tipo –, como se fosse a própria vontade, é se equivocar radicalmente acerca da imagem dada por Scotus. Deus não causa o ato de vontade no mesmo sentido que a vontade causa. Deus não é causa total ou parcial, final ou eficiente ou formal do ato de vontade. Deus é causa da vontade causar seu ato. O que isso significa exatamente ainda está bem longe de ficar claro. Sugiro que ao menos isto é verdadeiro: Deus é causa do fato de que aquilo que a vontade faz é causar seu ato.

---

[17] *De Primo Principio* 3.11 (Wolter 1966, 47). Usei a minha tradução, excessivamente literal.

Dessa perspectiva, podemos tanto ver por que Scotus pensa que se o ato de Deus fosse passado, aquilo com o que se conecta seria necessário, e por que, dado que o ato de Deus ainda é contingente, o ato da vontade é livre. Se o ato de Deus fosse passado, esse ato já seria o caso, e, então, necessariamente seria o caso que aquilo que a vontade faz é produzir esse ato. Dado que ainda é contingente se o que a vontade faz é produzir esse ato, fica em poder da vontade não produzir esse ato.[18]

A conclusão desse estágio do argumento é só que alguma natureza não é causável e se fosse exercer a causalidade, faria isso independentemente. Para chegar a

C4) Alguma causa simplesmente primeira existe em ato e alguma natureza que existe efetivamente é assim uma causa

precisamos de um argumento diferente. Scotus defende que já que uma natureza simplesmente primeira não pode ser causada, então ou ela existe *a se* ou ela é impossível. Se fosse possível, mas não existisse – ele sugere –, então ela teria de vir a existir; e – ele parece supor – o vir a existir requer uma causa. *C2* mostra que isso é possível. Daí que uma natureza simplesmente primeira exista *a se*. Temos aqui Scotus supondo que

Princípio S: o que não existe mas pode existir pode ser causado a existir (*DP 3.19*).

Scotus reforça esse resultado em

C5) O ser não causável existe necessariamente por si (*DP 3.21*).

---

[18] A noção de causalidade de ordem superior aqui implicada tem ligação muito próxima com questões sobre a causação instrumental e secundária. Se ajo segundo a tua autoridade muito específica para realizar certo ato, sou eu quem aje, mas eu não seria capaz de agir se a tua concessão de autoridade não fosse simultaneamente efetiva. Tu não causas meu ato, parcial ou totalmente, mas tua concessão de autoridade tem função explicativa para explicar como o que faço realiza seu efeito.

Aqui, o argumento é que se algo que existe pode não existir, então algo privado ou positivamente incompossível com ele pode existir – onde *A* é privadamente incompossível com *B* se *A* implica falta de algo que *B* requer para existir. Scotus argumenta que qualquer coisa privada ou positivamente incompossível com um ser não causável teria de ser ela mesma não causável e, portanto, se pudesse existir, ela mesma existiria por *C4*. Mas, então, teríamos dois incompossíveis efetivamente existentes. Isso é impossível, então, não pode haver nada incompossível com o Primeiro Ser não causável.

É surpreendente a distância que existe entre este e outro arcabouço modal no qual consideramos situações possíveis desligadas umas das outras por relações de causalidade e coisas desse tipo. Um teórico do século XX poderia sugerir que não há nada de absurdo quanto à ideia de em alguma situação possível haver o ser não causável *X*, embora *X* não esteja mesmo na situação efetiva. Não precisamos olhar para fatores que explicam o ser de *X* em uma e não na outra – esses fatos são primitivos. Por exemplo, seja *X* que absolutamente nada existe. Nada na nossa teoria modal atual mostra que isso é impossível, e poderíamos supor com coerência que *X* é possível e ao mesmo tempo supor que em outro mundo possível (talvez este) há outro ser não causável, que muitos estão prontos a chamar de Deus. Scotus raciocina de outra maneira. O que existe, existe em toda situação em que suas exigências causais são satisfeitas e nada previne sua existência. Por conseguinte, se algo não existe, mas poderia existir, então há uma causa privativa ou positiva de sua inexistência.

III. NECESSIDADE E LIBERDADE

Scotus alega que a contingência da atividade causal de Deus relativamente às criaturas é uma condição necessária da liberdade humana. Numerosos outros escritores sugeriram que os atos humanos apesar disso são necessários, relativos ao ato de Deus, e, por conseguinte, ainda que falando em termos absolutos sejam contingentes, são necessários no sentido que o entendimento comum do determinismo exige.[19] Na última seção, sugeriu-se que essa linha argumentativa se equivoca ao considerar a atividade causal de Deus como uma causa de ordem superior para o causar eficiente no sentido usual. Agora temos de tratar dessa questão de maneira mais completa.

Em *De Primo Principio* 4.18, Scotus distingue entre um sentido de 'contingente' oposto ao necessário e sempiterno e outro sentido no qual algo é contingente somente se "seu oposto fosse capaz de estar no mesmo tempo que ela [a coisa em questão] estava". Neste segundo sentido, algo só é contingente se for *contingentemente causado* quando é causado. É este segundo sentido de 'contingente' que é relevante à discussão da liberdade da vontade.

Scotus anseia por salvar a liberdade tanto a da vontade humana como a da divina. Em vários lugares, inclusive no capítulo 4, conclusão 4 de *De Primo Principio*, ele defende que uma característica da vontade é causar contingentemente, e que para que qualquer coisa tenha vontade, é necessário que a primeira causa seja uma vontade e cause contingentemente. Conforme já vimos, Scotus pensa que essa causação contingente requer que postulemos na vontade uma potência não evidente para os opostos.

Isso não implica que todos os atos de vontade são contingentes. Scotus defende, particularmente na 16ª das *Quaestiones Quodlibetales*, que os atos pelos quais Deus ama a si mesmo e pelos quais o Pai e o Filho inspiram o Espírito Santo são atos da vontade e simplesmente são necessários.[20] Ele alega que é assim porque a vontade divina é infinita e, por conseguinte, "está relacionada ao objeto sumamente amável da maneira mais perfeita que uma vontade pode estar relacionada a ele. Mas isso não seria assim a menos que a vontade divina ame esse objeto de maneira necessária e adequadamente".[21] Concluímos então que amar necessariamente um objeto é uma forma mais perfeita de amá-lo do que amá-lo contingentemente.

---

[19] Notadamente, Douglas Langston, em Langston 1986.
[20] *Quodl.* q. 16, n. 5. Sobre isso, ver Frank 1982a e Wolter 1972.
[21] *Quodl.* q. 16, n. 6 (Alluntis e Wolter 1975, pp. 370-371).

Scotus passa a alegar, no segundo artigo da *Questão 16*, que a liberdade é uma condição intrínseca de uma vontade como tal e assim tem de ser compatível com a maneira mais perfeita de exercer a vontade. Conforme já foi afirmado no caso do amor de Deus por si mesmo, já que o jeito mais perfeito de uma vontade agir é agir necessariamente, segue-se que agir necessariamente é compatível com a liberdade.

É claro que não decorre disso que todo sentido de 'necessidade' ou toda maneira de agir necessariamente seja compatível com a liberdade. Scotus preocupa-se particularmente em distinguir o agir necessariamente de maneira livre e o agir necessariamente de maneira natural. Ele sugere que essas maneiras de agir envolvem dois jeitos em que uma coisa pode ser mais ou menos determinada. Ele escreve:

> Quanto à afirmação, então, de que um princípio natural não pode ser mais determinado do que um princípio necessário, digo: embora o necessário seja o mais determinado no sentido de que exclui toda indeterminação quanto a uma alternativa, não obstante uma coisa necessária pode de alguma maneira ser mais determinada do que outra. O fato de que o fogo queima ou que o céu seja redondo é determinado pela causa que produziu simultaneamente o ser do céu e sua forma. Um peso, por outro lado, está determinado a descer. No entanto, ele não recebe o ato de descer de seu progenitor, mas só aquele princípio que naturalmente o faz descer. Mas se a vontade causada quer necessariamente qualquer coisa, ela não está determinada por sua causa a querer isso da mesma maneira que o peso está determinado a descer. Tudo que recebe da causa é um princípio pelo qual ela se autodetermina a essa volição.[22]

O que parece estar sendo discutido aqui são as três maneiras como uma coisa poderia vir a ter necessariamente uma propriedade. Pode ser que ela seja diretamente causada a ter necessariamente o aspecto; pode ser que seja causada a ter uma natureza em virtude da qual ela tem necessariamente o aspecto; ou ainda que seja causada a ser tal que possa se autocausar livremente a ter necessariamente o aspecto. É evidente que Scotus pensa que

---

[22] *Quodl.* q. 16, n. 16 (Alluntis e Wolter 1975, p. 385, 44).

algo que necessariamente passa a ter certo aspecto conforme uma das duas primeiras maneiras acima é em algum sentido mais determinado do que algo que vem a ter necessariamente o aspecto conforme a terceira maneira. Ele pensa assim mesmo que em todos os três casos seja impossível que o aspecto esteja ausente.

Então, o que é autocausar-se livremente a ter necessariamente um aspecto em contraste a ser naturalmente causado a ter necessariamente certo aspecto? Scotus explica essa diferença usando contrafactuais em conjunto:

> Todo agente natural ou é primeiro em um sentido absoluto ou, se não o for, será determinado naturalmente a agir por algum agente anterior. Ora, a vontade nunca pode ser um agente que é primeiro em um sentido absoluto. Mas tampouco ela pode ser determinada naturalmente por um agente superior, pois a vontade é ativa de tal maneira que se autodetermina à ação no sentido de que se ela quer necessariamente algo, por exemplo *A*, essa volição de *A* não seria naturalmente causada por aquilo que causa a vontade mesmo que a própria vontade fosse naturalmente causada, mas, uma vez que o primeiro ato pelo qual a vontade é causada for dado, se a vontade fosse deixada a si mesma e pudesse ter ou não ter essa volição contingentemente, ela ainda assim se autodeterminaria a essa volição.[23]

Temos aqui um experimento imaginário conduzido segundo duas suposições. Considere-se o caso de uma vontade que se autocausa a ter necessariamente uma volição. Primeiro, suponha-se que a própria vontade é causada – até mesmo naturalmente causada –, mas que a causa natural da vontade nada faz a mais para extrair um ato da vontade. Segundo, suponha-se que o aspecto que consideramos ser necessariamente produzido pela vontade não esteja necessariamente presente. Ainda assim, alega Scotus, esse aspecto *estaria* presente porque a vontade ela mesma produziria esse aspecto. Isso se contrapõe ao caso de um agente natural. Se supusermos que um agente natural existe, mas que nada está agindo sobre ele, então se o aspecto não estivesse ali necessariamente, ele absolutamente

---

[23] *Quodl.* q. 16, n. 15 (Alluntis e Wolter 1975, p. 384, 43).

não estaria ali. Em outros contextos, Scotus fala da necessidade de um ato livremente desejado como uma necessidade que é consequente da escolha da vontade, ao passo que a necessidade de algo naturalmente produzido ou precede ou acompanha a atividade do agente.

Em qual sentido de 'necessariamente' uma vontade seria capaz de se autocausar a querer necessariamente? Scotus defende que é no sentido de que a *necessitas* é *firmitas* – firmeza de vontade. Ele deixa isso claro em *Quodl*. q. 16, onde, ao falar do tipo de necessidade que torna uma ação perfeita, ele a identifica com a *firmitas*. Essa *firmitas* exclui a mutabilidade, mas não exclui a potência não evidente para os opostos.[24]

Mas isso basta? Suponha-se que concedamos que a vontade humana tem a potência não evidente para os opostos, também possuída por Deus, e que Deus causa contingentemente tudo que Deus quiser. Se também concedermos, conforme exigido pela prova scotista da existência de Deus, que Deus é uma causa de ordem superior com respeito à produção da vontade humana de seu efeito, e concedermos, conforme explicitamente requerido por Scotus, que Deus conhece o futuro porque conhece as próprias escolhas, será que, assim, podemos evitar a conclusão de que as escolhas de Deus determinam as escolhas de toda vontade humana da maneira como um filósofo do século XX diria que as escolhas da vontade humana são necessitadas?

De acordo com Scotus, uma vontade é móbil de si mesma e, particularmente, é assim de maneira que não está determinada por natureza a escolher um par de contraditórios em vez de outro. Scotus alega termos a experiência de que poderíamos não ter desejado ou ter desejado o contrário daquilo que de fato desejamos.[25] Quando agimos em vez de não agir,

---

[24] Esse ponto é devido a William A. Frank, que descobriu que os manuscritos mais antigos das *Quaestiones Quodlibetales* afirmam o ponto de que *firmitas in agendo est perfectionis* em um lugar onde as edições impressas, ao substituírem por *libertas in agendo est perfectionis*, macularam o manuscrito. Ver Frank 198882b e a discussão em Allunis e Wolter 1975, p. 14-16.

[25] Ver *In Metaph*. 9, q. 15: "Experitur enim qui vult se posse non velle sive nolle, iuxta quod de libertate voluntaris alibi diffusius habetur." Ver também *Lect*. 1, d. 39, qq. 1-5.

ou agimos de uma maneira em vez de outra, não há causa de tal escolha que não aquela que "a vontade é a vontade", conforme ele gosta de dizer. Essa falta de determinação na vontade não se dá por causa de uma falta de efetividade na vontade, mas por causa de uma suficiência superabundante advinda de uma falta de limitação da efetividade (*superabundantis sifficientiae quae est ex illimitatione actualitatis*). Coisas que são indeterminadas dessa segunda maneira são capazes de se autodeterminarem, e é isso que a vontade faz.[26]

Tudo isso, e principalmente o que vem por último, sugere que não há nada, estritamente falando, que aja sobre a vontade, mas isso tem de ser harmonizado com a alegação de que a vontade humana é, no fim das contas, uma criatura, e, assim, ela em sua atividade está essencialmente ordenada para Deus como uma causa de ordem superior. Conforme enfatizado na última seção, causas de ordem superior ordenadas essencialmente não são causas típicas dos efeitos para os quais estão ordenadas. Antes, elas são causas do causar desses efeitos pelas causas que de fato os causam. Por conseguinte, embora Deus cause toda vontade humana dada, Deus não causa o querer daquela vontade. Pelo contrário, Deus causa o fato de o querer daquela vontade ser uma produção daquilo que ela produz. Scotus parece pensar que a única causa eficiente de um querer é a vontade que o quer. Deus não é outra causa eficiente, parcial, desse querer. Não obstante, acontece que, se Deus não agisse, a vontade humana não bastaria para produzir seu ato. Também acontece que o agir de Deus como causa superior do querer *A* da vontade não é compossível com o não querer *A* da vontade humana. Acontece também que o querer de Deus não é causalmente dependente dos atos da vontade humana. Nesse contexto, como é possível que um ato humano seja livre?

Esse problema é mais acentuado para os abençoados no céu porque Scotus alega que em algum sentido de 'não poder', eles não podem pecar. No entanto, ele também insiste que eles retêm suas vontades e suas liberdades – do que parece apropriado inferir que eles retêm a potência não

---

[26] Cf. Wolter 1986, p. 152.

evidente para os opostos. Portanto, eles têm uma potência – e uma possibilidade de agir – que eles necessariamente não exercitarão.

A solução de Scotus dessa aporia baseia-se na sua distinção entre a *firmitas* e outros tipos de necessidade. Deus assegura a *firmitas* aos abençoados no céu, e, assim, embora retenham a potência de não amar a Deus e assim *possam* não amá-lo, eles firmemente (e nesse sentido necessariamente) exercitam sua potência de amar a Deus. Como é que Deus assegura a *firmitas* aos abençoados? Scotus não diz.[27]

IV. POSSIBILIDADE LÓGICA

Até o momento escrevi como se para Scotus o que é possível é só aquilo para o que há um poder que o produza. Mas parece claro que há uma diferença entre uma coisa e outra à luz de passagens como a da *Ordinatio* 1, d. 7, q. 1, n. 27. Ali, ele escreve:

> Respondo à questão, portanto, em primeiro lugar, definindo "potência".
> Porque de certa maneira uma potência da qual se diz ser um modo de composição feito por um intelecto é chamada de "lógica". E isso indica a não repugnância de termos, da qual o Filósofo, na *Metafísica*, livro V cap. "De potentia", diz que "o possível é quando não é necessário que o contrário seja falso". [...]
> Se antes da criação do mundo não somente o mundo não existisse, mas, *per impossibile*, Deus não existisse, mas [Deus] tivesse começado a existir *a se*, e então tivesse sido capaz de criar o mundo, [então] se tivesse existido um intelecto anterior ao mundo compondo isto: "o mundo existirá", isso teria sido possível porque seus termos não são incompatíveis.

---

[27] Conforme o leitor especialista já deve ter notado, não repeti aqui a alegação feita em obra anterior de que Scotus é um "monista modal". Para algumas das razões para tanto, ver Peter King, cap. 1 deste volume.

Um dos debates mais antigos entre os intérpretes de Scotus é sobre a natureza e o significado desta *potentia logica*. O debate parece ter assumido sua forma clássica no século XVII, quando Johannes Poncius deu a interpretação de que Scotus sustentava que tudo que é possível é possível por si mesmo, independentemente de qualquer potência que o possa realizar, e Bartholomeus Mastrius defendeu a ideia de que as possibilidades dependem de Deus para sua própria possibilidade. O debate reapareceu nesta forma na discussão do século XX.[28]

De fato, há várias questões aqui. Primeiro, é preciso saber se a existência de uma *potentia logica*, isto é, de uma não repugnância entre os termos basta para a possibilidade independentemente de qualquer potência "real" para realizar o estado de coisas em questão. Uma segunda questão é se essa *potentia logica* pressupõe ou não, se ela mesma envolve ou não qualquer potência real. E ainda há a questão se há uma potência real correspondente a toda *potentia logica* e a questão da relação entre essa questão e as provas da existência de Deus dadas por Scotus tanto na sua *Ordinatio* como no *De Primo Principio*.

Scotus caracteriza a noção de possibilidade lógica em termos de uma (*non*) *repugnantia terminorum*, mas parece considerar a própria noção de uma *repugnantia terminorum* como primitiva. Ele nunca tenta uma caracterização em outros termos e, para elucidá-la, dá somente exemplos e casos específicos. Contradições explícitas constituem um caso especial de *repugnantia*, mas não podem ser o único caso, porque Scotus admite impossibilidades que não se pode mostrar que são impossibilidades em uma *obligatio* sob *positio* impossível, e pode-se mostrar que qualquer contradição explícita pode ser assim. Poder-se-ia imaginar que a noção de *repugnantia* abrange pelo menos casos de contrários (como 'vermelho' e 'verde'), nos quais parece haver algo que poderíamos caracterizar atualmente como uma tensão semântica, mesmo que não tenhamos nenhuma teoria boa para dizer em que exatamente consiste a tensão. Mas e os outros casos? A doutrina da Encarnação, tal como Scotus a compreendia, requer que o mesmo *suppositum*

---

[28] Cf. Mondadori 2000.

possa ser tanto Deus como humano, e, então, não pode haver *repugnantia* na conjunção "Cristo é Deus e Cristo é humano"; e, embora Scotus nunca diga isso, sua interpretação da Encarnação se mostra compatível com a suposição, por parte da Palavra, de outras naturezas além da humana. Talvez não haja *repugnantia* em se prescrever qualquer grupo de predicados que seja ao mesmo *suppositum*. Mas e os casos às vezes discutidos na filosofia do final do século XX sob a designação de verdades necessárias *a posteriori* – casos em que a natureza de algo é descoberta empiricamente e então sugere-se que seria impossível que essa coisa não tivesse essa natureza – como no caso do ouro, em que seria impossível o ouro não ter o número atômico 79? Aparentemente, Scotus considera a negação de uma parte da definição real de uma espécie e a negação de um *proprium* de uma espécie como casos de *repugnantia*. Dado o isomorfismo entre a estrutura metafísica e a estrutura conceitual expressas na *Propositio Famosa*, parece que ele pensaria que qualquer coisa que possa ser descoberta sobre a estrutura metafísica das coisas está refletida na ideia divina dela, e, assim, está refletida em um conceito adequado dela. Se isso estiver correto, então a distinção entre a incompatibilidade semântica e a incompatibilidade metafísica desaparece, e, com ela, a distinção entre necessidade lógica e necessidade metafísica encontrada em algumas teorias modais do final do século XX. Dessa maneira, a *potentia logica* de Scotus só poderia ser identificada com a possibilidade lógica em um sentido do final do século XX com reservas.

Para Scotus, como já vimos, uma predicação afirmativa assevera uma unificação de algum tipo entre o sujeito e o predicado. Já que uma unificação certamente requer uma não repugnância, para Scotus, a verdade de toda e qualquer sentença categórica afirmativa envolve uma não repugnância entre os termos. A alegação de que o boi-almiscarado é um ungulado é verdadeira somente se não houver repugnância de 'boi-almiscarado' e 'ungulado'. Em muitos casos a verdade de uma sentença categórica afirmativa requer mais que isso. Em qualquer caso a verdade da sentença requer a sentença, e já que a sentença é algum tipo de ser, sentença alguma existe separadamente de toda potência real, e, então, nenhuma, não importa qual seu estatuto modal, é verdadeira separadamente de toda potência real.

Mas dificilmente isso chega à raiz da disputa entre aqueles que pensam que Scotus considera uma *potentia logica* como suficiente para a possibilidade e aqueles que negam isso. Por volta de quarenta anos após a morte de Scotus, Jean Buridan cuidadosamente formulava uma distinção entre a possibilidade das coisas serem como a sentença descreve e a verdade possível da própria sentença. A segunda alternativa requer que a sentença exista na situação que ela descreve, mas a primeira não – e parece em geral não exigir a existência de absolutamente nenhuma sentença. Certamente, podemos perguntar se, ainda que nada existisse, nem mesmo Deus, se ainda assim seria possível existir Deus ou o mundo.

Tanto no século XVII e na nossa época houve estudiosos que leram a última passagem citada como prova de que a possibilidade de que "O mundo existirá" não dependia da existência daquela sentença ou de qualquer potência real. Afinal, a situação que estamos a considerar é uma em que nada ainda existe. É verdade, consideramos ali um intelecto que compõe uma sentença, mas há ao menos a sugestão de que a possibilidade da sentença em algum sentido está lá quando a sentença é composta e não depende de sua composição. Poder-se-ia sugerir que o exemplo é tortuoso justamente porque de certa forma Scotus antecipa a distinção entre o possível e o possivelmente verdadeiro feita por Buridan e quer que avaliemos não a verdade da sentença, mas a possibilidade de que o mundo existirá na situação contrafactual em que nada absolutamente existe.

Creio que essa é uma leitura plausível da passagem, mas não é uma leitura sem problemas. A passagem é imensamente complicada. Primeiro, ela envolve raciocínio repetido sob uma suposição impossível – e o raciocínio sob uma suposição impossível é uma questão técnica para Scotus – a que retornaremos abaixo. Segundo, a passagem envolve certa interação complicada de modalidade e tempo. Suponha-se que tracemos uma distinção como a de Buridan. Então, Scotus parece sugerir, para a possibilidade de que o mundo existirá, requeremos que Deus tenha começado a existir *a se* e tenha então sido capaz de criar o mundo. Parece que a leitura natural disso é que embora a possibilidade de que o mundo existirá não dependa de nada de efetivo, ela depende de algo que, hipoteticamente, *será* efetivo e *então* terá uma potência para criar o mundo. Sem dúvida, essa é uma fundação um tanto incomum para uma possibilidade, mas não parece sugerir que as possibilidades afinal requerem uma fundação categórica – ainda que não uma no tempo presente. O que parece ser-nos dito aqui é que *é possível* que o mundo existirá porque *haverá* um Deus com o poder de criá-lo. Isso parece estar bem distante do pensamento de que *tudo* que as possibilidades requerem é uma não repugnância de termos.

Considere-se, por outro lado, o que é necessário para a verdade possível da sentença "O mundo existirá". Em uma primeira aproximação, requeremos a sentença. Por conseguinte, requeremos seus termos, de modo que relações de repugnância e não repugnância poderiam existir entre eles. Mas embora tenhamos amavelmente falado dos termos das sentenças faladas e das sentenças mentais indiferenciadamente, é bastante claro que Scotus pensa que as relações de repugnância valem em primeira instância entre os termos das sentenças mentais. Esses termos são conceitos; e os conceitos, conforme nos ensina a *Propositio Famosa*, espelham a estrutura metafísica daquilo que é concebido. As relações entre os conceitos espelham as relações entre as essências.

Considere-se agora esta passagem da *Ordinatio* 1, d. 36, q. un., n. 60-61[29]:

---

[29] N.T.: O original em inglês traz erroneamente a referência *Ordinatio* 1, d. 43. Cf. em latim a passagem da d. 36: "Ita in propositio: homini in aeternitate inest 'non esse aliquid' et chimaerae 'non esse aliquid'; sed homini non repugat affirmatio quae est 'esse aliquid', sed tantum inest negatio propter negationem causae non ponentis, - chimaerae autem repugnat, quia nulla causa posset in ea causare 'esse aliquid'. Et quare homini non repugnat et chimaerae repugnat, est, quia hoc est hoc et illud illud, et hoc quicumque intellectu concipiente, quia – sicut dictum est – quidquid repugnat alicui formaliter hic fingendum quod homini non repugnat quia est ens in potentia, et chimaerae repugnat quia non est ens in potentia, - immo magis et converso, quia homini no repugnat, ideo est possibile potentia logica, et chiamerae quia repugnat, ideo est impossibile impossibilitate opposita; et illam possibilitatem consequitur possibilitas obiectiva, et hoc supposita omnipotentia Dei quae respicit omne possibile (dummodo illud sit aliud a se), tamen illa possibilitas logica, absolute – ratione sui – posset stare, licet per impossibile nulla omnipotentia eam respiceret." Vat. 6:296. Traduzimos acima do inglês de Calvin G. Normore, com algumas modificações.

Como na proposição: "não ser algo" está no homem e na quimera na eternidade; mas a afirmação que é "ser algo" não repugna ao homem. Ao contrário, a negação está [no homem] só por causa da negação [que é] da causa não estar presente, e repugna à quimera porque não há causa que possa nela causar o "ser algo". E o porquê de ela não repugnar ao homem e repugnar à quimera é que isto é isto e aquilo é aquilo, e isso é assim qualquer que seja o intelecto que concebe, já que – segundo foi dito – o que quer que seja repugnante a algo formalmente é em si repugnante a ele, e o que não é formalmente repugnante em si não é repugnante a ele. Tampouco imaginemos [*fingendum*] que isso não repugna ao homem porque [ele] é um ser em potência e que repugna à quimera porque [ela] não é ser em potência. Com efeito, é muito mais o inverso: porque ['ser algo'] não repugna ao homem, [ele] é possível por uma potência lógica, e porque repugna à quimera, [ela] é impossível pela impossibilidade oposta. E é assim, mesmo que se suponha a onipotência de Deus, que com respeito a tudo é possível (à medida que seja diferente de Deus). Não obstante, essa possibilidade lógica poderia se sustentar absolutamente por razão de si mesma, mesmo que *per impossibile* não houvesse onipotência alguma relativamente a ela.

Se consideramos este texto à luz da nossa discussão de *Ordinatio* 1, d. 7, q. 1, n. 27, uma leitura natural dele é que (para tomar o exemplo de Scotus) o conceito de 'quimera' é internamente incoerente no sentido de que os constituintes metafísicos de que a natureza comum da quimera seria composta (as *notae*) simplesmente não podem ser combinados, e é por isso que há repugnância ulterior entre 'quimera' e 'ser algo'. Mas essa repugnância pressupõe que 'quimera' é um termo complexo em que várias *notae* estão combinadas. Uma quimera talvez seja um animal com a cabeça de leão, corpo de bode e rabo de serpente. Essas *notae* são elas mesmas complexas e poderiam ser analisadas da mesma maneira. Segundo a concepção scotista, nós alcançamos no fim *notae* simples. Suponha-se que perguntamos se todas as *notae* simples são possíveis – e, além disso, se são possíveis em si mesmas. Scotus acrescenta:

> Portanto, este é o processo: assim como Deus produz em seu intelecto um possível no ser possível, da mesma forma ele produz formalmente duas entidades (cada uma delas no ser possível). E esses produtos são eles mesmos formalmente incompossíveis, de modo que não poderiam

simultaneamente ser uma única [coisa] nem ser uma terceira [composta deles]. Essa incompossibilidade que têm, têm formalmente por si mesmos, e "*principiativamente*" daquele que os produziu em certo modo. E de sua incompossibilidade segue-se a incompossibilidade do construto ficcional (*figmenti*) todo que os inclui. E essa incompossibilidade com respeito a qualquer agente que seja [segue-se] da impossibilidade do construto em si e da incompossibilidade de suas partes.[30]

Há várias coisas a se notar quanto a esta passagem. Primeiro, o processo começa com uma produção divina natural *in esse possibili*. Esses *possibilia* são naturalmente e *ex se* ou compossíveis ou não. Os compossíveis podem ser combinados para produzir complexos com *esse possibile*. Quando esses primitivos são naturalmente repugnantes, eles não podem ser assim combinados. A própria ideia de um *ens impossibile* primitivo é um absurdo segundo a visão de Scotus. Conforme ele mesmo diz no mesmo capítulo:

> E disso é evidente que o imaginar daqueles que buscam a impossibilidade de algumas coisas como se [a impossibilidade] estivesse em uma coisa única, é falso – como se algo único –, seja um ser inteligível ou qualquer [outro] tipo – fosse formalmente impossível em si, na maneira em que Deus é formalmente ser necessário em si mesmo. [...] Antes, tudo que é nada sem qualificação alguma inclui em si as essências (*rationes*) de muitos.[31]

Parece, então, que para Scotus a impossibilidade é uma ideia fundamentalmente relacional. Podemos falar inteligivelmente dela somente quando lidamos com várias *notae*. De maneira semelhante, só podemos perguntar se as *notae* são consistentes quando lidamos com mais de uma. Dessa forma, nos casos típicos a questão se algum possível é possível em si mesmo se reduz à questão do estatuto de uma relação entre seus constituintes metafísicos: estão eles relacionados entre si? E em que sentido essa relação pressupõe seus relatos?

---

[30] *Ordinatio* 1, d. 43, n. 18. N.T.: novamente, a referência dada pelo autor está equivocada.

[31] *Ibidem*.

Sugeri acima que as *notae* simples são possíveis em um sentido único – não são internamente incoerentes e podem ser combinadas para produzir naturezas que são compatíveis com ser algo, isto é, poderiam existir. Mas não são possíveis no sentido de que poderiam existir por si mesmas, e, no seu caso, a questão de ter sua possibilidade em si mesmas parece particularmente estranha. Elas terem qualquer estatuto que seja depende de Deus *principiative*. Mas, já que seu ser possível é simplesmente elas não terem uma relação de repugnância entre si, porque não dizer que são possíveis *formaliter* em si mesmas? Aqui o debate sobre se os possíveis são possíveis em si mesmos parece ter perdido sua trilha.

Vimos que, o que quer que faça, Scotus introduz uma *potentia*, a *potentia logica*, correspondente à não repugnância dos termos. O que ainda não foi enfatizado é que ele introduz essa noção precisamente para corresponder ao que entende ser um dos sentidos aristotélicos de 'possível'. Vejamos um pouco mais de perto o contexto. Escreve Scotus:

> Respondo à questão, portanto, em primeiro lugar, definindo "potência", pois, de certa maneira, uma potência da qual se diz ser um modo de composição feito por um intelecto é chamada de "lógica". E isso indica a não repugnância de termos, da qual o Filósofo, na *Metafísica*, livro V, cap. "De potentia", diz que "o possível é quando não é necessário que o contrário seja falso".[32]

Scotus diferencia essa potência da qual se diz que "é dividida contra o ato", que não é encontrada em Deus, e da "potência real", da qual se diz que é "um princípio de agir e sobre o que se age". Ele deixa claro em *In Metaph.* 9, qq. 1-2, que essa é – para ele – uma divisão fundamental da potência, e sua introdução ali de *potentia geometrica*, para corresponder à possibilidade de alegações matemáticas, sugere que ele crê na possibilidade de haver um tipo de potência – real ou metafórica – correspondente a cada sentido de 'possível'.

---

[32] *Ordinatio* 1, d. 7, q. 1, n. 27.

Para Scotus, a ligação entre possibilidade e potência torna-se mais firme ainda pela sua alegação de que há uma potência real correspondente a toda potência lógica. Vinda de um teólogo medieval, essa alegação não é surpreendente, já que obviamente se liga muito proximamente com certas alegações de que Deus pode produzir tudo que não envolver uma contradição, mas ela levanta a questão complexa de se saber se faz parte da própria concepção de potência lógica que *haja* uma potência real capaz de realizá-la. Será que faz parte dessa concepção que *possa haver* uma potência real para realizá-la?

A prova scotista da existência de Deus, ele mesmo diz, é uma prova na ordem quididativa. Aprendemos algo sobre a natureza de um ser contingente quando vemos como ele depende de uma primeira causa eficiente. Scotus pretende que seu argumento seja uma demonstração, e, assim, não exija nenhuma premissa contingente. O argumento procede da premissa necessária de que algum ser pode existir para a conclusão de que Deus tem de existir. Por conseguinte, se é uma demonstração, tal premissa exclui como impossível qualquer situação em que um ser pode existir e Deus poderia até não existir. Esse é precisamente o tipo de situação à qual Scotus recorre na passagem tirada da *Ordinatio* 1, d. 7, citada dois parágrafos antes. Então, já é claro que a situação ali descrita é impossível. Então, como devemos raciocinar nela?

Teóricos dos séculos XIII e XIV imaginaram explicações bastante elaboradas do raciocínio que parte de uma premissa impossível e as consagraram na teoria da *positio* impossível. Central à compreensão scotista dessa teoria (e ele sabia disso muito claramente) é o pensamento de que de uma assunção ou *positio* impossível uma pessoa pode raciocinar usando somente o que ele chama de consequências naturais ou essenciais e não usando consequências acidentais ou aquelas que valem somente por uma média extrínseca. Isto é, uma pessoa pode raciocinar partindo de uma assunção impossível para qualquer conclusão que esteja contida no entendimento (*de per se intellectu*) da assunção, mas não para uma que não esteja.[33]

---

[33] Ele desenvolve sua explicação no Livro 1, d. 11, de seus comentário sobre as *Sentenças* de Pedro Lombardo, onde a questão discutida é a doutrina *Filioque* que separa os latinos dos gregos. A questão é se o Espírito Santo vem tanto do Pai quanto do

Se tudo isso for correto, então no experimento mental do Livro 1, d. 7, Scotus nos convida a considerar uma situação em que não há mundo e não há Deus, mas no qual, não obstante, ainda é possível que o mundo exista. Mas, como sua prova da existência de Deus mostra, uma situação em que é possível que mundo existirá é uma em que Deus de fato existirá – e, já que o mundo depende essencialmente de Deus, o fato de que Deus existirá decorre por consequências essenciais da alegação de que é possível que o mundo existirá. Por conseguinte, embora Scotus não tenha que incluir na sua descrição da situação do experimento imaginário que Deus é, ele tem de incluir que Deus será. Já que Deus é incausável, Deus será *a se*.

Naturalmente, Scotus crê que é impossível que Deus não exista, mas existirá. Com efeito, sua prova para a existência de Deus envolve, ela mesma, um subargumento para o efeito de que se Deus não existe, é impossível que Deus venha a existir. Mas isso é irrelevante aqui. Todo o experimento mental é levado sob assunções impossíveis, e o que é crucial não é se uma assunção é impossível, mas se ela decorre formalmente da alegação de que é possível que o mundo venha a existir. O argumento de Scotus de que se Deus não existisse Deus não poderia existir depende da alegação de que se (*per impossibile*) Deus não existisse, isso seria por causa de que existia

---

Filho, conforme sustentam os latinos, ou somente do Pai, de acordo com os gregos. Ambos os lados sustentam que sua visão é uma verdade necessária. Uma questão que aparece nas discussões latinas é se a visão grega tem a consequência de o Espírito Santo não poder ser distinguido do Filho. Para explorar isso, eles têm de raciocinar da premissa (impossível, conforme pensam) de que o Espírito Santo não vem do Filho. Uma visão (às vezes atribuída a João de Berwick) sustentava que esse raciocínio não poderia ser levado adiante porque supor a premissa seria considerar uma situação contraditória, e, portanto, uma situação em que as próprias regras da lógica não valem. Scotus pensa diferentemente. Na sua *Ordinatio*, ele escreve: "a questão é posta de tal maneira que pode-se investigar qual é a principal coisa que distingue o Filho do Espírito Santo – se é a filiação ou somente a inspiração ativa – porque, se for a filiação, então não interessa quanta inspiração ativa seja posta de lado (*circumscripta*) *per impossibile*, o fundamento para a distinção ainda permanecerá" (*Ordinatio* 1, d. 11, q. 2, n. 28). Para uma discussão inovadora e muito mais completa do que aqui é possível da explicação scotista da consequência natural e essencial, ver Martin 1999, cap. 7.

algo privativo ou positivamente incompossível com sua existência. Mas seria notável se a prova de que um tal incompossível não pudesse deixar de existir (e, por conseguinte, que Deus não poderia vir a existir *a se*) estivesse contida no nosso entendimento de o que é que significa para ele ser possível que o mundo existirá – e, portanto, notável se essa prova decorresse formalmente de uma assunção desse tipo. Scotus aparentemente não pensa assim e, portanto, pensa poder, sem contradição formal, assumir tanto que o mundo é possível como que Deus não existe. O que ele não pode assumir sem contradição formal é que o mundo é possível e que Deus não existirá.

Embora seja uma leitura natural (talvez a mais natural) da *Ordinatio* 1, d. 7, essa interpretação, como uma leitura de uma passagem levemente diferente em *In Metaph.*, é forçada. Ali, Scotus escreve:

> A potência lógica [...] é uma forma de composição feito por um intelecto causada por uma relação dos termos daquela composição, a saber, porque eles não são repugnantes. E embora comumente possa corresponder a ela *in re* alguma potência real, ainda assim isso não é *per se* da *ratio* dessa potência. E dessa forma teria sido possível para o mundo vir a ser antes de sua criação se houvesse então um intelecto formando esta composição "o mundo existirá", garantido que então não teria havido uma potência passiva para o ser no mundo, nem mesmo, tendo posto isto *per impossibile*, uma potência ativa, enquanto, contudo, pudesse sem contradição vir a ser uma potência ativa para isso.[34]

Scotus parece exigir aqui não que a potência ativa – que poderia fazer o mundo existir – esteja vindo a ver, mas somente que, sem contradição, ela seja capaz de estar por vir a ser.

Estamos agora de fato em águas muito profundas. Se considerarmos que a prova da existência de Deus da *Ordinatio* e do *De Primo Principio* traçam uma cadeia de consequências naturais ou essenciais a partir da premissa de que uma coisa contingente é possível para a conclusão de que Deus existe necessariamente, então mesmo se concedermos a *positio* im-

---

[34] *In Metaph.* 9, q. 1, n. 3. Agradeço a Rega Wood por me mostrar a versão corrigida desse texto antes de sua publicação.

possível que Deus não existe, seremos capazes de derivar sua existência do *propositum* de que é possível que o mundo existirá. Por outro lado, se aqui levarmos a sério a sugestão presente em *In Metaph.* 9, q. 1, de que a estrita possibilidade de que o mundo existirá requer formalmente só a estrita possibilidade de que haja uma potência ativa para fazê-lo, então parece que somos forçados a negar que a prova da *Ordinatio* e do *De Primo Principio* pudesse proceder por meio de consequências naturais ou essenciais. Já que a prova diz explicitamente que Deus está no topo de toda ordem essencial que procede de uma coisa contingente, temos, então, de concluir que é o passo da existência possível para a existência efetiva de Deus que não procede por meio de consequências naturais ou essenciais. Mas isso é o mesmo que dizer que não seria possível mostrar a alguém que concordasse que a existência de Deus é possível, mas insistisse que Deus não existe de fato, o erro de sua maneira de pensar de modo a que essa pessoa teria de aceitar se não quisesse ser irracional. E se for assim, então o que Scotus pensa que sua prova consegue fazer?

Seja qual for a maneira como resolvemos esse enigma, creio que podemos agora responder a algumas das questões com as quais começamos esta seção. Scotus pensa que dizer que alguma sentença é possivelmente verdadeira é o mesmo que só asseverar formalmente uma não repugnância de seus termos. Este é o ônus da ultimíssima sentença citação precedente da *Ord.* 1, d. 7. Dessa maneira, quando afirmamos que "o mundo existirá" é possivelmente verdadeira, não estamos asseverando formalmente nada sobre uma potência que seja capaz de produzir o mundo. Mas Scotus pensa que a questão da não repugnância dos termos tem pressuposições. Já que se trata de uma questão sobre termos, temos de pressupor que há os termos, e, portanto, que há um intelecto que pensa os termos e que pensa as *notae*, os correlatos objetivos desses termos. Além disso, a não repugnância dos termos implica por uma consequência natural ao menos que *pode haver* uma potência ativa que realizaria a situação descrita pela sentença. Se a repugnância dos termos implica mais do que isso – se implica que ao menos *haverá* uma tal potência ativa – é uma questão sobre a qual nossos textos centrais parecem obscuros. Talvez seja uma questão com a qual o próprio Scotus se sentia incomodado ou sobre a qual ele tenha mudado de ideia.

V. MUNDOS POSSÍVEIS

Alguns estudiosos observaram em Scotus uma antecipação da noção leibniziana de mundo possível. Scotus não usa o termo "mundo possível" nem outro termo equivalente, mas indícios em apoio à ideia de que ele tem o conceito vêm de ao menos dois lugares. Primeiro, conforme acabamos de ver, Scotus tem uma noção básica em sua imagem modal, a de uma coleção não repugnante de *notae*. Segundo, ele afirma que tendo pensado as *notae*, o intelecto divino naturalmente e em um único instante de natureza considera todas as combinações de *notae* não repugnantes. Algumas dessas combinações são tais que seria repugnante a seus elementos não estarem combinados. Elas correspondem às proposições necessárias. Outras são tais que não é repugnante a seus elementos nem estarem nem não estarem combinados. Essas são correspondentes às proposições contingentes. O intelecto divino apresenta essas proposições contingentes à vontade divina como se ainda não tivessem um valor de verdade, e a vontade divina, então (em um segundo instante de natureza) determina de maneira contingente qual de cada uma delas será verdadeira ou falsa. A vontade divina, dessa forma, determina contingentemente que uma máxima coleção consistente de proposições contingentes seja verdadeira. Essa máxima coleção consistente de proposições é uma descrição daquilo que Leibniz e também os teóricos modais do século XX chamariam de mundo possível (ou, de acordo com algumas concepções, é exatamente isso). Assumindo que o intelecto divino considera as coleções dessas proposições e não só as próprias proposições (e dadas as relações de implicação entre as proposições contingentes, é difícil ver como poderia não ser assim), temos a ideia de que o intelecto divino percorre todos os mundos possíveis e a vontade divina escolhe dentre eles.

Essa é certamente a imagem scotista, e pode-se defender muito bem que ela está por trás da imagem de Leibniz.[35] Não obstante, há diferenças significativas entre a visão scotista e ao menos algumas teorias recentes. Primeiro, não há análogo em Scotus da maneira em que os objetos possíveis de Lei-

---

[35] Uma parte dessa defesa é feita em Langston 1986.

bniz espelham todo o seu universo. Scotus defende explicitamente que Deus não poderia saber a verdade das proposições contingentes simplesmente examinando as ideias divinas. Se pudesse fazer isso – alega Scotus – , seria porque as conexões que fundamentam as verdades contingentes estariam "construídas dentro" das próprias ideias, e, então, não haveria verdades contingentes.[36] É claro, isso é um notório ponto crucial para os estudiosos de Leibniz – como é que "César cruzará o Rubicão" pode ser contingente se *cruzar o Rubicão* é parte do conceito de César? A resposta antecipatória de Scotus é que a proposição não pode ser contingente, e, portanto, a ideia divina de César não inclui *notae* desse tipo.

Essa diferença liga-se com uma mais profunda (e mais ampla). Teóricos modais modernos trabalham com a noção de *verdade em um mundo*. Por exemplo, a possibilidade será explicada em termos de verdade em algum mundo possível. Scotus tem as noções de verdade e possibilidade lógica, mas ele não trabalha com a noção de verdade "em" (ou "de") alguma coleção de ideias divinas ou alguma coleção de proposições que Deus não tenha querido tornar verdadeiras. Para Scotus, proposições que são possivelmente verdadeiras de maneira lógica não são possivelmente verdadeiras de maneira não lógica porque pertencem a alguma coleção de proposições. Antes, são possivelmente verdadeiras de maneira lógica porque seus termos não são repugnantes, e são compossíveis com outras proposições porque seus termos não são repugnantes. Novamente, proposições que são possivelmente verdadeiras realmente não são possivelmente verdadeiras realmente por causa de sua copresença com outras proposições em uma máxima coleção, mas porque há uma potência real para realizá-las. Assim, ainda que seja possível encontrar os ingredientes para se falar de mundos possíveis na imagem dada por Scotus, a noção teria pouca ou nenhuma função dentro dessa mesma imagem. Ali, as noções básicas são as de potência (*potentia*) e repugnância (*repugnantia*).

---

[36] Scotus escreve: "Secundo, quia ideae repraesentantes terminos simplices non repraesentant complexiones nisi quatenus termini includunt veritatem complexionum, sed termini contingentium non includunt veritatem complexionis factae de illis, quia tunc esset illa complexio necessaria." *Lectura* 1, d. 39, a. 1, q. 1, in corp.

VI. CONCLUSÃO

Duns Scotus sem dúvida é figura central na história da teoria modal. Embora aparentemente não seja o primeiro a alegar que o presente é tão contingente quanto o futuro, ele defendia e utilizava essa tese com Verve, que ela ficou associada a Scotus. Seus sucessores posteriormente a desenvolveram, de modo que por volta da metade do século XIV surgiu, talvez pela primeira vez, uma ideia de que a modalidade não tem ligação essencial com o tempo. Scotus articulou a noção de possibilidade lógica como a não repugnância dos termos e alegou que há uma potência real correspondente a toda possibilidade lógica.

Pensadores posteriores consideraram que essa equivalência mostra que as únicas necessidades eram as exprimíveis por sentenças cujas negações fossem formalmente inconsistentes. Para Scotus, a teoria da vontade era central tanto à sua teologia como à sua ética, e, para ele, a teoria modal era central à sua teoria da vontade. Seu foco sobre a potência para os opostos como característica definidora da vontade e seu esforço para articular essa concepção nas suas discussões dos contingentes futuros, da presciência, da predestinação e da confirmação dos bem-aventurados estabeleceu boa parte do programa de tratamento dessas questões até os dias de hoje.

Um eixo pode olhar para mais de uma direção, e assim também acontece com Scotus. Embora sua imagem tenha levado facilmente ao divórcio entre tempo e modalidade, ele mesmo nunca os separou completamente, mantendo uma distinção significativa entre o estatuto modal do passado e o do futuro e o uso de noções de anterioridade e posterioridade modeladas segundo relações causais na sua explicação da contingência do presente. Embora sua explicação de possibilidade lógica sugira como as possibilidades poderiam ser completamente independentes tanto dos intelectos como das potências reais, ele mesmo também nunca as separou completamente, sempre discutindo até mesmo as possibilidades lógicas em um arcabouço no qual os intelectos e as potências reais estão no contexto de fundo. E embora em seu pensamento haja os mesmos ingredientes para as explicações da modalidade em termos de quantificação sobre mundos possíveis que encontramos em Leibniz e nas teorias desenvolvidas na segunda metade do século XX, Scotus fundamentava sua imagem modal sobre as noções de *repugnantia* e *potentia*.

O aspecto de Janus do pensamento modal de Scotus torna-o particularmente importante hoje tanto para o historiador da modalidade – para quem ele resume uma tradição e começa outra simultaneamente – como para o metafísico modal preocupado em olhar além da teoria modal para descobrir o que são realmente, ou poderiam ser, a possibilidade e o que mais for desse mesmo tipo.

5 Filosofia da Linguagem de Duns Scotus

Dominik Perler

Diferentemente de muitos autores dos séculos XIII e XIV, Scotus nunca escreveu um manual de lógica ou de gramática. Tampouco compôs um tratado para lidar explicitamente com as questões gramaticais ou semânticas que, em sua época, eram avidamente debatidas – por exemplo, um tratado sobre as famosas "propriedades dos termos" ou os "modos de significar". A única obra a respeito de gramática e semântica que lhe foi atribuída até inícios do século XX, intitulada *Tractatus de Modis Significandi Sive Grammatica Speculativa*, mostrou-se ser inautêntica; foi escrita por seu contemporâneo Tomás de Erfurt, representante primeiro da escola dos "modistae".[1] Dada essa aparente falta de escritos dedicados a problemas gramaticais e semânticos, pode-se ter a impressão de que Scotus não estava particularmente interessado na análise linguística e que deveria ser considerado como teólogo, metafísico e filósofo moral, mas não como filósofo da linguagem.

No entanto, uma impressão desse tipo seria completamente enganadora. Embora nunca tenha escrito um manual de lógica ou de gramática, Scotus tinha ativo interesse na teoria linguística. Esse interesse mostra-se mais óbvio em seus comentários à *Isagoge*, ao livro das *Categorias* e ao *Peri*

---

[1] Em seu "Habilitationsschrift" *Die Kategorien- und Bedeutungslehre des Duns Scotus* (publicado pela primeira vez em 1916), Martin Heidegger ainda atribuía essa obra a Scotus. Ele foi corrigido por M. Grabmann em 1922, que conseguiu bem identificar Tomás de Erfurt como o autor verdadeiro.

Hermeneias.² Nesses escritos de juventude, Scotus não se confina a parafrasear as ideias de Aristóteles e Porfírio. Antes, ele usa suas opiniões como ponto de partida para uma discussão completa de questões fundamentais em semântica filosófica – uma discussão que o permite examinar criticamente várias teorias linguísticas de seus contemporâneos e desenvolver a sua própria. Essa discussão pode também ser encontrada em algumas partes de suas obras de maturidade, principalmente nos seus escritos metafísicos e teológicos, visto que ele sustenta a concepção de que uma pessoa não pode tratar de questões metafísicas e teológicas a não ser que tenha clara compreensão dessas questões. Mas, para ter essa compreensão, frequentemente precisa-se analisar a função semântica das palavras usadas na formulação das questões. Por exemplo, não é possível responder à questão teológica de como se entender a questão problemática "Deus gerou Deus" ("Deus genuit Deus"), se não se souber a função semântica da palavra 'Deus' nessa declaração ³. Mas dificilmente é possível saber a função semântica nesse caso particular sem nenhum discernimento da semântica dos termos. Essa é a razão pela qual Scotus primeiro apresenta uma detalhada análise da semântica dos termos antes de atacar o problema teológico da autogeração de Deus.⁴ Esse exemplo mostra ser muito pouco adequado olhar para a análise linguística somente naquelas obras explicitamente rotuladas como escritos cujo assunto é a linguagem. A análise linguística (Scotus a chama de análise da "lógica de uma questão"⁵) também pode ser encontrada em obras que à primeira vista parecem ser puramente teológicas ou metafísicas.⁶

---

² Os alunos de Scotus sabiam muito bem da importância desses comentários. Antonius Andreas, scotista espanhol da primeira geração, relata que tentou compilar os principais elementos desses comentários em um único livro, criando, assim, um manual de lógica e semântica scotistas. Ver Sagüez Azcona 1968, principalmente p. 4.

³ N.T.: Do original inglês *statement*.

⁴ Ver *Ord*. 1, d. 4, pars 1, q. un. (Vaticano 4:1-2, Apêndice A, p. 381-384); *Lect*. 1, d. 4, q. un.

⁵ Por exemplo, em *Ord*. 1, d. 5, pars 1, q. un.

⁶ A abordagem lógico-semântica de Scotus de questões metafísicas e teológicas não é, naturalmente, excepcional na baixa Idade Média. Antes, trata-se de uma abordagem padrão, escolhida por muitos de seus contemporâneos, conforme mostram as contribuições de Marmo 1997.

Se levarmos em conta todas as obras em que Scotus faz uma análise de linguagem (dos primeiros comentários sobre os escritos lógicos de Aristóteles aos tardios *Ordinatio* e *Lectura*), poderemos ver que ele escolhe ao menos duas abordagens da linguagem. Usando uma terminologia moderna, pode-se caracterizar essas abordagens dizendo-se que ele estava preocupado tanto com a filosofia da linguagem quanto com a filosofia linguística.[7] Ou seja, ele se preocupava – por um lado – com a filosofia da linguagem, tornando a linguagem o *tema* das investigações filosóficas. Esse interesse o levou a dar uma interpretação detalhada da semântica dos termos e das sentenças. Scotus discutiu extensamente as questões de como vários tipos de termos podem ter uma significação, e como sua significação afeta o valor de verdade da sentença. Por outro lado, ele também se interessava pela filosofia linguística ao tornar a análise linguística o *método* das investigações filosóficas. Esse segundo interesse o levou a atacar problemas metafísicos e teológicos fazendo a análise das expressões linguísticas usadas na formulação desses problemas. Neste capítulo, examino, primeiramente, alguns elementos nodais da filosofia da linguagem de Scotus (Seções I-III). Em seguida, examino duas áreas em que ele se preocupava primordialmente com a filosofia linguística (Seções IV e V). Finalmente, avalio a importância e a função que tanto a filosofia da linguagem como a filosofia linguística têm no todo do projeto da filosofia de Scotus (Seção VI).

I. PALAVRAS, ESPÉCIES INTELIGÍVEIS E COISAS

Toda teoria da linguagem tem de se haver com uma questão fundamental: como se explica que palavras faladas e escritas não são meramente séries de sons e manchas de tinta, mas signos linguísticos – signos que podem ser usados para fazer referência às coisas no mundo? Nas suas respostas a essa questão, a maioria dos autores medievais recorriam a um

---

[7] Empresto essa distinção terminológica de Searle 1969, p. 4.

modelo semântico que Aristóteles esboçara no primeiro capítulo do *Peri hermeneias*.[8] Palavras faladas ou escritas funcionam como signos linguísticos, dizem eles, porque estão conectadas a "afecções da alma" (*passiones animae*), que, por sua vez, estão conectadas a coisas no mundo. É na verdade esta conexão que as faz ser mais do que meras séries de sons ou manchas de tinta.

Com tal resposta, os aristotélicos medievais (inclusive Scotus) escolhiam claramente uma abordagem mentalista da linguagem. O que torna possível uma relação entre palavras e coisas, eles alegavam, não é nem um mero conjunto de regras linguísticas convencionais nem o uso de palavras em jogos de linguagem, mas a presença de algo mental: as "afecções da alma". No entanto, uma alegação desse tipo levantava ao menos duas questões sérias que foram debatidas avidamente no século XIII tardio.[9] Primeiro, muitos autores perguntavam que tipo de entidades são as "afecções". Serão simples atos mentais, imagens mentais, ou outro tipo de entidades que de alguma forma residem no intelecto? Segundo, como se deve entender a conexão entre palavras, "afecções" e coisas no mundo? Dado que a conexão possibilita que as palavras sejam signos linguísticos, tem de ser algum tipo de relação semântica. Mas quais são os relatos dessa relação? As palavras valem como signos para as "afecções da alma" ou para as coisas no mundo?

Scotus tem plena ciência da importância dessas questões e as trata extensivamente em suas questões sobre o *Peri Hermeneias*.[10] Ele pensa que o primeiro pro-

---

[8] Ver *Peri herm.* 1 (16a3-8). Trata-se, evidentemente, de uma questão altamente controversa se Aristóteles de fato apresenta um modelo semântico nessa curta passagem. De acordo com Norman Kretzmann, não há sequer "um esboço de uma teoria geral do significado" nesse texto; ver Kretzmann 1974, p. 5. Para uma interpretação compreensiva da passagem decisiva, ver Weidemann 1994, p. 113-153.

[9] Sobre as posições principais e a terminologia usada nesse debate, ver Pinborg 1971 e Ashworth 1991.

[10] Ele escreveu dois conjuntos de questões sobre esse texto de autoridade. Usarei ambas, referindo-me a elas como "*In Periherm.* I" e "*In Periherm.* II". Já que a edição crítica desse texto ainda está em preparação, minhas referências valem para a edição Wadding.

blema pode ser explicado da maneira mais fácil se se pensar que as "afecções da alma" são o produto de um processo cognitivo que começa com a percepção sensorial das coisas no mundo. As "afecções" são exatamente aquelas entidades mentais que fazem com que as coisas percebidas estejam cognitivamente presentes para nós. Usando a terminologia padrão de seu tempo, Scotus as chama de "espécies inteligíveis" (*species intelligibiles*). Que me seja permitido ilustrar o estatuto e a função dessas espécies por meio de um exemplo.[11] Quando tenho uma percepção sensorial de uma árvore, primeiro recebo um tipo de imagem sensorial (*phantasma*) advinda da árvore. Essa imagem me permite visualizar a árvore com todos os aspectos individuais que percebi, isto é, com certa cor, formato, tamanho etc., com base nesta imagem sensorial; em seguida meu intelecto abstrai a espécie inteligível, que nada mais faz do que tornar a natureza da árvore cognitivamente presente a mim. Esta espécie não é simplesmente uma impressão[12] passageira da árvore no meu intelecto. Antes, trata-se de uma entidade cognitiva que pode ser armazenada e que me torna capaz de compreender a natureza da árvore mesmo quando a árvore originalmente percebida não estiver mais presente.

Dado esse tipo de compreensão das "afecções da alma", o segundo problema pode ser reformulado da seguinte maneira: O que é que as palavras (primordialmente, as palavras faladas; secundariamente, as escritas), como signos, significam? Elas significam as espécies inteligíveis no intelecto ou as coisas no mundo? Scotus observa que essa questão deu azo a uma controvérsia maior entre seus contemporâneos.[13] Em suas tentativas de responder a essa questão, eles desenvolveram dois modelos semânticos.

---

[11] Limito-me a esboçar os elementos mais básicos da teoria da espécie. Para uma interpretação em pormenor, ver Spruit 1994, v. 1, e Perler 1996.

[12] N.T.: Do original inglês *imprint*.

[13] Ver *Ord.* 1, d. 27, qq. 1-3, e *Lect.* 1, d. 27, qq. 1-3, onde ele alude a uma "magna altercatio." Em suas obras de juventude, ele fala mais modestamente acerca de "duas maneiras" que foram escolhidas para responder essa questão. Ver *In Periherm.* II, q. 1. Note-se que é somente nas obras de juventude que ele fala de espécie inteligível. Nas de maturidade ele usa a expressão *conceptus*.

De acordo com o primeiro modelo (chamemo-lo "modelo de significação direta"), as palavras significam diretamente as coisas no mundo. A presença das espécies inteligíveis nada mais é do que uma condição necessária para a existência dessa relação semântica. Dessa maneira, uma palavra como 'árvore' significa diretamente as árvores individuais na floresta, e não a entidade cognitiva que formei ao perceber uma árvore e abstrair sua natureza. Conforme o segundo modelo (chamemo-lo "modelo de significação indireta"), as palavras significam as coisas no mundo somente de maneira indireta, ou seja, na medida em que são mediadas pelas espécies inteligíveis. Os objetos imediatos significados pelas palavras nada mais são do que essas espécies. Assim, a palavra 'árvore' significa a entidade cognitiva em meu intelecto, que me faz capaz de compreender a natureza de uma árvore. Ela significa as árvores na floresta somente na medida em que são tornadas presentes a mim por meio dessa entidade cognitiva.

Ambos os modelos à primeira vista parecem ter alguma plausibilidade, mas ambos acabam por se revelar insuficientes se forem examinados mais de perto, conforme Scotus rapidamente indica. Com o primeiro modelo, pode ser possível explicar a significação de palavras simples como 'árvore' ou 'ser humano', porque, ao usarmos essas palavras, certamente pretendemos significar as árvores na floresta e os seres humanos vivos, e não só algumas entidades cognitivas em nosso intelecto. Mas o modelo parece menos convincente em casos mais complicados. Como explicar a significação de palavras como 'César' ou 'quimera'? Já que não há nem um César existente nem uma quimera efetivamente vivente, teríamos de dizer que essas palavras não significam nada, porque não há algo significado apropriado no mundo. Mas essa explicação dificilmente convence. Mesmo se não houver algo significado efetivamente existente (em terminologia moderna: nenhum objeto ou referência), essas palavras podem significar algo, a saber, nosso conceito ou representação mental de César e de uma quimera.

Para resolver esse problema, pode-se recorrer ao segundo modelo, já que – de acordo com esse modelo – a significação de 'César' e 'quimera' é facilmente explicável. Alguém poderia dizer que essas palavras significam simplesmente nossas espécies inteligíveis de César e de quimera, não importa se há um César de fato vivo ou uma quimera de fato existente no mundo – a significação não requer a existência efetiva de coisas extramentais. No entanto, o segundo modelo parece ainda menos promissor no contexto dos casos mais simples mencionados antes, pois palavras como 'árvore' e 'ser humano' só teriam relação de significação direta com as entidades cognitivas no nosso intelecto. Com uma declaração desse tipo, a tese básica do realismo semântico, qual seja, a de que há um elo *imediato* entre os signos linguísticos e as coisas no mundo, teria de ser abandonada. Além disso, seria preciso conceder que dois falantes que pronunciam a palavra 'árvore' significam duas entidades diferentes, porque cada falante usaria essa palavra para significar a espécie inteligível que existe em seu intelecto. Cada falante de algum modo teria um objeto privado de significação. Finalmente, dificilmente seria possível explicar as sentenças predicativas, pois nessas sentenças – por exemplo, 'Um ser humano corre' – uma predicação seria feita somente com respeito a uma entidade cognitiva. Mas é óbvio que é um ser humano de carne e osso que corre, e não uma entidade cognitiva. Portanto, o termo sujeito 'ser humano', ao qual predicamos 'corre', simplesmente não pode significar a espécie inteligível de um ser humano.

Essas e outras razões parecidas levaram Scotus à conclusão de que tanto o modelo de significação direta como o de indireta são deficientes se forem apresentados de forma rudimentar.[14] Segundo sua concepção, não seremos capazes de explicar a significação das palavras se assumirmos que devem significar ou coisas individuais, extramentais, ou então meras entidades cognitivas que existem no intelecto. Então, como podemos explicar com êxito sua significação? Scotus apresenta uma resposta sofisticada a essa questão, distinguindo duas maneiras de se entender a noção de espécie inteligível.[15] Por um lado, podemos considerá-las com respeito ao seu estatuto ontológico. Assim consideradas, nada mais são do que acidentes do intelecto, isto é, meras entidades mentais privadas, pois todo intelecto tem seus próprios acidentes. Por outro lado, as espécies inteligíveis também podem ser consideradas com

---

[14] Ele conclui seu primeiro comentário com a observação de que a tese da significação indireta é mais plausível "acordo com as autoridades" (isto é, Aristóteles e Boécio), ao passo que a tese da significação direta é mais plausível "de acordo com os argumentos" (*In Periherm.* I, 1, q. 2). No fim de seu segundo comentário, ele declara que "nenhuma maneira é absolutamente necessária" (*In Periherm.* II, q. 1).

[15] Ver *In Periherm.* I, 1, q. 2, e II, q. 1. Note-se, porém, que Scotus não foi o primeiro autor no contexto medieval a fazer essa distinção. Ela já pode ser encontrada em Alberto Magno, *In Sent.* 1, d. 37, a. 27 (26: 273) e em Tomás de Aquino, *In Sent.* 2, d. 17, q. 2, a. 1, ad 3 (429). (Agradeço a Giorgio Pini por me chamar a atenção a essas passagens).

respeito à sua função. Consideradas dessa segunda maneira, são signos que se referem imediatamente às coisas significadas. Como signos desse tipo, estão ligadas imediatamente a coisas no mundo, não importa em qual intelecto existam. Duas espécies existindo em dois intelectos diferentes podem ser ligadas a uma única e a mesma coisa extramental.

Ilustrarei essa importante distinção com um exemplo moderno. Quando olhamos as fotografias tiradas nas nossas últimas férias, podemos olhar para elas sob um aspecto *material* e perguntar: de que é que são feitas? A resposta a essa questão é clara. Nada mais são do que pedaços de papel com certa estrutura físico-química, e são todas parecidas porque todas têm a mesma estrutura. Mas essa maneira de olhar para as fotos só interessa ao fotógrafo que se preocupa com a qualidade do papel. Quando mostramos nossas fotografias a nossos amigos, olhamos para elas sob um aspecto *representacional* e perguntamos: o que é que retratam? A resposta a essa segunda questão é igualmente clara. Elas retratam vários itens – crianças brincando na praia, cães, monumentos etc. – e assim estão imediatamente ligadas a coisas no mundo. Vistas segundo o aspecto representacional, algumas fotografias podem se parecer porque retratam as mesmas coisas do mesmo modo, enquanto outras podem diferir porque retratam as mesmas coisas de maneiras diferentes ou porque retratam coisas completamente diferentes.

É nessas linhas que se pode entender a explicação scotista da espécie inteligível. Se as olharmos segundo um aspecto material, podemos dizer que nada mais são do que acidentes do intelecto; de alguma maneira são feitas de "matéria mental[16]". Vista segundo esse aspecto, elas têm certo conteúdo de representação (elas "retratam" algo), e pode ser parecidas ou diferentes, dependendo de seu conteúdo. Exatamente o conteúdo de representação tem importância decisiva para Scotus. ele alega que precisamos focalizar esse conteúdo se pretendemos explicar a significação de uma palavra. Três coisas tem de ser distinguidas claramente em uma explicação desse tipo:[17] (a) a espécie inteligível considerada sob seu aspecto material, (b) a essa mesmíssima espécie considerada sob seu aspecto de representação e (c) a coisa extramental, individual.

---

[16] N.T.: Do original inglês mental *stuff*.
[17] Ver *In Periherm*. I, 1, q. 2, e II, q. 1.

Aquilo que uma palavra significa é (b). Assim, uma palavra como 'árvore' significa o conteúdo de representação de uma espécie, isto é, o que está cognitivamente presente a nós quando pensamos em uma árvore. Mas essa palavra não significa a espécie considerada meramente como uma coisa feita de "matéria mental".

Essa é uma solução bastante sofisticada ao problema da significação.[18] Se fosse confrontada com cada um dos modelos de significação – o da direta e o da indireta – ela evitaria ao mesmo tempo os problemas dos dois. Contra o primeiro modelo, Scotus alega que as palavras não significam simplesmente coisas extramentais. De outra maneira, elas perderiam sua significação tão logo não haja coisa extramental apropriada. Sustentar essa ideia (tal como Rogério Baco de fato a sustentava)[19], para ele, é um absurdo. Mesmo palavras como 'César' ou 'quimera' têm sim uma significação, porque há um conteúdo de representação apropriado para elas. Ou seja, há algo cognitivamente presente a nós quando pensamos em César ou em uma quimera. Significar esse conteúdo de representação *não* requer a existência de fato de César ou de uma quimera. Ao mesmo tempo, Scotus também se opõe ao segundo modelo, enfatizando que as palavras não significam espécies inteligíveis consideradas como meros acidentes existentes no intelecto do falante. De outra maneira, teríamos de conceder que duas pessoas que pronunciam a palavra 'árvore' significam duas coisas distintas, porque cada observador tem seu acidente particular em seu intelecto. Tal consequência seria tão absurda quanto a consequência decorrente do primeiro modelo – ele alega. Em sua opinião, essas duas pessoas significam o mesmo conteúdo de representação. Ou seja, quando pronunciam a palavra 'árvore', têm a mesma coisa cognitivamente presente a elas. Ter dois veícu-

---

[18] Note-se, porém, que Scotus não pretende dar uma solução definitiva. Nem no seu primeiro nem no seu segundo *Comentário sobre o Peri Hermeneias* ele apresenta uma *determinatio quaestionis*. Em vez disso, ele avalia as duas soluções padrão e tenta melhorá-las acrescentando mais distinções – particularmente a distinção crucial entre os dois aspectos de uma espécie inteligível.

[19] Ver seu *Compendium studii theologiae*, cap. 2, em Roger Bacon 1988, p. 64-72.

los distintos de representação *não* as impede de ter o mesmo conteúdo de representação.

Até agora, Scotus parece ter encontrado um caminho seguro entre Cila e Caríbdis, evitando as ciladas tanto do modelo direto como do modelo indireto de significação (ao menos quando apresentados em suas formas mais básicas). Mas é possível ficar com a impressão de que ele cai na armadilha de outro monstro marinho, por assim dizer, qual seja, a do representacionalismo semântico. Parece que ele se compromete com a ideia segundo a qual tudo que as nossas palavras significam *imediatamente* são conteúdos representacionais e que temos somente um acesso semântico mediado às coisas no mundo. Ele parece chegar bem perto da posição defendida por vários filósofos modernos (por exemplo, Locke ou os autores da Lógica de Port-Royal), a saber, a de que nossas palavras nada significam além das representações ou ideias na nossa mente – representações que são claramente distintas de coisas extramentais.[20]

Embora seja tentador atribuir essa posição a Scotus, seria completamente enganador chamá-lo de representacionalista semântico. Se sua explicação do conteúdo de representação for examinada cuidadosamente, aparece que ele não o caracteriza como o fizeram os primeiros representacionalistas modernos, mas, ao invés, diz que é a 'natureza' ou 'essência' de uma coisa (*natura, essentia, ratio rei* ou *quod quid erat esse rei*).[21] Em certas passagens, Scotus também o chama de "a coisa tal como é entendida" (*res ut concipitur vel intelligitur*), diferenciando-o de "a coisa tal como existe" (*res ut existit*).[22] Ao usar essa terminologia, Scotus deixa claro que o conteúdo de representação não é uma entidade específica (uma "ideia" precocemente moderna) que é completamente distinta da coisa extramental. O conteúdo de representação é antes a natureza da coisa – a mesmíssima

---

20   Ver o *Ensaio sobre o Entendimento Humano*, livro III, cap. 2, em Locke 1975, p. 405. Note-se, porém, que a caracterização da posição de Locke como "representacionalismo semântico" ou "idealismo" foi parcialmente revisada por comentadores recentes. Ver, por exemplo, Guyer 1994.
21   Ver *In Periherm*. I, 1, q. 2; 1, q. 5; e II, q. 1.
22   Ver *In Periherm*. I, 1, q. 2, e II, q. 1.

natureza que também pode estar presente fora do intelecto. Assim, quando alguém tem uma espécie inteligível de uma árvore, o conteúdo de representação desta espécie é a mesmíssima natureza que estão também presente nas árvores materiais na floresta. Não há duas entidades diferentes nesse caso, um dentro e outro fora do intelecto, mas duas maneiras de ser de uma única e mesma natureza.

Há uma teoria metafísica latente por baixo dessa tese importante, uma teoria somente sugerida nos primeiros escritos de Scotus, mas que se tornou muito importante em suas obras de maturidade: a teoria da natureza comum.[23] Conforme essa teoria, que foi inspirada por Avicena, a natureza de uma coisa pode ser considerada de três maneiras, a saber: (1) em si mesma; (2) tal como está presente em uma coisa material, individual; e (3) tal como é concebida pelo intelecto e nele está presente. A coisa importante é que se trata de *uma única e a mesma natureza*, a qual pode ser considerada dessas três maneiras; não há três tipos diferentes de natureza. Esse é o porquê de Scotus poder dizer que é a mesma e única natureza que pode ser vista e significada, seja tal como ela é conteúdo de uma espécie, seja tal como está presente na coisa material. Vou ilustrar esse ponto crucial com o exemplo da fotografia mencionado antes. Quando olhamos para uma fotografia e dizemos "Esta é a Torre Eiffel!", o que fazemos, em certo sentido, é olhar para uma coisa que é completamente diferente da Torre Eiffel em Paris. Pois o que olhamos é somente um retrato [*depiction*] da Torre Eiffel em um pedaço de papel, que se diferencia claramente da construção de ferro em Paris. Mas, em outro sentido, vemos e falamos da mesma coisa, a saber, a natureza da Torre Eiffel

---

[23] Sobre esse desenvolvimento, ver Sondag 1996. Sobre o lugar e a função da natureza comum na metafísica de Scotus, ver Wolter 1990d e Timothy B. Noone, cap. 3 deste volume. Note-se, porém, que em seus comentários a respeito do *Peri hermeneias*, Scotus não usa ainda o termo técnico *natura communis*. Ele fala de maneira mais neutral acerca da *natura* ou *essentia* de uma coisa (ver nota 18). Dessa maneira, pode ser que nesses escritos de juventude ele ainda siga Tomás de Aquino e Sigério de Brabante, que também falam acerca da *natura* como o significado [*significate*] de uma palavra, sem recorrer à complexa teoria da natureza comum. Para argumentos textuais em favor dessa interpretação, ver Pini 1999 e 2001.

que está presente a nós na fotografia. Digamos assim, que essa natureza tem duas maneiras de ser: uma no pedaço de papel (a maneira retratada de ser) e outra na construção de ferro (a maneira material de ser).

Se compreendermos a distinção scotista entre a *res ut concipitur* e a *res ut existit* desse jeito, fica claro que Scotus não se compromete com um representacionalismo semântico. O que uma palavra significa não é uma entidade representacional distinta, mas a natureza da coisa que tem (ou pode ter) duas maneiras de ser. Essa é a razão pela qual ele pode dizer que uma palavra significa o conteúdo de uma espécie inteligível sem com isso desistir da tese de que há um elo imediato entre as palavras e as coisas no mundo. Ao fazer essa afirmação, ele só se compromete com a concepção de que uma palavra significa a natureza de uma coisa, presente em uma espécie como seu conteúdo de representação. Essa não é uma concepção original no contexto medieval tardio. Ela também pode ser encontrada em outros autores do século XIII, por exemplo, em Tomás de Aquino e Sigério de Brabante, que reforçaram o ponto de que uma palavra não significa uma coisa existente, extramental, mas a natureza de uma coisa.[24]

Embora a concepção scotista certamente não seja original quando comparada com as posições defendidas por seus contemporâneos, ela está longe de ser uma concepção ingênua da corrente em voga. Primeiramente, ela pressupõe uma teoria metafísica de acordo com a qual a natureza de uma coisa, considerada em si mesma, é "indiferente" a estar presente em uma coisa individual, material, ou em uma espécie inteligível. É exatamente esta teoria que foi rejeitada por autores posteriores (Ockham, por exemplo) que atacaram as fundações metafísicas da semântica de Scotus: sua explicação da significação colapsa tão logo se desista da tese de que a mesma e única natureza pode ser instanciada em lugares diferentes.[25]

---

[24] Ver Tomás de Aquino 1989, p. 11; Sigério de Brabante 1974, p. 63.

[25] Na opinião de Ockham, não há natureza comum que possa ser o conteúdo de um pensamento. Portanto, uma palavra não pode significar essa natureza comum; ela significa imediatamente as coisas no mundo. Ver sua *Summa Logicae* I, cap. 1, em Ockham 1974, p. 8.

Segundo, a concepção scotista é problemática quando se considera a significação de termos singulares, pois um termo como 'César' ou 'Sócrates' não parece significar uma natureza comum (esteja ela presente em algo extramental ou em uma espécie inteligível), mas algum indivíduo que possui essa natureza. Como pode Scotus enfrentar esse problema? Ele tenta resolvê--lo com a introdução de uma distinção entre (a) a natureza como tal que é predicável de muitos indivíduos e é significada por um termo geral, e (b) a natureza que é individuada e significada por um termo singular. Assim, em uma sentença como "César é um ser humano", o termo predicado 'ser humano', que é um termo geral, significa a natureza humana predicável a este ou àquele indivíduo humano (falando tecnicamente, a *natura ut dicibilis de pluribus*), ao passo que o termo sujeito 'César', que é um termo singular, significa a natureza tal como está individuada em César (a *natura ut haec*), ou simplesmente César.[26] O ponto importante é que tanto os termos gerais como os singulares significam a natureza a ser encontrada na realidade extramental. Eis porque a posição de Scotus não tem a consequência esquisita de que tudo que somos capazes de significar são fantasmagóricas coisas representacionais na mente e que estamos, para usar uma expressão de Richard Rorty, de alguma forma aprisionados na "arena interior" de nossa mente.[27]

Embora sustente a visão de que a natureza de uma coisa pode ser significada de maneiras diferentes e que ela pode ter maneiras diferentes de ser, Scotus se apressa para acrescentar que ela não precisa ter sempre todas as formas possíveis de ser. Em particular, a natureza nem sempre precisa ter a maneira de ser em uma coisa extramental, efetivamente existente. Por exemplo, após a morte de César, sua natureza cessou de ser individuada em um ser humano efetivamente vivo. Não obstante, sua natureza ainda pode ter a maneira de ser em um pensamento: ela ainda pode ser o conteúdo de uma espécie inteligível. Por essa razão, 'César' ainda pode significar César (para ser preciso: a *natura ut haec*

---

[26] Ver *In Periherm*. I, 1, q. 8.
[27] Ver Rorty 1979. Com sua metáfora da "arena interior", Rorty não pretende caracterizar a posição de Scotus, mas a dos primeiros representacionalistas modernos.

de César) mesmo quando já não há César efetivamente existente. Toda palavra (seja um termo singular ou geral), diz Scotus, pode significar uma natureza, tenha essa natureza uma existência extramental, efetiva, ou não.[28] Essa alegação tem uma consequência importante para uma questão que foi submetida a calorosos debates no século XIII. Vários lógicos (por exemplo, Sigério de Brabante, Simão de Faversham e Rogério Bacon) perguntaram se sentenças como "O homem é um animal" ou "César é um homem" ainda seriam verdadeiras se nenhum homem e nenhum César existirem de fato.[29] Não deveríamos dizer que seus valores de verdade dependem da existência *efetiva* de ao menos uma coisa significada pelo termo sujeito? Scotus responde que não, recusando, assim, a posição assumida por Rogério Bacon.[30] O valor de verdade de uma sentença só depende da relação semântica entre seus termos e uma natureza (ou várias naturezas), tenha ou não essa natureza existência efetiva em uma coisa extramental. Assim, "O homem é um animal" ou a sentença tautológica "O homem é um homem" são verdadeiras mesmo que não haja ser humano efetivamente existente no mundo, porque o termo sujeito "homem" ainda significa a natureza do homem, pertencente ao gênero animal. Essa resposta mostra que a semântica de Scotus está intimamente ligada à sua metafísica. É com o recurso à sua interpretação da natureza comum – elemento crucial de sua teoria da significação – que ele tenta resolver a dificuldade semântica das sentenças sobre coisas inexistentes.

---

[28] Isso é possível porque um termo tem uma "significação unívoca"; ver *In Periherm.* I, 1, q. 5, e II, q. 2.

[29] Ver a coleção de textos que lidam com essa questão em de Libera 1991a. Ver também Sigério de Brabante 1974, p. 43-66; Zimmermann 1967.

[30] Ver *In Periherm.* I, 1, qq. 7-8. Para uma interpretação pormenorizada dos argumentos de Scotus, ver Schneider 1996. Uma análise da opinião oposta é feita por de Libera 1991b.

II. TERMOS CONCRETOS E ABSTRATOS

Nas suas questões sobre o *Peri Hermeneias*, Scotus se restringe a analisar a função semântica de termos singulares concretos (por exemplo, 'César') e termos gerais concretos (por exemplo, 'ser humano'). Mas esses termos não são os únicos a serem examinados no desenvolvimento de uma semântica de termos abrangente. Também há termos abstratos (por exemplo, 'humanidade', 'brancura') que precisam de explicação. O que esses termos significam? A mesma coisa que seus termos concretos correspondentes ou algumas entidades específicas? Os medievais tinham total ciência da importância dessa questão, que, é claro, é motivada por preocupações ontológicas, pois ao responder essa questão um autor tem de deixar claro quais são seus compromissos ontológicos. Isto é, ele tem de explicitar que tipo ou tipos de entidades ele está disposto a admitir como os relatos em várias relações de significação.

Os autores medievais tinham forte interesse tanto nos termos essenciais abstratos (por exemplo, 'humanidade') como nos termos acidentais abstratos (por exemplo, 'brancura').[31] No final do século XIII, muitos filósofos (Boécio da Dácia, Pierre de Auvergne, Radulphus Brito, Simão de Faversham, dentre outros) desenvolveram um interesse particular pela função semântica de termos acidentais abstratos.[32] Eles perguntavam como esses termos se relacionam com termos acidentais concretos e como devem ser entendidos quando usados como termos predicados em sentenças? À primeira vista, a inclinação pode ser responder que termos acidentais abstratos e concretos, por exemplo 'brancura' e 'branco', significam a mesma coisa, a saber, a cor branca (um acidente, ontologicamente falando) que é inerente ao sujeito. Mas essa resposta simples se mostra insuficiente por

---

[31] Esse interesse foi inspirado em grande parte por duas passagens nas *Categorias*: (a) a passagem no primeiro capítulo (1a12-15), na qual Aristóteles lida com os *paronyma* (em latim: *denominativa*), isto é, termos derivados de outros termos (um dos exemplos de Aristóteles é 'corajoso', derivado de 'coragem');

[32] Uma discussão completa de suas abordagens a este problema é feita por Ebbesen 1988.

pelo menos duas razões. Primeiro, é claro que só 'branco' significa a cor tal como ela é inerente a um sujeito, digamos, a Sócrates ou a algum outro indivíduo. 'Brancura', contudo, parece significar a própria cor, sem haver relação alguma com um sujeito. Segundo, os dois termos não podem ser mutuamente substituíveis em uma sentença, conforme evidenciado por um simples exemplo. A sentença "Sócrates é branco" é gramaticalmente correta e verdadeira dado o estado de coisas de que Sócrates é branco. A sentença "Sócrates é brancura", porém, é gramaticalmente incorreta e a ela não pode ser atribuído um valor de verdade. Dada essa impossibilidade de substituição mútua, os dois termos dificilmente podem ter exatamente a mesma função semântica.

Como então explicar as significações de 'branco' e 'brancura'? Scotus responde essa questão introduzindo uma distinção que é de importância fundamental para sua semântica, qual seja, a distinção entre a significação de um termo e seu modo de significar (*modus significandi*).[33] Ele alega que os dois termos têm a mesma significação porque são signos do mesmo objeto, a saber, a essência ou a natureza da cor branca. A verdade é que essa natureza é só uma natureza dependente (ela só pode existir na medida em que está em um sujeito), e, nesse aspecto, ela se diferencia da natureza independente de um sujeito, digamos, de Sócrates. Não obstante, a cor branca tem uma natureza distinta, a não ser confundida com a natureza do sujeito ao qual é inerente, e, portanto, é um objeto distinto de significação. Embora com a mesma significação, 'branco' e 'brancura' têm dois modos diferentes de significar, pois esses dois termos significam a natureza da cor branca segundo dois aspectos diferentes. 'Brancura' significa a natureza sem se considerar o fato de ela inerir neste ou naquele sujeito; o termo significa a própria natureza, por assim dizer (*sub propria ratione*). O termo concreto 'branco', por outro lado, significa a natureza da cor na medida em que está em um sujeito, isto é, na medida em que "informa" o sujeito com certa qualidade (*inquantum informat subjectum*). Dados esses dois modos diferentes de significar, o termo abstrato não pode simplesmente ser subs-

---

[33] Ver *In Praed.*, q. 8.

tituído por outro em uma sentença *salva veritate* somente se os dois termos tiverem a mesma significação *e* o mesmo modo de significar.

Há vários pontos interessantes nessa interpretação da função semântica dos termos acidentais concretos e abstratos. Em primeiro lugar, é claro que Scotus é coerente na sua explicação da significação. Não é somente no tocante a termos como 'César' e 'ser humano' que ele sustenta a ideia de que esses termos significam a natureza da coisa. Ele sustenta a mesma ideia em relação a termos como 'branco' e 'brancura'. Todo termo (ao menos, todo termo categoremático[34]) significa primeiramente certa natureza; não significa uma mera entidade cognitiva no intelecto e nem uma coisa efetivamente existente. Eis a razão pela qual a sentença "A brancura é uma cor" é verdadeira independentemente desta ou daquela mancha branca no mundo, porque 'brancura' não significa primeiramente esta ou aquela mancha branca, mas a natureza da cor branca.

Segundo, a interpretação de Scotus se mostra interessante se comparada com teorias rivais conhecidas e defendidas em sua época.[35] Diferentemente de Avicena, ele não defende a ideia de que 'branco' significa algum tipo de agregado, a saber, a entidade complexa que consiste de um sujeito concreto e da cor branca. Ele enfatiza o ponto de que 'branco' (assim como 'brancura') tem seu objeto distinto de significação. Esse ponto tem, é evidente, uma consequência importante para a teoria da predicação. Dado que o termo predicado em uma sentença como "Sócrates é branco" tem seu objeto distinto de significação, há *dois* objetos a serem considerados – dois objetos ligados um ao outro por uma relação de inerência. Portanto, essa sentença tem de ser explicada por meio da "teoria da predição segundo

---

[34] Um termo categoremático (por exemplo, 'branco', 'Sócrates', 'corre'), oposto a um termo sincategoremático (por exemplo, 'se', 'e'), é um termo que tem significação por si mesmo, independente de sua combinação com outros termos, e que pode ser usado como termo sujeito ou termo predicado em uma sentença. Sobre essa terminologia, que tem origem *Institutiones grammaticae* de Prisciano, ver Kretzmann 1982.

[35] Uma lista das quatro principais teorias populares no século XIII é dada por Ebbesen 1988, p. 118.

a inerência".³⁶ Ela é verdadeira se e somente se o objeto significado pelo termo predicado (o aspecto acidental de ser branco) for inerente ao objeto significado pelo termo sujeito (Sócrates).

Mas Scotus não se distancia somente da posição de Avicena. Ele também rejeita a opinião defendida por Sigério de Brabante e Sigério de Courtrai, de acordo com a qual um termo como 'branco' significa tanto um sujeito quanto o acidente, embora cada um deles segundo seu próprio aspecto. De acordo com essa ideia, um termo singular não pode significar duas coisas de uma só vez. Ele só pode significar uma coisa segundo certo aspecto. Ele é uma expressão complexa composta de vários termos que pode significar duas ou mais coisas.

Finalmente, a explicação dos termos acidentais concretos e abstratos dada por Scotus também se mostra interessante porque mostra que ele foi fortemente influenciado pela teoria dos modos de significar (*modi significandi*), então usada por muitos de seus contemporâneos. Isso não quer dizer que ele fosse membro da escola dos "modistae", que faziam dos modos de significar a pedra fundamental de sua teoria. Scotus não defende a tese, que está no cerne do sistema dos "modistae", de que há uma correspondência estrita entre os modos de significar, os modos de entender e os modos de ser. Tampouco usa os modos de significar como ponto de partida para uma teoria geral de construção gramatical, tal como era típico os "modistae" fazerem.³⁷ É preciso muito cuidado para avaliar a teoria scotista: nem todo autor medieval que fala de modos de significar é também um modista.³⁸

Embora Scotus dificilmente possa ser chamado de modista, seu uso da teoria dos modos de significar não deveria ser desconsiderado. Ele mostra que Scotus não se restringiu a explicar o clássico triângulo semântico para

---

[36] Para uma discussão dessa teoria, que normalmente é contraposta à "teoria da identidade", ver Malcolm 1979.
[37] Sobre as teses centrais dos "modistae", ver Pinborg 1982 e Rosier 1983.
[38] Irene Rosier mostrou de maneira convincente que a expressão *modus significandi* foi usada em diferentes contextos por diferentes autores (dentre eles, Alberto Magno e Tomás de Aquino), não somente pelos mestres parisienses geralmente chamados de "modistae"; ver Rosier 1995a.

esboçar uma teoria semântica. Ou seja, ele não olhou para as várias relações entre as palavras, conceitos (ou espécies inteligíveis) e coisas, simplesmente. Uma análise dessas relações só revela o que a significação da palavra é. Mas uma teoria semântica abrangente tem também de olhar para as várias maneiras como as palavras significam. Somente considerando esses modos de significar é que uma teoria semântica pode explicar por que diferentes palavras podem significar diferentes aspectos da mesma coisa, ou por que a mesma palavra pode significar o mesmo aspecto em coisas diferentes. É pelo uso de uma teoria dos modos de significar que uma pessoa se torna capaz de deixar claro por que não há somente uma correspondência entre palavras e coisas.

III. TERMOS DE PRIMEIRA E SEGUNDA INTENÇÃO

Se a análise semântica fosse restrita a termos como 'ser humano' e 'branco', o escopo das investigações filosóficas ficaria limitado à classe daquelas expressões linguísticas que significam de maneira imediata uma coisa ou natureza que pode ser encontrada na realidade extramental. Em terminologia medieval padrão, essas expressões eram chamadas de "termos de primeira intenção". Contudo, além desses termos, também há expressões linguísticas que significam itens de alguma forma baseados na realidade extramental, mas existentes primordialmente no intelecto. Exemplos clássicos desses termos, usualmente chamados de "termos de segunda intenção", são 'espécie' e 'gênero'. Esses termos levantaram várias questões e foram avidamente discutidos na baixa Idade Média.[39] Muitos filósofos se perguntaram se esses termos significam meros conceitos existentes no intelecto ou aspectos que podem também ser encontrados na realidade extramental? E será que adquirimos esses termos simplesmente por abstraí-los de termos de primeira intenção ou por examinar e comparar aspectos de coisas extramentais? Autores dos séculos XIII e XIV fizeram essas perguntas não

---

[39] Sobre a origem e o desenvolvimento desses debates, ver Knudsen 1982.

apenas por causa de seu profundo interesse em semântica e em ontologia, mas também por causa do interesse específico surgido de seus estudos em lógica, visto que, de acordo com uma definição clássica de lógica, originária de Avicena, a lógica é a ciência que lida com segundas intenções.[40] Dada essa definição, os lógicos medievais que tentaram delinear seu campo de pesquisa foram levados naturalmente a perguntar o que são as segundas intenções e o que são os termos que as significam. Scotus não é exceção nesse ponto. Embora não aceite a definição de Avicena (Scotus define a lógica como a ciência que lida com silogismos)[41], ele tem total ciência da influente teoria das segundas intenções e discute-a extensamente em seus escritos lógicos.[42]

Scotus ataca o problema das segundas intenções analisando diferentes maneiras de conceber as coisas no mundo.[43] Antes de tudo, essas coisas podem ser concebidas na medida em que têm *esse materiale*, isto é, que têm existência concreta, material. Dessa maneira, podemos conceber uma pessoa de pé diante de nós como um ser humano feito de carne e ossos e dotado de uma quantidade de aspectos individuais. Segundo, as coisas no mundo também podem ser concebidas na medida em que têm *esse quidditativum*, isto é, que têm certa essência ou natureza. Considerada dessa segunda maneira, a pessoa que está em pé diante de nós pode ser concebida simplesmente como um ser humano, independentemente de todos os seus aspectos individuais. Como tal, ela pode ser concebida quando não estiver mais em pé diante de nós ou mesmo quando estiver morta; o conceber a essência não pressupõe a

---

[40] Ver Avicena, *Liber de philosophia prima sive scientia divina* I, cap. 2, em Avicena 1977/1980, 10. Sobre a recepção dessa influente passagem na Idade Média latina, ver Maierù 1987.

[41] Ver *In Porph.*, q. 3.

[42] Ele também a discute com certa extensão nas suas tardias *Ordinatio* e *Lectura*. Para uma comparação em pormenor das obras de juventude com as de maturidade, ver Pini 1997, cap. 2. Limito-me a apresentar os principais elementos da concepção scotista, que podem ser encontrados tanto nas suas obras de juventude como nas de maturidade.

[43] Ver *In Porph.*, q. 11.

presença efetiva, material. Se uma coisa é concebida dessa segunda maneira, somos capazes de predicar os assim chamados predicados essenciais. Em outras palavras, somos capazes de formar sentenças predicativas como "Um ser humano é mortal" ou "Um ser humano é dotado de razão", pois, ao compreender a natureza de uma coisa, sempre compreendemos seus aspectos essenciais. Mas, em terceiro lugar, uma coisa também pode ser concebida na medida em que comparamos sua natureza com a natureza presente em outras coisas e na medida em que focamos somente na relação entre as naturezas que nos são conhecidas. Scotus chama esse terceiro tipo de conceber de compreensão de uma coisa na medida em que ela tem *esse cognitum*, e ele alega que esse ato nos capacita a formar segundas intenções. Ilustrando esse tipo de conceber com o exemplo da pessoa, podemos dizer que não somente somos capazes de compreender a natureza da pessoa que está diante de nós em pé, mas que também somos capazes de comparar sua natureza com a natureza que compreendemos em outras pessoas, bem como as naturezas nos cães, gatos e assim por diante. Em assim fazendo-o, tornamo-nos cientes de que a mesma natureza, ainda que em forma individualizada, pode ser encontrada em todos os seres humanos e que, consequentemente, os seres humanos têm que ser distinguidos dos cães e dos gatos. Assim, somos capazes de formar a segunda intenção *species* e de chegar a um termo para essa intenção, o qual pode ser usado em uma sentença predicativa do tipo de "O ser humano é uma espécie". Ao mesmo tempo, também percebemos que as naturezas dos seres humanos, dos cães e dos gatos, embora diferentes em muitos aspectos, têm de ter algo em comum, porque são todas naturezas de coisas vivas. Isso nos torna capazes de formar a segunda intenção *genus* e de chegar a um termo para essa intenção, o qual pode ser usado em uma sentença predicativa do tipo de "O animal é um gênero".

Scotus não explicita todos os passos do processo cognitivo necessário para se formar segundas intenções. Ele se restringe a observar que essas intenções são o produto de um processo de "compor e dividir", isto é, de juntar e separar naturezas diferentes.[44] Com essa afirmação, ele enfatiza o

---

[44] Ver *Ord.* 1, d. 23, q. un., e *Lect.* 1, d. 23, q. un.

fato de que as segundas intenções não podem ser abstraídas com base em uma única natureza singular. Por exemplo, uma pessoa não pode chegar à segunda intenção *species* simplesmente apreendendo a natureza do ser humano. Ela também precisa colocar essa natureza em relação a outras (a dos cães, dos gatos etc.) e avaliar as semelhanças e diferenças entre essa natureza específica e outras naturezas. Dada essa relação entre naturezas diferentes, as segundas intenções podem também ser chamadas de "relações de razão".[45] Infelizmente, Scotus não dá um relato pormenorizado dessas relações. Ele tampouco explica por que não somos capazes de formar as segundas intenções hierarquicamente ordenadas *species* e *genus* quando estabelecemos uma relação entre naturezas diferentes. Tem o nosso intelecto uma capacidade inata de chegar exatamente a essas segundas intenções, as quais são dois dos cincos predicáveis famosos[46], quando compara tipos diferentes de naturezas? E o nosso intelecto sempre sabe como estabelecer uma relação correta entre as naturezas apreendidas em realidade? Por exemplo, nosso intelecto sempre sabe que a natureza das baleias deve ser relacionada com a de outros mamíferos e não com a dos peixes?

Scotus não trata desses problemas espinhosos, talvez por dar como suposto que nosso intelecto é, ao menos em princípio, capaz de estabelecer o tipo certo de relação entre naturezas diferentes, chegando dessa forma ao tipo correto de intenções. Em todo caso, ele sustenta a ideia de que nosso intelecto é capaz de formar o tipo correto de segundas intenções ao apreender e comparar as naturezas. As segundas intenções não são coisas ou aspectos que podem ser encontrados imediatamente na realidade extramental (somente o aspecto de ser humano ou de ser um cão pode ser encontrado imediatamente na realidade, e não a segunda intenção *species*), e também não são coisas

---

[45] Em *Ord.* 1, d. 23, q. un., Scotus afirma que "omnis intentio secunda est relatio rationis, non quaecumque, sed pertinens ad extremum actus intellectus componentis et dividentis...".

[46] Os cinco predicáveis, introduzidos por Porfírio em sua influente *Isagoge* e discutidos à exaustão ao longo da Idade Média, são: gênero, espécie, diferença, *proprium* e acidente. Scotus os discute pormenorizadamente em seu *In Porph.* Para uma visão geral, ver Henry 1982.

existentes em um platônico reino de ideias. Antes, são produtos do intelecto. Essa interpretação das segundas intenções tem, é claro, uma consequência imediata para a explicação dos termos de segunda intenção. Esses termos não significam nem as coisas que podem ser encontradas imediatamente na realidade extramental nem entidades platônicas. Antes, elas significam produtos do intelecto: conceitos formados com base na apreensão e comparação das naturezas. Dada essa base, Scotus enfatiza que os termos de segunda intenção se baseiam em algo a ser encontrado na realidade. Diferentemente de termos para entidades fictícias, elas não significam algo simplesmente excogitado pelo intelecto. Com efeito, Scotus alega que elas significam conceitos que são causados por coisas reais, mas ele logo acrescenta são causadas só "ocasionalmente" ou "materialmente" por essas coisas; elas sempre são "efetivamente" causadas pelo intelecto.[47] Ilustrarei esse ponto importante com o exemplo mencionado antes. Quando compreendemos as naturezas dos seres humanos, dos cães, dos gatos etc. e as comparamos, chegando, assim, às segundas intenções *species* e *genus*, essas intenções não são causadas inteiramente pelos seres humanos, cães e gatos que vimos na realidade. Elas não são um tipo de impressão que as coisas materiais, dotadas de certa natureza, automaticamente fazem em nosso intelecto. Essas coisas são só uma causa "ocasional" para a produção das segundas intenções, porque só podem dar uma ocasião para nosso intelecto desempenhar atos de comparação e chegar às segundas intenções apropriadas. A causa eficiente para as segundas intenções é sempre o intelecto.

Esse é um ponto importante, não só para a teoria do conhecimento[48] de Scotus (em vários contextos ele enfatiza que o conhecimento não é só simplesmente um processo passivo, mas um processo que requer um intelecto ativo, causalmente eficiente)[49], mas também para sua semântica. Ele

---

47 Ver *In Porph.* q. 3 e q. 4; *In Praed.* q. 3.
48 N.T.: Do original inglês *cognition*.
49 Ver, por exemplo, sua extensa discussão "De imagine" (*Ord.* 1, d. 3, pars 3, q. 2) em que ele argumenta que as espécies inteligíveis não são causadas só por coisas extramentais ou por fantasmas, mas, em grau considerável, pelo intelecto. Não pode haver espécies inteligíveis sem haver um intelecto *ativo*.

não endossa uma teoria semântica segundo a qual todos os nossos termos significantes correspondem perfeitamente a coisas ou a aspectos de coisas na realidade. De acordo com a ideia scotista, não pode haver uma simples correspondência um a um entre termos e coisas na realidade, porque nosso intelecto é uma potência ativa – uma potência que produz conceitos baseados nas coisas na realidade, mas que não espelham simplesmente essas coisas. Os termos que significam esses conceitos têm de ser considerados, da mesma maneira que os termos que significam imediatamente as coisas na realidade.

IV. NOMEAR E COMPREENDER

As discussões scotistas dos problemas semânticos considerados até agora são em larga medida motivadas pelo seu interesse na filosofia da linguagem. É claro, esse interesse frequentemente anda junto com um agudo interesse por ontologia e epistemologia – porque a questão semântica de como as palavras podem significar as coisas está intimamente ligada à questão ontológica de quais coisas ou tipos de coisas existem para serem significadas e à questão epistemológica de como essas coisas podem se tornar conhecidas a nós. No entanto, Scotus é levado a fazer todas essas questões primordialmente por causa de um interesse por filosofia da linguagem: ele pretende ganhar um melhor entendimento da função dos termos e das sentenças.

Em seus escritos metafísicos e teológicos, Scotus frequentemente visa outros interesses quando levanta questões semânticas. Neles, ele primordialmente pretende ter um melhor entendimento da estrutura do mundo e de sua relação com Deus, o criador. Mas para ganhar esse entendimento, frequentemente é necessário lidar com problemas semânticos, pois uma discussão de questões metafísicas e teológicas frequentemente pressupõe uma análise semântica das palavras usadas na formulação dessas questões, ou um exame da estrutura semântica geral na qual as questões são levantadas. Isso fica evidentíssimo no caso de uma questão avidamente debatida no século XIII, a saber, se podemos usar nomes para Deus. À primeira vista, parece ser fácil responder a essa questão. Alguém poderia responder: "É claro que podemos usar nomes, conforme mostram os exemplos 'JHWE', 'Deus' etc., e podemos usar esses nomes até em predicações, por exemplo, quando dizemos 'Deus é todo-poderoso'!". No entanto, é muito difícil uma resposta desse tipo ser convincente, conforme observado por muitos teólogos escolásticos. Referindo-se às nossas limitadas capacidades cognitivas, eles indicaram que não conhecemos a essência de Deus. Tampouco compreendemos plenamente todos os atributos divinos. Portanto, não podemos ter um conceito distinto de Deus, que o caracterizaria com exatidão. Então, como podemos nomear Deus, se não o compreendemos e não somos capazes de caracterizá-lo com exatidão? Será que simplesmente não fingimos nomeá-lo ao pronunciar certas palavras, sem conseguir nomeá-lo com sucesso?

Tomando a deixa de Henrique de Gand, Scotus tenta responder essas questões olhando para as questões semânticas gerais escondidas por trás do debate teológico.[50] Ele enfatiza que não podemos saber se é possível nomear Deus a menos que saibamos como é *em princípio* possível nomear algo ou alguém. Por tal razão, precisamos primeiro perguntar como um falante pode nomear uma coisa, e como esse ato linguístico está relacionado à sua compreensão daquela coisa. A questão teológica específica só poderá ser respondida quando a questão semântica mais geral tiver sido examinada.

Scotus relata que muitos filósofos e teólogos examinam essa questão geral com a suposição de que podemos nomear uma coisa somente na medida em que temos uma compreensão dela, e que eles chegam mesmo a propor que só somos capazes de nomear uma coisa na mesma medida em que somos capazes de compreendê-la: conforme é compreendida, assim é nomeada (*sicut intelligitur, sic et nominatur*).[51] Em sua opinião, essa é exatamente a suposição sem fundamento e enganadora e não só quando usada em debates teológicos. Ele ilustra esse ponto com o caso simples da nossa compreensão de uma pedra. Em uma situação perceptiva normal, compre-

---

[50] Sobre o contexto de Scotus, ver Rosier 1995b. Uma análise da reação de Scotus às várias concepções de seus contemporâneos é feita por Boulnois 1995.

[51] Ver *Ord.* 1, d. 22, q. un.; *Lect.* 1, d. 22, q. un.

endemos uma coisa tal como uma pedra somente na medida em que ela estiver presente a nós com vários acidentes, isto é, com certa cor, formato, tamanho etc., a menos que tenhamos passado por um processo de abstração, não compreendemos a substância "nua" da pedra. Antes, temos uma compreensão da coisa material concreta com todos os acidentes percebidos. Não obstante, somos capazes de usar a palavra 'pedra' que nomeia só a substância e não todos os acidentes que vêm junto com ela. Dessa forma, podemos nomear uma substância *sem* ter uma compreensão precisa dela; nomear e compreender simplesmente não se combinam.

De acordo com Scotus, esse exemplo mostra ser preciso cautela ao se alegar que podemos nomear somente aquilo que compreendemos perfeitamente. Em alguns casos, de fato nomeamos o que compreendemos perfeita e distintamente. Mas também há outros casos que precisam ser considerados. Scotus faz uma lista de quatro tipos diferentes de nomeação.[52]

1. Em um caso muito básico, uma pessoa pode nomear algo sem ter compreensão alguma, sem ter sequer uma compreensão do fato de estar pronunciando uma palavra dotada de significação. Esse é o caso quando uma pessoa simplesmente pronuncia uma série de sons que por acaso é uma palavra desconhecida ao falante ou quando um papagaio repete o som "humano" após ouvi-lo.
2. Em um caso mais complexo, uma pessoa pode nomear algo quando sabe que uma palavra é dotada de significação, mas desconhece qual seria ela. Isso acontece quando uma pessoa que não sabe português pronuncia "humano", uma série de sons que, segundo lhe disseram, é uma palavra em inglês.
3. Em um caso ainda mais complexo, alguém pode nomear algo se uma compreensão da coisa que se pretende nomear existe, mas a compreensão se baseia em um conceito vago. Este é o caso quando alguém que pronuncia a palavra "humano" tem um conceito de 'ser humano', mas um conceito que é um tanto inexato e não

---

[52] Ver *Ord*. 1, d. 22, q. un., Apêndice A (Vaticano 5: 390-391).

considera a diferença específica entre os seres humanos e outros animais.
4. Finalmente, uma pessoa pode nomear algo quando tem uma compreensão perfeita da coisa a ser nomeada, isto é, uma compreensão baseada em um conceito preciso. Isso acontece quando uma pessoa possuidora do conceito mais exato de "ser humano" pronuncia a palavra "humano".

Obviamente, há um tipo de progresso nesses quatro tipos de nomeação. Começando com o tipo mais imperfeito de nomeação, uma pessoa pode melhorar suas habilidades linguísticas e conceituais até o tipo mais perfeito ser alcançado. Mas a existência desses tipos diferentes de nomeação demonstra o erro de acreditar que uma pessoa só é capaz de nomear alguma coisa se tiver uma compreensão perfeita dessa coisa. Isso significaria reduzir todos os casos de nomeação a casos do Tipo 4. Essa ousada redução estaria totalmente errada, conforme Scotus indica, porque há muitos casos em que nomeamos algo sem ter uma compreensão perfeita. O caso da nomeação de Deus é só um exemplo: pronunciamos nomes divinos embora só tenhamos um conceito vago de Deus. Esse é um caso do Tipo 3. Embora nosso conceito possa ser imperfeito em muitos aspectos e não seja apropriado para a essência de Deus, nós *temos* um conceito. E dado esse conceito, os nomes divinos que pronunciamos são mais do que meras sequências sonoras (não somos só papagaios, meros reprodutores mecânicos de sons que ouvimos. Tampouco somos falantes que sempre pronunciam nomes de uma língua estrangeira sem entendê-los). Os nomes que pronunciamos são nomes reais dotados de função semântica, e eles nos tornam capazes de significar Deus.

Essa explicação é de interesse considerável, não só por causa de seus aspectos teológicos (um ponto crucial na teologia de Scotus é que os humanos têm um conceito de Deus), mas também por causa de suas consequências para uma teoria semântica. Antes de tudo, os quatro tipos de nomeação mencionados por Scotus deixam claro que ele não endossa uma teoria semântica que sustenta que o uso da linguagem sempre depende de uma compreensão bem-sucedida. A linguagem não é um sistema de signos que usamos apenas *depois* de ter adquirido uma compreensão perfeita das coisas que pretendemos significar. Em alguns casos, usamos signos linguísticos mesmo com pouca compreensão; em outros, os usamos quando temos uma compreensão mais desenvolvida ou mesmo perfeita. Seria errôneo supor que os usamos somente quando temos nossas capacidades cognitivas plenamente ativadas, capacidades essas que são limitadas, no fim das contas. Se alguém desejar saber como os humanos usam os nomes e outros signos linguísticos, deverá examinar uma ampla variedade de casos. Não há apenas um tipo único de uso dos nomes feito pelos humanos, conforme supõem aqueles filósofos que pensam que o ato de nomear sempre pressupõe uma compreensão perfeita.

A explicação scotista é interessante também por mostrar que ele não se restringe à tradicional abordagem mentalista da linguagem discutida na Seção I deste capítulo. Ou seja, ele não apenas aprova a ideia de que os nomes e outras palavras faladas precisam estar ligados a algo na mente – espécies inteligíveis, conceitos, compreensões, ou quaisquer outros itens mentais que possam existir – de modo a terem uma significação. Scotus também considera a abordagem intencionalista da linguagem.[53] Ele reforça o ponto de que a intenção do falante não pode ser negligenciada para se avaliar a função semântica das palavras, porque, em muitos casos, a compreensão ligada à palavra falada pode estar incompleta ou ser vaga, mas o falante, apesar disso, consegue significar certa coisa. Isso se deve à intenção do falante, a qual de alguma maneira escolhe um objeto no mundo, embora o falante possa não ser capaz de apreender perfeitamente a natureza desse objeto. Em medida considerável, é a intenção de quem fala, e não só seu conceito ou sua compreensão, que torna possível às palavras "engancharem-se no mundo". E um falante pode ter essa intenção mesmo que tenha

---

[53] É claro que Scotus não é o único autor no século XIII que sabia da importância dessa abordagem. Ela também pode ser encontrada em outros autores (por exemplo, Rogério Bacon, PseudoKilwardby), conforme mostrado por Rosier 1994.

somente uma parca compreensão dos objetos no mundo; a intenção de quem fala não é derivada só da sua compreensão.[54]

Esse é m ponto importante, com surpreendentes semelhanças com outro, que tem sido reforçado por recentes filósofos da linguagem. Ilustrarei esse ponto com um exemplo que se tornou bastante conhecido nos debates recentes.[55] Quando uma pessoa pronuncia a palavra 'ouro' e pretende significar – em terminologia moderna: referir-se a – o duro e brilhante pedaço de metal em vista, quem fala é capaz de se referir com sucesso a esse pedaço de metal, não importa quão confusa possa ser sua compreensão dele. Essa pessoa pode ter a compreensão de um leigo ou a de um alquimista do ouro e pode dar uma descrição bastante incompleta, turva ou mesmo errada do ouro. Isso não importa. O que importa para uma referência bem-sucedida ao ouro é a intenção dessa pessoa para escolher exatamente esse pedaço de metal em vista. Uma compreensão imperfeita e uma descrição definida imperfeita ou errada do ouro *não* impede que o falante se refira ao ouro. O ato de referir é em grande parte independente do ato de compreender ou referir com sucesso. O que importa para a referência é a intenção de quem fala e a cadeia causal que liga essa pessoa à coisa que está sendo nomeada.

V. SIGNIFICAÇÃO E FALÁCIAS

Scotus aplica o método de análise linguística a problemas metafísicos e teológicos não só quando pretende mostrar que esses problemas são casos de um problema semântico geral e que precisam ser discutidos dentro da estrutura de uma teoria semântica geral, mas também quando examina as expressões linguísticas usadas na formulação dos problemas. Um exemplo claro de tal uso pode

---

[54] Scotus deixa isso claro em *Ord.* 1, d. 22, q. un., Apêndice A (Vaticano 5: 392), onde declara: "quod autem intendimus significare sub propria ratione, nec tamen illud sic intelligimus, hoc nominamus...". Ele acrescenta que nomeamos essa coisa somente de maneira imperfeita. No entanto, o que importa é que a *nomeamos*.

[55] Ver Putnam 1975, 227.

ser encontrado na sua discussão da declaração "Deus gerou Deus" ("Deus genuit Deum"). Essa declaração enigmática é estruturalmente bastante semelhante aos problemas semânticos (*sophismata*) que viriam a se tornar famosos nos séculos XIV e XV.[56] A declaração parece poder ser respondida tanto de maneira positiva quanto negativa. Por um lado, porque é verdadeiro dentro do contexto de uma teologia trinitarista de que há três pessoas divinas e de que Deus Pai gerou o Filho. Por outro, é falso que Deus de alguma forma gerou outro Deus; há somente um Deus único, mesmo que haja três pessoas divinas. Então, qual é o valor de verdade da declaração?

Scotus dá uma resposta a essa questão examinando cuidadosamente a função semântica das palavras usadas nela.[57] Ele observa que uma pessoa pode compreender as palavras 'Deus' e 'gerou' de tal maneira que a declaração signifique ou (a) que Deus gerou a si mesmo (*Deus genuit se Deum*), ou (b) que Deus gerou outro Deus (*Deus genuit alium Deum*). No entanto, nessa concepção, ambas as maneiras de o compreender seriam falsas. Contra (a), ele argumenta que tal compreensão é inadmissível, porque se baseia em uma falácia da figura da expressão (*fallacia figurae dictionis*). Supondo que seus leitores conhecem essa falácia, ele não explica mais nada. Mas ela pode ser explicada da seguinte maneira. De acordo com Aristóteles, há uma falácia desse tipo quando alguém significa duas coisas que são diferentes sob algum aspecto da mesma maneira – por exemplo, quando alguém significa dois animais, um macho e uma fêmea, tanto como ambos machos ou ambos fêmeas.[58] Essa significação é inadmissível, porque uma diferença qualitativa decisiva entre os dois itens significados não é considerada. Ora, no caso de "Deus gerou Deus", cai-se nessa falácia se se supõe que o termo sujeito e o termo predicado

---

[56] Note-se, porém, que o próprio Scotus não a chama de *sophisma* quando a introduz em *Ord.* 1, d. 4, pars 1, q. un. Sobre *sophismata* no sentido técnico, que já foram discutidos pelos contemporâneos de Scotus (por exemplo, Boécio da Dácia), ver Read 1993.

[57] Ver *Ord.* 1, d. 4, pars 1, q. un., Apêndice A (Vaticano 4: 382-383).

[58] Ver *Soph. El.* 1.4 (166b10-14). Sobre a recepção do *Soph. El.* na Idade Média e a importância da análise das falácias, ver Ebbesen 1981.

significam duas coisas *da mesma maneira* e que essa afirmação simplesmente exprime algum tipo de autogeração divina. Ao fazer essa suposição, uma pessoa negligencia o fato de que há uma diferença qualitativa entre os itens significados pelo termo sujeito e pelo termo predicado e que, consequentemente, eles não podem ser significados da mesma maneira, pois o termo sujeito significa Deus na medida em que ele é o Pai, ao passo que o termo predicado significa Deus na medida em que ele é o Filho: as duas pessoas divinas, manifestando dois aspectos diferentes de Deus, são significadas *de maneiras diferentes*.

Dado que a compreensão (a) se mostra falsa, podemos passar a (b). Mas essa compreensão seria igualmente falsa, conforme Scotus enfaticamente afirma, visto que, se fossem aceitáveis, essa compreensão e a alegação de que Deus criou algum ser divino que é realmente distinto dele mesmo, novamente seríamos vítimas de uma falácia, dessa vez da falácia do acidente (*fallacia accidentis*). De acordo com a definição clássica, essa falácia acontece quando não se consegue distinguir entre um sujeito e seus acidentes e se pensa que é possível dizer do sujeito a mesma coisa que se pode dizer de um de seus acidentes.[59] Em particular, essa falácia surge quando uma pessoa faz afirmações da forma "*x* é diferente de *y*" e pensa que se pode dizer que a mesma coisa que é diferente do sujeito *x* e que se pode dizer que ela também é diferente de um dos acidentes de *x*. Examinemos agora a afirmação "Deus gerou Deus". De acordo com a compreensão (b), essa afirmação implica que "O Deus que gera é diferente do Deus gerado", a qual tem de ser tomada no sentido de que "O Deus que gera é realmente distinto do Deus gerado". Mas se for considerada nesse sentido, incorre-se na falácia do acidente, pois só se pode dizer que Deus – quando considerado com respeito ao aspecto acidental de gerar – é diferente de Deus quando considerado com respeito ao aspecto acidental de ser gerado. A expressão 'é diferente de' só vale para os aspectos acidentais de Deus, e não para Deus como sujeito. Essa é a razão pela qual seria errado dizer que

---

[59] Ver *Soph. El.* 1.5 (166b28-36).

Deus, considerado como sujeito, é realmente distinto de Deus, considerado como outro sujeito (Compare-se: "João, considerado como pai de Pedro, é diferente de João, considerado como filho de Miguel". Essa afirmação é correta enquanto entendida como uma afirmação sobre a diferença entre dois aspectos de João. Mas estaria incorreta se fosse entendida no sentido grosseiro de "João, considerado como um sujeito, é diferente de João, considerado como outro sujeito").

Dado que ambas as afirmações baseiam-se em falácias, nenhuma delas pode ser aceita.[60] Então, como se deve compreender "Deus gerou Deus"? Scotus sugere que ela deve ser considerada no sentido de "Deus gerou o mesmo Deus" (*Deus genuit eundem*), na qual "o mesmo" quer dizer "numericamente o mesmo", mas não "qualitativamente o mesmo". Ou seja, a afirmação seria compreendida no sentido de "Deus tendo uma qualidade (isto é, sendo o Pai que gera) gerou o mesmo Deus tendo outra qualidade (isto é, sendo o Filho gerado)." Só se a afirmação for tomada nesse sentido é que ela vem a ser tanto significativa como verdadeira.

Além de sua importância para a teologia trinitarista, essa explicação também é importante para a teoria semântica de Scotus. Ela revela um ponto que já se mostrou crucial na sua explicação dos termos acidentais concretos e abstratos: uma interpretação da função semântica dos termos não deve apenas dar uma resposta à questão a respeito de *o que* eles significam, mas também responder à outra questão igualmente importante a respeito de *como* significam, porque o mesmo e único termo pode significar a mesma coisa de diferentes maneiras, dependendo do contexto em que tal termo seja usado. Assim, 'Deus' pode significar o ser divino de diferentes maneiras (como Deus Pai, como o Filho etc.), dependendo de sua relação com outros termos em uma afirmação. De acordo com Scotus, não se pode explicar ou a função semântica desse termo ou o

---

[60] Em *Ord.* 1, d. 4, pars 1, q. un., Apêndice A (Vaticano 4: 382) Scotus conclui: "Et quando dicitur 'aut se Deum, aut alium Deum', nullum do, sed dico quod nec se, nec alium".

significado e o valor de verdade das afirmações em que é usado, se seus modos de significar forem negligenciados. Essa abordagem dos problemas semânticos mostra sobretudo que é por fazer uso do conceito chave de modos de significar (e nem tanto o uso da teoria da suposição) que Scotus tenta dar uma resposta às questões semânticas que surgem em um contexto teológico.[61]

Por último, a discussão scotista da afirmação "Deus gerou Deus" também é particularmente importante, já que mostra claramente que ele escolhe uma abordagem linguística para a questão teológica em jogo. Ele não tenta responder a essa questão simplesmente recorrendo à autoridade nem introduzindo suposições teológicas controversas. Antes, ele examina as palavras 'Deus' e 'gerou' no contexto da declaração em questão e pergunta como essas palavras deveriam ser entendidas de modo que não se incorra na armadilha de uma falácia. Esse método o permite rejeitar interpretações possíveis da afirmação, nem tanto sobre bases teológicas, mas linguísticas. Em sua opinião, algumas interpretações podem ser excluídas porque se baseiam em uma compreensão incompleta ou deficiente da própria declaração. Se a pretensão for a de substituir essas interpretações falhas por outras mais convincentes, então é necessária uma compreensão mais refinada da declaração e de todas as palavras nela usadas. Dado que a declaração em questão tem todos os aspectos característicos de um *sophisma*, pode-se dizer que Scotus faz teologia – ao menos em alguns contextos – "da maneira sofismática": ele aborda problemas teológicos analisando complicações semânticas envolvidas na formulação desses problemas.[62]

---

[61] Isso fica evidente se sua abordagem for comparada com a escolhida por autores posteriores, como Guilherme de Ockham e Walter Chatton, que discutiram a declaração "Deus gerou Deus" fazendo largo uso da teoria da suposição. Para uma análise em pormenor, ver S. Brawn 1993. Contudo, isso não é o mesmo que dizer que Scotus ignorava ou negligenciava completamente a teoria da suposição. Ele se refere a ela ocasionalmente, conforme mostrou Marmo 1989, principalmente p. 170-174.

[62] Para uma descrição geral da "maneira sofismática", ver Ebbesen 1991.

VI. CONCLUSÕES

Uma análise das passagens em que Scotus discute questões semânticas mostra que a primeira impressão que o leitor pode ter quando passa rapidamente os olhos sobre seus escritos não é necessariamente correta. Embora possa parecer que ele não estava interessado na análise linguística, dada a falta de qualquer *Summa grammaticae* ou *logicae*, um exame pormenorizado de seus escritos, inclusive aqueles que parecem ser puramente teológicos ou metafísicos, revela que ele tinha profundo interesse numa análise desse tipo. Ela é de interesse tanto para a filosofia da linguagem, na qual a linguagem é o tema próprio das investigações filosóficas, quanto na filosofia linguística, na qual a análise semântica é o método usado nas discussões filosóficas (assim como nas teológicas).

Considerando-se a ampla variedade e a riqueza das análises semânticas em suas obras, pode-se enfim fazer-se a pergunta sobre a originalidade dessas análises e qual sua função no projeto total da filosofia de Scotus. Dada a falta de estudos pormenorizados e compreensivos (não há sequer um único livro sobre a semântica de Scotus), seria pouco cuidadoso dar uma resposta definitiva a essas questões. Atualmente, pode-se somente aludir a uma resposta, e a necessidade de futura elaboração dela ainda permanece. No que concerne à originalidade de Scotus, é necessário avaliar suas obras dentro do contexto histórico e comparar suas soluções para os vários problemas semânticos com as soluções dadas por seus predecessores imediatos e seus contemporâneos, como Rogério Bacon, Tomás de Aquino, Sigério de Brabante, Boécio da Dácia, Radulphus Brito e Simão de Faversham. Somente uma comparação em pormenor mostrará o quanto Scotus era inovador e até que ponto ele repetiu posições bem conhecidas e continuou as discussões semânticas mais importantes de sua época. Considerando-se as questões apresentadas neste capítulo, dificilmente pode-se dizer que Scotus foi um autor original, se por autor original entender-se alguém quem cria novos problemas e chega a soluções surpreendentemente novas para problemas tradicionais. Todos os problemas discutidos por Scotus são problemas bastante conhecidos no final do século XIII e foram extensivamente tratados por seus contemporâneos. E a maioria das soluções que Scotus apresenta a esses problemas são soluções que também podem ser encontradas em outros autores. Por exemplo, a distinção entre duas maneiras de se entender as espécies inteligíveis – uma distinção de importância decisiva para a explicação scotista da significação dos termos – fora feita antes dele por Alberto Magno e por Tomás de Aquino.[63] A explicação do significado[64] de um termo geral como a natureza da coisa e não como a coisa que existe de fato já fora dada por Sigério de Brabante.[65] E a interpretação scotista da significação[66] dos termos acidentais concretos é bastante parecida com aquela defendida por Boécio da Dácia.[67] Dados esses paralelos e as influências óbvias, Scotus deveria ser visto como um autor que fez largo uso das várias fontes de que dispunha, em vez de como um autor que criou novos problemas ou novas soluções.

Note-se também que Scotus ainda não aplicava o método da "análise metalinguística"[68] aos problemas de filosofia natural, ética, ou outras disciplinas filosóficas. Ou seja, ele não discutia questões como "o que é o tempo?", "o que é a quantidade?", ou "o que é a virtude?" fazendo uma análise linguística dos termos 'tempo', 'quantidade' e 'virtude'. Ele tampouco ataca problemas acerca do uso desses termos em contextos proposicionais. Uma abordagem desse tipo de problemas filosóficos – abordagem tal que faz da análise linguística a pedra fundamental de toda análise filosófica – só poderá ser encontrada duas ou três décadas mais tarde, em autores como Ockham e Buridan. Visto da perspectiva desses filósofos do século XIV, Scotus é um autor tradicional que demarca a análise linguística a um número bastante restrito de problemas.

No entanto, um filósofo pode ser original não só na criação de problemas ou de novas soluções, ou de novos tipos de análise, mas também por analisar agudamente problemas tradicionais e avaliar velhas soluções, criticando-as, melhorando-as ou recusando-as. Visto dessa perspectiva, Scotus é muito original. Ele usa toda sua *subtilitas* para escrutinar várias posições semânticas, para indicar seus pontos fortes e

---

[63] Ver nota 13.
[64] Do original inglês *significate*
[65] Ver nota 20.
[66] Do original inglês *signification*
[67] Ver Ebbesen 1988, p. 120-129.
[68] Empresto esse termo de Murdoch 1981.

suas fraquezas, e para modificá-las de tal maneira que se tornem poderosas o bastante para dar soluções satisfatórias a problemas complexos. Isso fica evidentíssimo na sua pormenorizada discussão dos dois modelos tradicionais que explicam a significação das palavras (o modelo da significação direta e o da indireta), mas também nas suas meticulosas análises de complicações semânticas (por exemplo, a declaração "Deus gerou Deus"). Nesses e em outros contextos, sua originalidade pode ser menos óbvia em seus resultados do que nos ricos e sutis argumentos usados para chegar a eles.

Mas qual é o lugar e a função da análise semântica dentro da estrutura geral da obra de Scotus? A essa questão, há uma resposta simples e outra mais complexa. Escolhendo a maneira simples de respondê-la, pode-se dizer que a análise semântica foi um instrumento indispensável para Scotus – um instrumento que o permitiu formular problemas tradicionais de modo mais preciso e analisá-los com melhores ferramentas.[69] A análise semântica permitiu-lhe detectar toda sorte de ambiguidades, falácias e outras armadilhas em que poderia incorrer um autor desavisado de distinções semânticas refinadas mas importantes. Um exame minucioso da função semântica dos termos e das sentenças tornou-lhe capaz de escolher melhores armas nas batalhas teológicas e metafísicas de seu tempo. Mas, é claro, todos os guerreiros nessas batalhas estavam armados até os dentes, porque todos eles tinham treinamento pesado em gramática e lógica. A análise semântica era uma condição *sine qua non* para todo filósofo e todo teólogo educado na universidade dos fins do século XIII.

Mas, para Scotus, a análise semântica não era só um instrumento. Era também parte integral de suas investigações filosóficas. Isso me leva à segunda e mais complicada resposta. Se examinarmos os vários contextos

---

[69] O próprio Scotus alude a essa função instrumental ao explicar que a lógica (da qual a semântica faz parte) deve sempre ser considerada como *logica docens*, isto é, como uma disciplina que ensina os métodos e as regras do pensamento formal, e como uma *logica utens*, isto é, como uma disciplina usada no discurso argumentativo; ver *In Porph*. q. 1. é sobretudo quando considerada da segunda maneira que a lógica é um instrumento a ser usado em outras disciplinas.

em que Scotus discute problemas semânticos, poderemos ver que essas discussões fazem parte do seu projeto filosófico global – em muitos casos, até mesmo uma parte essencial, intimamente relacionada com outras. Isso se manifesta, por exemplo, no seu exame da questão concernente à significação das palavras. Esse exame não tem um valor só instrumental; ele não o capacita só a introduzir algumas distinções sutis que se mostram úteis em discussões ulteriores. Trata-se, antes, de um projeto filosófico omni--abrangente que pretende elucidar quais tipos de coisas há no mundo e como os humanos podem estabelecer uma relação com essas coisas quando usam a linguagem. Dado esse projeto, não surpreende que as discussões semânticas de Scotus estejam entremeadas às discussões ontológicas, psicológicas e epistemológicas, já que, ao explicar a significação dos termos, ele não só distingue vários tipos de termos, como também recorre à teoria metafísica da natureza comum, à teoria psicológica das espécies inteligíveis e a uma teoria epistemológica da abstração. É juntando peças de várias teorias – inclusive aquelas que vêm de uma teoria semântica – que ele tenta explicar como as palavras e as sentenças podem "enganchar-se com o mundo". Dessa maneira, a análise semântica é mais do que um instrumento útil para outras análises filosóficas. Ela é *em si mesma* uma análise filosófica porque lida com o problema de como os humanos podem estabelecer uma relação com as coisas no mundo usando a linguagem, um dos problemas mais básicos da filosofia, do qual não se pode prescindir.

6 Duns Scotus sobre a Teologia Natural

JAMES F. ROSS E TODD BATES

A teologia natural de Scotus traz as seguintes afirmações características:

1. Que a partir de o que efetivamente é o caso, podemos demonstrativamente raciocinar a existência e a natureza necessárias de Deus, mas não podemos fazê-lo a partir de situações imaginadas ou da conceptibilidade para nós; antes, podemos raciocinar demonstrativamente tão só da possibilidade requerida logicamente para o que sabemos que efetivamente é o caso.
2. Que há uma noção transcendental unívoca de ser.
3. Que há noções transcendentais disjuntivas que valem exclusivamente para tudo, como "contingente/necessário", e tais que a inferior não pode ter um caso a menos que a superior tenha.
4. Que uma demonstração *a priori* da existência de Deus é impossível porque não há nada explanatoriamente anterior ao ser divino; assim, o raciocínio tem de ser *a posteriori*, partindo das dependências reais entre as coisas que percebemos para a possibilidade de um Ser absolutamente Primeiro (O Primeiro Princípio).
5. Que esse ser não pode ser possível sem existir necessariamente.
6. Que o Ente Primeiro (Deus) é simples, oni-inteligente, livre (espontâneo), onipotente e positivamente infinito.[1]

---

[1] Esta é a ordem da principal obra filosófica, *De Primo Principio*. Essa obra é ela mesma uma compilação, mais de metade dela, palavra por palavra, de partes de outras coisas, mas do punho do próprio Scotus. Ver Wolter 1996. Nos outros três

7. Que há uma distinção formal, que é mais do que uma distinção interna aos nossos conceitos ou definições, entre os atributos divinos.

Ele deixa óbvio o primeiro ponto *passim* em seus diversos tratamentos, o de que não se pode raciocinar de maneira confiável da consistência conceitual *para nós* para a possibilidade ou para a necessidade *reais* de algo; é preciso raciocinar-se somente para aquelas necessidades que são condições da possibilidade de que se sabe ser de fato real. O esquema do raciocínio é, numa palavra, que "somente a existência de Deus pode tornar um efeito possível".[2] Assim, é explicitamente incorreto classificá-lo na linha de Santo Anselmo, Descartes e Leibniz, entre aqueles que raciocinam *a priori* para o ser de Deus.[3]

Característica e habilmente, Scotus argumenta por meio de *provas indiretas*. Ele supõe o oposto da conclusão que pretende e deduz uma contradição entre essa suposição e certas proposições autoevidentes ou provadas anteriormente, chegando, assim, à sua conclusão usando o princípio segundo o qual tudo que implique a negação daquilo que se saiba ser o caso é falso e seu oposto é verdadeiro[4]: "si negatur negatio, ponitur affirmatio".[5] Ele também usa a forma argumentativa "se 'p' não é necessário, então '*não p*' é possível". E ele usa a regra geral "se possivelmente P, e não contingentemente P, então necessariamente P", bem como a regra segundo a qual tudo que é possível é necessariamente possível.[6]

---

tratamentos, a *Ordinatio*, a *Reportatio* e a *Lectura*, todos majoritariamente teológicos, a ordem de derivação dos atributos divinos vai da primazia do ser à infinidade e depois à necessidade.

2   Wolter 1996, xviii.
3   Um argumento *a priori* recente pode ser encontrado em Platinga 1974.
4   Ele aceita "bifurcação": que toda proposição bem formada é ou verdadeira ou falsa, de modo que, se "*não p*" implica uma contradição, então "*p*" é verdadeira.
5   *De Primo Princ.* 3.8.
6   Seu raciocínio principal é ameaçado por uma prova de que a bifurcação não vale universalmente, pois, então, a prova indireta não é válida (cf. Dummett 1991). Contudo, seus argumentos podem ser restabelecidos com uma suposição adicional de que a subclasse relevante de proposições é bivalente.

Embora Scotus seja franco, direto e logicamente explícito quanto a demonstrar a existência de Deus, ele se limita a certas afirmações em teologia natural que outros pensaram ser demonstráveis: ele diz que é possível demonstrar o poder de Deus de produzir tudo que é possível, mas não o poder divino de fazê-lo imediatamente, sem quaisquer causas secundárias; e ele diz que não é possível demonstrar a imortalidade da alma humana. Ele recusa[7] a dedução comum das perfeições divinas particulares, como o amor ou a sabedoria, a partir do mero fato de que Deus tem todas as perfeições puras, dizendo que cada uma delas requer uma base experimental adicional para nos assegurar que o atributo *é* uma perfeição pura; por razões paralelas, ele recusa também a prova de Santo Anselmo. Ele pensa que somente razões prováveis (plausíveis, mas não persuasivas) podem ser dadas de que o tempo acabará, que o mundo foi criado "no tempo" (embora demonstrativamente criado *ex nihilo*[8]) e que o cosmos criado de alguma maneira perdurará além do fim do tempo.

Duas outras posições distintivas são (1) que nomeamos os atributos divinos de maneira unívoca, isto é, no mesmo sentido, como as perfeições puras encontradas nas criaturas, como o ser, a vida, a inteligência, a liberdade e o amor; essas perfeições, como mencionado, não são só conceitualmente distintas umas das outras em Deus, mas são formalmente distintas "na parte da coisa" umas das outras. E ele diz (2) que a liberdade de escolha, tanto a divina como a humana, é marcada pela espontaneidade; é a *habilidade* de escolher que *sozinha* explica a eleição de agir de uma maneira ou de outra, e não qualquer razão anterior ou qualquer mérito nos objetos; e nisso está a explicação de como há algo contingente afinal. Este capítulo trata das partes centrais do argumento em favor da existência de Deus e de alguns aspectos da discussão da natureza divina, terminando com um breve comentário sobre a imortalidade humana.

---

[7] De Primo Princ. 4.22.
[8] *Rep.* 2, d.1, q. 3, n. 9.

I. A CONCEPÇÃO DE TEOLOGIA NATURAL DE DUNS SCOTUS

Scotus concebe o que chamamos de teologia natural dentro da "ciência da metafísica" de acordo com a prática de Aristóteles em sua *Metafísica*: a investigação dos primeiros princípios do ser, que explica o título do livro de Scotus.[9] A ciência da metafísica "considera os transcendentais como tais"[10], dentre os quais estão os atributos disjuntivos, como "necessário ou possível"[11], e entre esses transcendentais disjuntivos está aquele que Scotus usa para começar sua prova em favor da existência de Deus, pela "fonte mais frutífera de *ordem essencial*"[12], entre causas finais e eficientes e ordenações de eminência.

O fato de a teologia natural fazer parte da metafísica não impede Scotus de ser guiado pelo que ele já conhece por meio da fé – por meio da Escritura e da fé da Igreja. Ele é explícito quanto a isso, mesmo na obra restritivamente filosófica *De Primo Principio*, dirigindo-se a Deus, da mesma maneira como o fizera S. Anselmo em seu *Proslogion*, no começo dessa investigação filosófica. Diz Scotus: "Tu és o ser verdadeiro, tu és todo o ser. Isto, se me for possível, é o que desejo saber. Ajuda-me, Senhor, a inquirir acerca de *quanto conhecimento do ser verdadeiro* – que és tu – *pode a nossa razão natural conseguir*, começando pelo ente que tu predicaste de ti mesmo".[13] Ele é guiado pela fé, no que tange a o que e onde procurar:

---

[9] *Do Primeiro Princípio*. O uso padrão de "princípio" no século XIII é "aquilo de que qualquer coisa procede de qualquer maneira que seja". O Primeiro Princípio (Deus) é a origem explicativa de tudo por meio de causação livre e eminência, e de todos os entes, por meio de sua infinitude efetiva. Ver Wolter 1966, xiii.
[10] *In Metaph.* prol., n. 5, trad. Wolter 1993, 2.
[11] *Ord.* 1, d. 8, q. 3, trad. Wolter 1993, 3.
[12] *De Primo Princ.* 1.2, trad. Wolter 1966, 2.
[13] *De Primo Princ.* 1.5, trad. Wolter 1966, 2 (itálico acrescentado). N.T.: Nossa tradução, do original em latim: "Tu es verum esse, tu es totum esse. Hoc, si mihi esset possibile, scire vellem. Adiuva me, Domine, inquirentem ad quantam cognitionem de vero esse, quod tu es, possit pertingere nostra ratio naturalis ab ente, quod de te praedicasti, inchoando". A tradução de Wolter, conforme citada pelos autores, traz:

procurar "o que teu servo compreende com fé resolutíssima, que tu és o primeiro eficiente, o primeiro eminente e o fim último"[14], e "onde": entre as coisas que começam a ser. Mas note-se que Scotus também é guiado pela filosofia na sua compreensão da Escritura e de sua Fé, conforme indicado nos três conceitos distintivamente filosóficos – eminência, eficiência e finalidade – de sua inquirição e oração. Scotus não coloca a revelação como uma premissa em seus argumentos metafísicos; ainda assim, o que ele sabe

---

"You are truly what it means to be, you are the whole of what it means to exist. This, if it is possible for me, I should like to know by way of demonstration. Help me then, O Lord, as I investigate how much our natural reason can learn about that true being which you are if we begin with the being that you have predicated of yourself." Há uma dificuldade no texto em inglês que não há em latim e em português: para traduzir *esse*, infinitivo de *sum*, e *ens*, particípio presente do verbo *esse*, o inglês só possui "being", particípio presente do verbo "to be". Em geral, mas não como regra, usa-se "Being" para "ser" e "being" para "ente", solução não adotada aqui. A distinção conceitual entre *esse* e *ens* é importante e remonta já a Porfírio. *Ens* designa toda coisa que é, todo *ente*. Assim, por exemplo, diz-se de Deus que é *primum ens*, "ente primeiro", ou *essentialiter ens*, "essencialmente ente", ou ainda *causa omnis entis*, "causa de todo ente" (ver S. Tomás de Aquino, *Summa Contra Gentiles* 2.53; *In libr. I Sent.*, d. 8, q. 5, a. 2). Mas Deus também pode ser dito *ipsum esse*, "o próprio ser", ou *ipsum esse per se subsistens*, "o próprio ser subsistente por si" (S. Tomás de Aquino, *In libr. de causis*, lect. 7; *Summa Theologica* 1.ª-1.ª, q. 4, a. 2). O infinitivo *esse* corresponde a *eînai*, em grego, não dispondo o latim, porém, do recurso ao artigo definido para substantivar o infinitivo, como no grego *tò eînai*, "o ser" (ver Platão, *República*, 509b). O verbo *esse*, quando conjugado em algum modo pessoal (principalmente no presente do indicativo: *sum, es, est* etc.) e empregado de forma absoluta, designa que uma coisa é de fato, *in actu*, noção para a qual o inglês usa "actual" e que traduzimos no mais das vezes usando "de fato", "efetivamente" e correlatos. Sempre que possível, buscamos recorrer ao original em latim para identificar a diferença conceitual e preservá-la na tradução; no entanto, isso não impediu a necessidade de opções interpretativas em vários momentos. Ver ainda a tradução para o italiano de Pietro Scapin para o trecho em questão: "Tu sei l'Essere vero, l'Essere totale. – Ecco quello che vorrei comprendere, se fosse possibile. – Aiutami, o Signore, a determinare quanto può conoscere dell'Essere vero che sei Tu la nostra ragione naturale, cominciando dall'ente che hai detto di essere." Em <http://137.204.176.111/SFMcorso2002-03/dpp.html>, consultado em 23/04/2010.

[14] *De Primo Princ.* 4.2.

por fé o instiga a demonstrar certas conclusões e sugere certas questões e concepções.[15]

I.1. Limitações de Escopo

Já que Scotus trata a teologia natural como a parte da metafísica preocupada com a existência e a natureza do Primeiro Princípio do Ser, seu escopo explícito é muito mais estreito do que permitirão suas palavras *"quanto conhecimento do ser verdadeiro – que tu és – pode a nossa razão natural conseguir"*. Tópicos relacionados, como o começo temporal do mundo, a providência divina, o governo e a presciência, a imortalidade da alma humana, se pode haver vida após a morte, a liberdade humana, a possibilidade e o escopo dos milagres, a possibilidade de ação divina na história, as condições de possibilidade para vários mistérios, como a Trindade e a Encarnação, o problema do mal e o fim do mundo são em geral considerados atualmente como abarcáveis pela razão sem auxílio e como parte do tema. E, com efeito, Scotus tratou da maior parte deles e o fez filosoficamente, mas em contextos teológicos (revelados).

II. SOBRE O CONCEITO UNÍVOCO TRANSCENDENTAL DE SER

Há um conceito universal, oniabrangente, unívoco, "ser", com o qual podemos conceber qualquer coisa. Scotus considera essa concepção uma necessidade para se demonstrar a existência de Deus e, com efeito, para

---

[15] Gilson parece ficar excessivamente atrapalhado com que a concepção de Deus poderia ter origem religiosa (Gilson 1952, 187). A descrição usada por Scotus em sua filosofia é elaborada inteiramente em termos de concepções metafísicas: causas e eminência, possibilidade e necessidade. Mesmo sua oração é cheia de terminologia filosófica.

uma ciência coerente da metafísica. Um conceito é unívoco se não se puder afirmar e negar que se ajusta à mesma coisa sem contradição; e se for unívoco, pode funcionar como termo médio de uma demonstração sem equívoco. Um conceito é transcendental somente no caso de não ter gênero superior e valer para qualquer coisa, não importa o quê. Adicionalmente a esses termos transcendentais, como "ser", "uno" e "verdadeiro", há também disjunções dependentes de contrastes, universais e logicamente exclusivas, como "necessário/contingente", "causável/incausável", "finito/infinito" e "perfeito/imperfeito" que estão sujeitos a uma "lei dos transcendentais disjuntivos", a qual seja, que é impossível haver um caso do inferior sem que haja um caso do superior. A prova dessa lei parece, porém, ser cognitivamente uma consequência de uma prova da existência de um ser divino, e não uma premissa para ela.

Podemos perguntar, começando com o que existe de maneira contingente, "se entre as coisas efetivas há uma que seja infinita". Então, a concepção scotista tem de apresentar alguma coisa qualquer que há para o intelecto[16], independentemente de sua maneira de ser. Outra maneira em que ele apresenta a ideia é que somente uma noção unívoca, transcendental do ser permite que uma pessoa, incerta quanto ao primeiro princípio ser finito ou infinito, a inquirir, sem circularidade de pensamento, se há tal coisa.

Se alguns predicados empíricos não são também univocamente aplicados a o que quer que estejamos inquirindo, então "uma consequência desconcertante decorre; a saber, que da noção apropriada de algo qualquer encontrada nas criaturas não se pode inferir absolutamente nada acerca de Deus". Ele parece pensar que S. Tomás de Aquino não poderia ter sabido que "ser" se aplica a Deus por analogia de proporcionalidade própria, na qual o significado do termo é captado pelo *modus essendi* de seu referente,

---

[16] Usamos a frase "presente ao intelecto" para transmitir que um conceito é como uma lente através da qual o intelecto pode pensar as coisas; é uma habilidade de um pensador, e não um rótulo colocado nas coisas. Um conceito unívoco é como uma lente fixa; um análogo, como lentes binoculares xv. auto-focais que se ajustam para que diferentes objetos entrem em foco.

a menos que primeiro soubesse por meio de alguma noção neutra de "ser" que Deus existe. Pois Scotus também sustenta que Deus existe de uma maneira somente ontologicamente análoga às coisas contingentes, mas conceitualmente temos uma noção unívoca que abarca a diversidade ontológica dos modos intrínsecos do ser, isto é, tanto o infinito como o finito.

Os *Theoremata*, provavelmente uma obra tardia (ou talvez não diretamente de Scotus, e talvez não confiavelmente na ordem em que a temos[17], ou mesmo mais do que uma coleção de esboços), poderiam parecer, e assim pensou-se[18], repudiar seu projeto na teologia natural ao afirmarem posições opostas.[19] Mas ele não estava rejeitando sua outra obra ou se retratando – antes, ele estava deslocando a posição contrária, averroísta latina, ao deduzir absurdos que resultariam se a noção de "ser" ficasse restrita ao domínio das categorias aristotélicas. A suposição de seus oponentes de que "ser" se divide imediatamente nas dez categorias, em vez de em disjunções universais e dependentes de contrastes[20] como "infinito/finito" e "necessá-

---

[17] Ver Wolter 1966, xv.

[18] Ver a discussão relatada em Gilson 1952, 673, e seu relato até de uma interpretação Ockhamista dessa obra, 674.

[19] Gilson 1952, 673, diz que os *Theoremata* são a "maçã da discórdia" para os intérpretes de Scotus. Muito esforço foi feito para se tentar dar interpretações concordantes de suas doutrinas gerais e algumas das que foram dadas realmente consideraram que ele poderia ter mudado de opinião sobre os pontos centrais defendidos (cf. Wolter 1966). Todd Bates, autor desta coletânea, excogitou a ideia de que essa obra defende a posição de Scotus sobre a univocidade do ser, que é tratada também nas *Collationes Parienses*: ver Gilson 1952, 674. Essa obra se harmoniza com toda uma linha de obras antiaverroístas, que parte de Alberto Magno, passa por Tomás de Aquino, Egídio Romano e chega a quatro outras obras de Raimundo Lúlio, citados em Copleston 1985, 441, todos recusando posições averroístas latinas centrais que são anticristãs. Alguns dos teoremas mais antigos sugerem ser possível haver outros objetivos também. Isso concorda com a hostilidade da sua referência a "aquele amaldiçoado Averróis" em *Op. Ox.* 4, d. 43, q. 2, n. 5 (trad. Wolter 1993, 138).

[20] Esses termos são interdependentes definicionalmente, mas não são meras negações uns dos outros; cada um deles tem um elemento positivo, como "inteiro positivo" versus "inteiro negativo". Scotus diz que a infinitude é um modo positivo de ser que, porém, compreende-

rio/contingente", leva a contradições e anomalias. No Teorema 9, Proposição 5, ele escreve: "Nenhum conceito comum *per se* será o mesmo entre o criado e o não criado". Não haverá concepção transcendental unívoca de "ser" ou de qualquer outra coisa. Entre os resultados absurdos está que "não se pode provar que algo numericamente o mesmo é ou foi primeiro entre as causas eficientes" (Teorema 16, Prop. 3, n. 2). Ele está basicamente dizendo: "olha para onde te levará dizeres que raciocinas com uma noção estreitamente categórica de ser".[21]

III. A PROVA DA EXISTÊNCIA DE UM SER EXPLICATIVO PRIMEIRO

Scotus oferece uma linha argumentativa original em favor da existência de um ser divino, usando considerações originadas com Avicena (*c.* 1000). Porque Avicena deixou claro que se é possível existir um ente divino, ele *tem* de existir, e que nada mais existe por causa de o que ele é. Ele pensava, neoplatonicamente, que o ente divino emana, necessariamente, todo ente contingente. Scotus adaptou esse raciocínio ao seu arcabouço *a posteriori* e refinou a noção de contingência para incluir não somente o não existir por causa de o que é, mas também que, embora exista, uma tal coisa *ainda assim* poderia não existir. Então, Scotus deduz, da causação que percebemos, a *possibilidade* de um ente divino (uma Primeira Causa e Ser Eminente). Suas inovações centrais são (1) converter a inquirição a respeito da causação dos entes contingentes (os que existem, mas que poderiam não ter vindo a existir) em uma discussão explícita[22] das séries *essencialmente ordenadas* e (2) chegar à conclusão intermediária de que é *possível* haver

---

mos negativamente: "nos autem, intelligibilimus infinitatem negative", de Doctor subtilis de cognitione Dei: manuscrito publicado em Harris 1927 e citado em Gilson 1952, 192.

[21] Isso concorda com a seção das Collationes Parisienses sobre se há um conceito unívoco de ser. Ver Gilson 1952, 674, n. 4.

[22] Outros escritores, como Tomás de Aquino, conceberam implicitamente uma série dessas, tendo diferenciado acidentalmente também causas ordenadas.

um Ente Primeiro, de modo a concluir por dedução que a *possibilidade* de tal ente requer seu *ser necessário*. Então, ele não termina com a existência de tal ente como uma necessidade hipotética para os fatos contingentes, mas como um ente necessário de direito próprio (*ens a se*).

Ele apresenta seus argumentos ao menos três vezes, em versões algo variantes entre si.[23] Elas variam conforme suas tentativas de chegar a uma expressão transparente de suas intuições e que não seja baseada em inferências que partam da *conceptibilidade para nós* para a *possibilidade formal*. Como resultado, os comentadores divergem nas explicações e avaliações dos argumentos e oferecem algumas sugestões engenhosas.[24] Mas, em geral, parece haver um consenso quanto à centralidade da questão da possibilidade de um regresso infinito.[25] Portanto, tratamos disso em pormenor.

Ele *não* se baseia no argumento de S. Anselmo, mesmo depois de dar-lhe uma "coloração" que aprova[26], porque sem argumentos *a posteriori* não estaríamos em posição de ter certeza natural sem auxílio, por reconhecimento, de que tal concepção, a de "um ente, relativamente ao qual não se pode [consistentemente] pensar em outro maior", *é* consistente. Ele entende que a consistência para um ser humano não é suficiente para a possibilidade formal da coisa[27] (historicamente, este é um ponto muito importante que as filosofias dos séculos XVII ao XX perderam). Então, a possibilidade

---

[23] Wolter 1954, 95.

[24] Ver Alluntis 1965 e Wood 1987.

[25] Ver Brady 1954, 134, comentando as respostas dos comentadores do século XIV: "Todos reconhecem que a premissa do processo de causas em infinito é vital à prova".

[26] Uma coloração foi uma correção ao argumento do outro para desviar uma objeção óbvia (a ilha perfeita de Gaunilo), mas não, por si mesma, uma subscrição. Alluntis pensa que Scotus considerava a versão colorizada como um argumento provável (Alluntis 1966, 166). Pensamos que ele a considera um fato conclusivo para um crente, mas conjetural para um filósofo.

[27] *De Primo Princ.* 4.22; *Ord.* 1, d. 8, q. 1, nn. 22-25. Para ele, os termos de uma proposição (um conteúdo de pensamento capaz de verdade ou falsidade) apresentam *realidades, conforme conhecidas,* ao juízo; como resultado, o que é apresentado em uma concepção consistente pode de fato alojar uma inconsistência (cf. Alluntis 1966, 167).

de um Ente Primeiro tem de ser demonstrada *a posteriori* como uma das condições necessárias para o que efetivamente é assim.

Alguns lembretes são os seguintes:

1. O que é formalmente possível[28] é o que pode ser de maneira não repugnante ao *ser como tal*. Tudo que é formalmente possível é necessariamente formalmente possível, pois a compatibilidade com o *ser como tal* não é feita ou causada. Tampouco se trata de uma relação semântica, conceitual ou dependente da mente. Os "termos" das proposições que ele tem em mente são realidades apresentadas a *nós* conceitualmente, mesmo nos casos em que aquilo que concebemos for uma combinação que é, ela mesma, impossível. A possibilidade não é uma condição semântica, mas, conforme mais tarde aparece em sua metafísica, é a não repugnância *in esse intelligibili* ao *ser como tal*.
2. Alguns filósofos podem se sentir tentados a compreender Scotus de maneira anacrônica, como se ele concebesse as modalidades semanticamente, como hoje em dia é costumeiro.[29] Há uma semelhança superficial porque os axiomas e teoremas, considerados sintaticamente em sua totalidade, são como o sistema S5. Mas suas modalidades, mesmo como modalidades lógicas, são operadores proposicionais (advérbios que modificam proposições), e não quantificadores. E suas proposições não podem ser entendidas de maneira extensional, ou metalinguísti-

---

[28] É equivocado comparar a possibilidade formal, que às vezes ele chama de lógica e racional, com a noção que está na moda atualmente, como se as duas tivessem qualquer a ver uma com a outra. A possibilidade formal não garante a consistência--conceitual-para-nós (pois algumas pessoas podem conceber o possível [por exemplo, a transubstanciação] como impossível), além de podermos considerar como consistente, como possível (por exemplo, a opção cartesiana por mentes humanas sem absolutamente qualquer mundo externo, ou o "cosmos não causado"), o que é impossível real e formalmente. Ver outros comentários em favor disso no texto e nas notas. Então, juízos de consistência não são tão confiáveis no que tange à possibilidade formal.

[29] Filósofos da religião às vezes adaptam a linha de raciocínio para um novo contexto ou tentam refinar o que consideram ser "a solidez ou força real" daquilo que Scotus está fazendo (cf. Loux 1984; também, Ross 1968). Mas trata-se de outro assunto quando alguém está dizendo o que Scotus disse.

ca, como se tivessem condições de verdade projetadas sobre domínios de mundos de proposições ou sentenças, ou mesmo de *abstracta* (cf. as "essências individuais" de Plantinga). De fato, sua lógica silogística não pode ser interpretada de maneira alguma como quantificação de primeira ordem e ainda assim exprimir suas proposições acerca das naturezas reais e dos princípios naturais ativos.

3. Para ele, a ordem explicativa é: das modalidades reais das coisas às modalidades das proposições, ao passo que os lógicos recentes falam como se a necessidade fosse um aspecto das sentenças ou declarações em relação a arranjos de valores de verdade e como se pudéssemos analisar a necessidade real em um arranjo de verdades sentenciais ou proposicionais "em todos os mundos possíveis".

4. Os princípios modais de Scotus são derivados das relações metafísicas das coisas consideradas modalmente, *de re*.[30] Entretanto, as modalidades *de re* são entendidas hoje em dia como uma taquigrafia para modalidades sentenciais; mas não para Scotus. "Ser necessariamente humano" é uma condição *real* de Sócrates, a de que sua humanidade é essencial a ele. Isso não pode ser analisado redutivamente como um arranjo de verdades proposicionais. E o ser necessário de Deus é uma maneira do ente divino, não um aspecto de algumas proposições acerca de Deus.

5. Dizer que é possível que algo possa produzir algo é dizer que, ou há algo que é capaz ou está apto a produzir outra coisa, ou dizer que *pode* haver, compativelmente com o *ser como tal*, um produtor desse tipo. E também há dois sentidos do primeiro tipo de asserção: o de que alguma coisa existente particular é capaz (de maneira ativa ou disposicionalmente) de produzir algo, como em "é possível para as mulheres carregarem as crianças em seus ventres" e "os pinguins não podem voar, mas podem nadar". Nesses casos, já estamos falando de possibilidade real,

---

30 Ele não deixa a "notação satânica sussurrar a ontologia" (cf. Ross 1989, 271). Ele não reconhece domínio algum de "todos os mundos possíveis" ou da efetividade relativa ao mundo (como em David Lewis) ou "estados de coisas".

impossibilidade real e necessidade real localizadas nas naturezas comuns de coisas que existem. É disso que Scotus está falando – os *tipos*, as naturezas das coisas.

Para repetir, a *consistência para nós* conceitual (parecer ser consistente) não é segurança de possibilidade real, ou, *a fortiori*, de possibilidade formal. E as causas naturais são realmente necessárias para as ações das coisas (não há bebês sem pais), mas, em princípio, esses efeitos podem ser produzidos também de outras maneiras. E, assim, algo pode ser realmente impossível por falta de um agente capaz de fazê-lo (baratas voadoras[31] ou aeroplanos até certo tempo atrás) e no entanto serem formalmente possíveis. E algo pode ser formalmente impossível mesmo que algumas pessoas pensem que seja realmente possível, como os ocasionalistas islâmicos pensavam que Deus fizera o mundo sem princípios naturais ativos, e alguns filósofos pensam que *nós* poderíamos ter vindo a existir com todas as nossas experiências quando nenhum mundo físico existia absolutamente.

Scotus argumenta em termos de *tipos* de coisas (as naturezas, ou espécies naturais). As naturezas comuns são os efeitos relevantes na ordem essencial das causas e também são os sujeitos relevantes da necessidade real e da possibilidade real.[32] E, "se [...] entendidas em termos das naturezas [e não dos indivíduos], a quididade e a possibilidade, então as conclusões seguem de premissas necessárias".[33] Não obstante, a possibilidade real, e não a formal, digamos, dos aviões, é causada, porque a natureza real, em *esse essentiae*, é causada; é produzida por coisas que são de outras naturezas (humanos, metais, projetos etc.), das quais a natureza dos aviões depende. Não teria sido mais necessário haver "coisas capazes de ver" do que "ratos reluzentes" ou "moscas de fogo". E as coisas que existem dependem ainda de outros tipos de coisas, por exemplo, "pássaros capazes de ver" ou "mamíferos capazes de ver", e

---

[31] N.T.: baratas na Europa, evidentemente.
[32] *Ord.* I, d. 2, q. 1, n. 44.
[33] *Ord.* I, d. 2, q. 1, n. 46.

assim por diante. Essa é a espécie de produção que ocupa a atenção de Scotus, a produção em que um tipo de coisa depende, para ser e para agir, da ação natural de outro tipo de coisa. Assim, a existência daquilo que começamos a explicar, digamos, um passarinho recém-nascido, depende de seu tipo (andorinha) e, além disso, de coisas de outros tipos que têm de existir todas juntas de uma vez só. Então, chegamos à questão: se [a série de] "naturezas-que-produzem-naturezas" chega até um primeiro [ente] ou não. Scotus raciocina das duas maneiras, a saber, tanto que essa série tem de chegar a um primeiro como que termina em algum tipo de coisa: algo que existe por natureza.

Lembremos, também, de algumas das críticas recentemente recitadas aos argumentos scotistas: que ele precisa mostrar que toda a natureza é essencialmente ordenada, que parece haver um suposto e cognitivamente circular princípio de razão suficiente, que ele não trata da possibilidade de se haver o ente contingente não causado, que sua confiança na lógica modal pressupõe a existência de Deus e que a eliminação de um regresso infinito não é realmente decisiva (Ockham pensava que o raciocínio poderia ser mais óbvio no caso de conservar as causas[34]).

IV. O ARGUMENTO

Scotus questiona se entre as coisas que efetivamente existem há uma única que seja infinita em ato. Imediatamente, ele faz uma subquestão: "Se dentre os entes *que podem produzir efeito*, há um que seja *simplesmente primeiro*".[35] E promete que se há, ele pode mostrar que se trata de um ente infinito.

Scotus raciocina que (1) algumas coisas *podem* ser produzidas (*effectibile*) porque algumas *são* produzidas. Então, (2) pode haver algo pro-

---

[34] Cf. Brady 1954.
[35] *Ord.* I, d. 2, q. 1.

dutivo (*effectiva*), isto é, algo de um tipo naturalmente disposto a e capaz de produzir coisas, digamos, *andorinha*, ou *rã fêmea fértil*. Agora, dado que tal coisa existe, o fato de tal coisa *poder* existir é *formalmente* necessário (absoluta, incondicionalmente necessário).[36] O mesmo valerá, então, para cada premissa adicional, assim como também para a conclusão: já que cada uma é condição necessária para a anterior.

O tipo produtivo, digamos, *andorinha*, ou ele mesmo veio a existir, e seu produzir aconteceu, por alguma causa, por algo de um tipo anterior (por exemplo, moléculas de carbono geneticamente organizadas) ou não. Se não por causa de outra coisa, mas por causa de si mesma, então já temos o que buscamos: um produtor não produzido. Mas, suponha-se que o tipo que produz, digamos, *andorinha*, depende de outro tipo que também é produtor, por via das coisas do tipo, não somente em seu ser, mas em seu produzir, como quando um lápis faz uma marca, pois essa marca também é causada por uma pessoa que movimenta o lápis. Será que esse regresso infinito tem fim? Será que vai em espiral até um tipo produtivo primeiro de coisa que não pode depender de nada? Parece que tem de ser assim.

Objetor: suponha-se que a dependência continue para sempre, cada tipo de coisa sendo de uma espécie (natureza) diferente de seu efeito, mas cada um deles "dentro e dependendo" de uma natureza real anterior de espécie diferente, sem fim. Scotus chama essa série de "infinita", com o que ele quer dizer "que nunca termina". Seria como o regresso de uma galinha ao "ser uma galinha", que depende de "ser moléculas de carbono vitalmente organizadas", que junto depende de "ser átomos particularmente organizados" e assim por diante, até condições mais e mais ulteriores, mas sem fim. E se essa série não terminasse, seria interminável.

---

[36] "Formalmente possível" é superficialmente como "logicamente possível" para nós, já que é interativamente necessário. Mas, para Scotus, é não repugnância ao ser como tal, e não só uma disposição semântica sobre domínios de proposições (mundos possíveis). Scotus não tem essa ontologia.

Scotus pensa que um regresso interminável é formalmente impossível. Ele emprega duas linhas argumentativas para barrar essa opção. Primeiro, ele defende que um regresso interminável de causas essencialmente ordenadas, no qual todo o causar tem de ser contínuo diretamente até o último efeito, e cada efeito sucessivo é de um tipo diferente do que o do primeiro, como em nosso exemplo da "marca de lápis", é inconsistente. Em segundo lugar, um regresso interminável desse tipo não é formalmente necessário, porque sua negação não é *in*consistente.[37] Então, no primeiro caso, *não é possível existir* uma coisa desse tipo, e, no segundo, *não é necessário* existir uma coisa desse tipo. E, portanto, em cada caso *sabe-se ser realmente possível existir uma causa (de um tipo adequado) não produzida que produz*, pois, se a negação de uma proposição ou é impossível ou não é necessária, a afirmativa é possível.[38] Então, o coração do raciocínio está na rejeição do regresso interminável (a "série infinita").

IV.1. Da Inconsistência de um Regresso Interminável

Scotus não faz uma taxonomia das espécies naturais ordenadas, e, portanto, temos de especular acerca de exemplos. Além disso, ele não está comprometido inicialmente em dizer que toda natureza pertence a uma ordem única desse tipo. Antes, ele somente se baseia em *alguns* casos efetivos, porque, se é impossível que todo regresso de causas essencialmente ordenadas seja infinito (infindável), então um regresso terminável é possível. Mas isso só é possível se certo tipo de coisa existir efetivamente, um

---

[37] Trata-se de um caso de concluir a possibilidade real com base na consistência para nós? Seria, se Scotus não tivesse, como de fato tem, exemplos a posteriori particulares para mostrar que essa série pode terminar; e ele mostra isso (conforme dissemos). Mas, então, isso não seria cognitivamente circular, porquanto alguém teria primeiro de saber que "há uma causa primeira não causada" é formalmente possível, e isso poderia ser justamente o que a prova tenta colocar em questão? Veremos que a resposta é não.

[38] Cf. "si negatur negativo, ponitur affirmatio": Ord. I, d. 2, q. 1.

Ente Primeiro. E o tipo de coisa que de fato existe cabalmente apresentará um impedimento lógico para a existência de todo regresso interminável de causas essencialmente ordenadas, porque isso será uma explicação de todos os entes contingentes. Então, a ordem universal na natureza é uma consequência e um resultado da prova, não uma premissa dela.

Consideremos alguns casos. Para que a aspirina ajude a dor de cabeça, são necessárias reações químicas e estas precisam de certos tipos e arranjos de moléculas (naturezas moleculares: ácido acetilsalisílico). Para isso, certa estrutura molecular é necessária junto com uma ligação molecular, e para isso certa organização atômica também é necessária, e assim por diante. Todas essas exigências têm de ser efetivas e ser causas, "todas a uma só vez", "completamente", para que a aspirina funcione. O "todas a uma só vez" pode ser físico e então limitado no tempo pela constante da luz e do meio, e é possível que até mesmo saltos quânticos existam entre a causa e o efeito; as causas conjuntas ainda tem de estar em operação todas juntas. Assim, as dúvidas de Ockham sobre se a "simultaneidade" de todas as causas é demonstravelmente satisfeita são obviadas.[39]

Alguém que diga "mesmo assim, talvez essa linha não siga até um primeiro" compromete-se com uma contradição, visto que essa pessoa tem de dizer que em *todo* estágio falta uma condição suficiente, e que nunca se chega a nenhuma condição suficiente por meio da regressão passo a passo; então, uma condição suficiente *sempre falta*. E, ao mesmo tempo, tem de postular o efeito final, e, portanto, que *há* uma condição suficiente. Isso é explicitamente contraditório.

Uma sentença com um número infinito de condicionais "se, se, se, se..." não pode ser completada adicionando-se mais um "se", mais um, mais um etc.; assim também acontece com uma frase entre parêntesis, entre parêntesis, repetindo sem fim, nunca chegando a uma asserção. Assim, não basta, por si só, dar um número infinito de condições necessárias, para dar uma condição suficiente.[40] Consequentemente, supor *somente* a

---

[39] Cf. Brady 1954.
[40] Eis por que Scotus diz, em várias ocasiões, que a causa tem de estar fora do regresso de coisas contingentes.

regressão, na qual cada membro é necessário, mas nenhum é suficiente, contradiz a efetividade do efeito, para a qual está manifestamente presente uma condição suficiente. *Esse* é o insight de Scotus.

Uma objeção de que esse raciocínio é uma "falácia de composição"[41] é equivocada. Não se trata de atribuir algum aspecto à série como um todo exclusivamente com base nos aspectos dos membros, mas de diferenciar algo que *sempre falta* em cada um e em todos os membros da série com *algo presente* no efeito final: uma condição suficiente para ser. Outra ilustração: o predicado "inexplicado" vale em regressão para todo membro da série, ao passo que sua *negação* está supostamente presente no efeito presumido. De onde poderia vir "explicado"? não pode vir de lugar algum. Um análogo lógico é que o operador modal de toda uma conjunção – não importa quão longa, até mesmo infinita – é o operador mais fraco de qualquer conjunto.

A objeção de que Scotus não estabeleceu que um regresso infinito de causas essencialmente ordenadas é impossível tem aparecido pelo menos desde que Ockham a levantou, e ela vem sendo repetida na literatura atual. Talvez Scotus não tenha articulado seu raciocínio de maneira suficientemente clara. Mas a substância do argumento está implícita no texto, precisando somente de exemplos, conforme ilustrado nos parágrafos anteriores. E a objeção é simplesmente conclusiva, sem base alguma em fato. Além disso, Scotus também poderia indicar que se essa série infindável pudesse *per impossibile*[42] acontecer, ela, não obstante, seria formalmente causável, ainda que causada ou não (e isso contradiria a suposição

---

[41] Ver Loux 1984. Scotus seria possível pensar que Scotus se engana quando diz em Quodl. q. 7, n. 72, "[a] totalidade de efeitos tem ela mesma de ter uma causa que não é parte do todo" (trad. Alluntis e Wolter 1975, 181). Mas ali Scotus está resumindo o argumento de Aristóteles (Metaph. 2.2 [994.ª 20]), e, embora o aprove, ele faz parte de uma discussão do poder divino, e não parte dessa prova.

[42] Essa é outra forma de prova indireta que ele favorece: supor que a própria coisa que ele pensa é impossível e mostrar que ela ainda assim implica o que é falso: cf. também a organização dos Theoremata. Ele restringe esses argumentos com suposições impossíveis a transformações sintáticas e semânticas a partir do "essencial" da suposição para evitar paradoxos e trivialidades (ver Calvin Normore, cap. 4 neste volume).

de que um regresso interminável de causas essencialmente ordenadas poderia ser interminado). Porque juntar qualquer coisa que seja ao efeito contingente ainda daria uma conjunção contingente. E o contingente, como tal, é causável.[43] Então, mesmo com base numa suposição desse tipo, uma causa primeira incausável ainda seria possível, e, assim, efetiva, dado o raciocínio apresentado nesta subseção. Como resultado, a suposição de um regresso interminável de causas essencialmente ordenadas é impossível (inconsistente).

IV.2. Da Não Necessidade de Qualquer Regresso Essencialmente Ordenado Infindável

Scotus pensa que esses regressos efetivamente existem, embora os óbvios, como as marcas de lápis, terminem em membros que pertencem a alguma série de causas acidentalmente ordenadas, como as pessoas (mas ele tem uma resposta para isso também: o fato de que essas séries adicionais estão elas mesmas ordenadas essencialmente, pelas suas formas, em uma série que tem de terminar). Por exemplo, uma marca é causada por um lápis cuja atividade de marcar é causada tanto em ato como em habilidade pelo gesto de um escritor causado pelo movimento de sua mão, causado pelo seu agir livre, o qual ele pode fazer por causa de ser o que é. Seu "ser" é acidentalmente dependente da geração de seus pais, mas sua causação tem origem nele mesmo, como se viesse de uma causa não causada de agir. Então, *é possível* haver uma série essencialmente ordenada de causas. Isso mostra que uma série essencialmente ordenada de causas eficientes não *tem* de ser interminável. Então, a proposição universal "toda série essen-

---

[43] Se uma coisa não existe por causa de o que é, não pode haver inconsistência em "algo a causa". Pode-se demonstrar ser contraditório haver algo que é possível, inexistente e não causado? Sim, porque Scotus, assim como seus contemporâneos, pensa que "algo que não tem causa vem a ser" é inconsistente. Talvez um objetor possa ter em mente um exemplo claro de evento sem causa?

cialmente ordenada de causas é interminável" é demonstravelmente falsa – com efeito, se a descobre inconsistente *a posteriori*.[44]

O objetor pode replicar: "Mas estou falando do cosmos todo: ele pode regredir *ad infinitum*." A tréplica típica de Scotus, que fazemos por ele, é: "Isso é uma *petitio*, já que não há outro caso, e se esse regresso é infinito é exatamente o que se debate". Além disso, sabemos que uma série essencialmente ordenada de naturezas eficientes que termina em uma produção primeira não causada é possível. Então, já que esse regresso terminável, para uma causa de todo ser contingente, é possível (conhecido *a posteriori*, também), um regresso interminável é impossível.

Assim, para deixar claro que um regresso tem de terminar, ele supõe primeiro que ele não termina e mostra que uma contradição decorre. Então, ele supõe que não precisa terminar e mostra que a possibilidade de um Ente Primeiro segue-se disso, também; mas a possibilidade de um Ente Primeiro exclui qualquer possibilidade de um regresso essencialmente interminável.[45] Portanto, uma Natureza Eficiente Primeira é possível de acordo com ambas as suposições; assim, um regresso infindável é impossível.

---

[44] Lembre-se: o estatuto de uma conclusão ou raciocínio como a posteriori depende da ordem do conhecimento com base na experiência e não de se as proposições da conclusão ou do raciocínio são contingentes ou necessárias. O equívoco de que uma verdade necessária não pode ser conhecida a posteriori só se popularizou depois de Kant e só até meados do século XX. Atualmente, todos sabem duas coisas que Scotus sabia: que uma verdade necessária é implicada por tudo, que o que é verdadeiro, não importa o que, é implicado e frequentemente pode ser conhecido com base no que é contingentemente verdadeiro, e também, que algumas verdades necessárias são conhecidas com base em algumas coisas que são contingentemente falsas (embora isso raramente seja mencionado).

[45] Então, a primeira conclusão também decorre da segunda. Ele dá uma linha de pensamento que confirma isso: "produzir algo não implica imperfeição alguma; segue-se que essa capacidade pode existir em algo sem imperfeição. [...] Mas, se toda causa depende de alguma causa anterior, então a eficiência nunca será encontrada sem a imperfeição... Assim, esse poder eficiente é possível". Mas esse é um argumento conceitual e, portanto, está claramente sujeito às limitações scotistas no que toca o "concebível para nós" como algo restrito a uma confirmação.

IV.3. O Ser Necessário da Causa Eficiente Primeira

Scotus poderia ter parado na conclusão de que há um primeiro produtor efetivo de todos os efeitos essencialmente dependentes porque não pode haver um regresso infinito. Isso seria óbvio o suficiente, ele diz: "Contingens, sed manifesta". Mas Scotus quer uma conclusão mais forte: a de que tem de haver um produtor improdutível de tais efeitos efetivos; que isso é realmente necessário[46], tanto quanto o é formalmente. Com efeito, ele quer estabelecer seu ser necessário como um modo intrínseco do ser (ver Seção V.12, "Infinitude"). Dessa maneira, ele pode estabelecer o fundamento causal para absolutamente qualquer ser contingente.[47] Então, ele dá mais dois passos: que um primeiro produtor não produzido é improdutível, e que um produtor improdutível tem de ser necessário.

Sua "segunda conclusão"[48] é que se uma coisa pode existir sem ter sido produzida e tem poder causal para produzir tudo que for produtível, ela tem de ser incausável (seria contraditório dizer que algo poderia ser causa de si mesmo). E sua "terceira conclusão" é que, se essa coisa é possível, ela existe necessariamente, pois tudo que é realmente possível ou é causável (de modo que pode haver algo que é capaz de causá-lo) ou existe *a se*. Mas tudo que existe que é incausável tem, então, de existir necessariamente.

Scotus supõe a premissa de um princípio de razão suficiente? Não[49], ele não supõe sequer a premissa de um fraco princípio de explicabilidade, visto que seu raciocínio aqui é que o que *pode* existir necessariamente, *tem* de

---

[46] Não é possível existir a marca final sem a caneta que a marca, a caneta que se move, a mão que se move, a pessoa que age, o livre-arbítrio, tudo junto. Tudo isso realmente é necessário e está essencialmente ordenado. Nada disso é formalmente (absolutamente) necessário, no entanto, todos são realmente necessários na ordem da natureza.

[47] Fr. Wolter chama essa demonstração de "a fonte de toda possibilidade" em Wolter 1966, xxi.

[48] "secunda conclusio de primo effectivo [...] est incausabile".

[49] Wood 1987, Loux 1984 e outros parecem pensar que ele não precisa disso. Em um ponto específico ele usa a ideia de que aquilo que começa a ser *poderia* precisar de uma causa, mas isso parece o mesmo que a ideia de que "nada vem de nada".

assim existir, ao passo que o que é causável não precisa existir e poderia jamais ter existido no fim das contas. Assim, o Ente Primeiro é incausável. Sua alegação anterior, a de que há algo produtível (*effectibile*) é feita *a posteriori* com base em singulares conhecidos e não com base em algum princípio geral de explicabilidade. E, portanto, uma coisa efetiva produtível ou é produtível por si mesma, ou vem de nada ou é produtível por outras opções exclusivas.⁵⁰ Ele elimina as duas primeiras como incompatíveis com a produção e procede à questão do regresso, conforme discutida na subseção antecedente.

Ainda assim, a investigação, como parte da metafísica, supõe que o ser é explicável, mas que é por pressuposição (implicação como uma condição necessária) e não como algo cognitivamente pré-requisito para os passos do argumento de existência, o qual começa de algo que é efetivamente causado e ou é primeiro ou é causável por alguma outra coisa. Ao invés disso, é da efetividade do Ente Primeiro que podemos deduzir que todo ente contingente é causável.⁵¹

Suponha-se que um objetor diga: "Mas talvez algo pudesse, formalmente, vir a ser *sem* uma causa, digamos, uma série interminável de causas ascendentes que não atinge o cume". Essa objeção perde o ponto de Scotus; seu argumento baseia-se na causação efetiva que conhecemos (digamos, uma galinha produzida). Seu argumento não se baseia em negar a especulação do objetor; antes, chega a essa negação somente *depois* de estabelecer sua conclusão. Então, ele pode chegar à sua conclusão sem afirmar um tal princípio geral de causação.⁵²

---

50 "Aut ergo a se, aut a nihilo, vela b aliquo alio" e "nullus est causa ... illud quod nihil est". Ord. I, d. 2, pars 1, qq. 1-2, n. 43.

51 É necessário ser verdade que todo ente contingente seja causável (como uma consequência cognitiva da Primazia Tripla, e da onipotência do Ente Primeiro), mas ele não tem de estabelecer isso como premissa como algo já conhecido para estabelecer a existência do Ente Primeiro.

52 Também há um subargumento implicado de que "tudo que existe é contingente" implica uma contradição, porque implica que "poderia não haver nada no fim das contas". Se nada jamais houvesse existido, nada teria sido possível. Mas algo existe, e, então, necessariamente, algo é possível. Portanto, há algo que existe necessariamente. Isso também se parece com a "Terceira Via" de Tomás de Aquino.

IV.4. Acerca dos Modos de Finalidade e Eminência

Scotus diz que no caso tanto da finalidade quanto da eminência, o raciocínio para um Ente Primeiro faz parelha com aquele que parte da produção efetiva (causação eficiente). Os argumentos de que não pode haver um regresso infinito são os mesmos que aqueles expressos nas Seções IV.1-2; e o ponto de partida é o mesmo: a produção de algum efeito, digamos, um pássaro. Mas o ponto fulcral para cada um deles é diferente. Na ordem da finalidade, o princípio é que uma coisa produzida almeja alguma outra coisa, em geral seu tipo, e os tipos almejam outros tipos, e, portanto, *finilibis*, "ordenáveis para outro" (como na cadeia alimentar, nos ecossistemas e nos organismos corporais). No entanto, uma ordem dependente de naturezas, cada uma ordenada relativamente a outra que para ela é necessária, todas juntas, tem de se elevar até um primeiro, não ordenável relativamente a mais nada[53]; e, além disso, o primeiro ente eficiente não pode ser ordenável a outro por ser improdutível.[54]

De maneira semelhante, qualquer coisa que seja essencialmente dependente de outro tipo de coisa é menos eminente do que esta última. Mas um ente primeiro não pode estar ordenado segundo algo mais eminente. Então, um ente primeiro não é superável em eminência, e, por conseguinte, é mais eminente. É evidente que há algumas coisas "mais eminentes do que outras" do fato de que uma causa de todas as causas de uma natureza diferente tem de conter a capacidade da última por eminência (ou virtualmente), pois ela é, *ex hipothesi*, de uma natureza diferente do que a última. Já que há causas desse tipo, a questão decisiva é se tal ordem pode ser interminável. E a resposta de Scotus é que não pode, pois isso seria contraditório com outras verdades, como foi mostrado no caso das causas eficientes.

---

[53]   *Ord.* I, d. 2, qq. 1-2, n. 65.
[54]   *Ibid.*, n. 68.

Os argumentos para a Finalidade e a Eminência têm a mesma estrutura interna, pois estar ordenado segundo um fim e sobressair-se são ambos relativos a outrem, e, dessa forma, ou a ordem tem de terminar em um primeiro que não está ordenado segundo nada mais, ou a ordenação é interminável. Mas, então, o argumento duplo, o de que um regresso interminável é impossível, vale à última suposição; e, portanto, em qualquer dos casos, um Ente Primeiro é possível – mas se possível, existe necessariamente. Assim, tudo nas três linhas de argumentação parece se basear na impossibilidade de um regresso infinito de causas essencialmente ordenadas.

Mas pensamos que mostramos que o raciocínio de Scotus nesse ponto é mais formidável do que alguns de seus contemporâneos próximos pensavam e mais firme do que muitos comentadores recentes supuseram. De fato, ele parece ter mostrado que postular uma série interminável de naturezas causadoras aninhadas contradiz a suposição de que há alguma coisa contingente efetivamente produzida dessa tal natureza final.

IV.5. Argumento Ínsito

Talvez os argumentos ainda não sejam elementares e não estejam óbvios o suficiente. E talvez seja possível imaginar quanto, além da estrutura superficial do argumento, se baseia na ideia – então não disputada (exceto por discussões sobre os contingentes futuros) – segundo a qual todas as proposições bem formadas são ou verdadeiras ou falsas (bifurcação), e, portanto, em se a demonstração indireta é válida. E ainda mais, talvez muito, demais, esteja baseado no princípio de que tudo que é possível é necessariamente possível, o que pode não decorrer sequer da suposição de um ser criador necessário.[55] E mais, esperar-se-ia demais das demonstrações medievais por causa de mitos sobre como esses argumentos eram entendidos e pretendidos, já que esse raciocínio, de modo algum, é isento

---

[55] Ver Ross 1990.

de pressuposições, ou sequer pretensamente isento delas. Ninguém jamais teve a pretensão de que um único argumento totalmente por si só seria capaz de eliminar todas as oposições possíveis para sua conclusão sem qualquer apoio em um contexto lógico e metafísico mais amplo de fundo. Essa idealização não apresenta absolutamente nenhum caso histórico, nem mesmo na geometria euclidiana. Com efeito, a demonstração de Scotus está incorporada em um ninho de assunções mais amplas. E Scotus não alega de outra maneira.

Contudo, pouco de seu realismo acerca das naturezas comuns e das espécies e possibilidades reais, sua noção de causação "de princípio ativo", seu comprometimento com as formas reais (como programas nas coisas)[56], sua compreensão das naturezas reais como disposições ativas, suas noções de individuação, da certeza do conhecimento perceptivo, e coisas assim são explicitamente mencionadas ou usadas após a existência necessária do Ente Primeiro ter sido concluída. No entanto, é óbvio que a prova depende de haver naturezas reais comuns que conhecemos e de possibilidades e necessidades absolutas (formais) e vários princípios não disputados da lógica, bem como de princípios causais ativos na natureza.

Então, a avaliação de sua demonstração tem de ser contra objeções coerentes com suas suposições de pano de fundo, e não postas contra as exigências oscilantes de filosofias rivais em geral, por exemplo, as teorias idealistas críticas (Kant), ou concepções nominalistas das espécies (diga-

---

[56] Aristotélicos medievais teriam considerado ridícula uma análise de causa e efeito em termos de um acontecimento antecedente seguido por um acontecimento posterior que se sucedem um ao outro segundo uma lei natural ("Em/depois/em, de acordo com a lei"). Para eles, a causação é produção, com poder substantivo na natureza. Teóricos causais contemporâneos – por exemplo, Mackie, Armstrong e outros parecidos – pareceriam tão equivocados a Scotus quanto os ocasionalistas árabes que negavam haver essências reais nas coisas. Para Scotus, o fósforo queima a mão queimando-a, e não só porque uma chama é o primeiro de uma sequência de acontecimentos que culmina por último numa ferida supurante, em que a ordem da sequência de fenômenos é estabelecida por "leis da natureza" (cujo estatuto não é explicado, ou é tratado como uma associação geral de ideias, ou como alguma relação lógica de ideias).

mos, Quine), ou concepções puramente sentenciais da possibilidade e da necessidade, cada uma das quais negaria algum elemento central de suas pressuposições. E certamente não se pode ler sua lógica modal como um exemplo de qualquer versão da lógica modal quantificada, que hoje em dia encontra-se dominante; a semelhança é, como observamos, somente superficial.

O argumento de Scotus tem de ser avaliado atualmente não em relação à sua eficácia para mudar convicções (pois não foi pensado para mudar convicções sobre a conclusão nem naquela época, mas em relação à sua eficácia para eliminar todas as outras opções), mas em relação à excelência técnica de seu autor em derivar suas conclusões contra seu pano de fundo geral. Assim é que geralmente avaliamos os argumentos. Além disso, para aqueles que partilham do amplo realismo e da confiança cognitiva de Scotus, o argumento pode ainda, por assim dizer, "por um cadeado" na conclusão de que há um ser divino, infinito, ou, ao menos, ser "probatório",[57] isto é, altamente plausível e persuasivo – que é mais ou menos o melhor que conseguimos fazer em qualquer coisa em filosofia além da mera tecnicidade.

Pensamos que os deslumbres no fim da Seção III não mordem; as dificuldades realmente interessantes são sobre (1) se qualquer coisa é realmente contingente; e (2) se podemos reduzir à contradição a especulação de que o cosmos como um todo é um fenômeno não explicado e inexplicável. Se Scotus está correto em que a última alternativa é uma contradição (e teria de ser se Deus é possível), e em que a primeira é evidente, então fazer seu raciocínio decisivo contra seu pano de fundo parece ser uma questão de sintonia fina. Discordâncias teriam

---

[57] Brady 1954, 128, menciona que Ockham dizia: "ratio probans primitatem efficientis est sufficiens et est ratio omnium philosophorum" (*Sent* I, d. 2, q. 10), mas não é a maneira "mais" evidente de conservação. Ver também o que ele diz sobre o comentário de Ockham de que uma *probatio*, mas não uma demonstração, da infinitude divina pode ser dada. Brady também relata que William Rubio (após 1321) diz que a existência do Primeiro Ente Eficiente é demonstrável, mas num sentido mais solto, de que não é *tão* óbvio "quin adversarius posset ipsam evadere aliqualiter cum colore [...] quia negaret adversaries praedictam assumptum" (Brady 1954, 126).

de mudar para disputas acerca dos elementos do pano de fundo, isto é, para uma parte bastante diferente da metafísica geral e da lógica e da filosofia da natureza.

Para resumir, então, seguindo *Ord.* 1, d. 2, qq. 1-2, n. 43: algo é produzido, então algo é de um tipo que é produtível; esse tipo ele mesmo ou é produtível ou não. Se for produtível, então há ou um regresso interminável de produtores (ou tipos causados) para ele, todos agindo conjuntamente (como os órgãos naturais corporais internos, as células, os sistemas moleculares, atômicos, subatômicos etc., sistemas de partículas de energia...), ou um Tipo Produtivo Primeiro. Um regresso infindável é inconsistente com o ser do efeito imediato e produtível. Então, um Ente Primeiro (natureza), capaz de produzir outros, mas ele mesmo improdutível, é possível; portanto, ele existe, já que uma coisa desse tipo não pode ser *meramente* possível, porque (1) o efeito original não existiria e (2) tal coisa não seria improdutível. Mas, se existisse, seria necessariamente existente, porque a suposição de que esse tipo de coisa é possível, mas não existente, leva a uma contradição.

V. A NATUREZA DO PRIMEIRO PRINCÍPIO DO SER

Scotus determina os atributos intrínsecos do Ente Primeiro imaginando, *a posteriori*, quais aspectos uma coisa tem de ter para produzir os efeitos que percebemos. Ele explicitamente renuncia à dedução *a priori* dos atributos com base na ideia de que Deus tem todas as perfeições puras, principalmente por causa da incerteza quanto a se os predicados particulares são genuinamente consistentes e genuinamente cada um "melhor do que qualquer característica denominativa incompatível com ele".[58] Os atributos divinos não denominativos, "absolutos", incluem a necessidade, a sua singularidade[59], a simplicidade, a inteligência e a onisciência, a liberdade, a onipotência, a criação e a infinitude. A ordem de raciocínio em cada caso é estruturalmente a mesma: uma demonstração indireta que deriva uma inconsis-

---

[58] De Primo Principio 4.22, e Rep. I, d. 35, q. 1, n. 14.
[59] N.T.: Do original inglês *uniqueness*.

tência entre a negação do atributo em questão e algo já sabidamente verdadeiro.[60] Em seguida, esboçamos algumas de suas derivações e indicamos suas interpretações distintivas dos atributos.

V.1. Necessidade

A necessidade decorre da primazia. "Nada pode ser inexistente, a não ser que algo ou positiva ou privadamente incompatível com isso *possa* existir".[61] E "nada pode ser positiva ou privadamente incompatível com um ser que existe de si mesmo e não é causado".[62] Portanto, não pode *não* existir. Um "número natural maior do que todos os outros" é positivamente inconsistente com "há um sucessor por um para todo número natural" (positivamente incompatível), mas, é claro, uma coisa dessas não é possível; e "ser uma mãe humana" é privadamente incompatível com "ser um humano macho" por alguma causa que impede isso.[63] Uma demonstração indireta (um dilema destrutivo) é da seguinte maneira: (1) suponha-se que pudesse existir algo logicamente incompatível com o Ente Primeiro; um absurdo decorre: o de que "duas entidades incompatíveis coexistirão, ou então nenhuma existirá, porque uma cancelará a outra".[64] Em vez disso, (2) suponha-se que algo pudesse impedir o Ente Primeiro de existir. Isso, também, é inconsistente, porque o incausável teria de ser causável (impedí-

---

[60] S. Tomás de Aquino (ST I.2 seq.) usa a mesma técnica para derivar os atributos divinos, derivando conflitos entre negações dos atributos e a falta de uma distinção entre ato e potência em Deus.

[61] Wolter 1966, 52 (ênfase adicionada).

[62] Ibid.

[63] Alguém poderia se espantar com essa terminologia. Mas para alguma coisa não existir, ela tem de ser ou impossível ou evitável. Não é que tenha de haver uma razão para o não ser daquilo que não existe, mas pode haver. Mas, de maneira consistente, não pode haver uma razão por que um Ente Primeiro não exista.

[64] Ibid.

vel). Como resultado, uma Causa Eficiente Primeira não pode ser uma coisa contingente. Dessa maneira, tem de ser algo que exista necessariamente.

V.2. Unicidade e Singularidade

O primeiro ente em cada ordem explanatória (a causação final e eficiente, e a prioridade por eminência) tem de existir necessariamente, por aplicação do mesmo raciocínio para cada um deles. Mas o primeiro ente em cada ordem é o mesmo ente que aquele que é o primeiro nas outras?[65] Scotus raciocina assim: se houvesse vários, cada um deles seria necessário por um único aspecto, por uma única natureza; então, não poderia haver uma pluralidade de entes primeiros, pois qualquer aspecto pelo qual uma pessoa poderia supostamente diferir das outras não pode ser um aspecto que uma coisa *a se* tem como tal e, dessa forma, tem de ser ou um aspecto contingente adicional ou um aspecto necessário adicional. Novamente uma demonstração indireta (um dilema destrutivo) é oferecido. Suponha-se (1) a diferença é contingente; então o ente é um compósito e causável – uma contradição com ele ser Primeiro. Suponha (2) que as diferenças são necessárias para cada um dos entes; então cada um não tem algum aspecto essencial que alguma coisa, uma única dentre as outras, tem por causa de ser necessária, e assim, não é necessariamente: outra contradição com o que foi estabelecido. Assim, segundo qualquer suposição relevante, uma contradição resulta da negação de que os Entes Primeiros nas ordens distintas são um único e o mesmo ente.

---

[65] Ver o argumento em De Primo Princ.. 4.88-490, para "Tu és único em natureza, tu é único em número... só tu és Deus por natureza".

V.3. O Primeiro Princípio Tem Todas as Perfeições Puras[66]

Uma perfeição pura não requer que a coisa tenha, para tê-la, limitação alguma e também não exclui nenhum outro aspecto positivo que não requer limitação: por exemplo, "viver", "ser" e "entender". Como resultado, todas as perfeições puras são compatíveis entre si, e, assim, pode haver uma coisa que tenha todas as perfeições puras por causa de o que é. Mas se tal coisa é possível, ela tem de existir. Mesmo assim, o que pode ser concluído disso, relativamente aos atributos particulares, fica limitado pela falta de confiabilidade de nossas meras concepções para assegurar possibilidade.

V.4. Simplicidade

Scotus concordava com outros teólogos em que a efetividade incondicional de Deus exclui ele ter partes, composição de ato e potência, ou qualquer distinção real relativamente à substância.[67] Mas ele argumenta que ainda pode haver diferença real sem distinção real entre os atributos de Deus.[68] Porque entre as coisas distintas em concepção, há algumas que, embora inseparavelmente realizadas no caso de Deus, são separavelmente definíveis e separavelmente realizadas entre as coisas finitas, como os atributos de racionalidade, bondade e sabedoria. Além disso, as

---

[66] De Primo Princ. 4.3, em Wolter 1966, 78-82.

[67] Deus é livre de qualquer distinção em sua essência, segundo a concepção tradicional. Mas isso não exclui a distinção real, por oposição de relações, entre as Pessoas da Trindade. Assim, há distinção real de Pessoas em Deus, mas não qualquer distinção real *na essência de Deus* entre os aspectos divinos essenciais; pois há somente um único aspecto desse tipo, que é inacessível a nós, por nos ser incompreensível. Ora, Scotus emprega isso na teologia, mas distingue a distinção real da "distinção formal *a parte rei*". Isto é, ele distingue "realmente distinto", como uma relação, de "distinto em realidade", como uma diferença, e diz que as perfeições divinas diferem em realidade assim como as mesmas perfeições diferem nas criaturas mesmo quando uma criatura tem, digamos, tanto a perfeição como a bondade.

[68] Scotus rompe com a concepção tomista de que a simplicidade divina nega qualquer distinção mais do que conceitual para nós entre os atributos divinos.

tendências do homem prudente são distintas das do homem inteligente, mesmo quando coincidem. Então, os atributos não podem ser *somente* conceitual e definicionalmente distintos.

A *unidade* do ser infinito também é mais do que aquela da mera simplicidade (falta de composição); Scotus diz, "a simplicidade é simplesmente uma perfeição", mas "ela segue-se que toda criatura simples seja mais perfeita do que aquelas que não são simples".[69] Além disso, "a efetividade é simplesmente uma perfeição" e "a efetividade é simplesmente mais perfeita do que a simplicidade".[70] O ser infinito tem a unidade da "efetividade completa". Para sua perfeição e sua unidade, o grau de efetividade de um ente importa mais do que sua simplicidade. O necessariamente primeiro, sendo *a se*, maximiza a efetividade: é tudo que poderia ser.

Em nome deste e de outros propósitos em metafísica e teologia, Scotus raciocinava que frequentemente há uma diferença em realidade que não é grande o bastante para chegar a ser uma distinção real, mas é maior do que uma distinção meramente conceitual-definicional; antes, é "uma distinção formal da parte da coisa" (*distinctio formalis a parte rei*). Por exemplo, ele pensava que há aspectos que realmente diferem e são, às vezes, separadamente realizáveis (como a sabedoria e a justiça) embora efetivos inseparavelmente na unidade de um único ser, da maneira como a inteligência intuitiva e a dedutiva poderiam pertencer a uma única pessoa. Esses itens formalmente distintos são (1) separadamente cognoscíveis (ao menos um sem o outro, diferindo na definição onde a definição é apropriada); (2) sua diferença é real independentemente de nosso pensamento[71]; (3) nenhum pode, em uma dada coisa, "existir por si só" independentemente de outro(s); e (4) cada

---

[69] Ord. I, d. 8, q. 1, n. 6. Scotus tem em mente que os princípios de individuação das coisas materiais (istidades) são completamente simples e cognoscíveis a Deus, mas não são unidades perfeitas de ser, porque requerem uma natureza capaz de os contrair.

[70] *Ibid.*

[71] Ord. I, d. 2, pars 2, qq. 1-4, n. 390: "Entendo 'realmente' dessa maneira: o que de modo algum é por um ato do intelecto, de maneira que tal entidade esteja ali ainda que nenhum intelecto a considerasse. [Et intelligo sic 'realiter', quod nullo modo per actum intellectus considerantis, immo quod talis entitas esset ibi si nullus intellectus esset considerans]".

um é "perfeitamente o mesmo" conforme seus itens relacionados no mesmo ser, de modo que mesmo um ente onipotente não pode remover esses itens copresentes uns dos outros. Os diversos atributos divinos são dessa maneira formalmente distintos, e, no entanto, realmente os mesmos no ser. Então, também o são a natureza humana e a individuação de Sócrates.

Scotus pensa que uma contradição resultaria se considerássemos as perfeições divinas como não mais distintas por meio de nossas concepções, porque "se a sabedoria infinita fosse a bondade infinita, então a sabedoria no comum, seria formalmente a bondade no comum".[72] Não poderiam, então, ocorrer separadamente como ocorrem: portanto, "a sabedoria na coisa não é formalmente a bondade na coisa".[73] Assim, tem de haver uma distinção em realidade, mas menos do que a distinção de elementos separáveis ou elementos relacionados como a potencialidade para o ato (distinção real). Note-se que ele usa a seguinte forma argumentativa: o que implica o falso é falso.

V.5. *Analogia de Significado* versus *Univocidade*

Então, e os significados das palavras que usamos para descrever Deus, como "sábio", "amoroso", "inteligente" e "vivo"? Significam o mesmo quando são aplicadas às criaturas? Tomás de Aquino diz que não: em relação às definições verbais, a *res significata*, sim, são as mesmas; mas em relação ao *modus significandi*, não.[74] Porque a coisa significada, o significado, segue as definições de nossas palavras, mas a maneira de atribuição (*modus significandi*) é contraído do *modus essendi* (a maneira de ser) daquilo que referido (Deus, ou a criatura).[75] Essa é a analogia da proporcionalidade apropriada, como a compreensão contextual quando se diz "o papel *ficou vermelho* com a tinta derramada", "seu rosto *ficou vermelho* com a vergonha" e "o céu *ficou vermelho* com o entardecer"; a significação, o significado verbal, "*ficou vermelho*", é o mesmo, mas a maneira, o *modus significandi*, difere de acordo com

---

[72] Ibid.
[73] Ibid.
[74] ST I.13.
[75] ST I.13.

as diferentes maneiras como acontece o avermelhamento. Da mesma maneira, diz Tomás de Aquino, acontece com Deus e com as criaturas; e, assim, não há univocação de predicados positivos, somente analogia (relacionalidade de significado).

Scotus recusa essa ideia. O modo de ser do referente não é parte do significado das palavras. Com efeito, os modos intrínsecos de ser das criaturas e de Deus diferem (ver Seção V.12, "Infinitude"), mas isso não afeta as palavras; ele diz: "A infinitude não destrói a natureza formal daquilo a que é adicionada".[76] Scotus crê que as diferenças de modo de significação que seguem os diferentes modos de ser daquilo de que falamos *não* fazem parte das concepções (os significados) daquilo que predicamos, mas são extralinguísticas – "modos de referir", como poderíamos hoje em dia chamar essas diferenças. Então, sua diferença está na filosofia da linguagem (embora a ordem de sugestão pudesse ser a contrária). Para Scotus, a identidade de definição é suficiente para a identidade de significado. Assim, as perfeições divinas são univocamente predicadas das criaturas e de Deus.

V.6. Inteligência

A inteligência do Ente Primeiro não deriva de algum aspecto explicativo prévio: "A intelectualidade é a natureza primária do ser inteligente, constituindo-a nesse ser, e nada existe na coisa essencialmente anterior a isso, pelo que isso pode ser mostrado relativamente a ela".[77] Então, tem de ser estabelecida *a posteriori*, como uma condição da livre agência requerida para a produção de algo contingente por um ser que é necessário. O Ente Primeiro é "um agente *per se*"[78], isto é, um agente por causa de si mesmo – nada mais o move à ação. Mas "toda causa *per se* age por causa de um fim".[79] No entanto, este agente não pode agir para um fim natu-

---

[76] Ord. I, d. 8, q. 4, n. 17. Não derivamos a infinitude ainda nesta apresentação, que segue a ordem do De Primo Principio. Na Ordinatio, Scotus segue a ordem que vai da simplicidade para a infinitude e daí para a necessidade; aqui, a ordem é da necessidade, passando pela simplicidade e daí para a infinitude.
[77] Rep. I, d. 35, q. 1, n. 14.
[78] Rep. I, d. 35, q. 1, n. 5.
[79] *Ibid.*

ralmente determinado, porque o efeito é contingente, ao passo que o agente age necessariamente. Ele tem de agir por escolha. Mas esse agente não age "por causa de um fim que naturalmente escolhe, ou quer, sem conhecimento".[80] Portanto, ele tem de ser inteligente.

V.7. A Extensão do Conhecimento Divino

Em geral, Scotus concorda com os teólogos em dizer que Deus conhece tudo que pode ser conhecido: "Ser capaz de conhecer efetiva e distintamente cada uma e todas as coisas que podem ser conhecidas é algo que pertence à perfeição do conhecimento".[81] Mas ele é mais abrangente do que alguns (por exemplo, Tomás de Aquino, tal como o interpretamos) acerca de o que pode ser conhecido anteriormente a qualquer escolha divina. Por exemplo, ele sustenta que todo o reino de possibilidade é determinado pela autocompreensão divina, sem possibilidade dependente da vontade divina, e inclui todas as possibilidades irrealizadas e escolhas não feitas, bem como as naturezas não criadas e os indivíduos em toda sua particularidade. Portanto, ele assume a afirmação de Agostinho bastante literalmente (*De Civ. Dei* 15), aquela de que Deus tem ideias apropriadas de tudo que é ou que poderia ter sido.

A argumentação básica para esse reino de onisciência divina é que se trata de uma condição necessária para a criação livre de todo ser contingente. Conforme dissemos, a liberdade em causa é necessária para a contingência nos efeitos de um ser necessário. Mas o conhecimento de possibilidades é necessário para a livre escolha, com o alcance do conhecimento sendo o todo daquilo que é possível, tanto do necessário como do contingente. No entanto, a única maneira de um ser divino ter esse conhecimento, logicamente anterior à criação, é pelo conhecer a si mesmo direta e completamente. Assim, Scotus considera sem exceção que Deus "conhece tudo que é inteligível efetiva e distintamente"[82] por natureza e antecedentemente a qualquer escolha.

---

80 *Ibid.*
81 Ord. I, d. 2, pars I, qq. 1-2, n. 106 (trad. Wolter 1993, 61).
82 *Ibid.*

Isso é completamente diferente de Tomás de Aquino[83], que, de acordo com nossa interpretação, pensa que as possibilidades, particularmente as espécies naturais, as regularidades da natureza e a individuação das coisas não são totalmente determinadas com base no autoconhecimento divino, mas são criadas junto com as coisas[84] e os indivíduos, e não há naturezas vazias ou indivíduos meramente possíveis, nem mesmo na concepção divina (no *esse intelligibile* das heceidades de Scotus[85]). Então, o que poderia ter sido, em vez de o que é, inclusive como algumas coisas efetivas poderiam ter agido, é indeterminado, separado de escolhas divinas e incognoscível. Scotus discorda.[86]

Ele pensa que Deus tem desde a eternidade uma ideia completa (conceito) de cada criatura, digamos, Adão, que inclui tudo que Adão faz, poderia ter feito, aconteceu e assim por diante, mas não com o efeito de que todo aspecto da criatura é essencial a ela (como Leibniz posteriormente veio a pensar). Não. Scotus sustenta muito enfaticamente que os humanos, mesmo quando agem de uma maneira livre, ainda são, no próprio ato, capazes de escolher o oposto (é como um pianista que, mesmo que toque uma tecla, é capaz de tocar outra diferente). No entanto, não há nada cognoscível sobre as criaturas que Deus não conheça por meio de si mesmo desde a eternidade. Em resumo, a diferença que atribuímos a Scotus e Tomás de Aquino é que Scotus pensa que toda possibilidade – até o mais ínfimo detalhe – tem conteúdo determinado com base no autoconhecimento divino logicamente antecedente a qualquer criação.

V.8. Multiplicidade de Ideias Divinas?

---

[83] Para uma leitura de S. Tomás de Aquino que faz ele concordar substancialmente com Scotus sobre o conhecimento que Deus tem dos possíveis e das naturezas das coisas criadas, ver Wippel 1984 e 2000.

[84] Cf. S. Tomás de Aquino, De potentia 3.5 ad 2; e 3.14. Ver Ross 1990, 176-197. Scotus pensa que as naturezas são criadas in esse essentiae junto com os indivíduos, mas que também existem eternamente no conhecimento divino.

[85] In Metaph. 7, q. 13.

[86] Deve-se também registrar que a interpretação mais comum de S. Tomás é a mesma que aqui atribuímos a Scotus.

Tomás de Aquino negara qualquer multiplicidade real de ideias divinas ao dizer que as ideias são denominadas (contadas) por nós desde a multiplicidade dos objetos criados e estão no máximo virtualmente (como o menos perfeito está contido no mais perfeito) distintos em Deus. Além disso, para ele, há uma diferença entre ideias de coisas que são feitas[87] e ideias *para* coisas que poderiam ter sido feitas, mas que nunca são.[88] Scotus diz que há uma multiplicidade real entre as ideias eternas para coisas que são feitas e aquelas que não são porque mesmo os indivíduos são eternamente conhecidos como possíveis: "o singular é *per se* inteligível até onde ele mesmo for".[89]

Isso descarta a ideia de Tomás de Aquino de que a individuação material é consequente na matéria com quantidade determinada, e, portanto, a individuação não é, como tal, algo de inteligível e também não é, como tal, algo anterior à criação. Scotus diz que tudo que pode ser feito, "seja em outro, ou um ser absoluto, ou uma relação" é um objeto "que pode ser conhecido distintamente pelo intelecto divino".[90] Por quê? "Visto que outro intelecto pode conhecer esse ente distintamente, e esse ente pode ser um objeto distintamente cognoscível por um intelecto criado".[91] De outra maneira, algo cognoscível não ser conhecido como possível, anterior ao querer divino, por Deus. Então "todo ser positivo tem uma ideia distinta". Por conseguinte, enquanto para Tomás de Aquino poderia ser indeterminado sem uma escolha divina se poderia ter havido humanos com intestinos plásticos, ou tomates do tamanho de estrelas ou elétrons que pensam, para Scotus isso tem de ser determinado eternamente.

Algumas diferenças entre Scotus e Tomás de Aquino acerca dos aspectos do conhecimento divino podem ser rastreadas às suas diferentes concepções acerca dos universais e da natureza. Scotus diz que a natureza co-

---

[87] Cf. De potentia e ST.
[88] Ver De potentia 1.5 e 11; e De veritate 3.6.
[89] Ord. 2, d. 3, pars 1, q. 6, trad. Spade 1994, 108. Ver Timothy B. Noone, cap. 3 neste volume.
[90] Rep. 1, d. 36, q. 3, n. 20.
[91] Ibid. Scotus sustenta que há um conhecimento intuitivo direto da existência dos singulares percebidos.

mum, digamos, "humanidade", tem um verdadeiro "ser real fora da alma; ou seja, a natureza comum tem o ser apropriado a ela independentemente de qualquer operação de um intelecto".[92] Ele descarta a posição tomista de que a natureza comum não tem realidade própria separada do entendimento em que é abstraída dos particulares em que está completamente individuada. Em vez disso, para Scotus, as naturezas comuns são *in re* explicativamente (naturalmente) anteriores ao ente individual e têm o status de criaturas, *esse essentiae*, como condições da possibilidade real das coisas que vêm a ser; elas são cognoscíveis como naturezas comuns tanto pelos seres humanos como por Deus, abstraídas dos particulares pelos humanos e no entendimento eterno (*esse intelligibile*) por Deus.

V.9. Instantes

Para escapar da confusão sobre a aparente multiplicidade de estágios do conhecimento divino, Scotus usava a metáfora dos instantes, de uma sucessão sem separação ou intervalo, para indicar como podem existir todos os diversos ao mesmo tempo, posto que ordenados, em um mesmo ente[93] único e perfeito que, por natureza, conhece só a seu próprio ser[94]: o conhecimento das essências de todas as criaturas, as efetivamente existentes e as possíveis, a divina consciência[95] reflexiva de o que é conhecido e a divina consciência do próprio conhecer divino. O conhecer divino é algo ontologicamente simples, mas logicamente complexo. Os "instantes" são fases de ordem lógica, e não fases de experiência ou acontecimentos. São como desenhos de "explosão" de uma única maquinaria, "todos juntos ao

---

[92] Ord. 2, d. 3, pars 1, q. 1, trad.Spade 1994, 64.
[93] N.T.: Do original inglês *being*.
[94] Scotus usa a mesma noção na sua discussão da liberdade e quando fala de um ordenamento de "instantes de natureza" dentro de um instante de tempo. Ele também a utiliza para explicar a ordem da natureza criada para a coisa individual: há uma prioridade natural de instantes, mas nenhuma sucessão real.
[95] N.T.: Do original inglês *awareness*.

mesmo tempo", mas distintos por diferenças de dependência internas e "ordem natural". A ordem desses "instantes" é a ordem da prioridade lógica que ele chama de prioridade natural.[96] Em alguns casos, em que ele usa a mesma metáfora, por exemplo, para a relação da natureza comum com a individuação, a ordem de prioridade natural também é uma ordem de prioridade explicativa, e, em alguns casos, essa ordem é de posterioridade real, como no caso da criação.

A criação, do ponto de vista divino, é eterna.[97] O tempo é uma dimensão do mundo criado; todo o tempo é do mundo, pois toda mudança está nas criaturas. De maneira semelhante, um romance (autobiográfico) tem seu próprio tempo interno, mas nenhuma conexão real com a atividade (temporal) de seu autor. De maneira ainda mais óbvia, o tempo musical é interno às composições musicais e pode ser transportado com elas e no máximo tem relações convencionais com o tempo cósmico (qualquer um pode tocar uma nota de "Sapo Cururu"[98] por milênio, desde que a proporção harmônica e rítmica entre os intervalos seja mantida – não há relação de tempo das notas em progresso para com o ser do compositor). Assim, para o Ente Primeiro, compreender suas criaturas limitadas pelo tempo e contingentes é algo tão eterno e sem sucessão como seu próprio ser; a condição de ser conhecido é sucessiva nas criaturas (ver a discussão da liberdade divina, Seção V.11).

---

[96] Ibid. Ele diz que podemos postular quatro "instantes" no saber divino: o primeiro, autoconhecimento absoluto; o segundo, digamos, da "pedra" (uma possibilidade) no "ser inteligível" (esse intelligibile) "de modo que essa ideia é um inteligível divinamente entendido, mas sem qualquer elemento ulterior"; um terceiro instante em que uma relação meramente racional de "ser entendido divinamente" existe entre Deus e a "pedra"; e um quarto, no qual a relação racional, "entender a pedra", é ela mesma entendida. Nada acontece; isto é exatamente o que está logicamente implicado. Ele está usando uma metáfora para deixar claro que há uma complexidade lógica, mas não entitativa, no saber divino, e não há relação real de Deus com as possibilidades finitas ou atualidades.

[97] Ord. 1, d. 45, q. 1, n. 5: "voluntas divina potest in aeternitate sua esse principium volendi quodcumque volibile." Cf. Lect. 1, d. 45, q. 1, n. 3.

[98] N.T.: no original, "Three Blind Mice", canção infantil em língua inglesa.

V.10. Onipotência

O poder de ser causa de algum ente contingente (conhecido *a posteriori*) tem de ser o poder de ser causa de qualquer ser contingente, já que somente um único ser[99] pode ter esse poder e todos os entes contingentes[100] são causáveis. Esse poder é chamado de onipotência, "aquele poder ou potência ativa cujo alcance se estende a qualquer coisa que possa vir a ser criada".[101] O Ente Primeiro, a causa última de todas as coisas contingentes, tem de ser onipotente, isto é, capaz de causar tudo que é possível e não necessário.[102] Além disso, diferentemente de qualquer outra coisa, tudo que é consistentemente concebível a Deus também é realmente possível por causa da perfeição do conhecimento divino. Trata-se do poder de produzir tudo que não é repugnante ao *ser como tal*[103]. Diz Scotus: "Pode-se naturalmente concluir que [o Ente Primeiro] é onipotente".[104]

A criação requer a capacidade de fazer "um efeito imediato"[105], isto é, algo que não requer um efeito anterior. Não fosse assim, Deus seria incapaz de ser causa de qualquer coisa, já que "se entre esse efeito causado e Deus houvesse outro efeito mais imediato, e antes desse outro, haveria um progresso ao infinito nas causas *per se* ordenadas, e, consequentemente, absolutamente nada seriacapaz de ser uma causa".[106] Mas disso não se segue que Deus pode criar tudo imediatamente.

Scotus distingue dois sentidos de "onipotência". Em um sentido, é onipotente o agente "que pode fazer tudo que for possível, ou com mediação, ou ime-

---

[99] N.T.: Do original inglês *being*.
[100] N.T.: Do original inglês *all contingent being*.
[101] Quodl. q. 7, n. 8. A frase é usada aqui um pouco fora de contexto: Scotus não é circular na sua descrição da onipotência como um poder que se estende a tudo que é possível e não necessário (ver a definição da *Lectura: Lect.* 1, d. 42, q. un., n. 6).
[102] Ver a definição de onipotência da Lectura: Lect. 1, d. 42, q. un., n. 6.
[103] N.T.: Do original inglês *being as such*.
[104] Ord. 1, d. 43, n. 2.
[105] Rep. 2, d. 1, q. 3, n. 8.
[106] Ibid.

diatamente, e, dessa maneira, a onipotência é primordialmente um poder ativo de eficiência".[107] Isso pode ser derivado da exigência de o ente divino ser livre (espontâneo; ver Seção V.11), para que possa haver qualquer coisa contingente afinal, e onipotente, já que esse poder tem de se estender a tudo que for possível. E já que isso requer que o Ente Primeiro cause algo imediatamente, é natural perguntar se o ser onipotente pode causar diretamente tudo que pode causar por meio das causas secundárias. Ele chama isso de "onipotência propriamente, conforme os católicos entendem o termo".[108] Esse modo de poder todo-poderoso não pode ser demonstrado[109], embora seja revelado na Fé. Há uma razão para isso, a saber, a de que, em geral, "na ordem das causas superiores e inferiores, isso não segue, já que mesmo que o Sol tivesse em si mesmo causalidade mais eminente do que tem uma vaca ou qualquer outro animal, ainda assim não é concedido que o Sol possa gerar imediatamente a vaca".[110] Então, o princípio geral de que a causa mais elevada, agindo por meio das causas secundárias, pode produzir diretamente seus efeitos sem essas causas, não é verdadeiro. Assim, não há premissa conhecida da qual concluir que o Ente Primeiro pode fazer imediatamente tudo que pode fazer por meio de causas secundárias.

Ora, a impossibilidade não é impossibilidade por vontade divina, mas por causa da repugnância das coisas que são possíveis uma a uma, *in esse intelligibili*, para se combinarem para "constituírem um"[111], como a cabeça de um homem e o corpo de um leão. Esses itens não se combinam assim no intelecto divino, mas somente na imaginação humana. Então, se "elétrons pensantes" são impossíveis, considerando-se que cada parte é possível, a combinação abarca uma inconsistência (ou uma repugnância de fato) que pode não ser conceitualmente acessível a nós, mas o é a Deus. Então, Deus não deve ser considerado incapaz de produzir coisas desse tipo, mas essas coisas, embora as partes sejam possíveis, não podem constituir um todo e, portanto, não

---

[107] Ord. 1, d. 43, n. 2.
[108] De Primo Princ. 4.71.
[109] Ele diz que reserva essa discussão para um planejado Tratado sobre as Coisas Reveladas: De Primo Princ.. 4.
[110] Ibid.
[111] Lect. 1, d. 43, q. 1, n. 15.

podem ser (Tomás de Aquino sustenta a mesma concepção, *ST* I.25.3: o impossível não é uma limitação do poder de Deus, mas o que absolutamente não pode ser). Note-se, a impossível com conteúdo é um produto direto da imaginação humana (uma ficção: *fingere*).[112] Assim, separadamente das criaturas que imaginam, não há quaisquer impossibilidades com conteúdo.

Também não se pode demonstrar que o mundo é de fato criado sem um começo no tempo ou que há um começo no tempo, visto que ambas as alternativas estão ao alcance do poder de Deus. Porque algum efeito tem de ser imediato para haver qualquer ente contingente, o tempo não é necessário para os efeitos divinos. Portanto, é possível não haver começo de tempo no âmbito da criação: "a novidade pode estar na produção divina por causa da novidade na coisa produzida, embora não haja novidade na coisa que produz".[113] Mas Deus também pode produzir efeitos temporalmente ordenados com um começo temporal que não tem nenhuma relação temporal com Deus. Então, a crença cristã de que o mundo teve um começo no tempo não está em conflito com verdade demonstrável alguma, mas pode, ela mesma, ser demonstrada.

Em seguida, alguns pontos têm de ser distinguidos para evitar contradições. Obviamente, um ser onipotente não pode sozinho causar algo cuja própria descrição implique uma segunda causa. Por exemplo, "uma oração de Cícero". Mas o mesmo tipo de coisa, uma "oração ciceroniana" descrita por suas qualidades e não por suas causas particulares, pode na verdade ser produzida diretamente. Mas e as ações que atribuímos às criaturas, que os ocasionalistas muçulmanos pensam ser causadas direta e exclusivamente por Deus? Scotus quer desarticular essa ideia e ao mesmo tempo deixar aberta a compreensão cristã do poder divino direto. Então, ele distingue entre a causação divina direta que antecipa[114] a consequência natural de uma criatura disposta a causar esses efeitos – que Deus pode fazer por intervenção – e o que ele quer excluir:

---

[112] Ord. 1, d. 43, q. 1, n. 1174.
[113] Ord. 2, d. 2, q. 2, n. 5.
[114] N.T.: Do original inglês *preempts*.

a causação divina que elimina as disposições, a capacidade que têm as criaturas de causar esses efeitos. Pois essa última concepção é a dos ocasionalistas muçulmanos: a de que criatura alguma absolutamente realiza ação transitiva alguma que lhe seja própria; todos os acontecimentos são causados diretamente por Deus, mas na maneira que exibe o que consideramos como ordem natural[115], de modo que nada por natureza produz absolutamente coisa alguma; dessa forma, não há princípios ativos na natureza[116] e "dado que os entes não terão ações próprias, não terão essências próprias".[117] Scotus diz que não é possível, pois o resultado entraria em contradição com o fato evidente de que há causas secundárias ativas. A onipotência divina não somente inclui o poder de intervir na ordem criada, mas também o poder de ter agido inteiramente fora da

---

[115] Essa posição foi desenvolvida mais uma vez por Malebranche (c. 1685) para dar a produção que faltava na explicação de Descartes entre os acontecimentos físicos. Hume adotou a mesma ideia geral, mas eliminou Deus e a necessidade da ideia de causação, dizendo que a causação é, ao invés, certo tipo de regularidade. E o ponto de partida humiano desde então tem prevalecido, mas com uma constante mudança na direção das conexões a priori de um ou outro tipo, para explicar as regularidades na natureza.

[116] Essa ideia se tornou um elemento essencial da mecânica do século XVII, de modo que Malebranche recuou para sua versão do ocasionalismo, e ela reaparece em meio à filosofia atual naquilo que se chama de "causação em-em" (que ocorre sucessivamente em um lugar, em um tempo), de modo que até a força é analisada por meio de suas sombras lógicas, como pontos em uma curva, sem qualquer princípio natural ativo. Cf. Salmon 1977. Contrariamente, Avicena dizia que a natureza de uma coisa é a essência considerada como o princípio de suas operações; ver S. Tomás de Aquino, De ente et essentia. O absurdo proposto pelos ocasionalistas árabes faz-se ainda mais absurdo na filosofia contemporânea pela negação simultânea de qualquer causação divina e pela alegação de que toda causação nada mais é do que uma sucessão regular, geralmente com algum elemento de necessidade lógica para fundamentar a regularidade, assim como, por exemplo, entre as propriedades, ou as proposições – ver Mackie, Armstrong, Lewis e muitos outros. A causação, assim, é reduzida a uma relação semântica em paralelo com a sucessão espaço-temporal.

[117] Quodl. q. 7, n. 65, 2.º parágrafo. N.T.: A referência correta, a rigor, é Quodl. q. 7, n. 65 e só. Cf. original: "Cum entia non habebunt actiones proprias, non habebunt essentias próprias".

ordem criada: "Digo, portanto, que Deus não só é capaz de agir diferentemente do que está ordenado na ordem particular, como também é capaz de agir diferentemente do que está ordenado na ordem universal, ou segundo as leis da justiça".[118] Assim, as coisas que são impossíveis e até inacessíveis com base na ordem criada estão dentro das possibilidades do poder absoluto de Deus.

V.11. A Liberdade do Ente Primeiro

Agora, é possível provar com uma demonstração, partindo de algo cognitivamente anterior, que as coisas existem de maneira contingente: a contingência nas coisas "não pode ser provada [...] nem por algo mais evidente, nem *a priori*".[119] Mas também não é necessário prová-la porque é óbvio que as coisas percebidas não existem por causa daquilo que são e, dessa forma, pode ser que no fim das contas jamais tivessem vindo a existir.[120] Desse início, Scotus conclui que o Ente Primeiro não determina outras coisas por natureza (por emanação), como pensara Avicena; assim, ele tem de causar de maneira contingente, e, portanto, de maneira livre.[121]

---

[118] Ord. 1, d. 44, q. 1, nn. 5-12. Ele diferenciava o poder ordenado de Deus do poder absoluto de Deus que excede qualquer ordem criada. O mesmo em Lect. I, d. 44, q. 1, n. 5.

[119] Lect. 1, d. 39, n. 39. Em Ord. 1, d. 39, q. 1, n. 1117, ele diz que a disjunção de "ser" em "necessário/contingente (possível)" é imediata; não há nada anterior sobre o que se possa replicar.

[120] Aqui ele se afasta de Avicena, conforme exige a crença cristã, mas sem um argumento crucial. Avicena sustentara, também, que as coisas percebidas não existem por causa daquilo que são, mas por causa de suas causas, as quais, porém, são necessitadas pelo ente divino. Outros filósofos muçulmanos sustentaram que as causas secundárias são apenas causas aparentes, porquanto Deus, e só ele, é uma causa real imediatamente de tudo (e por emanação). Embora insista que não, Scotus parece mesmo necessitar de um argumento para explicar por que o fato de as coisas percebidas não existirem por causa daquilo que são implica que elas poderiam realmente não ter vindo a existir no fim das contas.

[121] Scotus não argumenta que o Ente Primeiro poderia não ser causa por acaso, porque,

Uma contradição seguiria da suposição de que o Ente Primeiro existe necessariamente e é naturalmente causador (conforme Avicena propusera), embora seja contingente aquilo de que ele é causa. Portanto, cancelaria a contingência das coisas[122] e as reduziria a necessidades.

A contingência dos efeitos não pode ter origem no intelecto do Ente Primeiro[123], já que "tudo que [o intelecto] conhece antes do ato da vontade, ele o conhece necessária e naturalmente, de modo que não há aqui contingência para os opostos".[124] Assim, o Ente Primeiro tem de ter um poder de operar que é distinto de seu intelecto, a saber, o poder de uma vontade livre. Pois "a primeira distinção do poder ativo é de acordo com as diferentes maneiras de provocar uma operação", e, se o poder ativo não está "determinado *ex se*", então "ele [...] é capaz de realizar esse ato, ou o ato oposto, e, portanto, é capaz de agir ou de não agir"[125], o que é a liberdade.

Em uma palavra, para haver entes contingentes, deve haver um ser que exista *a se* e aja livremente.[126] Há três aspectos centrais da vontade livre para Scotus: (1) o poder de escolher é neutro aos resultados, que, para Deus, são possibilidades absolutas; (2) a vontade permanece capaz de escolher o con-

---

como Aristóteles, ele pensa que o acaso é a intersecção de causas "com outros fins em vista", e, assim, supõe a causação, em vez de substituí-la.

[122] Isso realça uma questão, mencionada em n. 114, acerca da qual Avicena ainda não se sentiria satisfeito: quanto a o que estabelece que realmente existem coisas que poderiam não ter absolutamente vindo a existir. Parece que Scotus ainda não eliminou a opção espinosista de Avicena de que tudo é uma única e necessária substância.

[123] Lect. 1, d. 39, n. 43.

[124] Ibid., n. 47.

[125] Parece que a necessidade lógica da existência da verdade contingente, dado que há o ente contingente, é uma base cognitiva suficiente para nosso saber de que um Primeiro Ente Causador, o qual age livremente por natureza, realmente existe! Porque, se é possível haver alguma verdade contingente, então é possível haver uma causa da verdade contingente; de fato, é necessariamente possível. Mas isso só pode ser se alguma causa livre de verdade contingente existe independentemente de tudo o mais: Deus. Será este outro argumento existencial bem-sucedido?

[126] Ibid., n. 62.

trário, embora efetivamente permaneça na escolha do oposto; e (3) não há explicação para a escolha, exceto a capacidade, como tal, de assim escolher.

1. Neutralidade: o intelecto divino "entende-o [qualquer complexo desses] como neutro".[127] A neutralidade não é impedida pela imutabilidade divina (inalterabilidade) porque a neutralidade e a capacidade preservada para fazer o oposto não requerem uma capacidade para mudar o que se faz. "A vontade divina só pode ter uma única volição"; mas a vontade do Ente Primeiro "pode se relacionar com objetos opostos" no ato imutável de sua volição singular.[128] Scotus diz: "A vontade divina, cujo ser operativo precede seu ser produtivo, também é capaz de desejar e não desejar alguma coisa e [...] é capaz de produzir e de não produzir alguma coisa no mesmo momento de eternidade. [...] A potência não é temporalmente anterior ao ato, tampouco está a potência com o ato, mas a potência é anterior por natureza relativamente ao ato".[129] Ele explica que "uma potência só é lógica quando os termos são possíveis de maneira a não serem repugnantes uns aos outros, mas possam ser unidos, ainda que realmente [*in re*] não haja essa possibilidade".[130] Por exemplo, era verdade que pode haver um mundo mesmo "antes de ter havido um mundo", mas a possibilidade de um mundo antes de ter havido um mundo era meramente lógica, já que "não havia realidade de fato que correspondesse aos termos".[131]

---

[127] Lect. 1, d. 39, n. 53.
[128] Ibid., n. 60. Note-se: a anterioridade de natureza é "racional" nesses contextos, e não causal ou entitativa.
[129] Ibid., n. 49.
[130] Ibid. Esse jeito de falar, que também é o de S. Tomás, parece esquisito. Seria melhor dizer que "antes" é favorecido na nossa ordem temporal e que "antes do mundo existir" é imaginário, como S. Tomás diz. Scotus parece pensar que logicamente (unicamente) poderia ter existido um "antes", por projeção conceitual a partir do começo efetivo.
[131] Wolter 1993, 59.

2. É uma ideia central para Scotus a da vontade permanecer capaz de escolher o oposto no momento mesmo em que escolhe. Acerca do contingente em geral, ele diz: "Com 'contingente' não quero dizer algo que não é necessário ou que nem sempre existiu, mas algo cujo oposto poderia ter ocorrido no momento em que esse algo efetivamente ocorreu".[132] Assim como a ocorrência de um evento não torna o oposto impossível, da mesma maneira a escolha de um ato não torna o ato oposto impossível. Ao contrário, ele continua possível. Então, a pessoa capaz de fazer o oposto permanece capaz de fazê-lo, assim como uma pessoa que levanta o braço ainda é ativamente capaz de não levantá-lo, embora, é claro, não seja capaz de fazer as duas coisas ao mesmo tempo. Não há explicação ulterior de uma escolha livre além da possibilidade de fazê-la: "Assim como não há razão pela qual este ente tem este modo de ser exceto que ele é este tipo de coisa, então também não há razão pela qual este agente siga este modo de ação (isto é, livre, embora necessário) exceto que é esse tipo de princípio ativo".[133] E a única explicação de uma escolha individual está na capacidade de fazê-la. Agora, isto é muito importante para sua teologia natural, porque todo o padrão explicativo entraria em colapso se houvesse alguma outra explicação a ser procurada, digamos, em alguma razão ou entendimento, para as escolhas divinas. A resposta característica de Scotus é que a explicação para as escolhas por liberdade da vontade está naquilo que a vontade é, assim como a explicação de por que uma coisa que é um peixe está na sua forma.

3. Uma ação livre é espontânea: ela se origina inteiramente da capacidade de fazê-la. Ele deu como exemplo de escolha livre o fato de uma pessoa simplesmente parar de considerar as outras alternativas.[134] A escolha livre vem da capacidade do agente, indeterminada, e de sua forma, dentro do alcance de sua capacidade, totalmente inexplicada por qualquer outro fator, seja a razão, o motivo, a justificação ou a meta. Em um ato livre, a vontade é a causa total da ação: "Nada mais do que a vontade é a causa total da volição na vontade".[135]

---

[132] Quodl. q. 16, n. 46.
[133] Coll. 3.4; Add. 2, d. 42, q. 4, n. 11.
[134] Add. 2, d. 25, q. 1, n. 20.
[135] Ord. 1, d. 17, pars 1, qq. 1-2, n. 66. A ação voluntária é a ação com base na

A ação livre vem inteiramente da vontade (voluntas).[136] É uma capacidade que, embora dentro do intelecto do agente, não é determinada pelo que é entendido; não tem uma explicação fora de si. Tampouco é a escolha livre uma consequência de outros aspectos, como a ausência de obstáculos, um possível objeto, uma razão suficiente para agir assim etc. A liberdade é a espontaneidade de agir dada pela capacidade, sozinha, de se fazer assim (pode-se ver por que Scotus pensa que a graça divina confere liberdade no sentido mais importante, conforme pensava Agostinho [De Libero Arbítrio], porque ela restaura à pessoa pecadora a capacidade de "agir corretamente", ou, conforme dizia Anselmo, "a capacidade de manter a retidão da vontade por si mesma"). O que chamados de elemento de "espontaneidade" da vontade livre difere marcadamente da noção (aristotélica) de liberdade como "atividade de acordo com o bem entendido predominantemente" que parece mais proeminente em Tomás de Aquino e deixa sua ordem explicativa de ação divina incompleta. Scotus distingue aspectos naquilo que Tomás de Aquino reconhecia como necessidade da vontade ao separar a necessidade da natureza da necessidade da inevitabilidade que vem da perfeição. Scotus diz que há uma necessidade da inevitabilidade que vem da perfeição do poder divino de querer[137], mas "não há necessidade de natureza envolvida" no amor que Deus tem de si mesmo, no divino agir corretamente, no divino viver etc. Porque "necessidade de natureza" opõe-se definicionalmente a "agir livremente": "a vontade per se nunca é um princípio ativo que age naturalmente"[138]; "ela não pode ser mais naturalmente ativa do que a natureza, como diferente da vontade, pode ser livremente ativa". Não é que o amar a Deus do beatificado não seja inevitável, ou que o agir correto de Deus não seja inevitável; em ambos os casos há uma capacidade de agir

---

vontade e de acordo com ela, mas pode ser determinada pelo desejo ou outro bem apreendido. Todavia, a ação *livre* é inteiramente com base na vontade.

[136] N.T.: A referência a Anselmo de Cantuária abaixo é a De Libertate Arbitrii, cap. III. Opera Omnia. Edimburgo: Thomas Nelson and Sons LTD., 1946. V. I, p. 212.
[137] Quodl. q. 16, n. 35.
[138] Ibid., n. 42.

diferentemente, mas a vontade é inevitável por causa da perfeição do agente e não por causa de sua ordem natural que retira a escolha.[139]

Entretanto, parece haver uma "ponta solta" filosófica relativa a se *é* imediatamente evidente que a vontade livre é "espontaneidade" da ação explicada somente pela capacidade de assim agir, e isso deixaria uma disputa com um aristotélico sem resolução. Segundo Scotus, a ação livre não pode ser explicada, como uma capacidade, com base em algum elemento anterior do ser, não mais do que o pode uma inteligência. É autoevidente que nós, humanos, temos essa capacidade? É óbvio, porém, que essa capacidade tem de ser atribuída a Deus para se evitar o regresso na busca de "razões suficientes" para dar conta da escolha livre divina. A "ponta solta" diz respeito a onde a filosofia "chega ao fundo" nos primeiros princípios. Será que se poderia, talvez, pensar que essa espontaneidade é uma pré-condição analisável da adequabilidade empiricamente óbvia da ação humana para a réproba e a aprovação morais, reforçada pelo insucesso de outras teorias em explicar as ações erradas como resultado ou da ignorância ou da fraqueza? Não que a adequabilidade seja cognitivamente anterior, como algo que deve ser conhecido antes, mas, em vez disso, não poderia ser anterior na ordem de nossa experiência cognitiva, pela qual podemos estar certos de que a espontaneidade é uma condição necessária?

V.12. Infinitude

Scotus considera que "ente infinito" é a caracterização mais apropriada (adequada ou digna) do ente divino[140] – está para "ente" como "brancura intensa" está para "brancura", não como uma espécie, mas como um modo. Ele diz: " 'Infinito' não é como que um atributo ou uma afecção do ente, ou daquilo que dele se diz", mas, antes, "é um modo intrínseco daquela entidade [*'infinitum' non est quasi attributum*

---

[139] Quodl. q. 16, nn. 1-50. Também, Ord. 1, d. 10, nn. 6-9 and 30-58. Quodl. q. 16, n. 44 diz: "nem toda necessidade destrói a liberdade".
[140] Ver William E. Mann, cap. 7 neste volume.

vel passio entis, sive eius de quo dicitur, sed dicit modum intrinsecum illius entitatis]".[141] Já que, "se uma entidade é finita ou infinita, não o é por razão de algo acidental a ela, mas porque tem seu próprio grau de perfeição finita ou infinita, respectivamente [*ita quod cum dico 'infinitum ens', non habeo conceptum quase per accidens, ex subiecto et passione, sed conceptum per se subiecti in certo gradu perfectionis, scilicet infinitatis*]".[142] "Como 'ente' inclui virtualmente o 'bom' e o 'verdadeiro', então 'ente infinito' inclui o 'infinitamente bom', o 'infinitamente verdadeiro' e todas as perfeições puras sob o aspecto da infinitude".[143] A infinitude divina é *manifestada* vinda do poder criativo intensamente infinito. Note-se que dizemos "manifestada", e não "constituída", pois a infinitude é um modo do ente, não um tipo de poder. O poder do Ente Primeiro "seria [intensamente] infinito, porque... ele tem poder o bastante para produzir de uma só vez um número infinito, e, quanto mais se é capaz de produzir simultaneamente, maior o poder em intensidade".[144] Por quê? Porque a causa mais elevada contém virtualmente, em seu ser, tudo que é efetivo em qualquer causa essencialmente dependente – "o poder causal total que cada coisa pode ter em si, o Ente Primeiro possui ainda mais perfeitamente do que se estivesse formalmente presente".[145] Visto que "onde cada uma das coisas em questão precisa de mais perfeição própria a si", tantas mais coisas podem ser produzidas, tanto maior a perfeição do produtor.[146] A infinitude não é, entretanto, somente a extensão do poder, mas o modo positivo de ser necessário para esse poder. "Não obstante, nós entendemos a infinitude negativamente".[147]

---

[141] Ord. 1, d. 3, pars 1, qq. 1–2, n. 58 (trad.Wolter 1993, 27). Também, Quodl. q. 5, n. 10.
[142] Ord. I, d. 3, q. 1, trad. Wolter 1993, 75.
[143] Ibid., trad. Wolter 1993, 27.
[144] Ord., I, d. 2, q. 1, trad. Wolter 1987, 64-65.
[145] Ibid., 65.
[146] Ibid., 64.
[147] Gilson 1952, 192, é definitivo em que a infinitude é um modo positivo, intrínseco

E "mesmo onde a natureza do efeito era tal que tornava sua existência simultânea em um número infinito impossível", ainda assim seguir-se-ia que o agente primordial é infinito em poder, "dado que, na medida em que se trata do poder causal do agente, ele poderia produzir simultaneamente uma quantidade infinita".[148] Dentre as cinco razões por que Deus é infinito em ser dadas em *De Primo Principio* (4.48-63), Scotus conclui com a observação de que tudo que é possivelmente finito é efetivamente infinito (4.63). E ele diz que, embora não se possa provar *a priori* que "ser" e "infinitude" sejam compatíveis, isso pode ser deduzido tanto da onisciência como da onipotência.[149]

VI. IMORTALIDADE DA ALMA

Scotus defende que não podemos conhecer naturalmente – e *a fortiori* não podemos demonstrar – que a alma humana é imortal, e sequer que haverá uma ressurreição dos mortos. Ele reconhece que o intelecto requer certo tipo de atividade que não pode ser realizada por um órgão corpóreo e que essa atividade é naturalmente humana. Porque "a intelecção propriamente falando é um conhecimento que transcende todo conhecimento sensível", já que a intelecção não está limitada a certa espécie de coisas sensíveis, como as coloridas, por exemplo; mas qualquer ato cognitivo com um órgão estaria limitado dessa forma.[150] Sabemos por experiência que "possuímos algum conhecimento de um objeto segundo algum aspecto que ele possa ter como um objeto de conhecimento sensível", como, por exemplo, quando "experienciamos em nós mesmos que conhecemos o universal efetivo".[151]

---

do ser, mas concebido "negativa" ou "privativamente", em contraposição às coisas finitas que conhecemos.

[148] Wolter 1993, 64.
[149] Ibid., 68-70.
[150] Wolter 1993, 148.
[151] Ibid., 150-151.

Não obstante, não se segue, conforme Aristóteles aparentemente pensava e Tomás de Aquino alegava, do fato de nosso intelecto não empregar um órgão corpóreo, como o faz a visão, que a alma, cujo poder ele é, é imortal. Segue-se somente que o intelecto é "incapaz de dissolução no mesmo sentido que um poder orgânico é corruptível".[152] Mas, ainda assim, a alma pode deixar de existir não por separação de partes orgânicas, mas simplesmente porque, como poderia acontecer aos anjos, "sua existência é sucedida pelo oposto da existência".[153] Uma vez que sua operação é "apropriada ao composto como um todo", isto é, é o humano como um todo humano que intelige, e esse composto é perecível, então "seu princípio operativo [a alma intelectual] também é perecível".[154] Além disso, Scotus é tão definitivo quanto Tomás de Aquino aqui: "A alma não é a pessoa, mas a forma de uma pessoa". A pessoa é o *suppositum* incomunicável da natureza racional e para isso é necessária a istidade (a individuação final). Então, não podemos demonstrar que as pessoas sobreviverão à morte. Ele não discute, e também não o faz Tomás de Aquino, se por fé natural na ordem da natureza poderíamos ter certeza racional da sobrevivência pessoal.

A fortiori, segue-se que não podemos conhecer naturalmente que haverá, ou mesmo que pode haver, uma ressurreição dos mortos, pois "a alma, na medida em que se trata de seu ser, é igualmente perfeita, esteja ela separada de ou unida a um corpo".[155] Não há, então, necessidade natural para que a alma esteja corporificada, uma vez que veio a ser. Ela pode ter certa disposição para estar na forma apropriada de um corpo, no entanto, mesmo que essa disposição fosse "para sempre suspendida", "nada de inatural" estaria implicado nisso, já que imperfeição

---

[152] Ibid., 158.
[153] Ibid., 163.
[154] Ibid. Embora a alma seja realmente distinta do corpo, não podemos, por isso, dizer que a inferência para a possibilidade de que a alma possa deixar de existir é falsa sem cometer uma petição de princípios.
[155] *Ibid.*, 164.

alguma na sua existência estaria implicada.[156] Já que o Ente Primeiro escolhe criar de maneira livre e contingente, não podemos demonstrar que Deus fará a ressurreição dos seres humanos ou que absolutamente não criará almas humanas individuadas sem corpo para todo o curso de sua existência.

VII. PENSAMENTOS FINAIS SOBRE A TEOLOGIA NATURAL DE SCOTUS

Se formos realistas, e não simplistas, quanto a o que significa e o que pretendia uma demonstração medieval aristotélica, nomeadamente, uma dedução, a partir de premissas conhecidas com segurança, as quais também são, para Scotus, necessárias para conclusões igualmente certas, reconheceremos que não há demonstrações sem pressuposições de fundo. As de Scotus incluem comprometimentos lógicos (por exemplo, para com a bifurcação e as modalidades iterativas[157]), metafísicos (para com as formas, as naturezas comuns reais, princípios causais ativos) e epistemológicos (quanto ao papel da autoevidência e da demonstração, do raciocínio provável e coisas do tipo). Isso posto, Scotus mostra a existência de um Ente Primeiro Explicativo tão bem quanto qualquer filósofo jamais fez sobre qualquer ponto substantivo. Ele também exibe maestria técnica a respeito de muitos aspectos da natureza

---

[156] *Ibid.*

[157] Scotus se baseia em dois princípios modais iterativos: (1) as possibilidades e as necessidades são elas mesmas formalmente necessárias; e (2) o operador modal (proposicional) mais fraco de qualquer conjunto é o operador modal mais forte de qualquer conjunção: dessa forma, qualquer conjunção com um membro contingente é elas mesma contingente (por exemplo, a regressão das causas) e, é claro, qualquer conjunção com um conjunto impossível é impossível como um todo. Esses, mais o princípio de bifurcação (de que toda proposição não tensionada é ou verdadeira ou falsa), formam a estrutura das provas indiretas e dos argumentos scotistas com base em "o que implica o falso é falso".

divina – particularmente na sua originalidade acerca de o que a liberdade divina implica e como ela acaba com a investigação explicativa sem incorrer em uma petição de princípios.

Enfatizamos o aspecto *a posteriori* do raciocínio de Scotus porque sua constante insistência na possibilidade e na necessidade poderia levar nossos contemporâneos a considerá-lo como um apriorista a respeito da existência de Deus. Considerar Scotus como um defensor de "argumentos modais" em favor da existência de Deus, como foram entendidos no final do século XX, pode levar a confusões. Tais argumentos, como os de Plantinga e os de Malcolm, são argumentos *a priori*, isto é, argumentos que não dependem de premissas empíricas.[158] A argumentação de Scotus a respeito tanto da existência como da natureza de Deus está baseada nas nossas experiências da produção, da função e da eminência das coisas que poderiam nunca ter vindo a existir absolutamente. Além disso, suas noções de modalidade não são semânticas, mas estão enraizadas nas capacidades do ente e não se baseiam sobre a lógica quantificativa que é extensional, da maneira como a quantificação de primeira-ordem é hoje em dia.

Não obstante, parece haver dois pontos centrais que precisam de mais apoio do que o que ele dá: (1) o de que há princípios causais ativos na natureza, como formas e causas eficientes, assim como algumas coisas essencialmente ordenadas pela finalidade e pela eminência; e (2) o de que qualquer coisa em absoluto existe de maneira contingente – o mesmo ponto acerca do qual ele se afasta de Avicena. Ele considera ambos os pontos indemonstráveis, já que não há nada explicativamente anterior a ambos. Então, pode ser que se tenha de argumentar por refutação em favor deles internamente dos oponentes (ele fez esse tipo de

---

[158] Não estamos sugerindo que esses argumentos não possam ser incorporados em uma estrutura scotista, digamos, por meio de uma dedução de um princípio geral de explicabilidade a partir da produção de coisas contingentes (cf. Ross 1968). Mas sem a raiz na experiência, na produção efetiva de coisas, a argumentação flutua no reino dúbio da especulação baseada somente nas nossas especulações até onde elas possam ir: de modo algum era isso o que Scotus pretendia.

coisa em *Theoremata*). Mas também pode ser que existam aspectos que, por experiência geral, possam ser usados para remover o erro a respeito desses pontos.

O primeiro, acerca da existência de princípios ativos na experiência, é negado diretamente por muitos filósofos grandes desde o século XVII, conforme indicamos; mas isso, é claro, não é razão para se duvidar de Scotus, principalmente já que as razões deles são frágeis e entram em conflito com as conquistas das próprias ciências físicas que reverenciam. Além disso, a refutação da opinião comum acerca desses pontos não tem de ser dedutiva; ela pode ser por explicações melhores na ciência natural do que os outros são capazes de oferecer, e nesse aspecto a argumentação de Scotus deve ser complementada pela nossa época.

E o segundo princípio, segundo o qual há coisas contingentes, é afirmado com bastante entusiasmo por filósofos recentes (embora notadamente por David Lewis), mas mesmo sobre o fundamento mais frágil de que tudo poderia ter acontecido por acaso ou por causa de nenhuma razão. Scotus não tinha paciência alguma com a tolice. Mas é uma questão metafísica muito importante, que envolve a rejição decisiva de Avicena em prol de um comprometimento cristão central para com a criação (o de que as coisas percebidas poderiam jamais ter vindo a existir), e que precisa de alguma justificação filosófica. Mesmo que permitamos a alegação Scotista de que não há nada explicativamente anterior de que possamos deduzir a contingência, pode-se sustentar com explicações que a "emanação", e coisas do tipo, é internamente incoerente. Talvez haja um raciocínio feito por Scotus em algum outro lugar que mostre isso também. Em todo caso, essa premissa de que algumas coisas são realmente contingentes (mas que tudo poderia não existir) precisa de algum apoio especial à luz de seu conflito com Avicena e, mais tarde, com Espinosa.[159]

---

[159] É questão de se espantar que tantos filósofos recentes tão qualificados tecnicamente não tenham problemas em parar na ideia de que nada tem causa ou de que tudo

As observações finais a respeito da imortalidade da alma ilustram a originalidade de Scotus mais uma vez e indicam a variedade de outros tópicos, por ele tratados, na teologia natural, incluindo os contingentes futuros, a presciência divina, o fim do mundo e outros pontos não incluídos aqui.

é, de alguma forma, sem lógica ulterior, necessário, mas considerem a ideia de um Criador um tanto irrelevante.

7 Duns Scotus sobre o Conhecimento Natural e Sobrenatural de Deus

WILLIAM E. MANN

O professor Eugênio começa sua aula com o anúncio de que hoje vamos investigar o que podemos saber a respeito de Deus. O estudante Cândido imediatamente pergunta como é possível que nós, mentes finitas, possamos compreender qualquer coisa a respeito do infinito. O professor internamente chia, resistindo à tentação de replicar com a pergunta sobre como a mente finita do estudante tem tanta certeza de que Deus *é* infinito, dada sua afirmação de dúvida quanto à adequação das mentes finitas.

Ansioso para manter a civilidade na sala de aula, o professor talvez parabenize o estudante por ter adiantado uma questão discutida extensamente por John Duns Scotus. Ela é um sinal da seriedade com a qual Scotus lida com essa e outras questões correlatas por ele tratadas na versão da *Ordinatio* de seu monumental *Comentário às Sentenças de Pedro Lombardo*. O título da primeira questão no Prólogo da Primeira Parte é "Se é necessário ao homem em seu estado presente ser inspirado sobrenaturalmente com alguma doutrina". O título da primeira questão da Primeira Parte da Terceira Distinção é: "Se Deus é naturalmente cognoscível pelo intelecto humano nesta vida".[1] A existência de Deus não é objeto de disputa nessas questões. Scotus acha que a existência de Deus pode ser estabelecida como um item de

---

[1] As traduções são minhas. A primeira questão do Prólogo foi traduzida por Allan Wolter em Wolter 1951. Wolter também traduziu porções de Ord. I, pars 3, d. 1, q. 1, em Wolter 1987.

teologia natural, essa parte da especulação teológica que pode ser desenvolvida exclusivamente pela razão, independente de qualquer tipo de revelação. Scotus considera a si mesmo como de acordo com Aristóteles, acerca do fato de que a experiência sensível humana e a razão natural são adequadas para dar uma demonstração da existência de Deus. O próprio Aristóteles argumentara, com base na existência de entes mutáveis e contingentes capazes de iniciar a mudança em outros entes mutáveis e contingentes, em favor da conclusão pela existência um ente imutável, necessário e em última instância independente, um "motor imóvel". Variações acerca desses temas aristotélicos foram experimentadas com sucesso considerável uma geração antes de Scotus por Tomás de Aquino.[2] Scotus aceitou esses argumentos, mas, por acreditar que sua correção depende de fatos contingentes sobre o mundo criado, ele considerava que esses argumentos só eram capazes de demonstrar a necessidade relativa ou condicional da existência de Deus: Deus tem de existir se é para existir *esta* espécie de mundo. Talvez por essa razão Scotus favoreça um argumento que pretende estabelecer a necessidade absoluta da existência de Deus separadamente de quaisquer fatos contingentes acerca da maneira como o mundo é. Por causa desse contexto, sugiro que nossas duas questões devem ser lidas conforme o seguinte espírito: *se*, ou *dado que*, Deus existe, o que podemos saber a respeito de Deus, o que devemos saber e como podemos sabê-lo?

Os títulos pressupõem uma distinção entre o conhecimento natural e o conhecimento sobrenatural. Uma das minhas tarefas será explicar essa distinção. Discutirei as questões na ordem inversa, começando com o conhecimento natural e só depois passando ao sobrenatural.

---

[2] Ver S. Tomás *SCG* I.13 e 15, e *ST* I.2.3.

I. CONHECIMENTO NATURAL DE DEUS

Podemos supor que o conhecimento natural é o conhecimento que os seres humanos obtêm pelo uso de suas faculdades cognitivas e perceptuais ordinárias que operam sobre os objetos físicos ordinários. Parece que pressupor uma concepção genericamente aristotélica do escopo dos poderes intelectuais naturais humanos satisfaz Scotus, no que tange a aquisição humana de conceitos em sua base inteiramente empírico-sensorial. Assim, sem algum tipo de suplementação divina, a razão humana só pode manter seu comércio com um estoque de bens terrenos, comuns. A noção scotista de razão natural, então, não vai além dos limites do empirismo, mesmo que Scotus pensasse que só a razão natural pudesse fazer mais progressos na teologia natural – dando uma prova da existência de Deus, por exemplo – do que a maior parte dos empiristas modernos poderia aceitar. Se é assim, cabe perguntar como poderia haver o conhecimento natural de Deus, principalmente quando se declara que o conhecimento natural é o conhecimento de um ente sobrenatural. O problema é mais agudo para Scotus porque ele não se baseia em uma tradição poderosa, da qual um dos praticantes era Agostinho, que aceita a inadequação das práticas de coligir conhecimento nessa área e que alega, em vez disso, que o conhecimento de Deus é inato à alma humana, passível de descoberta por uma técnica meditativa particular de autocontemplação interna.[3] Quaisquer que sejam os méritos dessa posição, Scotus pode ter pensado que ela ou compromete a alegação de naturalidade do conhecimento adquirido por tais meios ou que ela é compatível com sua própria abordagem. É fácil interpretar o retrato feito por Agostinho da técnica meditativa se ela implicasse a cooperação divina de tal maneira que quem medita só pode ter sucesso se Deus escolher iluminar a alma nessa sua busca.[4] Se, por outro lado, a técnica meditativa não requer a cooperação divina, então Scotus pode alegar razoa-

---

[3] Ver Menn 1998.
[4] Pode-se interpretar dessa maneira o *De Libero Arbitrio* II e o *De Magistro* 11 *seq.* de Agostinho.

velmente que se trata de um processo que não é intrinsecamente estranho à sua abordagem naturalista. Em todo caso, veremos que Scotus pensa estar desenvolvendo o conhecimento conceitual a respeito de Deus dentro dos limites dos procedimentos ordinários, comuns, de formação de conceitos.

Embora o título de *Ord.* 1, d. 3, pars 1, q. 1 seja: "Se Deus é naturalmente cognoscível pelo intelecto humano nesta vida", Scotus refina a questão, após uma série de seis observações preliminares, para: "Será que o intelecto humano na vida presente pode ter um conceito simples no qual Deus seja concebido?"[5]. O refinamento restringe a busca e estabelece seus marcos. Primeiro, Scotus deixa claro que o que ele procura é um *conceito*, a ser adquirido por meios naturais, tal que seja válido *unicamente* para Deus (se não for válido unicamente para Deus, então não haveria garantia de se estar concebendo Deus ao se compreender o conceito). Segundo, não basta qualquer conceito que possa (ou que se pense que possa) ser válido a Deus. Scotus procura explicitamente por um conceito *simples*. O que exatamente é um conceito simples e por que ele é tão valioso para Scotus?

Se esperamos encontrar resposta, temos de olhar para as observações preliminares. Mesmo que as outras cinco contenham muita coisa importante[6], a primeira é a mais lídima à nossa questão. Na primeira observação, Scotus desqualifica como irrelevante a distinção entre conhecer Deus negativamente e conhecer Deus afirmativamente. Havia uma concepção, notoriamente associada a Moisés Maimônides, que sustentava que o único conhecimento que podemos ter acerca de Deus é o conhecimento negativo. Scotus não menciona explicitamente Maimônides.[7] Ainda assim, as ideias de Maimônides dão um contexto contra o qual testar as de Scotus. De acordo com Maimônides, dizer que Deus é vivo significa que Deus não está morto; dizer que Deus é eternosignifica dizer que Deus não é

---

[5] *Ord.* 1, pars 3, d. 1, q. 1, n. 19.
[6] *Ord.* 1, pars 3, d. 1, q. 1, nn. 10-15.
[7] Scotus está pensando em Maimônides na discussão relacionada sobre a unicidade de Deus; cf. *Ord.* 1, d. 2, q. 3.

causado.⁸ Maimônides adota essa concepção por duas razões. A primeira é que qualquer atributo positivo é repetível ou partilhável: uma coisa ser boa não exclui outras coisas também de o serem. A segunda é que não há composição metafísica em Deus, não há distinção alguma entre a essência e a existência de Deus ou a substância e os atributos de Deus. A bondade de Kim é metafisicamente separável de Kim, mas a bondade de Deus não é metafisicamente separável de Deus. Então, a interpretação metafísica de como Deus é bom tem de ser diferente da interpretação de como Kim é bom. A bondade é um atributo positivo de Kim, mas não de Deus, pois se fosse, então, pelo critério de repetitividade para os atributos, dois ou mais entes poderiam ser bons da mesmíssima maneira como Deus o é. Maimônides considera que isso é um lapso na direção do politeísmo. Sua solução é analisar a alegação de que Deus é bom em termos de uma negação: Deus não é mau.

Scotus deseja manter a doutrina da simplicidade metafísica de Deus.⁹ Suspeito que esse desejo está por trás da sua busca de um conceito simples aplicável a Deus. Scotus não está disposto, contudo, a aceitar a teologia negativa exemplificada pela abordagem de Maimônides. Ele lista suas objeções rapidamente em ordem, conforme segue:

1. As negações só podem ser conhecidas por meio das afirmações. O ponto de Scotus parece, aqui, ser que não pode haver conceitos negativos simples, já que todo conceito negativo é logicamente parasita de algum conceito positivo. Por exemplo, a não maldade seria ao menos tão dependente do conceito mais simples de bondade quanto o é a não bondade; e, conforme seria possível argumentar, tanto mais porque, já que a não maldade é a negação da maldade, esta, por sua vez, é a negação da bondade. Para usar outras palavras para o ponto geral, cada conceito simples tem de ser um conceito positivo.

---

8   Ver *O Guia dos Perplexos*, I, 58.
9   Para explicação e defesa dessa doutrina, ver Mann 1982 e Stump e Kretzmann 1985.

2. As únicas negações que sabemos se aplicarem a Deus, só as conhecemos em virtude do fato de que negam algo de Deus que entraria em contradição com alguma afirmação a respeito de Deus que sabemos ser verdadeira. A única base para nosso conhecimento de que Deus não é mau é que isso nega "Deus é mau", contradizendo, assim, o que sabemos a respeito de Deus, isto é, que Deus é bom. O que precisa de explicação é como temos esse saber. Uma explicação como a de Maimônides tem a dependência epistemológica exatamente retroversa.
3. Nosso maior amor não está dirigido para as negações. Quando amamos Deus, não é porque Deus é concebido como não morto ou não mau.
4. Os termos negativos podem ser ou substantivos ou predicativos. "Não pedra", usado como substantivo, pode ser pensado para se referir a uma coleção de objetos, a saber, todos os objetos que não são pedras. Usado predicativamente, "não pedra" pode indicar que o sujeito de que é predicado é ou *alguma* não pedra ou não é *feito de* pedra. Pensemos agora em alguma negação aplicável a Deus, como "não mau". Interpretada substantivamente, "não mau" indicará muitas coisas – se Agostinho está correto, sua classe de referência é tudo que existe.[10] Scotus afirma que o termo tem extensão ainda maior, incluindo até as coisas que não existem, por exemplo, uma quimera. "Não mau", então, como termo substantivo, não diferencia Deus de um abacate ou de um unicórnio. Se "não mau" for interpretado predicativamente, então, diz Scotus: "A atribuição negativa tem de estar fundamentada em última instância em algum atributo positivo inerente ao sujeito" (neste caso, o sujeito ser bom). Mais uma vez, a carroça negativa tem de ser puxada por um cavalo positivo.

Façamos uma revisão. Scotus pensa que nenhum atributo puramente negativo pode adequadamente transmitir conhecimento de Deus. Isso restringe sua busca por um conceito adequado ao domínio dos conceitos positi-

---

[10] Ver Mann 2001.

vos que podem ser adquiridos naturalmente. Maimônides pensara que qualquer *atributo* positivo é repetível e, assim, não poderia representar a natureza essencialmente singular de Deus. É um passo curto dessa assunção para a de que qualquer *conceito* positivo de Deus também estaria infectado pelo vírus da repetitividade. A estratégia scotista é negar ao menos uma dessas assunções de repetitividade. É possível haver um conceito positivo, adquirido naturalmente, que vale para Deus e para mais nada. Quanto à assunção da repetitividade dos atributos, veremos que a lealdade de Scotus à doutrina da simplicidade metafísica de Deus faz com que ele duvide da atribuição de qualquer atributo positivo a Deus, exceto como uma *façon de parler*. Essa mesma lealdade dá a motivação para encontrar um conceito simples. Embora pudessem talvez existir conceitos positivos complexos de Deus, um conceito simples poderá representar mais proximamente a natureza simples de Deus e ocupará uma posição epistemológica especial para Scotus.

O corpo da determinação scotista da questão de nosso conhecimento natural de Deus consiste em uma série de cinco teses. As teses são desenvolvidas na crítica das visões atribuídas a Henrique de Gand. Não proponho uma discussão das concepções de Henrique de Gand ou da exatidão da representação que delas faz Scotus. Tampouco tratarei cada uma delas da mesma maneira. Analisarei seus conteúdos somente na medida em que favoreçam o projeto scotista central.

Eis a primeira tese e a justificação dada a ela por Scotus:

> Digo, pois, em primeiro lugar, que não só é naturalmente possível se ter um conceito no qual Deus é concebido como que acidentalmente, como, por exemplo, por meio de algum atributo, mas também algum conceito no qual Deus é concebido por si e quiditativamente.
>
> Provo, segundo o doutor acima citado [Henrique de Gand], ao conceber "sábio", concebe-se uma propriedade ou *como que propriedade* que aperfeiçoa a natureza à maneira de um ato segundo. Portanto, para compreender "sábio" é preciso compreender antes algum sujeito, porque, no meu entender, a afirmação acima refere-se a uma propriedade como inerente a algo. Assim, antes dos conceitos dos atributos ou *como que atributos*, é preciso buscar um conceito quiditativo ao qual estes possam ser atribuídos, este outro conceito

será um conceito quididativo a respeito de Deus, pois a nossa busca [de um *como que sujeito*] não poderá chegar a um termo em nenhum outro conceito.[11]

Conceber Deus acidentalmente é ter um conceito de algum atributo, por exemplo, a sabedoria, que vale para as criaturas e para Deus. O fato de que algumas criaturas são sábias é o que nos habilita a adquirir o conceito de sabedoria naturalmente. Adicionalmente a essa espécie de conceito, porém, Scotus alega que podemos ter um conceito quididativo de Deus. Seu argumento é desesperadoramente condensado. Avanço as seguintes observações esperando interpretar a passagem.

Um conceito quididativo de uma coisa representa a quididade dessa coisa. A quididade de uma coisa dá a resposta para a questão: Que (espécie de coisa) é? É tentador pensar que a quididade de uma coisa é o conjunto de propriedades essenciais a ela. Mas a noção scotista de quididade – e, dessa forma, de um conceito quididativo – vai mais fundo do que isso. Como uma primeira aproximação, podemos dizer que a quididade de uma coisa explica por que as propriedades essenciais da coisa são essenciais a ela.

Para tomar um exemplo sugerido pela passagem citada dois parágrafos antes, compare-se a proposição "Sócrates é sábio" com "Deus é sábio". A primeira registra uma propriedade acidental de Sócrates: é fácil imaginar que Sócrates jamais poderia ter se *tornado* sábio. Embora a sabedoria de Sócrates seja acidental a Sócrates, não é acidental que sua sabedoria dependa de ele possuir uma alma racional. A mera posse de uma alma racional, no entanto, não é suficiente para produzir a sabedoria em seu possuidor. Considere-se essa analogia, adaptada do *De Anima* de Aristóteles: "Este machado é afiado".[12] A afiação é uma excelência para um machado que aperfeiçoa sua função, *cortar*. A afiação tem de sobrevir à espécie correta de matéria – o aço bastará, gordura de galinha congelada não – formada ou estruturada da maneira correta (o mesmo aço pode ter sido usado para

---

[11] *Ord.* 1, pars 3, d. 1, q. 1, n. 25.
[12] Ver Aristóteles, *De an.* 2.1 (412^{b}12-413^{a}3).

se fabricar um taco de golfe). Então, embora possa ser acidental que esse machado esteja afiado, não é acidental que sua afiação dependa de ele ter sido feito com a matéria correta e da maneira correta.

Aristóteles disse que se um machado tivesse alma, sua alma seria sua habilidade de cortar; tal seria seu "primeiro ato". O exercício de tal habilidade, o ato de efetivamente cortar do machado, é seu "segundo ato". A afiação aperfeiçoa esse segundo ato, essa atividade que é a efetivação da potência do machado. Como a afiação do machado, a sabedoria de Sócrates tem de sobrevir à "matéria correta", um corpo orgânico estruturado e animado por uma alma racional. No sentido do primeiro ato, uma alma racional é uma alma que é *capaz* de compreender, de raciocinar, de deliberar e de escolher. Uma alma que exerce essas capacidades é uma alma racional no sentido do segundo ato. Mas o exercício do entendimento de alguém pode conter imperfeições, pode sair distorcido, as deliberações podem estar enviesadas e as escolhas podem estar excessivamente influenciadas pelas emoções. A concepção scotista é que a pessoa de sabedoria não demonstra essas fraquezas humanas comuns no pensamento ou na ação. A sabedoria de Sócrates aperfeiçoa o exercício das suas habilidades cognitivas. Mas o fato de Sócrates ter uma alma racional por si só não explica por que Sócrates é sábio. Muitos tolos têm almas racionais. É apropriado perguntar como Sócrates se tornou sábio, da mesma maneira como perguntar como este machado veio a ser afiado.

Voltemos agora a "Deus é sábio". Não pode ser que a sabedoria seja uma propriedade acidental de Deus. Seria enganador, no entanto, dizer que a sabedoria é uma propriedade essencial de Deus, na medida em que essa alternativa sugere uma distinção entre uma propriedade em Deus, *ser sábio*, e Deus, o portador da propriedade. De acordo com a doutrina da simplicidade metafísica de Deus, uma interpretação melhor da proposição de que Deus é sábio seria a seguinte: Não que Deus *tenha* sabedoria, mas que Deus *é* a Sabedoria Ela Mesma. Scotus nunca discorda da afirmação de Henrique de Gand de que "Tudo que é conhecido de Deus é Deus".[13] É o

---

[13] *Ord.* 1, pars 3, d. 1, q. 1, n. 20.

comprometimento com a doutrina da simplicidade que o leva a usar a noção de uma *como que propriedade*. A superfície gramatical idêntica exibida por "Sócrates é sábio" e "Deus é sábio" mascara uma diferença ontológica entre elas. Aquilo que nas criaturas é uma propriedade tem de ser compreendido como uma *como que propriedade* no caso de Deus.

A disposição para consentir com o juízo de que "Deus é sábio" é uma verdade necessária, e mesmo que seja complementada pela análise da simplicidade divina de "Deus é a Sabedoria Ela Mesma", isso não exime ninguém de enfrentar a questão: por que Deus é sábio? Porque a questão não precisa ser interpretada como aquela outra, néscia, Como Deus se tornou sábio? Ao invés disso, que se pense nela nos seguintes termos: O que a natureza de Deus tem que implica em Ele ser sábio? A ideia de Scotus é que se considerarmos todas as *como que propriedades* que caracterizam Deus – sabedoria, poder, bondade e coisas do tipo –, descobriremos que todas elas podem ser explicadas pela quididade de Deus.

A primeira tese de Scotus não nos dá o conceito quididativo que promete. Se tanto, a primeira tese parece tornar o cumprimento dessa promessa improvável. Se a maneira em que Sócrates é sábio difere tão drasticamente da maneira em que Deus é sábio, que razão temos para pensar que nosso conceito de sabedoria, adquirido naturalmente com base em nossa experiência de Sócrates e de outras criaturas, vale para Deus? A segunda tese scotista, cuja determinação é mais do que duas vezes mais longa do que as das outras quatro teses juntas, sustenta que podemos ter não apenas um conceito analógico de Deus, mas um conceito unívoco[14], isto é, um conceito que vale igualmente para as criaturas e para Deus, sem qualquer mudança de significado. Ao afirmar essa possibilidade, Scotus se considera em desacordo com Henrique de Gand; ele certamente discorda de S. Tomás de Aquino, que dizia que "é impossível atribuir alguma coisa univocamente a Deus e às criaturas".[15] Ao invés disso, S. Tomás propunha uma teoria, ou algumas observações sugestivas para uma teoria, da predicação

---

[14] *Ord.* 1, pars 3, d. 1, q. 1, n. 26.
[15] *ST* I.13.5.

analógica. Não examinarei aqui nenhuma teoria da predicação analógica.[16] O que espero ser capaz de fazer é dar os motivos por trás da negação tomista da univocidade e os motivos da insistência scotista em favor dela.

Já vimos Scotus reconhecer que, diferentemente da sabedoria de Sócrates, a sabedoria de Deus não é uma propriedade acidental – de fato, não é sequer uma propriedade – de Deus. Há mais diferenças. A sabedoria de Sócrates é a sabedoria de uma pessoa, com corpo, que age no espaço e no tempo. Deus é incorporal, não espacial e atemporal. A sabedoria de Sócrates inclui as operações do raciocínio e da deliberação, processos que tipicamente levam tempo e começam na ignorância e na indecisão. A sabedoria de Deus não é caracterizada por essas operações. Deus compreende tudo sem necessidade de raciocinar e escolhe sem necessidade de deliberar. A sabedoria de Sócrates é limitada; a de Deus é ilimitada. É fácil simpatizar com S. Tomás, que, confrontado com todas essas diferenças, concluía que termos como "sábio", quando aprendidos com base em pessoas como Sócrates, e aplicados a elas, não poderiam ter o mesmo significado de quando predicados de Deus.

Scotus afirma dois pontos críticos salientes na discussão dessa segunda tese. Considerados juntos, eles esclarecem o caminho para a mensagem positiva da segunda tese. O primeiro ponto crítico é que todo conceito ou é unívoco ou equívoco: não há terceira possibilidade. Ou "sábio" tem o mesmo significado quando predicado de Sócrates e Deus ou não. Que se lhe dê o nome que se quiser, a predicação analógica ainda é equivocação.[17] Scotus estipula dois testes pelos quais um conceito tem de passar se for para ser considerado como unívoco:

1. Afirmar o conceito e negá-lo para a mesma coisa tem de resultar em contradição. Se não for contraditório dizer "Há uma fenda na estrada, mas não há uma fenda na estrada", então o conceito de fenda é equívoco.

---

[16] Para uma discussão moderna definitiva, ver Ross 1961.
[17] *Ord.* 1, pars 3, d. 1, q. 1, n. 26.

2. O conceito tem de ser capaz de funcionar como termo médio de um silogismo válido, não permitindo que se passe de premissas verdadeiras para uma conclusão falsa. Assim, para cooptar um exemplo putativo de um conceito analógico de S. Tomás, em "A dieta é saudável; nada é saudável a menos que seja um organismo vivo; portanto, essa dieta é um organismo vivo", "saudável" é equívoco nas premissas.

O segundo ponto crítico é que nenhum conceito de Deus adquirido naturalmente pode ser simples e equívoco ao mesmo tempo.[18] Como os exemplos da fenda e da saúde sugerem, a equivocação se nutre da complexidade conceitual. Fendas na estrada e fendas na mesa são parecidas em certos aspectos importantes, mas diferentes em outros. A saúde é predicada de uma dieta por causa de um conjunto complexo de assunções causais acerca da contribuição da dieta para o bem-estar fisiológico. Um conceito simples, por exemplo, o conceito de azul cerúleo, não dá margem conceitual para equívoco. Assim, se há um conceito simples de Deus, adquirido naturalmente, ele tem de ser unívoco entre Deus e as criaturas naturais. Uma pessoa pode chegar ao mesmo ponto por uma rota diferente. Suponha-se, conforme Scotus nunca nega, que podemos adquirir naturalmente conceitos analógicos de Deus. Qualquer conceito analógico desse tipo será, sob luzes scotistas, equívoco e, assim, complexo. Se cada componente for em si mesmo equívoco e não depender em última instância de algum conceito unívoco, então literalmente não temos como contar sobre o que versa o conceito analógico e sequer se é coerente, pois só poderemos compreender como a equivocação opera quando virmos como o termo ou conceito equívoco se desvia de sua base unívoca. Sem conhecer os padrões que permitem as transformações do unívoco ao equívoco, estaríamos na posição de alguém que tenta aprender uma língua estrangeira sem saber como qualquer termo na linguagem se relaciona a qualquer objeto natural ou a

---

[18] Baseio-me principalmente em n. 35. Esse parágrafo é muito complexo, mesmo para os padrões scotistas. Não apresentarei toda sua argumentação. Espero que esteja apresentando *algo* dela.

qualquer termo em uma linguagem já conhecida. Para serem significativos, os conceitos analógicos têm de estar ancorados em conceitos unívocos. Assim, algum componente de qualquer conceito analógico de Deus tem de ser unívoco. O efeito combinado dos dois pontos negativos de Scotus é que se for para termos qualquer conceito de Deus, ele ou tem de ser ou tem de conter um conceito unívoco entre Deus e as criaturas naturalmente conhecidas.

Mas, é claro, Scotus ainda tem de produzir um conceito unívoco de Deus. A mensagem positiva da segunda tese está contida no seu quarto argumento[19] e aproxima Scotus de seu objetivo. Ele cita com aprovação a seguinte paráfrase de uma posição inspirada pelo *Monológio* de S. Anselmo: "Excluídas as relações, em todas as outras coisas, deve-se atribuir a Deus tudo que é sem qualificação melhor *ser isto* do que *não ser isto*, assim como tudo que não for semelhante a isso deve ser dele negado".[20] Essa passagem alude a três teses distintas. A primeira é que nenhuma propriedade relacional especifica ou revela a essência de uma coisa. Ao contar a você que Rocky é mais baixo ou mais esperto do que ou que está à esquerda de Bullwinckle, não digo a você o que Rocky *é*. Veremos em breve como Scotus explora essa tese.

A segunda tese pode ser expressa mais facilmente se seguirmos Scotus na distinção de uma classe de perfeições chamadas de "perfeições não qualificadas". Uma perfeição – por exemplo, a afiação em um machado – é uma propriedade que ajuda uma coisa a de-

---

[19] *Ord.* 1, pars 3, d. 1, q. 1, nn. 38-40.

[20] Ver *Monológio* 15. Para uma versão alternativa e inspirada da passagem de Anselmo, ver a tradução de Thomas Williams 1995a, 28. N.T.: Procuramos traduzir, aqui, o mais literalmente possível, a passagem tal como o autor a transcreve em inglês; veja-se: "Relations excluded, in everything else, whatever is unqualifiedly better *being this* than *not being this* is to be attributed to God, just as whatever is not like this is to be denied of him." A tradução do *Monológio* por Angelo Ricci traz: "Se estudarmos bem cada ser em particular, ver-se-á que tudo aquilo que não faz parte dos seres relativos é tal que – para ele – é melhor ser [aquilo que é] do que não ser e, em determinados casos, é melhor não ser do que ser [aquilo que é]".

sempenhar bem sua função. Mas algumas perfeições são limitadas ou qualificadas. O fio pode ser uma perfeição somente de coisas feitas dos tipos certos de matéria. E o fio não é uma perfeição de toda coisa material feita de matéria que suporta afiação: ninguém aprecia um depressor de língua afiado. A habilidade de escapulir rapidamente pelo chão é uma perfeição das baratas, mas não dos golfinhos. No entanto, os golfinhos possuem a mesma perfeição, a habilidade de evitar predadores, que as baratas também possuem. Evitar predadores é uma perfeição que é *realizável multiplamente*, envolvendo pernas e carapaças em algumas espécies, barbatanas e sonares em outras. Por tudo isso, evitar predadores carrega na própria descrição uma implicação de vulnerabilidade. Em nome de Scotus sugiro que uma perfeição não qualificada é uma perfeição realizável multiplamente que não tem limitação intrínseca e em si mesma não confere uma limitação intrínseca ao seu possuidor. Podemos agora declarar a segunda tese: Deus possui todas as perfeições não qualificadas. A terceira tese segue-se firmemente apoiada nos pés da segunda: Deus não possui nada que não seja uma perfeição não qualificada.

Para Scotus, é importante que perfeições não qualificadas sejam realizáveis multiplamente, pois ele torce epistemologicamente o ensinamento de Anselmo da seguinte maneira. Temos conceitos de algumas das perfeições não qualificadas porque primeiro as encontramos nas criaturas. Os exemplos de Scotus são a sabedoria, o intelecto e a vontade. Embora as criaturas realizem essas perfeições apenas em grau modesto, as perfeições não qualificadas, diferentemente de se evitar um predador, não impõem qualquer limitação intrínseca a seus possuidores. Consideramos, então, as definições formais de qualquer perfeição não qualificada – aquelas características que são essenciais para qualquer coisa ser sábia, por exemplo – e atribuímos a mesma perfeição a Deus. Nesse processo, contudo, supomos que a perfeição é realizada em Deus ao ponto máximo (Scotus pensa que esse tipo de manipulação conceitual faz parte de nosso repertório cognitivo natural. Ele cita como exemplo nossa habilidade de combinar nossos conceitos de bondade, maximidade e ato para chegar ao conceito de algo que é o bem sumamente atualizado[21]). Por meio desse exercício – ele insiste – estamos operando com conceitos que são unívocos entre as criaturas e Deus. A realizabilidade múltipla subjaz a univocidade. O fato de que a evitação do predador pode ser realizada de tantas maneiras diferentes nos animais, ao passo que nosso conceito de se evitar o predador permanece fixo entre as espécies, torna ainda mais plausível acreditar que a sabedoria pode ser realizada em entes vastamente diferentes – alguns naturais, outros sobrenaturais – mesmo que nosso conceito de sabedoria esteja baseado exclusivamente na experiência dos exemplos naturais.

A segunda tese de S. Anselmo, complementada pela explicação scotista de síntese conceitual, nos permite construir, de uma base natural, um conceito de Deus como um ente que tem todas as perfeições não qualificadas, cada perfeição realizada em seu grau máximo.[22] Quando concebemos Deus dessa maneira, concebemos Deus não como simplesmente sábio, mas como onisciente, não como simplesmente poderoso, mas como onipotente, não simplesmente como bom, mas como impecável, e assim por diante. Este exercício nos dá o conceito mais perfeito que temos de Deus em termos de conteúdo descritivo. Contudo, isso tem um preço. Porque o conceito é construído a partir de conceitos de indefinidamente muitas perfeições não qualificadas, sua própria complexidade não se adequa à simplicidade de Deus. Conforme indicado por Scotus, estamos pensando em termos de *como que atributos* ligados a um sujeito. Há ainda um conceito mais perfeito e mais simples que podemos ter de Deus, um conceito menos abertamente descritivo, mas mais poderoso teoricamente.[23] Este é o conceito de Deus como ser infinito. Proponho que este é o conceito quiditativo procurado por Sco-

---

[21] *Ord.* 1, pars 3, d. 1, q. 1, n. 61.
[22] *Ord.* 1, pars 3, d. 1, q. 1, n. 58.
[23] A passagem crucial é n. 58. A tradução de Wolter é enganadora aqui, confundindo a identificação scotista do conceito *descritivo* mais perfeito com o conceito mais perfeito *tout court*. Dessa forma, quando Scotus diz que o conceito de Deus como ente infinito é *perfectior* do que o conceito descritivo anselmiano, Wolter se sente compelido a traduzir *perfectior* como "menos perfeito"!

tus. Se for, suas credenciais precisam ser estabelecidas. O conceito tem de ser simples e positivo. Ele tem de ter precedência explicativa sobre outros conceitos naturais de Deus. E, em um sentido a ser definido, ele tem de ser mais perspicaz do que outros conceitos naturais de Deus.

Em primeiro lugar, lembremos que Scotus busca um conceito simples e positivo de Deus. Que razão temos para pensar que o conceito de um ser infinito é simples ou positivo? Poder-se-ia alegar que o conceito de infinidade é negativo, e não positivo, na medida em que a palavra "infinito" é formada pela prefixação da partícula negativa "in" à palavra "finito". Os filósofos medievais teriam pressa em nos assegurar que a etimologia é um pobre guia para a distinção negativo-positivo, pois essa distinção é basicamente metafísica, e não linguística. Explanar as pressuposições de valor por trás da distinção é uma tarefa que vai muito além do escopo deste ensaio. Uma analogia, porém, pode ajudar. A etimologia de "incorruptível" é negativa. Mas, ao menos, desde a época de Agostinho que a incorruptibilidade era considerada como um atributo positivo, ao passo que a corruptibilidade era considerada como sua contraparte negativa. Em todo caso, Scotus não se preocupa em defender que o conceito de infinidade é um conceito positivo. Já vimos as razões para atribuir a Scotus a tese de que todo conceito simples tem de ser positivo. Scotus deveria crer ser suficiente, então, defender que o conceito de ser infinito é simples; o fato de o conceito ser positivo decorreria como um corolário lógico. Essa é exatamente a estratégia que ele adota. O conceito de ser infinito

> é mais simples que o conceito de ser bom, de ser verdadeiro, ou outros semelhantes, pois "infinito" não é um *como que atributo* ou propriedade do ser ou daquilo de que é predicado. Exprime, ao contrário, o modo intrínseco desta entidade, de tal maneira que, quando digo "ser infinito", não tenho um conceito por assim dizer composto acidentalmente do sujeito e de seu atributo, mas um conceito próprio do sujeito num determinado grau de perfeição, a saber, a infinidade. É como no caso da "brancura intensa" que não expressa um conceito composto

acidentalmente como, por exemplo, "brancura visível"; ao contrário, a intensidade exprime um grau intrínseco da própria brancura.[24]

Isso tudo parece claro: a brancura visível supostamente está para a brancura intensa assim como o ser bom está para o ser infinito. Em cada par, supõe-se que o primeiro membro é metafisicamente complexo, enquanto o segundo não. Scotus nos diz que a infinidade não é uma propriedade – sequer uma *como que propriedade* – de um ser infinito, mas, antes, um "modo intrínseco" desse ser, assim como a intensidade é supostamente um modo intrínseco – e não uma propriedade – da brancura. Vejamos se a manobra de Scotus é algo mais que fumaça e espelhos. Parece correto dizer que ser visível, para a brancura visível, é uma coisa, mas ser branco é outra. O que torna alguma coisa visível não a torna, por isso, branca, a menos que todas as coisas visíveis sejam de fato brancas. Scotus quer dizer, diferentemente disso, que, para a brancura intensa, não é uma coisa ser branca e outra ser intensa. Scotus pode pensar que a brancura intensa de x é *a maneira de ser* branco de x, e que uma maneira de ser não é uma propriedade de x. Na medida em que "brancura intensa" parece equivaler a "branco que é intenso", e esta última expressão sugere uma substância que tem um atributo, poderia ser melhor, em nome de Scotus, conceber o conceito de *ser intensamente branco*. É menos tentador pensar que o conceito de ser intensamente branco pode ser analisado em um conceito de uma substância que tem um atributo. Se for assim, então uma maneira de ser é representada de maneira mais adequada por um advérbio do que por um adjetivo.

Suponha-se que tentemos aplicar essa técnica ao conceito de ser infinito. Chegamos ao conceito de *ser* (ou de *existir*) *infinitamente*. Este conceito parece resistir à análise no mesmo grau que o conceito de *ser intensamente branco*. Mas note-se que mesmo se a técnica adquire alguma plausibilidade para a alegação de Scotus, ela o faz convertendo as frases ostensivamente substantivas de Scotus – "brancura intensa" e "ser infini-

---

[24] *Ord.* 1, pars 3, d. 1, q. 1, n. 58.

to" – em frases interpretadas mais naturalmente como termos que designam algum tipo de entidade abstrata, uma maneira de ser. A conversão pode ser suficientemente inofensiva. A distinção entre um conceito de uma maneira de ser e um conceito de algo que exemplifica essa maneira de ser é sutil, discriminável, talvez, somente por filósofos tão sutis quanto o próprio Doutor Sutil.

Se o conceito de Deus como ser infinito é um conceito quididativo, então ele tem de explicar por que outros conceitos naturais corretos de Deus são corretos. Pense-se, particularmente, no riquíssimo conceito descritivo gerado pela segunda tese de S. Anselmo. Scotus pode defender de maneira bastante adequada que o conceito de Deus como ser ilimitado explica, de qualquer maneira, por que cada um e todo elemento desse conceito descritivo é correta e essencialmente atribuído a Deus. O fato de Deus existir infinitamente, por exemplo, explica por que Deus é onisciente: se a algum ente falta a onisciência, então, não importa quão impressionantes possam ser suas outras credenciais, ele não existe infinitamente. É importante notar, aqui, que a relação entre ser infinito e ser onisciente é assimétrica. A infinidade explica a onisciência, mas não vice-versa. Pode bem ser que a existência infinita e a onisciência sejam necessariamente coextensivas, isto é, que somente um ser infinito possa ser onisciente e somente um ser onisciente possa ser infinito. Ainda assim, Scotus é livre para sustentar que a onisciência de Deus está fundamentada no fato de Deus ser infinito, e que não se trata do contrário, a saber do fato de Deus ser infinito ter fundamentos em Deus ser onisciente. Quanto a isso, podemos observar o seguinte. Há diferentes respostas às diferentes questões, o que torna Deus onisciente? e o que torna Deus infinito? Deus é onisciente, poderíamos dizer, porque a onisciência é uma implicação da infinidade de Deus. Quando nos deparamos com a questão acerca de o que faz com que Deus seja infinito, deveríamos sentir o mesmo tipo de demasiado-desconforto-para-uma-só-questão que sentimos quando somos perguntados sobre o que faz com que um triângulo tenha três ângulos. A explicação tem de terminar em algum ponto: para Scotus, no caso do conhecimento natural de Deus, a explicação para (e começa) com o ser infinito.

Em virtude de sua precedência explicativa, o conceito quididativo de uma coisa deveria dar os meios não apenas para explicar as propriedades essenciais da coisa, mas também para mostrar como outros conceitos quididativos putativos são defectivos do ponto de vista de uma explicação. Assim, Scotus considera o caso hipotético de alguém que afirma que "o sumo bem" ou "o ser altíssimo" é um conceito quididativo de Deus. Esses conceitos de Deus não são falsos. Trata-se, antes, de que não são tão perspícuos quanto o conceito de ser infinito. Scotus identifica o termo "sumo/altíssimo" como o culpado. O termo pode ser entendido ou comparativamente ou absolutamente. Para ele, distinção parece funcionar da seguinte maneira. Considerado comparativamente, o termo "o sumo bem", por exemplo, é um termo implicitamente relacional, cujo significado é algo como *bem que é melhor do que todos os outros bens existentes*. Dessa forma, não passa incólume pela primeira tese de S. Anselmo; nenhuma propriedade relacional pode desvelar a essência de uma coisa (embora Scotus não trabalhe o ponto, um problema com "o sumo bem", interpretado comparativamente, é que em um mundo composto inteiramente de mangues e moscas, o manto do sumo bem cairia ou sobre a espécie mosca ou sobre algum membro individual dessa espécie). Entendido absolutamente, "o sumo bem" estabelece um padrão mais elevado, algo como *o bem que é melhor do que todos os outros bens possíveis*. Não há dúvida de que somente Deus pode pagar essa conta. Mesmo assim, Scotus indica que "o sumo bem" e seu confrade "o ser altíssimo" não implicam que um ser que satisfaça ambas as descrições seja *ilimitado* em bondade e em ser, como "ser infinito" estabelece.

A questão do estudante Cândido pressupõe corretamente uma mente humana finita cujo estoque de conceitos pode apenas ser lentamente recolhido a partir do mundo natural. A questão também pressupõe a tese scotista de que Deus é um ser infinito, embora o professor Eugênio possa ser perdoado por alimentar suspeitas de que o estudante não tem nada de tão sofisticado em mente quanto a noção scotista de ser infinito como conceito quididativo de Deus. O ponto crucial da questão do estudante é: como é possível para uma mente finita mensurar o ser infinito? É claro que em um sentido ela não consegue fazer isso – Scotus concede nos ser impossível ter conhecimento *compreensivo* de Deus.²⁵ O conhecimento compreensivo não é necessário, porém, para saber que Deus é um ser infinito. Pode-se saber que a Ásia é o maior continente sem com isso compreender toda a Ásia. Ou pode-se saber que há um número infinito de números sem compreender a todos eles; de fato, se a mente de uma pessoa é finita, não importa quantos números compreenda, haverá infinitamente muitos outros que essa pessoa não compreenderá. O diagnóstico de Scotus da preocupação do estudante, então, é que o estudante confunde *saber que* com *compreender que*, pensando que o primeiro implica o segundo.

II. CONHECIMENTO SOBRENATURAL DE DEUS

Scotus crê que o conhecimento natural de Deus não basta – que nós, seres humanos, precisamos complementar nosso conhecimento natural da divindade com o conhecimento sobrenatural. Em um parágrafo enternecedoramente cândido logo no começo do Prólogo, ele concede que a razão natural é incapaz de mostrar (1) que qualquer item de conhecimento sobrenatural pode existir no peregrino, (2) algum conhecimento sobrenatural é necessário para a perfeição do peregrino e (3) que mesmo que houvesse algum conhecimento sobrenatural no peregrino, este, com isso, estaria ciente de sua presença. O tendencioso uso que ele faz do termo "peregrino", com sua conotação de que nossa existência terrena presente é somente uma fase de uma jornada muito mais longa, mostra que ele está convencido de que os seres humanos têm sim algum conhecimento sobrenatural. Sua concessão, porém, talvez restrinja a tarefa da teologia como disciplina racional, principalmente do ponto de vista de Aristóteles, que, para Scotus, é o filósofo pagão quintessencial. Ao fazer teologia, uma pessoa confina-se ao domínio da razão natural ao enfrentar um filósofo como Aristóteles,

---

²⁵ *Ord.* 1, pars 3, d. 1, q. 1, n. 65.

porque os aristotélicos jamais aceitarão qualquer argumento em cujas premissas encontremos expressa uma crença sobrenatural. Portanto, conclui Scotus, os argumentos elaborados em seu *Comentário*, em favor da necessidade da crença sobrenatural, são, no melhor dos casos, "persuasões teológicas" que estabelecem crenças sobrenaturais somente com base em outras crenças sobrenaturais.[26]

No Prólogo, Scotus examina cinco argumentos em favor da tese de que os seres humanos necessitam de algum conhecimento que não pode ser obtido pelo intelecto operante dentro dos limites de suas próprias forças naturais. Quero considerar esses argumentos daqui em diante. Duas observações preliminares são necessárias.

Primeiro, a questão colocada por Scotus no Prólogo, "se é necessário ao homem, no presente estado, que alguma doutrina especial seja inspirada de modo sobrenatural, a qual, a saber, não fosse possível atingir pela luz natural do intelecto", levanta questões próprias. Doutrina necessária para quê? Com que tipo de necessidade? É instrutivo considerar o seguinte caso imaginado por Scotus. Suponha-se que uma pessoa – vamos chamá-la de Serena – não receba educação ou iluminação religiosa de nenhum tipo e ainda assim seja capaz de fazer o que é correto e evitar o mal seguindo exclusivamente a razão natural. Será a salvação negada a Serena? Não por força de qualquer necessidade governando as ações de Deus. Dizer que Deus não pode por necessidade salvar Serena seria negar que Deus tem *poder absoluto*. Scotus recorre à noção do poder absoluto de Deus, aqui, para alegar que Deus pode salvar qualquer pessoa de sua escolha, inclusive uma pessoa que, como Serena, não tenha fé.[27]

Embora o caso hipotético ilustre que a salvação pessoal seja o objetivo para o qual o conhecimento sobrenatural é necessário, pode parecer, ao mesmo tempo, que ele solape a necessidade de qualquer conhecimento sobrenatural. Para livrar nosso caminho desse problema, temos de distinguir, em nome de Scotus, entre as restrições possíveis

---

[26] *Ord.* prol., pars 1, q. un., n. 12.
[27] *Ord.* prol., pars 1, q. un., nn. 54-55.

sobre as ações divinas e sobre as ações humanas. Já que Deus tem poder absoluto, não há restrições ao que Deus pode fazer que não sejam aquelas impostas pela impossibilidade lógica e pela incompatibilidade lógica com a natureza de Deus. Assim, Deus não pode fazer com que p e *não p* sejam ambas verdadeiras nem, se é essencialmente onisciente, agir a partir da ignorância. Se for assim, então Deus não está restrito a salvar somente aqueles que detêm conhecimento sobrenatural. Nesse sentido de necessidade, Serena não precisa de conhecimento sobrenatural para tornar Deus capaz de salvá-la.

Considere-se agora nosso apuro da perspectiva divina. Sem o conhecimento sobrenatural é como se precisássemos navegar por um mar traiçoeiro sem um mapa, sem bússola ou sequer uma pista de que estamos embarcados nessa viagem. Com os seres humanos atirando para todas as direções, pode ser que uma ocasional alma afortunada como Serena ganhe por acaso a salvação destinada. Para todos nós, os afortunados e os desafortunados, o comportamento que nos cabe estaria restrito pela ignorância maciça e universal. O tipo de necessidade que vale aqui é a *necessidade prática*, a qual é mais fácil de ilustrar do que de definir. Se certos tipos de conhecimento são praticamente necessários para nossa navegação terrena ser bem-sucedida, então certos itens de conhecimento sobrenatural são praticamente necessários para mapear o caminho até nossa destinação sobrenatural.

Segundo, Scotus está ciente de que a expressão "conhecimento sobrenatural" é ambígua. Por um lado, ela pode significar qualquer item ou corpo de conhecimento que é produzido em quem conhece por meios sobrenaturais. Nesse sentido, o conteúdo do conhecimento não precisa ele mesmo ser sobrenatural. Se um arcanjo instantaneamente me conferisse conhecimento perfeito de álgebra linear, o conhecimento seria sobrenatural com respeito à fonte, mas não com respeito ao conteúdo: eu poderia ter adquirido o conhecimento por meios naturais. Por outro lado, "conhecimento sobrenatural" pode significar qualquer item ou corpo de conhecimento cujo conteúdo jamais poderia ter sido descoberto pelas operações naturais do intelecto humano sem auxílio, e, portanto, precisariam ter sido instilados originalmente em algum ser humano por um agente sobrenatural.²⁸ No restante deste capítulo, entenderei a noção de conhecimento sobrenatural nesse segundo sentido.

Mesmo se a existência de Deus pudesse ser demonstrada pela razão natural, e, portanto, não precisasse ser um item de conhecimento sobrenatural, Scotus vê ainda dois problemas inter-relacionados restantes que pedem mais investigação acerca desse tópico. Primeiro, há qualquer coisa que precisamos saber acerca de Deus que não podemos saber naturalmente? E, segundo, serão as nossas faculdades cognitivas capazes de adquirir e assimilar esse conhecimento se for necessário? Sugiro que, dos cinco argumentos examinados por Scotus, os três primeiros lidam com a primeira questão e que os últimos dois tratam da segunda.

II.1. O Primeiro Argumento

O texto em que o primeiro argumento aparece é complexo, exigindo reconstrução lógica considerável.²⁹ Mas o ponto central do argumento é bastante simples. Para agirmos com conhecimento, precisamos ter conhecimento distinto acerca da finalidade para a qual nossas ações são empreendidas. Nossas faculdades naturais não podem nos dar conhecimento distinto dessa finalidade. Portanto, precisamos do conhecimento sobrenatural acerca do nosso fim.³⁰

Deixando de lado preocupações quanto à validade deste argumento, podemos ainda ter dúvidas acerca da verdade – por essa razão, a interpretação – das premissas. Considere-se a primeira premissa. É suficientemente fácil citar casos em que uma pessoa sabe o que está fazendo, mas não sabe qual finalidade é servida por sua ação. Os soldados e até os fra-

---

²⁸ *Ord. prol.*, pars 1, q. un., nn. 57-65. É uma bela questão se o conhecimento sobrenatural neste segundo sentido, uma vez adquirido, pode ser transferido a outros conhecedores por meios naturais.
²⁹ Analisei esse argumento em Mann 1992.
³⁰ *Ord. prol.*, pars 1, q. un., nn. 13-16.

des franciscanos seguem às vezes ordens que seus superiores intencionalmente deixam sem explicação. Talvez Scotus negasse que esses casos são realmente contraexemplos para a premissa. Há duas direções diferentes que a negação poderia tomar. Alguém poderia negar que nesses casos o agente está genuinamente agindo com conhecimento. Ou poderia negar que o fim visado pelo agente é idêntico ao fim contemplado pelos superiores. Se uma pessoa adota a primeira alternativa, ela é capaz de promover o conceito de conhecimento, tal como aparece na primeira premissa, ao conceito de *compreensão*, insistindo que ter conhecimento acerca de o que se faz é necessário, mas não é suficiente para a compreensão de o que se faz. A compreensão requer um claro domínio do ponto, propósito ou objetivo da ação de uma pessoa.

A segunda alternativa enfatizaria que os agentes podem ter finalidades relativamente locais pelas quais agem, e que não podem agir com conhecimento sem que suas ações tenham sido informadas pela percepção de uma ou mais dessas finalidades. Um soldado poderia desconhecer a estratégia geral à qual sua ação serve. Mas se essa ação é desempenhada com conhecimento, ele será capaz de citar algum objetivo que deseja – ajudar a seu país, ser promovido, evitar a corte marcial – para o qual sua ação é um meio.

Conforme vimos, a distinção entre o conhecimento e a compreensão subjacente à primeira alternativa é importante, e é uma distinção com a qual Scotus está totalmente familiarizado.[31] Seria um erro confinar, em nome de Scotus, a interpretação da primeira premissa à compreensão, já que Scotus tem de permitir que os seres humanos possam às vezes ter conhecimento acerca de um fim sem ter compreensão. Com efeito, os casos mais genuínos são os que envolvem o conhecimento sobrenatural, casos em que o agente tem crenças verdadeiras produzidas de maneira confiável, mas não tem a clareza e a inteireza exigidas pela compreensão. Pode ser que

---

[31] Em deferência a Scotus descrevi a distinção como uma entre *scire* e *comprehendere*, e não *intelligere*. *Intelligere*, para Scotus, não envolve nada mais do que a competência linguística sem o assentimento proposicional sistematicamente fundamentado. Ver Mann 1992, Seção IV, para mais discussão.

uma distinção entre o conhecimento e a compreensão seja que esta implica saber que se compreende, ao passo que o conhecimento não implica saber que se conhece. A distinção ajudaria a vindicar a alegação scotista de que mesmo se os peregrinos tiverem conhecimento sobrenatural, eles não podem saber que o têm.

A segunda interpretação da primeira premissa resulta na afirmação de que agir com conhecimento implica conhecer (e desejar) *algum* fim ou objetivo que a ação supostamente antecipará.[32] Se essa afirmação parece não ter exceção, então tanto melhor para Scotus. Mas quanto mais pareça ordinária a primeira premissa, tanto mais extraordinária a segunda se torna. Embora a primeira premissa acomode todos os fins naturalmente conhecidos, a segunda explicitamente os exclui, contemplando somente fins que não podem ser conhecidos por nossas faculdades naturais. Já que parece não haver meios naturais para estabelecê-la, a segunda premissa é o que torna o argumento uma "persuasão teológica". Embora os aristotélicos, dessa, tenham o direito de negar a premissa, o pensamento de Aristóteles influencia a maneira como Scotus a entende de duas maneiras. Aristóteles defendera que há um único fim último para os seres humanos, a *felicidade* (*eudaimonia*), ao qual todos os outros fins buscados pelos humanos se subordinam. E Aristóteles defendera que a felicidade consiste na atividade racional, cujo ápice é a *contemplação* (*teoria*) do que é mais nobre. A segunda premissa pressupõe o primeiro ponto. Nem todo fim pode ser conhecido naturalmente. Podemos ter uma percepção clara de nossos objetivos como estudantes, professores ou carpinteiros. Além disso, podemos exercer algum controle voluntário sobre a busca desse tipo de objetivos, inclusive rejeitá-los. Mas não podemos saber de nosso fim como *peregrinos*, um estado que não podemos voluntariamente adotar nem abandonar. Cioso, talvez, da sentença de Paulo de que agora vemos por espelho em enigma, mas então veremos face a face (1Cor 13,12), Scotus transforma a felicidade, uma

---

[32] "Supostamente antecipa" tremula entre "sabe-se que antecipa" e "acredita-se que antecipa". Para meus propósitos imediatos, não é importante precisarmos especificamente essa questão.

atividade natural que emula da maneira mais próxima a vida dos deuses, em *beatitude*, o estado sobrenatural de comunhão com Deus, desfrutado pelos abençoados. De maneira semelhante, a contemplação é transformada na *visão beatífica*, a percepção direta, pura e clara da face de Deus.

II.2. O Segundo Argumento

Deixados aos nossos próprios meios, não temos razão para suspeitar que a beatitude seja nosso fim último. Uma vez que a beatitude é proposta, a razão ainda é livre para retirar o assentimento. Mas se uma pessoa vem a crer na possibilidade da beatitude, ela se defronta com uma questão prática: quais passos são necessários para que ela seja alcançada? O segundo argumento de Scotus trata dessa questão. Agir com conhecimento para um fim requer não apenas conhecer esse mesmo fim, mas também como se dispor a alcançá-lo e quais passos são necessários e suficientes para tanto. No caso da beatitude, nenhum desses itens pode ser naturalmente conhecido, pela mesma razão básica. O fato de uma pessoa alcançar a beatitude depende inteiramente de ela aceitar Deus livremente. Nada que possamos fazer induzirá a beatitude que vem de Deus como uma questão de necessidade natural; daí que nenhuma ação que fizermos ser ou causalmente necessária ou suficiente.[33]

Scotus não elabora muito esse ponto, mas podemos dizer que o segundo argumento traz duas mensagens. Elas podem ser descritas invocando a distinção entre *algoritmos* e *heurística*. A primeira mensagem é negativa: não possuímos algoritmo algum, nenhum procedimento precisamente definido, que, se seguido cuidadosamente, produzirá a salvação.[34]

---

[33] *Ord.* prol., pars 1, q. un., nn. 17-18.
[34] A passagem afirma que não *possuímos* um algoritmo, e não que *não há* algoritmo. Mas, mesmo se esses algoritmos existirem, pode ser que esteja além de nossos poderes cognitivos armazená-los e restaurá-los. Posso escrever um algoritmo, cuja aplicação assegurará que você nunca perderá no jogo da velha. Ninguém (ainda!) conseguiu escrever um algoritmo parecido para o xadrez, e se alguém o escrevesse, certamente excederia a capacidade de memória de qualquer pessoa.

Acreditar que temos algum procedimento que seja causalmente suficiente é escorregar na mágica. Acreditar que algum procedimento é causalmente necessário é ignorar o caso de Serena. Mas se tirarmos somente essa mensagem negativa do segundo argumento, somos deixados com um resultado devastador. Tendo sido informados da beatitude, ficaríamos encalhados sem nenhuma orientação racional acerca de como alcançá-la. A segunda mensagem pretende resolver esse dilema. Podemos pensar que a Escritura contém a heurística divinamente revelada, preceitos e regras que pretendem orientar a conduta humana. As virtudes da heurística estão no fato de que essas regras são facilmente compreensíveis pelos seres com recursos cognitivos adequados, ainda que finitos, e que elas valem sem controvérsia para um grande número de casos. Mas a riqueza da experiência torna difícil para os seres humanos falíveis ver como elas valem em muitos casos: a Torá gera o Talmud.

II.3. O Terceiro Argumento

Aristóteles consentiria com a assunção que forma a base do terceiro argumento, a saber, a de que há "substâncias separadas" ou imateriais, agentes totalmente espirituais. Como veremos em breve, Scotus tem outros seres em mente. Scotus defende que não podemos ter conhecimento natural dos *própria* das substâncias separadas, em que um *proprium* é, *grosso modo*, um atributo singular de uma espécie de entidade.[35] Uma vez que as substâncias separadas não são entidades empíricas, não estamos em posição de dar uma explicação científica, explanatória, de seus *própria*, da mesma maneira como, por exemplo, damos uma explicação daquilo que distingue a digestão das vacas de um exame da anatomia bovina. Mas tampouco podemos inferir os *própria* das substâncias separadas de seus efeitos, como um médico poderia inferir as propriedades de uma partícula subatômica.[36] Ao tecer elaborações sobre esse ponto, Scotus desce da estratosfera

---

[35] Mas somente de maneira rudimentar. Ver Mann 1987 para refinamentos.
[36] *Ord.* prol., pars 1, q. un., nn. 40-41.

filosófica na qual o argumento progrediu até agora para dar alguns exemplos. As criaturas são efeitos de Deus, a própria substância imaterial primordial, mas nenhum exame delas nos daria razão para crer que Deus é triuno ou que toda a criação é o resultado de um ato contingente livremente escolhido. Scotus crê que não há outras substâncias separadas. Vários ensinamentos aristotélicos, como a doutrina da eternidade do mundo e a assimilação da necessidade pela onitemporalidade, poderiam fazer alguém pensar que as outras substâncias separadas necessariamente são entes eternos e necessários. Mas é um item de revelação que elas também foram criadas e são contingentes. De modo semelhante, poderíamos esperar que, uma vez que os anjos veem Deus de maneira mais clara do que os seres humanos, todos os anjos seriam incapazes de pecar e adquiririam a beatitude por sua própria natureza. Mais uma vez, a revelação diz outra coisa.

Para resumir os três primeiros argumentos: sem auxílio sobrenatural podemos saber que o Deus onisciente e onipotente existe, mas não que Deus é triuno e o criador agente de maneira contingente de tudo o mais que existe. Tampouco sabemos que há um fim oferecido a nós junto com um conjunto de prescrições heurísticas acerca de como poderíamos alcançar tal fim.

Scotus separa os dois últimos argumentos dos três primeiros, caracterizando esses três como "mais prováveis" (*probabilior*) do que os dois últimos.[37] A maneira padrão de entender "mais provável" é como "mais plausivelmente verdadeiros". No presente contexto, porém, é possível que Scotus tenha em mente um sentido mais estreito, mais técnico de "mais provável". Na teoria aristotélica da demonstração, com a qual Scotus tem familiaridade, "mais provável" poderia significar "mais diretamente demonstrável". Suponha-se, por exemplo, que um teorema que estabelece a soma dos ângulos internos de um hexágono faça uso de um teorema provado antes, acerca da soma dos ângulos internos de um triângulo. Então, o teorema do triângulo é "mais provável" do que o teorema do hexágono, muito embora ambos os teoremas sejam necessariamente verdadeiros, porque o teorema do hexágono depende do teorema do triângulo, mas não vice-versa. Com efeito, quando Scotus critica os dois argumentos, a crítica inclui (mas, no caso do quinto argumento, não

---

[37] *Ord. prol.*, pars 1, q. un., nn. 53-54.

se limita a) a indicação de quantas e quais outras proposições reveladas os dois argumentos pressupõem.³⁸

Os dois argumentos mudam de foco, daquilo que *precisamos* conhecer, para se *podemos* conhecer.

II.4. O Quarto Argumento

Tudo que estiver ordenado, mas não disposto, a um fim, tem de ser gradualmente disposto a esse fim. Os seres humanos estão ordenados, mas não estão dispostos a um fim sobrenatural. Portanto, os seres humanos têm de ser gradualmente dispostos a tal fim, para o qual é supostamente necessário o conhecimento sobrenatural imperfeito.³⁹

II.5. O Quinto Argumento

Qualquer agente que use um instrumento no agir não pode usar o instrumento para fazer algo que exceda a natureza do instrumento. A alma usa a luz do intelecto para entender naturalmente as coisas. Esse instrumento é limitado à aquisição do conhecimento pelos sentidos. Portanto, a alma não pode ter conhecimento que não seja por intermédio dos sentidos.⁴⁰

Conforme indica Scotus, o quinto argumento atira no próprio pé. Se os peregrinos precisam ter conhecimento que não pode ser adquirido pelos sentidos, e, no entanto, não estão equipados para receber esse conhecimento, então nem mesmo Deus onipotente pode conferir-lhes o conhecimento *enquanto permanecerem peregrinos*.⁴¹ Deus pode ser capaz de fazer

---

[38] Mas não totalmente. Como veremos, Scotus especifica um absurdo no quinto argumento.
[39] *Ord.* prol., pars 1, q. un., n. 49.
[40] *Ord.* prol., pars 1, q. un., n. 51.
[41] *Ord.* prol., pars 1, q. un., n. 52.

uma bolsa de seda tomando como matéria-prima a orelha de uma porca, se todo o necessário for que os mesmos átomos que uma vez compuseram a orelha constituam agora a bolsa. Mas Deus não pode ensinar uma rocha vulcânica a jogar xadrez sem conferir capacidades a ela que a transformem em algo que não é mais simplesmente uma rocha vulcânica. O argumento de Scotus é que precisamos do conhecimento sobrenatural no nosso presente estado como peregrinos. No curso ordinário dos acontecimentos – tirando os casos como o de Serena – esse conhecimento é essencial para transcendermos esse estado. O quinto argumento, contudo, nos negaria as provisões intelectuais adequadas.

Scotus não tem uma crítica semelhante do quarto argumento. Desejo concluir sugerindo que ele pode conter uma compreensão importante. O argumento pode ser interpretado simplesmente como se indicasse o problema da sobrecarga cognitiva. Lembre-se da descrição platônica do habitante da caverna que é forçado a deixá-la. Na primeira vez que ele saiu no mundo real de objetos iluminados pelo sol, o habitante da caverna foi incapaz de ver a claridade: levou tempo para a visão se aclimatar às novas cercanias e começar a percebê-las corretamente.[42] O quarto argumento pode ser visto como se mostrasse um ponto análogo acerca da claridade da visão beatífica: a beatitude tem de ser precedida pela têmpera intelectual para adequar a alma a absorvê-la e compreendê-la.

Não quero discutir com a alegação feita por essa interpretação, não tanto quanto desejo complementá-la com outra consideração. Scotus certamente tem de pensar que a vontade precisa ser temperada ao menos tanto quanto o intelecto. Uma maneira de diferenciar a beatitude cristã da *eudaimonia* aristotélica é indicar que a beatitude tem um componente essencial de *amor* pelo agente que é objeto da visão beatífica. Há boas razões para sustentarmos que esse amor, se for genuíno, não pode ser nem coercitivo nem ter como motivação principal o ganho pessoal.[43] Se for assim, então há um outro ponto quanto ao fato de Deus transferir *gradu-*

---

[42] Platão, *República* 514ª-517ª.
[43] Ver Mann 1993 e 1998.

almente o conhecimento *imperfeito* aos humanos. A perturbação de uma epifania completa poderia comprometer ou a voluntariedade ou a pureza motivacional do amor.

Após algumas reflexões, pode ser que ocorra ao estudante Cândido perguntar ao professor Eugênio sobre algumas das pesadas assunções filosóficas com papel bastante significativo na construção das ideias de Scotus. A doutrina da simplicidade de Deus, a distinção entre os atributos positivos e os negativos e a tese de que algumas perfeições não possuem qualificação parecem reclamar justificação. Nesse ponto, o estudante não será mais cândido. A filosofia terá se instalado.[44]

---

[44] Este ensaio incorpora, de forma modificada, Mann 1999. A pesquisa deste ensaio foi financiada por uma bolsa da Universidade de Vermont [University of Vermont Summer Research Grant], com isto aqui gratamente reconhecida.

8 Filosofia da Mente

RICHARD CROSS

Como muitos comentadores notaram, as concepções medievais sobre a relação entre mente e corpo ocupam um estranho território em algum lugar entre o dualismo substancial, por um lado, e alguma forma de materialismo, por outro.¹ Por um lado, os medievais estavam convencidos de que a alma é um agente imaterial, causalmente responsável pelas nossas atividades intelectuais – responsável causalmente independente do corpo – e, por outro, eles todos estavam convencidos de que corpo e alma estão unidos de tal maneira a formar uma única substância (composta). Embora houvesse ampla concordância acerca do correto entendimento da primeira afirmação – a de que a alma é um objeto imaterial individual – havia considerável desacordo acerca do entendimento correto da segunda. Era consenso que a alma é em algum sentido uma forma (aristotélica) do corpo. Mas não havia consenso correspondente acerca de o que é ser uma forma.²

---

1   Ver principalmente Stump 1995, embora sua análise detalhada seja em parte invalidada por algumas sérias interpretações equivocadas de S. Tomás. Ver também Pasnau 1997a, 109-111, para um sumário de uma parte da literatura a respeito de Aristóteles e para uma breve discussão de algumas concepções medievais conflitantes acerca da função formal da alma.
2   Algumas dessas questões são discutidas por Adams 1992; Bonansea 1983, 19-36; Bridges 1965; Bettoni 1961, cap. 3; Gilson 1952, cap. 7; e Cross 1999, cap. 6.

I. A IMATERIALIDADE DA ALMA

A interpretação de Scotus da imaterialidade da alma nasce de uma discussão da imaterialidade da cognição e da vontade humanas. O argumento baseado na cognição foca em um argumento proposto por Tomás de Aquino em defesa da imaterialidade da alma. De acordo com S. Tomás, podemos inferir a imaterialidade da alma da imaterialidade de atos mentais. Por exemplo, S. Tomás defende que a universalidade dos conceitos conhecidos pelo intelecto basta para nos permitir inferir que o intelecto tem de ser imaterial:

> A alma intelectiva, porém, conhece uma coisa em sua natureza, de maneira universal [isto é, como universal]. [...] Se a alma intelectiva fosse um composto de matéria e forma, as formas das coisas seriam recebidas nela como individuais. [...] Deve-se concluir, portanto, que a alma intelectiva, e toda substância intelectual, que conhece as formas de maneira absoluta, não é composta de forma e matéria.[3]

Scotus aceita com alegria ambas alegações de imaterialidade. Mas ele é ambíguo relativamente ao argumento em si. Conforme ele indica, o argumento se baseia em um equívoco nos sentidos de "imaterial". Scotus distingue três maneiras em que um ato mental poderia ser considerado imaterial. Primeiro, pode-se dizer que um ato é imaterial se não for exercido por intermédio de um órgão corporal.[4] Segundo, pode-se dizer que um

---

[3] *ST* I.75.5, resumida por Scotus em *Quodl.* q.9, n.7. Para uma discussão dessa dificuldade em S. Tomás de Aquino, com exaustivas evidências textuais, ver Pasnau 1998.

[4] *Quodl.* q.9, n.9; ver também *Ord.* 4, d. 43, q. 2, n. 9. Não podemos entender essa alegação de imaterialidade como se não implicasse nada além da falta de *dependência* de algo material, conforme sugerido em recente interpretação de Priest 1998, 370-371. Para Scotus, um ato orgânico tem de ser entendido como o ato de um órgão – como, em algum sentido, um *acidente* do órgão: ver *Ord.* 4, d. 13, q. 1, n. 10; *In De an.* Q.6, n. 3. E, conforme entende Scotus, ser um acidente requer mais do que dependência: requer inerência também. E Scotus está ciente de que o tipo de dependência implicada em ser um acidente tem de ser diferenciado da dependência causal: ver *Ord.* 3, d.1, n.3 para ambos os pontos.

ato é imaterial se não for um acidente de uma substância extensa – uma substância, em outras palavras, que inclua a matéria como uma parte sua.⁵ A terceira maneira que se pode dizer que um ato é imaterial é se o conteúdo do ato é abstrato:

> A imaterialidade pode ser compreendida em um terceiro sentido, a saber, com referência ao objeto, enquanto esse conhecimento considera o objeto segundo aspectos imateriais, como, por exemplo, abstrair do "aqui e agora" e coisas do tipo, que se diz serem condições materiais.⁶

Uma análise das concepções de Scotus torna-se aqui mais difícil, pelo fato de que ele oferece duas avaliações separadas e um tanto diferentes do argumento tomista. Na *Ordinatio*, Scotus aceita satisfeito uma versão do argumento de Tomás de Aquino (embora, conforme argumentarei, ele não devesse); nas posteriores *Quodlibetales*, ele reluta mais em aceitar o argumento. Examinarei cada uma das duas versões, começando com a mais tardia, e, depois, voltando para avaliar a mais antiga.

Nas *Quodlibetales*, Scotus afirma que o argumento de S. Tomás, que parte da imaterialidade dos atos mentais para concluir a imaterialidade da alma, é aceitável se entendermos que a imaterialidade dos atos mentais significa que esse ato não é um acidente de uma substância que inclui a matéria.⁷ Compreendendo "imaterial" nesse sentido, Scotus aceita como factualmente verdadeiras tanto a premissa como a conclusão, aceitando, assim, a validade da inferência. O problema que ele vê é que para inferir a natureza não corpórea do intelecto partindo da natureza abstrata do conteúdo mental, teríamos de ser capazes de mostrar que o conteúdo mental

---

⁵ *Ord.* 4, d. 43, q. 2, n. 9. Essa passagem deixa claro que a falta de extensão é o aspecto crucial do imaterial nesse segundo sentido. A passagem paralela nas *Quodlibetales* sugere que a falta de matéria é o aspecto crucial (*Quodl.* q.9, n. 11). As duas afirmações não são de fato completamente equivalentes, já que em outros lugares Scotus sugere que há ao menos uma distinção conceitual entre extensão e materialidade. Sobre o assunto, ver Cross 1998, 151-152.
⁶ *Ord.* 4, d. 43, q.2, n.9; ver *Quodl.* q. 9, n.11.
⁷ *Quodl.* q. 9, n. 12.

abstrato só poderia ser possuído por uma substância não corpórea – e neste último texto ele diz que não conhece nenhum argumento desse tipo.⁸

Isso significa uma recusa inequívoca do argumento tomista.⁹ Na interpretação pouco anterior na *Ordinatio*, Scotus dá um argumento em favor da imaterialidade da alma. O argumento tenta encontrar uma maneira de superar o vazio existente entre o conteúdo mental e a não corporeidade – isto é, entre o terceiro e o segundo sentido de "imaterial". O argumento, contudo, não parece se dar muito melhor do que o de S. Tomás:

1. Um ser humano possui conhecimento com conteúdo abstrato (suposição).
2. Conhecimento sensível algum possui conteúdo abstrato (suposição).
3. Um ser humano possui conhecimento que não é conhecimento sensível (de 1 e 2).
4. Necessariamente, o conhecimento que não é conhecimento sensível não é extenso (suposição).
5. Toda propriedade não extensa é possuída por algo não extenso (suposição).
6. Necessariamente, algo que possui conhecimento que não conhecimento sensível não é extenso (de 4 e 5).
7. Um ser humano inclui algo não extenso (de 3 e 6).¹⁰

---

⁸ *Quodl.* q. 9, n. 11.
⁹ Para críticas modernas semelhantes do argumento de S. Tomás, ver Novak 1987 e Pasnau 1998.
¹⁰ Os passos (1) a (3) vêm de *Ord.* 4, d. 43, q. 2, n. 9; passos (4) a (7) de *Ord.* 4, d. 43, q. 2, n. 7. O argumento se baseia na afirmação de que a comparação de diferentes tipos de dados sensoriais é uma função intelectual (e, dessa forma, imaterial) e não uma matéria para o senso comum (interno), alegação esta que é negada em *In De an.* q. 9, n.3, e q.10, n. 3; *In Metaph.* 1, q. 3, n. 9; 9, q. 5, nn. 28-29. Para a materialidade do senso comum, ver *In De an.* q. 9, n. 4. Sobre os outros cinco sentidos, ver *In De an.* q. 6.

Considerarei a alegação feita em sete mais tarde, já que a maneira como entendemos sete dependerá de como entenderemos a relação de um ser humano com sua alma – um tópico que examinarei na Seção III.[11] Por enquanto, quero focar em outras partes do argumento. De fato, vários passos do argumento poderiam demandar comentário. Por exemplo, dois poderia precisar de alguma justificação. Mas Scotus dá um argumento para dois que, supondo o realismo moderado de Scotus, parece-me ser aceitável. Scotus lista oito tipos de conteúdos mentais abstratos e passa a mostrar que nenhum deles pode ser conhecimento sensível. Os oito objetos são (1) o universal imediato[12], (2) o ser e a qualidade como tais, (3) as relações, (4) as distinções entre o sensível e o não sensível, (5) as intenções lógicas (universal, gênero, espécie, juízo), (6) nosso ato de conhecimento, (7) os primeiros princípios, (8) nossas deduções.[13] Eis como ele mostra que (1) o universal imediato e (5) as intenções lógicas não podem ser conhecimento sensível:

> Os sentidos só podem ser movidos a perceber o que está incluído em um objeto sensível como tal. Mas relações conceituais não estão incluídas em qualquer coisa existente como tal, ao passo que os sentidos têm de se haver com coisas existentes como existentes. O mesmo argumento pode ser aplicado ao universal imediato, pois é absurdo que o universal imediato deva existir como tal.[14]

A ideia aqui é que os sentidos não podem ser sujeitos de um ato mental com conteúdo abstrato. Isso parece bastante razoável: os objetos abstratos listados por Scotus não são o tipo certo de coisas a serem sentidas.

A dificuldade que eu gostaria de focar está em outro lugar no argumento – especificamente com 4, a suposição de que o conhecimento que não é conhecimento sensível não pode ser extenso. Scotus declara o seguinte:

---

[11] Ver abaixo, n. 66.
[12] N.T.: Do inglês *actual*.
[13] *Ord.* 4, d. 43, q. 2, n. 10.
[14] *Ord.* 4, d. 43, q. 2, n. 11.

[O tema de nossos atos cognitivos] não pode ser algo extenso, seja uma parte do organismo ou todo o composto, pois então essa operação seria extensa e não teria as características necessárias [de uma operação intelectual].[15]

Scotus parece contentar-se aqui em aceitar um argumento que passa do conteúdo abstrato de um ato para seu ser não extenso – quer dizer, da imaterialidade sentido-três para a imaterialidade sentido-dois. Este é exatamente o erro que ele mais tarde – nas *Quodlibetales*i – imputará a S. Tomás de Aquino. E é curioso ver Scotus se equivocar aqui sobre os sentidos de "imaterial", já que parte da força do argumento na *Ordinatio* é que uma distinção clara deve ser feita entre esses vários sentidos. Scotus prova em outro lugar que o ato não é orgânico.[16] Mas, como ele mesmo sabe, não orgânico e não extenso não são logicamente equivalentes. Com efeito, Scotus vê nesse mesmo texto que é preciso um argumento para passar de uma alegação acerca da natureza não orgânica de um ato com conteúdo abstrato para a alegação de que ele não é extenso:

Se conseguíssemos provar que esse conhecimento [a saber, um ato mental com conteúdo abstrato] é imaterial no segundo sentido, e não somente no primeiro, nossa conclusão proposta decorreria ainda mais facilmente.[17]

E, nas *Quodlibetales*, Scotus indica que há casos claros de coisas extensas não orgânicas. Ele cita a forma do fogo – este fogo, não o fogo como tal – e, é claro, qualquer substância homogênea será um exemplo do tipo de coisa que ele tem em mente.[18] Até onde consigo perceber, ele sequer tenta

---

[15] *Ord.* 4, d. 43, q. 2, n. 12.

[16] Scotus argumenta que a alegação de que todo conhecimento sensível é orgânico "é provado com base no fato de que todo órgão é determinado a certa espécie de sensível" (*Ord.* 4, d. 43, q. 2, n. 7). Nesse ponto, Scotus está errado. A alegação a ser provada é a de que todo conhecimento sensível é orgânico; a prova nada mais significa que uma asserção da alegação (logicamente independente) de que todo conhecimento orgânico é conhecimento sensível.

[17] *Ord.* 4, d. 43, q. 2, n. 9.

[18] Para a forma do fogo, ver *Quodl.* q. 9, n. 10; sobre as substâncias homogêneas, ver Cross 1998, cap. 7 e cap. 8.

justificar a inferência que conclui pela natureza não extensa de nossos atos mentais intelectuais.

Scotus, porém, não tem um argumento inequivocamente bem-sucedido em favor da imaterialidade da alma:

> O homem é o mestre de seus atos em tal medida que está dentro de seu poder determinar-se a si mesmo conforme ele quiser isto ou seu contrário. [...] E isso conhece-se por razão natural e não somente pela fé. Essa falta de determinação, porém, não pode existir em qualquer apetite orgânico ou extenso, porque todo apetite orgânico ou material é determinado para certa classe de objetos apropriados de modo que o que se apreende não pode ser inapropriado, tampouco pode deixar o apetite de buscá-lo. A vontade, portanto, pela qual podemos desejar dessa maneira indeterminada, não é o apetite de uma forma material, e, em consequência, ela pertence a algo que excede toda forma desse tipo.[19]

A ideia é que todos os objetos materiais funcionam de maneira determinista, de modo que o indeterminismo não aleatório genuíno só pode ser explicado pela presença de um agente – não corpóreo – imaterial. Dado que, conforme seu argumento aqui, os seres humanos têm liberdade contracausal, tem de haver ao menos algum componente de um ser humano que seja totalmente não corpóreo.

Como Scotus justifica as duas afirmações polêmicas em seu argumento – a saber, que os seres humanos têm uma vontade livre contracausal e que todos os objetos materiais funcionam de maneira determinista? Ele dá dois argumentos em favor da vontade livre contracausal. Primeiro, sabemos introspectivamente que, quando fazemos a ação *a*, temos o poder de

---

[19] *Ord.* 4, d. 43, q. 2, n. 26. Naturalmente, este é uma argumento em favor do ser imaterial da vontade; é um argumento em favor da imaterialidade da alma somente se pudermos mostrar que a vontade (o apetite) é uma propriedade da alma, e, da mesma maneira, só será um argumento em favor da imaterialidade do intelecto se pudermos mostrar que tanto a vontade como o intelecto são propriedades da alma. Scotus certamente supõe que intelecto e vontade são propriedades da alma, conforme discuto na Seção II. Mas ele não dá argumento algum para mostrar que é assim.

fazer não *a* ou de evitarmos totalmente a ação.²⁰ Segundo, se a vontade não fosse livre, ela automaticamente tenderia à felicidade. E, já que a vontade exerce algum controle sobre o intelecto, a vontade não conseguir ser livre resultaria em a vontade constranger o intelecto a considerar a felicidade o tempo todo. Mas sabemos que isso não acontece. Então, a vontade tem de ser livre.²¹

Há uma ideia aristotélica central acerca da teleologia natural em favor do funcionamento determinista dos objetos materiais. Todas as substâncias materiais têm inclinações inevitáveis para sua autorrealização.²² Poderíamos ficar um pouquinho descontentes com o argumento aqui; mas não suponho que essa premissa em si mesma nos traga muitas dificuldades substantivas.

II. OS PODERES DA ALMA

Dado que a alma é um agente imaterial, os escolásticos debateram com certa extensão qual seria a análise correta a dar na relação entre alma e seus poderes. Afinal, o argumento em favor da imaterialidade da alma esteia-se na alegação de que a alma tem poderes – especificamente, cognitivos e apetitivos – em virtude dos quais ela pode produzir efeitos imateriais.²³ A questão, conforme veremos, acaba por ter algumas consequên-

---

[20] *Lect.* 1, d. 39, qq. 1-5, nn. 40, 54; também *In Metaph.* 9, q. 15, n. 30.
[21] *Ord.* 4, d. 49, qq. 9-10, n. 5.
[22] *Ord.* 4, d. 49, qq. 9-10, nn. 2-3; *Ord.* 2, d. 6, q. 2, n. 8. Discuto tudo isso detalhadamente em Cross 1999, 84-89.
[23] Os poderes relevantes são o intelecto e a vontade: ver *Ord.* 2, d. 1, q. 6, n. 316; *Ord.* 2, d. 16, q. un., nn. 15-16, 18. Ver também S. Tomás de Aquino, *ST* I.77.1, esp. ad. 5. Scotus entende que intelecto contém vários subpoderes. Além do intelecto agente, responsável por abstrair a espécie inteligível de fantasmas (ver *Ord.* I, d.3, pars 3, q. 1, nn. 359-360), Scotus aceita a análise do intelecto, feita por S. Agostinho, como constituído de memória e inteligência. A memória é responsável por armazenar as espécies e formar os conceitos, a inteligência, pelo ato de entendimento: ver *Ord.* 1, d. 2, pars 2, qq. 1-4, nn. 221 e 291; *Ord.* 1, d. 3, pars 3, q. 4; *Ord.* 1, d. 27, qq. 1-3, n. 46. Scotus se confunde acerca de como ajustar a

cias metafísicas interessantes, ao menos na interpretação de Scotus, já que ele parece acreditar que a relação que descreve é simplesmente um caso particular de uma relação geral entre as substâncias e certas propriedades suas. Igualmente, a interpretação pode ser generalizada para cobrir todas as substâncias e todos os seus poderes causais essenciais. Por exemplo, os poderes sensíveis terão esse tipo de relação com os órgãos e os corpos que os possuam.

Da maneira como a questão é discutida pelos escolásticos, parece haver dois pontos totalmente distintos em jogo, os quais eles nem sempre separavam. O primeiro é a questão da relação entre a essência da alma humana e seus poderes: se uma definição do conceito de uma alma humana incluiria também os poderes causais como tais. O segundo, supondo-se uma resposta negativa à primeira questão, é a questão da relação entre a alma (individual) e seus poderes (causais). Em geral, os escolásticos negariam que a definição do conceito de uma alma humana incluiria poderes

---

memória e a inteligência às categorias aristotélicas de intelecto agente e intelecto possível. Ele está convencido, seguindo a crença de Aristóteles de que o intelecto pode ser tornado todas as coisas (*De Anima* 3.5 [430ª 14-15]), de que a inteligência (a faculdade agostiniana que efetivamente entende) é parte do intelecto possível. Ele também acredita que o aspecto da memória responsável por armazenar as espécies inteligíveis é parte do intelecto possível. Mas ele não está certo se o aspecto da memória responsável por formar conceitos deve ser classificado como intelecto agente ou intelecto possível: para toda a discussão, ver *Quodl.* 15, a. 3, nn. 13-20 (Scotus chega mesmo a sugerir de passagem que o intelecto agente, se considerado responsável pela formação dos conceitos, poderia simplesmente ser uma parte da memória [*Quodl.* 15, a. 3, n. 20], mas, já que ele não sugere em lugar algum que a memória é responsável por abstrair espécies, duvido que isso seja mais do que um deslize: o intelecto agente ou está parcialmente incluído na memória ou não está absolutamente incluído). O leitor fica com a decidida impressão de que, com a exceção do intelecto agente abstrativo, Scotus considera a análise de Agostinho muito mais útil que a de Aristóteles – talvez porque o interesse real de Scotus esteja no processo de formação do conceito, e a análise de Agostinho almeje, ela mesma, em medida muito maior do que a análise de Aristóteles, demonstrar uma descrição desse processo. Para uma discussão dos poderes da alma em Duns Scotus, S. Tomás de Aquino e Henrique de Gand, ver A. Broadie 1995, 28-29; ver também Grajewski 1944, cap. 8.

causais como tais. Os poderes da alma são *propria* – propriedades necessárias da alma que não são parte de sua essência.²⁴ Mas eles tiravam conclusões muito diferentes disso relativamente à segunda questão.²⁵

Os principais alvos de Scotus são as teorias de S. Tomás de Aquino e de Henrique de Gand. De acordo com S. Tomás, a essência da alma – a definição do conceito "alma" – não pode incluir os poderes causais como tais. Já que a essência da alma não inclui os poderes da alma como tais, S. Tomás de Aquino defende que a alma individual tem de ser distinta de seus poderes individuais de alguma maneira. Segundo ele, os poderes de uma alma são "recebidos na" alma da mesma maneira como os acidentes são "recebidos em" uma substância: os poderes da alma efetivam²⁶ alguma potência passiva ou capacidade na alma.²⁷ Isso não significa, contudo, que os poderes da alma sejam em qualquer sentido aspectos contingentes dela. Antes, os poderes da alma são aspectos necessários dela – aspectos sem os quais ela não pode ser. Com efeito, os poderes da alma são explicados pela sua essência – o fato de ela ter a essência que tem é suficiente para possuir os poderes que possui.²⁸

A razão básica de S. Tomás para sustentar que a essência da alma não pode incluir os poderes como tais é que a essência da alma tem de ser a forma do corpo humano.²⁹ De maneira análoga, Scotus argumenta que os poderes da alma são *propria* da alma. Ele argumenta que a alma como tal é em algum sentido logicamente anterior ao fato de ela possuir poderes cau-

---

24 Desejaríamos falar de propriedades essenciais que não são parte de sua espécie--natural. Mas a diferença é meramente terminológica.

25 Temos de manter em mente que os pensadores que aqui examino nem sempre tinham uma compreensão clara dessa distinção e frequentemente (conforme veremos) escorregavam facilmente entre os dois sentidos. Nem sempre serei sistemático relativamente a isso, seguindo às vezes seu uso sem comentar, e, em outras – quando necessário para evitar equívocos –, tentando alcançar clareza acerca do sentido relevante.

26 N.T.: Do original inglês *actualize*.

27 ST I.77.1 ad 6.

28 ST I.77.1 ad 5.

29 ST I.77.1 ad 4.

sais.³⁰ Mas ele insiste que isso não implica uma distinção real entre a alma individual e seus poderes individuais. *Propria* são propriedades inseparáveis, e a distinção real requer a separabilidade real.³¹ Scotus usa essa ideia para defender que a concepção tomista dos poderes da alma implica – de maneira absurda – que os próprios poderes são agentes causais. Argumentando contra a concepção tomista, Scotus se preocupa com o fato de que se a alma é realmente distinta de seus poderes, então ela "opera e age pela mediação de algum acidente realmente distinto dela"³² e, que disso decorreria que "alguma forma inferior à alma poderia ser o princípio imediato do agir".³³ À primeira vista, isso mal faz jus às afirmações de S. Tomás a respeito do estatuto dos poderes causais. S. Tomás sem dúvida desejaria negar que os poderes causais são em qualquer sentido *numericamente* distintos de suas substâncias, e ele sem dúvida quer negar também que há qualquer sentido em que se possa dizer que os acidentes de uma substância são causas das ações produzidas por meio deles.³⁴

Dada uma rejeição da alegação de S. Tomás de que os poderes da alma são acidentes inerentes, tanto Henrique de Gand como Scotus propõem interpretações alternativas de como os poderes da alma se relacionam com ela. Henrique de Gand defende que os poderes da alma reduzem-se ao

---

30   *Ord.* 2, d. 16, q. un., n. 18; n. 12.
31   Ver *Quodl.* q. 3, n. 15, para a suficiência de inseparabilidade para identidade real (e, portanto, a necessidade de separabilidade para a distinção real).
32   *Ord.* 2, d. 16, q. un., n. 15.
33   *Ord.* 2, d. 16, q. un., n. 16.
34   Para o primeiro ponto aqui, ver, por exemplo, *ST* IaIIae.55.4 ad 1; *ST* IaIIae.110.2 ad 3. Quanto ao segundo ponto, S. Tomás alega que somente as coisas efetivas (e com isso ele deseja excluir os acidentes) fazem coisa efetivamente: ver *ST* I.75.2 *in corp.* Por outro lado, S. Tomás contenta-se em fazer uma distinção entre propriedades que são inerentes à essência da alma e propriedades que são inerentes aos poderes (e *não* à essência): ver *ST* IaIIae.110.4 c; ao passo que Scotus defende que falar de algo que é inerente aos poderes é só uma maneira de falar de certos tipos de inerência de propriedades à essência: uma relação de inerência que elas têm especificamente em virtude de sua inerência aos poderes: ver, por exemplo, *Ord.* 3, d. 2, q. 1, n. 14.

fato de a alma estar relacionada de várias maneiras a vários tipos de ação possível: "Os poderes acrescem à essência somente uma relação com atos especificamente diferentes".³⁵ Essas relações não são em qualquer sentido coisas acima ou além da alma, e ele nega que sejam inerentes à alma.³⁶

O argumento principal de Scotus contra a teoria de Henrique de Gand é metafísico. A teoria de Henrique de Gand implica que um agente é um agregado de essência *mais* relação. Mas nenhum agente é um agregado. Os agentes são numericamente unos.³⁷ Scotus defende, em vez disso, que a alma e seus poderes são uma única substância, tal que os poderes da alma "não são realmente distintos em si mesmos ou da essência".³⁸ Scotus defende que a alma e seus poderes são formalmente distintos – quer dizer, a definição da essência da alma não inclui os poderes da alma como tais, muito embora os poderes da alma não sejam realmente distintos de sua essência.³⁹ É nesse sentido que, de acordo com Scotus, devemos entender a alegação de que os poderes da alma são *própria* da alma. Ele entra em alguns detalhes para explicar o tipo de relação que devemos postular entre a alma e seus poderes. Ele fala – seguindo uma exegese um tanto estranha de uma passagem tirada do PseudoDioniso⁴⁰ – que os poderes da alma estão "contidos unitivamente" dentro da própria alma. Ele dá dois exemplos desse tipo de relação: um determinado contém unitivamente todos os seus determináveis, e um objeto contém unitivamente todas as suas paixões próprias.⁴¹ Aqui, o segundo caso é relevante. Scotus dá dois exemplos: Deus e seus atributos e o ser e suas propriedades convertíveis (uno, bom, verdadeiro). Quando discute a relação entre Deus e seus atributos, Scotus

---

35 Henrique de Gand, *Quodl*. 3, q. 14 (1:66ʳS; see also 1:68ᵛZ, 1:69ʳZ).
36 Henrique de Gand, *Quodl*. 3, q. 14 (1:71ʳF).
37 *Ord*. 2, d. 16, q. un., n. 13. Ver também *In Metaph*. 9, q. 5, nn. 12-15.
38 *Ord*. 2, d. 16, q. un., n. 15.
39 *Ord*. 2, d. 16, q. un., n. 17; Ver também *In Metaph*. 9, q. 5, nn. 12-14.
40 Ver *De Div. Nom*. 5 (PseudoDioniso 1857, 820D).
41 *Ord*. 2, d. 16, q. un., n. 17. Para outras discussões da continência unitiva, até – espantosamente – bem mais breves, ver *Ord*. 4, d. 46, q. 3, n. 4; *Rep*. 2, d. 1, q. 6, n. 14; *In Metaph*. 4, q. 2, nn. 143, 159-160.

mostra com certo detalhe como uma substância se relaciona com seus atributos necessários, mas inessenciais (não definitórios). E a discussão mostra exatamente de que maneira a interpretação scotista dos poderes da alma será diferente da tomista.

Segundo Scotus, que segue uma afirmação de João de Damasco, os atributos divinos são "circunstâncias" da essência divina: não são idênticos à essência divina de todas as maneiras, uma vez que permitem definições diferentes de qualquer definição possível da essência divina.[42] Um objetor alegaria que isso implica que os atributos divinos sejam inerentes à essência divina – uma alegação inconsistente com a pura efetividade[43] da essência divina, já que formas inerentes sempre efetivam alguma potência passiva em seus sujeitos.[44] Scotus responde distinguindo três aspectos da relação de uma forma para com seu sujeito: (1) uma forma "informa" seu sujeito, (2) uma forma é uma parte de um todo composto, e (3) uma forma F-dade é um *fator de verdade*: é em virtude de uma forma – F-dade – que algo é F. Os dois primeiros aspectos da relação de uma forma com seu sujeito implicam imperfeições – a potência passiva e a composição, respectivamente. Mas o terceiro é uma perfeição, e não há objeção aos atributos divinos exibirem esse aspecto relativamente à essência divina.[45] Tampouco devemos conceber o fazer a verdade como se implicasse o informar de um sujeito. "Animado" é um *fator de verdade* para um ser humano (embora, é claro, informe também o corpo em certo sentido – mais sobre isso na Seção III).[46]

Talvez Scotus queira fazer a mesma afirmação acerca dos poderes da alma – e certamente acerca dos *propria* em geral. Os poderes da alma são

---

[42] *Ord.* 1, d. 8, q. 4, n. 198, com referência a *De Fide Orth.* 1, c. 4 (João de Damasco 1864, 799C); c. 4 (João de Damasco 1955, 21); examino a distinção entre a essência divina e os atributos mais pormenorizadamente em Cross 1999, 43-44. Scotus identifica a essência divina como tal com a Trindade: ver Cross 1999, 7, e os textos ali citados.

[43] N.T.: Do original inglês *actuality*.

[44] *Ord.* 1, d. 8, q. 4, n. 210.

[45] *Ord.* 1, d. 8, q. 4, n. 213; ver também o texto citado no n. 4 acima.

[46] *Ord.* 1, d. 8, q. 4, n. 214.

aquilo em virtude de que a alma pode desempenhar certos tipos de atividade, sem isso implicar os poderes serem-lhe inerentes. E isso marca uma – talvez *a* – diferença crucial entre a interpretação scotista e a tomista. Vale a pena manter em mente que a interpretação scotista exclui qualquer tipo de composição entre a alma e seus poderes: a alma e seus poderes, como tais, não são mais complexos do que Deus e seus atributos. Na mesma medida em que Scotus está certo ao supor que a interpretação rival de Henrique de Gand implica que a alma e seus poderes são algum tipo de agregado de substância e relação, o tipo de alma que ele imagina é mais simples do que o imaginado por Henrique de Gand (duvido que aqui Scotus esteja certo na sua leitura de Henrique de Gand, já que este explicitamente concebe as relações como modos).[47]

Scotus – como S. Tomás – provavelmente quer conceber os poderes da alma como *particulares* – nesse caso, particulares necessariamente dependentes. Creio que a interpretação scotista padrão dos aspectos formalmente distintos de uma coisa implica que esses aspectos sejam (ao menos em casos normais) particulares. Scotus é explícito que os acidentes são particulares.[48] E, quando discute as maneiras em que atributos contidos unitivamente são e não são como acidentes, Scotus claramente parece supor – embora ele não o diga explicitamente – que não há distinção entre acidentes e atributos contidos unitivamente a ser inferida da particularidade ou da universalidade desses atributos. Ele certamente não critica a posição tomista ao argumentar que S. Tomás erroneamente hipostasiou os poderes da alma. Então, eu sugeriria que, para Scotus, da mesma forma como os acidentes são particulares, assim também o são os poderes da alma.[49] (A diferença entre acidentes e atributos unitivamente contidos está, antes, na inseparabilidade desses atributos de seus sujeitos.)

---

[47] Sobre isso, ver Henninger 1989, cap. 3.
[48] Sobre isso, ver Cross 1998, 95-100.
[49] Para uma interpretação diferente, ver A. Broadie 1995, 28.

III. A RELAÇÃO DA ALMA COM O CORPO

Os medievais, seguindo Aristóteles, analisam as substâncias em dois componentes: a matéria e a forma. Como Aristóteles, eles acreditam que uma análise desse tipo é necessária para explicar a mudança. Quando uma substância específica transmuda – por algum processo qualquer – em outra, algo permanece constante durante a mudança. Esse "algo" é a *matéria*. Mas essa matéria é arranjada de diferentes maneiras – talvez muito diferentes – antes e depois da mudança. Esse arranjo de matéria é conhecido como forma, ou, mais propriamente, forma substancial (embora, conforme veremos, nem todas as formas são somente maneiras em que a matéria é arranjada). Supõe-se que a forma explica por que uma dada substância é o tipo de coisa que é.[50] Os medievais – novamente seguindo Aristóteles – dão o nome de "almas" às formas das coisas vivas. Assim, a forma de Félix, o gato, poderia ser chamada de "alma" de Félix, por exemplo. Uma alma é o tipo de forma em virtude da qual uma substância é viva.

Essa interpretação da alma como uma forma aristotélica e como um agente subsistente está aberta a uma objeção. À primeira vista, a forma é algo abstrato e universal: um arranjo de matéria. Mas um subsistente individual não é algo abstrato ou universal: é um particular, tão individual quanto um corpo material. Na Idade Média, a afirmação de que a forma seria somente algo abstrato era rejeitada, embora sinais dela possam ser encontrados em Richard de Middleton.[51] Scotus rejeita essa concepção ao focar na função *explicativa* que supostamente a forma deve ter. Supostamente, a forma substancial deve explicar o fato de que uma substância pertence a uma espécie natural. E, conforme o entendimento de Scotus, ela só consegue fazer isso se for também algo individual.[52]

Nada disso quer dizer que uma forma individual não tem um constituinte universal ou comum. Scotus crê que a forma substancial como tal é

---

[50] Para a explicação scotista da matéria e da forma, ver Cross 1998, cap. 2 e cap. 3.
[51] Ver Cross 1998, 35-37.
[52] Ver Cross 1998, 37-38 para uma discussão e uma avaliação dessa afirmação.

comum – realmente partilhada por diferentes formas substanciais da mesma espécie. Ele defende que uma forma substancial individual inclui tanto uma natureza (formal) comum quanto uma ipseidade individuadora.[53]

Segundo a interpretação que venho delineando, um ser humano é um composto de matéria e alma. S. Tomás aceita esse tipo de interpretação totalmente. Conforme ele indicara, uma de suas vantagens é que ela pode dar uma descrição clara da unidade de uma pessoa humana.[54] A despeito de seu apelo óbvio, a maioria dos pensadores do fim do século XIII e do começo do século XIV acreditava que essa interpretação direta da composição matéria-forma concordava mal com as exigências tanto da ortodoxia teológica quanto da experiência empírica. Tanto as objeções teológicas quanto as filosóficas recaem sobre a mesma preocupação: a de que S. Tomás não consegue dar uma explicação da identidade de um corpo após a morte. De acordo com ele, um cadáver não é em sentido algum idêntico ao corpo vivo que o antecede. A identidade de um corpo requer a identidade de sua forma. Mas, conforme vimos, a morte é explicada pelo fato da matéria perder um tipo específico de forma substancial e ganhar outro. Então, um corpo vivo e um cadáver são totalmente diferentes.[55]

Há dificuldades óbvias nessa teoria de S. Tomás. Teologicamente, ela significa que o corpo morto de Cristo é numericamente distinto de seu corpo vivo – uma afirmação que fora condenada por Robert Kilwardby, Arcebispo de Cantuária, em 1277.[56] Filosoficamente, poderíamos muito bem querer afirmar que os corpos – embora não as substâncias de que são partes – retêm suas identidades após a morte. Para permitir essas várias ideias teológicas e filosóficas, Scotus – seguindo uma linha padrão adotada pela maioria dos pensadores do final do século XIII – sustenta que precisa-

---

[53] Para a afirmação de que a forma substancial, a matéria e a substância composta requerem, todas elas, explicações de suas individuações, ver *Ord.* 2, d. 3, pars I, q. 4, n. 187.
[54] *ST* I.76.3.
[55] S. Tomás de Aquino, *Quodl.* 3, q. 2, a. 2.
[56] Compare-se a proposição 13 "in naturalibus" condenada por Kilwardby em Oxford em 1277, impressa em Denifle e Chatelain 1889-1897, I: 559.

mos postular (ao menos) duas formas substanciais em qualquer composto animado: uma *forma corpórea*, que explica a identidade do corpo e sua estrutura corpórea básica, e uma *alma animadora*, que explica o fato de que o corpo está vivo.[57]

Os argumentos de Scotus em favor dessa posição focam, todos, na persistência aparente de um corpo após a morte. A forma corpórea e a alma animadora tem de ser distintas, já que o corpo (inclusive a forma corpórea) persiste após a morte, ao passo que (por definição) a alma animadora não.[58] O argumento esteia-se na pressuposição de que o mesmo corpo de fato permanece – uma pressuposição que S. Tomás poderia querer questionar. Afinal de contas, embora um corpo vivo e um corpo morto tenham propriedades estruturais muito semelhantes, até o fundo do nível molecular, eles, de fato, comportam-se de maneiras muito diferentes: e isso poderia fazer com que quiséssemos afirmar que são numericamente distintos um do outro. Então, um segundo argumento tenta mostrar que temos boas razões para supor que o corpo permanece. Vários tipos de causas de morte (esfaqueamento ou afogamento, para usar os exemplos de Scotus) sempre produzem corpos do mesmo tipo. Mas agentes tão diferentes como a água e uma faca não parecem à primeira vista ser os tipos de coisa que produziriam o mesmo tipo de efeito. Então, só podemos explicar a presença de um cadáver após as formas propostas de assassinato recorrendo à persistência de alguma outra forma – a saber, a forma corpórea.[59] A água e a faca não produzem efetivamente nada, no fim das contas. S. Tomás, creio, simplesmente teria de afirmar que, sob as circunstâncias corretas, facas e lagoas podem mesmo produzir especificamente os mesmos efeitos (onde "as cir-

---

[57] Scotus crê que é "provável" que cada órgão corpóreo tenha sua própria forma substancial também. Discuto isso em pormenor em Cross 1998, 68-70. Discuto a teoria scotista geral da pluralidade das formas, junto com seus argumentos contra as posições opostas sustentadas por S. Tomás e Henrique de Gand, em Cross 1998, 47-68.

[58] *Ord.* 4, d. 11, q. 3, n. 54.

[59] *Ord.* 4, d. 11, q. 3, n. 38. Há algumas dificuldades textuais com essa passagem, que discuto em Cross 1998, 57, n. 27.

cunstâncias corretas" poderiam incluir uma consideração da natureza da forma do ser vivo antes de sua morte).

Esse tipo de concepção, de acordo com a qual há uma *pluralidade de formas* em um composto animado, torna mais difícil dar uma interpretação da unidade de um composto. De fato, podemos achar difícil ver que sentido afinal pode ser dado a se chamar a alma animadora de "forma", dada a afirmação básica de que as formas dos objetos materiais deveriam ter alguma função na estruturação de um corpo. Scotus está muito ciente de ambas dificuldades e gasta algum tempo tentando descobrir alguma solução filosófica para elas – embora tenha-se de se admitir que sua solução à segunda é definitivamente aporética.

Conforme vimos, S. Tomás acredita que uma posição pluralista não consegue dar uma descrição da unidade de um composto animado. A resposta inicial de Scotus a Tomás de Aquino é negar qualquer identificação direta de *simplicidade* e *unidade*: "Concordo que uma coisa tem uma existência, mas nego que uma existência necessite somente de uma forma [substancial]".[60] Obviamente, Scotus precisa ser capaz de mostrar como até mesmo objetos muito complexos ainda conseguem satisfazer exigências para a unidade substancial. Sua estratégia básica é argumentar que dois ou mais objetos – digamos, corpo e alma, ou matéria e forma corpórea – unem-se para formar uma substância (em vez de, digamos, um agregado) se o todo formado com base neles tiver algumas propriedades que não poderiam ser possuídas somente pelas partes. Scotus supõe que as partes de uma substância simplesmente não são o tipo certo de coisas para serem os sujeitos das propriedades de toda a substância.[61]

Essa interpretação é fortemente antirreducionista: uma substância é mais do que só a soma de suas partes. A interpretação não explica o que acontece com as formas substanciais que faz com que elas possam ser partes de unidades desse tipo. Scotus, como um bom aristotélico, fala da

---

[60] *Ord.* 4, d. 11, q. 3, n. 46.
[61] *Ord.* 3, d. 2, q. 2, n. 7. Discuto essa teoria em Scotus com mais especificações em Cross 1995 e Cross 1998, cap. 5.

capacidade de uma forma efetivar [*actualizing*] certa potência passiva em seu sujeito.[62] Conforme Scotus entende isso, isso significa que uma forma começa a ser inerente a um objeto preexistente (seja ele matéria ou corpo), de modo que a união dos dois (a forma e o objeto preexistente) dá origem uma terceira coisa realmente distinta deles.[63] Obviamente, o conjunto de relações potência-efetividade em um composto que inclui muitas formas substanciais terá alguma complexidade (é essa complexidade que S. Tomás consideraria como inconsistente com qualquer fala de unidade substancial[64]). A união de forma corpórea com matéria resulta na existência de um corpo, de modo que a forma corpórea efetiva a potência da matéria para ser o sujeito da alma intelectiva. Mas essas relações de efetivação são transitivas, de tal maneira que a efetivação de uma alma da potência de um corpo implica que a alma efetive uma potência também na matéria. Nessa medida, então, a alma é uma forma corpórea.[65]

Dado que a presença das propriedades que poderiam não ser possuídas por qualquer das partes basta para a unidade substancial de um objeto composto, Scotus tem uma resposta suficiente a qualquer teoria de que a alma e o corpo são duas substâncias irredutíveis uma à outra se ele

---

[62] Ver, por exemplo, Aristóteles, *Metaph.* 7.6 (1045^{b}17-21); Scotus, *Lect.* 2, d. 12, q. un., n. 37.

[63] *Lect.* 2, d. 12, q. un., n. 50; ver também os textos citados em Cross 1998, 91, n. 44.

[64] Henrique de Gand usa a complexidade dessas relações como modo de argumentar contra a concepção da pluralidade: ver Cross 1998, 49-55. Essencialmente, Scotus argumenta que o sujeito básico para todas essas formas é a matéria: ver Cross 1998, 67-68.

[65] Para a discussão toda, ver Cross 1998, 67-70. Essa análise imuniza Scotus contra a condenação da posição de Olivi no Concílio de Vienne em 1312. Segundo a posição condenada, "a substância da alma racional ou intelectiva não é de si e nem essencialmente da forma do corpo humano": Tanner 1990, 1:361. Ver a discussão em Pasnau 1997a, 110-111, embora, note-se, que Pasnau refere incorretamente ao (inexistente) Concílio de *Viena.* N.T.: Entre outubro de 1311 e maio de 1312, foi realizado na catedral de Vienne, na França, um concílio ecumênico convocado pelo papa Clemente V, para discutir, dentre outras coisas, o fim da Ordem dos Templários e a condenação póstuma do papa Bonifácio VIII, por ter excomungado o rei Filipe IV de França.

conseguir mostrar que um ser humano tem algumas propriedades que não poderiam ser possuídas nem só pelo corpo nem só pela alma. Scotus crê que algumas dessas propriedades existem – especificamente, nossos poderes vegetativos e sensitivos:

> As operações naturais que consistem em agir e sofrer – por exemplo, operações sensórias – [...] podem ser recebidas somente em algo composto de um órgão (perfeitamente misturado) e a alma (na medida em que tem potência perfectiva). Nenhum deles está presente [no caso da suposição de um corpo morto por um anjo].[66]
>
> O recipiente próximo de qualquer operação sensitiva, porém, é composto de matéria e forma, como fica claro com base nas passagens iniciais do *De sensu et sensato*.[67]

A ideia é que um órgão inanimado – o olho de um cadáver, por exemplo – não pode funcionar; ele não consegue sentir as coisas. É claro, se fosse transplantado para o corpo de uma pessoa viva, conseguiria; mas isso só realça o ponto de Scotus de que o funcionamento do olho depende do próprio olho ser um composto de parte corporal e alma.

Se Scotus for capaz de mostrar que essa alma animadora é idêntica à alma intelectiva discutida na Seção I, ele precisará ser capaz de mostrar que essas funções vegetativas e sensórias de alguma forma requerem a presença de uma alma especificamente intelectiva. Em outras palavras, precisará mostrar que a alma intelectiva é numericamente idêntica às formas animadoras e sensórias às quais as duas passagens acima aludem. Scotus evidentemente acredita que a alma intelectiva é idêntica às formas animadora e sensória: "As almas sensórias e vegetativas são a mesma alma que a intelectiva no homem".[68] Mas ele nunca dá um argumento para mostrar essa identidade. Nessa medida, sua interpretação é aporética. De fato, o fato de Scotus não conseguir dar um argumento é extremamente desconcer-

---

[66] *Ord.* 2, d. 8, q. un., n. 4.
[67] *Quodl.* q. 9, n. 11, referente a Aristóteles, *De Sensu* 1 (436ª11-12, 436ᵇ1-10); ver também *Ord.* 4, d. 44, q. 2, n. 6.
[68] *Ord.* 4, d. 44, q. 1, n. 4.

tante. Muitos de seus predecessores franciscanos queriam distinguir entre as almas vegetativa, sensória e a intelectiva nos seres humanos. E, no fim das contas, essas pessoas terão muito mais dificuldade em mostrar como poderíamos plausivelmente falar da alma intelectiva como um tipo de forma (aristotélica) e não como – digamos – o movente platônico de um corpo vivo. Talvez Scotus pudesse recorrer a alguns fatos empíricos acerca da morte: a saber, que todas as funções animadas cessam imediatamente (mas não sei o que ele diria sobre as pessoas que existem em um estado vegetativo persistente).[69]

Não obstante, é claro que sua estratégia geral permite que ele dê uma maneira coerente e fundamentada de alegar que a alma intelectiva – conforme a descreve – é realmente uma *forma*. Quando discute – em uma passagem recém-citada – a possibilidade de um anjo incorporar em um corpo morto, Scotus indica que esse corpo seria "imperfeitamente misturado": em hipótese alguma ele seria um corpo (humano) estruturado de maneira apropriada. Chamar a alma de forma, aqui, é um modo de enfatizar que ela permite que o composto funcione de certas maneiras: não que a alma seja a *causa* desse funcionamento, mas ela estrutura o todo de tal forma que o todo – corpo e alma – pode funcionar junto de certas maneiras. Mas não é possível uma diferença simplesmente na função – ou, em todo caso, não é possível uma diferença que é afirmada simplesmente em termos de

---

[69] De fato, há uma objeção quanto a uma identificação das almas vegetativa, sensória e intelectual que Scotus desconsidera. Como vimos, a alma intelectual não tem extensão. Tecnicamente, ela existe totalmente no corpo todo, e totalmente em cada parte do corpo (ver, por exemplo, *Ord.* I, d. 2, pars 2, qq. 1-4, n. 386). Mas outras formas substanciais – por exemplo, a alma vegetativa nas plantas ou a forma corporal – são fisicamente extensas (ver *Lect.* I, d. 17, pars 2, q. 4, n. 228) (da mesma maneira, os argumentos de Scotus delineados na Seção I baseiam-se na pressuposição de que a forma corpórea é extensa; não fosse assim, não haveria razão pela qual essa forma não pudesse ser o sujeito da cognição intelectual). Mas nada pode ser simultaneamente extenso e não extenso. Então, é difícil ver como a alma intelectual poderia ser identificada com a alma vegetativa. Já que, por razões que estou prestes a delinear, a identificação dessas almas tem resultados filosóficos altamente desejáveis, é uma vergonha que Scotus não tenha considerado toda a questão mais profundamente.

forma. Então, Scotus tem necessariamente de se comprometer com a concepção de que a alma precisa ela mesma ter uma função na estruturação do organismo: ela tem de ser responsável por atiçar a estrutura do corpo de tal forma que o corpo assim estruturado funcionará de certas maneiras. Se Scotus não pensa assim, então será difícil ver como sua compreensão da forma pode ser diferenciada de um movente platônico direto.[70]

Conforme S. Tomás apresenta sua concepção, uma de suas vantagens é que ela permite uma explicação dos elos causais entre corpo e alma:

> A alma move o corpo [...] por seu poder de mover, cuja ação pressupõe um corpo já tornado efetivo pela alma, de modo que assim a alma, de acordo com seu poder motor, é a parte movente, e o corpo animado, a parte movida.[71]

Na interpretação scotista da união entre alma e corpo, a alma é aquilo em virtude do que o corpo é vivo, de modo que a alma, em algum sentido, contribui para a estrutura do corpo e é responsável como causa formal pelas várias microestruturas que distinguem um corpo vivo de um corpo morto. Nessa medida, a teoria de Scotus poderia explicar a interação causal de corpo e alma efetivamente da mesma maneira que a de S. Tomás. Mas Scotus não recorre a essa capacidade explicativa da sua interpretação, já que ele não parece crer que haja uma dificuldade causal nas interações de alma e corpo. Assim, ele contenta-se simplesmente em estipular que a alma pode mover o corpo ("Há um poder na alma para mover o corpo organicamente, por meio de outras partes orgânicas")[72], e ele contenta-se igualmente em estipular o mesmo para um anjo unido a um corpo humano inanimado. Já que um anjo unido a um corpo humano inanimado terá muitas semelhanças de superfície com um tipo platônico de alma, um mero movente de seu corpo, considero

---

[70] Scotus não pode recorrer à transitividade das relações de efetivação que existem entre alma, forma corpórea e matéria, já que essa transitividade é justamente o que precisa ser explicada.
[71] S. Tomás de Aquino, *ST* I.76.4 ad 2.
[72] *Ord.* 4, d. 49, q. 14, n. 4.

que Scotus não se deixaria impressionar com as preocupações causais modernas a respeito do dualismo de substância.

IV. UMA ALMA DESINCORPORADA

De acordo com Scotus, a alma é tanto um agente imaterial como uma forma substancial de um ser humano. Esses dois aspectos da alma movem-se para duas direções bastante diferentes. Certamente esperaríamos que um agente imaterial fosse capaz de existir separadamente de qualquer corpo; certamente não esperaríamos que a forma substancial de um ser humano fosse capaz de existir separadamente de um corpo humano, já que os seres humanos são necessariamente corpóreos. S. Tomás apresenta um argumento para tentar mostrar que a imaterialidade da alma é suficiente para sua incorruptibilidade e, assim, para sua sobrevivência natural quando do desaparecimento do corpo:

> É claro que aquilo que pertence a algo em si mesmo é inseparável dele. A existência, contudo, pertence em si mesma à forma que é o ato. Daí que a matéria adquira existência em ato em virtude de adquirir forma; e a corrupção acontece a ela em virtude da forma estar separada dela. Contudo, é impossível que a forma seja separada de si própria. Daí que é impossível que uma forma subsistente cesse de existir.[73]

A alma é a forma; a corrupção requer a separabilidade de forma e matéria. Então, a alma não pode ser corrompida. Scotus não está convencido disso:

> Nem toda destruição resulta de se separar uma coisa de outra. Tome-se o ser de um anjo, e que se suponha – conforme alguns o fazem – que sua existência é distinta de sua essência. Esse ser não é separável de si mesmo e não obstante pode ser destruído se sua existência for sucedida pelo oposto de sua existência.[74]

---

[73] S. Tomás de Aquino, *ST* I.75.6 c.
[74] *Ord.* 4, d. 43, q. 2, n. 17.

Isso parece exato (embora Scotus não precise da suposição contrafactual de que a essência e a existência são distintas). Uma forma em que uma alma poderia ser destruída seria se ela perde uma de suas propriedades essenciais. Por exemplo, se ser uma forma que em certo sentido é a forma de um corpo for essencial à alma, poderíamos esperar o perecimento da alma quando o corpo vier a desaparecer. E isso nos dá uma boa razão para querer negar que a perda de forma é necessária para a destruição. Uma forma subsistente – que não pode "perder sua forma" – pereceria se uma das condições necessárias para sua existência cessasse de existir.[75] É claro, isso não quer dizer que o intelecto, na interpretação de Scotus, não possa sobreviver à morte do corpo; só que não há provas de que isso vá ocorrer.[76]

Mas, às vezes, Scotus aborda o tópico por outro lado. Em vez de focar na função formal da alma, ele foca, ao contrário, na sua função imaterial. Nas *Quodlibetales*, ele aceita o seguinte argumento:

> O que pode funcionar sem matéria pode existir sem matéria. Portanto, aquela natureza cuja função apropriada é o entendimento pode existir sem a matéria.[77]

Curiosamente, Scotus rejeita exatamente esse argumento na *Ordinatio*, na base de que a alma é necessariamente "um princípio que tem uma operação apropriada para o composto como um todo" – a saber, a sensação. Nada que seja desincorporado pode ser um princípio desse tipo.[78] Essa recusa parece mostrar demais, já que torna a sobrevivência da alma após a morte do corpo impossível, e Scotus certamente acredita que a alma (factualmente) sobrevive à morte de seu corpo. Nas *Quodlibetales*, porém, ele parece aceitar a inferência. Isso não quer dizer que ele tenha se tornado

---

[75] Argumento isso extensamente em Cross 1997b.
[76] Para a crença de Scotus na sobrevivência factual da alma *post-mortem*, ver *Ord.* 4, d. 43, q. 2, n. 28.
[77] *Quodl.* q. 9, n. 12; ver *Ord.* 4, d. 43, q. 2, n. 13, citando Aristóteles, *De an.* 2.2 (413^{b}29-31).
[78] *Ord.* 4, d. 43, q. 2, n. 17. Note-se que os sentidos relevantes aqui não são os cinco sentidos exteriores, mas os sentidos interiores.

mais otimista quanto a provar a sobrevivência da alma, já que, conforme tentei mostrar na Seção I, ele, nas *Quodlibetales*, é menos otimista quanto a sermos capazes de mostrar que as operações da alma são imateriais no sentido relevante.[79]

De acordo com S. Tomás, uma alma desincorporada não consegue naturalmente ganhar conhecimento novo, já que não tem sentidos, e, assim, nenhum acesso ao mundo material. Scotus discorda. Os objetos imediatos do intelecto são dados sensíveis fisicamente extensos. E esses dados sensíveis são representações (talvez, semelhanças naturais) de objetos físicos. Portanto, objetos físicos podem se apresentar diretamente ao intelecto desincorporado exatamente da mesma maneira como podem ser iconicamente representados, por dados sensíveis, para o intelecto incorporado.[80] Uma alma desincorporada, então, pode ganhar – sem qualquer intervenção divina – todos os tipos de conhecimento intelectual que uma alma incorporada também pode.

---

[79] Adams entende que a explicação das *Quodlibetales* move-se para "mais perto da de S. Tomás" (Adams 1992, 14). Nessa explicação, Scotus é inequívoco quanto à alma não depender da matéria por sua própria natureza (*Quodl.* q. 9, n. 4). Mas, ao sustentar que a alma não tem extensão, a explicação da *Ordinatio* parece fazer exatamente essa alegação. Na última interpretação, Scotus é menos otimista quanto a ser capaz de *mostrar* a verdade da alegação. Não obstante, o argumento que parte da imaterialidade funcional para a independência existencial é uma concessão a Tomás – embora Scotus não dê justificativa alguma para ela. Talvez possamos ver as modalidades na passagem das *Quodlibetales* como se fossem, em certo sentido, nomológicas, e não metafísicas. Nesse caso, o sentido seria o de que, se a alma pode sobreviver à corrupção do corpo, sua sobrevivência é natural, não requer um milagre (compare-se a forma ígnea sem corpo, cuja existência certamente requereria particular intervenção divina. Para a possibilidade dessa forma desincorporada, ver Cross 1998, 38-40). Não obstante, Scotus sempre insiste que a alma tem uma inclinação natural para a união com o corpo: ver *In Metaph.* 4, q. 2 n. 26; *Ord.* 3, d. 1, q. 1, n. 8; *Quodl.* q. 9, n. 4.

[80] *Ord.* 4, d. 45, q. 2, n. 8. Note-se, obviamente, que esse tipo de presença direta não implica qualquer tipo de *sensação*: ver *Ord.* 4, d. 49, q. 2, n. 6.

9 Cognição

ROBERT PASNAU

A tradicional categoria filosófica da epistemologia tem pouca valia para a filosofia medieval. Os medievais se preocupavam com a maior parte daquilo que atualmente é compreendido pela teoria do conhecimento, mas nunca conceberam o conhecimento como o tipo de tópico integrado acerca do qual se pode construir uma teoria filosófica.[1] O mesmo também pode ser dito acerca da filosofia hoje. Em lugar do conhecimento, os filósofos atualmente dirigem suas energias para sobre a cognição; em lugar da teoria do conhecimento, temos agora a teoria cognitiva. Essa maneira de dividir o terreno filosófico calha de ser bem apropriada ao estudo da filosofia medieval. Os medievais, em vez de focar sobre como o conhecimento difere da mera crença verdadeira, focavam em como conseguimos formar crenças verdadeiras: como o processo funciona? Responder a essa questão é desenvolver uma teoria da cognição.

Como na maioria dos temas, John Duns Scotus não se diferencia na teoria cognitiva pela adoção de uma perspectiva radicalmente nova. Scotus aceita a estrutura cognitiva geral proposta por seus mais distintos predecessores, Tomás de Aquino e Henrique de Gand; ao discordar, ele o faz de

---

[1] Deve-se dar crédito à engenhosidade de Scott MacDonald por ter sido capaz de construir para Tomás de Aquino uma teoria do conhecimento bastante coerente, em seu capítulo com esse nome em Kretzmann e Stump 1993. Mas é um sinal da distância que essas questões têm relativamente às preocupações centrais de S. Tomás o fato de que MacDonald teve de se basear quase exclusivamente em uma fonte obscura, o comentário de S. Tomás aos *Segundos Analíticos*.

maneira a reforçar os contornos amplos da teoria.² Scotus é interessante, então, não porque ofereça quaisquer ideias brilhantemente novas acerca da cognição, mas porque dá uma análise cuidadosa e penetrante do campo tal como ele se definia no final do século XIII. De muitas maneiras, ele vê as questões com mais profundidade do que qualquer um antes dele.

I. A ESTRUTURA COGNITIVA

A teoria cognitiva medieval tira sua inspiração primordial de Aristóteles, com importantes modificações e complementações extraídas de Agostinho e Avicena. A história da teoria cognitiva do século XIII consiste progressivamente em esforços cada vez mais sofisticados para se combinar essas várias influências em uma interpretação sistemática e harmoniosa de como os animais (inclusive, principalmente, os seres humanos) processam a informação acerca do mundo que os rodeia. Por volta do final do século XIII, havia um consenso substantivo entre os Escolásticos quanto à maneira apropriada de se entender os componentes básicos de nossos sistemas cognitivos. Scotus endossa a concepção consensual na maioria de seus pormenores.

Primeira e mais basicamente, Scotus aprova uma distinção entre os componentes sensoriais e os intelectivos da cognição. Os poderes sensoriais resumem-se aos cinco sentidos externos usuais junto com os sentidos internos do cérebro: o senso comum, a fantasia, a imaginação, o poder de estimativa e a memória.³ Conforme veremos, Scotus rejeita primordialmente uma maneira estabelecida de traçar a distinção entre sentido e intelecto: ele nega que os individuais materiais são o objeto dos sentidos e apenas dos

---

2   Cf. Wolter 1990b, 104: "Assim como a maioria de seus contemporâneos, Scotus sustentava uma teoria do conhecimento basicamente aristotélica, que ele modificou apenas levemente conforme os interesses da primeira tradição franciscana-agostiniana".
3   Sobre os sentidos externos, ver In De an. q. 6. Sobre o senso comum, ver In De an. qq. 9-10. Scotus menciona outros sentidos internos em passagens espalhadas, mas ele nunca desenvolve uma concepção própria. Ver Steneck 1970, 127-137.

sentidos, além de negar que as essências universais são o objeto exclusivo do intelecto (ver Seção IV). E mais, Scotus não aceita outra base padrão para a distinção sensorial-intelectual: ele concorda que os poderes sensoriais têm órgãos físicos, ao passo que o intelecto é imaterial.[4] Isso leva a uma conclusão ulterior de que os sentidos, devido a sua materialidade, não podem agir diretamente sobre o intelecto, devido a sua imaterialidade.[5]

Dentre os animais, somente os seres humanos têm intelecto. Como a maioria de seus contemporâneos, Scotus aceita a distinção aristotélica bem conhecida entre o componente receptivo do intelecto (o intelecto possível) e seu componente ativo (o intelecto agente). Novamente como a maioria de seus contemporâneos, Scotus considera que tanto o intelecto agente como o possível são poderes que duram dentro da mente humana. Ele rejeita as interpretações de Aristóteles segundo as quais o intelecto possível só existe quando está efetivamente pensando,[6] ou segundo as quais o intelecto agente não é parte da mente humana.[7] Contudo, Scotus reluta em descrevê-los como dois poderes separados dentro da mente: ele postula uma distinção formal, e não real, entre os intelectos agente e possível.[8] Mas o estatuto ontológico da distinção tem consequências mínimas para a teoria da cognição scotista: mesmo uma distinção meramente formal exigiria uma diferença de função. A função do intelecto agente, nas palavras de Averróis, é "transferir da ordem para a ordem", é fazer a transição das imagens sensoriais para os conceitos universais.[9] A função do intelecto possível é receber, e, em seguida, armazenar essa informação; o pensamen-

---

4   Ver, por exemplo, *Ord.* 1, d. 3, pars 3, q. 4, n. 594; *Ord.* 2, d. 3, pars 2, q. 1, n. 296; *In De an.* q. 5, nn. 3-4; *Quodl.* q. 13, n. 62.
5   Ver, por exemplo, *In De an.* q. 11, n. 4.
6   Ver *Ord.* 2, d. 3, pars 2, q. 1, n. 297 e *Ord.* 1, d. 3, pars 3, q. 2, nn. 541-542 comentando *De Anima* 3.4 (429a 24): "[o intelecto] não é, atualmente, antes de pensar, qualquer das coisas que existem".
7   Ver, por exemplo, *In De an.* q. 13, nn. 1-2.
8   Ver, por exemplo, *Rep.* 2, d. 16; *Quodl.* q. 15, nn. 60-63.
9   Ver, por exemplo, *Ord.* 1, d. 3, pars 3, q. 1, nn. 359-363; *Lect.* 1, d. 3, pars 3, q. 1, n. 275; *Quodl.* q. 15, nn. 46-47, 51; *In De an.* q. 11, nn. 4-5; *In Metaph.* 1, q. 4, n. 14; 8, q. 18, nn. 48-57. Cf. Averróis, *De an.* III comm. 18 (439).

to humano acontece em virtude dessas formas inteligíveis (ou *espécies inteligíveis*) serem efetivadas no intelecto possível.[10]

Nesta vida, o intelecto tira sua informação dos sentidos (ver Seção V). Mas, mesmo antes que o intelecto comece a classificar e a conceitualizar os dados sensoriais, os próprios sentidos processam essa informação de várias maneiras complexas. A forma mais simples de sensação, a sensação *per se*, acontece quando um dos cinco sentidos externos apreende a qualidade sensível que é seu objeto apropriado: quando a vista vê a cor, por exemplo, ou a audição ouve sons. Falando em termos mais gerais, uma pessoa vê a escuridão, ou vê um ser humano. Essa é a sensação *per accidens*.[11] Quando os sentidos internos do cérebro armazenam e re-imaginam essa informação (no sentido interno da *phantasia*), eles geram *fantasmas*.[12] Esses fantasmas, abstraídos pelo intelecto agente, são nesta vida a única fonte de informação do intelecto:

> Um conceito real é naturalmente causado no intelecto da pessoa somente pelas coisas que são naturalmente capazes de mover nosso intelecto. Elas são (a) o fantasma (ou o objeto retratado nos fantasmas) e (b) o intelecto agente.[13]

---

[10] Ver, por exemplo, *Ord*. 1, d. 3, pars 3, q. 1, nn. 363, 370, 388, *textus interpolatus* em n. 378 (Vaticano 3: 364-366); *Quodl*. q. 15, n. 52; *In Metaph*. 7, q. 18, n. 51; *In De an*. q. 14 and q. 17; *In Periherm*. I, 1, q. 2; *In Periherm*. II, q. 1; Perler 1996.

[11] Ver, por exemplo, *In Metaph*. 2, qq. 2-3, n. 80. Em *In Metaph*. 7, q. 15, n. 20, Scotus propõe um teste para a cognição *per se*: "para uma potência ter cognição *per se* de algum objeto segundo alguma explicação, ela terá cognição daquele *per se* que resta quando tudo o mais se foi". No caso da visão, então, seu(s) objeto(s) *per se* seria os aspectos basilares que não podem ser removidos da percepção, como a cor, o formato, o tamanho e o movimento. Que se retire qualquer um desses, e a visão não mais será possível.

Para uma discussão da sensação *per se* e *per accidens*, ver *In De an*. q. 6, n. 6, onde Scotus dá um teste diferente: algo é sensível *per se* se fizer uma diferença para a impressão recebida pelo sentido (a próxima edição de *In De an*. mostra que o texto aqui deve ler-se: "*quia sensibilia communia immutant per se sensus proprios*", omitindo-se *non* dessa frase).

[12] Ver, por exemplo, *Ord*. 1, d. 3, pars 3, q. 1, nn. 352, 357, 365; *In Metaph*. 1, q. 4, n. 14.

[13] *Ord*. 1, d. 3, pars 1, qq. 1-2, n. 35. Cf. *Ord*. 1, d. 3, pars 1, q. 3, n. 187; 1, d. 3, pars 3, q. 1, nn. 366, 392; *In De an*. q. 11, nn. 4-5.

Com isso, Scotus endossa a bem conhecida observação de Aristóteles de que "a alma nunca pensa sem um fantasma".[14] Scotus leva essa observação um passo adiante. Segundo Avicena, uma vez que as informações iniciais tenham sido dadas, o intelecto consegue operar inteiramente por si só, livre de qualquer influência sensorial.[15] Scotus não concorda com essa ideia. Ele sustenta, em vez disso, que o intelecto tem de se voltar continuamente para os fantasmas. Seguindo Tomás de Aquino,[16] mas explicando a ideia um tanto mais claramente, Scotus sustenta que os sentidos e o intelecto trabalham conjuntamente:

> O intelecto nada entende a não ser que se volte para os fantasmas: não que essa volta (*conversio*) pertença só ao intelecto, [o qual procura] por fantasmas; antes, ela pertence à alma como um todo, de modo que o intelecto nada entende exceto enquanto a *phantasia* forma fantasmas (*phantasiatur*).[17]

Nossos pensamentos conceituais são guiados pelas nossas imagens sensoriais, não apenas como um ponto de partida, mas como uma constante pedra de toque e inspiração.

II. REPRESENTAÇÃO MENTAL

Na longa, incansavelmente difícil 13ª questão de suas *Quodlibeta*, Scotus pergunta se o ato de conhecimento é absoluto ou relativo. Isso significa perguntar se ter conhecimento consiste em algum tipo de relação para com algum objeto ou em uma qualidade absoluta e não relacional da

---

[14] *De Anima* 3.7 (431a16-17). Cf. 431b2, 432a8-9, a13-14; *De Memoria* 450a1.
[15] *Liber De Anima* V.3 (105).
[16] *ST* I.84.7.
[17] *Lect.* 2, d. 3, pars 2, q. 1, n. 255; cf. *Lect.* 1, d. 3, pars 3, q. 1, n. 300; *Ord.* 1, d. 3, pars 3, q. 1, n. 392; *Ord.* 1, d. 3, pars 1, q. 3, n. 187; *In De an.* q. 17, n. 13; q. 18; *Op. Ox.* 4, d. 45, q. 1. Para mais discussão ver R. Dumont 1965, 620-624; Honnefelder 1979, 178-181.

mente. A resposta dele é que toda cognição, sensorial e intelectual, envolve ambos esses componentes.[18] Deve haver uma relação, primeiro, porque é essencial a toda cognição que haja algum objeto para o qual a ação tenda. Contrariamente à sugestão aristotélica mais conhecida de que a cognição consiste em certo tipo de recepção de forma, Scotus define a cognição em termos de uma relação intencional com outras coisas:

> Um poder cognitivo precisa não só receber a espécie de seu objeto, mas também tender por meio de seu ato para o objeto. Esse segundo é mais essencial ao poder, porque o primeiro é necessário por causa da imperfeição do poder. E o objeto é o objeto menos por causa de ele imprimir uma espécie e mais por causa do poder tender a ele.[19]

Aqui, *tender* (*tendere*) tem todas as implicações modernas de *intencionalidade*. Tender para outro é representar outro, estar acerca de outro – não da maneira como uma palavra ou uma imagem representam alguma outra coisa, mas da maneira distintiva (e altamente misteriosa) em que os pensamentos e as percepções são acerca das coisas. As palavras e as imagens, elas mesmas, não tendem para o que representam; elas só o fazem por intermédio da mente de um intérprete. Os pensamentos e as percepções não precisam de um intérprete, pois são a interpretação; eles mesmos tendem para outras coisas. Nesse sentido, têm intencionalidade.

A cognição, então, envolve uma relação para com um objeto. Mas isso não quer dizer que um ato cognitivo seja exatamente uma relação. O próprio ato é uma entidade absoluta, existente completamente dentro do poder cognitivo. É comum não concebermos a cognição dessa maneira por causa de "uma operação ser geralmente entendida relativamente à sua tendência para um objeto".[20] Mas a fundação dessa relação intencional é uma qualidade não relacional que existe dentro do agente cognitivo. É essa qua-

---

[18] *Quodl.* q. 13, n. 69.
[19] *In Metaph.* 7, q. 14, n. 29. Para mais discussão da função das intenções na cognição, ver *Ord.* 2, q. 13 (McCarthy 1976, 26).
[20] *Quodl.* q. 13, n. 96.

lidade absoluta que deveria ser o lugar de toda tentativa de dar uma explicação significativa da intencionalidade. Como é que os pensamentos e as percepções tendem às coisas? A resposta de Scotus é, basicamente, a mesma que os filósofos sempre deram durante todo o século XIII: ele recorre às espécies sensível e inteligível que informam nossos poderes cognitivos e, com isso, fazem com que os atos de cognição tendam para os objetos aos quais as espécies se assemelham.[21] As dificuldades com esse tipo de teoria eram bem conhecidas nessa época[22]; Scotus dá o que em muitos aspectos é a tentativa medieval mais sofisticada de defender a teoria.

Uma das reclamações mais comuns relativas à teoria das espécies era seu caráter aparentemente supérfluo. Scotus considera a objeção:

> A presença do objeto é a causa da presença da espécie, e não vice-versa, já que não é porque a espécie está no olho que o branco está presente, mas vice-versa. Portanto, a primeira representação do objeto não é por meio da espécie, e, portanto, é supérfluo por a espécie por causa da presença do objeto.[23]

Algum tipo de imagem pode ser necessário nos casos em que o objeto tenha desaparecido. Mas no que concerne à apreensão inicial ("primeira representação") do objeto, não há necessidade de espécie. O próprio

---

21 Para as espécies inteligíveis, ver, por exemplo, *Quodl.* q. 13, n. 97; *In Periherm.* II, q. 1; *Ord.* 1, d. 3, pars 3, q. 1 passim; *Ord.* 1, d. 3, pars 3, q. 2, nn. 487, 541; *Lect.* 1, d. 3. pars 1, q. 3, n. 185; *Lect.* 1, d. 3, pars 3, q. 1 *passim*; *Lect.* 2, d. 3, pars 2, q. 3, n. 345. Para as espécies sensíveis, ver, por exemplo, *In De an.* q. 5; *Lect.* 1, d. 3, pars 3, q. 1, nn. 283-284; *Lect.* 2, d. 3, p. 2, q. 1, n. 261; *Ord.* 1, d. 3, p. 1, q. 4, n. 239; *Ord.* 1, d. 3, pars 3, q. 2, nn. 471-473, 504-505. Nessa última passagem, Scotus sustenta que "espécie" pode referir ou ao próprio ato de cognição ou (mais costumeiramente) à semelhança anterior em virtude da qual o ato acontece.
22 Ver Pasnau 1997b, parte dois.
23 *Ord.* 1, d. 3, pars 3, q. 1, n. 334. O argumento é tirado de Henrique de Gand, *Quodlibet* V.14 (f. 174ᵛZ). Henrique de Gand preocupa-se, aqui, em rejeitar um aspecto particular da teoria das espécies comum então a função dada às espécies inteligíveis (ver Pasnau 1997b, Apêndice B). Scotus defende reiteradamente a teoria comum contra os ataques de Henrique de Gand: ver *Ord./ Lect.* I, d. 3, pars 3, q. 1; *In De an.* q. 17.

objeto está ali, exercitando sua própria influência causal sobre o processo cognitivo.

Scotus não dá a resposta mais óbvia – não insiste que o objeto não está imediatamente presente, e que a espécie é necessária como intermediária, uma semelhança que está para a coisa em si. Os críticos da teoria das espécies frequentemente assumiam que essa função causal era a *raison d'être* da espécie.[24] Mas essa não é a concepção scotista. Ele alegremente concede que o objeto externo está presente – que ele tem *presença real* – e que ele é a causa eficiente do ato cognitivo. E mais, Scotus insiste que isso não basta para explicar a cognição. Outro tipo de presença é necessário, a presença do *objeto como conhecido*:

> Isso não requer a presença real do objeto em si, mas requer algo em que o objeto apareça (*relucet*). [...] A espécie é de tal natureza que o objeto cognoscível está presente nela, não efetiva ou realmente, mas pelo modo de ser exibido.[25]

É claro que o objeto em si pode estar presente e pode deixar uma impressão em nossas faculdades cognitivas, mas isso não explica a cognição: esse tipo de relação acontece por todo o mundo natural, entre o Sol e uma pedra, ou entre as ondas e uma praia. Para explicar esse tipo específico de relação operante na cognição, Scotus recorre a um outro tipo de presença, que ele descreve como a presença do objeto *sub ratione cognoscibilis seu representati*.[26] Esse é o tipo de presença – que aqui se diz ser produzida por meio da espécie – que se exige para as relações intencionais encontradas em toda cognição.

---

[24] Ver Pierre-Jean de Olivi, *II Sent.* q. 73 (3: 55); William Ockham, *Rep.* II.12-13 (5: 274), *Rep.* III.2 (6: 59).

[25] *Ord.* 1, d. 3, pars 3, q. 1, *textus interpolatus* at n. 382 (Vaticano 3:366-367). Cf. *Ord.* 1, d. 3, pars 3, q. 1, n. 386; 1, d. 36, n. 28; *Lect.* 1, d. 3, pars 3, q. 2, n. 392; e Perler 1994.

[26] *Ord.* 1, d. 3, pars 3, q. 1, n. 382. Cf. *Ord.* 1, d. 3, pars 1, q. 4, n. 260; *In De an.* q. 17, n. 6.

A necessidade desse tipo especial de presença fica mais clara nos casos em que o objeto de pensamento não está ele mesmo presente. Mesmo aqui, o pensamento entretém um tipo de relação para com um objeto: uma pessoa tem de estar pensando em alguma coisa. Mas já que o objeto não tem presença *real*, e, portanto, não exerce influência causal, a relação é inteiramente conceitual. "Uma relação não pode ter ser mais verdadeiro do que o termo ao qual ela se relaciona";[27] já que a existência do objeto é meramente conceitual, assim também o é a relação. Em tais casos, a base para a relação conceitual tem de estar inteiramente dentro do poder cognitivo. Scotus novamente recorre à presença do *objeto como cognoscido*: quando conseguimos pensar acerca de objetos, esses objetos têm o que ele chama de *esse cognitum* dentro do intelecto.[28]

Esse recurso a um tipo especial de existência, à presença do *objeto como cognoscido*, é aparentemente misterioso e talvez seja em última instância obscuro. Mas há algo a ser dito em favor da abordagem scotista. Quando percebemos ou pensamos acerca de objetos no mundo, não estamos percebendo ou pensando acerca de semelhanças ou representações daquelas coisas. Nosso objeto, antes, são as próprias coisas; nossa relação intencional é com o mundo, não com nossos estados mentais internos. Ao mesmo tempo, o ato cognitivo está baseado naquilo que vimos Scotus descrever como uma qualidade absoluta (não relacional) dentro da mente. É essa qualidade que, de alguma forma, explica a relação intencional – mas como? Queremos evitar a conclusão de que "cada intelecção será sua própria ação absoluta, uma forma de parar consigo mesma, de não ter término".[29] E parece ser plenamente inadequado recorrer às meras semelhanças, como se compreendêssemos as coisas em virtude de ter acesso a imagens delas. Esse tipo de movimento é inadequado, não tanto porque dispara bem conhe-

---

[27] *Quodl.* q. 13, n. 43.
[28] *In Metaph.* 7, q. 18, n. 51; *Quodl.* q. 13, n. 33, nn. 41-47 and 60-61; *Ord.* 1, d. 3, pars 3, q. 1, nn. 386-387, *textus interpolatus* em n. 359 (Vatican 3: 363). Às vezes, Scotus fala do objeto como se tivesse existência diminuída (*esse deminutum*): ver, por exemplo, *Ord.* 1, d. 36, n. 34; *Ord.* 2, d. 3, pars 2, q. 1, n. 271; *Lect.* 2, d. 3, pars 2, q. 1, n. 246.
[29] *Ord.* 1, d. 3, pars 3, q. 1, n. 336.

cidos alarmes céticos[30], mas simplesmente porque não consegue fazer justiça ao fenômeno. Percebemos e pensamos acerca dos objetos no mundo; o conteúdos de nossos pensamentos é o próprio mundo, e não imagens do mundo. O recurso de Scotus à presença do *objeto como cognoscido* é obscuro, mas ele tem a virtude de tornar manifesto o que qualquer interpretação satisfatória da cognição tem de explicar e o que até hoje nenhuma delas explicou.

III. A COGNIÇÃO É ATIVA OU PASSIVA (OU AMBAS?)

Para a maioria dos filósofos escolásticos, era um ponto axiomático o fato de a cognição ser afetada[31] de certa maneira. Era assim que Aristóteles descrevera tanto a sensação como a intelecção,[32] e, durante toda a Idade Média, poucos discordariam disso. Mas havia desacordo considerável quanto a exatamente como caracterizar esse aspecto passivo da cognição. Quando Scotus vem a considerar a função causal do intelecto na cognição, ele começa com uma discussão pormenorizada de seis concepções então defendidas. Em um extremo, Godofredo de Fontaines defendia a completa passividade tanto dos sentidos como do intelecto. Scotus não exagera quando escreve que, segundo as concepções de tal autor, "nada na parte intelectiva (que inclui tanto o intelecto agente como o possível) terá de qualquer maneira um aspecto ativo [...] relativamente a qualquer intelecção ou relativamente ao objeto da intelecção".[33] Para Godofredo de Fontaines, o fantasma é a causa da cognição e o intelecto possível meramente recebe essa impressão.[34] No extremo oposto está Pedro João de Olivi, que simplesmente

---

[30] Scotus considera essa questão em *Lect.* 1, d. 3, pars 3, q. 2, nn. 390-393. Ver também *Quodl.* q. 14, a. 3; *In Periherm.* II, q. 1; *Lect.* 2, d. 3, pars 2, q. 2, n. 283.

[31] N.T.: Do original inglês *acted on*.

[32] Ver *De an.* 2.11 (423^{b}32); 3.4 (429^{a}15).

[33] *Ord.* 1, d. 3, pars 3, q. 2, n. 428; cf. *Lect.* n. 326. As ideias de Godofredo de Fontaines são apresentadas ao longo de suas *Quodlibeta* – ver, por exemplo, 8.2, 9.19, 10.12, 13.3.

[34] Como Henrique de Gand (ver nota 23), Godofredo de Fontaines contende que o próprio fantasma não pode agir no intelecto possível, e que as espécies inteligíveis

recusa a autoridade de Aristóteles em relação à passividade da cognição. Olivi descreve sarcasticamente Aristóteles como "o deus desta época", e diz que suas ideias nessa área não se baseiam em "argumento adequado algum, de fato, em absolutamente nenhum argumento".[35] Scotus justamente caracteriza Olivi como alguém que "atribui toda a atividade na intelecção somente à própria alma"; o mesmo vale para a sensação.[36]

Frente a tais concepções radicalmente antagônicas, Scotus assume a posição caracteristicamente moderada, e ele caracteristicamente se deleita em esmiuçar os intricados pormenores metafísicos. A posição de Olivi é insustentável porque não deixa para os objetos externos nenhuma função causal coerente, e, então, isso o força a postular a novidade de uma quinta espécie de causa.[37] Além disso, uma vez que os objetos externos ficam de fora do quadro, não há como explicar por que o intelecto nem sempre é capaz de pensar o que lhe aprouver.[38] E, também, não haveria maneira de explicar como o ato de cognição assume a semelhança de seu objeto.[39] A concepção de Godofredo de Fontaines também não é muito melhor. Primeiro, "ela irremediavelmente degrada a natureza da alma".[40] Além disso, ela nos tornaria incapazes de pensar quando quiséssemos[41] e não deixaria

---

são supérfluas. O intelecto agente tem sim uma função ativa no preparo do fantasma, mas somente à medida que separa o conteúdo inteligível do fantasma dos acidentes sensíveis. Ver *Ord.* 1, d. 3, pars 3, q. 2, n. 427, e Wippel 1981, 194-200, principalmente nota 79.

[35] *II Sent.* Q58 ad 14.3 (2: 482).

[36] *Ord.* 1, d. 3, pars 3, q. 2, n. 407; cf. *Lect.* n. 313 e Pasnau 1997b, 130-134, 168-181.

[37] *Ord.* 1, d. 3, pars 3, q. 2, n. 415; cf. *Lect.* n. 324. O próprio Olivi diz que, para ele, "as potências apreensivas da alma são a causa eficiente completa de suas ações: os objetos cooperam com elas não na maneira de uma causa eficiente, mas na maneira de um objeto" (Olivi 1998, 55).

[38] *Ord.* 1, d. 3, pars 3, q. 2, n. 414.

[39] *Ord.* 1, d. 3, pars 3, q. 2, n. 490; cf. *Lect.* n. 360; *Quodl.* q. 15, n. 30.

[40] *Ord.* 1, d. 3, pars 3, q. 2, n. 429; cf. *Lect.* nn. 336, 403; *Quodl.* q. 15, n. 27; *In De an.* q. 12, n. 7.

[41] *Ord.* 1, d. 3, pars 3, q. 2, n. 486; cf. *Ord.* 1, d. 3, pars 3, q. 4, n. 578.

espaço para o raciocínio intelectual e para a dedução.[42] Essa concepção, também, não apresenta maneira de explicar o erro cognitivo, porque atos de cognição necessariamente se conformarão aos fantasmas (e se os fantasmas eles mesmos estão em erro, não há jeito de explicar como podemos ou não vir a ter alguma compreensão).[43]

Scotus pressupõe uma explicação comprometida da cognição intelectual, de acordo com a qual a alma e o objeto (por meio de uma espécie inteligível) têm de cooperar na produção do ato. Há várias maneiras em que as duas causas cooperam para produzir um único efeito[44]:

A. Cooperando igualmente (duas pessoas empurrando um barco)
B. Essencialmente ordenadas
1. A causa superior age sobre a inferior
1a. A causa superior dá à inferior o poder ou a forma pela qual ela age (*Deus e as criaturas; o Sol e o homem na procriação*)
1b. A causa superior simplesmente põe a inferior em movimento (*a mão e o graveto, empurrando uma bola*)
2. A causa superior não age sobre a inferior, mas tem um poder causal maior do que ela (*o homem e a mulher na procriação*).

---

[42] *Ord.* 1, d. 3, pars 3, q. 2, n. 440; cf. *Lect.* n. 333.
[43] *Ord.* 1, d. 3, pars 3, q. 2, n. 435; cf. *Lect.* n. 332. Um aspecto fascinante da obra de Scotus é que ele frequentemente acrescenta observações tardias que solapam seus argumentos anteriores. Nesse caso, observa retrospectivamente que o argumento "não é persuasivo contra eles [Godofredo de Fontaines], porque levanta uma dificuldade comum a toda concepção" (n. 444). Independente de se postular fantasmas, espécies inteligíveis ou o intelecto como a causa ativa, o processo será inteiramente natural, e não livre. Portanto, deve produzir determinadamente o mesmo resultado, momento após momento. Portanto, sempre haverá um problema acerca de como o pensamento às vezes acerta e noutras erra. No entanto, como frequentemente acontece com as observações "extras" de Scotus, isso certamente não pode ser tomado como conclusivo, pois enquanto as ideias de Godofredo de Fontaines deixam pouco espaço para explicar a natureza variável e imprevisível da natureza de nossos pensamentos, uma explicação menos passiva, como a scotista, poderia recorrer à influência da vontade sobre o intelecto. Para um passo nessa direção, ver *Quodl.* q. 15, n. 28.
[44] *Ord.* 1, d. 3, pars 3, q. 2, n. 496; cf. *Lect.* nn. 366-367.

Nos casos do tipo (A), as causas são do mesmo tipo e mesma ordem. Ambas poderiam produzir o efeito por si mesmas, se seu poder causal presente simplesmente fosse aumentado.[45] Nos casos do tipo (B), não há essa simetria. A causa inferior nesses casos depende essencialmente da superior, ou como sua causa (1a, 1b) ou somente como seu complemento essencial. Intelecto e objeto (ou espécie) cooperam de uma última maneira, a qual seja:

> Eles são causas essencialmente ordenadas, na última maneira, de modo que uma é incondicionalmente mais perfeita que a outra, e, ainda assim, cada uma é completa em sua própria causalidade, não dependente da outra.[46]

Em casos normais (ignorando, por exemplo, a visão beatífica), o intelecto é a causa mais perfeita e usa a espécie inteligível como seu instrumento.[47]

Nos casos do tipo (B), duas causas fazem o serviço melhor do que somente uma delas conseguiria.[48] Qual, então, é a contribuição da espécie inteligível? Em qual sentido ela é um instrumento? Uma espécie é uma forma, não um objeto que pode ser segurado como um graveto. Scotus responde a essa questão fazendo uma analogia com a maneira como a mão poderia usar a *afiação* de uma faca. Mudando a situação, ele imagina esse fio transferido à própria mão, caso em que a mão usaria seu fio muito como a mente usa uma espécie inteligível. A mão seria a causa principal, em virtude de seu poder de se mover, e sua afiação seria uma causa secundária. É precisamente nesse sentido que o intelecto e a espécie inteligível produzem conjuntamente um ato de cognição.[49]

---

[45] *Lect.* 1, d. 3, pars 3, q. 2, n. 366: "Se potência inteira que está em todos estivesse em um, esse um empurraria o barco". Cf. *Ord.* 1, d. 3, pars 3, q. 2, n. 497.

[46] *Ord.* 1, d. 3, pars 3, q. 2, n. 498. Ver também *Ord.* 2, d. 3, pars 2, q. 1, nn. 270, 278-285. Scotus talvez tenha em mente o objeto (ou espécie) e o intelecto possível. O intelecto agente, diferentemente, é responsável pela produção das espécies inteligíveis (ver *Quodl.* q. 15, n. 51), e então esse paralelo aparentemente cairia na classe B1a.

[47] *Ord.* 1, d. 3, pars 3, q. 3, nn. 559–62; *Lect.* nn. 379-381.

[48] *Lect.* 1, d. 3, pars 3, q. 2, n. 367.

[49] *Ord.* 1, d. 3, pars 3, q. 2, n. 500; cf. *Lect.* n. 372.

Scotus continua fazendo uma sugestão surpreendente. Assim como, na situação inicial, faz perfeito sentido pensar que a mão usa a afiação da faca, da mesma maneira podemos (ao menos em princípio) conceber as espécies inteligíveis como de alguma forma ligadas ao intelecto sem efetivamente informá-lo.

> Se uma espécie pudesse existir (*inexistens*) para o intelecto sem ser inerente a ele como uma forma, e se essa maneira de existir estivesse ou pudesse estar suficientemente ligada ao intelecto, então essas duas causas parciais (o intelecto e a espécie), ligadas uma à outra, poderiam ter a mesma operação que podem ter agora quando a espécie informa o intelecto.[50]

Isso quer dizer que, em princípio, não há objeção causal à ideia de que o conteúdo de nossos pensamentos poderiam ser determinados por aspectos fora da mente. Scotus concede que não é claro como uma espécie, como uma forma acidental, poderia se conectar ao intelecto sem efetivamente informá-lo. Mas Scotus está atrás de outra conclusão: sua ideia de que o intelecto pode (em casos especiais) operar sem ser ordenado essencialmente para *qualquer* espécie inteligível. Ele crê que um objeto inteligível poderia estar imediatamente presente ao intelecto, sem espécie, e poderia produzir um ato de cognição sem informar o intelecto.[51]

Dessa maneira, o intelecto poderia ter uma visão imediata dos objetos externos. O termo usado por Scotus para esse tipo de visão é *cognição intuitiva* (ver Seção V).

IV. O OBJETO DO INTELECTO

Qual a função dos sentidos? Qual a função do intelecto? A primeira questão é relativamente fácil de responder: cada um dos cinco sentidos ex-

---

[50] *Ord.* 1, d. 3, pars 3, q. 2, n. 500; cf. *Lect.* n. 370.
[51] *Ord.* 1, d. 3, pars 3, q. 2, nn. 500-501; *Lect.* n. 370; *Lect.* 1, d. 3, pars 3, q. 1, n. 305.

ternos funciona de maneira a transmitir certo tipo de informação acerca do mundo externo. Na tradição aristotélica, os sentidos são individuados pelo fato de que cada um tem seu(s) objeto(s) exclusivos: a visão tem a cor, a audição, o som e assim por diante. Scotus dá uma variação dessa estratégia, propondo individuar os sentidos em termos da maneira diferente em que cada um deles está equipado para receber a informação que vem de fora.[52]

Mas e o intelecto? S. Tomás propusera que o objeto apropriado do intelecto é a quididade das substâncias materiais. A função do intelecto, em outras palavras, é compreender as essências dos objetos no mundo material.[53] Compreensivelmente, essa ideia encontrou resistência por parte de outros teólogos cristãos, os quais questionaram se essa concepção poderia ser adequada à doutrina da visão beatífica. Como a função apropriada do intelecto poderia estar amarrada à vida terrena, quando a felicidade humana está inteiramente direcionada para a próxima vida, para a união intelectual com Deus? À luz dessas preocupações, dentre outras, Henrique de Gand identificou Deus como o objeto apropriado do intelecto.[54]

Scotus crê que ambas as concepções são insatisfatórias, e, portanto, ele propõe um termo básico caracteristicamente intermediário. O objeto apropriado do intelecto – isto é, o objeto que é primário em virtude de ser mais adequado ao intelecto (*primum obiectum adaequatum*)[55] – é o ser (*ens*) considerado em seu sentido mais geral. Nesse sentido, ele defende que o

---

[52] Ver *In De an.* q. 6, n. 3: "A adequação dos [cinco] sentidos é dessa forma extraída da variedade de impressões que o objeto imprime sobre o órgão, e da variedade das maneiras em que os dois se conformam".

[53] Ver, por exemplo, *ST* I.84.7, 88.3, e a discussão scotista em *Ord.* I, d. 3, pars 1, q. 3, nn. 110-124; *In Metaph.* 2, q. 3, nn. 22-75; *In De an.* q. 19, nn. 2-4; *Quodl.* q. 14, n. 40. O principal de *Ord.* 1, d. 3, pars 1, q. 3 está traduzido em Hyman e Walsh 1973, 614-622.

[54] *Summa quaestionum ordinariarum* 24.8-9.Ver a discussão scotista em *Ord.* 1, d. 3, pars 1, q. 3, nn. 125-127; *Lect.* nn. 88-91.

[55] *Ord.* 1, d. 3, pars 1, q. 2, nn. 69-70; *Ord.* 1, d. 3, pars 1, q. 3, n. 108. Para uma explicação de o que se quer dizer com *primum obiectum adaequatum*, ver *In De an.* q. 21, n. 2; *Lect.* 1, d. 3, pars 1, qq. 1-2, n. 90. Ver também Honnefelder 1979, 55-98.

ser é comum a tudo que o intelecto poderia potencialmente conhecer. É comum a Deus e aos atributos de Deus, às essências das substâncias criadas e a todos os aspectos acidentais das substâncias criadas[56] (aqui, Scotus tem de fazer sua alegação polêmica de que o conceito de ser é unívoco entre Deus e as criaturas[57]). O que unifica as diversas operações do intelecto é sua compreensão do ser em todas as suas várias manifestações. Assim como a cor é objeto da visão, igualmente o ser é o objeto do intelecto, e este é capaz de compreender todos os entes, exatamente da mesma maneira que o olho é capaz de compreender todas as cores.[58]

As concepções de Henrique de Gand falham, e falham principalmente porque Deus não é o aspecto mais comum de tudo que é inteligível. Todas as coisas obtêm seu ser de Deus, mas mesmo assim ainda conseguimos compreender os objetos em virtude de suas existências criadas:

> Deus contém virtualmente dentro de si todas as coisas que são inteligíveis *per se*. Mas nem por isso ele é o objeto adequado de nosso intelecto, já que outros entes movem nosso intelecto pela sua própria força.[59]

As ideias de S. Tomás também não são melhores. Primeiro, sua teoria adota uma perspectiva muito estreita. Mesmo que as essências dos objetos materiais fossem o objeto apropriado de nosso intelecto nesta vida, isso não explicaria as capacidades dos abençoados no céu, ou mesmo as capa-

---

[56] *Ord.* 1, d. 3, pars 1, q. 3, n. 137; *In De an.* q. 21, nn. 4-8.
[57] *Ord.* 1, d. 3, pars 1, q. 1, nn. 26-55; *Ord.* 1, d. 3, pars 1, q. 2, nn. 129, 152–66.
[58] *Ord.* 1, d. 3, pars 1, q. 3, nn. 117, 151, 186.
[59] *Ord.* 1, d. 3, pars 1, q. 3, n. 127; cf. nn. 128, 190, 195; *Lect.* 1, d. 3, pars 1, q. 2, n. 91; *In De an.* q. 21, n. 3. N.T.: Cf. o trecho completo em latim, com a passagem citada em itálico nosso: "Praetera, certum est quod Deus non habet primitatem adaequationis propter communitatem, ita quod dicatur de omni obiecto per se intelligibili a nobis. Ergo si aliquam habet primitatem adaequationis, hoc erit propter virtualitatem, *quia scilicet continet virtualiter in se omnia per se intelligibilia. Sed non propter hoc erit obiectum adaequatum intellectui nostro, quia alia entia movent intellectum nostrum propria virtute*, ita quod essentia divina non movet intellectum nostrum ad se et ad omnia alia cognoscibilia cognoscenda."

cidades das almas separadas. "O objeto primário atribuído a uma potência é aquilo que é adequado à potência *com base na razão da potência*, e não aquilo que é adequado à potência *em algum estado*".⁶⁰ Dizer que na próxima vida o intelecto humano ganhará um novo objeto e uma nova função é, de fato, afirmar que o intelecto será transformado em outra potência diferente.⁶¹ Portanto, se o intelecto tem uma capacidade na próxima vida, ele tem de tê-la nesta vida também. Além disso, mesmo que nesta vida o intelecto tenha de *começar* com ideias que são tiradas do mundo material, ainda assim ele pode desenvolver essas ideias de tal maneira a transcender o sensível e alcançar uma compreensão real (embora indireta) da natureza de Deus.⁶² Portanto, o objeto apropriado do intelecto não são as quididades dos objetos materiais, mas, ao invés disso, todos os entes, inclusive Deus e os anjos.

Scotus crê que tudo que for inteligível para qualquer intelecto é inteligível para nós (mesmo a essência de Deus é inteligível aos abençoados no céu, ainda que incompletamente). Qualquer mente pode conhecer, nossas mentes podem conhecer.⁶³ Mas, é claro, isso só vale em princípio. Nesta vida, há muitas coisas de que não temos conhecimento e muitas coisas que sequer conseguiríamos compreender diretamente (sobretudo, a essência de Deus). Da maneira como as coisas estão, as potências do intelecto estão limitadas ao mundo que nos rodeia, exatamente do modo como a explicação de S. Tomás de Aquino diz. Isso sugere uma objeção: se Scotus está correto em afirmar que o objeto apropriado do intelecto é o ser em geral, então por que o intelecto não tem acesso, sequer nesta vida, a todas as formas de ser? Scotus lida com

---

⁶⁰ *Ord.* 1, d. 3, pars 1, q. 3, n. 186. Cf. *In De an.* q. 19, n. 2. N.T.: Cf. original em latim: "Obiectum primum potentiae assignatur illud quod adaequatum est potentiae ex ratione potentiae, non autem quod adaequatur potentiae in aliquo statu".
⁶¹ *Ord.* 1, d. 3, pars 1, q. 3, n. 114; *Lect.* 1, d. 3, pars 1, q. 1, nn. 40, 92; *Quodl.* q. 14, nn. 41-42.
⁶² *In De an.* q. 19, nn. 5-8.
⁶³ *Quodl.* q. 14, n. 6 and n. 43; *Ord.* prol., pars 1, n. 7.

essa objeção distinguindo entre a potência natural do intelecto, que se estende a todos os entes, e sua atual potência limitada:

> O nosso intelecto só entende neste estado as espécies que reluzem nos fantasmas, e isto, seja por causa do castigo do pecado original, seja por causa de uma concordância natural das potências da alma em operação; operação esta segundo a qual vemos que uma potência superior opera acerca do mesmo que uma potência inferior, supondo que ambas operem perfeitamente.[64]

Na medida em que esta vida é considerada, o intelecto tem de operar pelo intermédio dos sentidos, pois, agora, seu objeto apropriado é o mundo material. Isso parece ser uma concessão considerável a S. Tomás e a outros defensores do modelo aristotélico tradicional. Neste ponto, as alegações de Scotus acerca do ser como objeto apropriado do intelecto parecem altamente teóricas, sem aplicação direta às nossas vidas no presente.

Mas a concessão não é sequer tão considerável quanto parece. Conforme veremos na próxima seção, Scotus fica ao menos tentado a postular uma forma de cognição intelectual – a cognição intuitiva – que compreende os objetos diretamente, deixando os fantasmas de lado. Além disso, inteiramente independente da cognição intuitiva, Scotus rejeita um princípio aristotélico central: o de que o intelecto se preocupa com o universal e os sentidos com o singular. Scotus sustenta que, embora os sentidos limitem-se a compreender o singular, o intelecto é capaz de compreender tanto o singular como o universal.[65] Já que "a inteligibilidade segue o ser", e já que as entidades singulares têm de ser sobre tudo

---

[64] *Ord.* 1, d. 3, pars 1, q. 3, n. 187. Cf. *Quodl.* q. 14, n. 44; *In De an.* q. 18, n. 4.

[65] Ver, por exemplo, *Quodl.* q. 13, n. 32, and *Op. Ox.* 3, d. 14, q. 3: "há dois tipos de cognição, a abstrativa e a intelectiva [...] e cada uma pode conhecer tanto a natureza, já que ela precede a singularidade, quanto um isto". Para Aristóteles, ver *Phys.* 1.5 (189a6-8); *De an.* 2.5 (417b19-29). Para a história medieval dessa questão, com particular atenção à posição scotista, ver Bérubé 1964.

o mais, o singular tem de, ao menos em princípio, ser inteligível.⁶⁶ Ele também defende que de fato compreendemos o singular por meio do intelecto. De outra maneira, não haveria explicação para algumas de nossas capacidades mentais mais básicas: como poderíamos tirar conclusões indutivas com base nos particulares? Como poderíamos amar indivíduos?⁶⁷ Então, mesmo se o intelecto estiver agora limitado à cognição por meio dos fantasmas, Scotus ainda assim nega que o único objeto apropriado do intelecto sejam as quididades ou os universais.

Se há algo de importante na ideia de que o intelecto é incapaz de compreender o singular, trata-se do fato de que o intelecto não consegue compreender o singular *como singular*. Mas isso é algo que os sentidos também são incapazes de fazer. Scotus argumenta da seguinte maneira:

> Suponha-se que duas coisas brancas sejam postas à frente da vista, ou que dois singulares de qualquer tipo sejam postos em frente ao intelecto. Que sejam realmente distintos em essência, mas com acidentes exatamente semelhantes, inclusive o lugar (dois corpos no mesmo lugar, ou dois raios no mesmo meio) e com o formato exatamente semelhante, e o mesmo tamanho, cor e assim por diante para quaisquer outras condições que poderiam ser arroladas. Nem o intelecto nem os sentidos os distinguiriam; antes, julgariam que se trata de uma única coisa. Portanto, nenhum deles tem cognição de quaisquer desses singulares nos termos de seu aspecto apropriado de singularidade.⁶⁸

Um dos princípios da metafísica scotista afirma que dois indivíduos poderiam ser exatamente semelhantes em todos os seus aspectos acidentais e ainda assim serem individuados por algum outro elemento, sua istidade. Mas é também um princípio de sua teoria da cognição que não podemos conhecer tal istidade (ao menos nesta vida), muito embora possamos conhecer os singulares.

---

⁶⁶ *In De an.* q. 22, n. 4; *In Metaph.* 7, q. 15, n. 14.
⁶⁷ *In De an.* q. 22, nn. 4-5.
⁶⁸ *In De an.* q. 22, n. 6; cf. *In Metaph.* 7, q. 13, n. 158; q. 15, n. 20.

V. COGNIÇÃO INTUITIVA

A notória distinção scotista entre a cognição intuitiva e a abstrativa faz sua primeira aparição explícita no Livro 2, Distinção 3 de sua *Lectura*:

> Temos de saber que no intelecto a cognição e a intelecção podem ser duplas: uma intelecção pode estar no intelecto na medida em que ele *abstrai* a partir de toda existência; a outra intelecção pode ser de uma coisa na medida em que a presença está na sua existência.[69]

Essa se mostrará ser, de longe, a contribuição mais influente de Scotus à teoria da cognição. Conforme Katherine Tachau mostrou detalhadamente, "a história das teorias medievais do conhecimento, desde *ca*. 1310, pode ser escrita como um desenvolvimento desta dicotomia".[70]

É surpreendente que seja assim. Embora Scotus tenha sido o primeiro a usar essa terminologia para fazer essa distinção, a distinção em si já fora feita por escolásticos anteriores.[71] Além disso, o próprio Scotus dedica relativamente pouco espaço ao tópico; quando ele trata da distinção, ele a utiliza modestamente, em contextos periféricos aos temas de conhecimento e cognição. Mesmo a própria distinção é um tanto prosaica. Quando Scotus descreve a cognição intuitiva como própria "de uma coisa considerada enquanto está presente em sua existência" (como no excerto anterior de sua *Lectura*), ele está simplesmente descrevendo o modo de cognição que associamos com a percepção: a cognição que fornece informação acerca de como as coisas são neste exato momento.[72] De fato, ele explicitamente

---

[69] *Lect.* 2, d. 3, pars 2, q. 2, n. 285. Cf. *Ord.* 1, d. 1, pars 1, q. 2, nn. 34-36; *Ord.* 2, d. 3, pars 2, q. 2, n. 321(traduzido em Hyman e Walsh 1973, 631-632); *Quodl.* q. 6, nn. 18-19; *In Metaph.* 7, q. 15, n. 18; *Collatio* 36, n. 11.

[70] Tachau 1988, 81.

[71] Em particular, Henrique de Gand. Ver S. Dumont 1989, 592-593. Os termos *intuitiva* e *intuitio* também eram comuns: ver Tachau 1988, 70, n. 58. Lynch 1972 argumenta em favor da importância da teoria de Vital du Four da cognição intuitiva.

[72] É frequente, principalmente nas suas primeiras obras, Scotus usar o termo visão para se referir à cognição intuitiva (ver S. Dumont 1989, 581). Focalizo a atenção, aqui,

considera a sensação como uma forma de cognição intuitiva e descreve a imaginação como um tipo de cognição abstrativa.[73] Embora os seguidores de Scotus gostem de dizer que a cognição intuitiva foi um desenvolvimento "revolucionário" na filosofia medieval[74], é difícil ter essa impressão simplesmente do estudo dos textos de Scotus.

O que torna a cognição intuitiva tão interessante? Em primeiro e mais óbvio lugar, há a alegação scotista de que o intelecto humano pode em princípio ter cognição intuitiva: que nossos intelectos são capazes de um tipo de *visão* intelectual (é claro que ela não seria verdadeiramente visual, não mais do que seria, digamos, auditiva. Mas a analogia com a visão é irresistível). Nosso modo ordinário de operação intelectual é abstrativo. Compreendemos a natureza dos triângulos e dos cães por via dos fantasmas, e esse modo de cognição nos torna incapazes de determinar se quaisquer dessas coisas efetivamente existem agora neste exato momento. Posso pensar acerca dos cães em geral, ou mesmo acerca de um cão em particular. Mas, para saber se um cão particular (ou mesmo se quaisquer cães) existe exatamente agora, preciso dos sentidos. A alegação scotista surpreendente é que em princípio o intelecto poderia ter essa informação sem os sentidos. Com efeito, Scotus está defendendo a possibilidade teórica de alguma forma de percepção extrassensorial.[75]

Há dois argumentos principais em favor dessa alegação. Primeiro, Scotus argumenta que o intelecto, como uma potência cognitiva superior,

---

somente naquilo que Scotus chama de cognição intuitiva perfeita, ignorando o que ele chama de cognição intuitiva imperfeita, a qual nos dá informação acerca da existência de coisas no passado ou no futuro. Para uma discussão dessa última, ver Wolter 1990b, 115-117.

[73] *Ord.* 2, d. 3, pars 2, q. 2, n. 323; cf. *Lect.* n. 290; *Quodl.* q. 13, n. 27; *In Metaph.* 2, q. 3, nn. 80, 109.

[74] Ver, por exemplo, Day 1947, 139.

[75] Mesmo isto não é original de Scotus. Olivi, por exemplo, dedica uma curta questão quodlibetal a considerar "se nosso intelecto pode ver imediatamente objetos externos sensíveis sem qualquer ato sensório" (*Quodlibet* I.5 [Veneza, 1509], f.3ʳ). Ele conclui que a resposta é não, no nosso estado presente, mas deixa aberta a questão da possibilidade estar dentro do poder absoluto do intelecto.

deve ser capaz de fazer tudo que nossas potências cognitivas inferiores, os sentidos, podem fazer.[76] Segundo, ele recorre a um ponto geralmente aceito por seus contemporâneos: que os abençoados no céu *terão* uma cognição intelectual, intuitiva, da essência divina.[77] Esses argumentos são fracos, mas são talvez fortes o bastante para chegar à modesta conclusão scotista. Essa conclusão modesta requer o estabelecimento somente de que é *concebível* que os nossos intelectos tenham algum tipo de conhecimento imediato [*acquaintance*] perceptivo e direto da realidade. Se Deus pode fazer isso acontecer, então é algo ao menos concebível. E se os sentidos podem ter esse tipo de cognição, então certamente tem de ser possível, ao menos em princípio, que o intelecto também possa. Tudo que presumivelmente se exigiria é o tipo correto de influência causal que vai do objeto ao intelecto (ver o final da Seção III).

Levado somente até aqui, o argumento em favor da cognição intuitiva é intrigante de uma maneira abstrata e teórica. Mas a doutrina jamais teria recebido tanta atenção se fosse só isso. O que cativou a imaginação dos escolásticos tardios foi a sugestão scotista, em alguns de seus últimos escritos, de que a cognição intuitiva não é só uma possibilidade teórica, mas um aspecto essencial e em última instância habitual de nossas vidas cognitivas cotidianas. Ele parece afirmar, por exemplo, que o autoconhecimento é um tipo de cognição intelectual intuitiva:

> Se não fosse para termos cognição intuitiva de coisa alguma, não saberíamos se nossos atos estavam presentes a nós ou ao menos não saberíamos nada desses atos com certeza alguma. Mas isso é falso, portanto etc.[78]

---

[76] *Quodl.* q. 6, nn. 18-19; q. 13, n. 29; *Ord.* 2, d. 3, pars 2, q. 2, n. 320; *Lect.* n. 287; *In Metaph.* 2, q. 3, n. 112; *Ord.* 4, d. 45, q. 3 (Wolter e Adams 1993, 205); *Op. Ox.* 4, d. 49, q. 8; 4, d. 49, q. 12.

[77] See *Quodl.* q. 6, n. 20; q. 13, n. 28; *Ord.* 2, d. 3, pars 2, q. 2, n. 322; *Lect.* n. 289. Sobre a aceitabilidade geral da alegação, ver S. Dumont 1989, 583.

[78] *Op. Ox.* 4, d. 49, q. 8. Cf. *Op. Ox.* 4, d. 43, q. 2, onde Scotus deixa claro que esse autoconhecimento é intelectual (embora ali ele não fale explicitamente de cognição intuitiva).

Em outra passagem ainda mais surpreendente, Scotus parece contender que o intelecto humano, nesta vida, tem cognição intuitiva não somente de seus estados internos ("sensações"), mas dos objetos materiais ordinários percebidos pelos sentidos: "O intelecto não somente tem cognição dos universais, o que é claro que é verdade para a intelecção abstrativa [...], como também tem cognição intuitiva daquilo que os sentidos têm cognição". Como prova para essa afirmação, ele recorre à necessidade do intelecto de raciocinar acerca de objetos particulares com o conhecimento de se eles existem ou não.[79] Essa última passagem exercerá tremenda influência sobre a filosofia medieval posterior. William de Ockham faz extensas citações dela, duas vezes, para assegurar que suas próprias ideias acerca da intuição intelectual intuitiva "não seriam condenadas como novas".[80]

As ousadas alegações scotistas em favor da cognição intuitiva parecem, sob certo aspecto, revolucionárias. Ele repetidamente enfatiza que a cognição intuitiva é diferente da abstrativa, na medida em que a primeira acontece sem uma espécie que intervém:

---

[79] *Ord.* 4, d. 45, q. 3 (Wolter and Adams 1993, 205): "Supposito enim quod intellectus non tantum cognoscat universalia (quod quidem est verum de intellectione abstractiva, de qua loquitur Philosophus, quia sola illa est scientifica), sed etiam intuitive cognoscat illa quae sensus cognoscit (quia perfectior et superior cognoscitiva in eodem cognoscit illud quod inferior), et etiam quod cognoscat sensationes (et utrumque probatur per hoc quod cognoscit propositiones contingenter veras, et ex eis syllogizat; formare autem propositiones et syllogizare proprium est intellectui; illarum autem veritas est de objectis ut intuitive cognitis, sub ratione scilicet existentiae, sub qua cognoscuntur a sensu). [...]"

Essa passagem contém em si um argumento mais amplo para a presença da memória dentro do intelecto: Scotus alega que a memória intelectual seria impossível se o intelecto tivesse somente a cognição abstrativa (205-206). Ver também *Op. Ox.* 3, d. 14, q. 3, em que basicamente o mesmo argumento é apresentado no contexto do intelecto de Cristo (para o texto da *Ordinatio* de 3, d. 14, q. 3, ver Wolter 1990b, 101-102, 116-117). Outro texto intrigante é um acréscimo a *In Metaph.* 7, q. 15, no qual Scotus primeiramente nega a possibilidade da cognição intelectual intuitiva nesta vida (n. 26), e, em seguida, parece aceitá-la (nn. 27-28), e, então, acrescenta mais observações (nn. 28-29) que turvam as águas a tal ponto que não consigo ver onde ele se apoia no fim das contas.

[80] *Ord.* prol., pars 1, q. un. Cf. *Rep.* 4, q. 14.

Um ato abstrativo e um intuitivo diferem em espécie, porque há uma coisa diferente que produz o movimento em cada caso. No primeiro, uma espécie que é semelhante ao objeto produz o movimento; no segundo, o objeto presente produz por si mesmo o movimento.[81]

A cognição intelectual parece superar os fantasmas e as espécies inteligíveis, chegando diretamente às próprias coisas. Essas ideias levaram os escolásticos a se tornarem cada vez mais suspeitosos das espécies sensíveis e inteligíveis e a dar atenção cada vez mais contínua aos problemas epistemológicos em torno da explicação aristotélica tradicional.

No entanto, essas passagens ousadas, como as chamo, são difíceis de harmonizar com o restante da obra de Scotus. Em alguns lugares, Scotus explicitamente nega que a cognição intelectual intuitiva é possível nesta vida.[82] Alhures, ele implicitamente nega a mesma coisa ao insistir que por enquanto nossos intelectos só têm cognições por intermédio dos fantasmas:

> Nesta vida, nosso intelecto não tem cognição de nada a não ser por meio daquilo que um fantasma pode produzir, porque é afetado imediatamente somente por um fantasma ou por aquilo que pode ser capturado por um fantasma (*vel a phantasiabili*).[83]

Ele chega a especificar isso relativamente ao autoconhecimento:

---

[81] *Op. Ox.* 4, d. 49, q. 12, n. 6. Cf. *Quodl.* q. 13, n. 33; q. 14, n. 36; *Op.Ox.* 4, d. 45, q. 2, n. 12; *Ord.* 2, d. 9, qq. 1-2, nn. 65, 98; *De Primo Princ.* 4.89 (Wolter 1966, 149).

[82] *In Metaph.* 2, q. 3, n. 81: "dentro do intelecto, nenhuma apreensão visual ou intuitiva – uma cognição primeira – é possível nesta vida". Mas, em seguida, algumas poucas páginas depois (n. 111), Scotus observa que a questão "está em dúvida" e dá argumentos para cada um dos lados (todas essas páginas são acréscimos tardios). Ver também *Lect.* 2, d. 3, pars 2, q. 1, n. 250: "mas agora, já que nada compreendemos a não ser por via da abstração [...]". Mas essa alegação não aparece em *Ordinatio* (cf. n. 277).

[83] *Op. Ox.* 3, d. 14, q. 3, n. 9. Cf. *Lect.* 2, d. 3, pars 2, q. 1, nn. 253-255; *Ord.* 1, d. 3, pars 1, qq. 1-2, n. 35 (tal como citado na Seção I); *Ord.* 1, d. 3, pars 1, q. 3, n. 187 (conforme citado na Seção IV); *Ord.* 1, d. 3, pars 3, q. 1, n. 392; *Ord.* 1, d. 3, pars 3, q. 2, n. 487; *In Metaph.* 1, q. 4, n. 14; *In De an.* q. 11, nn. 4-5; q. 19, n. 5.

O intelecto não pode entender a si mesmo imediatamente, sem entender nada mais, porque ele não pode ser imediatamente movido por si mesmo, dada sua relação necessária nesta vida com o que é imaginável.[84]

Sebastian Day tentou mostrar que as passagens ousadas são coerentes com o resto dos escritos de Scotus.[85] Mais recentemente, e de maneira mais persuasiva, Allan Wolter defendeu uma evolução gradual no pensamento de Scotus.[86] Mas mesmo isso é duvidoso. Em suas *Quodlibeta*, que datam dos dois últimos anos de sua vida, Scotus firmemente limita-se a defender a mera possibilidade da cognição intelectual intuitiva. Diferentemente da cognição abstrativa, cuja existência "frequentemente experimentamos dentro de nós mesmos", a realidade da cognição intuitiva é muito menos evidente: "Mesmo que não experimentemos a cognição intuitiva dentro de nós com tanta certeza, ela é possível".[87] Isso parece conflitar com as alegações ousadas citadas anteriormente. Por exemplo, se a cognição intuitiva explica o autoconhecimento, então cada uma das nossas experiências frequentes de cognição abstrativa seria em si mesma um caso de cognição intuitiva e deveria ser minuciosamente tão evidente quanto a cognição abstrativa. Mesmo que suas observações mais ousadas tivessem sido escritas após as *Quodlibeta*, é difícil acreditar que Scotus pudesse ter mudado de opinião de maneira tão drástica num período de tempo tão curto.

Além disso, ainda que mudasse de opinião, as afirmações de Scotus a respeito da cognição intuitiva estão cheias de dificuldades. Primeiro, a des-

---

[84] *Ord.* 2, d. 3, pars 2, q. 1, n. 293. Cf. nn. 289-292; *Lect.* 2, d. 3, pars 2, q. 1, n. 256, *In De an.* q. 19, n. 6.

[85] Day 1947. Ele apresenta a ideia de que a posição consistente de Scotus é que a cognição intelectual intuitiva "é um fato da experiência cotidiana" (86). Embora o livro de Day permaneça a única fonte mais útil para informação sobre a teoria de Scotus em virtude de sua massiva coleção e análise de textos, suas conclusões devem ser interpretadas *cum grano salis*. Para um tratamento mais equilibrado, ver Bérubé 1964, cap. 7.

[86] Wolter 1990b.

[87] *Quodl.* q. 6, nn. 18-19.

peito de sua afirmação de que a cognição intuitiva é direta e não mediada pela espécie, ele não demonstra sinal algum de eliminar a espécie sensível da cognição sensorial intuitiva (talvez ele pense que somente certos tipos de espécies são problemáticos?).[88] Segundo, suas alegações ousadas em favor da cognição intelectual intuitiva não dão indicação alguma de como o intelecto conseguiria funcionar sem ser por meio dos sentidos. No caso do autoconhecimento, o problema talvez seja menos preciso. Mas de modo algum é claro como Scotus pode explicar a cognição intelectual intuitiva do mundo material. Obviamente, algum tipo de conexão causal tem de ter lugar.[89] No entanto, ele sustenta explicitamente que a cognição intelectual intuitiva é imediata e que ela não funciona por meio das espécies (ver Nota 80). Se Scotus de fato se compromete com essa ideia ousada, então a única posição que parece razoável no fim das contas é permitir que, nesta vida, a cognição intelectual intuitiva venha por via dos sentidos. Assim é como mais tarde Ockham, por exemplo, explicará a cognição intelectual intuitiva.[90] Mas essa solução exigiria que Scotus revisasse suas afirmações a respeito da cognição intuitiva: ele teria de conceder que ela não acontece por intermédio das espécies (ou ele teria de abandonar completamente as espécies) e ele teria de desistir das afirmações de imediaticidade que ele faz

---

[88] Sobre as espécies sensíveis, ver nota 21. Acerca de nossa cognição intuitiva sem espécies, observa Day 1947, "este é um problema que exercitou a engenhosidade dos comentadores scotistas durante séculos" 9105. Alguns alegam que a cognição intelectual intuitiva tem de implicar ao menos as espécies inteligíveis (Gilson 1952, 542, 549-550, 553n; Langston 1993), mas veja-se Honnenfelder 1979, 244-252.

[89] Ver *Quodl.* q. 14, n. 36, e *In Metaph.* 7, q. 15, n. 22: "Nenhuma potência cognitiva em nós tem cognição de uma coisa em virtude de sua cognoscibilidade absoluta – isto é, enquanto ela aparece por si mesma. Temos cognição dela somente enquanto é capaz de mover nossa potência cognitiva".

[90] Ver a discussão em Adams 1987, 506-509. Ockham explicitamente levanta a preocupação de que Scotus "afirma o contrário em outro lugar". Ele então desqualifica a preocupação, explicando que está se baseando em Scotus não como em uma autoridade, mas somente como um precursor de suas próprias ideias: "se alhures ele disse o contrário, não me importa; ele, apesar disso, sustentou essa opinião" (*Ordinatio* I, pro., q. 1 [1: 47]).

em favor da cognição intuitiva.⁹¹ Assim entendida, a cognição intelectual intuitiva se torna imediatamente mais plausível e menos interessante.

VI. ILUMINAÇÃO DIVINA

Embora os escolásticos tardios passem cada vez mais a se voltar para a cognição intelectual nas suas análises do conhecimento e da certeza, Scotus não faz isso. Sua discussão mais pormenorizada e mais interessante desses tópicos vem em resposta a Henrique De Gand. Henrique de Gand argumentara que os seres humanos não conseguem alcançar a "verdade certa e pura" sem uma iluminação divina especial (por iluminação "especial" ele entende algo acima e além da luz natural com a qual os seres humanos foram dotados. O fogo, por exemplo, não precisa de iluminação especial para queimar⁹²). Isso se transformará na última luz do dia para a iluminação divina. E Scotus foi o responsável por extinguir a teoria, de uma vez por todas.

Seu argumento consiste parcialmente em uma refutação do ceticismo e parcialmente em uma refutação da posição de Henrique de Gand em nome de uma iluminação divina especial. Ao proceder a esta segunda parte

---

91   John Marenbon chega a uma conclusão parecida. Sua sugestão interessante é que, para Scotus, a intuição intelectual dos particulares materiais acontece em virtude de o intelecto apreender direta e intuitivamente atos de sensação entrecorrentes: isso "pode parecer indireto, mas como poderia ser concebido mais diretamente?" (Marenbon 1987, 168-169). Bérubé, de maneira semelhante, sustenta que nesta vida o intelecto consegue informação por intermédio dos sentidos, mesmo nos casos de cognição intuitiva. Mas ele implica com uma interpretação como a de Marenbon e insiste que o intelecto ainda consegue obter uma compreensão direta dos particulares (Bérubé 1964, 201). Wolter talvez tenha em mente um ato semelhante de equilíbrio, quando nega que "Scotus acreditava que nosso intelecto alguma vez poderia estar em 'contato' direto causal, em oposição ao 'contato' intencional, com o objeto extramental no mundo físico" (Wolter 1990b, 122).

92   *Lect.* 1, d. 3, pars 1, q. 3, n. 144. A discussão de Henrique de Gand aparece no primeiro artigo da sua *Summa quaestionum ordinariarum*. Ver Pasnau 1995.

do argumento, Scotus constrói o seu por meio dos argumentos do próprio Henrique de Gand para a falibilidade da cognição humana sem auxílio (argumentos esses baseados na constante mutabilidade da mente humana e de seus objetos).[93] Scotus também faz uma afirmação mais geral: Se a cognição humana fosse falível da maneira como defende Henrique de Gand, então a iluminação externa não poderia, sequer em princípio, assegurar "o conhecimento certo e puro". De acordo com a explicação de Henrique de Gand, a mente humana coopera com a luz divina para alcançar esse conhecimento. Scotus responde:

> Quando um dos que vêm juntos é incompatível com a certeza, então a certeza não pode ser alcançada. Porque assim como de uma premissa que é necessária e uma que é contingente nada decorre senão uma conclusão contingente, então, da mesma maneira, de algo certo e algo incerto, vindo juntos em alguma cognição, nenhuma cognição certa decorre.[94]

Se uma parte de um sistema é falível, então essa falibilidade infecta o processo como um todo. A alegação ousada – mas razoável – de Scotus é que se a mente humana fosse intrinsecamente incapaz de alcançar o conhecimento certo, então nem mesmo a iluminação divina poderia salvá-la.

A concepção scotista é que a mente humana é capaz de tal conhecimento por si mesma. Se por "verdade pura e certa" Henrique De Gand quer dizer "verdade infalível, sem dúvida e sem engano", então Scotus pensa que ele estabeleceu que os seres humanos "po-

---

[93] *Ord.* 1, d. 3, pars 1, q. 4, nn. 246-257; *Lect.* 1, d. 3, pars 1, q. 3, nn. 157-159. Para uma discussão em pormenor da iluminação divina, ver Marrone 2001. Wolter traduz *Ord.* 1, d. 3, pars 1, q. 4 em Wolter 1987, 97-131 [N.T.: Há tradução brasileira dessa passagem, por Carlos Arthur Ribeiro do Nascimento e Raimundo Vier, para a coleção *Os Pensadores*. São Paulo: Abril Cultural, 1979, 2.ª Ed., p. 243-263].

[94] *Ord.* 1, d. 3, pars 1, q. 4, n. 221. Cf. *Lect.* 1, d. 3, pars 1, q. 3, nn. 168-170.

dem alcançar isso, por meios puramente naturais".⁹⁵ Como *é possível* que tal coisa seja estabelecida? Como pode o cético ser refutado sem o recurso à iluminação divina? Scotus distingue quatro tipos de conhecimento:

- a priori (principia per se nota)
- indutivo (cognita per experientiam)
- introspectivo (cognoscibilia de actibus nostris)
- sensorial (e aquae subsunt actibus sensus)

A estratégia geral é mostrar que o conhecimento sensorial se baseia no conhecimento indutivo, que este se baseia no conhecimento *a priori* e que o conhecimento introspectivo pode ser defendido como análogo ao *a priori*.⁹⁶ A meta implícita de Scotus é transferir tanto peso quanto possível para os ombros largos do conhecimento *a priori*.

Toda essa discussão – de longe a mais sofisticada de sua espécie na Idade Média – merece um estudo mais cuidadoso do que jamais recebeu. Aqui, desejo focar sobre como Scotus defende "a verdade infalível" relativamente às alegações *a priori*. Note-se, inicialmente, que "a priori" não é vocabulário do próprio Scotus: ele fala de "princípios conhecidos (*nota*) *per se*". É possível inicialmente pensar que esses princípios devem ser descritos como verdades analíticas. Mas isso não basta. Dizer que esses princípios são "conhecidos *per se*" ou "autoevidentes" significa dar a eles certo estatuto *epistêmico*, marcar posição

---

⁹⁵ *Ord.* 1, d. 3, pars 1, q. 4, n. 258.
⁹⁶ *Ord.* 1, d. 3, pars 1, q. 4, nn. 229-245; cf. *Lect.* 1, d. 3, pars 1, q. 3, nn. 172-181, traduzido em Frank e Wolter 1995 para o inglês. [N.T.: há tradução brasileira, por Carlos Arthur Ribeiro do Nascimento e Raimundo Vier, *supra cit.*] Para outro fascinante tratamento das mesmas questões, ver *In Metaph.* 1, q. 4. Ver também Effler 1968 e Vier 1951, 153-165 (conhecimento sensorial) 136-152 (indução), 125–130 (introspecção).

acerca de como são conhecidos. Tome-se, por exemplo, o princípio *a priori* sobre o qual se baseia o conhecimento indutivo, o princípio de que *tudo que for o resultado comum de uma causa não livre é o efeito natural dessa causa.*[97] Talvez esse princípio possa ser interpretado como analítico, segundo certas noções de analiticidade. Mas Scotus compromete-se com algo além: Que este é um princípio que "tem verdade evidente" em virtude exclusivamente de seus termos.[98] Este não é um ponto a respeito de o que torna uma sentença verdadeira, mas a respeito de como compreendemos sua verdade. Scotus está dizendo que qualquer pessoa que entenda os termos imediatamente perceberá que a sentença é verdadeira.

Para Scotus, o *a priori* é o cimento sobre o qual outros tipos de conhecimento se baseiam, e, portanto, ele não tenta identificar algum outro conjunto de verdades ainda mais básicas. Em vez disso, defende que nosso conhecimento *a priori* é indefectível por causa de certos fatos psicológicos. Quando consideramos uma proposição como *Cada todo é maior do que suas partes*, imediatamente compreendemos que os termos estão relacionados de tal maneira que a proposição tem de ser verdadeira:

> Não pode haver no intelecto apreensão alguma dos termos ou composição daqueles termos sem a conformidade daquela composição aos termos emergentes (*quin stet conformitas*), assim como duas coisas brancas não podem aparecer sem que sua semelhança também apareça.[99]

---

[97] "Quidquid evenit ut in pluribus ab aliqua causa non libera est effectus naturalis illius causae" (*Ord.* 1, d. 3, pars 1, q. 4, n. 235).

[98] *Ord.* 1, d. 2, pars 1, qq. 1-2, nn. 15, 21. Para uma discussão de *per se nota* em Scotus, ver Vier 1951, 66-91, e Van Hook 1962; nenhum deles levanta a questão que discuto aqui.

[99] *Ord.* 1, d. 3, pars 1, q. 4, n. 230. *Lect.* 1, d. 3, pars 1, q. 3, n. 174 apresenta basicamente a mesma explicação, mas sem a analogia convincente das "duas coisas brancas". Ver também *In Metaph.* 1, q. 4; 6, q. 3, nn. 50-60.

A relação entre os termos em uma proposição *a priori* é como a semelhança entre dois objetos brancos. Tão logo compreendemos uma verdade *a priori*, imediatamente compreendemos sua verdade: simplesmente vemos que a proposição tem de ser verdadeira, "sem dúvida e sem engano". É claro, não compreenderemos sua verdade se não compreendermos o significado de seus termos, mas, nesse caso, não teremos verdadeiramente formado a proposição em nossa mente. E, diferentemente do caso análogo de reconhecimento de semelhança, não há lugar aqui para o erro sensorial. Os sentidos ajudam-nos a adquirir certos conceitos, mas uma vez que temos esses conceitos, os sentidos pulam fora do quadro: a confiabilidade sensorial se torna irrelevante. Scotus dá o exemplo de um cego a quem miraculosamente se mostra em sonho uma imagem em branco e preto. Uma vez que ele adquire esses conceitos, ele pode reconhecer tão verdadeira e infalivelmente quanto qualquer outra pessoa – apesar de sua cegueira – que o branco não é preto.[100]

Foram verdades conceituais desse tipo que levaram Agostinho à sua famosa questão:

> Se ambos vemos que é verdade o que tu dizes, e se ambos vemos que é verdade o que eu digo, onde, pergunto eu, o vemos nós? Nem eu, sem dúvida, o vejo em ti, nem tu em mim, mas ambos o vemos na imutável Verdade que está acima das nossas inteligências.[101]

Não disposto a descartar tema tão proeminente herdado de Agostinho, Scotus articula quatro sentidos em que o intelecto humano vê verdades infalíveis à luz divina. Em cada sentido, a luz divina age não sobre nós, mas sobre os objetos de nosso entendimento. Ao dar aos objetos sua inteligibilidade (*esse intelligibile*), o intelecto divino "é aquilo por cuja virtude os objetos produzidos também movem atualmente

---

[100] *Ord.* 1, d. 3, pars 1, q. 4, n. 234; *Lect.* 1, d. 3, pars 1, q. 3, nn. 175-176 diz quase a mesma coisa, mas sem o astuto ponto do cego. Ver também *In Metaph.* 1, q. 4, nn. 43-46, onde o cego aparece de novo.

[101] *Confissões* XII.25.35, parcialmente citado em *Ord.* I, d. 3, pars 1, q. 4, n. 206.

o intelecto".[102] Quando a mente humana compreende uma verdade *a priori*, ela o faz imediata e infalivelmente, não porque a mente tenha recebido qualquer iluminação especial, mas porque os termos da proposição são em si mesmos inteligíveis: nossa compreensão de uma proposição "parece seguir-se necessariamente do conteúdo dos termos. Conteúdo este derivado do fato de o intelecto de Deus os ter causado naturalmente no ser inteligível".[103] Não é que somos iluminados pela luz divina, mas a verdade que compreendemos é que é iluminada.

Isso marca um ponto de virada na história da filosofia, a primeira grande vitória em favor do naturalismo como uma estratégia de pesquisa na filosofia da mente. Desde o início, os filósofos recorreram ao sobrenatural nas suas explicações da cognição. A Sócrates acometia "algo de divino"[104], Platão tinha a reminiscência e Aristóteles tinha o intelecto agente. Um passo para o naturalismo foi dado por S. Tomás de Aquino ao situar o intelecto agente dentro da alma humana e recusar-se postular qualquer iluminação divina especial. Mas S. Tomás simplesmente reposicionara essa iluminação, tornando-a inata, em vez de ocasional. Para ele, tratava-se ainda de um fato fundamentalmente miraculoso que nosso intelecto conseguisse compreender as verdades imutáveis.[105] Scotus é o primeiro grande filósofo a tentar uma explicação naturalista do sistema cognitivo humano. Quando compreendemos alguma verdade conceitual, nada de milagroso ou divino acontece dentro de nós: "Os termos, uma vez apreendidos e colocados juntos, são naturalmente adequados (*sunt nati naturaliter*) para causar uma consciência da conformidade da composição com seus termos".[106] Scotus diz que a operação do intelecto, se é que há alguma, é mais natural, menos necessitada de alguma intervenção especial, do que outras ações naturais, como a

---

[102] *Ord.* 1, d. 3, pars 1, q. 4, n. 267.
[103] *Ord.* 1, d. 3, pars 1, q. 4, n. 268; cf. *Lect.* 1, d. 3, pars 1, q. 3, nn. 191-192.
[104] *Apologia* 31d.
[105] Veja-se, por exemplo, *De veritate* 10.6 e 11.1. Defendo essa interpretação em Pasnau 2002, cap. 10, seção 2.
[106] *Ord.* I, d. 3, pars 1, q. 4, n. 269.

produção de calor pelo fogo.[107] Deus, é claro, é que confere ao mundo sua intelegibilidade, assim como é Deus que cria nossas potências cognitivas. Mas o que é novo em Scotus é a ideia de que a mente não é um caso especial. Desse ponto em diante, a iluminação divina deixaria de ser uma possibilidade filosófica séria.

---

[107] *Lect.* I, d. 3, pars 1, q. 3, n. 201. O ponto é que o fogo é apenas contingentemente quente, ao passo que a mente não pode evitar perceber certas verdades. Scotus abandona essa linha de raciocínio na *Ordinatio*, talvez pensando que ela leva as coisas longe demais, mas ele continua a enfatizar que o intelecto exibe "máxima naturalitas" (*Ord.* I, d. 3, pars 1, q. 4, n. 269; cf. n. 272).

10 A Teoria da Lei Natural de Scotus

Hannes Möhle

A teoria da lei natural é o coração da ética de John Duns Scotus. Diferente de outras abordagens na ética medieval, a estrutura scotista não é a de uma ética da virtude. Uma razão para isso é o inovador conceito scotista de vontade, que diverge significativamente de seus predecessores clássicos e medievais. Essa nova concepção de vontade e as assunções para a teoria da ação que nascem dela requerem uma função sistemática diferente para o conceito de virtude, que conceda maior peso ao juízo da razão do que ao direcionamento natural para uma meta da ação proposta. Na ética de Scotus, passa ao centro das atenções a obrigação, por parte da razão, para o que é apreendido na lei natural como uma verdade prática, no lugar daquilo que beneficia a natureza direcionada a um fim do agente conforme manifestada nas virtudes.

Um segundo tema que determina a orientação fundamental da filosofia prática scotista surge da dúplice tarefa que, como teólogo, Scotus teve de enfrentar. Por um lado, por causa da influência da concepção aristotélica de ciência, ele teve de mostrar que a alegação da teologia, de ela ser uma ciência, poderia ser justificada. Por outro, por pertencer à tradição franciscana, ele também tinha de enfatizar o lado prático da teologia. Como resultado, Scotus enfrentou a tarefa de desenvolver um entendimento da ciência prática que mostraria como ambas as exigências poderiam ser consistentemente satisfeitas.[1] Conforme mostro em pormenor neste capítulo,

---

[1] Cf. *Ord.* prol., pars 5, nn. 217-366; cf. Möhle 1995, 13-157.

a teoria da lei natural defendida por Scotus é exatamente uma resposta a esse padrão mais elevado de aceitabilidade racional.

A "natureza" à qual as teorias clássicas e medievais da lei natural recorriam – qualquer que tenha sido a maneira como qualquer pensador específico a tenha concebido – estava invariavelmente associada a dois critérios: ela representava um padrão de autoridade, com conteúdo determinado, que era entendido tanto como universal (isto é, prescritivo não somente para um único indivíduo) quanto como acessível aos seres humanos por meio de suas capacidades naturais. Porque a lei natural se baseia em uma natureza que não pode ser mudada pela ação humana, ela tem validade universal. Porque os seres humanos pertencem eles mesmos a essa natureza, eles, em princípio, são capazes de conhecer a lei correspondente.

No contexto cristão, o conteúdo da natureza é determinado pelo plano inicial da criação por Deus. Segundo essa compreensão, o ato criativo divino, que se ancora em uma lei eterna, dá somente o elo para a validade de uma lei natural universal. Essa concepção ganha expressão concisa na alegação de S. Tomás de Aquino de que a lei natural deve ser entendida como uma participação na lei eterna. Embora a estrutura natural fundamental dos seres humanos esteja espelhada nas suas inclinações naturais, a lei natural é constituída neles somente pela razão; pois somente os seres racionais participam na lei eterna.[2]

Essa ligação entre lei natural e lei eterna não somente coloca a lei natural além do poder de mudança próprio aos seres humanos. Ela também levanta, de maneira mais proeminente, a questão da possibilidade da mudança da lei natural pela ação *divina*, e de que maneira isso ocorreria. Por tal razão, os "escândalos" bíblicos, que constituem aparentes exceções dos mandamentos do Decálogo, tornaram-se, para os autores cristãos da Idade Média, a pedra de toque em favor da imutabilidade da lei natural. Os casos ordenados por Deus da não castidade de Oseias, as pragas no Egito, e, sobretudo, o sacrifício de Isaac, tinham de ser incorporados na compreensão da lei natural se todo mandamento do Decálogo tinha de ser reconhecido

---

[2] *ST* Iallae.91.2.

como pertencente a essa lei – conforme muitos autores, e principalmente S. Tomás de Aquino, insistiam. As aparentes exceções, feitas por Deus, no que está prescrito pela lei natural, também apresentavam um problema particular por outra razão: tal ato de vontade divina parece excluir o conhecimento divino daquilo que fundamenta os Mandamentos, a menos que tenhamos algum tipo de perspiciência na atividade divina.

Scotus segue a linha principal dessa maneira de colocar o problema quando dedica a *Ordinatio* 3, d. 37 – o texto central em que ele desenvolve sua concepção de lei natural – à questão de se todos os mandamentos do Decálogo pertencem à lei natural.[3] Em oposição à noção que atribuía todos os Dez Mandamentos à lei natural que emana do plano inalterável de Deus para a criação, a concepção scotista representa, de muitas maneiras, uma clara ruptura e um novo começo. Em anos recentes, houve uma polêmica muito difundida na literatura secundária acerca de como avaliar a concepção scotista contra o pano de fundo da ligação entre o ato voluntário de Deus e a capacidade humana de conhecer a lei natural por meio da razão.[4] O impulso scotista para "desnaturalizar" não somente a teoria da lei natural[5], mas, na verdade, todo seu sistema ético, parece abrir três possibilidades de interpretação, todas elas mais ou menos avançadas claramente na literatura secundária: ou (1) a acessabilidade racional da ética fica substancialmente reduzida, ou (2) na versão extrema, sustenta-se que o conhecimento moral só é obtenível por revelação divina, ou, finalmente, (3) tenta-se apegar-se firmemente a algum naturalismo residual no pensamento de Scotus, que é, então, diferenciado de um voluntarismo radical. Este capítulo empreende a mostrar a consistência dos elementos voluntaristas no ensinamento de Scotus – elementos que não podem ser ignorados, que

---

[3] Ver *Ord.* 3, d. 37, *in* Wolter 1986, 268-267. Wolter oferece uma revisão da edição de Wadding baseado no Códex de Assis e em um manuscrito de Roma (cod. Vat. Lat. 883). Mercken 1998 fez comentários críticos sobre o texto de Wolter.

[4] Cf. Honnefelder 1996 e, mais recentemente, Williams 1998a.

[5] Essa tendência no pensamento de Scotus é resumida no título escolhido por John Boler para sua contribuição bastante discutida, "Trascending the natural: Duns Scotus on the two affections of the will" (Boler 1993). Cf. Williams 1995b and Lee 1998.

precisam, de fato, ser elucidados em pormenor – com as exigências de uma ética racional que se pretende filosófica e não teológica. A doutrina da lei natural de Scotus é o pilar de sustentação desse empreendimento. Na minha primeira seção exponho essa doutrina, e na segunda mostro como ela está integrada na ética scotista como um todo.

I. A DOUTRINA DA LEI NATURAL

A questão que aparece em conexão com os casos bíblicos problemáticos discutidos na *Ordinatio* 3, d. 37, é, no fundo, acerca da possibilidade de uma dispensa divina para os Dez Mandamentos.[6] A posição adotada por Scotus *ás a foil* é substancialmente a de S. Tomás de Aquino, o qual sustentava que todos os mandamentos do Decálogo pertencem à lei natural. De acordo com essa visão, as exceções aparentes não são dispensas, em sentido estrito; em vez disso, elas podem ser explicadas por referência à intenção real por trás do mandamento em questão. Para salvaguardar essa intenção original é possível haver dispensas em um sentido mais amplo, a saber, na medida em que uma permissão é dada para fazermos certos atos que, considerados em geral e sem referência às suas circunstâncias específicas, foram originalmente proibidos.[7]

A formulação scotista original da questão (inclusive da posição contrária) diz respeito ao escopo dos mandamentos que pertencem à lei natural; ele pergunta se este ou aquele mandamento pertence à lei natural, e não a que a lei natural como tal se reduz. É o próprio Scotus que transforma essa questão original acerca do escopo da lei natural em uma questão acerca da essência da lei natural. Ele o faz ao tornar a possibilidade de dispensa uma base para a definição da própria lei natural. Isso acontece em dois passos. Primeiro, Scotus expõe a maneira em que entende o conceito de dispensa

---

[6] Para a doutrina da lein natural, ver Boulnois 1999, principalmente p. 62-72; Wolter 1986, 57-75; Möhle 1995, 338-389; Shannon 1995, 56-68; e Prentice 1967.

[7] *Ord.* 3, d. 37, n. 2.

(*dispensatio*). A dispensa pode ser compreendida de duas maneiras: como uma elaboração adicional de algum mandamento (*declarativo*) ou como a revogação de um mandamento existente (*revocatio*). Com isso, ele exclui uma interpretação, de acordo com a qual uma dispensa implica a permissão de uma exceção na observância de um mandamento existente.[8] No segundo passo, Scotus limita a lei natural no sentido estrito àqueles mandamentos que ou são *per se notum ex terminis* – isto é, podem ser vistos como verdadeiros simplesmente em virtude dos conceitos usados na sua formulação – ou seguem necessariamente de tais princípios práticos auto-evidentes. Se uma pessoa compreende a "dispensa" da maneira discutida aqui, é óbvio que não pode haver dispensa para tais mandamentos.[9] Pois o que pode ser visto como autoevidente não precisa de elaboração e não pode ser considerado como inválido.

Dessa maneira, Scotus dá um critério puramente formal para o pertencimento à lei natural: um mandamento pertence à lei natural no sentido estrito se, simplesmente com base no conteúdo expresso no mandamento, é conceitualmente necessário que o mandamento seja válido. Em lugar algum de sua obra Scotus traça o conteúdo da lei natural de volta à lei eterna; de fato, a doutrina da lei eterna não tem importância em seu sistema. Tampouco o contexto em que um mandamento é operativo, muito menos a intenção com a qual o mandamento é exposto, é relevante à sua validade, se ele for contar como pertencente à lei natural no sentido estrito. Scotus, então, deixa claro o que ele quer dizer com essa necessidade conceitual quando ele passa a discutir se é necessário seguir os mandamentos para alcançar o fim último. Somente por esses princípios autoevidentes, conclui, trata-se do caso de que aquilo que eles prescrevem ser necessário sem qualificação para alcançarmos o fim último. "Necessário sem qualificação", conforme o contexto deixa claro, significa que é inconcebível que

---

[8] Ord. 3, d. 37, n. 3.
[9] Ord. 3, d. 37, n. 5.

uma pessoa possa repudiar a bondade prescrita nesses mandamentos sem, com isso, também repudiar a bondade do próprio fim último.[10]

Uma vez que o fim último de toda ação está em alcançar o sumo bem, e o sumo bem é identificado com Deus, os únicos mandamentos que podem pertencer à lei natural no sentido estrito são aqueles que têm Deus como objeto. No que concerne ao Decálogo, o resultado das reflexões scotistas é que somente os mandamentos da primeira tábua pertencem à lei natural no sentido estrito. Os mandamentos da segunda tábua podem ser contados como pertencentes à lei natural somente em um sentido menos rígido. Portanto, somente os dois primeiros mandamentos – Scotus não tem certeza quanto ao terceiro – pertencem à lei natural no sentido estrito, já que somente "esses dizem respeito a Deus imediatamente como objeto".[11] O conteúdo da lei natural no sentido estrito pode ser resumido na fórmula "Deus deve ser amado"[12] – ou, antes, na formulação negativa mais precisa: "Deus não deve ser odiado".[13] Esse mandamento satisfaz o critério formal de autoevidência porque, em essência (conforme enfatizado por Scotus em *Ord.* 3, d. 27) ele simplesmente declara que "o que é o melhor deve ser o mais amado". Segundo essa interpretação, fica óbvio que o mandamento de amar a Deus é um princípio prático autoevidente e, portanto, satisfaz o critério formal de pertencer à lei natural.[14]

Todos os outros mandamentos pertencem à lei natural em um sentido mais amplo. O critério pelo qual pertencem não é sua necessidade conceitual, mas seu amplo acordo (*consonantia*) com a lei natural no sentido estrito.[15] Scotus entende todos os mandamentos, tanto os que pertencem à lei natural no sentido estrito como os que pertencem a ela somente no sentido mais amplo, como verdades práticas (*vera practica*) – os primeiros, por serem autoevidentes, os últimos, por causa de sua concordância ou

---

[10] *Ord.* 3, d. 37, n. 5.
[11] *Ord.* 3, d. 37, n. 6; trad. Wolter 1986, 277.
[12] *Ord.* 3, d. 37, n. 6.
[13] *Ord.* 3, d. 37, n. 7.
[14] *Ord.* 3, d. 27, n. 2.
[15] *Ord.* 3, d. 37, n. 8.

acordo (*consonantia*) com os primeiros.¹⁶ O conceito scotista de acordo é definido negativamente na medida em que implica que não há ligação dedutiva estrita que permitiria uma inferência necessária a partir de princípios autoevidentes superabrangentes. De maneira mais positiva, esses mandamentos podem ser compreendidos como elaborações (*declarativo*) ou explicações (*explicatio*) de algum mandamento geral superabrangente – conforme Scotus deixa claro em um exemplo.¹⁷ Os mandamentos com esse tipo de *consonantia* estendem os mandamentos gerais fazendo-os valer para casos específicos.

Para elucidar esse procedimento, Scotus faz uso de uma comparação com o domínio da lei positiva.¹⁸ Supondo a validade de uma prescrição geral de que os seres humanos têm de viver pacificamente em comunidade, uma pessoa pode estender essa regra por meio de uma ordem mais específica, segundo a qual todos têm de ter controle sobre sua propriedade pessoal. A introdução de tal ordem depende de um juízo anterior: se uma pessoa considera os membros da comunidade fracos a tal ponto que se importam mais com suas posses do que com o que pertence à comunidade. A injunção mais específica relativa à propriedade privada não é deduzida do mandamento geral a respeito da vida em comum pacífica; antes, ela exige uma assunção adicional – a de que os cidadãos são fracos – que representa uma adição substancial a uma situação que fora concebida inicialmente apenas de maneira bastante geral.

Conforme Scotus deixa claro em outro contexto, essa concepção de *consonantia* permite duas interpretações.¹⁹ Por um lado, há mandamentos que acordam com mandamentos gerais, mas cujos opostos também seriam compatíveis com aqueles mesmos mandamentos gerais; por outro, há aqueles cujos opostos não são compatíveis com princípios gerais superabrangentes. Somente os últimos pertencem à lei natural no sentido mais

---

[16] *Ord.* 4, d. 17, n. 3.
[17] *Ord.* 3, d. 37, n. 8.
[18] *Ibid.*
[19] *Rep.* 4, d. 17, n. 4.

amplo; os primeiros pertencem somente à lei positiva. Segundo esse entendimento, um mandamento que prescreve certas cerimônias ou costumes pertence à lei positiva, já que um mandamento comparável que prescreve outras cerimônias – e, talvez, até mesmo proíba a prática de cerimônias do primeiro tipo – também pode ser concebido como concordante com a lei natural no sentido estrito.

Um entendimento mais fundamental dessa interpretação da lei natural aparece quando se considera o contexto da doutrina scotista da lei natural em *Ord.* 1, d. 44, passagem sobre a qual a doutrina se baseia. Mandamentos existentes podem ser obedecidos, transgredidos ou substituídos por outros. Um mandamento é substituído por outro quando outro mandamento é estabelecido por um ato de uma pessoa que tem a autoridade para enunciar mandamentos. Quando, por exemplo, Deus ordena a Abraão que mate seu filho Isaac, a proibição original de assassinato é posta de lado e substituída por outro mandamento correspondente ao ato divino.[20] Agora, se um agente não tem o poder de enunciar mandamentos, essa pessoa pode apenas ou obedecer ou "irregularmente" transgredir mandamentos existentes. Se alguém age dentro dos limites da ordem estabelecida pela lei existente, essa pessoa age por "poder ordenado" (*potentia ordinata*); se alguém ou transgride o poder existente ou substitui os mandamentos que constituem essa ordem, essa pessoa age por "poder absoluto" (*potentia absoluta*). Todos os agentes dotados de poderes intelectuais e volitivos têm à sua disposição a habilidade ou de agir dentro dos limites de uma ordem existente ou de transgredir essa ordem, seja de maneira ordenada ou irregular.

Quando este *locus classicus* para a distinção entre o poder ordenado e o absoluto é aplicado à discussão da lei natural, as seguintes ligações se tornam evidentes. Todo o domínio, em princípio, está sujeito à mudança; está aberto a um ato do poder absoluto de Deus. A onipotência divina pode dispensar de cada um e todo mandamento que constitua parcialmente uma dada ordem. O único limite é o limite do próprio poder absoluto de Deus; não pode haver dispensa dos mandamentos cuja validade esteja fora

---

[20] *Ord.* 1, d. 44, n. 8.

do domínio do poder absoluto de Deus. E a única restrição sobre o poder absoluto de Deus é a exigência de ausência de contradição. Em virtude de seu poder infinito, Deus pode substituir qualquer ordem criada por outra, dado somente que não haja nada de autocontraditório acerca dessa ação. Tudo que contém essa contradição está fora do escopo do poder infinito de Deus. Para a doutrina da lei natural, isso quer dizer que, no sentido estrito, ela compreende todos os mandamentos tais que qualquer dispensa de cumpri-los envolveria uma contradição. Esse é o caso do mandamento que ordena o amor a Deus, já que ele requer que o maior bem seja amado em altíssimo grau. O caráter contraditório de qualquer possível dispensa decorre de maneira autoevidente do conteúdo dos conceitos "o maior bem" e "amor em altíssimo grau".

Tudo que não contiver contradição está, em princípio, sujeito à onipotência divina. E, no entanto, mesmo esse domínio não é simplesmente arbitrário. É certo que Deus pode substituir ordens existentes por outras; mas então, trata-se, em todo caso, de uma *ordem* que está sendo substituída.[21] A noção de *potentia ordinata* não refere a uma lei que regula um único caso, mas, antes, a certa ordenação geral.[22] Segundo a leitura de Scotus, a dispensa implicada no sacrifício de Isaac acontece quando Deus, por seu poder absoluto, põe de lado a ordenação original, que contém uma

---

[21] Por conseguinte, digo que muitas outras coisas podem ser feitas ordenadamente [*orderly*]; e muitas coisas que não incluem contradição, que não aquelas coisas que se conformam à lei presente, podem ocorrer de maneira ordenada quando a retidão dessa lei – conforme a qual uma pessoa age correta e ordenadamente – está em poder do próprio agente. E, portanto, esse agente pode agir de outra maneira, de modo a estabelecer outra lei reta, a qual, se fosse imposta por Deus, seria correta, porque nenhuma lei é correta exceto à medida que a vontade divina a aceita como estabelecida. E, nesse caso, o poder absoluto do agente em relação a alguma coisa não se estenderia a nada que não fosse o que aconteceria ordenativamente [*ordinately*] se ocorresse, e não, por certo, ordenatoriamente [*ordainedly*] com respeito a essa ordem presente, mas ordenativamente com referência a alguma outra ordem que a vontade divina poderia impor se fosse capaz de agir dessa maneira. Ord. 1, d. 44, n. 8; trad. Wolter 1986, 257.

[22] Ord. 1, d. 44, n. 11.

proibição geral de assassinato, substituindo-a por uma ordenação em que essa proibição não é mais obrigatória. A ordem de matar Isaac e a proibição geral de assassinato não podem coexistir em uma única ordenação. Aquilo que é mudado em cada caso é uma ordenação – isto é, uma lei geral – e, portanto, se baseia no fato de que há critérios de coerência que governam a compatibilidade dos preceitos mais específicos. Essa é a significação da concepção scotista de dispensa, que exclui a possibilidade de que uma dispensa permitiria uma exceção a uma lei existente sem por totalmente de lado essa lei, substituindo-a por outra.

Essa exigência de coerência também pode, de certa maneira, ser entendida como uma interpretação da *consonantia* que caracteriza os preceitos pertencentes à lei natural no sentido mais amplo. Se esses mandamentos estão de acordo com – mas não são dedutíveis de – os mandamentos superabrangentes da lei natural no sentido estrito, eles têm também de ser compatíveis uns com os outros. Essa exigência é uma consequência do caráter não contraditório da ação divina – se Deus fosse criar uma ordenação que contivesse preceitos impossíveis de ser harmonizados uns com os outros, uma contradição existiria com isso. De dentro de uma única ordenação, não somente a contradição direta tem de ser excluída, mas os vários mandamentos e os bens que consagram também têm de ser encaixados numa hierarquia coerente. De acordo com esse critério de coerência, há espaço para pesarmos os bens, o que – diferentemente dos mandamentos da lei natural no sentido estrito – permite a possibilidade de dispensa para evitarmos um mal maior. Então, por exemplo, há a possibilidade de dispensa da indissolubilidade do casamento se, de outra maneira, houver o perigo de que o desprazer dos cônjuges puder acabar em assassinato.[23] Conforme fica claro com esse exemplo, os mandamentos individuais estão sujeitos ao contrapeso recíproco que é o pré-requisito de uma ordenação não contraditória e significativa do todo. Na medida em que o peso comparativo dos vários bens procede por argumento discursivo, estamos, aqui, lidando com

---

[23] *Ord.* 4, d. 33, q. 3, n. 9.

um procedimento racional que passa a influenciar de maneira relevante os mandamentos da lei natural no sentido mais amplo.

Então, embora esses mandamentos não possam ser deduzidos dos mandamentos superabrangentes, isso não significa que não haja razões determináveis racionalmente pelas quais certos mandamentos deveriam ser obrigatórios, ou – sobretudo – por que somente certos mandamentos deveriam coexistir em um único sistema coerente. Para ter certeza, é verdade que a validade dos mandamentos pertencentes à lei natural no sentido mais amplo não pode ser explicada pelo recurso a quaisquer fatos que têm a ver com a natureza humana – como algo criado, a natureza humana é contingente; mas, por outro lado, também é verdade que o conhecimento acerca da inter-relação entre os fatos pressupostos e os mandamentos válidos pode ser adquirida discursivamente. Esse conhecimento não é nem puramente intuitivo nem dedutivo.[24] A discussão feita por Scotus dos direitos de propriedade deixa isso claro.[25] O direito à propriedade não pode de maneira alguma ser derivado de alguma ordenação racional anterior à ação divina. A ação de Deus é irremediavelmente livre, e, portanto, a criação é radicalmente contingente; consequentemente, qualquer mandamento que não tenha o próprio Deus como objeto tem força somente em virtude de um ato da vontade divina. Como, então, esses mandamentos podem ser considerados como racionalmente cognoscíveis sem a introdução da determinação na vontade divina?

Embora não possamos responder à questão por que a criação é como é, não obstante, podemos, em certa medida, saber como ela é. Assim, temos certa familiaridade com o que somos como seres humanos.[26] Da premissa de que os seres humanos são mais preocupados com suas posses do

---

[24] Segundo esse entendimento, a disputa entre Allan B. Wolter e Thomas Williams sobre o estatuto ontológico e epistemológico da lei natural pode ser resolvida com recurso a uma caracterização mais precisa das questões. cf. Williams 1997, principalmente 84-93.

[25] Cf. *Ord.* 3, d. 37, n. 8. Scotus frequentemente explica a ligação entre os mandamentos da lei natural referindo-se a casos estruturalmente parecidos na lei positiva.

[26] Possuímos esse conhecimento ou naturalmente ou por meio de revelação.

que com as da comunidade, é possível construir um argumento em favor da validade de uma lei que estabeleça a propriedade privada. Se considerarmos como premissa alguma outra imagem dos seres humanos, poderemos desenvolver possíveis argumentos contra essa lei. Em cada caso, porém, os argumentos oferecidos não terão um caráter estritamente dedutivo, mas, não obstante, serão racionais. Esses argumentos não fazem referência ao plano divino para a criação, isto é, a uma lei eterna, mas, antes, ao nosso limitado conhecimento da realidade. Essa estrutura argumentativa, dessa forma, dá a Scotus completa liberdade para mostrar a legitimidade de uma pluralidade de ordenações, mas é preciso, para cada uma delas, mostrar que é racional por si mesma.[27]

Leis gerais podem, até certo ponto, ser reinterpretadas notando-se como os casos particulares são regulados. Assim, Judas, que era até o fim um pecador (*finaliter peccator*), pode, em princípio, ser salvo – mas não em uma ordenação que contenha uma lei que prescreve que todo pecador que não se arrepende deve ser condenado. Uma vez que o juízo particular de que Judas é esse pecador tenha sido feito, sua salvação pode acontecer somente em uma ordenação que não contenha a lei geral que prescreve que todo pecador que não se arrepende tem de ser condenado.[28] De maneira semelhante, o juízo particular de um rei, segundo o qual tal assassino específico seja condenado à morte é conforme uma lei geral (*iudicium secundum legem*). O juízo individual faz referência à lei que, por sua vez, tem de fazer referência àquele juízo, se a lei for para ser aplicada a um caso específico.[29]

Essa interação tanto da *consonantia* vertical como da horizontal entre níveis diferentes de lei permite uma interpretação da ética de Scotus que elimina a aparente unilateralidade e falta de conteúdo naquilo que parece, à primeira vista, uma formulação puramente formal de sua teoria da

---

[27] Cf. Kluxen 1998, principalmente 108-109.
[28] *Ord.* 1, d. 44, n. 11.
[29] *Ord.* 1, d. 44, n. 9.

lei natural.³⁰ Segundo essa interpretação, a dedução fortemente formal de leis concretas de princípios gerais autoevidentes deriva totalmente da razão pela qual essas leis particulares obrigam – elas obrigam apenas na medida em que podem ter sua origem traçada de volta aos princípios práticos supremos. Elas podem ser descobertas (isto é, reconstruídas racionalmente) numa estrutura interpretada de maneira mais ampla. A *consonantia* invocada por Scotus na sua caracterização permite-se ascender da realidade concreta aos princípios que têm de ser pressupostos em qualquer interpretação dessa realidade, se se quiser manter o mínimo requisito de coerência interna. Por essa ascensão, chega-se às obrigações com um conteúdo determinado.

Uma vez que percebemos que, segundo essa teoria da lei natural, o discurso racional não é de modo algum desconsiderado, o debate quanto à dependência da segunda tábua sobre a vontade divina ser um elemento voluntarista na ética scotista perde uma boa parte de sua força bombástica. De maneira parecida, a racionalidade não se limita às formulações puramente formais da lei, com seu conteúdo em larga medida indeterminado. A teoria scotista da lei natural oferece uma estrutura argumentativa de vários níveis: paralelamente aos princípios supremos, que são compreendidos pela dedução formal, ele reconhece outros princípios básicos. Estes são reconhecidos seja pela sua elaboração significativa dos princípios mais gerais, seja por sua coerência e equilíbrio mútuos; e, ademais, podem servir de justificativa para as intuições morais cotidianas, que se manifestam nos nossos juízos morais particulares.

A questão da monogamia, que Scotus discute em *Ord.* 4, d. 33, pode servir como exemplo da maneira como princípios superabrangentes operam em conjunto com os juízos particulares que descrevem a realidade contingente.³¹ Dois aspectos da questão da monogamia, e a correspondente sua abolição em favor da poligamia, merecem ser investigados: a justiça recíproca

---

30 Cf. Möhle 1999, 47-61.
31 *Rep.* 4, d. 33 considera a questão com mais pormenores.

dos parceiros que são unidos no contrato de casamento[32] e as exigências para serem dispensados da lei que impõe a monogamia.[33] Em ambas as investigações, Scotus continua a supor um princípio geral prático cuja validade não depende de sua aplicação a qualquer caso específico. Somente esses princípios exclusivamente considerados não dão qualquer informação acerca de se, em um caso particular, é a monogamia ou a poligamia que deve ser considerada legítima. Não obstante, esses princípios básicos servem de regras de procedimento racional que tornam possível uma decisão acerca do caso individual por referência às demandas de uma dada situação.

Para a primeira parte da questão, o princípio subjacente é que em toda permuta (Scotus discute o contrato de casamento sob a rubrica da justiça comutativa[34]) deve haver a maior igualdade possível naquilo que é permutado por aqueles que fazem a permuta, conforme julgado à luz do propósito da permuta.[35] Se a monogamia é lícita ou se a poligamia o é, isso depende daquilo que se considera ser o objetivo da possível troca: a procriação do maior número de rebentos ou a restrição da voluptuosidade. Se a primeira, a poligamia é lícita; se a segunda, a monogamia é necessária. De qualquer dos modos, qualquer que seja o propósito considerado como definitivo, há fundamentos racionalmente identificáveis em favor ou contra o mandamento, ou, em outras palavras, a observância da justiça estrita.[36]

Quanto ao segundo aspecto da questão, a possibilidade de dispensa do mandamento que impõe a monogamia, Scotus novamente continua sobre a base de um princípio superabrangente. Esse princípio geral e amplamen-

---

[32] *Ord.* 4, d. 33, q. 1, n. 2.
[33] *Ord.* 4, d. 33, q. 1, nn. 4-6.
[34] *Ord.* 4, d. 33, q. 1, n. 2.
[35] *Ibid.*
[36] Para se fazer justiça – assim diz uma *additio* ao texto – a intenção do legislador relaticamente à troca tem de ser levada a efeito. O fato de o propósito poder derivar de um legislador superior (por exemplo, Deus), e não somente dos participantes na troca, em princípio não solapa a racionalidade, pois esse tipo de intervenção nas exigências fundamentais é implicado pelo contrato de casamento depender do acordo do senhor superior (*dominus superior*).

te formal declara que se algo está ordenado para duas finalidades, das quais uma é mais fundamental que a outra, ele tem de ser usado de tal modo a contribuir mais para a finalidade mais fundamental, mesmo que isso aconteça ao custo da finalidade subordinada.[37] Agir segundo essa regra está de acordo com a reta razão; e também depende de um juízo paradigmaticamente racional. Se uma pessoa usa esse princípio para pesar os bens para o caso em questão, se a monogamia ou a poligamia é preferível dependerá da avaliação efetiva dos fins do casamento. Se a situação é tal que o objetivo primário tem de ser a procriação do maior número possível de rebentos, a poligamia é a solução preferível; se não for esse o caso, a monogamia é a maneira mais adequada de realizar o outro fim do casamento, qual seja, evitar a voluptuosidade.[38]

Portanto, Scotus não responde à questão original acerca da possibilidade de dispensa simplesmente referindo-se à decisão incognoscível da vontade divina. Em vez disso, ele recorre às razões que podem ser dadas em favor ou contra a suposição de que um mandamento correspondente é obrigatório. Essas são as razões que tornam uma pessoa capaz de reconstruir a estrutura racional da ordenação correspondente das leis.

Conforme a discussão em *Ord.* 4, d. 33 deixa claro, os princípios que subjazem essa argumentação não fazem referência a qualquer pressuposta teleologia natural humana. Em vez disso, lidamos aqui com os princípios da argumentação que podem ser entendidos como princípios de consistência para qualquer dada ordenação. A validade dos princípios de justiça comutativa e o peso dos bens que Scotus traz à baila relativamente a isso não são, eles mesmos, questionados quando ele discute a possibilidade da dispensa. Ao invés disso, aqueles princípios são usados para deixar a estrutura coerente de toda uma ordenação sujeita à dispensa clara. Por essa razão, princípios comparáveis podem ser mantidos pela argumentação racional sem colocar em questão a distintiva ênfase scotista na liberdade divina. Conforme a estrutura argumentativa usada por Scotus deixa claro,

---

[37] *Ord.* 4, d. 33, q. 1, n. 5.
[38] *Ibid.*

esses mesmos princípios subjazem a racionalidade da ação divina, ao mesmo tempo que garantem que os seres humanos são capazes de conhecer racionalmente a lei moral.

II. A RELAÇÃO DA TEORIA DA LEI NATURAL COM OUTROS ASPECTOS DA ÉTICA DE SCOTUS

Como este esboço da teoria da lei natural deixa claro, o conceito de natureza proposto por Scotus é bastante diferente do da compreensão aristotélico-tomista. Scotus não faz nenhuma referência à natureza do agente interpretada teleologicamente.[39] Esse aspecto da concepção scotista está intimamente ligado a sua distintiva concepção da ação e do querer, com uma concepção revisada da bondade moral, e com pressuposições epistemológicas específicas acerca da ética como um todo.[40]

Scotus entende as ações voluntárias como "praxes" em um sentido específico que – conforme ele explicitamente declara – difere fundamentalmente do entendimento aristotélico da ação. Enquanto Aristóteles entende as ações como movimentos naturais simples (*motio simplex naturalis*), Scotus as entende como atos de vontade que, em seus aspectos moralmente relevantes, são naturalmente capazes de serem determinados por um ato de entendimento intelectual.[41] A diferença decisiva entre as duas concepções está no fato de Scotus localizar a origem das ações em um poder da vontade de agir livremente, ao passo que a concepção aristotélica liga as ações à atividade cooperativa do intelecto com um poder apetitivo que funciona naturalmente. Para Scotus, ações não são produzidas por um apetite natural teleologicamente constituído que é determinado por seu fim inerente, mas, antes, atos de uma potência livre que não almeja fins naturais, mas

---

[39] Cf. Boler 1993.
[40] Para a ética de Scotus como um todo, ver Möhle 1995, Shannon 1995, Ingham 1989 e 1996a.
[41] *Ord.* prol., pars 5, n. 353.

objetos de ação apresentados a ela pelo intelecto. Esses objetos não agem sobre a vontade como causas finais, já que somente a própria vontade, entendida como causa eficiente, é responsável pela ação. O intelecto entra no jogo como causa parcial que motiva, mas, no fim, não determina, a vontade a determinar as ações. Assim, a vontade é a causa da ação em um sentido mais fundamental (*causa principalior*).[42]

Essa forma de entender a atividade cooperativa da vontade e do intelecto – frequentemente mal compreendida – não implica nem o determinismo intelectual nem um voluntarismo que destrói a racionalidade da ação, pela razão de que não ignora os modos característicos da ação do intelecto e da vontade, mas, em vez disso, limita-os a seus respectivos domínios. O intelecto age naturalmente: isto é, ele necessariamente conhece aqueles objetos aos quais a atenção se dirige, e tal necessidade vale tanto para o exercício de seu ato como para o conteúdo de sua cognição. A vontade, diferentemente, age de maneira contingente, de modo que ela é livre, tanto em relação ao exercício de seu ato como em relação ao objeto de seu querer.[43] O intelecto conhece um objeto possível de ação que não precisa ter nenhuma relação particular com o apetite do agente. O intelecto conhece objetos, não fins, já que um objeto de ação (*obiectum*) não é por si mesmo um fim para a ação (*finis*). Um objeto se torna um fim somente quando é procurado pela vontade. O que um objeto é – quais são suas qualidades distintivas e características quiditativas – é um aspecto necessário da maneira em que ele é constituído. Seu estatuto como um fim vem somente de um ato da vontade e, portanto, é contingente.[44]

Duas consequências principais decorrem dessa compreensão. Primeiro, o caráter objetivo daquilo que é conhecido pelo intelecto permite a Scotus conservar sua exigência de verdade no conhecimento prático. Por trás da provocativa tese scotista de que há verdades necessárias mesmo acerca de questões

---

[42] *Lect.* 2, d. 25, n. 73.
[43] Sobre a relação entre vontade e natureza, ver, mais recentemente, Hoffman 1999.
[44] Cf. *Ord.* prol., pars 5, qq. 1-2, n. 253.

contingentes, como atos de vontade,⁴⁵ está essa assunção de que aquilo que é conhecido é independente de qualquer relação anterior com a vontade. Uma segunda consequência – ou, talvez, um corolário – dessa forma de entender o objeto de ação voluntária é que a vontade passa a ser entendida como a causa eficiente das ações livres. O aspecto distintivo da liberdade é visto no fato de que a vontade não almeja fins naturalmente inculcados que, em si mesmos, têm de ser entendidos como causas finais, conforme propõe o naturalismo aristotélico-tomista; em vez disso, a vontade pode se determinar à ação de maneira completamente independente de qualquer causa final como coprincípio. Esse último ponto implica uma ruptura total com um princípio fundacional da física e da metafísica aristotélicas, o qual também fora considerado como vinculatório pelos pensadores medievais.⁴⁶ A interpretação scotista da vontade como uma potência que pode se mover a si mesma da potencialidade à efetividade, sem qualquer causa anterior, contradiz diretamente o axioma aristotélico de que tudo que é movido é movido por outro (*omne quod movetur ab alio movetur*).⁴⁷ É sua ruptura com esse princípio fundamental e com a interpretação teológica da ação voluntária por ele implicada que permite a Scotus conceber a vontade como uma potência para a livre autodeterminação.

Essa doutrina scotista vai de mãos dadas com uma crítica completa do conceito de causalidade final, tão importante na ética aristotélico-tomista. Diferentemente de seus predecessores e contemporâneos medievais, Scotus considera a ideia de uma causa que exercita sua causalidade como um fim possível puramente metafórico, que não corresponde a realidade efetiva alguma. Precisamente com referência à concepção aristotélica de apetite racional, Scotus critica a noção de que esse apetite age em virtude de sua relação com uma causa final. O fim ao qual um apetite almeja pode ser considerado uma causa motivo apenas em sentido metafórico. Na realidade,

---

⁴⁵ "São muitas as verdades necessárias sobre os contingentes." *Ord.* Prol., pars 5, qualquer. 1-2, n. 350. sobre o entendimento scotista do conhecimento prático como ciência prática, ver Möhle 1995, 13-157.

⁴⁶ Cf. A posição criticada por Scotus em *In Metaph.* 9, q. 14, n. 5 *seq.*, a qual ele considerava ter sido universalmente aceita até aquele momento.

⁴⁷ Sobre o significado desse axioma, ver Effler 1962.

de uma potência considerada como causa eficiente, só podemos dizer que ela se move a si mesma.[48] Em um tom acerbo que não lhe é característico, Scotus critica o recurso a causas finais como um voo na fantasia (*fugiendo finguntur viae mirabiles*).[49] Contra o pano de fundo desse entendimento alterado de quais tipos de causa podem vir a ser legitimamente discutidos, ele desenvolve uma interpretação da vontade que a concebe em diferença aguda relativamente à concepção aristotélico-tomista de um apetite racional. Eis aqui a raiz da desnaturalizada concepção scotista da vontade.

Essa diferença em relação particularmente à doutrina de S. Tomás torna-se especialmente clara quando examinamos suas consequências para o que Scotus nos ensina sobre a felicidade. De acordo com a concepção tomista, a vontade tem necessariamente de almejar a felicidade como epítome de todos os bens, já que uma versão da vontade é concebível somente quando o objeto apresentado a ela pelo intelecto não tem, em algum aspecto, bondade, caso em que, por definição, não se encaixa a felicidade perfeita.[50] Segundo a concepção tomista, está necessariamente determinada a atividade de um apetite racional relativamente ao seu fim completo ou satisfação perfeita. Ela tem um lugar para a liberdade por causa da deficiência do bem particular que só é concebido imperfeitamente pelo intelecto finito. O apetite está necessariamente determinado à ação pela tendência natural que lhe é inata e fixada por seu fim. Dessa maneira, uma disposição natural subjaz tanto o conteúdo como o exercício da volição.

Scotus entende a relação da vontade com seu objeto de maneira fundamentalmente diferente. Diversamente da potência intelectual, que é necessitada para agir com assentimento pelo caráter evidente de seus objetos, não há objeto que determine a vontade a agir. Seu assentimento é dado livremente, não importa qual grau de bondade um dado objeto possua.[51] S. Tomás en-

---

[48] *In Metaph.* 9, q. 14, nn. 122-124.
[49] *In Metaph.* 9, q. 14, n. 47.
[50] *ST* IaIIae.6.8.
[51] "A vontade não preserva em seus atos a ordem que os objetos potenciais do querer (*volibilia*) estão aptos a ter em virtude de sua natureza. Tampouco o assentimento da vontade é semelhante ao do intelecto, já que há necessidade no intelecto por causa

tende a relação de um apetite racional para com seu fim como se determinasse a vontade por uma necessidade natural (*necessitas naturalis*), de modo que a vontade necessariamente adere a seu fim último, a felicidade, tão bem quanto a quaisquer bens que necessariamente estejam ligados à felicidade.[52] Scotus rompe essa conexão imediata entre um fim conhecido como bom e o ato correspondente de vontade, ao introduzir um elemento de reflexividade singular à vontade como distinta do mero apetite. A vontade que quer um objeto também sempre quer o seu querer desse objeto (*vult se vele illud*). Mas, já que a vontade sempre age livremente, ela também pode impedir que o querer de qualquer objeto queira (*non vele*); em outras palavras, ela sempre tem o poder de abandonar ou suspender seu próprio querer. Por essa razão, a vontade necessariamente não quer nem mesmo a epítome do bem, a felicidade – e essa falta de necessidade não depende da pessoa ter um entendimento meramente parcial da felicidade.[53] Pela concepção de Scotus, a vontade tem um ato reflexivo (*actus reflexus*), como ele o denomina, que suporta seu próprio querer. O querer de primeira ordem que é dirigido para um objeto particular se torna, no nível de segunda ordem, ele mesmo um objeto da vontade, que pode por si determinar ou querer ou não querer tal objeto.[54] Esse caráter dúplice e essa reflexividade são o que tornam a vontade, conforme Scotus a entende, uma potência livre e autodeterminante.

Como essa teoria da livre autodeterminação da vontade pode ser conciliada com a formulação de uma ética racional? A concepção scotista certamente corta a ligação natural entre o fim da ação, a cognição e o apetite; mas de maneira alguma abandona a reivindicação de propor uma teoria racional

---

da evidência do objeto, o qual, necessariamente, causa o assentimento no intelecto; diferentemente, não é o caso de bondade de qualquer objeto necessariamente causar o assentimento da vontade. Em vez disso, a vontade assente livremente com qualquer bem dado, e assente tão livremente com um bem maior como quanto com um bem menor." *Ord.* 1, d. 1, pars 2, q. 2, n. 147.

[52] *ST* I.82.1-2.

[53] *Ord.* 4, d. 49, qq. 9-10, nn. 5-10. Cf. Spruyt 1998, principalmente 148-150. Para mais detalhes sobre esse ponto e sobre o que se segue, ver Möhle 1995, 389-414.

[54] *Ord.* 1, d. 47, n. 9; cf. *Coll. par.* 17, n. 8.

da ação, como oposta a uma teoria voluntarista que solapa exigências morais. A interpretação scotista da vontade não procede a partir da assunção de que a vontade pode rejeitar (*nolle*, querer contra) um objeto que é conhecido como bom. Se esse fosse o caso, dificilmente seria possível falar de uma ação que tem de ser controlada pela razão. Não importa quão bem a razão possa vir a compreender o bem, a vontade poderia conseguir seus atos em oposição a essa compreensão, de modo que toda base para a ética como padrão racional orientador da conduta teria seus alicerces destruídos. O sucesso da teoria scotista da lei natural em salvaguardar nossa capacidade de chegarmos a conhecer mandamentos particulares por meio da razão discursiva não teria qualquer sentido, já que se anularia a possibilidade de aquilo que sabemos ser bom ter influência própria sobre nossa conduta.

Esse modelo da determinação mediada e reflexiva da vontade de maneira alguma implica que ela possa recusar explicitamente um objeto que é conhecido como bom, isto é, que ela possa ter um ato de *nolle* relativo a esse objeto. Ao invés disso, a posição scotista admite apenas que a vontade, por causa de sua reflexividade, possa deter-se quanto a um ato positivo de querer o objeto. Ao deter-se assim frente a um ato de assentimento, ela pode direcionar o intelecto a outros objetos, conforme *Add*. 2, d. 42, q. 4 deixa claro. O conteúdo da cognição do intelecto não se torna com isso seu oposto; isto é, o bem conhecido não se torna um mal por um *fiat* da vontade. O valor objetivo do objeto conhecido permanece intacto, mesmo que seja facultado ao poder da vontade direcionar o intelecto para considerar algum outro objeto em vez daquele.[55] A desnaturalização do conceito de objeto – isto é, a separação do bem conhecido intelectualmente de qualquer exercício necessário do ato de vontade – permite a Scotus postular a livre autodeterminação da vontade sem ter de desistir da objetividade da cognição prática.

Essa ideia tem consequências de amplo alcance para o conceito de bondade moral. Enquanto na tradição aristotélico-tomista a bondade moral envolve a satisfação de um apetite que está direcionado para sua própria perfeição, o conceito de vontade scotista não permite qualquer tipo de recurso à satisfação

---

[55] *Add.* 2, d. 42, q. 1, nn. 10-11.

entendida em termos de uma natureza. No sistema tomista, a bondade moral é entendida ontologicamente como um ente que contribui para a perfeição e é operativo como uma causa final: um *ens perfectivum per modum finis*.[56] Scotus, diferentemente, entende a bondade moral como conceito relacional. O moralmente bom é constituído por uma *convenientia* que tem de ser determinada em um juízo. Essa *convenientia* é a posse integral daqueles aspectos que deveriam ser verdadeiros de acordo com a reta razão do agente.[57] A bondade moral não é algo por si mesmo, *aliquid absolutum*, mas uma relação que vale entre um ato e os aspectos que ele obrigatoriamente deve ter.[58] Tal relação de *convenientia* ou *conformitas* (Scotus usa ambas as expressões) por si só não é suficiente para a bondade moral. Também é necessário que a razão do agente julgue corretamente que essa *convenientia* esteja presente.[59]

Ao fazer do juízo da reta razão (*dictamen rectae rationis*) o determinante fundamental da bondade moral, Scotus dá ao conceito de virtude uma função

---

[56] "Portanto, dessa forma diz-se que é bom primeiro e principalmente o ente que aperfeiçoa outro no modo do fim; e, secundariamente, diz-se que é bom algo que conduz [outra coisa] ao fim. [*Sic ergo primo et principaliter dicitur bonum ens perfectivum alterius per modum finis; sed secundario dicitur aliquid bonum, quod est ductivum in finem*]". *De veritate* 21.1.

[57] *Quodl*. q. 18, n. 12.

[58] "A bondade moral em um ato nada manifesta a não ser uma relação, já que um ato ser caracterizado pelas circunstâncias requeridas não é algo absoluto [isto é, não relacional] no ato, mas somente a relação requerida do ato com os aspectos que devem caracterizá-lo." *Ord*. I, d. 17, pars 1, qq. 1-2, n. 60.

[59] Dessa maneira, a bondade moral é um adorno do ato, por assim dizer. Ela compreende a proporção necessária para todas aquelas coisas às quais o ato deve estar proporcionado (isto é, o poder, o objeto, o fim, o tempo, o lugar e a maneira) e, particularmente conforme a reta razão ordena que elas devem ser apropriadas ao ato. Assim, em vez de todas essas coisas, podemos dizer que a conformidade (*convenientia*) de um ato à reta razão é que torna um ato bom; se ela faltar, então, não importa a que mais possa o ato estar relacionado, ele não é bom. Portanto, a bondade moral de um ato é principalmente a conformidade desse ato com a reta razão, a qual expede uma ordem [*dictate*] completa a respeito de todas as circunstâncias que devem caracterizar o ato. *Ord*. 1, d. 17, pars 1, qq. 1-2, n. 62; cf. *Ord*. 2, d. 7, n. 11. Sobre isso, ver Willliams 1997 e Möhle 1995, 260-263, 278-329.

diferente na sua teoria ética daquela que ele tinha no sistema aristotélico-tomista. A bondade moral não nasce da correspondência do reto apetite e da reta razão, como no caso de Aristóteles; tampouco fica a função da razão confinada à escolha dos meios, enquanto os fins da ação moral são dados por inclinações naturais, conforme sustenta S. Tomás.[60] Para Scotus, a prudência, como hábito intelectual, ganha prioridade inequívoca, e, dessa forma, a bondade de uma ação não vem de sua relação com a virtude, mas unicamente de sua concordância com o juízo da razão.[61] Se examinarmos essas implicações da teoria scotista da vontade – que não enfatiza simplesmente uma maneira diferente de se entender como a vontade opera, mas dá uma nova compreensão do papel da razão na gênese da ação moral – veremos que de maneira alguma a possibilidade de uma ética racional é colocada em questão. É precisamente porque Scotus exclui todas as determinações naturais da vontade que a razão se torna ainda mais importante. Em primeiríssimo lugar, isso é verdadeiro na sua teoria da ação na medida em que a razão não pode mais ser somente uma causa *sine qua non* da volição; antes, a razão é causa parcial que, para Scotus, salvaguarda a orientação teológica da vontade, a qual não pode mais ser explicada em termos meramente naturais.[62] Isso também é verdadeiro para a maneira como ele compreende a lei natural e as concepções de lei que se referem a ela (*lex positiva*). Mais uma vez, a faculdade do intelecto, entendida como a capacidade de tirar conclusões ou como a razão que opera discursivamente, compensa a ausência de um ponto natural de referência com base no qual os preceitos da lei natural poderiam ser reconstruídos. Nessa explicação, a razão aparece como uma potência natural dos seres humanos que pode exercer a sua atividade sem depender exclusivamente da revelação divina. A teoria scotista da vontade, portanto, não leva nem ao abandono da ética racional nem à destruição de seu caráter filosófico.

---

[60] Aristóteles, *Nic. Eth.* 6.13 (1144^{b}28-32); Tomás de Aquino, *In Eth.* 6.2.
[61] *Ord.* 3, d. 36, n. 19. Sobre isso, ver S. Dumont 1988.
[62] *Lect.* 2, d. 25, nn. 69–80. Sobre os fundamentos da ética de Scotus na sua explicação das potências da alma, ver Möhle 19955, 158-212.

11 Da Metaética à Teoria da Ação

Thomas Williams

O trabalho sobre a psicologia moral e a teoria da ação de Scotus tem se preocupado quase exclusivamente com questões acerca da relação entre a vontade e o intelecto, e, particularmente, acerca da liberdade da própria vontade. Neste capítulo amplio o escopo da inquirição, pois alego que as ideias de Scotus em psicologia moral são mais bem entendidas contra o pano de fundo de uma longa tradição de reflexão metaética sobre a relação entre o ser e a bondade. Na primeira seção deste capítulo, portanto, esboço as linhas principais dessa tradição no pensamento medieval e examino a novidade e, às vezes, as maneiras ousadas em que Scotus se apropriou delas. Nas seções seguintes, faço elaborações sobre três áreas da teoria da ação de Scotus, muito amplamente concebidas, nas quais suas modificações da tradição metaética do medievo podem ser vistas como filosoficamente frutíferas. Assim, na segunda seção, examino sua explicação da bondade dos atos morais; na terceira, sua compreensão das disposições passivas, tanto do apetite quanto da vontade; e, na quarta, sua explicação do poder ativo da vontade.

I. SER E BONDADE

Seguindo Scott MacDonald, podemos diferenciar duas abordagens gerais da relação entre ser e bondade. A afirmação central da *abordagem da participação*[1] é que todos os seres são bons porque, e na medida em que,

---

[1] MacDonald também a denomina enfoque da *criação*. Ver MacDonald 1988 e 1991b, 4-5.

participam no próprio Deus. No livro VI da *República*, por exemplo, Platão defende que a Forma do Bem é responsável de alguma maneira tanto pelo ser quanto pela inteligibilidade de todas as outras Formas, e, com isso, de todas as outras coisas, quaisquer que sejam. Como observa MacDonald, "os platônicos tardios, principalmente os neoplatônicos, desenvolveram essa corrente do pensamento de Platão até chegarem a uma cosmologia totalmente amadurecida"[2], de acordo com a qual todas as coisas emanam de e em última instância retornam a Deus. Embora pensadores cristãos percebessem que a teoria da criação exigia que negassem o emanatismo, eles não concebiam nenhuma razão teológica para negar a participação – de fato, eles achavam que a teoria platônica da participação era uma poderosa ferramenta teórica para entender a criação. Tanto Agostinho quanto Boécio, por exemplo, sustentaram que as criaturas são boas porque participam em Deus e são por ele causadas; e Deus é identificado com o Deus do platonismo. A abordagem da participação faz da bondade algo extrínseco e relacional: a bondade de um ente ou é ou depende da relação desse ente com alguma outra coisa. Consequentemente, essa abordagem também requer algum tipo de teologia explícita, ou, ao menos, uma doutrina das Formas, já que ninguém consegue explicar a bondade de um ente sem fazer referência à natureza da Bondade na qual esse ente participa e a natureza da própria participação.

A *abordagem da natureza*, diferentemente, "começa com uma identificação da noção de bem com a de fim"[3]. Uma coisa é boa porque e na medida em que atingiu o fim ou objetivo característicos dos entes que têm sua natureza. A expressão caracteristicamente aristotélica dessa abordagem compreende as próprias naturezas como teleológicas. Assim, *ser* um x no final é estar direcionado para o fim característico de x; ser um *bom x* é ter alcançado esse fim característico. Diferentemente da abordagem da participação, então, a abordagem da natureza faz da bondade algo intrínseco: a bondade de um ente simplesmente está em ele ter atingido o fim carac-

---

[2] MacDonald 1991b, 4.
[3] MacDonald 1991b, 5.

terístico das coisas de sua espécie. Consequentemente (e, mais uma vez, distintamente da teoria da participação), a abordagem da natureza não requer nenhuma teologia explícita. Já que o padrão de bondade é construído dentro da natureza de cada espécie de coisa, não há necessidade de referência a Deus ou a alguma Forma do Bem para explicar a bondade de qualquer ente particular.

Ambas as abordagens geram o que Scott McDonald chama de "tese da universalidade", ou seja, a afirmação de que todas as coisas são boas em virtude de seu ser. Mas as duas abordagens chegam a essa tese de diferentes maneiras, interpretando-a de diferentes maneiras. Segundo a teoria da participação, o ponto importante é que todas as coisas, além de Deus ele mesmo, têm ser somente na medida em que procedem do Bem e de alguma forma imitam sua bondade. Já para a teoria da natureza, o ponto importante é que todas as coisas são boas exatamente na medida em que realizam suas naturezas, e, é claro, nada pode ter ser de maneira alguma, a menos que realize sua natureza em alguma medida.

As duas abordagens também têm em comum o que poderíamos chamar de "tese da apetição": a alegação de que todas as coisas almejam o bem – no caso dos entes com cognição, faz-se que todo desejo e toda ação intencional estejam orientados para o que o agente conhece como bom. Novamente, as duas abordagens interpretam essa alegação de maneiras muito diferentes. Segundo a da participação, não fica claro se a tese da apetição significa muito, já que absolutamente tudo é bom no sentido necessário.[4] Segundo a da natureza, escolher o que consideramos ser bom significa escolher o que consideramos ser um bem *para nós*, isto é, algo que nos aperfeiçoa, algo que torna nossas potencialidades características efetivas. Considerada dessa maneira, a tese da apetição é claramente substantiva, mas está longe de ser evidentemente verdadeira. Ela requer uma elaborada psicologia moral, de acordo com a qual todos os apetites humanos estão

---

[4] Agostinho, porém, confere uma inflexão ingênua à tese da apetição quando argumento, nas *Confissões* 2, que tudo que desejamos, desejamos porque de certa maneira imita a perfeição divina.

orientados de alguma maneira para a perfeição humana. Ela também naturalmente se presta a uma ética eudaimonista da virtude, na qual as virtudes são compreendidas como disposições habituais dos vários apetites, pelos quais se orientam de modo mais confiável ao bem humano.

Muito embora ambas abordagens pareçam às vezes tender a direções opostas, muitos pensadores medievais combinaram elementos de cada uma delas para pensar acerca da bondade. Em Tomás de Aquino vemos uma brilhante tentativa de síntese e de elaboração de uma ética normativa, bem como de uma psicologia moral, que faça justiça às duas.[5] Ele defende a tese da universalidade de forma a unir as duas perspectivas, compreendendo o ato da criação como essencialmente teleológico: a atividade criativa de Deus almeja, ela mesma, um fim, e Deus faz existir criaturas que são definidas por seus fins característicos. E, já que diferentes sortes de ser-criatura são simplesmente modos diferentes de imitar a Deus, as criaturas participam na bondade divina pela razão de alcançarem seus fins característicos. S. Tomás também torna plausível a tese da apetição mostrando em pormenor como os apetites humanos – naturais, sensitivos e intelectuais – almejam a perfeição humana. Ele identifica tanto as virtudes apetitivas como as intelectuais, pelas quais o bem humano é discernido de maneira mais efetiva e atingido nas ações e reações humanas.

No pensamento de Scotus, vemos uma estranha fragmentação – nem tanto um desenredo da síntese tomista, mas mais um deliberado desmonte. A perspectiva criacionista permanece, mas o tipo de bondade que a ela se associa, que Scotus chama de "bondade essencial", claramente perdeu sua aura platônica e é rigorosamente desenfatizada. O tipo de bondade associado à abordagem da natureza, que Scotus chama de "bondade acidental", é

---

[5] Uma razão pela qual muitos comentadores recentes menosprezaram a ética da lei natural de S. Tomás em favor de sua teoria da virtude – como se as duas de alguma maneira competissem – é que não conseguiram apreciar a riqueza e a complexidade da metaética tomista. Ao reunir o enfoque naturalista e o criacionista em um sistema coerente, S. Tomás não apenas deixa espaço para a lei natural e para a virtude em sua teoria moral, como também torna cada uma delas necessária para um entendimento completo da outra.

tratado de maneira radicalmente revisionista. A noção de fim permanece importante, mas esse fim não é mais a efetivação de potencialidades distintivamente humanas, visto que Scotus argumenta que o fim último dos seres humanos não está de fato dentro do âmbito de nossa apreensão sem auxílio; deixando de lado a intervenção sobrenatural, nada do que fizermos nos levará a esse fim. E, embora fins menos últimos também sejam bons, a bondade acidental não consiste em alcançar esses fins. Além disso, ele corta a ligação entre o apetite e o bem de duas maneiras. Em primeiro lugar, aquelas faculdades apetitivas que de fato estão direcionadas para o bem (isto é, para a perfeição caracteristicamente humana) são desvalorizadas, já que a bondade acidental das ações particulares, como eu disse, não é uma questão de atingir nenhum desses bens. E, ao contrário, a faculdade apetitiva pela qual alcançamos essa bondade acidental é, e de fato precisa estar, direcionada para algo totalmente distinto da perfeição humana.

II. O BEM HUMANO E A BONDADE DOS ATOS PARTICULARES

Conforme eu disse na Seção I, Tomás de Aquino desenvolveu sua ética normativa de fundações metaéticas, uma vez que fundia a perspectiva criacionista e a naturalista. Para Tomás, "o bem humano é o estado ou a atividade que consiste na efetivação das potencialidades específicas aos seres humanos".[6] Sua explicação desse estado ou atividade é o que dá conteúdo a sua teoria da lei natural e a sua análise das virtudes.

A explicação scotista dessas questões é diferente pelo menos de três modos. Em primeiro lugar, ele insiste que não somos capazes de conhecer pela razão natural o que é o bem humano, e, *a fortiori*, que não somos capazes de elaborar teoria alguma de ética normativa com base no nosso conhecimento natural do bem humano. Segundo, a explicação de Scotus distingue nitidamente entre a bondade moral e a bondade coextensiva ao

---

[6] MacDonald 1991b, 19.

ser, dessa forma separando efetivamente a ética normativa da metaética sobre a qual pensadores precedentes a fundamentavam. Por fim, ele descreve a bondade moral de um ato de tal maneira a envolver a perfeição do ato, ao invés da perfeição do agente; e a perfeição do ato de forma alguma envolve a tendência do ato a aperfeiçoar o agente. Nossa avaliação dos atos, portanto, não tem relação com nenhuma teoria acerca de o que é a perfeição humana (mesmo que tal teoria existisse).

Começo pela discussão das concepções scotistas acerca de nosso conhecimento do fim último. A primeira questão do Prólogo à *Ordinatio* pergunta "se é necessário ao homem no seu estado presente ser inspirado de maneira sobrenatural por alguma doutrina especial que ele não pode obter pela luz natural do intelecto". Scotus dá dois argumentos principais para uma resposta afirmativa. Primeiro, todo agente que age para um fim necessita ter algum apetite por esse fim. No caso dos seres humanos, esse apetite é um apetite intelectual. Em outras palavras, é um apetite que decorre da cognição intelectual. Portanto, se os seres humanos agirem para seu fim eles precisarão de uma cognição distinta de seu fim por meios puramente naturais. Isso é evidente, sobretudo, porque o próprio Aristóteles, baseando-se na razão natural, não poderia estabelecer conclusivamente o que é a felicidade humana:

> O Filósofo, seguindo a razão natural, ou bem considera que a felicidade perfeita está no conhecimento adquirido das substâncias separadas, como ele parece querer, segundo os Livros I e X da *Ética a Nicômaco*, ou, se não afirmar determinadamente que esta é a suprema perfeição possível a nós, não conclui, pela razão natural, uma outra felicidade, de modo que, apoiando-se na razão natural somente, ou errará acerca do fim em particular ou permanecerá em dúvida.[7]

Ora, a falha de Aristóteles nesse ponto não se dava simplesmente por causa da falta de cuidado ou de compreensão. Scotus insistia que (ao menos no nosso estado presente) não sabemos o fim apropriado de *nenhuma* subs-

---

[7] *Ord.* prol., pars 1, q. un., n. 14.

tância, a menos que ela tenha algum ato em que vemos esse fim claramente exemplificado como apropriado para essa substância. E, no nosso estado presente, não experimentamos nenhuns atos pelos quais sabemos que uma visão das substâncias separadas – ou de qualquer outra coisa, pouco importa – é o fim apropriado dos seres humanos. Minimizando seus riscos de maneira que lhe é peculiar, Scotus vem a dizer que *mesmo se* a razão natural fosse suficiente para estabelecer qual o fim dos seres humanos, ainda assim ela não seria capaz de nos dizer tudo acerca dele. Por exemplo, a razão natural não consegue nos dizer que a visão e o regozijo de Deus durarão para sempre, ou que isso envolverá a natureza humana na sua totalidade, corpo e alma juntos. Mas ambos os fatos tornam nosso fim mais desejável.

O segundo argumento de Scotus em favor da insuficiência da razão natural é o seguinte. Para agir para um fim com base no conhecimento desse fim, precisamos saber três coisas: primeira, como o fim é adquirido; segunda, quais as condições necessárias da parte do agente para chegar ao fim; e terceira, que condições necessárias são suficientes para chegar ao fim. A primeira exigência é óbvia, já que se alguém não sabe como o fim é adquirido, também não saberá como se dispor para alcançá-lo. A segunda é importante, argumenta Scotus, porque, se uma pessoa não conhece tudo que é necessário para o fim, ela poderia fracassar e não alcançá-lo por ignorância de algo necessário. A terceira é mais uma pressuposição psicológica do que lógica, de se esforçar pelo fim. Se suspeitamos que poderíamos fazer tudo de necessário para atingir o fim, e ainda assim não conseguirmos atingi-lo (porque, por exemplo, interferências externas acabam por nos impedir), é menos provável que venhamos a persegui-lo de coração aberto.

De fato, afirma Scotus que não podemos satisfazer a nenhuma dessas três exigências somente pela razão natural. Não podemos saber como a felicidade é atingida, porque a conexão entre nossa atividade e a obtenção da felicidade é totalmente contingente. Nenhuma atividade humana produz a felicidade; antes, Deus concede a felicidade como uma recompensa por certos atos que ele contingentemente decidiu considerar como dignos de felicidade eterna. Já que a ligação entre nossa atividade e nossa felicidade é contingente e depende totalmente da vontade divina, não podemos conhecê-la somente pela razão natural. Pela mesma razão não podemos saber pela razão natural que certas ações são necessárias ou suficientes para atingir a felicidade. Portanto, o conhecimento de o que é nosso fim não pode nos orientar no seu alcance, a menos que Deus nos dê certas informações decisivas acerca de como o fim é atingido.

Ora, em certo sentido não há nada de terrivelmente controverso quanto à maior parte do que se disse. S. Tomás deixa muito claro que nossa felicidade última está além de nossa capacidade de alcançá-la. Ele afirma que "nem os seres humanos nem outra criatura qualquer podem alcançar a felicidade por meio de suas capacidades naturais"[8] e que "os seres humanos se tornam felizes somente pela ação de Deus".[9] Além disso, ele sustenta que a índole precisa de nosso fim último, a visão beatífica, está além de nossa compreensão.[10] Então, S. Tomás certamente concordaria que não conseguimos ter uma concepção clara de nosso fim último e que, em certo sentido, nada podemos fazer para garantir que o alcançaremos.

Mas S. Tomás, diferente de Scotus, tem mais a dizer acerca desse ponto, pois ele distingue dois tipos de felicidade. A felicidade que excede nossas capacidades naturais é perfeita, ou felicidade sobrenatural. Mas os seres humanos também estão direcionados para uma felicidade imperfeita ou natural.[11] É aqui que a abordagem naturalista da metafísica do ser e da bondade dá frutos normativos, já que é essa felicidade imperfeita que serve de norma para a moralidade. O bem ao qual estamos ordenados pelas virtudes morais é a felicidade natural,[12] e não a sobrenatural. E quando S. Tomás passa a dar conteúdo específico ao princípio geral de que "o bem deve ser feito e perseguido, e o mal evitado", ele o faz examinando aquelas coisas às quais os seres humanos estão naturalmente inclinados e que a razão

---

[8] *ST* Iallae.5.5.
[9] *ST* Iallae.5.6.
[10] *ST* I.12.4.
[11] Para a importância da distinção tomista entre a felicidade perfeita e a imperfeita, ver Bradley 1997.
[12] *ST* Iallae.62.1, 63.2, 109.2.

humana, portanto, naturalmente apreende como bens.[13] Novamente, esses bens são os constituintes de nossa felicidade natural e não da sobrenatural.

Então, para S. Tomás, assim como para Scotus, há um sentido de "bom" apreensível à razão natural e que é importante no desenvolvimento de uma ética normativa. Ora, poderia parecer desconcertante o fato de Scotus não introduzir aqui algo como a felicidade imperfeita tomista, pois Scotus certamente não reconhece que os seres humanos têm um apetite intelectual por seu próprio bem,[14] e se (para usar um seu argumento contra ele mesmo) não podemos ter um apetite intelectual por algo que sequer conhecemos, parece seguir-se disso que temos de ter algum tipo de concepção do nosso próprio bem. Conforme diz S. Tomás, a razão apreende naturalmente como boas todas aquelas coisas às quais os seres humanos naturalmente estão inclinados. Não deveria Scotus admitir a mesma coisa?

Não tenho dúvidas de que Scotus está, em certo sentido, comprometido com a ideia de que existe algo assim como uma felicidade natural e que temos alguma compreensão de o que ela é. O que torna sua ética tão distintiva é que ele pensa que a felicidade natural nada tem a ver absolutamente com a moralidade. As ações corretas são corretas, não por causa da sua relação com a prosperidade humana, mas porque Deus livremente as ordenou.[15] Eis por que Scotus não introduz a felicidade natural na questão de abertura da *Ordinatio*. Sua questão é se nossa razão natural pode nos dizer qualquer coisa acerca de como deveríamos agir. Para Scotus, o fato de nossa razão natural poder nos informar acerca da natureza da felicidade imperfeita não é relevante à questão, já que a felicidade imperfeita não é relevante às normas morais que de fato existem. Agora lembremos que, de acordo com a perspectiva naturalista, a bondade de uma coisa é uma questão de efetivar as potencialidades que a tornam o tipo de coisa que ela

---

[13] *ST* Iallae.94.2.
[14] Ver a discussão do apetite intelectual nas Seções III e IV.
[15] A prova dessa alegação exigiria muito mais espaço do que posso dar aqui. Ver Williams 1998a.

é; nesse sentido, bondade e ser são "conversíveis".[16] Para os seres humanos, esse estado de efetivação ou completude existencial é chamado de felicidade, e a ética normativa tira seu conteúdo da concepção concreta de felicidade e das maneiras de obtê-la. Conforme vimos, já que Scotus recusa a ideia de que a felicidade gera normas morais, ele tem também de rejeitar outra tese característica da abordagem naturalista: a de que a bondade moral é só um caso particular ou um refinamento ulterior da bondade que é conversível com o ser. E, de fato, Scotus traça uma distinção nítida entre as duas.

De acordo com *Metafísica* 6, começa Scotus, "bom" é o mesmo que "perfeito". Mas "perfeito" quer dizer duas coisas. Em um dos sentidos, algo é perfeito quando não tem deficiência intrínseca, isto é, quando tem tudo que é necessário para ser o tipo de coisa que é. Diz-se que essa coisa é perfeita por perfeição intrínseca, ou primária: "a bondade primária de um ente, que é chamada de bondade essencial, que é a integridade ou a perfeição do ente em si mesmo, implica positivamente a negação da imperfeição, que exclui a imperfeição e a diminuição".[17] Fica claro, pela passagem da *Reportatio* 2, d. 34, q. un., n. 18, que este é o bem que é conversível com o ser: "O sujeito do mal não é o bem que é o contrário do mal, mas o bem que com o ser é conversível, pois o mal que é a falta de perfeição secundária denomina o bem que é perfeição essencial e primária". Em outras palavras, algo não pode ser um mal, a menos que seja, antes de tudo, uma coisa – em outras palavras, um ente. Então, o sujeito do mal, o ente em que o mal está presente, é algum ser, e, dessa forma, dada a conversibilidade do ser com a bondade primária, um bem primário.

Segue-se que o mal não é o contrário da bondade primária. O argumento de Scotus é o seguinte:

> No primeiro sentido, Deus não pode ter contrário ou privação em realidade, porque os contrários são aptos a qualificar uma única e a mesma

---

[16] A conversibilidade é melhor entendida em termos contemporâneos como coextensão necessária. as explicações medievais comuns negam que "ser" e "bom" sejam sinônimos: ver, por exemplo, Stump e Kretzmann 1991.

[17] *Quodl.* q. 18, n. 5.

coisa. Portanto, algo que não é apto a estar presente em outra coisa não tem contrário ou oposto privativo. Mas algo que é bom ou perfeito por perfeição primária, na medida em que é um bem primário, não é apta a estar presente em outra coisa. Mesmo que pudesse estar presente em outra coisa até o ponto em que *o que é* está em questão (no sentido de que um acidente de alguma maneira é perfeito por perfeição primária ou intrínseca, já que tem uma essência), não obstante, na medida em que é um bem primeiro, demanda perfeição em si próprio e com respeito a si próprio.[18]

O ponto desse argumento reconhecidamente obscuro é que a bondade primária não implica relação com nada mais, como um acidente implica uma relação com o sujeito em que está presente. A brancura (por exemplo) está presente em uma coisa branca, mas a bondade primária não está presente em alguma outra coisa.[19] Façamos o contraste disso com o tipo de bondade que tem o mal como seu contrário. Essa espécie de bondade envolverá uma relação; ela estará presente em alguma outra coisa. Não surpreende que Scotus chame esse tipo de bondade de "acidental".

Importa notar que esse entendimento da bondade primária imediatamente a exclui de consideração como um conceito útil para a teoria moral, pois o bem do qual se fala na teoria moral não precisa meramente de um contraditório, *não bem*, mas de um contrário, *mal*. Quer dizer, "bom" tem de ser uma propriedade sem a qual é possível existir. Mas nada pode existir sem a perfeição essencial, já que existir sem a perfeição essencial é absolutamente não existir.

---

[18] *Rep.* 2, d. 34, q. un., n. 3.
[19] Scotus, então, parece deduzir, ou ao menos qualificar, esse ponto na última sentença citada. Mas tudo que ele pretende dizer aí é que mesmo que se diga que os acidentes, os quais possuem contrários, são bens primários (ou que são bons por bondade primária – sua linguagem não é consistente), não devemos pensar que a bondade primária tem um contrário. Poderíamos dizer que um caso particular de brancura é um bem primário, já que tem o tipo apropriado de ser. E o preto é certamente o contrário do branco. Mas é o contrário do branco como forma acidental e não como bem primário; não *há* contrário do branco como bem primário. Um caso particular de negritude será em cada pedacinho um bem tão primário quanto um caso particular de brancura.

Isso não nega que a perfeição essencial é uma propriedade graduada. É possível para uma coisa ter mais perfeição essencial do que outra; o que não é possível, contudo, é que duas coisas *da mesma espécie* tenham diferentes graus de perfeição essencial. Um anjo tem mais perfeição essencial (é melhor em termos de bondade primária) do que um ser humano, mas um ser humano bom não tem mais perfeição essencial do que um ser humano malvado.

Já que o bem primário não tem contrário e permanece inviolado e diminuído enquanto a natureza sobreviva, é o segundo sentido de "bem" que interessa para a teoria moral. Este é o bem que tem o mal como contrário, o bem que é diminuído pelo pecado. Scotus o chama de "perfeição secundária" ou "bondade natural".[20] A caracterização mais útil da perfeição secundária é uma analogia com a beleza. A beleza de um objeto físico, conforme Scotus, não é uma qualidade (não relacional) absoluta no objeto belo. Antes, é a agregação de todas as qualidades que são compatíveis com o objeto, como o tamanho, o formato e a cor, junto com a relação adequada dessas qualidades com o objeto e com cada uma das outras. Quando todas essas qualidades estão presentes e relacionadas adequadamente, o objeto é perfeitamente bom. Se todas elas estão faltando, mas a natureza que deveria ser aperfeiçoada por elas permanece, a natureza é totalmente má. Se algumas estão faltando, a natureza é má, mas não totalmente.

Em *Quodlibet* 18, Scotus descreve essa "compatibilidade" muito mais pormenorizadamente: "A bondade secundária de um ente, que é acidental, ou superveniente à entidade, é conformidade completa: ou a conformidade completa da coisa com alguma outra coisa à qual ela deveria se conformar, ou a conformidade completa de alguma outra coisa com ela".[21] Quando uma coisa é boa da primeira maneira, diz-se que é boa para a coisa

---

[20] Em *Ord.* 2, d. 7, q. un., n. 11, Scotus usa "bondade natural" para se referir ao que é a bondade claramente primária ou essencial, mas esse uso não está de acordo com sua prática habitual.

[21] *Quodl.* q. 18, n. 3.

ou uma perfeição dessa coisa para a qual é boa. Mas não se diz que é boa "denominativamente", ou acidentalmente boa em si. É assim que se diz que a saúde é boa para um ser humano. A saúde é uma perfeição adequada à natureza humana; portanto, nós chamamos a saúde de "boa" porque um ser humano que a possua é nessa medida bom. Então, quando esse sentido de "bom" está em questão, diz Scotus, a forma é denominada com base no sujeito; isto é, chamamos a forma (a saúde) de "boa" porque sua presença torna o sujeito (a pessoa saudável) bom.

Quando uma coisa é boa no segundo sentido, porque ela possui as qualidade que são apropriadas a ela, diz-se que a coisa é boa denominativamente, ou acidentalmente boa em si. Por exemplo, um rosto atraente, sorridente, é bom porque tem as qualidades adequadas a ele. Quando esse sentido de "bom" é usado, o sujeito é denominado com base na forma; isto é, chamamos o sujeito (o rosto) de "bom" porque ele possui várias qualidades ou formas (a beleza etc.) em virtude das quais é bom.

Um ato humano por natureza é apto a ser bom de ambas as maneiras. Isto é, ele deve manter certa relação com seu agente, e várias outras coisas devem manter certa relação com ele. Ora, surpreendente aqui é o fato de que, ao discutir a bondade natural de um ato, Scotus quase não tem o que dizer acerca da relação do ato com o agente. Ou seja, a bondade natural de um ato não parece depender de se o ato é bom para o agente ou não. E, já que a bondade moral vem a ser uma espécie de bondade natural, segue-se que a bondade moral de um ato não depende de aquele ato ser bom ou não para o agente.

Ora, já vimos que o fato de Scotus recusar a abordagem natural exige que ele diga algo dentro dessa linha. Mas temos de notar também que sua discussão geral dos dois tipos de bondade secundária também sugere naturalmente que a bondade natural não dependerá da perfeição do agente, visto que uma coisa é boa em si, não porque aperfeiçoa alguma outra coisa, mas porque alguma outra coisa a aperfeiçoa. Essa separação entre a bondade do agente e a bondade do ato é certamente um dos aspectos mais surpreendentes da teoria moral de Scotus. Em *Ord.* 2, dd. 34-7, qq. 1-5, por exemplo, ele descreve o pecado como a privação da justiça efetiva. Mas a justiça efetiva é definida em termos que nada têm a ver em absoluto com a natureza do agente. A justiça de um ato não é uma relação do ato com o agente – aparentemente, sequer envolve essa relação como parte constitutiva sua; é uma relação, porém, do ato com um padrão totalmente externo ao agente.

A bondade moral é simplesmente a perfeição secundária de um ato moral, isto é, um ato originado livremente por um agente que possui vontade e intelecto.[22] Atos morais têm esse tipo de bondade quando possuem um objeto apropriado, fim, forma, tempo e lugar conforme julgado pela própria razão do agente. Isso não significa dizer que a razão do agente de alguma forma constitui a conformidade do objeto, do fim etc. Em vez disso, o objeto e o fim são apropriados ou não independentemente do julgamento racional; a tarefa da razão é simplesmente determinar os fatos morais. Conforme sugeri alhures,[23] a conformidade de um objeto ou de um fim a uma dada ação é determinada pela livre escolha de Deus, exceto em casos de necessidade metafísica.

III. PAIXÕES E APETITES

A reformulação scotista da relação entre ser e bondade envolve mais do que simplesmente banir a felicidade natural da reflexão moral e redefinir a bondade moral de modo a eliminar a referência à perfeição do agente. Também significa uma revisão completa da psicologia moral e da teoria da ação desenvolvidas da abordagem naturalista. Lembremos que, de acordo com a tese da apetição, todas as coisas almejam sua própria perfeição. Os seres humanos o fazem com base no conhecimento. Já que os seres humanos têm cognição intelectual e sensória, eles também têm apetites intelectuais e sensórios, os quais são inclinações para o bem humano tal como representado pela potência cognitiva as-

---

[22] Os atos humanos podem também ser considerados sem referência à vontade e ao intelecto do agente. A bondade dos atos considerados dessa maneira é chamada de "bondade natural". Ver Williams 1997.

[23] Williams 1997 e 1998a.

sociada. Falando em termos muito rudimentares, poderíamos dizer que a potência cognitiva "registra" um bem de certa maneira ou segundo certa descrição, e que a potência apetitiva naturalmente se inclina a tal bem. Uma psicologia moral pormenorizada pode, então, ser desenvolvida explorando-se as várias maneiras em que os sentidos e o intelecto conhecem os bens, as inclinações correspondentes das potências apetitivas e a variedade de maneiras em que tanto a atividade cognitiva quando a apetitiva contribuem para o bem humano ou mesmo o constituem. Em razão da brevidade, chamarei essa psicologia moral de "psicologia naturalista", por causa de sua associação com a tese da apetição, tal como entendida em consonância com a abordagem naturalista.

Ora, Scotus pode alegremente aceitar uma boa parcela da psicologia naturalista, até certo ponto. Ele obviamente é bastante aristotélico para concordar que todas as coisas – inclusive os seres humanos – têm um apetite por seu próprio fim, e ele também aceita a distinção entre os sentidos e o intelecto e a distinção associada entre o apetite sensório e o intelectivo. Mas sua reformulação da metafísica da bondade exige que ele diga mais, pois a psicologia naturalista deseja explicar como nossas ações e reações estão direcionadas para o bem humano. Já que Scotus nega que a bondade moral de atos particulares é determinada por sua relação com o bem humano, ele tem de complementar a psicologia naturalista com alguma explicação de como escolhemos atos moralmente bons. E, de maneira mais geral, já que a psicologia naturalista ocupa-se da felicidade natural, considerada por Scotus como definitivamente irrelevante para a moral, ela ocupa uma função muito menos importante em seu sistema do que para outros filósofos que adotam a abordagem naturalista. Nessa seção, portanto, primeiro exponho as partes da psicologia naturalista que Scotus pode aceitar. Considero, então, como ele pensa que ela é deficitária. Na Seção IV, mostro como ele complementa a psicologia naturalista de modo a deixar espaço para atos moralmente bons. Concluo levantando algumas questões acerca da relação entre as revisões scotistas, a psicologia naturalista e o projeto scotista mais amplo na teoria da ação.

Scotus aceita a concepção comum de que a cognição sensorial é de particulares, ao passo que a intelectual é de universais.²⁴ De acordo com isso, o apetite sensitivo é a potência passiva pela qual uma pessoa é movida a dar alguma resposta imediata a objetos particulares, como os apresentados pelos sentidos, com todas as suas condições individuadoras. O apetite intelectual, diferentemente, é a potência passiva pela qual uma pessoa é movida a dar uma resposta mais raciocinada aos objetos particulares, como apresentados pelo intelecto, conforme caiam sob um conceito genérico como *bem* ou conforme conscientemente escolhidos em nome de algum fim.²⁵ Portanto, as inclinações apetitivas são reações ou (no jargão escolástico) paixões; elas são ativadas pelo objeto da cognição.

Scotus insiste que há paixões tanto no apetite intelectual como no sensorial.²⁶ Algumas paixões dizem respeito a coisas que, por sua própria natureza, excitam o desejo ou o seu oposto, e estas pertencem à parte concupiscível tanto do apetite sensitivo como do intelectual. Outras paixões dizem respeito a coisas que excitam o desejo ou seu oposto somente por causa de alguma outra coisa, pertencendo, estas, à parte irascível tanto do apetite sensitivo como do intelectual. Suponha-se que gosto de música e não gosto de escrever artigos. A música excita a paixão concupiscível do amor e escrever artigos excita minha paixão concupiscível do ódio. Se alguém insiste em desligar minha música e me fazer escrever um artigo, sinto a paixão concupiscível da tristeza pelo silêncio e pelo trabalho forçado (é uma paixão concupiscível porque de fato é um desejo causado pela ausência do silêncio e pelo trabalho forçado). Também sinto a paixão irascível da fúria para com a pessoa que interferiu no meu prazer. O alvo dessa paixão irascível não é simplesmente livrar-me dessa pessoa, mas vingar-me de certa maneira. Se estou tentando vingar-me e ainda não consegui, sinto

---

²⁴ De fato, a distinção scotista entre a cognição sensorial e a intelectual é um tanto mais complicada: ver Robert Pasnau (cap. 9 deste volume, Seção IV). Mas essa afirmação básica da distinção basta para motivar a distinção entre o apetite sensorial e o intelectual, tal como Scotus a entende.
²⁵ *Ord.* 3, d. 33, q. un., n. 6.
²⁶ Ver principalmente *Ord.* 3, d. 33, q. un., n. 20; d. 34, q. un., nn. 10-13.

uma paixão irascível de tristeza.²⁷ Se consigo, a paixão da parte irascível é "assimilada à fruição por parte da parte concupiscível", conforme Scotus. E se creio que, doravante, terei o desfrute ininterrupto da música, sinto a paixão irascível da *securitas*; mas, se tenho razões para crer que mais interferência está por vir, sinto a paixão irascível do medo.²⁸

Ora, todas essas paixões, surjam elas no apetite sensitivo ou no intelectual, são coisas que nos acontecem e não coisas que fazemos. O mesmo vale para a inclinação geral do apetite intelectual para o bem. Se a vontade – isto é, a potência pela qual uma pessoa escolhe e inicia as ações – for meramente o apetite intelectual, então ela não será mais que uma resposta passiva a o que quer que a razão apresente como bom. O meu desejar o bem será análogo ao meu sentir-me ruborizado quando percebo que sinto vergonha ou o afã da adrenalina quando repentinamente me deparo com o que reconheço como um perigo. Ambas as respostas decorrem de algum tipo de consciência²⁹ cognitiva, mas não as escolho e não posso controlá-las. Unicamente acontece de eu estar posto de tal maneira que enrubesço quando tenho vergonha e libero adrenalina quando me sinto ameaçado. Se também acontece de eu estar posto de tal maneira que farei alguma coisa quando o intelecto apresentar essa coisa como boa, então também não posso controlar meus atos de vontade. A responsabilidade última por eles não está comigo, mas com quem quer que faça com que meu apetite intelectual dê respostas ao bem dessa forma.

Então, Scotus defende que a psicologia naturalista faz a vontade ser inteiramente responsiva e não ativa. Outro problema com a psicologia naturalista é que ela não deixa espaço para desejarmos nada que de alguma forma não esteja associado com o bem humano, tal como registrado ou

---

27 Isto é, Scotus chama tanto a paixão concupiscível quanto a irascível de *tristitia*. Talvez a *tristitia* concupiscível possa ser mais bem denominada "descontentamento", e a irascível "frustração".

28 Ver *Ord.* 3, d. 34, q. un., nn. 10-13, para a explicação mais clara da distinção entre as paixões irascíveis e as concupiscíveis, junto com as caracterizações da *tristitia* e da ira; ver *Ord.* 4, d. 49, q. 6, nn. 22-23 para a *securitas* e o medo.

29 N.T.: Do original inglês *awareness*.

pela cognição intelectual ou pela sensória. E, conforme vimos, ele nega que as normas morais derivem sua força ou conteúdo do bem humano; ele também nega que a bondade moral das ações deriva de qualquer ordenação para o bem humano. Segue-se que se a psicologia naturalista for a história toda, os seres humanos não têm poder algum de seguir normas morais ou de espontaneamente fazer atos moralmente bons. Isto é, pode ser que, às vezes, escolhamos o que de fato é moralmente exigido, mas somente se, por algum feliz acidente, o objeto a nós apresentado como perfectivo pelo intelecto também for o objeto que a moralidade exige que queiramos. E, mesmo então, nossas ações não teriam bondade moral, já que a bondade moral é a bondade de um ato originado por um agente *livre*;[30] já vimos que se a vontade for meramente o apetite intelectual, ela não é livre, mas só um tipo de resposta passiva à cognição intelectual.

IV. A VONTADE COMO POTÊNCIA ATIVA

A solução dada por Scotus a ambos os problemas está em postular duas inclinações fundamentais na vontade: a *affectio commodi* e a *affectio iustitiae*.[31] A *affectio commodii* corresponde ao apetite intelectual conforme entendido na psicologia naturalista. A *affectio iustitiae* é muito mais difícil de caracterizar – um problema ao qual retornaremos –; mas uma coisa é certa: ela dá à vontade a liberdade que ela não poderia ter se fosse somente um apetite intelectual. "Trata-se", diz Scotus, "da diferença específica última de um apetite livre";[32] ou seja, a *affectio iustitiae* é tudo que distingue um apetite livre de um não livre. O exemplo preferido de Scotus de apetite não livre é o apetite sensitivo, e ele frequentemente ex-

---

[30] *Ord.* 2, d. 40, q. un., n. 3.
[31] *Affectio commode* é geralmente traduzido como "afeição para o útil" e *affectio iustitiae* (ou *affecctio iusti*) como "afeição pela justiça". Mas ambas as traduções podem levar a mal entendidos, e parece mais seguro não traduzir as expressões.
[32] *Rep.* 2, d. 6, q. 2, n. 9.

plica sua teoria da liberdade dizendo que se a vontade tivesse somente uma *affectio commodi* – em outras palavras, se simplesmente fosse o apetite intelectual – seria tão determinada quanto o apetite sensitivo de fato é: "um apetite intelectivo, se não tivesse *affectio iusti*, naturalmente desejaria o que é adequado ao intelecto, assim como o apetite sensitivo naturalmente deseja o que é adequado aos sentidos, e, então, não seria mais livre do que o apetite sensitivo".[33]

Frequentemente, quando Scotus discute as duas afecções, ele descreve a função da *affectio iustitiae* como a de restringir ou moderar a *affectio commodi*. Na sua discussão da queda de Satã, por exemplo, ele diz reiteradamente:

> Se, ao ler as linhas do experimento mental de Anselmo em *Sobre a Queda do Demônio*, uma pessoa imagina um anjo que tivesse a *affectio commodi* e não a *affectio iustitiae* – isto é, alguém que tivesse o apetite intelectivo simplesmente como aquele tipo de apetite e não como livre – esse anjo não poderia evitar querer coisas vantajosas ou evitar querê-la em altíssimo grau. [...] Se a vontade fosse somente o apetite intelectivo, ela estaria efetivamente inclinada em altíssimo grau para o bem mais inteligível. Mas, por ser livre, a vontade pode se autocontrolar em originar seu ato, de modo que não segue sua inclinação, seja respectivamente à substância do ato, seja respectivamente à sua intensidade, à qual a potência está naturalmente inclinada. Portanto, essa *affectio iustitiae*, que é a primeira controladora (*moderatrix*) da *affectio commodi* com respeito ao fato de que a vontade não precisa efetivamente querer aquilo a que a *affectio commodi* a inclina, ou querê-lo em grau altíssimo, é a liberdade inata da vontade. [...] Fica claro que uma vontade livre não é obrigada a desejar a felicidade de todas as maneiras em que a vontade a desejaria se fosse um apetite intelectivo sem liberdade. Antes, ao originar seu ato a vontade é obrigada a moderar seu apetite *qua* apetite intelectivo, isto é, a moderar sua *affectio commodi* de modo que ela não deseja de maneira imoderada.[34]

---

[33] *Rep.* 2, d. 6, q. 2, n. 9. Ver também *Ord.* 2, d. 6, q. 2, n. 8; 2, d. 25, nn. 22-23; 2, d. 39, q. 2, n. 5; and 3, d. 26, q. un., n. 17.

[34] *Ord.* 2, d. 6, q. 2, nn. 8-9. O experimento de pensamento ao qual Scotus se refere encontra-se no *De casu diaboli* 12-14 de S. Anselmo. Scotus emprestou a ideia das duas afecções de Anselmo, mas ele as usa muito diferentemente, e sua compreensão da liberdade conferida pela *affectio iustitiae* é totalmente diferente da de Anselmo.

Uma pessoa tem razão em restringir ou moderar o apetite intelectivo sempre que a busca da felicidade, se não balizada, for imoral – ou, em outras palavras, contrária à vontade divina. De acordo com Scotus, os anjos rebeldes pecaram pela primeira vez ao terem desejado sua própria felicidade de uma maneira proibida por Deus.[35] Porque Deus desejara que eles tivessem refreado sua *affectio commodi*, eles estavam obrigados a fazê-lo; porque tinham uma *affectio iustitiae*, eles eram capazes de fazê-lo, e, por conseguinte, tornaram-se culpáveis quando não o fizeram. A vontade de Deus é de fato a regra ou o padrão para todo apetite livre:

> Um apetite livre [...] está correto [...] em virtude do fato de que quer o que Deus quer que queira. Por conseguinte, aquelas duas *affectiones*, a *affectio commodi* e a *affectio iusti*, são reguladas por uma regra superior, que é a vontade divina, e nenhuma delas é regra para a outra. E porque a *affectio commodi* é por si mesma imoderada, a *affectio iusti* é obrigada a moderá-la, porque é obrigada a ficar segundo uma regra superior, e essa regra [...] quer que a *affectio commodi* seja moderada pela *affectio iusti*.[36]

Em outras palavras, porque não é a felicidade, mas a vontade divina que fundamenta as normas morais, precisamos ter o poder de refrear o apetite natural pela felicidade de modo a podermos querer como Deus teria querido que quiséssemos. A *affectio iustitiae* é o que nos dá esse poder.

Esse tanto da compreensão scotista parece dar uma resposta aos dois defeitos fatais que ele via na psicologia naturalista. Uma vontade dotada de *affectio iustitiae* não é mais simplesmente passiva ou responsiva, como o é o apetite intelectual; e a *affectio iustitiae* nos torna capazes de desejar livremente o que moralmente é exigido de nós sem considerar a felicidade, de modo que podemos originar atos moralmente bons. Poderíamos chamar esse aspecto da liberdade de "liberdade moral". Mas a concepção scotista de liberdade tem outro aspecto, que poderíamos denominar "liberdade

---

Ver Visser e William 2001 para uma discussão da teoria anselmiana da liberdade, particularmente o argumento de *De casu diaboli* 12-14.
[35] *Ord.* 2, d. 6, q. 2, n. 9.
[36] *Rep.* 2, d. 6, q. 2, n. 10.

metafísica"; e de maneira nenhuma fica claro como a liberdade metafísica e a liberdade moral se conformam.

A explicação da liberdade moral está baseada na distinção que Scotus faz entre dois tipos básicos de potência ativa: a natural e a racional. Em terminologia contemporânea, a distinção é que a ação de uma potência natural é necessária, dadas as circunstâncias e as leis da natureza; a ação de uma potência racional é contingente, dadas as circunstâncias das leis da natureza (Scotus não falaria de leis da natureza, mas das naturezas do agente e do paciente, e, particularmente, de suas potências causais ativa e passiva). Por exemplo, o calor é determinado, por sua própria natureza, a causar calor. A menos que se depare com algum impedimento à sua ação (algum escudo resistente ao calor, digamos), ele não consegue evitar produzir calor. A vontade, contudo, é uma potência racional. Não há nada na natureza da vontade que a faça agir ou não agir em um dado conjunto de circunstâncias, nada que a faça desejar de uma maneira em oposição a outra. Scotus insiste nesse ponto na discussão da contingência que aparece na sua *Lectura*:

> Esta possibilidade lógica [de querer objetos diferentes], porém, não é segundo o fato de a vontade ter atos sucessivamente, mas sim no mesmo instante: pois, no mesmo instante no qual a vontade tem um ato de querer, no mesmo e para o mesmo instante ela pode ter um ato oposto de querer. [...] E a esta possibilidade lógica corresponde uma potência real, pois toda causa é inteligida antes que o seu efeito, e, desse modo, a vontade, naquele instante no qual produz um ato de querer, precede, por natureza, a sua volição e se relaciona livremente com ela; donde naquele instante no qual ela produz uma volição, ela se relaciona contingentemente com o querer e tem uma relação contingente com o desquerer: não porque ela teve, antes, uma relação contingente com o querer, porque, então, ela não foi a sua causa, mas porque agora – quando ela é a causa que produz um ato de querer – ela tem uma relação contingente com o ato, de modo que 'querendo em *a*, pode desquerer em *a*'.[37]

Somente com base nessa passagem não fica claro se a volição é sempre contingente ou se só ocasionalmente. Alguns filósofos contemporâneos que concordam com Scotus, em que a liberdade requer possibilidades al-

---

[37] *Lect.* 1, d. 39, qq. 1-5, nn. 50-51. Ver Calvin Normore (cap. 4 deste volume) para uma discussão da teoria moral de Scotus.

ternativas, sustentam que, uma vez que nossos caráteres estão plenamente formados, raramente somos livres. Por exemplo, Peter van Inwagen argumenta que "há no máximo *dois* tipos de ocasião sobre as quais o incompatibilista pode admitir que exercitamos o livre arbítrio: casos de uma luta efetiva entre o dever moral percebido ou o autointeresse de longo prazo, por um lado, e o desejo imediato, por outro; e casos de um conflito de valores incomensuráveis. Esses tipos de ocasião, juntos, têm de dar conta de uma porcentagem relativamente pequena das coisas que fazemos".[38] Portanto, se tenho, digamos, a virtude da temperança, não me é realmente possível pegar aquele terceiro pedaço de bolo que me é oferecido; recusá-lo me parecerá a única coisa sensível a fazer, e "se consideramos um ato como a única coisa óbvia ou sensível a ser feita, não podemos fazer nada além disso".[39] Conforme a concepção de van Inwagen, então, eu ainda seria valoroso se o fato de eu possuir a virtude da temperança fosse em si mesmo o resultado de ações livres anteriores.

Scotus, contudo, não concorda. Quaisquer que sejam os atos que eu possa ter desenvolvido, sejam eles virtuosos ou viciosos, a vontade ainda é livre. Mesmo que o hábito divinamente infundido da caridade não solape a liberdade. Examinando o ditado de que "a caridade é para a vontade o que um cavaleiro é para seu cavalo"[40], Scotus comenta que a analogia só funciona se pensarmos no cavalo como livre e no cavaleiro como "direcionando o cavalo no modo da natureza de uma destinação fixa". Então, "o cavalo, em virtude de sua liberdade, poderia derrubar seu cavaleiro, ou ainda se mover para outra coisa, contrário à direção do cavaleiro para a destinação".[41] Scotus chega até a dizer que os abençoados no céu continuam com o poder de pecar, embora Deus compreenda que

---

[38] van Inwagen 1989, 417-418. Ver O'Connor 2000, 101-107, para uma discussão do "restritivismo" de Van Inwagen.
[39] Van Inwagen 1989, 406.
[40] Scotus considerava que essa era uma frase de Agostinho, mas, de fato, ela vem da obra pseudoagostiniana *Hypognosticon* III c. 11 n. 20 (PL 45, 1632).
[41] *Ord.* 1, d. 17, pars 1, qq. 1-2, n. 155.

nunca exercitarão esse poder.[42] Talvez, então, os mortos abençoados não sejam mais livres, já que as possibilidades alternativas não lhes estão mais disponíveis. Mas as alegações de Scotus acerca da contingência da falta celestial de pecado mostram exatamente até onde ele está preparado a levar a ideia de que a vontade sempre permanece uma potência racional. Mesmo Deus não pode tirar a potência da vontade para os opostos; ele só pode levantar um impedimento ao seu exercício.

Essa grandiosa concepção da liberdade certamente não é o que se teria esperado da doutrina das duas afecções. Diz-se que a *affectio iustitiae* confere liberdade ao nos tornar capazes de sobrepujar a passividade do apetite intelectual e querer o que nos é moralmente exigido, sem considerarmos a felicidade. Isso nos daria possibilidades alternativas sempre que fôssemos confrontados com uma escolha entre a felicidade e a moralidade, mas certamente não as aparentemente ilimitadas possibilidades alternativas que Scotus avista. É difícil ver como a liberdade dos mortos abençoados de abandonar sua felicidade perfeita e pecar contra Deus poderia ser uma manifestação de seu poder de querer o que é moralmente exigido sem consideração da felicidade.

Poderíamos sugerir uma leitura mais complicada da *affectio iustitiae*. Talvez a ideia de Scotus seja que (1) não é possível haver moralidade sem liberdade, (2) a liberdade requer possibilidades alternativas, e (3), se a natureza da vontade é de tal forma que permite possibilidades alternativas às vezes, então as possibilidades alternativas sempre serão permitidas. Em outras palavras, a liberdade moral – a posse de uma *affectio iustitiae* – implica a liberdade metafísica. Algo paradoxalmente, então, a *affectio iustitiae* garante o poder da vontade de pecar. Infelizmente, não há indícios concretos nos escritos de Scotus de que ele ligasse a liberdade moral com a liberdade metafísica exatamente dessa forma. Além disso, (3) parece simplesmente ser falso. Uma concepção como a de Van Inwagen, na qual a vontade é às vezes – mas não sempre – livre, é perfeitamente coerente.

---

[42] *Ord. 4, d. 49 , q. 6, nn. 10-12.*

Parece mais plausível que Scotus simplesmente jamais tenha pensado muito sobre a ligação entre a liberdade moral e a metafísica. Sua briga contra a psicologia naturalista o leva a postular uma *affectio iustitiae*. Uma vontade que tem uma *affectio iustitiae* certamente é livre em algum sentido. Ora, Scotus parece ter uma intuição *independente* de que a liberdade acarreta um poder infalível para os opostos. Portanto, ele fala como se fosse óbvio que uma *affectio iustitiae* dá um poder infalível para os opostos, ainda que seus argumentos contra a psicologia naturalista sugiram uma função muito mais restrita para a *affectio iustitiae*.

12 Repensando as disposições morais: Scotus sobre as Virtudes

BONNIE KENT

Os ensinamentos de Scotus sobre a virtude moral têm atraído pouca atenção, em parte porque não há um texto único em que ele os apresente sistematicamente, e em parte porque os estudiosos tendem a associá-lo à ética da liberdade e da reta razão. Mesmo os que concordam com suas ideias não deixam de registrar, com evidente pesar, seu afastamento em relação ao modelo aristotélico de ética, centrado na virtude.[1] O presente capítulo tenta explicar as várias funções que as virtudes assumem e as que não assumem na sua teoria ética. Embora Aristóteles receba a parte de crítica que lhe cabe, Agostinho também não é esquecido. A teoria que surge, supreendentemente original, poderia ser mais atraente a alguns leitores atuais do que a teoria tomista mais bem conhecida.

I. A ÉTICA DO SÉCULO XIII: UM LEGADO AMPLO E CONFUSO

A ética antiga toma como ponto de partida questões acerca da felicidade suprema da vida humana e as virtudes necessárias para viver essa vida. As virtudes são consideradas disposições desenvolvidas somente após anos de aprendizado e prática, começando na infância. Também os vícios são disposições; e, como as virtudes, gradualmente tornam-se "a segunda natureza" para o indivíduo. Por tal razão, Aristóteles descreve o

---

[1] Ver, por exemplo, Ingham 1989, 199-200. O tratamento mais compreensivo da ética de Scotus permanece o apresentado em Wolter 1986, 3-123.

caráter moral como impossível, ou, ao menos, como excessivamente difícil de ser mudado.² Sua definição de virtude moral como uma disposição relativa à escolha³ não implica, então, que as pessoas sempre permaneçam livres para escolher ações "baseadas no caráter". Ao contrário, para realizar um ato virtuoso conforme recomenda Aristóteles, o agente tem não apenas de escolher o ato, mas tem de escolher conforme uma "disposição firme e imutável".⁴

As exigências intelectuais para a virtude moral são elevadas. Não só a habilidade no agir é necessária, como também a prudência para julgar o melhor ato possível em qualquer situação dada. As virtudes morais exigem, além disso, respostas emocionais harmoniosas à razão. Alguém que julga o ato correto a ser feito, mas que se esforça para seguir seu juízo racional, não atende ao padrão antigo de virtude.

Os escritos de Agostinho oferecem uma explicação radicalmente diferente da felicidade e das virtudes. Ele apresenta as virtudes como dons divinos, inseparáveis da fé em Cristo, e não como disposições que qualquer ser humano poderia adquirir por meio da aptidão, do aprendizado e da prática naturais. A virtude não pode trazer felicidade, pois a única felicidade propriamente dita é uma recompensa dada por Deus na vida do além. Podemos, no máximo, trabalhar para nos tornarmos mais merecedores dela. Como poderíamos fazê-lo? Pelo exercício das virtudes da fé, da esperança e, sobretudo, da caridade. Onde Aristóteles faz da prudência uma excelência do intelecto prático, a fundação de todas as virtudes morais, Agostinho estabelece como sua fundação a caridade, uma virtude da vontade. Somente pela caridade somos capazes de amar a Deus e nosso próximo como deveríamos: de acordo com seu valor intrínseco, ao invés de proporcionalmente a quão bem eles servem a nossos interesses ou satisfazem nossos desejos.⁵

---

2   *Nic. Eth.* 3.5 (1114ᵃ15-22), 7.10 (1152ᵃ29-33).
3   *Ibid.* 2.6 (1106ᵇ36-1107ᵃ2).
4   *Ibid.* 2.4 (1105ᵃ23-ᵇ3).
5   *De civitate Dei* 5.19, 11.16, 14.25, 15.22, 22.30.

Dessa perspectiva, então, mesmo o pagão mais inteligente e mais consumado é falto de qualquer verdadeira virtude moral. Não importa quão úteis suas ações sejam para os outros, elas são motivadas por excessivo amor próprio. Somente o dom divino da caridade pode transformar as motivações de uma pessoa. A caridade, que pena, não elimina a desordem emocional causada pelo pecado original. O melhor ser humano sobre a face da terra, um santo até, ainda tem de lutar para se livrar da tentação.[6] Mas se mortal algum jamais será tão virtuoso a ponto de estar além da tentação, da mesma forma nenhum será tão vicioso a ponto de ser moralmente incurável. Todos temos a faculdade da livre escolha. Ainda que creia não podermos usá-lo corretamente sozinhos, Agostinho enfatiza que podemos fazê-lo com a ajuda da graça de Deus.[7]

A despeito de seu respeito por Agostinho, a maioria dos teólogos escolásticos se recusava a desqualificar a ética aristotélica, como pagã ou como tola. Em vez disso, eles trabalhavam para encontrar maneiras de reconciliar as duas autoridades. Assim, adotavam o conceito de disposição, embora somente porque o alargavam o bastante para cobrir tanto as virtudes naturalmente adquiridas como as virtudes da fé, da esperança e da caridade, "infundidas" sobrenaturalmente por Deus.[8] O conceito expandido de disposição criava quebra-cabeças próprios, mesmo deixando intocadas várias outras dificuldades, inclusive um problema normativo sério: as virtudes morais descritas na *Ética a Nicômaco* frequentemente discrepam tremendamente das virtudes morais descritas no Novo Testamento.

Será o soldado agressivo, que morre braviamente em defesa de seu país, o modelo de coragem? Ou o mártir paciente que caminha para a própria morte, em lugar de repudiar a fé? Em vez de escolher um e repudiar o outro como representante da verdadeira coragem, Tomás de Aquino postulou

---

[6] *Ibid.* 5.21, 19.4.
[7] *De paccatorum meritis et remissione et de baptism parvulorum* 2.6. Para uma breve visão geral da ética de Agostinho, ver Kent 2001.
[8] Lottin 1949; Nederman 1989-1990; Colish 1993. Note-se que a palavra latina *habitus*, traduzida aqui como "disposição", às vezes é traduzida pelo cognato "hábito".

toda uma espécie de virtudes cristãs com os mesmos nomes que as virtudes morais aristotélicas (prudência, temperança, coragem etc.), mas infundidas sobrenaturalmente por Deus junto com as virtudes da fé, da esperança e da caridade. Seguindo Tomás, muitos outros teólogos postularam as virtudes morais infundidas adicionalmente às três virtudes teológicas infundidas e a todas as muitas virtudes naturalmente adquiridas descritas pelos antigos. O número de virtudes subiu; os dilemas conceituais inerentes ao projeto reconciliador permaneceram.

Esse bosquejo sucinto da ética escolástica, tal como ela se mostrava no fim do século XIII, pode auxiliar a explicar os esforços de Scotus para torná-la mais simples e coerente. Ele reiteradamente aplica alguma versão do princípio de economia: não se deve postular desnecessariamente uma pluralidade. Chamada de "regra de Scotus" no século XIV, mas atualmente mais conhecida como "navalha de Ockham", o princípio não estimula um teórico a postular mais espécies, causas ou "entidades" do que ele necessita estritamente para explicar dado fenômeno. O princípio funciona principalmente para reduzir os comprometimentos ontológicos, de modo que o teórico não postulará a existência de uma "coisa" diferente, muito menos uma espécie ou um tipo diferente de "coisa", se ele puder dar uma explicação satisfatória recorrendo a um aspecto diferente da mesma coisa ou à relação dessa coisa com alguma outra.

Scotus invoca o princípio de economia para estabelecer que, enquanto a vida decorre, somente sete virtudes são necessárias para tornar um ser humano perfeito *simpliciter*: as virtudes teológicas da fé, da esperança e da caridade; as virtudes morais naturalmente adquiridas da justiça, da temperança e da coragem; e a virtude intelectual naturalmente adquirida da prudência.[9] Ele não vê razão alguma para postular as virtudes morais infundidas preferidas pelos tomistas.[10] Ao mesmo tempo, ele ressalta a variedade de virtudes morais específicas que poderiam ser combinadas para tornar um dado indivíduo uma boa pessoa. A justiça, a

---

[9] *Ord.* 3, suppl. d. 34. (Wolter 1986, 348, 354).
[10] *Ord.* 3, suppl. d. 36 (Wolter 1986, 414-416).

temperança e a coragem não são virtudes morais específicas, individuais, tanto quanto os gêneros de virtude.[11] Dizer, por exemplo, que ninguém pode ser uma pessoa moralmente boa sem temperança é dizer que um ser humano bom tem de ter disposições que regulem seus apetites sexuais, de fome e de sede; não é dizer que há somente uma única forma que a temperança pode assumir. Uma pessoa poderia escolher beber vinho moderadamente, em ocasiões apropriadas; ela poderia igualmente escolher a abstinência completa. Ela poderia escolher viver um voto religioso de castidade; ela poderia igualmente escolher viver segundo o voto de fidelidade conjugal. Considerando-se o mesmo, uma pessoa adquirir a temperança e a prudência exigida pela temperança sem adquirir coragem e a prudência exigida por ela.[12]

O esforço de Scotus para dar uma explicação mais simples das virtudes não resulta em uma maneira padronizada de se tratar a ética. Antes, leva-o a um dilema: como a concepção de virtude como segunda natureza pode ser reconciliada com a liberdade da vontade?[13]

II. Pode a virtude tornar um ato bom?

Um ditado escolástico comum, tirado de Aristóteles, declara que "uma virtude aperfeiçoa seu possuidor e torna sua obra boa".[14] Scotus apoia firmemente a primeira parte desse ditado. Como todos os principais mestres do período, ele classifica as virtudes como disposições para aperfeiçoar o agente de uma maneira ou de outra. Para explicar o que constitui um ser humano bom, ele concorda que devemos forçosamente falar de disposições, pois quando julgamos uma pessoa temperada ou audaz, referimos

---

[11] *Ibid.* (Wolter 1986, 354-356).
[12] Ver Seção V.I.
[13] Ver Kent 1995 para as controvérsias do final do século XIII acerca da liberdade e da virtude que ajudam a situar as concepções scotistas em seu contexto histórico.
[14] *Nic. Eth.* 2.5 (1106ª15-17).

às disposições – isto é, a como ela habitualmente escolhe se comportar, independentemente de como ela poderia escolher agir nesse momento em particular. Scotus, não obstante, argumenta impetuosamente contra a segunda parte do ditado, segundo a qual a virtude torna moralmente boa a ação de uma pessoa.

O que torna moralmente boa uma ação? Seguindo Scotus, dividimos a questão em duas partes: (1) o que faz de uma ação uma ação moral? E (2) o que faz com que uma ação seja moralmente boa?

II.1. Ações morais têm de ser livres

A primeira parte da questão se ocupa não com a bondade ou a maldade, mas com o que os escolásticos chamam de "imputabilidade". Ela busca distinguir aquelas ações dentro do controle do indivíduo, pelas quais ele pode ser considerado moralmente responsável, das muitas ações, reações e meros movimentos que não estão justificadamente sujeitos ao louvor ou à reprovação.[15] A racionalidade importa totalmente (os gatos, as crianças e os lunáticos não podem ser considerados moralmente responsáveis por seu comportamento). Para Scotus, contudo, a racionalidade não basta. As ações morais exigem a liberdade, e a única potência livre da alma é a vontade. Todas as outras, inclusive o intelecto, operam por direito próprio segundo a natureza – estão determinadas a agir até o máximo e sempre agem da mesma maneira, a menos que externamente impedidas.[16]

Considere-se, por exemplo, o ato intelectual de julgar que 80 – 57 = 13. Se o juízo errôneo resultar de um conhecimento fraco de aritmética, não é uma ação moral. Agora imagine-se um caso diferente, em que um caixeiro marca esse erro na conta de um cliente quando lhe passa o troco, mas escolhe não corrigi-lo, dizendo a si próprio que é responsabilidade do cliente checar a conta, e não da loja acertá-la. Essa "racionalização", um ato

---

[15] *Quodl.* q. 18, n. 9.
[16] *In Metaph.* 9, q. 15, nn. 20-41.

intelectual, ainda tem como causa principal a vontade do caixeiro de fraudar o cliente. Portanto, ela pode ser qualificada de ação moral. É claro, a ação moral por excelência, aquela que está inteiramente dentro do controle da vontade, é o ato da vontade de escolher. Por conseguinte, Scotus define a virtude moral como "uma disposição da vontade para escolher corretamente, mesmo que tenha sido gerada por escolhas corretas".[17]

Ao explicar a liberdade que é crucial para a ação moral, Scotus vai além da autodeterminação metafísica, relacionando a liberdade da vontade com duas inclinações gerais (ou "afecções"): desejar o que é vantajoso para si próprio e amar algo conforme seu valor intrínseco.[18] Pelo fato de a inclinação da vontade ao que lhe é vantajoso incluir o desejo de felicidade e o de autoperfeição, isso pode ser interpretado como egocêntrico, mas não necessariamente como egoísta ou interesseiro. Mesmo assim, isso representa somente o aspecto natural da vontade. Se a vontade não tivesse outra inclinação, de modo que fôssemos determinados por natureza a escolher o que consideramos como a mais vantajosa das opções disponíveis, não seríamos agentes morais livres, independente de quão racionais possamos ser em calcular e executar ações em vantagem própria. Todas as teorias éticas eudaimonistas são consideradas por Scotus como fracassos desastrosos da mesma maneira. Um agente moral tem forçosamente de ter liberdade de vontade, e isso está enraizado na inclinação inata e inalienável da vontade à justiça.[19] Em outras palavras, a responsabilidade moral requer que um

---

[17] Ord. 3, suppl. d. 33 (Wolter 1986, 332).
[18] Ord. 2, d. 6, q. 2 (Wolter 1986, 462-476). Para uma discussão mais longa das duas "afecções" da vontade, ver Thomas Williams no cap. 11 deste volume e Boler 1993.
[19] Scotus – que considera que a teoria ética deve começar com um tratamento da questão da responsabilidade moral – tem razões para achar a teoria aristotélica inadequada. Conforme observado por Broadie, Aristóteles sequer tem uma palavra para "agente responsável" que seja mais específica do que sua palavra para "agente voluntário", a qual ele aplica às crianças e aos animais, assim como aos adultos. Ver S. Broadie 1991, 124-178, principalmente 174n1.

agente seja capaz não apenas de diferentes atos, mas, também, de motivações significativamente diferentes para agir.

Consoante a isso, Scotus se esforça por estabelecer uma simetria na sua análise da responsabilidade moral. Tal como uma pessoa má tem de ser capaz de escolher um ato bom, da mesma maneira uma pessoa boa tem de ser capaz de escolher um ato mau. Os filósofos, hoje, concordam às vezes em que a responsabilidade moral requer a capacidade de escolher um ato bom, e, ainda assim, negam que isso exija a capacidade de escolher um ato mau.[20] A linguagem ordinária parece apoiar essa ideia. Suponha-se que perguntemos a alguém (chamemo-lo Jorge) por que ele contou a verdade em uma ocasião particular, e ele responda: "Eu sempre considerei muito a sinceridade; simplesmente não consigo mentir". Interpretamô-lo como se estivesse fazendo um apelo a não ser responsabilizado moralmente? De maneira alguma: consideramos sua resposta como um testemunho de seu caráter impecável. Segue o argumento: o fato de ele contar a verdade nos parece tanto mais louvável por causa do fato de ele ter perdido a capacidade de mentir.

Scotus responderia que louvamos o ato de Jorge porque interpretamos sua incapacidade confessa de mentir como um exagero inofensivo, ou, talvez, como somente um erro acerca de sua constituição psicológica. Damos como estabelecido que ele poderia ter mentido, só que ele acha mentir tão repugnante que na vida cotidiana ele nunca considera essa opção como séria. Se anos tivessem se passado sem ele ter encontrado uma situação em que se sentisse tentado a mentir, ele poderia até ter tirado a conclusão errônea de que não mais é capaz de mentir.

Scotus poderia, então, tentar excitar a consciência de Jorge instando-o a imaginar situações em que parece haver boas razões morais em favor da mentira, de modo que a escolha a ser feita não possa ser reduzida a uma simples oposição entre a sinceridade e o interesse próprio.[21] Não faz dife-

---

[20] Por exemplo, Wolf 1990.
[21] Em *In Metaph*. 9, q. 15, n. 30, Scotus declara que uma pessoa que quer um ato *experimenta* que poderia tê-lo recusado. Porque ao menos algumas pessoas experi-

rença se Jorge escolhe (imaginariamente) contar a verdade nas situações hipotéticas apresentadas a ele. Se ele apenas concordar que *poderia* escolher mentir, Scotus demonstrou o que queria.²²

Ora, suponha-se que nossa primeira impressão de Jorge estava equivocada. Suponha-se que, de fato, ele é tão compulsivo em dizer a verdade, independentemente das circunstâncias, quanto um antigo alcoolista o é para beber. Dê-lhe uma oportunidade de falar e Jorge não consegue dizer nada a não ser a verdade. Nesse caso, Scotus não consideraria dizer a verdade uma ação moral, e certamente não consideraria Jorge como um modelo de virtude. Será que nós mesmos discordaríamos? Muitas pessoas, penso eu, veriam uma pessoa com tal caráter no mundo real, uma pessoa que não consegue dizer nada além da verdade, mais como um fanático um tanto assustador, ou, ao menos, como um esplêndido candidato a paciente psicoterápico.

II.2. O crescimento moral tem de começar em algum lugar

Passamos agora à segunda parte do problema: o que torna uma ação moralmente boa? Pode uma pessoa alegar razoavelmente que a virtude, isto é, uma disposição virtuosa, faz com que a ação do agente seja moralmente boa? Scotus acha que não. Mesmo que se suponha que o único ato em questão é a escolha da vontade, a tese de "a virtude torna boa a ação de uma pessoa" é falsa.²³

---

mentam essa liberdade, suponho que Scotus sugeriria "experimentos de pensamento" num esforço para mudar suas mentes.
²² *Ord.* 4, suppl. d. 49, qq. 9-10 (Wolter 1986, 192-196).
²³ *Ord.* 1, d. 17, pars 1, qq. 1-2, nn. 56, 65-68; 4, suppl. d. 49, qq. 9-10 (Wolter 1986, 191). *Ord.* 1, d. 17, pars 1, qq. 1-2, passagem frequentemente citada neste ensaio, não tem nenhuma tradução completa em inglês. Para excertos e exposições úteis, ver Ingham 1989, 153-157, 185-196, 217-227. N.T.: Não temos conhecimento de nenhuma tradução para o português, sequer parcial.

O fato de que essa virtude não pode ser suficiente para tornar o ato de uma pessoa bom parece evidente. Suponha-se que um mendigo rogue pelas almas a S. Francisco, e o santo lhe responda chutando-o. É claro, acharíamos isso difícil de acreditar com nossos próprios olhos. Será que S. Francisco o chutou intencionalmente ou o mendigo só estava tendo algum tipo de espasmo muscular ou de ataque de apoplexia? Será que o mendigo estava tirando uma faca que não percebemos, talvez ameaçando atacar, de modo que S. Francisco respondeu com um ato que significa o instinto animal de autodefesa, em vez de ter escolhido deliberadamente chutar o homem? Há muitas dúvidas que qualquer observador familiarizado com o caráter de S. Francisco poderia ter. Mais reflexão poderia mesmo nos levar a nos preocuparmos com o fato de não podermos ter certeza acerca de nosso juízo moral sobre as ações de *ninguém*. Quando as intenções e as motivações são cruciais à avaliação moral de um ato e não podemos saber com certeza o que se passa na cabeça de outra pessoa, como estamos em posição de julgar suas ações?

Essa é uma questão importante, mas que não foi discutida extensamente por Scotus e seus colegas, pois eles todos concordavam que Deus é a única pessoa inteiramente competente para exercer a função de juiz moral.[24] Quando Scotus argumenta que mesmo todas as virtudes combinadas não bastam para assegurar que o ato do agente nesse momento particular é bom, ele não está preocupado com nossa competência para julgar se o ato de S. Francisco ou de qualquer outra pessoa satisfaz essas exigências. A questão é, antes, o que *são* as exigências. Dada a ineliminável capacidade humana de agir segundo o caráter, raciocina ele, a virtude não pode ser uma condição suficiente para a bondade moral de um ato.

Se uma pessoa não consegue aceitar que alguém com uma disposição virtuosa bem desenvolvida pode ainda assim escolher um ato mau, essa pessoa ainda poderia subscrever uma tese mais fraca: a de que alguém desse tipo

---

[24] Em *Ord.* 4, d.17 (Wolter 1986, 262-268), Scotus usa esse princípio para atacar observações sobre a confissão no principal manual de direito canônico.

permanece capaz de escolher atos moralmente neutros.²⁵ Suas disposições não a impelem a um "fazer o bem" hiperativo, de modo a ela nunca perder uma oportunidade de realizar uma ação virtuosa. Mesmo quando realiza uma ação que os observadores consideram moralmente boa, sua finalidade no agir poderia de fato tornar a ação moralmente neutra. Imagine-se uma pessoa com a virtude da caridade, alguém fortemente disposto a ajudar os outros, que dá várias caixas grandes de roupas usadas e livros para o Exército da Salvação. Não importa quão forte seja sua disposição para ajudar os outros, ela não bastaria para assegurar que sua doação é um ato moralmente bom. Ela poderia não estar pensando nos outros dessa vez. Preocupada com a limpeza anual, ela poderia ter doado as roupas e os livros simplesmente para liberar algum espaço no seu guarda-roupas e nas suas estantes.

Assim como a virtude não pode ser uma condição suficiente para a bondade moral da ação de alguém, tampouco pode ser uma condição necessária. Scotus pensa que o próprio Aristóteles teria endossado sua tese, a fim de que sua teoria não se tornasse envolvida em um círculo vicioso. Se a virtude é uma disposição adquirida de atos moralmente bons, tem de ser possível realizar esses atos sem uma virtude; de outra maneira, como alguém poderia desenvolver a virtude em primeiro lugar? Já que o crescimento moral tem de começar em algum lugar, ele só pode começar com a escolha de atos moralmente bons por alguém que ainda tenha de adquirir as virtudes. Que se insista em qualquer virtude moral como uma condição necessária, que se insista até mesmo na virtude intelectual da prudência, e o resultado final será a circularidade. Scotus conclui, então, que a virtude não afeta a substância moral de uma ação. Um ato é moralmente bom porque se conforma a tudo que a reta razão do agente dita: por exemplo, o tempo e o lugar apropriados, e, sobretudo, o fim apropriado.²⁶

---

²⁵ *Lect.* 2, d. 41, q. un., nn. 9-10. Brickhouse 1976 argumenta que a função que Aristóteles prescreve às disposições na explicação da ação exclui a possibilidade de se mudar o caráter de uma pessoa. Scotus, que prefere ler Aristóteles como se este reconhecesse essa possibilidade, ao invés disso, revisa sua explicação de como as disposições contribuem à ação.

²⁶ *Ord.* 1, d. 17, pars 1, qq. 1-2, nn. 60-62; *Quodl.* q. 18, nn. 3-6.

Conforme já é possível adivinhar, Scotus considera o fim como o fator mais importante para determinar o valor moral de um ato.[27] O ato de dar dinheiro a uma pessoa sem teto, por exemplo, seria ordinariamente bom se feito com caridade e generosidade, e mau se feito por causa de um desejo de fazer com que a pessoa se sinta inferior, e moralmente neutro se feito para aliviar os próprios bolsos salientes de moedas do doador. Em linha relacionada, mas mais tendenciosa, Scotus lança uma defesa da mentira, ao menos em circunstâncias absolutamente incomuns. Sejam postos de lado os casos de perjúrio, em que alguém jurou ante Deus dizer a verdade; considere-se, em vez disso, o dilema moral predileto dos manuais modernos de ética: o que você faria se fosse um cidadão alemão que, durante o Holocausto, tivesse refugiados judeus em sua casa, mas, então, se achasse frente aos nazistas espancando sua porta, exigindo saber se há judeus ali? Tanto Agostinho como Kant o encorajariam a não dizer nada, no máximo a dissimular, mas definitivamente não a mentir. Diferentemente, Scotus enfatiza que Deus dá carta branca à boa vontade que motiva uma ação. Mentir nas circunstâncias descritas seria somente um pecado venial, para o qual a punição é estritamente temporal; no entanto, o motivo poderia ser tão magnânimo que Deus o julgue digno de recompensa eterna.[28]

Se sua análise terminasse aqui, poderia parecer que Scotus se compromete com a noção de que as disposições virtuosas que ele trata como perfeições morais do agente não fazem com que o agente escolha atos bons

---

[27] *Quodl.* q. 18, n. 6; *Ord.* 2, d. 40 (Wolter 1986, 224-228).
[28] *Ord.* 3, suppl. d. 38 (Wolter 1986, 496). Cf. Kant 1993, 63-67, e a discussão das concepções agostinianas em Rist 1994, 191-194. Kant classifica a mentira como uma violação do "dever perfeito", por conseguinte, como impossível de justificar recorrendo-se ao "dever imperfeito" de ajudar ao próximo. Embora as concepções de Agostinho sejam mais obscuras, ele parece sim defender (conforme alega Rist) não somente a posição de que é melhor para mim sofrer o mal do que fazê-lo, mas também a posição de que é melhor para outra pessoa sofrer o mal do que para mim fazê-lo. Scotus acena à autoridade de Agostinho ao declarar que o tipo de mentira em questão é um pecado venial e, em seguida, passa a defender uma conclusão a que Agostinho resistiria.

com maior facilidade, prontidão e prazer do que um aprendiz moral. De fato, ele afirma que elas influenciam, sim, a maneira como uma pessoa age, tanto que alguém com uma virtude – todas as outras coisas permanecendo iguais – é capaz de agir mais perfeitamente do que alguém sem uma virtude. Os argumentos que acabamos de esboçar almejam provar somente que a virtude não é nem necessária nem suficiente para a "substância" moral de um ato, que ela *não* "torna bom o ato de uma pessoa".[29] A função positiva que as virtudes desempenham na teoria ética de Scotus permanece a ser explorada.

III. A VIRTUDE NATURALIZADA

A ideia de que as disposições de uma pessoa absolutamente não a determinam a agir, e muito menos a agir de maneira virtuosa, era amplamente aceita pelos escolásticos muito antes de Scotus começar a ensinar. A maioria dava por certo que os mortais sempre têm o poder de escolher as ações contrárias ao seu caráter moral tal como até então está formado. Se as obras de Aristóteles davam pouco apoio a essa opinião, pouco importa: como a escritura, o *corpus* aristotélico sempre esteve aberto à interpretação. A interpretação era efetivamente necessária menos no sentido de deliberadamente cristianizar do que se poderia supor, porque virtualmente todos os escolásticos leram Aristóteles e seus comentadores em tradução latina. Devido, em parte, às traduções, eles acreditavam que os ensinamentos de Aristóteles sobre as disposições poderiam ser adequados à sua própria psicologia filosófica sem cortar ou esticar muito.

A *Summa Theologiae* de S. Tomás pode nos servir a fins de ilustração. Citando um comentário de Averróis sobre o *De Anima* de Aristóteles, S. Tomás declara que "uma disposição é aquilo pelo que agimos *quando que-*

---

[29] *Ord.* 1, d. 17, pars 1, qq. 1-2, n. 100; 3, suppl. d. 33 (Wolter 1986, 326, 330-332).

remos". O conceito de disposição sozinho já deixa claro, como ele afirma, que uma disposição é *ordenada principalmente pela vontade*.[30] Essa compreensão da disposição ajudar a assentar o caminho para uma discussão das virtudes, que Agostinho diz não poderem ser mal usadas – diferentemente de uma potência da alma, como a vontade, que pode ser mal usada.[31] Combine-se o Agostinho expurgado com o Aristóteles expurgado e chegaremos à posição defendida por S. Tomás e outros dos mais importantes teólogos escolásticos: a de que a virtude é em si uma disposição "determinada para um" dos atos opostos, mas a potência da vontade pode ou não, em qualquer ocasião dada, agir de acordo com (aliás, "usar") a virtude.

III.1. Agir com facilidade e prazer

Como Scotus diverge do consenso? Por um lado, ele considera seriamente a antiga ideia das disposições, inclusive as disposições morais, como uma segunda natureza. Por outro, sua dicotomia básica entre as potências ou causas livres e as naturais o leva a concluir que todas as disposições, inclusive as morais, propriamente consideradas como virtudes, ficam do lado natural da linha demarcatória. Embora sejam produzidas por atos livres da vontade, as virtudes, elas mesmas, operam psicologicamente como as outras causas naturais. Mesmo tipo de causa, mesmo tipo de efeito: precisamente porque as virtudes são disposições, operando por si mesmas elas estão sempre determinadas a causar o mesmo tipo de ações que as veio gerar.[32] Por exemplo, se repetidamente escolho dar dinheiro quando o cesto de coleta na igreja é passado, a disposição que adquiro com isso inclina-me a continuar a fazer essas doações. Ela não me inclina a passar o cestinho à pessoa ao meu lado sem

---

30   *ST* IaIIae.49.3; 50.5 (ênfase adicionada). Cf. Averróis, *In Aristotelis De Anima* 3, n.18. Para uma exposição em pormenor de *ST* IaIIae-IIaIIae, ver Pope 2002.
31   *ST* IaIIae.55.4; 56.1. Cf. Agostinho, *De Libero Arbitrio Voluntatis* 2.19.
32   *Ord.* 1, d. 17, pars 1, qq. 1-2, nn. 24, 37; 3, suppl. d. 36 (Wolter 1986, 328-330, 342-346). Um corolário dessa posição, defendida em *Ord.* 4, d. 46, q. 1 (Wolter 1986, 246-250) é que Deus não tem "virtudes" em sentido estrito.

fazer eu mesmo nenhuma contribuição, e muito menos a fisgar dele uma nota de dinheiro e guardar no bolso. Se uma disposição fosse causa total de meu ato, raciocina Scotus – com efeito, se fosse meramente a causa principal –, o ato seria meramente natural, e não moral, muito menos um ato moralmente bom.[33] Ajo virtuosamente somente quando *escolho* agir de acordo com minhas disposições virtuosas.

A exigência da escolha não deveria ser interpretada como uma exigência de que uma pessoa continue a se empenhar na ampla deliberação que fez quando era aprendiz em moral, de modo a ela perder crédito moral por suas próprias ações virtuosas. Scotus reconhece que a virtude pode levar quem age a deliberar e a escolher com tal rapidez que a pessoa não percebe o tempo envolvido.[34] Sua teoria de maneira alguma degrada as escolhas rápidas e fáceis de um virtuose moral. Antes, ela almeja negar crédito moral às ações verdadeiramente "compulsivas", se é que as há, como as de nosso hipotético fanático por dizer a verdade, Jorge.

Sabemos que a disposição do virtuose moral o torna capaz de agir com maior comodidade, prontidão e prazer do que alguém que não tenha uma disposição virtuosa. Sabemos a diferença empiricamente, segundo Scotus. Embora a substância moral das ações dos dois indivíduos seja a mesma, suas maneiras de agir diferem. As virtudes são postuladas na teoria ética exatamente para explicar essas diferenças.[35]

Devemos, aqui, nos arriscar brevemente na mata de complicações características da obra de Scotus. Na sua concepção, uma disposição virtuosa inclina a vontade na direção correta, tornando-a capaz de agir mais prontamente, mais facilmente e com maior prazer do que ela de outra maneira seria capaz de agir (ao menos supondo igual esforço da parte da vontade). A prontidão, a facilidade e o prazer são diferenças

---

[33] Um ponto frequentemente repetido: ver *Ord.* 1, d. 17, pars 1, qq. 1-2, nn. 29, 37, para um só exemplo.
[34] *Ord.* 3, suppl. d. 39 (Wolter 1986, 506).
[35] *Lect.* prol., pars 4, qq. 1-2, n. 157; *Ord.* 1, d. 17, pars 1, qq. 1-2, n. 70; *Ord.* 3, suppl. d. 33 (Wolter 1986, 326, 332, 342-346).

genuínas no modo de ação, que tornam o comportamento de uma pessoa mais perfeito em termos morais. Mas, ao mesmo tempo, a importância moral desses fatores deriva das diferenças na maneira como a própria vontade age. A disposição, uma causa natural que opera da mesma maneira como todas as outras causas naturais, figura, antes, na explicação *psicológica* da razão pela qual a vontade age mais perfeitamente agora do que antes de desfrutar dos benefícios de uma virtude que a dispõe a escolher corretamente.

Scotus considera duas possíveis funções psicológicas da disposição: uma como causa ativa, mas secundária, da ação da vontade; outra, como inclinação não causal, comparável à gravidade, que inclina um objeto pesado a cair, mas dificilmente o empurra. Ele argumenta que ambas as explicações poderiam provavelmente ser defendidas, pois a segunda, assim como a primeira, poderia explicar os fenômenos de maior facilidade, prazer etc.[36] Qualquer uma dessas teorias que se prefira, é preciso notar que nenhuma delas sugere que as diferenças na maneira de agir surgem do ato como tal; elas surgem, ao invés, da inclinação do agente a realizá-lo. Se ajo com prazer, não é porque há algo no ato que me faz gostar de fazê-lo; tenho prazer nele porque eu mesmo tenho uma inclinação para realizar esse tipo de ato. Se ajo com facilidade, não é porque há algo intrinsecamente fácil acerca do próprio ato. Se o ato fosse ele mesmo fácil, ressaltaria à razão que alguém merece menos, e não mais, crédito moral por realizá-lo.

Embora seja possível recorrer a uma disposição para dar uma explicação total de meu comportamento, Scotus não pensa ser estritamente necessário tratar a disposição como uma causa parcial de meu ato – na verdade, "empurrando-me" a ele. Aplicando o princípio de economia, que adverte contra postular a causalidade onde é desnecessário explicar os fenômenos, devemos, portanto, adotar a segunda posição.[37] O próprio Scotus, porém, prefere a primeira, a qual atribui uma função maior à disposição. A dispo-

---

[36] *Ord.* 1, d. 17, pars 1, qq. 1-2, n. 53.
[37] *Ibid.*, nn. 47-52.

sição opera como uma causa parcial, mas secundária, que me torna capaz de agir mais perfeitamente (em termos morais) do que de outra maneira eu seria capaz – ao menos assumindo um igual esforço da vontade.[38] O melhor comportamento humano, portanto, combina a escolha livre da vontade com a causalidade natural das disposições.

III.2. Amar a Deus sobre todas as coisas

Quando Scotus se volta à caridade, ele continua a preferir uma abordagem naturalista, argumentando que a disposição da caridade – que a maioria de seus colegas supõe ser produzida somente pela graça de Deus – não é nem necessária nem suficiente para tornar caridoso um ato. Ao contrário, puramente por meio de recursos naturais alguém poderia amar a Deus sobre todas as coisas.[39] A argumentação em favor dessa tese começa com a teologia natural: a razão natural revela uma hierarquia de bens, que algum bem tem de ser supremo entre as coisas a serem amadas e que só o bem infinito e nada mais tem esse estatuto. Por conseguinte, a razão natural dita que o bem infinito seja amado sobre todas as coisas. Mas, aqui, Scotus introduz um princípio moral que, *grosso modo*, essencialmente significa que "deve" implica "pode". Dado o juízo da razão natural de que o bem divino deve ser amado acima de todas as coisas, a vontade tem de ter a capacidade natural de realizar esse ato.[40] Quaisquer que sejam os efeitos do pecado original, não podemos ter perdido a afeição pela justiça que nos torna capazes de amar algum bem de acordo com seu valor intrínseco. Este é um aspecto inalienável da vontade e um pré-requisito para a responsabilidade moral.

Scotus se vale da explicação da coragem na *Ética* de Aristóteles como indício de que uma pessoa pode amar a Deus sobre todas as coisas pura-

---

[38] *Ibid.*, nn. 69-70.
[39] *Quodl.* q. 17; *Ord.* 3, suppl. d. 27 (Wolter 1986, 424-446).
[40] *Ord.* 3, suppl. d. 27 (Wolter 1986, 434).

mente por meios naturais.⁴¹ Não é o próprio Aristóteles quem diz que o cidadão corajoso deve se expor à morte pelo bem da República? Dadas as suas dúvidas quanto à imortalidade da alma, Aristóteles não consegue acreditar que o cidadão corajoso estará motivado pela esperança de recompensa em alguma vida no além. Ele tem de acreditar que alguém que age de acordo com a razão natural seria capaz de julgar corretamente o bem público como um bem maior do que sua própria vida, e, dessa forma, estar disposto a morrer para preservá-lo. Que melhor testemunho poderia alguém ter das capacidades da natureza humana operar sem auxílio sobrenatural especial?

Mesmo sem contar o fato de que amar o país acima de tudo não pode ser equacionado com o amar a Deus acima de tudo, o valor de Aristóteles como testemunha deixa muito a desejar. No Livro IX da *Ética*, ele descreve a pessoa virtuosa como firmemente motivada pelo amor próprio, embora amor próprio de um tipo nobilitante e inteligente. Sempre que a pessoa virtuosa parece estar desistindo de algo, Aristóteles a descreve como se procurasse uma parcela maior de honra ou nobreza para si.⁴² Infelizmente, a prontidão do cidadão corajoso para morrer em batalha traz ainda um problema. Sem crer na vida após a morte, ele não pode esperar uma oportunidade para desfrutar de qualquer coisa de honroso que uma morte heroica poderia lhe dar. Por que, então, ele escolheria arriscar-se a morrer? O melhor que Aristóteles pode dar é a sugestão um tanto insatisfatória de que a qualidade supera a quantidade, de maneira que uma hora de prazer intenso na realização de uma ação gloriosa deva ser preferida a muitos anos de prazeres corriqueiros. Scotus insiste em uma interpretação um tanto mais lisonjeira: "Essa pessoa corajosa deseja que tanto ele como seu ato de virtude não existam, em vez de o mal acontecer à República. Dessa maneira, ele simplesmente ama o bem público, que ele dese-

---

41   *Nic. Eth.* 3.6-9.
42   *Ibid.*, 9.8 (1169a12-b2).

ja preservar, mais do que ama a si mesmo ou a seu ato de virtude. Ele se expõe à morte para preservar a República, e não para preservar a sua virtude".[43]

Agostinho pinta um quadro muito mais lúgubre da natureza humana decaída. Seus escritos se esforçam por provar que somente com a graça de Deus, na forma da dádiva divina de uma virtude da caridade, podemos ser liberados do amor próprio excessivo produzido pelo pecado original. Uma vez que todas as virtudes morais, mesmo as imperfeitas, dependem da caridade, os pagãos não têm quaisquer virtudes verdadeiramente morais. Eles podem de fato morrer voluntariamente em batalha e, com isso, servir a seus países, mas quais são suas motivações? Agostinho sugere que alguns buscam o que consideram ser o maior prazer acessível (uma motivação que ele consideraria bem evidenciada pelo argumento aristotélico da *qualidade supera quantidade*). Outros, como os estoicos, poderiam estar motivados por um desejo de louvor humano; então, mais uma vez, eles poderiam estar convencidos de que seu próprio caráter supostamente virtuoso é o bem mais elevado no Universo. Mesmo a segunda interpretação revela seus graves erros morais. Uma pessoa virtuosa deve forçosamente reconhecer Deus, e não seu próprio caráter, como o bem supremo no Universo. Ela tem de reconhecer que a virtude é de fato uma dádiva divina, e não um triunfo da conquista humana. Finalmente, ela tem de reconhecer que os seres humanos não conseguem ser felizes por si mesmos, que as pessoas mais virtuosas na face da terra permanecem vulneráveis à doença, à angústia, à tristeza e a todas as espécies de problemas. De acordo com Agostinho, os filósofos pagãos descrevem mal a felicidade para fazê-la obtenível nesta vida e dentro do controle do indivíduo. Eles todos querem alegar crédito por terem se tornado felizes. Absolutamente nenhum deles ensina a verdade: a felicidade é uma recompensa dada por Deus na vida após a morte àqueles que ele escolhe.[44]

---

[43] *Ord.* 3, suppl. d. 27 (Wolter 1986, 436).
[44] *De trinitate* 13.7-8; *Sermo* 150; *De civitate Dei* 5.19-20, 14.28, 19.20.

Scotus recusa o lúgubre quadro moral de Agostinho em termos bastante claros. Já que ele não vê razão, seja na análise conceitual, seja na experiência humana por que uma pessoa deva necessitar de alguma virtude sobrenaturalmente infundida para realizar um ato caridoso, ele não vê razão, então, por que uma pessoa deva necessitar de alguma virtude infundida para realizar um ato caridoso com prontidão, facilidade e prazer. Se uma pessoa não cristã pudesse realizar um ato com a mesma substância moral, não poderia ela adquirir por meios naturais uma disposição para escolher esse ato? Os cristãos com a graça de Deus não são os únicos seres humanos capazes de amar e de escolher algum bem maior do que sua própria felicidade e autoperfeição; então, por que deveriam ser os únicos capazes de assim proceder com prontidão, facilidade e prazer? Por que os não escolhidos não seriam capazes de desenvolver, mesmo à perfeição, as mesmas virtudes que os cristãos escolhidos por Deus? Dada sua preferência por economia na construção teórica, Scotus questiona a necessidade até mesmo de postular virtudes sobrenaturalmente infundidas.[45]

Suponha-se que se busque explicar por que Deus concede a recompensa última da felicidade eterna a algumas pessoas e não a outras. A verdadeira resposta, segundo o juízo de Scotus, é que Deus assim escolhe. As virtudes infundidas sobrenaturalmente não podem explicar por que Deus escolhe essas pessoas particularmente, porque essas virtudes são elas mesmas puros dons de Deus, e não algo que um indivíduo poderia ganhar por causa de seu comportamento moralmente bom. Se Deus de fato ordenou que as virtudes infundidas são necessárias para a salvação, ele poderia, por seu poder absoluto, ter se livrado delas.[46] Não há nada quanto a essas virtudes que as torne intrinsecamente necessárias para a salvação de uma pessoa. Elas têm o estatuto de causas secundárias pelas quais Deus de fato escolhe operar. O que quer que ele escolha fazer dessa maneira indireta, ele poderia ter feito do mesmo modo indiretamente. Qualquer função causal

---

[45] *Ord.* 1, d. 17, pars 1, qq. 1-2, nn. 126-129; 3, suppl. d. 27 (Wolter 1986, 436); *Quodl.* q. 17, nn. 6-8, 13.
[46] *Ord.* 1, d. 17, pars 1, qq. 1-2, nn. 160, 164.

que as virtudes infundidas tenham na salvação emerge, portanto, estritamente da convenção que Deus escolheu generosamente estabelecer com a humanidade.

Em suma, não seria com base na análise conceitual, e tampouco na experiência, que um teórico seria levado a postular as virtudes da fé, da esperança e da caridade rotineiramente descritas pelos teólogos escolásticos como disposições sobrenaturalmente infundidas. Embora Scotus aceite a existência delas, isso acontece por causa de sua fé religiosa. Seus argumentos, então, não almejam mostrar que não há virtudes dadas por Deus; eles pretendem mostrar que qualquer que seja a função causal dessas virtudes no processo de salvação trata-se de uma função atribuída a elas por escolha de Deus. Se alguém protestar que Scotus retrata Deus como fazendo uma opção por um projeto comparativamente elaborado de salvação, em flagrante desconsideração do princípio de economia, ele mesmo concordaria. Deus frequentemente age de maneira mais generosa do que moderada: ele não é economista.[47]

Dificilmente seria possível exagerar as repercussões dessa inovadora linha argumentativa na história da teologia ocidental. William de Ockham repetiu e expandiu os argumentos scotistas contra a necessidade teórica das virtudes infundidas. A *via moderna* na teologia, associada a Ockham, por sua vez, veio a ser aquela em que um monge agostiniano rebelde chamado Martinho Lutero foi educado por volta de dois séculos mais tarde. Lutero passou a negar que as virtudes infundidas são de fato necessárias para a salvação. Para ele, todo o misterioso aparato de disposições dadas por Deus reflete a desastrosa influência de Aristóteles na teologia medieval. Tanto melhor que os teólogos se recusem a postular as disposições da alma humana como intermediárias no processo de salvação e centrem atenção simplesmente na relação do indivíduo com Deus.

Uma vez que a desqualificação luterana das virtudes infundidas pode ser traçada, por via de Ockham, de volta até Scotus – o primeiro teólogo esco-

---

[47] Ockham defende a mesma ideia claramente. Ver Wood 1999, 358: "Does God employ Ockham's razor?"

lástico a sujeitar essa classe de virtudes ao intenso e minucioso exame crítico
– as inovações scotistas passaram a ter ampla função nos estudos escolares
da teologia da Reforma.[48] Aqui, porém, temos de focar em algumas poucas
conclusões que o próprio Scotus tirou (os leitores devem consultar os capítulos 6 e 7 neste volume para uma explanação mais completa dessa teologia).

III.3. Separar virtude moral e felicidade

Uma tese defendida por Platão, Aristóteles e outros filósofos antigos
– a de que a virtude moral traz felicidade, ou ao menos protege a pessoa
de se tornar miserável – nunca ganhou, efetivamente, forte apoio fora dos
círculos filosóficos. Mesmo antes da cristandade entrar no quadro histórico, as pessoas comuns sempre deram como certo que a virtude requer ações
que são desvantajosas para a própria pessoa virtuosa, de modo que a mais
virtuosa das pessoas provavelmente não levaria a vida mais feliz possível.
Eles também acreditavam que alguém poderia ter uma virtude moral e não
ter as outras.[49] Ao rechaçar a concepção dos filósofos das virtudes morais
como um sistema completo e indivisível de freios e contrapesos psíquico,
eles de fato removeram um dos fundamentos principais para afirmar que a
virtude traz felicidade. Pensadores cristãos como Agostinho fizeram ainda
mais para solapar as alegações da ética antiga. Não apenas diferiam dos
filósofos pagãos na sua concepção de virtude, diferiam na sua concepção
de felicidade. Com o padrão de felicidade (ou bem-aventurança: *beatitudo*)
elevado a uma altura sempiterna, tornou-se praticamente autoevidente que
ninguém pode atingir a felicidade nesta vida. Ficou igualmente difícil imaginar como qualquer pessoa poderia verdadeiramente merecer a felicidade.
Realisticamente, o que um ser humano poderia fazer para merecer uma
eternidade de satisfação perfeita?

---

[48] Para só dois exemplos da literatura acadêmica que busca as fontes escolásticas da teologia de Lutero, ver Vignaux 1935 e McGrath 1998.

[49] Irwin 1996. Neste capítulo, a Seção V discute a separabilidade das virtudes.

Quando Scotus discute a felicidade, ele adota o alto padrão cristão daquilo que ela significa. Ele segue Agostinho, ao recusar-se a abaixar o padrão, incluindo nele nada menos do que a satisfação completa e eterna de cada desejo de uma pessoa. Dessa maneira, ele defende que ninguém pode atingir a felicidade por meios naturais, não importa quão virtuosa essa pessoa seja. Afirmar que uma pessoa poderia atingir a felicidade por meio de seus próprios recursos naturais, acrescenta Scotus, é uma heresia ainda maior do que a de Pelágio.[50] Se Deus quisesse que a felicidade pudesse ser alcançada naturalmente pelos seres humanos, ele nos teria feito e ao nosso mundo de outra maneira. Ao invés, ele desejou que alcançássemos a felicidade por meio da graça, com base no mérito.[51]

Aqui, pausemos para lembrar que Scotus se opõe fortemente a Agostinho, defendendo que uma pessoa pode adquirir todas as virtudes morais, pode mesmo desenvolvê-las à perfeição, por seus próprios meios naturais. Ela não precisa da virtude infundida da caridade ou de qualquer outro dom especial da graça. Embora Scotus firmemente minimize suas críticas à altíssima autoridade agostiniana, é impossível negligenciar a profundidade da discordância, pois, tendo ele marcado firmemente a oposição relativamente a Agostinho, ao descrever a perfeição moral em termos naturalistas, torna-se ainda mais importante o fato de Scotus distinguir precisamente entre o melhoramento moral nesta vida e a obtenção da felicidade na outra vida do além. Se ele não conseguir estabelecer essa distinção, isso sugeriria não só que a felicidade está dentro do controle do indivíduo, o que ele considera plenamente falso, como ainda poderia deixá-lo olhando para seus colegas conservadores como se estivesse flertando com a heresia pelagiana.[52] Não é surpresa, então, que ele pene para defender a ideia agostiniana de que o *mérito* requer uma explicação sobrenatural. De acordo

---

[50] *Op. Ox.* 4, d. 49, q. ex lat., q. 11, n. 2.
[51] *Ord.* 2, d. 6, q. 2 (Wolter 1986, 471-473).
[52] Os leitores talvez achem útil consultar Wood 1999 sobre o ângulo de Pelágio. Como ela indica, algumas das mesmas doutrinas que suscitaram acusações de heresia contra Ockham já tinham sido defendidas antes por Scotus.

com Scotus, nosso mérito comparado com a felicidade depende estritamente daquilo que Deus escolher aceitar como merecedor de punição ou de recompensa no além. Se alguém alegar que Deus tem de acolher os indivíduos no paraíso ou confiná-los ao inferno com base em quão perfeitos ou imperfeitos eles se tornaram usando seus próprios meios naturais, então terá reduzido Deus ao nível de mero guarda-livros celestial – registrando as perdas e os ganhos de nossas vidas mortais conforme padrões que não são os da sua vontade, calculando o equilíbrio e distribuindo recompensas e punições de acordo com isso.

Qual, então, é a função da virtude sobrenaturalmente produzida da caridade? O que ela ajuda a explicar? Na concepção scotista, ela ajuda a explicar como, mas não por que, alguns indivíduos conseguem a recompensa da felicidade. Isso não significa que a disposição infundida da caridade tenha algum efeito psicológico misterioso. Ao contrário, Scotus defende que ela opera como uma disposição da mesma maneira natural que as disposições naturalmente adquiridas.[53] A vontade permanece a causa primária da ação, a própria disposição é somente uma causa secundária e subordinada. Pelo mesmo considerado, a virtude infundida da caridade não garante mais que o ato de quem age será moralmente bom. Mas no ponto em que a bondade moral de um ato vem de sua conformidade com a razão, o mérito de um ato vem de sua relação com a vontade de Deus, da decisão divina de aceitá-lo como merecedor da recompensa eterna. O ato é aceito como recompensa meritória porque Deus escolhe aceitar a pessoa que o faz, e não vice-versa.[54]

A virtude infundida da caridade pode, portanto, ser considerada um sintoma, e não uma causa, da aceitação do agente por Deus, assim como uma condição necessária, mas não suficiente, para que a ação do agente seja meritória. Se essa virtude bastasse para tornar as ações de uma pessoa meritórias, raciocina Scotus, então elas seriam as ações da disposição, ou, talvez, as ações de Deus, e não as ações do agente humano. Então, muito

---

[53] *Ord.* 1, d. 17, pars 1, qq. 1-2, n. 188.
[54] *Quodl.* q. 17, n. 4.

embora a caridade, mais do que a vontade humana, explique o por quê de um ato ter mérito aos olhos de Deus, a vontade humana, mais do que a caridade, explica o por quê do agente humano escolher o ato.[55]

IV. ESCOLHER E SENTIR

Quando a virtude moral é definida como uma disposição da vontade de escolher corretamente, a relação entre virtude e paixão complica-se. Posso escolher defender meu território sob fogo inimigo, mas não posso escolher se me sinto aterrorizado ou razoavelmente controlado no momento. Seria possível concluir, então, que a virtude da coragem me dispõe a escolher ações corajosas nas circunstâncias apropriadas, pelas razões corretas, e, no entanto, ela nada tem a ver com como eu me sinto, porque não tenho escolha quanto a isso.

A conclusão scotista mostra-se mais matizada. Por um lado, Scotus defende que todas as virtudes morais, como disposições para agir, devem pertencer à vontade. Por outro, ele defende que a vontade pode moderar as paixões.[56] Lutando para defender meu território sob fogo, por exemplo, eu poderia comparar o possível dano que eu sofreria com o dano causado ao meu país quando seus soldados fugirem ou se renderem. Eu também poderia tentar desviar meus pensamentos dos perigos presentes, para a perspectiva agradável de vencer a guerra e retornar para casa. Posso na verdade exercitar algum controle sobre o que se passa na minha mente. Ao longo do tempo, posso, com isso, adquirir uma disposição para não me sentir mais amedrontado do que seria o racional sentir em dada situação. Se assim procedo – esse é o ponto de Scotus – a disposição é um subproduto psicológico dos esforços que fiz para moderar minhas paixões. Sua importância moral, ela a deve à vontade. Por si mesma uma disposição de sentir

---

[55] *Ord.* 1, d. 17, pars 1, qq. 1-2, nn. 139, 146, 152; *Quodl.* q. 17, n. 13.
[56] *Ord.* 3, suppl. d. 33 (Wolter 1986, 330-334).

de certas maneiras pode no máximo ser uma como que virtude, e não uma virtude em sentido rigoroso.⁵⁷

Essa conclusão levanta uma questão interessante: poderiam os anjos – que têm a razão e a vontade, mas não têm corpos e, por conseguinte, nenhuma das paixões associadas aos corpos – adquirir uma virtude como a da temperança ou a da coragem? Scotus argumenta longamente que sim, e, então, argumenta longamente em favor da ideia oposta, recusando-se a tomar partido.⁵⁸ Talvez seja possível ver isso como um indício de que ele nunca desenvolveu os pormenores de sua posição.

V. CARÁCTERES MORALMENTE MISTOS

Aristóteles e outros filósofos antigos uniram-se na defesa de uma posição que, naquela época, não era mais atraente às pessoas do que é hoje: a de que as virtudes morais são inseparáveis. Ninguém pode verdadeiramente ser justo, corajoso ou temperado sem ser prudente, tampouco pode alguém ser verdadeiramente prudente sem ser justo e tudo o mais.⁵⁹ A ideia de que todas as virtudes morais dependem de uma sabedoria prática superabrangente se torna mais plausível quando se reflete sobre três aspectos da ética antiga:

1. Supõe-se que a virtude é quase impossível de perder e que é uma fonte de prazer para o agente – características que a virtude mais provavelmente teria se fosse um sistema completo e integrado de freios e contrapesos psíquicos que elimina o conflito interno.
2. A ética antiga sempre considerou a vida boa como um todo. Já que a vida boa é considerada como uma unidade orgânica, a pessoa

---

⁵⁷ *Ibid.* (Wolter 1986, 332-334, 340).
⁵⁸ *Ibid.* (Wolter 1986, 334-338).
⁵⁹ *Nic. Eth.* 6.13 (1144b30-1145a2).

virtuosa tem de vê-la como tal, de modo que a virtude única e indivisível da prudência se torna a fundação de todas as virtudes morais.
3. Propriamente falando, a virtude antiga não torna a pessoa boa; ela a torna *excelente*. Por sua própria natureza, a virtude é um ideal que pouquíssimos indivíduos um dia chegarão a atingir.

Como sabemos, Agostinho recusava os ensinamentos antigos sobre a importância da prudência, adotanto, em vez disso, a dádiva divina da virtude da caridade como fundamento de todas as verdadeiras virtudes. Em uma carta a S. Jerônimo, Agostinho argumentava apaixonadamente contra a correlata concepção do tudo ou nada na virtude moral tão preferida pelos filósofos. De particular importância para ele eram as conclusões obtidas pelos estoicos com base na unidade da virtude: uma pessoa não tem sabedoria alguma até que tenha a sabedoria perfeita; não há graus de virtude e vício; a transição do vício à virtude tem, portanto, de ser completa e instantânea, como quando alguém que se afoga subitamente rompe a linha da superfície para fora da água. Agostinha sugeria que é não cristão tratar a virtude como um caso de tudo ou nada, de modo que, no fim das contas, uma pessoa tem de ser totalmente perfeita para ser considerada virtuosa.[60] Na sua concepção, nenhum cristão pode alcançar a perfeição moral na vida presente – no máximo, é possível fazer progressos constantes. Essa carta era bem conhecida dos teólogos do século XIII; os que duvidavam das afirmações antigas em favor da unidade indissolúvel da ética frequentemente a citavam.[61] Lembre-se, no entanto, de que a mesma concepção do tudo ou nada para o caráter moral que Agostinho recusa fazer valer para os cristãos dotados divinamente da virtude da caridade ele avidamente faz valer para todos os outros seres humanos. Sem a caridade, uma pessoa não tem virtudes morais verdadeiras, de modo que diferimos uns dos outros unicamente na combinação particular dos vícios que por acaso apresentamos.

---

[60] Ver Hauerwas 1997, 50, para um eco recente do mesmo juízo.
[61] Agostinho, *Epist. 167*, *Corpus Scriptorum Ecclesiasticorum Latinorum* 44, 586-609; Wood 1997b, 40-59.

Sobre a unidade das virtudes, assim como sobre tantas outras questões, Scotus encontrou alguns *insights* valiosos em Aristóteles, e também alguma coisa de valor em Agostinho, mas insistiu em trilhar o próprio caminho. Ambas as autoridades discordariam gravemente das conclusões que ele tirou, embora por razões diferentes.

V.1. A Prudência Exigida Mas Dividida

Scotus rejeita a posição aristotélica quanto à unidade das virtudes porque pensa que ela tem duas implicações absurdas: A de que uma pessoa progride instantaneamente de um estado absolutamente desprovido de toda verdadeira virtude moral para um estado em que as tem todas, e a de que há, no fundo, somente uma única virtude moral, e não uma pluralidade de virtudes que as pessoas desenvolvem gradualmente.[62] Os argumentos de Scotus contra ambas as teses retomam um tema familiar (o de que o crescimento moral tem de começar em algum lugar), ao mesmo tempo em que acrescentam nova ênfase na pluralidade das virtudes. Ele dá crédito total a Aristóteles por ter reconhecido a prudência como indispensável para a bondade moral; ele concorda que nenhuma virtude moral pode ser adquirida sem ela. Mas, ao mesmo tempo, ele se recusa a tratar a prudência como uma virtude única e indivisível, de modo que sua falta em algum âmbito qualquer da vida automaticamente demonstra que o indivíduo não a tem em nenhum âmbito.

Segundo Scotus, é impossível adquirir qualquer virtude moral sem a prudência correlata; mas cada virtude moral tem sua própria prudência, e nenhuma dessas prudências especializadas tem qualquer conexão necessária com qualquer outra. Assim, uma pessoa não poderia adquirir a virtude da coragem sem a prudência correlata a ela, mas poderia adquirir ambas as virtudes sem adquirir a temperança ou a prudência correlata a ela. As prudências especializadas podem verdadeiramente se combinar para formar uma

---

[62] *Ord.* 3, suppl. d. 36; *Coll.* 1.

"macroprudência" harmoniosa. Não obstante, essa macroprudência tem de ser considerada como um agregado, conforme Scotus, e não a unidade orgânica indivisível que Aristóteles e seus seguidores acríticos alegam.[63]

V.2. Perfeições Parciais

Scotus fica firme ao lado de Agostinho ao argumentar que alguém pode ter uma virtude moral sem outra. Contrário à filosofia antiga, que trata cada virtude moral como algo que, no fim, nada mais é que uma abstração de um caráter totalmente virtuoso, baseada na unidade orgânica, Scotus insiste que as virtudes morais podem ser adquiridas separadamente. Com efeito, uma virtude pode até ser desenvolvida à perfeição sem o desenvolvimento da outra:

> Uma virtude é uma perfeição humana, mas não a perfeição total, ou então uma única virtude moral bastaria. Mas quando algo tem várias perfeições parciais, pode ser perfeito *simpliciter* conforme diga respeito a uma perfeição, e imperfeito *simpliciter* conforme diga respeito a outra, tal como é evidente no caso dos humanos, a quem pertencem muitas perfeições orgânicas, e que podem ter uma única perfeição em altíssimo grau e simultaneamente não ter outra. Por exemplo, alguém poderia estar disposto em altíssimo grau no que concerne à visão e ao tato e ao mesmo tempo ser incapaz de ouvir. Assim, alguém pode ter o grau altíssimo de perfeição na matéria da temperança e ao mesmo tempo não ter a perfeição necessária na matéria de outra virtude, e pode, portanto, ser moderado *simpliciter*, mesmo no tocante a qualquer ato de temperança [embora a pessoa não seja corajosa]. Não obstante, ninguém é moral *simpliciter* sem todas as virtudes, assim como ninguém é sensível *simpliciter* sem todos os sentidos. Mas uma pessoa não é menos perfeitamente moderada, embora seja menos perfeitamente moral, assim como não é menos perfeita no ver ou no ouvir [pela falta de outros sentidos], embora seja menos perfeitamente sensível.[64]

---

[63] *Ord.* 3, suppl. d. 36 (Wolter 1986, 392-412). Para mais discussão, ver Ingham 1996b.
[64] *Ibid.* (Wolter 1986, 388).

Se Scotus está certo, não poderia uma virtude independente, que não tenha outras a apoiá-la, produzir às vezes ações más? Imagine-se que uma juíza tenha a virtude da justiça, mas não a da coragem. Ao presidir um julgamento da Máfia, ela recebe um telefonema anônimo, ameaçando sua vida se ela permitir a condenação do acusado. A juíza acredita firmemente que o acusado é culpado; mas, por simplesmente ter um caráter medroso, ela faz o melhor que pode para assegurar sua absolvição. Não seria este um exemplo de como a justiça sem a coragem poderia produzir um ato *in*justo?

O exemplo não prova nada disso, de acordo com Scotus. Não é a virtude da justiça que vai mal, mas a pessoa, e não por causa da virtude que tem, mas por causa da virtude que não tem. O ato da juíza é essencialmente um ato de covardia, escolhido contra sua disposição à justiça. É um ato de injustiça apenas incidentalmente (*per accidens*), escolhido porque um ato justo nessas circunstâncias exigia uma coragem que a juíza, lamentavelmente, não tinha. Sua falta de coragem não prova que ela verdadeiramente não adquiriu a virtude da justiça. Precisamente porque ela a tem, ela se sente angustiada por seu comportamento, e não fica indiferente ou, pior, reconfortada consigo mesma, como seria se ela tivesse o vício da injustiça.[65]

Os leitores poderão tender a apoiar essa conclusão, mas ainda podem protestar contra a tese mais forte: a de que alguém poderia desenvolver uma virtude moral (digamos, a justiça) à *perfeição* sem adquirir outra virtude moral (digamos, a coragem). Considerando-se a frequência na vida cotidiana com que se precisa da coragem para se fazer o que a justiça exige, é difícil ver como alguém poderia se tornar perfeitamente justo sem no fim das contas se tornar corajoso. Pelo mesmo, quanto tempo alguém conseguiria permanecer perfeitamente justo se agir errado toda vez que a justiça exigir a coragem?

Scotus indica que uma única ação má não destrói uma virtude. Muitos atos maus são necessários, ou, ao menos uns poucos atos maus. Ele

---

[65] *Ibid.* (Wolter 1986, 388-390).

também concorda que uma pessoa que tem uma virtude, mas não tem outras, provavelmente correria grave risco de perdê-la.[66] Diferentemente disso, ele pouco tem a dizer em resposta às objeções levantadas. Ele parece muito mais preocupado com um único ponto conceitual do que com a exploração de questões de psicologia empírica.

No entanto, é possível questionar se há preocupações normativas ocultas. Scotus enfatiza que as virtudes morais poderiam assumir muitas formas nas vidas de pessoas diferentes. A diversidade moral é importante para ele. Considere-se, agora, a possibilidade de que algum indivíduo – digamos, uma freira enclausurada que tenha ingressado aos cinco anos no convento – tenha tido ampla oportunidade de realizar atos justos e moderados, mas comparativamente pouca oportunidade de realizar atos corajosos. Seu desenvolvimento moral poderia, portanto, ser agudamente desigual, com muito maior perfeição em algumas áreas do que em outras. Embora toda vida humana certamente possa vir a oferecer alguma ocasião para o exercício de todas as virtudes morais, a quantidade de exercício que um indivíduo tem em qualquer virtude particular depende, em parte, das circunstâncias.

Scotus brinca com a ideia de que alguém poderia adquirir uma virtude imaginando o que faria em várias situações e fazendo as escolhas certas nesses cenários imaginários. Dessa forma, ele sugere, alguém sem dinheiro poderia, ainda assim, adquirir a virtude da generosidade. Contra isso, contudo, está o juízo de Aristóteles: Não importa o quanto eu possa desejar o impossível, só posso *escolher* o que me é possível.[67] Então, no fim, Scotus não insiste na capacidade de construir imaginariamente o que não se tem na realidade – uma decisão razoável, já que aquilo que as escolhas hipotéticas parecem produzir são somente virtudes hipotéticas, e não reais.

---

[66] *Ibid.*
[67] *Lect. prol.*, pars 4, qq. 1-2, n. 176; *Ord.* 3, suppl. d. 33 (Wolter 1986, 338); *Nic. Eth.* 3.2 (1111b20-25).

Scotus assume posição firme ao argumentar que um ser humano pode adquirir todas as virtudes morais e as prudências correlatas, mesmo ao nível da perfeição, sem a caridade dada por Deus ou qualquer outra virtude infundida. A virtude moral não é menos perfeita em termos morais por causa da falta de caridade infundida. O que a caridade acrescenta é uma perfeição *extrínseca*, a saber, uma ordenação ao fim último da felicidade.[68] Embora Deus, e só ele, possa nos fazer felizes, Scotus ensina que podemos e devemos nos tornar bons. Se Agostinho pensava que somente aqueles dotados da graça divina seriam capazes de ser bons, então Agostinho estava errado.

---

[68] *Ord.* 3, suppl. d. 36 (Wolter 1986, 414); *Quodl.* q. 17, nn. 7-8.

Bibliografia

ADAMS, Marilyn McCord. 1987. *William Ockham*. 2 vols. Notre Dame, IN: University of Notre Dame Press.

_____. 1992. "The Resurrection of the Body According to Three Medieval Aristotelians: Thomas Aquinas, John Duns Scotus, William Ockham." *Philosophical Topics* 20, 9-18.

ALBERTO, o Grande. 1893. *Opera Omnia*, edited by S. C. A. Borgnet. Paris: Vivès.

ALEXANDER DE HALES. 1924–1948. *Summa theologica*. Quaracchi: Collegium S. Bonaventurae.

ALLUNTIS, Felix. ed. 1963. *Cuestiones Cuodlibetales*. Em *Obras del Doctor Sutil, Juan Duns Escoto*. Madrid: Biblioteca de Autores Cristianos. 1965.

_____. "Demonstrability and Demonstration of the Existence of God." *Studies in Philosophy and the History of Philosophy* 3, 133-170.

ALLUNTIS, Felix, e WOLTER, Allan B. trad. 1975. *God and Creatures: The Quodlibetal Questions*. Princeton, NJ: Princeton University Press.

ARIEW, Roger. 1985. *Medieval Cosmology: Theories of Infinity, Place, Time, Void, and the Plurality of Worlds*. Chicago: The University of Chicago Press.

_____. 1999. *Descartes and the Last Scholastics*. Ithaca, NY: Cornell University Press.

ASHWORTH, E. J. 1991. "Signification and Modes of Signifying in Thirteenth-Century Logic: A Preface to Aquinas on Analogy." *Medieval Philosophy and Theology* 1, 39-67.

AVICENA. 1508. *Logica*. Venice: Octavius Scotus.

_____. 1977/1980. *Liber de Philosophia Prima Sive Scientia Divina*, ed. S. Van Riet. Louvain/Leiden: E. Peeters/E.J. Brill.

BACON, Roger. 1905-1940. *Opera Bactenus Inedita Rogeri Baconi*. Edited by Robert Steele and Ferdinand M. Delorme. 16 fascículos em 12 volumes. Oxford: Clarendon Press.

_____. 1988. *Compendium Studii Theologiae*. Edited by Thomas S. Maloney. Leiden: E. J. Brill.

BALIĆ, Carl. 1927. *Les Commentaires de Jean Duns Scot sur les Quatre Livres des Sentences: Étude historique et critique*. Louvain: Bureaux de la Revue.

_____. 1929. "De collationibus Ioannis Duns Scoti, Doctoris Subtilis ac Mariani." *Bogoslovni Vestnik* 9, 185-219.

_____. 1939. *Ratio Criticae Editionis Operum Omnium I. D. Scoti*. Rome: Schola typographica "Pio X."

BAUER, Ludwig, ed. 1912. *Die Philosophischen Werke des Robert Grosseteste, Bischofs von Lincoln*. Beiträge zur Geschichte der Philosophie des Mittelalters 9. Münster: Aschendorff.

BÉRUBÉ, Camille. 1964. *La Connaissance de L'individuel au Moyen Âge*. Montreal: Presses de l'Université de Montréal.

BETTONI, Efrem. 1961. *Duns Scotus: The Basic Principles of His Philosophy*, ed. and trans. Bernardine Bonansea. Washington, DC: Catholic University of America Press.

BOLER, John. 1993. "Transcending the Natural: Duns Scotus on the Two Affections of the Will." *American Catholic Philosophical Quarterly*, 67, 109-126.

_____. 1996. "The Ontological Commitment of Scotus's Account of Potency in his *Questions on the Metaphysics*, Book IX." *In*: Honnefelder *et al.*, 145-160.

BONANSEA, B. M. 1983. *Man and His Approach to God in John Duns Scotus*. Lanham, MD: University Press of America.

BOSLEY, Richard N., with Martin Tweedale, eds. 1997. *Basic Issues in Medieval Philosophy*. Peterborough, Ontario: Broadview Press.

BOULNOIS, Olivier. 1988. *Jean Duns Scot: Sur la Connaissance de Dieu et L'univocité de L"etant*. Paris: Presses Universitaires de France.

_____. 1992. "Réelles intentions: nature commune et universaux selon Duns Scot." *Revue de Métaphysique et de Morale* 1, 3-33.

_____. 1995. "Représentations et noms divins selon Duns Scot." *Documenti e Studi Sulla Tradizione Filosofica Medievale* 6, 255-280.

_____. 1999. "Si Dieu n'existait pas, faudrait-il l'inventer?" Situation métaphysique de l'éthique scotiste." *Philosophie* 61, 50-74.

BRADLEY, Denis J. M. 1997. *Aquinas on the Twofold Human Good: Reason and Human Happiness in Aquinas's Moral Science*. Washington, DC: The Catholic University of America Press.

BRADY, Ignatius. 1954. "Comment on Dr. Wolter's Paper." Em *Proceedings for the American Catholic Philosophical Association for 1954*, 122-130.

BRAMPTON, C. K. 1964. "Duns Scotus at Oxford, 1288-1301." *Franciscan Studies* 24, 5-20.

BRICKHOUSE, Thomas C. 1976. "A Contradiction in Aristotle's Doctrines Concerning the Alterability of *Hexeis* and the Role of *Hexeis* in the Explanation of Action." *Southern Journal of Philosophy* 14, 401-411.

BRIDGES, Geoffrey G. 1965. "The Problem of the Demonstrability of Immortality." Em John K. Ryan and Bernardine M. Bonansea, eds. *John Duns Scotus, 1265-1965*, Studies in Philosophy and the History of Philosophy, 3. Washington, DC: Catholic University of America Press, 191-209.

BROADIE, Alexander. 1995. *The Shadow of Scotus: Philosophy and Faith in Pre-Reformation Scotland*. Edinburgh: T. and T. Clark.

BROADIE, Sarah. 1991. *Ethics with Aristotle*. Oxford: Oxford University Press.

BROWN, O. J. 1979. "Individuation and Actual Existence in Scotus." *The New Scholasticism* 53, 347-361.

BROWN, Stephen F. 1993. "Medieval Supposition Theory in Its Theological Context." *Medieval Philosophy and Theology* 3, 121-157.

____. 1994. "Henry of Ghent (b. ca. 1217; d. 1293)." Em Gracia 1994.

CALLEBAUT, André. 1928. "Le maîtrise du Bx. Jean Duns Scot en 1305; son départ de Paris en 1307 durant la préparation du proc`es des Templiers." *Archivum Franciscanum Historicum* 21, 214-239.

CATANIA, Francis J. 1993. "John Duns Scotus on *Ens Infinitum*." *American Catholic Philosophy Quarterly* 67, 37-54.

COLISH, Marcia L. 1993. "*Habitus* Revisited: A Reply to Cary Nederman." *Traditio* 48, 77-92.

COPLESTON, Frederick. 1985. *History of Philosophy: Volume II*. New York: Image Books.

CRAIG, William Lane. 1988. *The Problem of Divine Foreknowledge and Future Contingents from Aristotle to Suarez*. Leiden: E. J. Brill.

CRESS, Donald. 1975. "Toward a Bibliography on Duns Scotus on the Existence of God." *Franciscan Studies* 35, 45-65.

CROSS, Richard. 1995. "Duns Scotus's Anti-Reductionistic Account of Material Substance." *Vivarium* 33, 137-170.

____. 1997a. "Duns Scotus on Eternity and Timelessness." *Faith and Philosophy* 14, 3-25.

____. 1997b. "Is Aquinas's Proof for the Indestructibility of the Soul Successful?" *British Journal for the History of Philosophy* 5, 1-20.

_____. 1998. *The Physics of Duns Scotus: The Scientific Context of a Theological Vision*. Oxford: Clarendon Press.

_____. 1999. *Duns Scotus*. Great Medieval Thinkers. Oxford: Oxford University Press.

DAHLSTROM, Daniel A. 1980. "Signification and Logic: Scotus on Universals from a Logical Point of View." *Vivarium* 18, 81-111.

DALES, Richard C., ed. 1963. Robert Grosseteste, *Commentarius in VIII libros Physicorum Aristotelis*. Boulder, CO: University of Colorado Press.

DAY, Sebastian. 1947. *Intuitive Cognition: A Key to the Significance of the Later Scholastics*. St. Bonaventure, NY: Franciscan Institute Press.

DE LIBERA, Alain. 1991a. *César et le Phénix. Distinctiones et Sophismata Parisiens du XIIIe Siècle*. Pisa: Scuola Normale Superiore.

_____. 1991b. "Roger Bacon et la référence vide. Sur quelques antécédents médiévaux du paradoxe de Meinong." Em *Lectionum Varietates. Hommage à Paul Vignaux (1904-1987)*, edited by J. Jolivet, Z. Kaluza e A. de Libera (ed.), 85-120. Paris: Vrin.

_____. 1996. *La Querelle des Universaux: De Platon à la fin du Moyen-Age*. Paris: Éditions du Seuil.

DE MURALT, André. 1991. *L'Enjeu de la Philosophie Médiévale*. Leiden: E. J. Brill.

DENIFLE, Heinrich e CHATELAIN, Emile. eds. 1889-1897. *Chartularium Universitatis Parisiensis*. 4 vols. Paris: Delalain.

DOLNIKOWSKI, Edith. 1995. *Thomas Bradwardine: A View of Time and a Vision of Eternity in Fourteenth-Century Thought*. Leiden: E. J. Brill.

DUHEM, Pierre. 1913-1959. *Le Système du Monde. Histoire des doctrines cosmologiques de Platon à Copernic*. 10 vols. Paris: Hermann.

DUMMETT, Michael. 1991. *The Logical Basis of Metaphysics*. Cambridge, MA: Harvard University Press.

DUMONT, Richard. 1965. "The Role of the Phantasm in the Psychology of Duns Scotus." *Monist* 49, 617-633.

DUMONT, Stephen D. 1987. "The Univocity of Being in the Fourteenth Century (I): John Duns Scotus and William of Alnwick." *Mediaeval Studies* 49, 1-75.

_____. 1988. "The Necessary Connection of Moral Virtue to Prudence According to John Duns Scotus – Revisited." *Recherches de Théologie Ancienne et Médiévale* 55, 184-206.

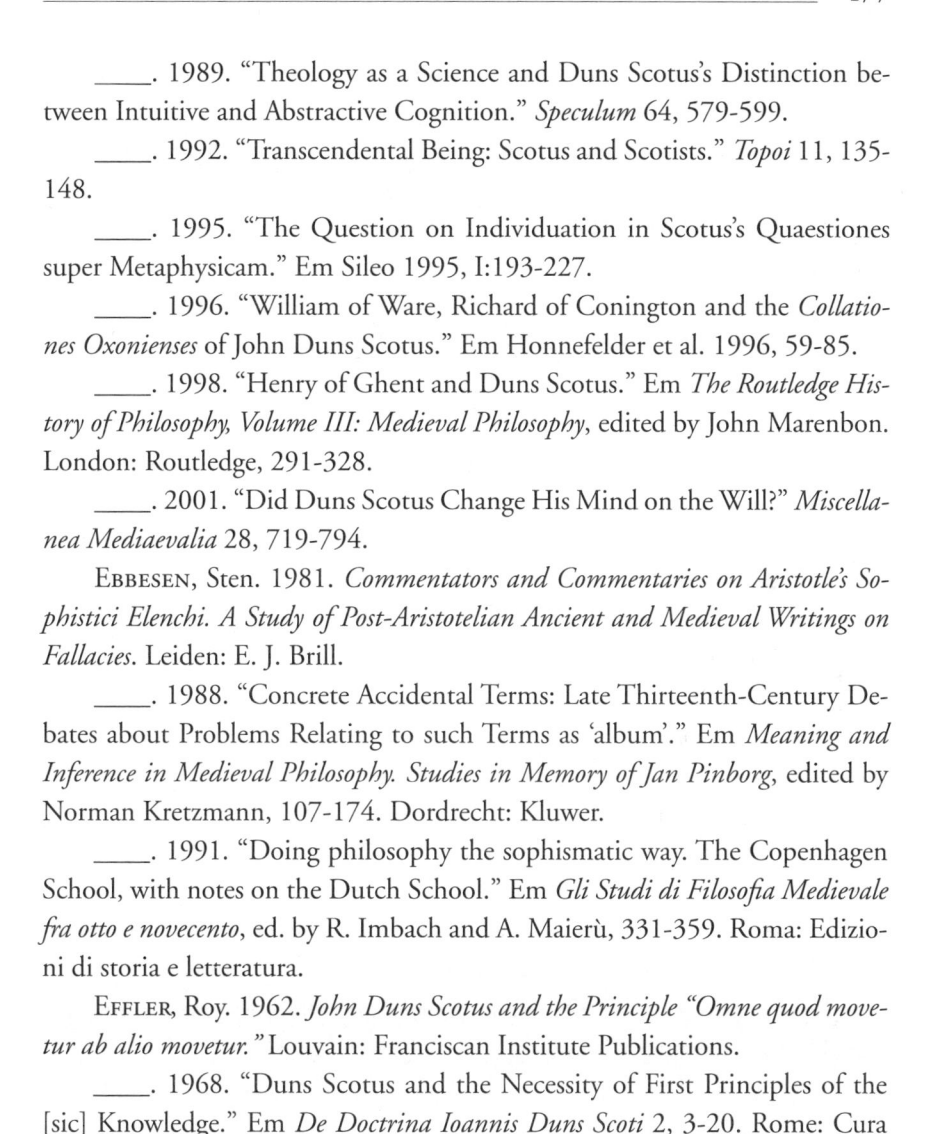

_____. 1989. "Theology as a Science and Duns Scotus's Distinction between Intuitive and Abstractive Cognition." *Speculum* 64, 579-599.

_____. 1992. "Transcendental Being: Scotus and Scotists." *Topoi* 11, 135-148.

_____. 1995. "The Question on Individuation in Scotus's Quaestiones super Metaphysicam." Em Sileo 1995, I:193-227.

_____. 1996. "William of Ware, Richard of Conington and the *Collationes Oxonienses* of John Duns Scotus." Em Honnefelder et al. 1996, 59-85.

_____. 1998. "Henry of Ghent and Duns Scotus." Em *The Routledge History of Philosophy, Volume III: Medieval Philosophy*, edited by John Marenbon. London: Routledge, 291-328.

_____. 2001. "Did Duns Scotus Change His Mind on the Will?" *Miscellanea Mediaevalia* 28, 719-794.

EBBESEN, Sten. 1981. *Commentators and Commentaries on Aristotle's Sophistici Elenchi. A Study of Post-Aristotelian Ancient and Medieval Writings on Fallacies*. Leiden: E. J. Brill.

_____. 1988. "Concrete Accidental Terms: Late Thirteenth-Century Debates about Problems Relating to such Terms as 'album'." Em *Meaning and Inference in Medieval Philosophy. Studies in Memory of Jan Pinborg*, edited by Norman Kretzmann, 107-174. Dordrecht: Kluwer.

_____. 1991. "Doing philosophy the sophismatic way. The Copenhagen School, with notes on the Dutch School." Em *Gli Studi di Filosofia Medievale fra otto e novecento*, ed. by R. Imbach and A. Maierù, 331-359. Roma: Edizioni di storia e letteratura.

EFFLER, Roy. 1962. *John Duns Scotus and the Principle "Omne quod movetur ab alio movetur."* Louvain: Franciscan Institute Publications.

_____. 1968. "Duns Scotus and the Necessity of First Principles of the [sic] Knowledge." Em *De Doctrina Ioannis Duns Scoti* 2, 3-20. Rome: Cura Commissionis Scotisticae.

ETZKORN, Girard J. e WOLTER Allan B., trans. 1997. *Questions on the Metaphysics of Aristotle by John Duns Scotus*. 2 vols. Saint Bonaventure, NY: Franciscan Institute Publications.

FRANK, William A. 1982a. "Duns Scotus' Concept of Willing Freely." *Franciscan Studies* 42, 68-89.

_____. 1982b. *Duns Scotus' Quodlibetal Teaching on the Will*. Tese de doutoramento, Catholic University of America.

FRANK, William A., and Allan B. Wolter. 1995. *Duns Scotus, Metaphysician*. West Lafayette, IN: Purdue University Press.

FONTAINES, Godofredo de. 1904-1937. *Quodlibet I-XV*. Edited by Maurice deWulf. *Les Philosophes Belges: textes et études*. Louvain: Institut supérieur de philosophie de l'Université.

GELBER, Hester. 1974. *Logic and the Trinity: A Clash of Values in Scholastic Thought 1300-1335*. Tese de doutoramento, University of Wisconsin.

GILSON, Etienne. 1952. *Jean Duns Scot: Introduction à Ses Positions Fondamentales*. *Études de philosophie médiévale*, 42. Paris: J. Vrin.

GODFREY DE FONTAINES. 1904–37. *Quodlibet I–XV*. Edited by Maurice deWulf. *Les philosophes belges: textes et études*. Louvain: Institut supérieur de philosophie de l'Université.

GORMAN, Michael. 1993. "Ontological Priority and John Duns Scotus." *Philosophical Quarterly* 43, 460-471.

GRACIA, Jorge J. E. 1988. *Introduction to the Problem of Individuation in the Early Middle Ages*. 2nd rev. ed. Munich and Vienna: Philosophia Verlag.

———, ed. 1994. *Individuation in Scholasticism: The Later Middle Ages and the Counter-Reformation, 1150-1650*. Albany: State University of New York Press.

———. 1996. "Individuality and the Individuating Entity in Scotus's *Ordinatio*: An Ontological Characterization." Em Honnefelder et al. 1996, 229-249.

GRAJEWSKI, Maurice. 1944. *The Formal Distinction of Duns Scotus: A Study in Metaphysics*. Washington, DC: Catholic University of America Press.

GRANT, Edward, ed. 1974. *A Sourcebook in Medieval Science*. Cambridge, MA: Harvard University Press.

———. 1976. "The Concept of *Ubi* in Medieval and Renaissance Discussions of Place." *Manuscripta* 20, 71-80.

———. 1978. "Cosmology." Em *Science in the Middle Ages*, edited by David C. Lindbergh. Chicago: The University of Chicago Press, 265-302.

———. 1979. "The Condemnation of 1277, God's Absolute Power, and Physical Thought in the Late Middle Ages." *Viator* 10, 211-244.

———. 1981. *Much Ado about Nothing: Theories of Space and Vacuum from the Middle Ages to the Scientific Revolution*. Cambridge, UK: Cambridge University Press.

GROSSETESTE, Robert. 1982. *Hexa¨emeron*. Edited by Richard C. Dales and Servus Gieben. Oxford, UK: Oxford University Press.

GUYER, Paul. 1994. "Locke's philosophy of language." Em *The Cambridge Companion to Locke*, edited by Vere Chappell, 115-145. Cambridge, UK: Cambridge University Press.

HACKETT, Jeremiah M. G. 1994. "Roger Bacon (b. ca. 1214/20; d. 1292)." Em Gracia 1994, 117-139.

HALES, Alexandre de. 1924-1948. *Summa Theologica*. Quaracchi: Collegium S. Bonaventurae.

HAMESSE, Jacqueline. 1974. *Les Auctoritates Aristotelis: un florilège médiéval: étude historique et édition critique*. Louvain: Publications universitaires.

HARRIS, C. R. S. 1927. *Duns Scotus*. 2 vols. Oxford, UK: Clarendon Press.

HAUERWAS, Stanley, with Charles Pinches. 1997. *Christians Among the Virtues*. Notre Dame, IN: University of Notre Dame Press.

HENNINGER, Mark. 1989. *Relations: Medieval Theories 1250-1325*. Oxford, UK: Clarendon Press.

HENRY OF GHENT. 1979. *Henrici de Gandavo Opera Omnia*. Leiden: E. J. Brill.

HENRY, D. P. 1982. "Predicables and Categories." Em Kretzmann et al. 1982, 128-142.

HISSETTE, Roland. 1977. *Enquête sur les 219 articles condamnés à Paris le 7 mars 1277*. Louvain: Publications universitaires.

____. 1982. "Albert le Grand et Thomas D'Aquin dans la censure parisienne de 7 mars 1277." Em *Studien zur Mittelalterlichen Geistesgeschichte und ihren Quellen*, 226-246. Berlin: Walter de Gruyter.

HOERES, Wilhelm. 1965. "Wesen und Dasein bei Heinrich von Gent und Duns Scotus." *Franziskanische Studien* 47, 121-186.

HOFFMANN, Tobias. 1999. "The Distinction between Nature and Will in Duns Scotus." *Archives d'Histoire Doctrinale et Littéraire du Moyen Age* 66.

HONNEFELDER, Ludger. 1979. *Ens inquantum ens: Der Begriff des Seienden als Solchen als Gegenstand der Metaphysik nach der Lehre des Johannes Duns Scotus*. Beiträge zur Geschichte der Philosophie und Theologie des Mittelalters, NF 16. Münster: Aschendorff.

____. 1996. "Metaphysik und Ethik bei Johannes Duns Scotus: Forschungsergebnisse und -perspektiven. Eine Einführung." Em Honnefelder et al. 1996, 1-33.

HONNEFELDER, Ludger, ed., with Rega Wood and Mechthild Dreyer, eds. 1996. *John Duns Scotus: Metaphysics and Ethics*. Studien und Texte zur Geistesgeschichte des Mittelalters 53. Cologne: E. J. Brill.

HYMAN, Arthur, and WALSH, James. 1973. *Philosophy in the Middle Ages*. Indianapolis: Hackett Publishing Company.

INGHAM, Mary Elizabeth. 1989. *Ethics and Freedom: An Historical-Critical Investigation of Scotist Ethical Thought*. Lanham, MD:University Press of America.

____. 1996a. *The Harmony of Goodness: Mutuality and Moral Living According to John Duns Scotus*. Quincy, IL: Franciscan Press.

____. 1996b. "Practical Wisdom: Scotus's Presentation of Prudence." Em Honnefelder et al. 1996, 551-571.

IRWIN, T. H. 1996. "The Virtues: Theory and Common Sense in Greek Philosophy." Em *How Should One Live? Essays on the Virtues*, edited by Roger Crisp, 37-55. Oxford, UK: Clarendon Press.

JAMES of Viterbo. 1968. *Jacobi de Viterbio O.E.S.A. Disputatio Prima de Quodlibet*. Edited by Eelcko Ypma. Rome: Augustinianum.

JOHN of Damascus (Damascene). 1864. *De Fide Orthodoxa*. Patrologia Graeca 94. Paris: J.-P. Migne.

____. 1955. *De Fide Orthodoxa: Versions of Burgundio and Cerbanus*. Edited by Eligius M. Buytaert. Franciscan Institute Publications: Text Series, 8. St. Bonaventure, NY: The Franciscan Institute.

JORDAN, Michael Joseph. 1984. *Duns Scotus on the Formal Distinction*. Tese de doutoramento. Rutgers University.

KANT, Immanuel. 1993. *Grounding for the Metaphysics of Morals*, 2.ª ed. trad.: James W. Ellington. Indianapolis: Hackett Publishing Company.

KENNY, Anthony and PINBORG, Jan. 1982. "Medieval Philosophical Literature." Em Kretzmann et al. 1982, 11-42.

KENT, Bonnie. 1995. *Virtues of the Will: The Transformation of Ethics in the Late Thirteenth Century*. Washington, DC: The Catholic University of America Press.

____. 2001. "Augustine's Ethics." Em Kretzmann and Stump 2001, 205-233.

KING, Peter. 1992. "Duns Scotus on the Common Nature and the Individual Differentia." *Philosophical Topics* 20, 50-76.

_____. 1994. "Duns Scotus on the Reality of Self-Change." Em *Self-Motion from Aristotle to Newton*, edited by Mary-Louise Gill and Jim Lennox, 227-290. Princeton: Princeton University Press.

Kluxen, Wolfgang. 1998. "Über Metaphysik und Freiheitsverständnis bei Johannes Duns Scotus." *Philosophisches Jahrbuch* 105, 100-109.

Knudsen, Christian. 1982. "Intentions and Impositions." Em Kretzmann et al. 1982, 479-495.

Knuuttila, Simo. 1993. *Modalities in Medieval Philosophy*. London: Routledge.

Kretzmann, Norman. 1974. "Aristotle on Spoken Sound Significant by Convention." Em J. Corcoran, ed., *Ancient Logic and its Modern Interpretations*. Dordrecht: Reidel.

_____. 1982. "Syncategoremata, Exponibilia, Sophismata." Em Kretzmann et al. 1982, 211-245.

Kretzmann, Norman, with Kenny, Anthony and Jan Pinborg, ed. 1982. *The Cambridge History of Later Medieval Philosophy*. NY: Cambridge University Press.

Kretzmann, Norman, with Stump, Eleonore. 1985. "Absolute Simplicity." *Faith and Philosophy* 2, 353-382.

_____, ed. 1993. *The Cambridge Companion to Aquinas*. NY: Cambridge University Press.

_____, ed. 2001. *The Cambridge Companion to Augustine*. NY: Cambridge University Press.

Lagerlund, Henrik. 1999. *Modal Syllogistics in the Middle Ages*. Tese de doutoramento. Uppsala University.

Lang, Helen S. 1983. "Bodies and Angels: The Occupants of Space for Aristotle and Duns Scotus." *Viator* 14, 245-266.

Langston, Douglas C. 1986. *God's Willing Knowledge: The Influence of Scotus' Analysis of Omniscience*. University Park, PA: Pennsylvania State University Press.

_____. 1993. "Scotus's Doctrine of Intuitive Cognition." *Synthese* 96, 3-24.

Lee, S. 1998. "Scotus on the Will: The Rational Power and the Dual Affections." *Vivarium* 36, 40-54.

Little, Andrew G. 1892. *The Grey Friars in Oxford*. Oxford: Oxford Historical Society Publications.

_____. 1932. "Chronological Notes on the Life of Duns Scotus." *The English Historical Review* 47, 568-582.

LOCKE, John. 1975. *An Essay concerning Human Understanding.* Edited by P. H. Nidditch. Oxford, UK: Clarendon.

LOTTIN, Odon. 1949. "Les premières définitions et classifications des vertus au moyen âge." Em *Psychologie et Morale aux XIIe et XIIIe Siècles* 3, section 2, part 1. Louvain-Gembloux: Abbaye du Mont César.

LOUX, Michael. 1984. "A Scotistic Argument for the Existence of a First Cause." *American Philosophical Quarterly* 21, 157-165.

LYNCH, J. E. 1972. *The Theory of Knowledge of Vital du Four.* St. Bonaventure, NY: Franciscan Institute Press.

MACDONALD, Scott. 1988. "Boethius's Claim that all Substances are Good." *Archiv für Geschichte der Philosophie* 70, 245-279.

_____, ed. 1991a. *Being and Goodness: The Concept of the Good in Metaphysics and Philosophical Theology.* Ithaca, NY: Cornell University Press.

_____. 1991b. "The Relation between Being and Goodness." Em MacDonald 1991a, 1-28.

MAIER, Anneliese. 1982. "The Nature of Motion." Em *On the Threshold of Exact Science*, ed. and trans. Steven D. Sargent. Philadelphia: University of Pennsylvania Press, 21-39.

MAIERÙ, Alfonso. 1987. "Influenze arabe e discussioni sulla natura della logica presso i latini fra XIII e XIV secolo." Em *La diffusione delle scienze islamiche nel medio evo europeo*, 243-267. Roma: Accademia Nazionale dei Lincei.

MAJOR, John. 1892. *A History of Greater Britain as well England as Scotland Compiled from the Ancient Authorities by John Major, by name indeed a Scot, but by profession a Theologian.* Trans. Archibald Constable. Edinburgh: Edinburgh University Press.

MALCOLM, J. 1979. "A Reconsideration of the Identity and Inherence Theories of the Copula." *Journal of the History of Philosophy* 17, 383-400.

MALONEY, Thomas S. 1985. "The Extreme Realism of Roger Bacon." *Review of Metaphysics* 38, 807-837.

MANN, William E. 1982. "Divine Simplicity." *Religious Studies* 18, 451-471.

_____. 1987. "Immutability and Predication: What Aristotle Taught Philo and Augustine." *International Journal for Philosophy of Religion* 22, 21-39.

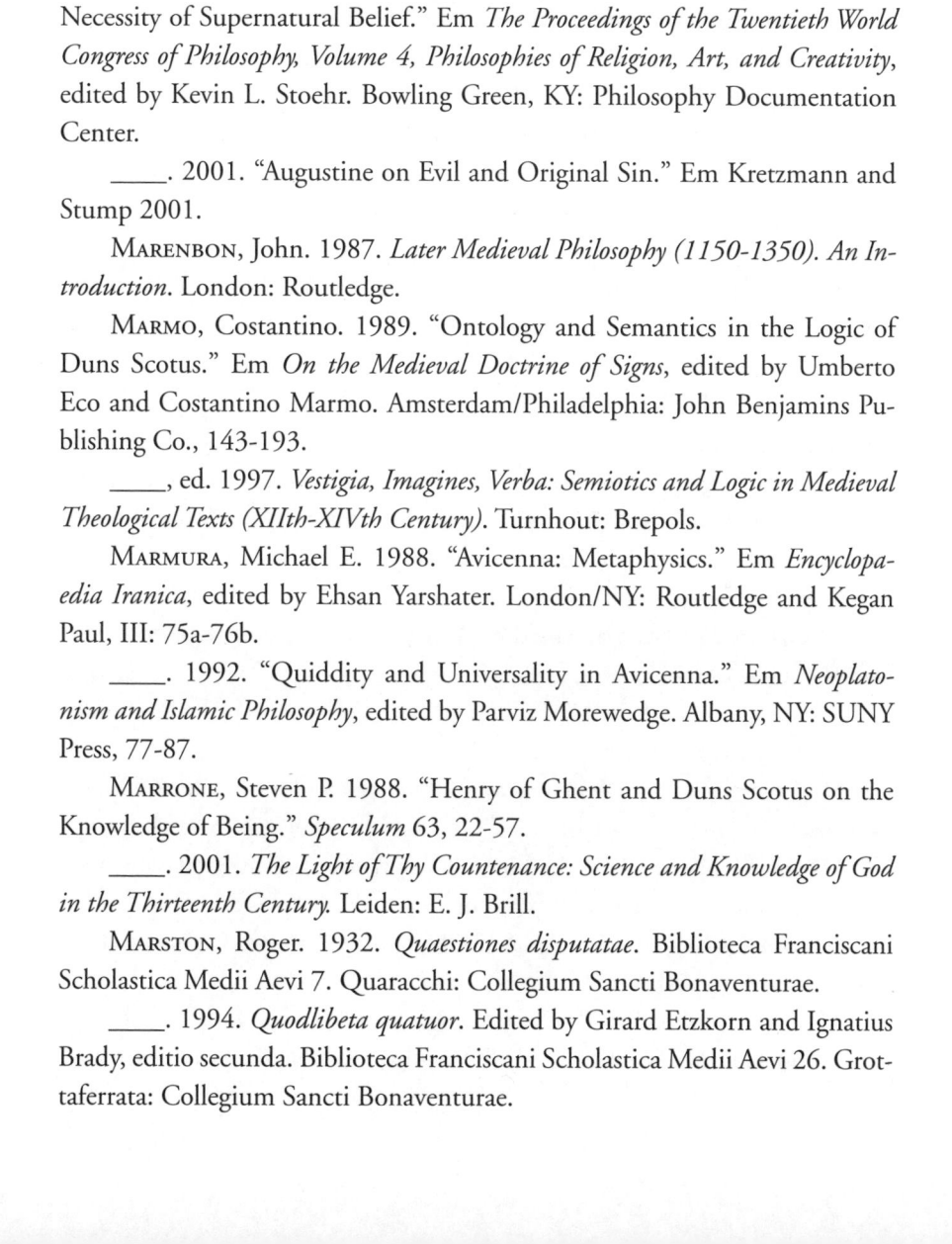

_____. 1992. "Duns Scotus, Demonstration, and Doctrine." *Faith and Philosophy* 9, 436-462.

_____. 1993. "Hope." Em *Reasoned Faith: Essays in Philosophical Theology in Honor of Norman Kretzmann*, edited by Eleonore Stump. Ithaca, NY: Cornell University Press, 251-280.

_____. 1998. "Piety: Lending a Hand to Euthyphro." *Philosophy and Phenomenological Research* 58, 123-142.

_____. 1999. "Believing WhereWe Cannot Prove: Duns Scotus on the Necessity of Supernatural Belief." Em *The Proceedings of the Twentieth World Congress of Philosophy, Volume 4, Philosophies of Religion, Art, and Creativity*, edited by Kevin L. Stoehr. Bowling Green, KY: Philosophy Documentation Center.

_____. 2001. "Augustine on Evil and Original Sin." Em Kretzmann and Stump 2001.

MARENBON, John. 1987. *Later Medieval Philosophy (1150-1350). An Introduction*. London: Routledge.

MARMO, Costantino. 1989. "Ontology and Semantics in the Logic of Duns Scotus." Em *On the Medieval Doctrine of Signs*, edited by Umberto Eco and Costantino Marmo. Amsterdam/Philadelphia: John Benjamins Publishing Co., 143-193.

_____, ed. 1997. *Vestigia, Imagines, Verba: Semiotics and Logic in Medieval Theological Texts (XIIth-XIVth Century)*. Turnhout: Brepols.

MARMURA, Michael E. 1988. "Avicenna: Metaphysics." Em *Encyclopaedia Iranica*, edited by Ehsan Yarshater. London/NY: Routledge and Kegan Paul, III: 75a-76b.

_____. 1992. "Quiddity and Universality in Avicenna." Em *Neoplatonism and Islamic Philosophy*, edited by Parviz Morewedge. Albany, NY: SUNY Press, 77-87.

MARRONE, Steven P. 1988. "Henry of Ghent and Duns Scotus on the Knowledge of Being." *Speculum* 63, 22-57.

_____. 2001. *The Light of Thy Countenance: Science and Knowledge of God in the Thirteenth Century*. Leiden: E. J. Brill.

MARSTON, Roger. 1932. *Quaestiones disputatae*. Biblioteca Franciscani Scholastica Medii Aevi 7. Quaracchi: Collegium Sancti Bonaventurae.

_____. 1994. *Quodlibeta quatuor*. Edited by Girard Etzkorn and Ignatius Brady, editio secunda. Biblioteca Franciscani Scholastica Medii Aevi 26. Grottaferrata: Collegium Sancti Bonaventurae.

MARTIN, Christopher. 1999. *Theories of Inference and Entailment in the Middle Ages*. Tese de doutoramento. Pricenton University.

MASSOBRIO, Simona. 1991. *Aristotelian Matter as Understood by St. Thomas Aquinas and John Duns Scotus*. Tese de doutoramento. McGill University.

MCCARTHY, Edward. 1976. *Medieval Light Theory and Optics and Duns Scotus' Treatment of Light in D. 13 of Book II of his Commentary on the Sentences*. Tese de doutoramento. City University of New York.

MCGRATH, Alister. 1998. *Iustitia Dei: A History of the Christian Doctrine of Justification*. 2d ed. Cambridge, UK: Cambridge University Press.

MENN, Stephen. 1998. *Descartes and Augustine*. Cambridge, UK: Cambridge University Press.

MERCKEN, H. P. F. 1998. "Scotus's Interpretation of the *Lex Naturae* in the Perspective of Western Philosophical Ethics." Em *John Duns Scotus (1265/1266-1308): Renewal of Philosophy*, edited by E. P. Bos, 171-182. Amsterdam: Rodopi.

MÖHLE, Hannes. 1995. *Ethik als scientia practica nach Johannes Duns Scotus: Eine philosophische Grundlegung*. Beiträge zur Geschichte der Philosophie und Theologie des Mittelalters 44. Münster: Aschendorff.

____. 1999. "Das Verhältnis praktischer Wahrheit und kontingenter Wirklichkeit bei Johannes Duns Scotus." Em *Friedensethik im Spätmittelalter: Theologie im Ringen um die gottgegebene Ordnung*, edited by Gerhard Beestermöller e Heinz-Gerhard Justenhoven, 47-61. Stuttgart: W. Kohlhammer.

MONDADORI, Fabrizio. 2000. "'Quid Sit Essentia Creaturae, Priusquam a Deo Producatur': Leibniz' View." Em *Unità e Molteplicità nel Pensiero Filosofico e Scientifico di Leibniz*, edited by Antonio Lamarra and Roberto Palaia. Florence: L. S. Olschki.

MORRISON, Donald. 1987. "The Evidence for Degrees of Being in Aristotle." *Classical Quarterly* 37, 382-402.

MUCKLE, J. T., ed. 1933. *Algazel's Metaphysics*. Toronto: St. Michael's College.

MÜLLER, Johannes P. 1974. "Eine Quästion über das Individuationsprinzip des Johannes von Paris O.P. (Quidort)." Em *Virtus Politica: Festgabe zum 75. Geburtstag von Alfons Hufnagel*, 335-355. Stuttgart in Bad Cannstatt: Friedrich Frommann Verlag.

MURDOCH, John E. 1981. "*Scientia Mediantibus Vocibus*: Metalinguistic Analysis in Late Medieval Natural Philosophy." Em *Sprache und Erkenntnis im Mittelalter*, Miscellanea Mediaevalia 13/1. ed.: W. Kluxen et al., 73-106. Berlin: W. de Gruyter.

_____. 1982. "Infinity and Continuity." Em Kretzmann et al. 1982, 564-591.

NASH, Peter E. 1950-1951. "Giles of Rome, Auditor and Critic of St. Thomas." *The Modern Schoolman* 28, 1-20.

NEDERMAN, Cary J. 1989-1990. "Nature, Ethics, and the Doctrine of 'Habitus': Aristotelian Moral Psychology in the Twelfth Century." *Traditio* 45, 87-110.

NOONE, Timothy B. 1995. "Scotus's Critique of the Thomistic Theory of Individuation and the Dating of the 'Quaestiones in Libros Metaphysicorum', VII q. 13." Em Sileo 1995, I: 391-406.

_____. 1998. "Scotus on Divine Ideas: *Rep. Paris*. I-A, d.36." *Medioevo* 24, 359-453.

NORMORE, Calvin G. 1993. "Peter Aureoli and His Contemporaries on Future Contingents and Excluded Middle." *Synthese* 96, 83-92.

NOVAK, Joseph A. 1987. "Aquinas and the Incorruptibility of the Soul." *History of Philosophy Quarterly* 4, 405-421.

O'BRIEN, Andrew J. 1964. "Duns Scotus' Teaching on the Distinction Between Essence and Existence." *The New Scholasticism* 38, 61-77.

OCKHAM, William. 1974. *Summa Logicae*. Edited by P. Boehner, G. Gál, and S. Brown. Volume 1 de *Opera Philosophica*. St. Bonaventure, NY: Franciscan Institute.

O'CONNOR, Timothy. 2000. *Persons and Causes: The Metaphysics of Free Will*. Oxford, UK: Oxford University Press.

O'DONNELL, J. Reginald. 1955. *Nine Mediaeval Thinkers: A Collection of Hitherto Unedited Texts*. Toronto: Pontifical Institute of Mediaeval Studies.

OWENS, Joseph. 1957. "Common Nature: A Point of Comparison Between Thomistic and Scotistic Metaphysics." *Mediaeval Studies* 19, 1-14.

OLIVI, Pierre-Jean de. 1922. *Quaestiones in secundum librum Sententiarum*. Ed.: Bernard Jansen. 3 vols. Bibliotheca Franciscani Scolastica Medii Aevi 4-6. Quaracchi: Collegium Sancti Bonaventurae.

_____.1958. "The Accidental and Essential Character of Being in the Doctrine of St. Thomas Aquinas." *Mediaeval Studies* 20, 1-40.

PASNAU, Robert. 1995. "Henry of Ghent and the Twilight of Divine Illumination." *Review of Metaphysics* 49, 49-75.

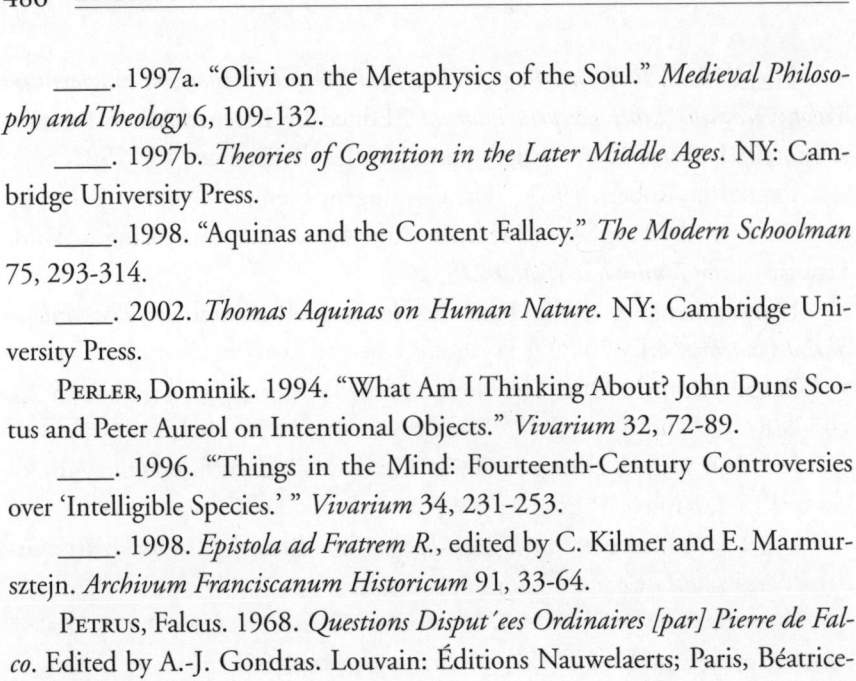

_____. 1997a. "Olivi on the Metaphysics of the Soul." *Medieval Philosophy and Theology* 6, 109-132.

_____. 1997b. *Theories of Cognition in the Later Middle Ages*. NY: Cambridge University Press.

_____. 1998. "Aquinas and the Content Fallacy." *The Modern Schoolman* 75, 293-314.

_____. 2002. *Thomas Aquinas on Human Nature*. NY: Cambridge University Press.

PERLER, Dominik. 1994. "What Am I Thinking About? John Duns Scotus and Peter Aureol on Intentional Objects." *Vivarium* 32, 72-89.

_____. 1996. "Things in the Mind: Fourteenth-Century Controversies over 'Intelligible Species.' " *Vivarium* 34, 231-253.

_____. 1998. *Epistola ad Fratrem R.*, edited by C. Kilmer and E. Marmursztejn. *Archivum Franciscanum Historicum* 91, 33-64.

PETRUS, Falcus. 1968. *Questions Disput´ees Ordinaires [par] Pierre de Falco*. Edited by A.-J. Gondras. Louvain: Éditions Nauwelaerts; Paris, Béatrice-Nauwelaerts.

PINBORG, Jan. 1971. "Bezeichnung in der Logik des XIII. Jahrhunderts." Em Albert Zimmermann, ed., *Der Begriff der Repraesentatio im Mittelalter*, 238-281. Miscellanea Medievalia 8. Berlin: W. de Gruyter.

_____. 1982. "Speculative Grammar." Em Kretzmann et al. 1982, 254-269.

PINI, Giorgio. 1997. *La dottrina delle Categorie nei Commenti Aristotelici di Duns Scoto*, tesi di perfezionamento. Pisa: Scuola Normale Superiore.

_____. 1999. "Species, Concept, and Thing: Theories of Signification in the Second Half of the Thirteenth Century." *Medieval Philosophy and Theology* 8, 21-52.

_____. 2001. "Signification of Names in Duns Scotus and Some of His Contemporaries." *Vivarium* 39, 20-51.

PLANTINGA, Alvin. 1974. *The Nature of Necessity*. Oxford, UK: Clarendon Press.

POPE, Stephen J., ed. 2002. *The Ethics of Aquinas*. Washington, DC: Georgetown University Press.

PORPHYRY. 1887. *Isagoge et in Aristotelis Categorias commentarium*. Ed.: Adolfus Busse. Commentaria in Aristotelem Graeca, 4.1. Berlin: George Reimer.

_____. 1966. *Porphyrii Isagoge Translatio Boethii et Anonymi Fragmentum Vulgo Vocatum "Liber sex principiorum."* Edited by Lorenzo Minio-Paluello. Aristoteles Latinus, 1.6-7. Bruges-Paris: Desclée de Brouwer.

PRENTICE, Robert. 1967. "The Contingent Element Governing the Natural Law on the Last Seven Precepts of the Decalogue, According to Duns Scotus." *Antonianum* 42, 259-292.

PRIEST, Stephen. 1998. "Duns Scotus on the Immaterial." *The Philosophical Quarterly* 48, 370-372.

PRIOR, Arthur. 1970. "The Notion of the Present." *Studium Generale* 23, 245-248.

Pseudo-Dionysius the Areopagite. 1857. *De Divinis Nominibus*. Patrologia Graeca 3. Paris: J.-P. Migne.

PUTNAM, Hilary. 1975. "The Meaning of 'Meaning'." Em Hilary Putnam, *Mind and Language*, Philosophical Papers, vol. 2. Cambridge: Cambridge University Press.

READ, Stephen, ed. 1993. *Sophisms in Medieval Logic and Grammar*. Dordrecht: Kluwer.

RIST, J. M. 1994. *Augustine: Ancient Thought Baptized*. Cambridge, UK: Cambridge University Press.

ROEST, Bert. 2000. *A History of Franciscan Education (c. 1210-1517)*. Leiden: Brill.

RORTY, Richard. 1979. *Philosophy and the Mirror of Nature*. Princeton, New Jersy: Princeton University Press.

ROSIER, Irene. 1983. *La Grammaire Sp'eculative des Modistes*. Lille: Presses Universitaires.

_____. 1994. *La Parole Comme Acte. Sur la grammaire et la s'emantique au XIIIe siècle*. Paris: Vrin.

_____. 1995a. "*Res significata* et *modus significandi*: Les implications d'une distinction médiévale." Em *Sprachtheorien in Spätantike und Mittelalter*, ed.: Sten Ebbesen, 135-168. Tübingen: G. Narr.

_____. 1995b. "Henri de Gand, le *De Dialectica* d'Augustin, et l'institution des noms divins." *Documenti e Studi Sulla Tradizione Filosófica Medievale* 6, 255-280.

Ross, James F. 1961. "Analogy as a Rule of Meaning for Religious Language." *International Philosophical Quarterly* 1, 468-502.

_____. 1968. *Philosophical Theology*. Indianapolis, IN: Bobbs-Merrill.

_____. 1989. "The Crash of Modal Metaphysics." *Review of Metaphysics* 43, 251-279.

_____. 1990. "Aquinas' Exemplarism, Aquinas' Voluntarism." *American Catholic Philosophical Quarterly* 64, 171-198.

SAGÜÉZ Azcona, P. 1968. "Apuntes para la historia del escotismo en España en el siglo XIV." Em *De Doctrina Ioannis Duns Scoti*, vol. 4: *Scotismus Decursu Saeculorum*, 3-19. Rome.

SALMON, Wesley. 1977. "An 'At-At' Theory of Causal Influence." Em *Philosophy of Science* 44, 215-224.

SCHNEIDER, J. H. J. 1996. "*Utrum Haec Sit Vera*: Caesar est homo, Caesar est animal, Caesar non existente. Zum *Peri-Hermeneias*-Kommentar des Johannes Duns Scotus." Em Honnefelder et al. 1996, 393-412.

SEARLE, John. 1969. *Speech Acts: An Essay in the Philosophy of Language*. Cambridge, UK: Cambridge University Press.

SHANNON, Thomas A. 1995. *The Ethical Theory of Duns Scotus*. Quincy, IL: Franciscan Press.

SHARP, Dorothea E. 1930. *Franciscan Philosophy at Oxford in the Fourteenth Century*. London: Oxford University Press.

SIGÉRIO de Brabante. 1974. *Écrits de Logique, de Morale et de Physique*. Ed.: B. Bazán. Louvain: Publications Universitaires.

SMART, J. J. C. 1963. *Philosophy and Scientific Realism*. London: Routledge and Kegan Paul.

SILEO, Leonardo, ed. 1995. *Via Scoti: Methodologica ad Mentem Joannis Duns Scoti*. 2 vols. Rome: Antonianum.

SONDAG, Gérard. 1993. *Duns Scot: L'Image*. Paris: J. Vrin.

_____. 1996. "Universel et *Natura Communis* dans l'*Ordinatio* et dans les *Questions sur le Perihermeneias* (une br`eve comparaison)." Em Honnefelder et al. 1996, 385-391.

_____. 1997. "La solution scotiste au probl`eme de l'individuation, avec une conjecture sur ses sources immédiates." Em *Perspectives arabes et médiévales sur la tradition scientifique et philosophique grecque*. Actes du colloque de la Société internationale d'histoire des sciences et de la philosophie arabes et islamiques, edited by Ahmad Hasnawi, Abdelali Elamrani-Jamal, and Maroun Aouad, 505-521. Leuven/Paris: Peeters/Institut du Monde Arabe.

SORABJI, Richard. 1983. *Time, Creation, and the Continuum: Theories in Antiquity and the Early Middle Ages*. Ithaca, NY: Cornell University Press.

SPADE, Paul Vincent, trans. 1994. *Five Texts on the Mediaeval Problem of Universals: Porphyry, Boethius, Abelard, Duns Scotus, Ockham*. Indianapolis, IN: Hackett Publishing Company.

SPRUIT, Leen. 1994. *Species Intelligibilis: From Perception to Knowledge*. Leiden: E. J. Brill.

SPRUYT, Joke. 1998. "Duns Scotus' Criticism of Henry of Gent's Notion of Free Will." Em *John Duns Scotus (1265/1266-1308): Renewal of Philosophy*, edited by E. P. Bos, 139-154. Amsterdam: Rodopi.

STENECK, Nicholas. 1970. *The Problem of the Internal Senses in the Fourteenth Century*. Tese de doutoramento, University of Wisconsin.

STELLA, Prospero. 1955. *L'Ilemorfismo di G. Duns Scoto*. Turin: Società editrice internazionale.

STROICK, Clemens. 1974. "Eine Pariser Disputation vom Jahre 1306: Die Verteidigung des thomistischen Individuationsprinzips gegen Johannes Duns Scotus durch Guillelmus Petri de Godino, O. P." Em *Thomas von Aquin: Interpretation und Rezeption, Studien und Texte*. Ed.: Willehead Paul Eckert, 559-608. Mainz: Matthias-Grünewald Verlag.

STUMP, Eleonore. 1982. "Theology and Physics in *De Sacramento Altaris*: Ockham's Theory of Indivisibles." Em *Infinity and Continuity in Ancient and Medieval Thought*, edited by Norman Kretzmann. Ithaca, NY: Cornell University Press, 207-230.

____. 1995. "Non-Cartesian Substance Dualism and Materialism without Reductionism." *Faith and Philosophy* 12, 505-531.

____. 1985. "Absolute Simplicity." *Faith and Philosophy* 2, 353-382.

STUMP, Eleonore, and Norman Kretzmann. 1991. "Being and Goodness." Em MacDonald 1991a, 98-128.

SYLWANOWICZ, Michael. 1996. *Contingent Causality and the Foundations of Duns Scotus' Metaphysics*. Studien und Texte zur Geistesgeschichte des Mittelalters 51. Köln: E. J. Brill.

TACHAU, Katherine. 1988. *Vision and Certitude in the Age of Ockham. Optics, Epistemology and the Foundations of Semantics, 1250-1345*. Leiden: E.J. Brill.

TANNER, Norman, ed. 1990. *Decrees of the Ecumenical Councils*. 2 vols. London: Sheed and Ward; Washington, DC: Georgetown University Press.

THIJSSEN, J. M. M. H. 1984. "Roger Bacon (1214-1292/1297): A Neglected Source in the Medieval Continuum Debate." *Archives Internationals D'histoire des Sciences* 34, 25-34.

TOMÁS de Aquino. 1929. *In Sententias*. Ed.: P. Mandonnet. Paris: Lethielleux.

_____. 1989. *Expositio libri Peryermenias*. Editio Leonina I*/1. Roma e Paris: Commissio Leonina & Vrin.

TOMÁS de Sutton. 1969. *Quodlibeta*. Ed.: Michael Schmaus. München: Bayerische Akademie der Wissenschaften.

TWEEDALE, Martin. 1993. "Duns Scotus's Doctrine on Universals and the Aphrodisian Tradition." *American Catholic Philosophical Quarterly* 67, 77-93.

VAN HOOK, Brennan. 1962. "Duns Scotus and the Self-Evident Proposition." *New Scholasticism* 36, 29-48.

VAN INWAGEN, Peter. 1989. "When Is the Will Free?" *Philosophical Perspectives* 3, 399-422.

VIER, Peter. 1951. *Evidence and its Function According to John Duns Scotus*. St. Bonaventure, NY: Franciscan Institute.

VIGNAUX, Paul. 1935. *Luther: Commentateur des Sentences (Livre I, Distinction XVII)*. Paris: J. Vrin.

VISSER, Sandra, and Thomas Williams. 2001. "Anselm's Account of Freedom." *Canadian Journal of Philosophy* 31, 221-244.

VOS JACZN, Antonie, H. Veldhuis, A. H. Looman-Graaskamp, E. Dekker, N. W. DenBok. 1994. *John Duns Scotus: Contingency and Freedom: Lectura I 39*. Dordrecht: Kluwer.

WAISMANN, Friedrich. 1959. *Introduction to Mathematical Thinking*. NY: Harper.

WARE, William. *Quaestiones in Sententias*. Vienna, Österreichische Nationalbibliothek, MS 1424.

WEIDEMANN, H. 1994. *Aristoteles: Peri hermeneias*. Berlin: Akademie-Verlag.

WHITE, Michael J. 1992. *The Continuous and the Discrete: Ancient Physical Theories from a Contemporary Perspective*. Oxford, UK: Clarendon Press.

WILLIAMS, Thomas. 1995a. *Monologion and Proslogion, with the Replies of Gaunilo and Anselm*. Indianapolis, IN: Hackett Publishing Company.

_____. 1995b. "How Scotus Separates Morality from Happiness." *American Catholic Philosophical Quarterly* 69, 425-445.

_____. 1997. "Reason, Morality, and Voluntarism in Duns Scotus: A Pseudo-Problem Dissolved." *The Modern Schoolman* 74, 73-94.

_____. 1998a. "The Unmitigated Scotus." *Archiv für Geschichte der Philosophie* 80, 162-181.

_____. 1998b. "The Libertarian Foundations of Scotus's Moral Philosophy." *The Thomist* 62, 193-215.

WIPPEL, John F. 1977. "The Condemnations of 1270 and 1277." *Journal of Medieval and Renaissance Studies* 7, 169-201.

_____. 1981. *The Metaphysical Thought of Godfrey of Fontaines. A Study in Late Thirteenth-Century Philosophy*. Washington, DC: Catholic University of America Press.

_____. 1984. *Metaphysical Themes in Thomas Aquinas*. Washington, DC: Catholic University of America Press.

_____. 1994. "Godfrey of Fontaines (b. ca. 1250; d.1306/1309), Peter of Auvergne (d. 1303), and John Baconthorpe (d. 1345/1348)." Em Gracia 1994, 222-228.

_____. 1998. "Thomas Aquinas and the Axiom that Unreceived Act is Unlimited." *Review of Metaphysics* 51, 558-561.

_____. 2000. *The Metaphysical Thought of Thomas Aquinas*. Washington, DC: Catholic University of America Press.

WOLF, Susan. 1990. *Freedom within Reason*. Oxford, UK: Oxford University Press.

WOLTER, Allan B. 1946. *The Transcendentals and Their Function in the Metaphysics of Duns Scotus*. St. Bonaventure, NY: The Franciscan Institute.

_____. 1951. "Duns Scotus on the Necessity of Revealed Knowledge." *Franciscan Studies* 11, 231-272.

_____. 1954. "Duns Scotus and the Existence and Nature of God." Em *Existence and Nature of God: Proceedings of the American Catholic Philosophical Association* 28, 94-121.

_____. 1966. *A Treatise on God as First Principle*. Chicago: Franciscan Herald Press.

_____. 1972. "Native Freedom of the Will as a Key to the Ethics of Scotus." Reimpresso em Wolter 1990a, 148-162.

_____. 1986. *Duns Scotus on the Will and Morality*. Washington, DC: Catholic University of America Press.

_____. 1987. *Duns Scotus: Philosophical Writings*. Indianapolis: Hackett Publishing Company.

_____. 1990a. *The Philosophical Theology of John Duns Scotus*. Ed.: Marilyn McCord Adams. Ithaca, NY: Cornell University Press.

_____. 1990b. "Duns Scotus on Intuition, Memory, and Our Knowledge of Individuals." Em Wolter 1990a, 98-122.

_____. 1990c. "The Realism of Scotus." Em Wolter 1990a, 42-53.

_____. 1990d. "Scotus's Individuation Theory." Em Wolter 1990a, 68-97.

_____. 1990e. "Duns Scotus on the Natural Desire for the Supernatural." Em Wolter 1990a, 125-147.

_____. 1993. "Reflections on the Life and Works of Scotus." *American Catholic Philosophical Quarterly* 67, 1-36.

_____. 1995. "Duns Scotus at Oxford." Em Sileo 1995, I: 183-191.

_____. 1996. "Reflections about Scotus's Early Works." Em Honnefelder et al. 1996, 37-57.

WOLTER, Allan B., with ADAMS, Marilyn McCord. 1982. "Duns Scotus' Parisian Proof for the Existence of God." *Franciscan Studies* 42, 248-321.

_____. 1993. "Memory and Intuition: A Focal Debate in Fourteenth Century Cognitive Psychology." *Franciscan Studies* 53, 175-230.

WOOD, Rega. 1987. "Scotus's Argument for the Existence of God." *Franciscan Studies* 47, 257-277.

_____. 1996. "Individual Forms: Richard Rufus and John Duns Scotus." Em Honnefelder et al. 1996, 251-272.

_____. 1997a. "Roger Bacon: Richard Rufus' Successor as a Parisian Physics Professor." *Vivarium* 35, 222-250.

_____. 1997b. *Ockham on the Virtues*. West Lafayette, IN: Purdue University Press.

_____. 1999. "Ockham's Repudiation of Pelagianism." Em *The Cambridge Companion to Ockham*, edited by Paul Vincent Spade, 350-73. Cambridge, UK: Cambridge University Press.

ZIMMERMANN, Albert. 1967. "Eine anonyme Quaestio: 'Utrum haec sit vera: homo est animal homine non existente'." *Archiv für Geschichte der Philosophie* 49, 183-200.

Bibliografia Scotística em Língua Portuguesa

O presente subsídio bibliográfico, anexado, com a permissão dos editores, às referências bibliográficas do volume original traduzido, recolhe dados que já constam em duas outras publicações, a saber: (1) Meirinhos, José F. P. (org.). *João Duns Escoto (c. 1265-1308). Subsídios bibliográficos.* Porto: Gabinete de Filosofia Medieval, 2008, e (2) Dias, Cléber Eduardo dos Santos. Bibliografia escotista – autores lusófonos e bibliografia escotista. In: De Boni, Luis Alberto et al. (org.). *João Duns Scotus (1308-2008). Homenagem de scotistas lusófonos.* Porto Alegre – Bragança Paulista: Edipucrs – EST Edições – Universidade São Francisco, 2008, p. 358-374. Por semelhante modo, a inclusão de dados a este anexo também contou com a permissão dos autores.

Diferentemente da primeira referência bibliográfica mencionada, a presente bibliografia deixa de lado a descrição do "*Scriptum Oxoniense* de Duns Escoto sobre o livro I das *Sentenças* [de Pedro Lombardo] editado em Coimbra em 1609 por frei João da Encarnação", bem como a "Bibliografia de João Duns Escoto, escotistas e escotismo nas bibliotecas da Faculdade de Letras [da Universidade do Porto]". Em diferença à segunda referência bibliográfica mencionada, a presente bibliografia não inclui obras de autores lusófonos escritas em qualquer outra língua que não a língua portuguesa, e também abre mão de citar a referência a resumos de trabalhos científicos veiculados em português.

A bibliografia abaixo apresentada conserva, porém, as indicações de obras de autores não lusófonos sobre João Duns Scotus que foram traduzidas para o português. E, em particular, assimila, tanto quanto possível, materiais publicados respectivos aos anos 2009-2010. Além disso, cumpre lembrar que, no que tange a obras mais antigas e em caráter temático geral, há que se consultar Schäfer, O. *Bibliographia de vita operibus et doctrina Iohannis Duns Scoti Doctoris Subtilis et Mariani saec. XIX-XX.* Herder: Roma, 1950, e Schäfer, O. Resenha abreviada da bibliografia escotista mais recente (1954-1966). In: *Revista Portuguesa de Filosofia* 23:3 (1967), p. 388-391. Uma bibliografia geral, atual e em permanente atualização pode ser encontrada in: Hoffmann, T. *Duns Scotus Bibliography. 1950 to the Present.* The Catholic University of America, substantially updated: December 8, 2009: http://faculty.cua.edu/hoffmann/scotus-bibliography.htm.

I. Traduções das obras de João Duns Scotus (traduções e/ou edições integrais e parciais)

João Duns Scotus. Primogênito da criação: princípios teológicos do Beato J. Duns Escotus para uma teologia da criação. Versão e anotações de J. Jerkovic. In: *Vozes* 60:1 (1966), p. 35-39.

João Duns Escoto. *Pode-se provar a existência de Deus?* Introd., trad. e notas de Frei Raimundo Vier. Petrópolis: Vozes, 1972. 87p. [*Ordinatio* livro I, distinção 2, parte 1, questões 1-2 e 3].

John Duns Scot. Escritos Filosóficos. Seção I: Sobre o conhecimento humano (*Opus Oxoniense*, I, d. 3, parte 1, q. 4). Trad. de Carlos Arthur Ribeiro do Nascimento, p. 237-257. In: Tomás de Aquino, Dante Alighieri, John Duns Scot e William of Ockham. *Seleção de Textos*. Os Pensadores, VIII. São Paulo: Abril Cultural, 1973. [A tradução de excertos de textos de Duns Scotus, publicados como "Escritos Filosóficos" na Coleção Os Pensadores, tem tido diversas edições posteriores a essas que vão citadas na íntegra, pois trata-se da primeira edição. Observe-se que nas edições posteriores a numeração de páginas e a colocação do autor junto àqueles com os quais se encontra na primeira edição foram alteradas].

John Duns Scot. Escritos Filosóficos. Seção II: O conhecimento natural do homem a respeito de Deus (*Opus Oxoniense*, I, d. 3, parte 1, q. 1). Trad. de Carlos Arthur Ribeiro do Nascimento, p. 259-272 In: Tomás de

Aquino, Dante Alighieri, John Duns Scot e William of Ockham. *Seleção de Textos*. Os Pensadores, VIII. São Paulo: Abril Cultural, 1973.

John Duns Scot. Escritos Filosóficos. Seção III: A existência de Deus (*Ordinatio* I, d. 2, parte 1, q. 1-2). Trad. Raimundo Vier, p. 273-301. In: Tomás de Aquino, Dante Alighieri, John Duns Scot e William of Ockham. *Seleção de Textos*. Os Pensadores, VIII. São Paulo: Abril Cultural, 1973.

John Duns Scot. Escritos Filosóficos. Seção IV: A unicidade de Deus (*Ordinatio* I, d. 2, parte 1, q. 3). Trad. Raimundo Vier, p. 303-312. In: Tomás de Aquino, Dante Alighieri, John Duns Scot e William of Ockham. *Seleção de Textos*. Os Pensadores, VIII. São Paulo: Abril Cultural, 1973.

John Duns Scot. Escritos Filosóficos. Seção V: A espiritualidade e imortalidade da alma humana (*Opus Oxoniense* IV, d. 43, q. 2). Trad. de Carlos Arthur Ribeiro do Nascimento, p. 313-330. In: Tomás de Aquino, Dante Alighieri, John Duns Scot e William of Ockham. *Seleção de Textos*. Os Pensadores, VIII. São Paulo: Abril Cultural, 1973.

John Duns Scot. Escritos Filosóficos. Seção VI: Sobre a Metafísica. Trad. Carlos Arthur Ribeiro do Nascimento, p. 331-338. Incluindo: A metafísica como ciência dos transcendentais: (*Quaestiones subtilissimae in Metaphysicam Aristotelis*, Prólogo, n. 5), p. 333; Noção e divisão dos transcendentais: (*Opus Oxoniense* I, d. 8, q. 3, n. 113-115), p. 333-334; Primazia do ser em relação aos demais transcendentais: (*Opus Oxoniense* I, d. 3, p. 1, q., n. 137-140 e 145-151), p. 334-336; Dedução dos atributos do ser: (*Opus Oxoniense* I, d. 9, q. 1), p. 337; O ser como sujeito e Deus como fim da metafísica: (*Reportata Parisiensia*, prol., q. 3, a. 1), p. 337-338. In: Tomás de Aquino, Dante Alighieri, John Duns Scot e William of Ockham. *Seleção de Textos*. Os Pensadores, VIII. São Paulo: Abril Cultural, 1973.

João Duns Escoto. 1 – Oração Metafísica (*De primo principio*, cap. 4, n. 26-26). In: Sanson, V. F. *Textos de Filosofia*. Rio de Janeiro: Universidade Federal Fluminense, 1974, p. 247-249. [Utiliza-se da tradução feita por R. Vier, cf. acima].

João Duns Escoto. 2 – As provas da existência de Deus (*Ordinatio*, I, in c., n. 46-59). In: Sanson, V. F. *Textos de Filosofia*. Rio de Janeiro: Universidade Federal Fluminense, 1974, p. 249-253. [Utiliza-se da tradução feita por R. Vier, cf. acima].

João Duns Escoto. Apêndice A – *Ordinatio* II, Distinção Terceira, Parte Primeira. Do Princípio de Individuação, Questão 1: Se a substância material é individual ou singular por si mesma ou por sua natureza?. In: Cezar, C. R. *O conhecimento abstrativo em Duns Escoto*. Porto Alegre: Edipucrs, 1996, p. 85-96.

João Duns Escoto. Apêndice B – *Ordinatio* I, Distinção 3, Parte 3, Questão 2: Se a parte intelectiva em sua acepção própria ou algo dela é causa geradora total do conhecimento atual ou razão do gerar?. In: Cezar, C. R. *O conhecimento abstrativo em Duns Escoto*. Porto Alegre: Edipucrs, 1996, p. 97-144.

João Duns Escoto. Do Princípio de Individuação. Tradução da *Ordinatio* II, d. 3, p. 1, q. 1 de Duns Escoto. In: *Trans/form/ação* 19 (1996), p. 241-253. [Trad. César Ribas Cezar].

João Duns Escoto. *Tratado do Primeiro Princípio*. Trad. e nótula introdutória de Mário Santiago de Carvalho. Textos Filosóficos, 43. Lisboa: Edições 70, 1998, 143p.

João Duns Scotus. Duns Scotus. *Questões sobre a Metafísica* (*Quaestiones subtilissimae in Metaphisycam*, liber I, Prologus, p. 3-14). Trad. L. A. De Boni. In: *Idem. Filosofia medieval – Textos*. Coleção Filosofia, 110. Porto Alegre: Edipucrs, 2000, p. 312-320. [Também: João Duns Scotus. Duns Scotus. *Questões sobre a Metafísica* (*Quaestiones subtilissimae in Metaphisycam*, liber I, Prologus, p. 3-14). Trad. L. A. De Boni. In: *Idem. Filosofia Medieval – Textos*. Coleção Filosofia, 110. Porto Alegre: Edipucrs, ²2005 (revista e ampliada), p. 326-333].

João Duns Scotus. *Prólogo da Ordinatio*. Trad., introd. e notas de Roberto Hofmeister Pich. Coleção Pensamento Franciscano, V. Porto Alegre – Bragança Paulista: Edipucrs – Editora Universitária São Francisco, 2003, 447p.

João Duns Scotus. Duns Scotus. Da ecceidade ou do princípio de individuação. In: *Scintilla* 2:1 (2005), p. 173-175. Trad. E. P. Giachini e A. Pintarelli.

João Duns Scotus. *Textos sobre poder, conhecimento e contingência*. Trad., introd. e notas de Roberto Hofmeister Pich. Coleção Pensamento Franciscano, XI. Porto Alegre – Bragança Paulista: Edipucrs – Editora Universitária São Francisco, 2008, 508p.

João Duns Scotus. A Questão 15 do Livro IX das *Quaestiones Super Libros Metaphysicorum Aristotelis* de Duns Scotus. Introdução, estrutura e tradução de Roberto Hofmeister Pich. In: *Veritas* 53:3 (2008), p. 118-157.

João Duns Scotus. *Tractatus de primo principio*, Capítulo II (Análise comparada da ordem essencial, ou inter-relação dos elementos essencialmente ordenados). Trad. Luis Alberto De Boni. In: *Veritas* 53:3 (2008), p. 91-117.

João Duns Scotus. *Scotus e a liberdade. Textos escolhidos sobre a vontade, a felicidade e a lei natural.* [1. Questões sobre a *Metafísica* IX, q. 15; 2. Questões sobre a *Metafísica* IX, q. 14; 3. *Ordinatio* III, dist. 26, q. única; 4. *Ordinatio* I, dist. 1, p. 2, q. 2; 5. *Ordinatio* IV, dist. 49, q. 9-10; 6. *Ordinatio* IV, dist. 49, q. 4; 7. *Ordinatio* III, dist. 37, q. única]. Tradução e introdução de Cesar Ribas Cezar. Revisão técnica de Carlos Arthur Ribeiro do Nascimento. São Paulo: Edições Loyola, 2010, p. 73-238.

II. Escotistas portugueses (autores)

Beato Amadeu da Silva. *Apocalipsis Nova – Nova Apocalipse*. Edição crítica, fixação do texto, tradução, introdução e notas por Domingos Lucas Dias. Tese de doutoramento. Lisboa: Universidade Aberta, 2004, cxlviii - 483*- 483 – xvi - IVp.

André do Prado. *Horologium fidei: Diálogo com o Infante D. Henrique, edição do ms. Vat. lat. 1068*. Tradução, introdução e notas por Aires A. Nascimento. Coleção Mare Liberum. Lisboa: Imprensa Nacional-Casa da Moeda, 1994, 491p.

Diogo Lopes Rebelo. *Do governo da República pelo rei (De republica gubernanda per regem)*. Ed. e trad. M. P. de Meneses. Introd. e notas de A. M. Sá. Lisboa: Instituto para a Alta Cultura, 1951.

Diogo Lopes Rebelo. *Tractatus de productionibus personarum*. In: Diogo Lopes Rebelo. *Do governo da República pelo rei (De republica gubernanda per regem), Tratado das produções das pessoas [divinas] (Tractatus de produc-

tionibus personarum [in divinis]. Trad. M. P. de Meneses, introd. de M. C. de Matos. Lisboa: Edições da Távola Redonda, 2000.

Gomes de Lisboa, Frei. *Questão muito útil sobre o objecto de qualquer ciência, e principalmente da filosofia natural* (*Quaestio perutilis de cuiuscumque scientie subiecto, principaliter tamen naturalis philosophiae*). Estabelecimento do texto e trad. de M. Pinto de Meneses, introd. J. C. Gonçalves. Lisboa: Instituto de Alta Cultura, 1964, 85p.

Macedo, Francisco de Santo Agostinho de, Frei. *Philippica portuguesa contra la invectiva castellana.* Introd. Carlota de Miranda Urbano. Lisboa: Alcalá, 2003, 287p. (Edição facsimilada, Lisboa: Antonio Aluarez, 1645).

Margalho, Pedro. *Escólios em ambas as lógicas à doutrina de S. Tomás, do subtil Duns Escoto e dos nominalistas* (*Petri Margalli Logices utriusque scholia in divi Thomae subtilisque Duns Scotus doctrina ac nominalium*; reprodução facsimilada da ed. de Salamanca, 1520). Trad. Miguel Pinto de Meneses, introd. Wilhelm Risse. Lisboa: Instituto de Alta Cultura, 1965, xl + 274p.

III. Verbetes, léxicos, enciclopédias, dicionários, concordâncias (Duns Scotus e o scotismo)

Abbagnano, Nicola. Escotismo. In: *Dicionário de Filosofia.* São Paulo: Martins Fontes, 1998, p. 428.

Ambrosio, Gianni. Duns Escoto, João. In: *Christos – Enciclopédia do Cristianismo.* São Paulo: Instituto Geográfico De Agostini, 2004, p. 297.

Auroux, Sylvain e Weil, Yvonne. Duns Escoto (João). In: Auroux, S. e Weil, Y. *Dicionário de filosofia: temas e autores.* Trad. Miguel Serras Pereira. Porto: Asa, 1993, p. 91.

Bourke, Vernon J. Duns Scoto, João. In: RUNES, Dagobert D. (dir.). *Dicionário de Filosofia.* Trad. Maria Virgínia Guimarães. Lisboa: Editorial Presença, 1983, p. 107-108.

Cerqueira Gonçalves, J. Escotismo. In: *Logos – Enciclopédia Luso-Brasileira de Filosofia.* Lisboa: Editorial Verbo, Vol. 2, 1990, col. 182-183.

_____. Escoto (João Duns). In: *Logos – Enciclopédia Luso-Brasileira de Filosofia*. Lisboa: Editorial Verbo, Vol. 2, 1990, col. 189-196.

De Boni, L. A. Duns Scotus, João. In: Barreto, V. P. (org.). *Dicionário de Filosofia do Direito*. São Leopoldo: Unisinos, 2006, p. 251-256.

Durozoi, G. e Roussel, A. Duns Scot. In: Durozoi, G. *Dicionário de Filosofia*. Trad. Maria de Fátima de Sá Correira. Porto: Porto Editora, 2000, p. 120.

Freitas, M. B. C. Escotismo. In: *Verbo – Enciclopédia Luso-Brasileira de Cultura*. Lisboa: Editorial Verbo, Vol. 7, 1963-1980, col. 927-928. [*Idem*. In: *Verbo – Enciclopédia Luso-Brasileira de Cultura: século XXI*. Lisboa: Editorial Verbo, Vol. 10, 1998, col. 755-756].

_____. Escotismo em Portugal. In: *Logos – Enciclopédia Luso-Brasileira de Filosofia*. Lisboa: Verbo, Vol. 2, 1990, col. 184-189.

_____. Escoto (João Duns). In: *Verbo – Enciclopédia Luso-Brasileira de Cultura*. Lisboa: Editorial Verbo, Vol. 7, 1963-1980, col. 928-935. [*Idem*. In: *Verbo – Enciclopédia Luso-Brasileira de Cultura: século XXI*. Lisboa: Editorial Verbo, Vol. 10, 1998, p. 758-763].

Pinharanda Gomes, J. Escotismo. In: *Dicionário de filosofia portuguesa*. Lisboa: Dom Quixote, 2004, p. 116-122.

IV. Coletâneas, estudos e volumes monográficos (incluindo o scotismo em Portugal)

Calafate, Pedro (ed.). *História do pensamento filosófico português – Volume I: Idade Média; Volume II: Renascimento e Contra-Reforma*. Lisboa: Círculo de Leitores, ²2002.

Carvalho, M. S. de. *Estudos sobre Álvaro Pais e outros franciscanos (Séculos XIII-XV)*. Lisboa: Imprensa Nacional-Casa da Moeda, 2001 [especialmente p. 173-216].

Costa, A. D. S. *Portugueses no Colégio de S. Clemente e Universidade de Bolonha durante o século XV*. Bologna, 2 Volumes, 1990.

Costa, M. G. *Inéditos de filosofia em Portugal*. Braga, 1978.

Cezar, C. R. *O conhecimento abstrativo em Duns Escoto*. Porto Alegre: Edipucrs, 1996, 146p.

De Boni, Luis Alberto e Pich, Roberto Hofmeister. (orgs.). *João Duns Scotus* (*Veritas* 50:3 (2005), 209p.).

De Boni, Luis Alberto e Pich, Roberto Hofmeister. (orgs.), *João Duns Scotus (1308-2008)* (*Veritas* 53:3 (2008), 180p.).

De Boni, Luis Alberto (org.); Pich, Roberto Hofmeister; Costa, Joice B. da; Dias, Cléber E. S.; Leite, Thiago S. (co-orgs.). *João Duns Scotus (1308-2008). Homenagem de scotistas lusófonos*. Porto Alegre – Bragança Paulista: Edipucrs – EST Edições – Universidade S. Francisco, 2008, 382p.

Faria, F. L. *Estudos bibliográficos sobre Damião de Gois e a sua época*. Lisboa, 1977.

Freitas, M. B. C. *O ser e os seres – Volume I: itinerários filosóficos*. Lisboa: Editorial Verbo, 2004.

Gonçalves, J. C. *Humanismo medieval I: A natureza do indivíduo em João Duns Escoto. II: Franciscanismo e cultura*. Braga: Tip. Editorial Franciscana, 1971, 217p.

Guerizoli, R. *A metafísica no* Tractatus de Primo Principio *de Duns Escoto*. Porto Alegre: Edipucrs, 1999, 134p.

Honnefelder, Ludger. *João Duns Scotus*. Tradução de Roberto Hofmeister Pich. São Paulo: Edições Loyola, 2010.

Lopes, F. F. OFM. *Colectânea de estudos de história e literatura*. Lisboa: Academia Portuguesa de História, 2 Volumes, 1997.

Meirinhos, J. F. P. e Lázaro Pulido, M. (orgs.). *João Duns Escoto (1265-1308)*. (*Itinerarium* 55 (2009), p. 301-591: *Número especial comemorativo do VII Centenário da morte do Doutor Subtil*).

Merino, José António. *João Duns Escoto. Introdução ao seu pensamento filosófico-teológico*. Trad. port. de José David Antunes. Braga: Editorial Franciscana, 2008, 271p.

Pich, Roberto Hofmeister. As principais posições de Scotus na primeira parte do Prólogo à *Ordinatio*. In: João Duns Scotus. *Prólogo da* Ordinatio. Introd., trad. e notas de Roberto Hofmeister Pich. Porto Alegre – Bragança Paulista: Edipucrs – Edusf, 2003, p. 15- 218.

Pimentel, M. *Em torno de Duns Scoto*. Petrópolis: Vozes, 1954, 61p.

Remédios, Frei António dos. *Dissertação historico-critica, principalmente sobre a chamada fabula do glorioso triumpho que Escoto conseguiu em Paris, defendendo a immaculada Conceição da Mãe de Deus etc.* Lisboa: Domingos Gonçalves, 1755, XXVIII + 230p.

Ribeiro, I. S. *O doutor subtil João Duns Escoto.* Lisboa: Livraria Sá da Costa, 1944, 210p.

_____. *Escola franciscana. História e filosofia.* Lisboa: Edições Gama, 1944, 206p.

_____. *Fr. Francisco de Santo Agostinho de Macedo. Um filósofo escotista português e um Paladino da Restauração.* Coimbra: Por ordem da Universidade, s/d, VIII + 175p. [no cólofon consta a data como sendo 1951; Coimbra: Universidade de Coimbra, ²2002, 177p.].

Rosário, Francisco, *Instantes do heroe subtil e mariano.... o veneravel padre João Duns Escoto escritos em castelhano pelo P. Fr. João Peres Lopes..., agora traduzidos em Portuguez pelo P. Fr. Francisco do Rosario.* Lisboa: Na Officina de Miguel Manescal da Costa, 1744, 119p.

Sá, A. M. *Humanistas portugueses em Itália. Subsídios para o estudo de Frei Gomes de Lisboa, dos dois Luíses Teixeiras, de João de Barros e de Henrique Caiado.* Lisboa, 1983, 202p.

Saint-Maurice, B. de. *João Duns Scot, doutor dos tempos novos.* Trad. de L. L. Ferreira. Petrópolis: Vozes, 1947, 326p.

Santos, M. A. M. *Manuscritos de filosofia do século XVI existentes em Lisboa (Catálogo).* Coimbra: Biblioteca da Universidade, 1951.

Soares, L. R. *Pedro Margalho.* Lisboa: Imprensa Nacional-Casa da Moeda, 2000, 268p.

Souto, Manuel Fernando Faria. *A problemática filosófico-teológica da criação no "Horologium Fidei" de André do Prado.* Porto: Faculdade de Letras, 1997, 102p.

Stegmüller, F. *Filosofia e teologia nas universidades de Coimbra e Évora no século XVI.* Coimbra: Instituto de Estudos Filosóficos, 1959.

Surian, C. *O sacerdócio de Maria, a Imaculada.* Rio de Janeiro: Imagem, 1995, 98p.

Tavares, S. S. *Duns Scotus e o "nosso tempo": interpelações recíprocas.* Bragança Paulista: Editora Universitária São Francisco, 2008, 155p.

Vier, R. *João Duns Escoto*. Bragança Paulista: Faculdades Franciscanas, 1979, 34p.

V.V.A.A. *No sétimo centenário do nascimento de Escoto* (Revista Portuguesa de Filosofia 23 (1967), p. 235-400).

Xavier, M. L. *O teísmo medieval: Santo Anselmo e João Duns Escoto*. Lisboa: Zéfiro Ed., 2009, 100p.

V. Obras coletivas / Capítulos de livros / Histórias da Filosofia e da Igreja

Abbagnano, N. *História da Filosofia*. Trad. de J. Garcia Abreu. Lisboa: Editorial Presença, Vol. IV, ³1985, p. 102-126.

Alonso, A. D. S. *Reditio iterata*: Scotus e as bases antropológicas da ressurreição. In: De Boni, Luis Alberto et al. (orgs.). *João Duns Scotus (1308-2008). Homenagem de scotistas lusófonos*. Porto Alegre – Bragança Paulista: Edipucrs – EST Edições – Universidade S. Francisco, 2008, p. 314-329.

Bortolotti, R. G. Duns Scotus e Peirce: o uso comum de algumas noções. In: Oliveira, T.; Visalli, A. (orgs.). *Pesquisas em Antiguidade e Idade Média: olhares interdisciplinares*. São Luís – Maranhão: UEMA, 2007, p. 57-69.

_____. Peirce e o realismo scotista. In: *Anais do VI Encontro Internacional de Estudos Medievais. Medievalismo: leituras contemporâneas*. Londrina: ABREM / UEL / UEM, Vol. II, 2007, p. 338-350.

Bréhier, É. Duns Scot. In: *Idem. História da Filosofia*. Trad. de E. Sucupira. São Paulo: Mestre Jou, 1977, p. 175-184.

Boehner, Ph. e Gilson, E. João Duns Escoto: Doctor subtilis. In: *Idem. História da filosofia cristã. Desde as origens até Nicolau de Cusa*. Petrópolis: Vozes, 1970, p. 487-520 [com diversas edições posteriores, encontra-se na quinta edição, 2000].

Calafate, P. Diogo Lopes Rebelo. In: *Idem.* (ed.). *História do pensamento filosófico português – Volume I: Idade Média*. Lisboa: Círculo de Leitores, ²2002, p. 451-458.

Carvalho, J. Gomes de Lisboa e o averroísta Nicoletto Vernia. In: *Idem. Estudos sobre a cultura portuguesa do século XV*. Coimbra, 1949, p. 269-282.

Carvalho, M. S. Nótula introdutória. In: João Duns Escoto. *Tratado do primeiro princípio*. Trad. de Mário Santiago de Carvalho. Lisboa: Edições 70, 1998. p. 9-39.

Carvalho, M. S. Frei André do Prado [escotista português do século 15]. In: Calafate, P. (ed.). *História do Pensamento Filosófico Português*. Lisboa: Editorial Caminho, 1999, p. 249-273.

_____. *A síntese frágil. Uma introdução à filosofia (da Patrística aos Conimbricenses)*. Lisboa: Edições Colibri, 2002, p. 210-227 e *passim*.

_____. Do amor livre ao amor como liberdade. In: Carvalho, M. S. & Henriques, M. N. (orgs.). *Amar de Novo*. Participações no Ciclo de Conferências da 'Associação de Professores de Filosofia' "O Amor na Idade Média". Porto: Fundação Eng. António de Almeida, 2005, p. 189-193.

_____. Em torno da recepção do pensamento de João Duns Escoto no Portugal quinhentista: o caso dos Jesuítas de Coimbra. In: De Boni, Luis Alberto et al. (org.). *João Duns Scotus (1308-2008). Homenagem de scotistas lusófonos*. Porto Alegre – Bragança Paulista: Edipucrs – EST Edições – Universidade S. Francisco, 2008, p. 348-357.

Cezar, Cesar Ribas. Teologia positiva e teologia negativa em Duns Scotus. In: De Boni, Luis Alberto et al. (org.). *João Duns Scotus (1308-2008). Homenagem de scotistas lusófonos*. Porto Alegre – Bragança Paulista: Edipucrs – EST Edições – Universidade S. Francisco, 2008, p. 186-197.

_____. Introdução. In: João Duns Scotus. *Scotus e a liberdade. Textos escolhidos sobre a vontade, a felicidade e a lei natural*. [1. Questões sobre a *Metafísica* IX, q. 15; 2. Questões sobre a *Metafísica* IX, q. 14; 3. *Ordinatio* III, dist. 26, q. única; 4. *Ordinatio* I, dist. 1, p. 2, q. 2; 5. *Ordinatio* IV, dist. 49, q. 9-10; 6. *Ordinatio* IV, dist. 49, q. 4; 7. *Ordinatio* III, dist. 37, q. única]. Tradução e introdução de Cesar Ribas Cezar. Revisão técnica de Carlos Arthur Ribeiro do Nascimento. São Paulo: Edições Loyola, 2010, p. 9-72.

Costa, A. D. S. Beato Amadeu. In: Cidade, H. (dir.). *Os grandes portugueses*. Lisboa: Arcádia, s/d, Vol. I, p. 187-205.

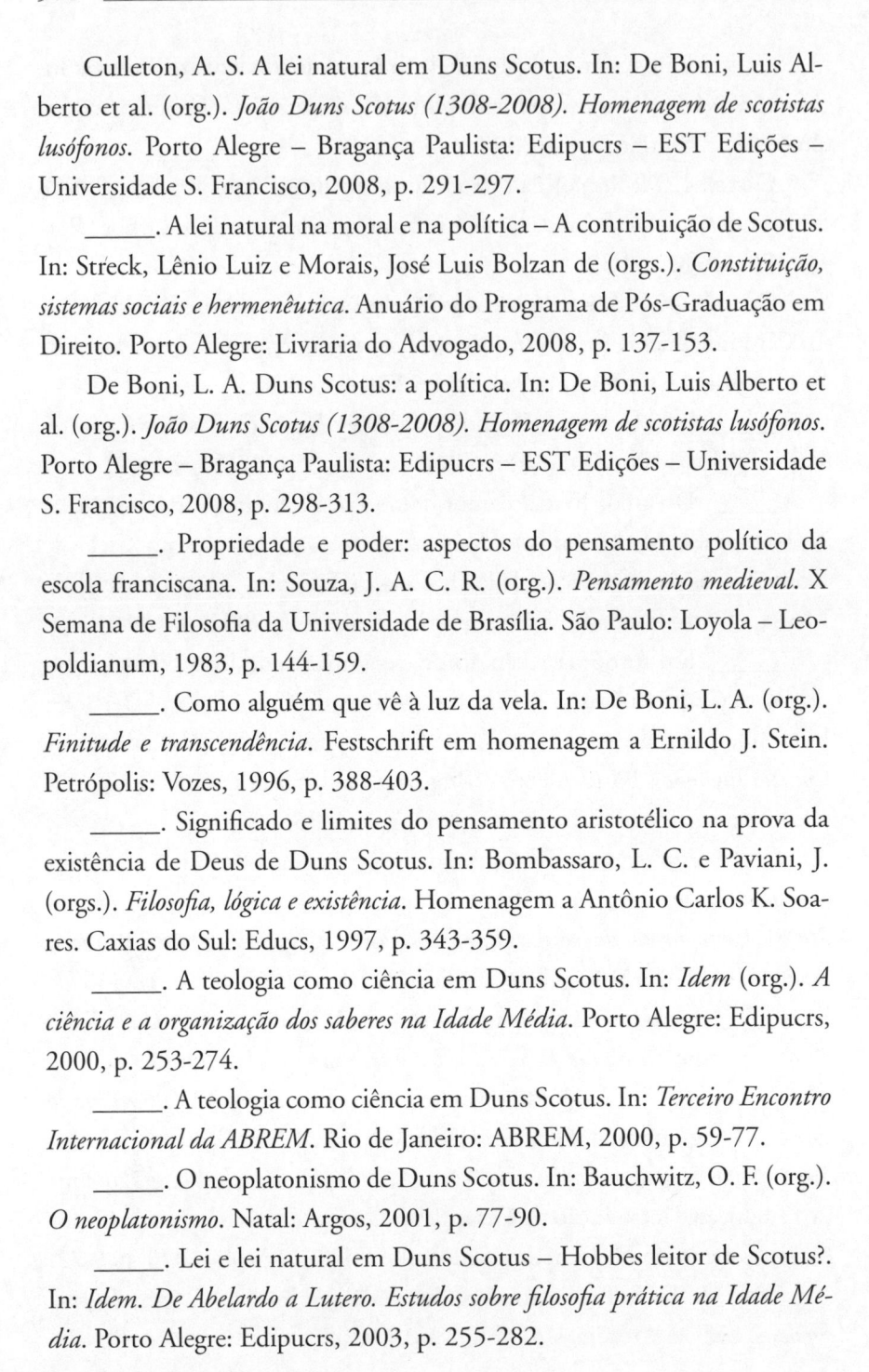

Culleton, A. S. A lei natural em Duns Scotus. In: De Boni, Luis Alberto et al. (org.). *João Duns Scotus (1308-2008). Homenagem de scotistas lusófonos.* Porto Alegre – Bragança Paulista: Edipucrs – EST Edições – Universidade S. Francisco, 2008, p. 291-297.

_____. A lei natural na moral e na política – A contribuição de Scotus. In: Streck, Lênio Luiz e Morais, José Luis Bolzan de (orgs.). *Constituição, sistemas sociais e hermenêutica.* Anuário do Programa de Pós-Graduação em Direito. Porto Alegre: Livraria do Advogado, 2008, p. 137-153.

De Boni, L. A. Duns Scotus: a política. In: De Boni, Luis Alberto et al. (org.). *João Duns Scotus (1308-2008). Homenagem de scotistas lusófonos.* Porto Alegre – Bragança Paulista: Edipucrs – EST Edições – Universidade S. Francisco, 2008, p. 298-313.

_____. Propriedade e poder: aspectos do pensamento político da escola franciscana. In: Souza, J. A. C. R. (org.). *Pensamento medieval.* X Semana de Filosofia da Universidade de Brasília. São Paulo: Loyola – Leopoldianum, 1983, p. 144-159.

_____. Como alguém que vê à luz da vela. In: De Boni, L. A. (org.). *Finitude e transcendência.* Festschrift em homenagem a Ernildo J. Stein. Petrópolis: Vozes, 1996, p. 388-403.

_____. Significado e limites do pensamento aristotélico na prova da existência de Deus de Duns Scotus. In: Bombassaro, L. C. e Paviani, J. (orgs.). *Filosofia, lógica e existência.* Homenagem a Antônio Carlos K. Soares. Caxias do Sul: Educs, 1997, p. 343-359.

_____. A teologia como ciência em Duns Scotus. In: *Idem* (org.). *A ciência e a organização dos saberes na Idade Média.* Porto Alegre: Edipucrs, 2000, p. 253-274.

_____. A teologia como ciência em Duns Scotus. In: *Terceiro Encontro Internacional da ABREM.* Rio de Janeiro: ABREM, 2000, p. 59-77.

_____. O neoplatonismo de Duns Scotus. In: Bauchwitz, O. F. (org.). *O neoplatonismo.* Natal: Argos, 2001, p. 77-90.

_____. Lei e lei natural em Duns Scotus – Hobbes leitor de Scotus?. In: *Idem. De Abelardo a Lutero. Estudos sobre filosofia prática na Idade Média.* Porto Alegre: Edipucrs, 2003, p. 255-282.

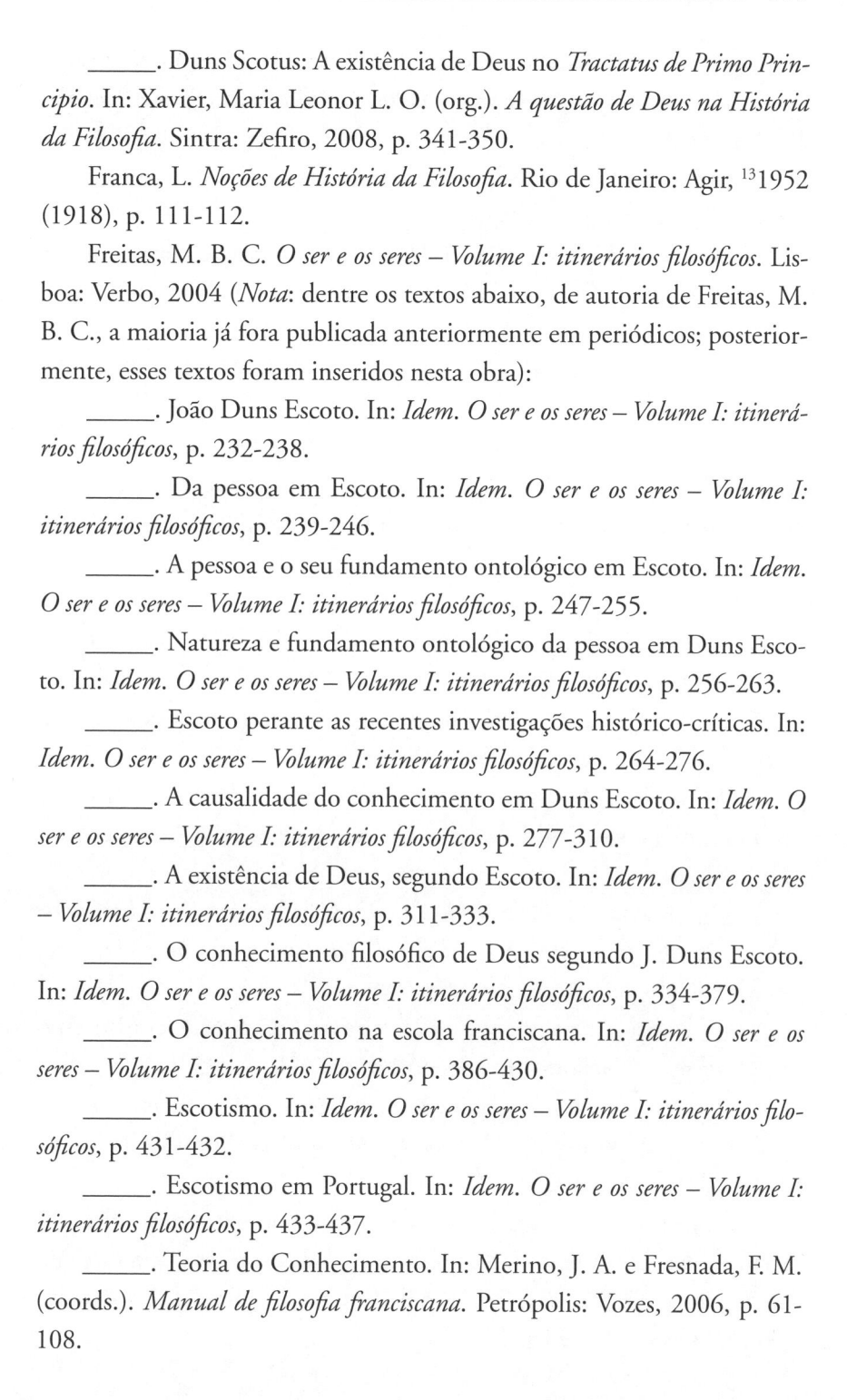

_____. Duns Scotus: A existência de Deus no *Tractatus de Primo Principio*. In: Xavier, Maria Leonor L. O. (org.). *A questão de Deus na História da Filosofia*. Sintra: Zefiro, 2008, p. 341-350.

Franca, L. *Noções de História da Filosofia*. Rio de Janeiro: Agir, [13]1952 (1918), p. 111-112.

Freitas, M. B. C. *O ser e os seres – Volume I: itinerários filosóficos*. Lisboa: Verbo, 2004 (*Nota*: dentre os textos abaixo, de autoria de Freitas, M. B. C., a maioria já fora publicada anteriormente em periódicos; posteriormente, esses textos foram inseridos nesta obra):

_____. João Duns Escoto. In: *Idem. O ser e os seres – Volume I: itinerários filosóficos*, p. 232-238.

_____. Da pessoa em Escoto. In: *Idem. O ser e os seres – Volume I: itinerários filosóficos*, p. 239-246.

_____. A pessoa e o seu fundamento ontológico em Escoto. In: *Idem. O ser e os seres – Volume I: itinerários filosóficos*, p. 247-255.

_____. Natureza e fundamento ontológico da pessoa em Duns Escoto. In: *Idem. O ser e os seres – Volume I: itinerários filosóficos*, p. 256-263.

_____. Escoto perante as recentes investigações histórico-críticas. In: *Idem. O ser e os seres – Volume I: itinerários filosóficos*, p. 264-276.

_____. A causalidade do conhecimento em Duns Escoto. In: *Idem. O ser e os seres – Volume I: itinerários filosóficos*, p. 277-310.

_____. A existência de Deus, segundo Escoto. In: *Idem. O ser e os seres – Volume I: itinerários filosóficos*, p. 311-333.

_____. O conhecimento filosófico de Deus segundo J. Duns Escoto. In: *Idem. O ser e os seres – Volume I: itinerários filosóficos*, p. 334-379.

_____. O conhecimento na escola franciscana. In: *Idem. O ser e os seres – Volume I: itinerários filosóficos*, p. 386-430.

_____. Escotismo. In: *Idem. O ser e os seres – Volume I: itinerários filosóficos*, p. 431-432.

_____. Escotismo em Portugal. In: *Idem. O ser e os seres – Volume I: itinerários filosóficos*, p. 433-437.

_____. Teoria do Conhecimento. In: Merino, J. A. e Fresnada, F. M. (coords.). *Manual de filosofia franciscana*. Petrópolis: Vozes, 2006, p. 61-108.

Frangiotti, R. João Duns Escoto: A sutileza na argumentação teológica. In: *Idem. História da teologia II – Período medieval.* São Paulo: Paulinas, 1992, p. 91-99.

Gemelli, A. *O franciscanismo.* Trad. do italiano por M. Pimentel. Petrópolis: Vozes, 1944, p. 81-84.

Gilson, E. *A filosofia na Idade Média. Das origens patrísticas ao final do século 14.* Trad. de E. Brandão. São Paulo: Martins Fontes, 1945, p. 763-773.

_____. *O espírito da filosofia medieval.* Trad. de E. Brandão. São Paulo: Martins Fontes, 2006, *passim*.

_____. Avicena e o ponto de partida de Duns Escoto. In: *Idem. Por que São Tomás criticou Santo Agostinho – Avicena e o ponto de partida de Duns Escoto.* Tradução de Tiago José Risi Leme. São Paulo: Paulus, 2010, p. 125-183.

Ghisalberti, A. A crítica de Duns Scotus à metafísica aristotélica. In: *Idem. As origens medievais do pensamento moderno.* Porto Alegre – São Paulo: Edipucrs – Instituto Brasileiro Raimundo Lúlio, 2001, p. 25-43.

Gonçalves, J. C. A questão da onto-teologia e a metafísica de João Duns Escoto. In: De Boni, Luis Alberto et al. (org.). *João Duns Scotus (1308-2008). Homenagem de scotistas lusófonos.* Porto Alegre – Bragança Paulista: Edipucrs – EST Edições – Universidade S. Francisco, 2008, p. 175-185.

_____. A física em Pedro Margallo. In: Calafate, P. (ed.). *História do pensamento filosófico português – Volume II: Renascimento e Contra-Reforma.* Lisboa: Círculo de Leitores, ²2002, p. 399-428.

_____. Cosmologia. In: Merino, J. A.; Fresnada, F. M. (coords.). *Manual de filosofia franciscana.* Petrópolis: Vozes, 2006, p. 223-259.

_____. Frei Gomes de Lisboa. In: Calafate, P. (ed.). *História do pensamento filosófico português – Volume I: Idade Média.* Lisboa: Círculo de Leitores, ²2002, p. 279-295.

Guerizoli, R. Onto-logia ou onto-teo-logia? Sobre a constituição da metafísica em Duns Escoto. In: *Anais do V Seminário dos Alunos de Pós-Graduação em Filosofia da UFRJ.* Rio de Janeiro: Programa de Pós-Graduação em Filosofia da UFRJ, 1999, p. 65-69.

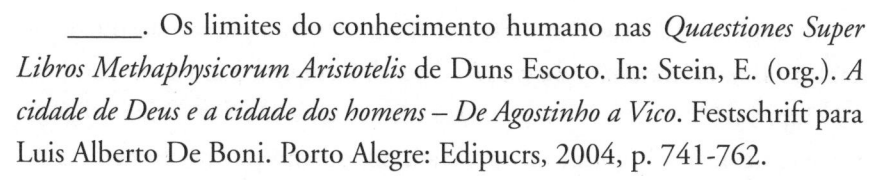

_____. Os limites do conhecimento humano nas *Quaestiones Super Libros Methaphysicorum Aristotelis* de Duns Escoto. In: Stein, E. (org.). *A cidade de Deus e a cidade dos homens – De Agostinho a Vico*. Festschrift para Luis Alberto De Boni. Porto Alegre: Edipucrs, 2004, p. 741-762.

_____. Legitimação da metafísica e aporia do gênero em Duns Scotus. In: Storck, A. (org.). *Analytica Posteriora: estudos acerca da recepção medieval dos Segundos Analíticos*. Porto Alegre: Linus Editores, 2009, p. 199-212.

Hirschberger, J. Duns Escoto. In: *Idem. História da filosofia na Idade Média*. Trad. de A. Correia. São Paulo: Herder, 1959, p. 173-179.

Jeauneau, É. João Duns Escoto. In: *Idem. A Filosofia Medieval*. Trad. de J. A. Santos. Porto: Edições 70, s/d, p. 91-95.

Leite Júnior, P. Sobre a univocidade do ente: Ockham leitor de Scotus. In: De Boni, Luis Alberto et al. (org.), *João Duns Scotus (1308-2008). Homenagem de scotistas lusófonos*. Porto Alegre – Bragança Paulista: Edipucrs – EST Edições – Universidade S. Francisco, 2008, p. 198-205.

Leite, T. S. Ontologia e teoria dos transcendentes na *Metafísica* de Duns Scotus. In: De Boni, Luis Alberto et al. (org.). *João Duns Scotus (1308-2008). Homenagem de scotistas lusófonos*. Porto Alegre – Bragança Paulista: Edipucrs – EST Edições – Universidade S. Francisco, 2008, p. 206-223.

_____. João Duns Scotus e o segundo começo da metafísica. In: Lertora-Mendoza, Celina Ana (org.). *XII Congreso Latinoamericano de Filosofía Medieval – Juan Duns Scoto*. Buenos Aires: FEPAI, 2008, 6p.

Libera, A. de. *A filosofia medieval*. Trad. L. Magalhães. Rio de Janeiro: Jorge Zahar Editor, 1990, p. 52, 62, 67, 73, 74, 91.

_____. *A filosofia medieval*. Trad. N. N. Campanário e Y. M. C. T. Silva. São Paulo: Loyola, 1998, p. 419-423.

Loddo, C. E. N. Duns Scotus e os universais lógicos nas *Quaestiones in Porphyrii Isagogem*. In: De Boni, Luis Alberto et al. (org.). *João Duns Scotus (1308-2008). Homenagem de scotistas lusófonos*. Porto Alegre – Bragança Paulista: Edipucrs – EST Edições – Universidade S. Francisco, 2008, p. 25-82.

Lupi, J. Contexto cultural da primeira formação de João Duns Scotus. In: De Boni, Luis Alberto et al. (org.). *João Duns Scotus (1308-2008). Ho-

menagem de scotistas lusófonos. Porto Alegre – Bragança Paulista: Edipucrs – EST Edições – Universidade S. Francisco, 2008, p. 9-14.

Martins, M. M. B. A noção de individuação em São Tomás e Duns Escoto. In: De Boni, Luis Alberto et al. (org.). *João Duns Scotus (1308-2008). Homenagem de scotistas lusófonos*. Porto Alegre – Bragança Paulista: Edipucrs – EST Edições – Universidade S. Francisco, 2008, p. 235-252.

Masip, V. *História da filosofia*. São Paulo: E. P. U., 2001, p. 120-121.

Meirinhos, J. F. Amadeus Silvae Meneses O.F.M. In: *Compendium Auctorum Latinorum Medii Aevi (500-1500)*, fasc. 2 *Agobardus Lugdunensis archiep. – Anasthasius Bibliothecarius*. Firenze: SISMEL-Edizioni del Galuzzo, 2000, p. 197.

_____. Andreas de Prato O.F.M. In: *Compendium Auctorum Latinorum Medii Aevi (500-1500)*, fasc. 3: *Anastasius Montis Sancti Michaelis abb. – Anthonius Galatheus*. Firenze: SISMEL-Edizioni del Galuzzo, 2001, p. 251-252.

_____. Escotistas portugueses dos séculos XIV e XV. In: De Boni, Luis Alberto et al. (org.), *João Duns Scotus (1308-2008). Homenagem de scotistas lusófonos*. Porto Alegre – Bragança Paulista: Edipucrs – EST Edições – Universidade S. Francisco, 2008, p. 330-347.

Merino, J. A. e Fresnada, F. M. (coords.). *Manual de teologia franciscana*. Petrópolis: Vozes, 2005, *passim*.

_____. *Manual de filosofia franciscana*. Petrópolis: Vozes, 2006, *passim*.

Mondin, B. *Curso de Filosofia*. Trad. de B. Lemos. São Paulo: Edições Paulinas, Vol. I, 1981, p. 193-199.

Nascimento, C. A. R. João Duns Scot e a subalternação das ciências. In De Boni, Luis Alberto et al. (org.). *João Duns Scotus (1308-2008). Homenagem de scotistas lusófonos*. Porto Alegre – Bragança Paulista: Edipucrs – EST Edições – Universidade S. Francisco, 2008, p. 108-124.

Padovani, U. e Castagnola, L. João Duns Scoto. In: *Idem. História da filosofia*. São Paulo: Melhoramentos, [4]1961, p. 189-190 [[1]1954].

Parcerias, P. Duns Escoto e o conceito heterogeológico de tempo. In: De Boni, Luis Alberto et al. (org.). *João Duns Scotus (1308-2008). Home-*

nagem de scotistas lusófonos. Porto Alegre – Bragança Paulista: Edipucrs – EST Edições – Universidade S. Francisco, 2008, p. 253-280.

Pérez-Estévez, A. Duns Scotus e sua metafísica da natureza. In: De Boni, Luis Alberto et al. (org.). *João Duns Scotus (1308-2008). Homenagem de scotistas lusófonos*. Porto Alegre – Bragança Paulista: Edipucrs – EST Edições – Universidade S. Francisco, 2008, p. 224-234.

Pich, Roberto Hofmeister. Subordinação das ciências e conhecimento experimental: um estudo sobre a recepção do método científico de Alhazen em Duns Scotus. In: De Boni, Luis Alberto e Pich, Roberto Hofmeister (orgs.). *A recepção do pensamento greco-árabe e judaico na filosofia medieval*. Porto Alegre: Edipucrs, 2004, p. 573-616.

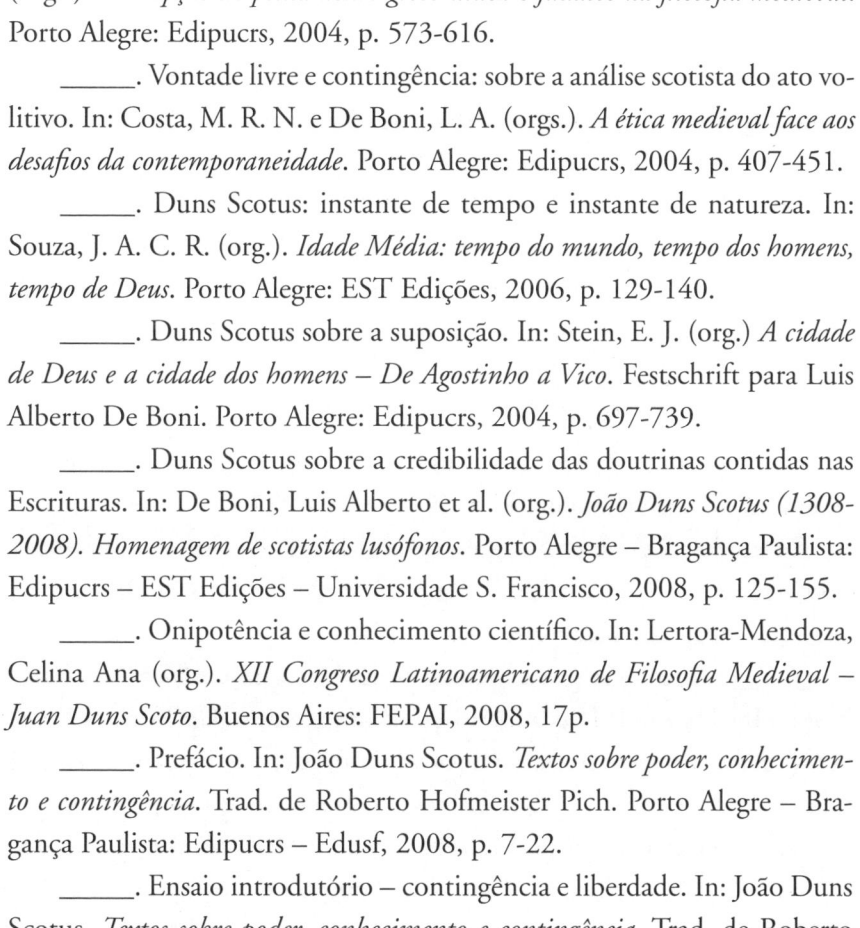

_____. Vontade livre e contingência: sobre a análise scotista do ato volitivo. In: Costa, M. R. N. e De Boni, L. A. (orgs.). *A ética medieval face aos desafios da contemporaneidade*. Porto Alegre: Edipucrs, 2004, p. 407-451.

_____. Duns Scotus: instante de tempo e instante de natureza. In: Souza, J. A. C. R. (org.). *Idade Média: tempo do mundo, tempo dos homens, tempo de Deus*. Porto Alegre: EST Edições, 2006, p. 129-140.

_____. Duns Scotus sobre a suposição. In: Stein, E. J. (org.) *A cidade de Deus e a cidade dos homens – De Agostinho a Vico*. Festschrift para Luis Alberto De Boni. Porto Alegre: Edipucrs, 2004, p. 697-739.

_____. Duns Scotus sobre a credibilidade das doutrinas contidas nas Escrituras. In: De Boni, Luis Alberto et al. (org.). *João Duns Scotus (1308-2008). Homenagem de scotistas lusófonos*. Porto Alegre – Bragança Paulista: Edipucrs – EST Edições – Universidade S. Francisco, 2008, p. 125-155.

_____. Onipotência e conhecimento científico. In: Lertora-Mendoza, Celina Ana (org.). *XII Congreso Latinoamericano de Filosofia Medieval – Juan Duns Scoto*. Buenos Aires: FEPAI, 2008, 17p.

_____. Prefácio. In: João Duns Scotus. *Textos sobre poder, conhecimento e contingência*. Trad. de Roberto Hofmeister Pich. Porto Alegre – Bragança Paulista: Edipucrs – Edusf, 2008, p. 7-22.

_____. Ensaio introdutório – contingência e liberdade. In: João Duns Scotus. *Textos sobre poder, conhecimento e contingência*. Trad. de Roberto Hofmeister Pich. Porto Alegre – Bragança Paulista: Edipucrs – Edusf, 2008, p. 23-81.

_____. Tópicos de teoria do conhecimento em João Duns Scotus e Guilherme de Ockham. In: *IV Congresso Nacional das Escolas Franciscanas – Educação e ciência na perspectiva franciscana*. Santa Maria: Centro Universitário Fransicano, 2009, p. 57-72.

Reale, G. e Antiseri, D. João Duns Escoto. In: *Idem. História da filosofia*. São Paulo: Paulus, Vol. I, ³1990, p. 597-610.

Romag, D. *Compêndio de história da Igreja – Volume II: A Idade Média*. Petrópolis: Vozes, ²1950, p. 221-224.

Rops, D. *História da Igreja de Cristo – Volume III: A Igreja das Catedrais e da Cruzadas*. Porto: Livraria Tavares Martins, 1961, 450-452.

Rosa, J. M. S. Da relacional antropologia franciscana. In: De Boni, Luis Alberto et al. (org.). *João Duns Scotus (1308-2008). Homenagem de scotistas lusófonos*. Porto Alegre – Bragança Paulista: Edipucrs – EST Edições – Universidade S. Francisco, 2008, p. 281-290.

Russell, B. Duns Scoto. In: *Idem. História da filosofia ocidental*. Trad. E. B. Silveira. São Paulo: Cia. Editora Nacional, ³1969, p. 183-185.

Sciacca, M. F. O voluntarismo de Duns Scotus. In: *Idem. História da filosofia – Volume I: Antigüidade e Idade Média*. Trad. L. W. Vita. São Paulo: Mestre Jou, 1962, p. 237-238.

Saranyana, J.-I. *A filosofia medieval: das origens patrísticas à escolástica barroca*. Trad. de F. Salles. São Paulo: Inst. Bras. de Filosofia e Ciência "Raimundo Lúlio" (Ramon Llull), 2006, p. 382-411.

Tavares, S. S. A perfeita expressão da redenção de Cristo: a Imaculada em Duns Escoto. In: Costa. S. R. (org.). *Imaculada, Maria do Povo, Maria de Deus*. Petrópolis: Vozes, 2004, p. 71-104.

_____. A teologia e seu método no Prólogo da *Ordinatio* de Duns Scotus. In: De Boni, Luis Alberto et al. (org.). *João Duns Scotus (1308-2008). Homenagem de scotistas lusófonos*. Porto Alegre – Bragança Paulista: Edipucrs – EST Edições – Universidade S. Francisco, 2008, p. 83-107.

Van Steenberghen, F. João Duns Scotus. In: *Idem. História da Filosofia – Período cristão*. Trad. de J. M. da Cruz Pontes. Lisboa: Gradiva, [1985], p. 137-142.

Vier, R. Problema da indução segundo Duns Escoto. In: *Acta OFM* 78 (1959), 16p.

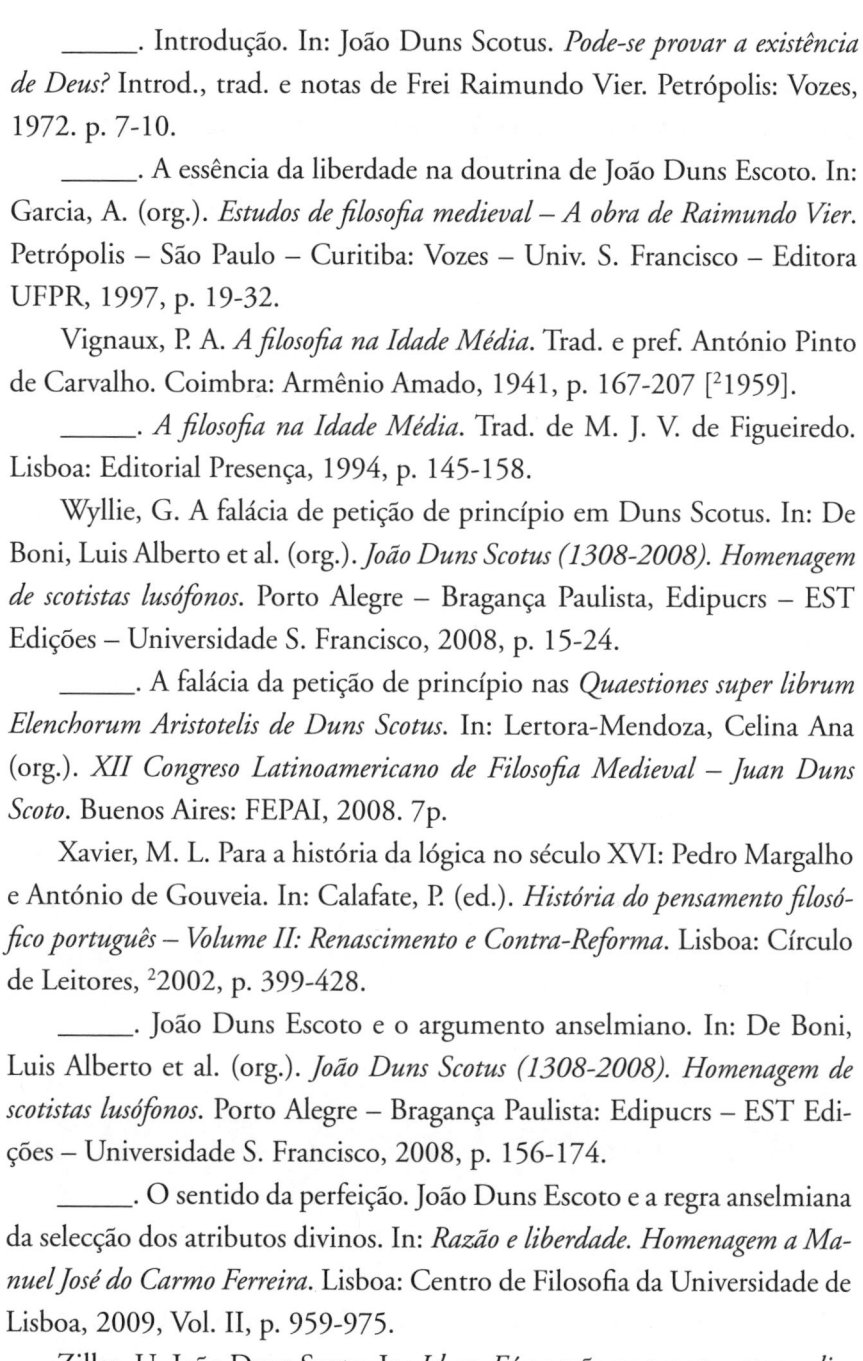

_____. Introdução. In: João Duns Scotus. *Pode-se provar a existência de Deus?* Introd., trad. e notas de Frei Raimundo Vier. Petrópolis: Vozes, 1972. p. 7-10.

_____. A essência da liberdade na doutrina de João Duns Escoto. In: Garcia, A. (org.). *Estudos de filosofia medieval – A obra de Raimundo Vier*. Petrópolis – São Paulo – Curitiba: Vozes – Univ. S. Francisco – Editora UFPR, 1997, p. 19-32.

Vignaux, P. A. *A filosofia na Idade Média*. Trad. e pref. António Pinto de Carvalho. Coimbra: Armênio Amado, 1941, p. 167-207 [²1959].

_____. *A filosofia na Idade Média*. Trad. de M. J. V. de Figueiredo. Lisboa: Editorial Presença, 1994, p. 145-158.

Wyllie, G. A falácia de petição de princípio em Duns Scotus. In: De Boni, Luis Alberto et al. (org.). *João Duns Scotus (1308-2008). Homenagem de scotistas lusófonos*. Porto Alegre – Bragança Paulista, Edipucrs – EST Edições – Universidade S. Francisco, 2008, p. 15-24.

_____. A falácia da petição de princípio nas *Quaestiones super librum Elenchorum Aristotelis de Duns Scotus*. In: Lertora-Mendoza, Celina Ana (org.). *XII Congreso Latinoamericano de Filosofia Medieval – Juan Duns Scoto*. Buenos Aires: FEPAI, 2008. 7p.

Xavier, M. L. Para a história da lógica no século XVI: Pedro Margalho e António de Gouveia. In: Calafate, P. (ed.). *História do pensamento filosófico português – Volume II: Renascimento e Contra-Reforma*. Lisboa: Círculo de Leitores, ²2002, p. 399-428.

_____. João Duns Escoto e o argumento anselmiano. In: De Boni, Luis Alberto et al. (org.). *João Duns Scotus (1308-2008). Homenagem de scotistas lusófonos*. Porto Alegre – Bragança Paulista: Edipucrs – EST Edições – Universidade S. Francisco, 2008, p. 156-174.

_____. O sentido da perfeição. João Duns Escoto e a regra anselmiana da selecção dos atributos divinos. In: *Razão e liberdade. Homenagem a Manuel José do Carmo Ferreira*. Lisboa: Centro de Filosofia da Universidade de Lisboa, 2009, Vol. II, p. 959-975.

Zilles, U. João Duns Scoto. In: *Idem. Fé e razão no pensamento medieval*. Porto Alegre: Edipucrs, 1993, p. 103-106.

VI. Resenhas, recensões e notas bibliográficas

Dias, C. E. S. Resenha de: João Duns Scotus. *Prólogo da* Ordinatio. Trad., introd. e notas de Roberto Hofmeister Pich. Porto Alegre: Edipucrs, 2003, 447p. (Coleção Pensamento Franciscano V). In: *Veritas* 49:3 (2004), p. 615-617.

Leite, T. S. Resenha de: João Duns Scotus. *Textos sobre poder, conhecimento e contingência*. Tradução, introdução e notas de Roberto Hofmeister Pich. Porto Alegre – Bragança: Edipucrs – Edusf, 2008, 508p. (Coleção Pensamento Franciscano XI). In: *Veritas* 54:3 (2009), p. 202-203.

Pich, R. H. Resenha de Honnefelder, Ludger. *Duns Scotus*. Beck'sche Reihe Denker. München: Verlag C. H. Beck, 2005, 192p. In: *Veritas* 50:3 (2005), p. 180-188.

_____. Resenha de Sondag, Gérard. *Duns Scot. La métaphysique de la singularité*. Paris: Librairie Philosophique J. Vrin, 2005, 238p. In: *Veritas* 50:3 (2005), p. 196-203.

_____. Resenha de Cross, Richard. *Duns Scotus*. Great Medieval Thinkers. New York – Oxford, Oxford University Press, 1999, 250p. In: *Veritas* 50:3 (2005), p. 188-196.

_____. Resenha crítica de Vos, Antonie. *The Philosophy of John Duns Scotus*. Edinburgh: Edinburgh University Press, 2006, i-xii + 654 pages. In: *Veritas* 53:3 (2008), p. 162-171.

VII. Artigos em publicações periódicas

Afonso, F. Acerca de uma leitura do teísmo anselmiano e escotista em espírito de centenário. In: *Philosophica* 34 (2009), p. 469-473 [estudo sobre a obra de M. L. Xavier, *O teísmo medieval: Santo Anselmo e João Duns Escoto*, Lisboa: Zéfiro Ed., 2009].

Albuquerque, M. O escotismo político de Camões. In: *Brotéria* 112/5-6 (1981), p. 537-560.

Andrade, A. A. A orientação do estudo da Filosofia nos Franciscanos (séc. XVII). In: *Brotéria* 43 (1946), p. 35-36.

Azevedo, D. Destino, ser e saber – Perspectivas. O Homem e Deus – Humildade e ousadia. In: *Itinerarium* 2 (1956), p. 395-405; 553-563.

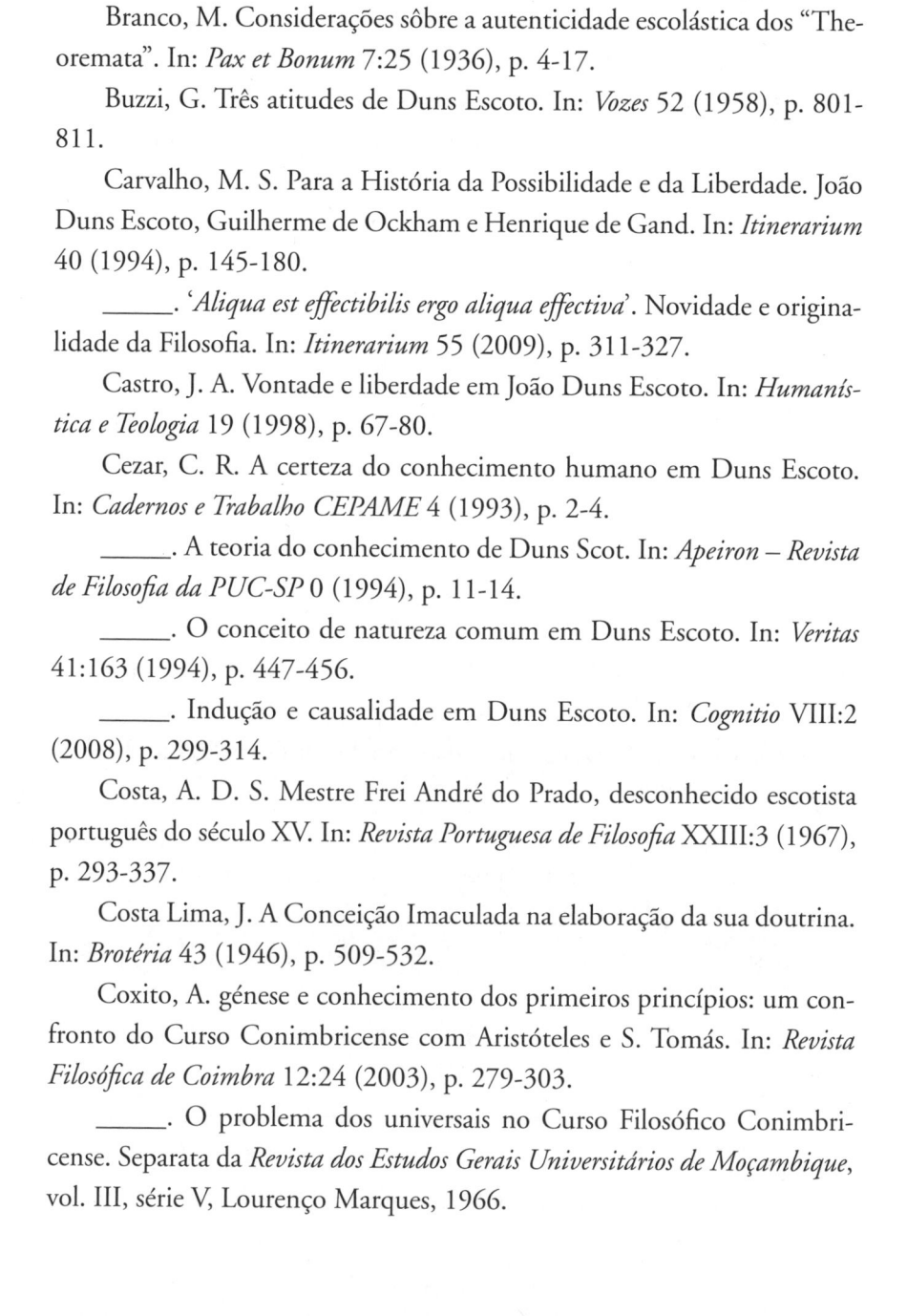

_____. Controvérsia sobre Escoto. In: *Itinerarium* 2 (1956), p. 377-380.

Branco, M. Considerações sôbre a autenticidade escolástica dos "Theoremata". In: *Pax et Bonum* 7:25 (1936), p. 4-17.

Buzzi, G. Três atitudes de Duns Escoto. In: *Vozes* 52 (1958), p. 801-811.

Carvalho, M. S. Para a História da Possibilidade e da Liberdade. João Duns Escoto, Guilherme de Ockham e Henrique de Gand. In: *Itinerarium* 40 (1994), p. 145-180.

_____. '*Aliqua est effectibilis ergo aliqua effectiva*'. Novidade e originalidade da Filosofia. In: *Itinerarium* 55 (2009), p. 311-327.

Castro, J. A. Vontade e liberdade em João Duns Escoto. In: *Humanística e Teologia* 19 (1998), p. 67-80.

Cezar, C. R. A certeza do conhecimento humano em Duns Escoto. In: *Cadernos e Trabalho CEPAME* 4 (1993), p. 2-4.

_____. A teoria do conhecimento de Duns Scot. In: *Apeiron – Revista de Filosofia da PUC-SP* 0 (1994), p. 11-14.

_____. O conceito de natureza comum em Duns Escoto. In: *Veritas* 41:163 (1994), p. 447-456.

_____. Indução e causalidade em Duns Escoto. In: *Cognitio* VIII:2 (2008), p. 299-314.

Costa, A. D. S. Mestre Frei André do Prado, desconhecido escotista português do século XV. In: *Revista Portuguesa de Filosofia* XXIII:3 (1967), p. 293-337.

Costa Lima, J. A Conceição Imaculada na elaboração da sua doutrina. In: *Brotéria* 43 (1946), p. 509-532.

Coxito, A. génese e conhecimento dos primeiros princípios: um confronto do Curso Conimbricense com Aristóteles e S. Tomás. In: *Revista Filosófica de Coimbra* 12:24 (2003), p. 279-303.

_____. O problema dos universais no Curso Filosófico Conimbricense. Separata da *Revista dos Estudos Gerais Universitários de Moçambique*, vol. III, série V, Lourenço Marques, 1966.

Culleton, A. S. Duns Scotus:a lei natural na moral e na politica. In: *Dissertatio* 27-28 (2008), p. 53-66.

_____. O ordenamento moral e o *ius naturae* em Duns Scotus. In: *Prisma Jurídico* 7 (2008), p. 305-320.

De Boni, L. A. Tomás de Aquino e Duns Scotus: aproximações e diferenças. In: *Veritas* 39/55 (1994), p. 445-460.

_____. O homem no pensamento de Duns Scotus: aspectos característicos de sua antropologia. In: *Veritas*, 44:3 (1999), p. 707-726.

_____. A escola franciscana: de Bonaventura a Ockham. In: *Veritas*, 45:179 (2000), p. 317-338.

_____. Sobre a vida e a obra de Duns Scotus. In: *Patristica et Mediaevalia*, 27:1 (2006), p. 51-72. (Publicado novamente in: *Veritas*, 53:3 (2008), p. 7-31).

D'Ors, A. Gometius Hispanus Ulixbonensis O.F.M. Conv. (†1513). In: *Análise* 24 (2003), p. 95-144.

_____. Petrus de Cruce Hispanus Portugalensis. In: *Análise* 22 (2001), p. 109-145.

Ferreira, J. Humanismo e teologia. João Duns Escoto, mestre franciscano. In: *Itinerarium* 3 (1957), p. 691-697.

_____. João Duns Escoto (+1308). No décimo terceiro cinquentenário da sua morte. In: *Itinerarium* 4 (1958), p. 417-420.

Figueiredo, G. A razoabilidade da vontade em Duns Escoto. In: *Philosophica* 34 (2009) p. 387-403.

_____. Se a liberdade da vontade e a necessidade natural podem coexistir no mesmo sujeito em relação ao mesmo acto e objecto. In: *Itinerarium* 55 (2009), p. 479-492.

Freise, F. Amor franciscano. In: *Vozes de Petrópolis* 30 (1936), p. 446-450.

Freitas, M. B. C. Da pessoa em Escoto. In: *Escola Franciscana* XXVII (1946), p. 49-61.

_____. O conceito de Pessoa em Escoto. In: *Pax et Bonum* 21 (1949), p. 45-54.

_____. A causalidade do conhecimento em Duns Escoto. In: *Itinerarium* 4:22 (1958), p. 421-466.

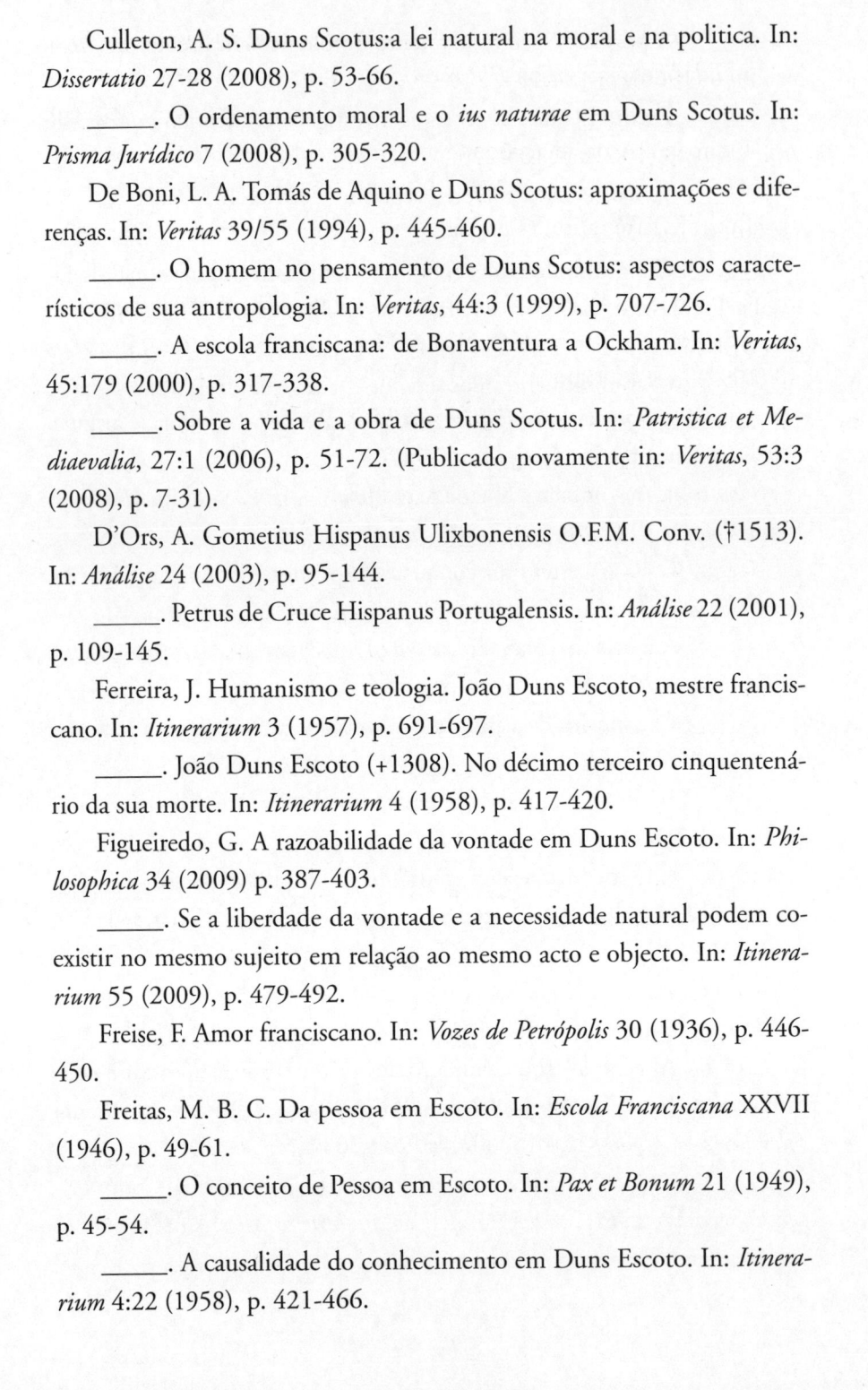

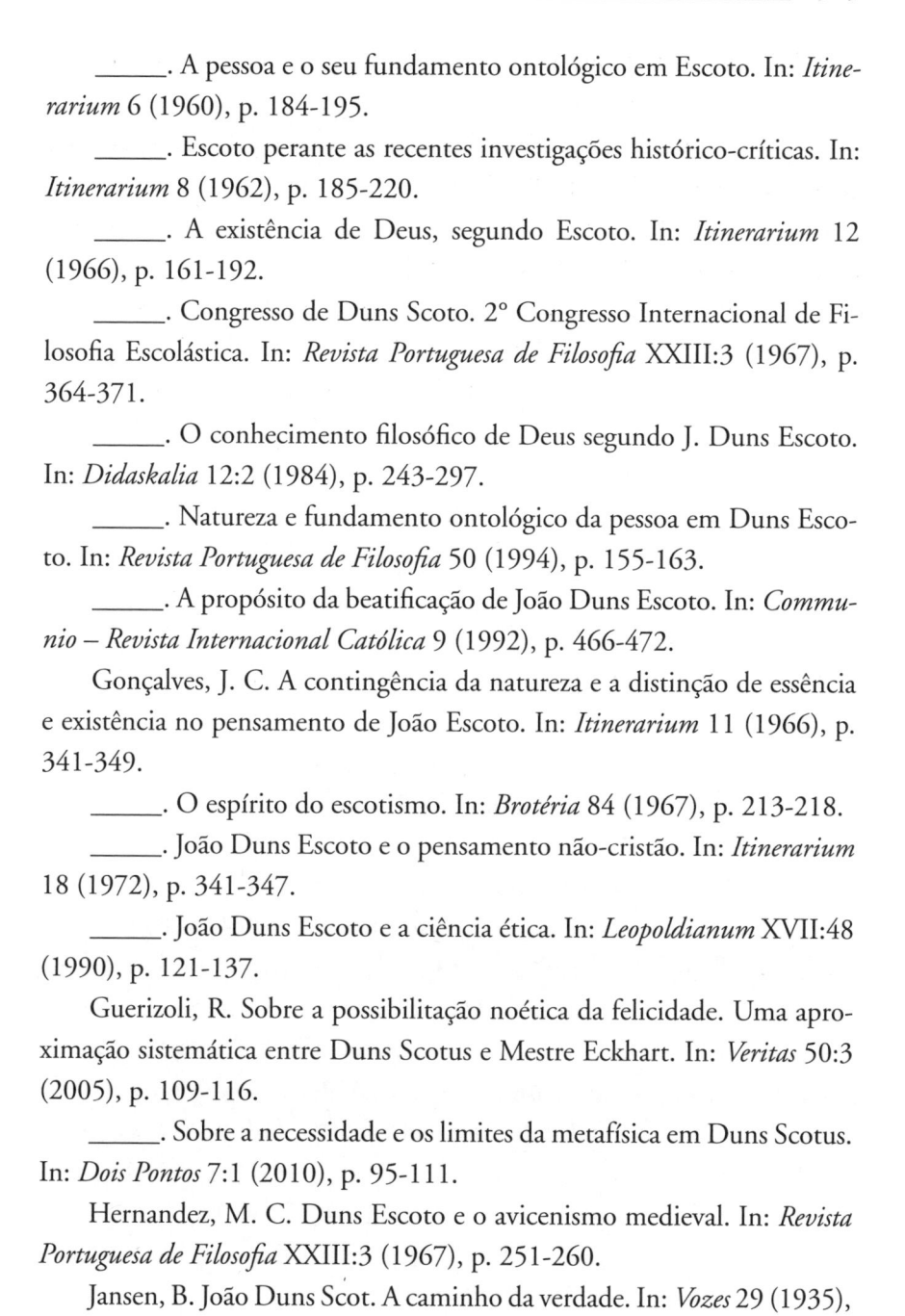

_____. A pessoa e o seu fundamento ontológico em Escoto. In: *Itinerarium* 6 (1960), p. 184-195.

_____. Escoto perante as recentes investigações histórico-críticas. In: *Itinerarium* 8 (1962), p. 185-220.

_____. A existência de Deus, segundo Escoto. In: *Itinerarium* 12 (1966), p. 161-192.

_____. Congresso de Duns Scoto. 2° Congresso Internacional de Filosofia Escolástica. In: *Revista Portuguesa de Filosofia* XXIII:3 (1967), p. 364-371.

_____. O conhecimento filosófico de Deus segundo J. Duns Escoto. In: *Didaskalia* 12:2 (1984), p. 243-297.

_____. Natureza e fundamento ontológico da pessoa em Duns Escoto. In: *Revista Portuguesa de Filosofia* 50 (1994), p. 155-163.

_____. A propósito da beatificação de João Duns Escoto. In: *Communio – Revista Internacional Católica* 9 (1992), p. 466-472.

Gonçalves, J. C. A contingência da natureza e a distinção de essência e existência no pensamento de João Escoto. In: *Itinerarium* 11 (1966), p. 341-349.

_____. O espírito do escotismo. In: *Brotéria* 84 (1967), p. 213-218.

_____. João Duns Escoto e o pensamento não-cristão. In: *Itinerarium* 18 (1972), p. 341-347.

_____. João Duns Escoto e a ciência ética. In: *Leopoldianum* XVII:48 (1990), p. 121-137.

Guerizoli, R. Sobre a possibilitação noética da felicidade. Uma aproximação sistemática entre Duns Scotus e Mestre Eckhart. In: *Veritas* 50:3 (2005), p. 109-116.

_____. Sobre a necessidade e os limites da metafísica em Duns Scotus. In: *Dois Pontos* 7:1 (2010), p. 95-111.

Hernandez, M. C. Duns Escoto e o avicenismo medieval. In: *Revista Portuguesa de Filosofia* XXIII:3 (1967), p. 251-260.

Jansen, B. João Duns Scot. A caminho da verdade. In: *Vozes* 29 (1935), p. 704-710; 779-787.

Kempf, J. Os argumentos para a existência de Deus na alta escolástica. In: *Revista Eclesiástica Brasileira* 6 (1946), p. 863-896.

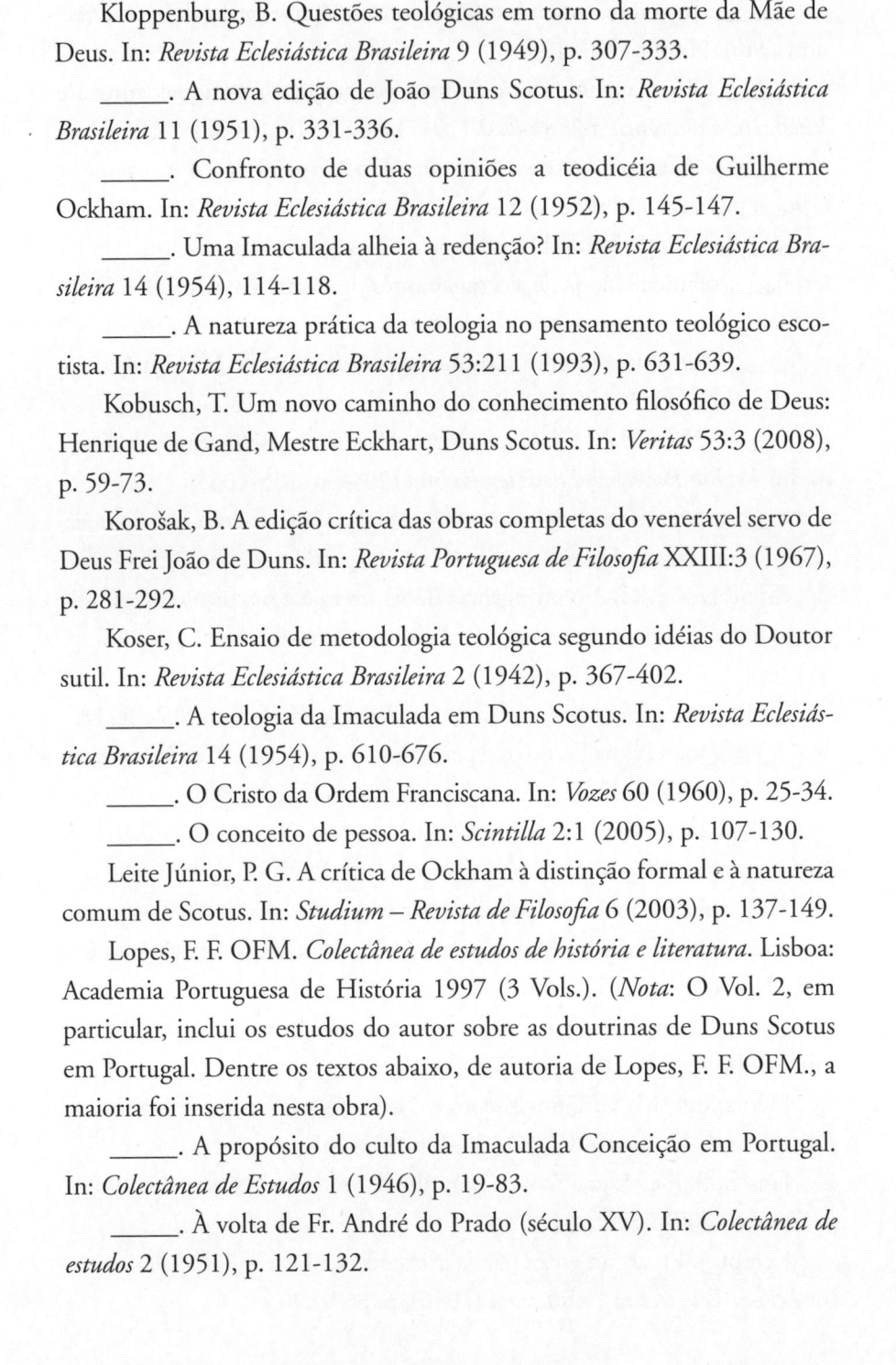

Kloppenburg, B. Questões teológicas em torno da morte da Mãe de Deus. In: *Revista Eclesiástica Brasileira* 9 (1949), p. 307-333.

_____. A nova edição de João Duns Scotus. In: *Revista Eclesiástica Brasileira* 11 (1951), p. 331-336.

_____. Confronto de duas opiniões a teodicéia de Guilherme Ockham. In: *Revista Eclesiástica Brasileira* 12 (1952), p. 145-147.

_____. Uma Imaculada alheia à redenção? In: *Revista Eclesiástica Brasileira* 14 (1954), 114-118.

_____. A natureza prática da teologia no pensamento teológico escotista. In: *Revista Eclesiástica Brasileira* 53:211 (1993), p. 631-639.

Kobusch, T. Um novo caminho do conhecimento filosófico de Deus: Henrique de Gand, Mestre Eckhart, Duns Scotus. In: *Veritas* 53:3 (2008), p. 59-73.

Korošak, B. A edição crítica das obras completas do venerável servo de Deus Frei João de Duns. In: *Revista Portuguesa de Filosofia* XXIII:3 (1967), p. 281-292.

Koser, C. Ensaio de metodologia teológica segundo idéias do Doutor sutil. In: *Revista Eclesiástica Brasileira* 2 (1942), p. 367-402.

_____. A teologia da Imaculada em Duns Scotus. In: *Revista Eclesiástica Brasileira* 14 (1954), p. 610-676.

_____. O Cristo da Ordem Franciscana. In: *Vozes* 60 (1960), p. 25-34.

_____. O conceito de pessoa. In: *Scintilla* 2:1 (2005), p. 107-130.

Leite Júnior, P. G. A crítica de Ockham à distinção formal e à natureza comum de Scotus. In: *Studium – Revista de Filosofia* 6 (2003), p. 137-149.

Lopes, F. F. OFM. *Colectânea de estudos de história e literatura*. Lisboa: Academia Portuguesa de História 1997 (3 Vols.). (*Nota*: O Vol. 2, em particular, inclui os estudos do autor sobre as doutrinas de Duns Scotus em Portugal. Dentre os textos abaixo, de autoria de Lopes, F. F. OFM., a maioria foi inserida nesta obra).

_____. A propósito do culto da Imaculada Conceição em Portugal. In: *Colectânea de Estudos* 1 (1946), p. 19-83.

_____. À volta de Fr. André do Prado (século XV). In: *Colectânea de estudos* 2 (1951), p. 121-132.

_____. Introdução da Imaculada Conceição em Portugal. In: *Brotéria* 43 (1946), p. 500-508.

_____. Escolas Públicas dos Franciscanos em Portugal antes de 1308. In: *Colectânea de Estudos* 2 (1947), p. 83-108 (reed. in: *Colectânea de estudos de história e literatura*, op. cit., Vol. 2, p. 353-369).

_____. Escolas Franciscanas Portuguesas de 1308 a 1517. In: *Colectânea de Estudos* 4 (1948), p. 79-98.

_____. Franciscanos de Portugal antes de formarem província independente e provinciais a que obedeciam. In: *Archivo Ibero-Americano* 45 (1985) p. 349-450 (reed. in: *Colectânea de estudos*, op. cit., Vol. 2, p. 1-93).

_____. Franciscanos portugueses pretridentinos. Escritores, mestres e leitores. In: *Repertorio de historia de las ciencias eclesiásticas en España* 7 (1979) 451-508 (reed. in: *Colectânea de estudos*, op. cit., Vol. 2, p. 407-460).

_____. Os estudos entre os franciscanos portugueses no séc. XVI. In: *Colectânea de Estudos* 2 (1951), p. 155-191 (reed. in: *Colectânea de estudos de história e literatura*, op. cit., Vol. 2, p. 385-405).

_____. O ensino das doutrinas de Escoto na Universidade de Coimbra. In: *Itinerarium* XII:5 (1966), p. 191-264 (reed. in: *Colectânea de estudos*, op. cit., Vol. 2, p. 473-534).

_____. As doutrinas escotistas na cultura e escolas de Portugal. In: *Revista Portuguesa de Filosofia* XXIII:3 (1967), p. 17-45 (reed. in: *Colectânea de estudos*, op. cit., Vol. 2, p. 461-472).

Macedo, J. M. C. Individualidade e individuação em Duns Escoto: perspectivas e interrogações. In: *Itinerarium* 55 (2009), p. 411-421.

Martins, M. M. B. A composição do *ens finitum* e *infinitum* e os predicáveis em Duns Escoto: *infinitum non repugnat enti*. In: *Itinerarium* 55 (2009), p. 393-409.

Matos, A. João Duns Escoto e a analogia do ser. In: *Estudos* 18 (1958), p. 67-79.

Matos, M. C. de. O filósofo João Duns Escoto no VII centenário do seu desaparecimento e a sua difusão no período incunabular. In: *Itinerarium* 56 (2010), p. 21-44.

Meirinhos, J. F. P. João Duns Escoto: *vita brevis, ars longa*. In: *Itinerarium* 55 (2009), p. 559-587.

Meirinhos, J. F. P. e Lázaro Pulido, M. João Duns Escoto e a Filosofia. Introdução. In: *Itinerarium* 55 (2009), p. 301-310.

Mense, H. Voltar à escolástica (*Encyclica Pascendi Domini*). In: *Vozes de Petrópolis* I (1907-1909), p. 245-248; 329-332; 413-416.

Misquita, S. A Imaculada e o Escoto. In: *Anuário do Seminário Rachol* (Bastará: Goa) (1958), 19p.

Montalverde, J. A crença na Imaculada Conceição da Igreja latina anterior a João Duns Escoto. In: *Colectânea de Estudos* I (1946), p. 137-173.

Müller, J. Fraqueza da vontade no voluntarismo? Investigações sobre João Duns Scotus. In: *Veritas* 50:3 (2005), p. 117-138.

Nascimento, C. A. R. Avicena, Tomas de Aquino e Duns Scot. In: *Cognitio* 6:1 (2005), p. 56-60.

Nunes, R. Duns Scotus, Marx e nominalismo. In: *Leopoldianum* 11 (1984), p. 111-126.

Pancheri, F. O primado universal de Cristo. In: *Cadernos da ESTEF* 2 (1988), p. 7-28.

_____. O primado de Cristo segundo Duns Scoto. In: *Cadernos da ESTEF* 2 (1988), p. 29-49.

Panini, F. A Imaculada no período post-escotista até Pio IX. In: *Cruzeiro do Sul* 32 (1954), p. 20-53.

_____. Em honra do Beato João Duns Scotus: doutor sutil e mariano. In: *Eco Seráfico* (1955), p. 1-397 [número especial].

_____. João Duns Scotus: Serafim de Oxford e Paris, como Francisco o foi de Assis. In: *Vida Franciscana* 64 (2007), p. 98-125.

[PAULO VI, PAPA]. Vindicação dum Nome de uma Obra ou a Carta Apostólica de S. S. Paulo VI sôbre Duns Escoto. In: *Vozes* 60:9 (1966), p. 744-747.

Parcerias, P. M. G. Heterogeneidade e afirmação do ente: Duns Escoto e a estrutura da ontologia. In: *Revista Filosófica de Coimbra* 13:25 (2004), p. 95-128.

_____. João de Ripa e o conceito enquanto acontecimento metafísico. In: *Mediaevalia. Textos e estudos* 23 (2004), 293-303.

_____. Devir e tempo segundo João Duns Escoto. In: *Philosophia* (Mendoza /Argentina, Faculdad de Filosofía de la Universidad de Cuyo) (2005), p. 55-80.

_____. Caos e evento. Entre Duns Escoto e João de Ripa. Notas para a construção de uma Ontologia Primitiva. In: *Revista Filosófica de Coimbra* 16:1 (2007), p. 213-238.

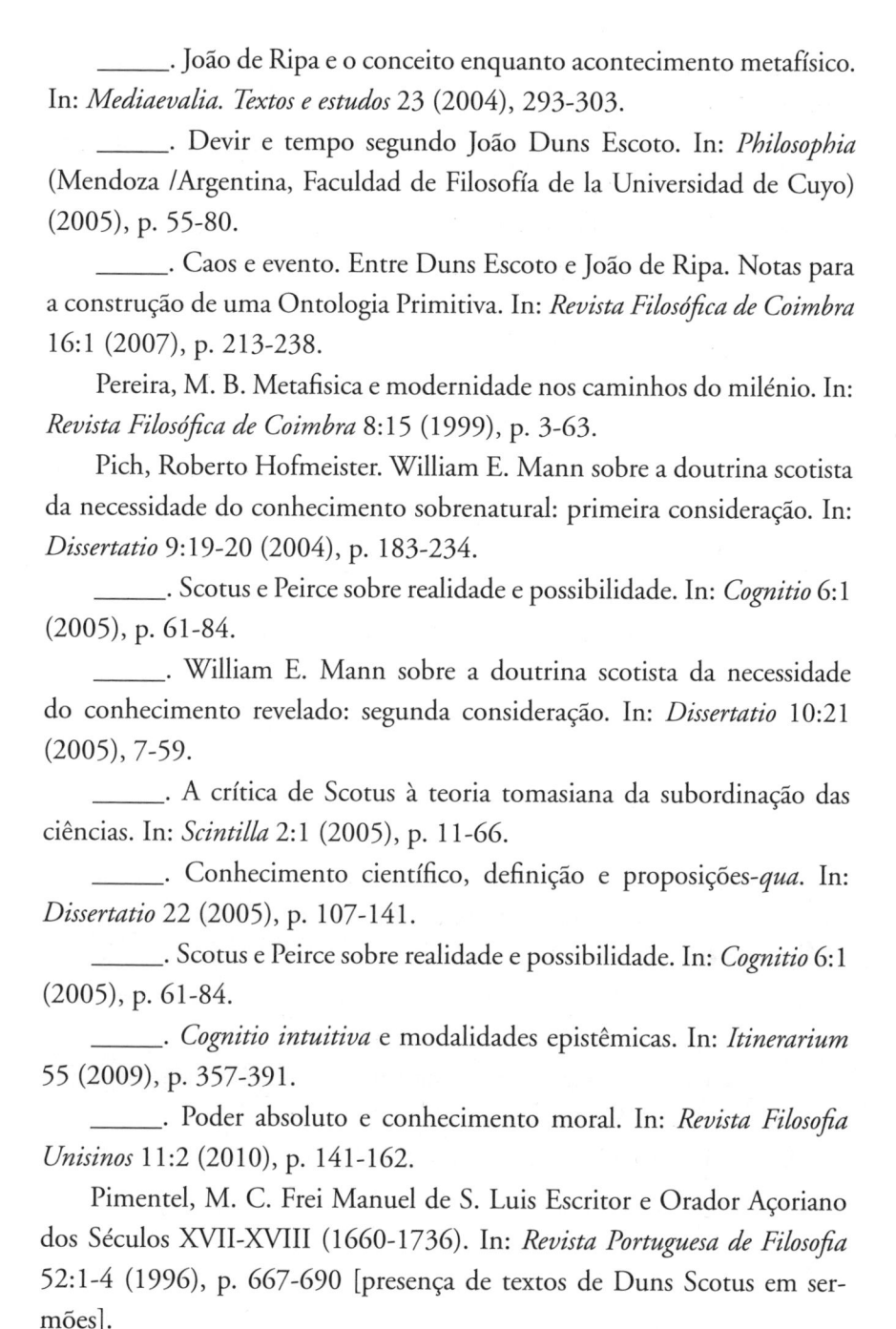

Pereira, M. B. Metafísica e modernidade nos caminhos do milénio. In: *Revista Filosófica de Coimbra* 8:15 (1999), p. 3-63.

Pich, Roberto Hofmeister. William E. Mann sobre a doutrina scotista da necessidade do conhecimento sobrenatural: primeira consideração. In: *Dissertatio* 9:19-20 (2004), p. 183-234.

_____. Scotus e Peirce sobre realidade e possibilidade. In: *Cognitio* 6:1 (2005), p. 61-84.

_____. William E. Mann sobre a doutrina scotista da necessidade do conhecimento revelado: segunda consideração. In: *Dissertatio* 10:21 (2005), 7-59.

_____. A crítica de Scotus à teoria tomasiana da subordinação das ciências. In: *Scintilla* 2:1 (2005), p. 11-66.

_____. Conhecimento científico, definição e proposições-*qua*. In: *Dissertatio* 22 (2005), p. 107-141.

_____. Scotus e Peirce sobre realidade e possibilidade. In: *Cognitio* 6:1 (2005), p. 61-84.

_____. *Cognitio intuitiva* e modalidades epistêmicas. In: *Itinerarium* 55 (2009), p. 357-391.

_____. Poder absoluto e conhecimento moral. In: *Revista Filosofia Unisinos* 11:2 (2010), p. 141-162.

Pimentel, M. C. Frei Manuel de S. Luis Escritor e Orador Açoriano dos Séculos XVII-XVIII (1660-1736). In: *Revista Portuguesa de Filosofia* 52:1-4 (1996), p. 667-690 [presença de textos de Duns Scotus em sermões].

Pinto Rema, H. Existência da teodicéia. In: *Itinerarium* 1 (1955), p. 577-593.

_____. Fr. Lourenço de Portel (1541-1642), religioso franciscano, professor de teologia e escritor de audiência internacional. In: *Itinerarium* 53 (2007), p. 241-258.

_____. Beato João Duns Escoto, mestre cimeiro da Escola Franciscana ensinado em Portugal. In: *Itinerarium* 56 (2010), p. 45-76.

Portal, M. Santo do mês: O bemaventurado João Duns Scot. In: *Vozes* 29 (1935), p. 743-745.

Prentice, R. A prova da infinidade da Natureza Primeira tirada da infinidade dos inteligíveis. In: *Revista Portuguesa de Filosofia* XXIII:3 (1967), p. 261-280.

Ribeiro, I. S. A escola franciscana e a Imaculada Conceição. In: *Colectânea de Estudos* I (1946), p. 1-18.

_____. Génese e espírito da síntese escotista. In: *Colectânea de Estudos* 4:1 (1953), p. 42-51.

_____. Autores franciscanos portugueses do séc. XVII (cientistas e filósofo-teólogos). In: *Itinerarium* 4 (1958), p. 467-477.

_____. Actualidade do conceito de "haeceitas" escotista. In: *Itinerarium* 5 (1959), p. 25-28.

_____. Autores franciscanos portugueses do séc. XV. In: *Itinerarium* 28 (1960), p. 221-226.

Rosa, J. da S. Da metafísica da contingência à *existentia* como liberdade em J. D. Escoto. In: *Itinerarium* 55 (2009), p. 493-508.

Santos, B. S. Guilherme de Ockham versus João Duns Scotus: identidade e diferença entre intelecto agente e intelecto possível. In: *Veritas* 49:3 (2004), p. 545-552.

Santos, D. Duns Escoto em face da crítica. In: *Revista Eclesiástica Brasileira* 4 (1944), p. 281-298.

Santos, D. M. G. A lenda amorosa do Beato Amadeu. In: *Brotéria* 17 (1933) 186-197.

Schalueck, H.; Serrini, L.; Carraro, F. R. e Quillis, J. A. João Duns Scotus: uma alegre notícia. In: *Cadernos da ESTEF* 10 (1993), p. 57-61. [Carta aos Franciscanos, em 06.01.1993, onde se lêem alguns traços da figura de Duns Scotus].

Seifert, J. A vontade como perfeição pura e a nova concepção não-eudemonística do amor segundo Duns Scotus. In: *Veritas* 50:3 (2005), 51-84.

Souza, J. A. C. R. João Duns Escoto, O. Min. (1266-1308): sobre a origem da propriedade e da autoridade secular. In: *Revista Portuguesa de Filosofia* 64:1 (2008), p. 465-481.

Sumares, M. Hopkins e escotismo. In: *Revista Portuguesa de Filosofia* 37 (1981), p. 106-131.

Tavares, S. S. O primado universal de Cristo na teologia de Duns Escoto. In: *Revista Eclesiástica Brasileira* 61:241 (2001), p. 114-150.

_____. A teologia e seu método no Prólogo da "Ordinatio" de Duns Scotus. In: *Scintilla* 2:1 (2005), p. 67-106.

_____. A criação na perspectiva ecológica: a contribuição de Scotus. In: *Revista Eclesiástica Brasileira* 68 (2008), p. 772-806.

Xavier, Maria Leonor. A subtil influência de Anselmo na filosofia do Doutor Subtil. In: *Itinerarium* 55 (2009), p. 509-527.

_____. Guilherme de Ockham e o argumento anselmiano via Escoto. In: *Philosophica* 34 (2009), p. 309-332.

VIII. Teses, dissertações e assemelhados

Barbosa, M. G. *Duns Scotus, a vontade como instrumento decisivo na vida do ser humano*. Franca: Instituto Agostiniano de Filosofia, 2004. [Trabalho de Conclusão de Curso, Graduação em Filosofia].

Barbosa Filho, D. *A vontade salvífica e predestinante de Deus e a questão do cristocentrismo. Um estudo sobre a doutrina de João Duns Scoto e seus ecos na teologia contemporânea*. Roma: Editrice Pontifícia Università Gregoriana, 2007 [Dissertação de Doutorado].

Bortolotti, R. G. *O realismo de Charles S. Peirce (1855-1884)*. São Paulo: PUCSP, 1994, 278p. [Mestrado em Filosofia na PUCSP. O autor defende que a posição realista de Peirce é assumida a partir da posição realista de Duns Scotus].

_____. *Signos da perfeição: a função do hábito no pensamento de Charles S. Peirce e sua fundamentação escolástica*. São Paulo: PUCSP, 2002, 150p. [Tese de Doutorado em Comunicação e Semiótica. O autor defende a dependência da noção de hábito de Peirce à noção professada por Duns Scotus].

Carvalho, M. S. *A novidade do mundo: Henrique de Gand e a metafísica da temporalidade no século XIII*. Lisboa: Fundação Calouste Gulbenkian / Fundação para a Ciência e a Tecnologia, 2001. [Textos Universitários de Ciências Sociais e Humanas, p. 485-541 e *passim*. Tese de Doutorado].

Cezar, C. R. *O conhecimento abstrativo em Duns Escoto*. Campinas, 1996, 159p. [Dissertação de Mestrado / UNICAMP].

Cruz, E. V. *O estatuto ontológico da matéria na filosofia de Duns Scot* (intr., trad. e notas do *Opus Oxon*. II, distinção 12). 163p. [Dissertação de Mestrado em Filosofia Medieval, PUCSP].

Dias, D. L. *Beato Amadeu da Silva, Apocalipsis Nova – Nova Apocalipse*, edição crítica, fixação do texto, tradução, introdução e notas, Dissertação de doutoramento, Lisboa: Universidade Aberta, 2004, 483+483*p.

Frelich, A. *O posto privilegiado de Maria na predestinação de Cristo e da humanidade no pensamento teológico do Beato João Duns Scotus*. Roma, 1995, 116p. [Dissertação de Mestrado em Teologia Dogmática no Pontificio Athenaeum Antonianum].

Gonçalves, J. C. *Distinção de essência e existência no pensamento de João Duns Escoto*. Lisboa, 1962, 280p. [Tese de Licenciatura (texto policopiado) – Faculdade de Letras de Lisboa].

Guerizoli, R. *A elaboração da metafísica no* Tractatus de Primo Principio *de Duns Escoto*. Rio de Janeiro, 1998, 143p. [Dissertação de mestrado / UFRJ].

Gurruchaga, J. A. *Teologia como ciência prática em Escoto* (Pars Dissertationis). Roma: Antonianum, 1985.

Kloppenburg, B. *De relatione inter peccatum et mortem*. Roma: Libreria "Orbis catholicus", rappresentanza della casa editrice Herder, 1951 [Tese de Doutorado em Teologia].

Parcerias, P. G. *Duns Escoto, o pensável e a metafísica virtual*. Porto, 2000, 160p. [Dissertação de Mestrado em Filosofia Medieval, Universidade do Porto, 2000].

_____. *Ente e devir: coordenadas e estrutura da metafísica* in via Scoti. Porto, 2005, 549p. [Tese de Doutorado em Filosofia Medieval, Universidade do Porto, 2005].

Pich, Roberto Hofmeister. *As provas da existência de Deus, segundo Ioannes Duns Scotus,* Opus Oxoniense I, Pars 1, q. 1-2, n. 1-9 e 39-156. São Leopoldo: Escola Superior de Teologia, 1996, 76p. [Trabalho de Conclusão de Curso – Graduação em Teologia].

Porto Filho, C. M. *Intuição, dúvida e cognição nos textos anticartesianos de Peirce.* São Paulo: PUCSP, 1997. 226p. [Tese de Doutorado em Comunicação e Semiótica. O autor defende que as bases da teoria sígnica do conhecimento em Peirce reside na defesa de um realismo dos universais defendido por Duns Scotus].

Santos, R. C. *Duns Scot – Da imagem, precedido de: Noética e Metafísica – Introdução à teoria da intelecção indireta.* São Paulo: USP, 1991 [Dissertação de Mestrado].

Silva, J. C. *O primado da vontade na ética de Guilherme de Ockham.* Porto Alegre: PUCRS, 2002, 116p. [Dissertação de Mestrado em Filosofia. O autor defende que a noção ética de G. Ockham é, em parte, devedora do contributo realista de Duns Scotus].

Citações de obras atribuídas a John Duns Scotus

Conforme forem aparecendo os novos volumes da edição crítica – e um deles, publicado enquanto este volume estava em produção – algumas citações no texto e neste índice passarão a não mais se conformar com as formas canônicas de citação. Se uma referência neste volume levar ao que parece ser a passagem errada em uma edição crítica, o leitor deve procurar pela passagem na edição Wadding e, então, localizar a passagem correspondente na edição crítica. Tanto a edição do Vaticano quanto a do Instituto Franciscano de St. Bonaventure, no Estado de Nova York, E.U.A., reproduzem a numeração marginal da edição Wadding entre colchetes no lado interno da margem. A edição do Vaticano da *Ordinatio* também oferece tabelas que mostram a correspondência entre questões na edição Wadding e as da edição do Vaticano.

Add.

2, d. 25, q. 1: 236
2, d. 42, q. 1: 331
2, d. 42, q. 4: 236, 327

Coll.

1: 376
3: 58, 236
13: 58
17: 331
36: 68, 308

De Primo Princ.

1: 38-40, 64, 137, 158, 228
2: 40, 42, 64
3: 43-5, 64, 65, 136, 137, 138, 139, 140, 159, 227
4: 65, 136, 141, 157, 224, 227, 228, 229, 232, 234, 309

In De an.

q. 5: 304, 305
q. 6: 278, 279, 304, 305, 307
q. 9: 279, 304
q. 10: 279, 304
q. 11: 304, 305, 310
q. 12: 306
q. 13: 66, 304
q. 14: 304
q. 17: 304, 305, 306
q. 18: 305, 308
q. 19: 307, 308, 310
q. 21: 58, 307, 308
q. 22: 308

In Metaph.

prol.: 27, 57, 228
1, q. 1: 45, 57, 58, 63
1, q. 3: 279
1, q. 4: 304, 310, 311
1, q. 6: 124
2, qq. 2-3: 58, 304, 307, 308, 309
2, qq. 4-6: 64, 65

4, q. 2: 60, 281, 284
5, q. 1: 64
5, qq. 5-6: 32, 33, 62
5, q. 7: 35
5, q. 8: 63, 64
5, q. 9: 62
5, q. 10: 97, 98
5, q. 11: 34, 36, 37, 62, 63
5, qq. 12-14: 35, 37, 63
6, q. 1: 15, 16, 57, 58
6, q. 3: 311
6, q. 4: 57, 58
7, q. 1: 29
7, q. 2: 28
7, q. 3: 59
7, q. 4: 29, 62
7, q. 5: 66, 67
7, q. 6: 51, 54
7, q. 7: 62
7, q. 13: 59, 60, 62, 107, 119, 122, 123, 124, 126, 127, 234, 308
7, q. 14: 305
7, q. 15: 304, 308, 309, 310
7, q. 16: 62
7, q. 17: 59
7, q. 18: 107, 111, 124, 304, 306
7, q. 19: 60, 68
7, q. 20: 53
8, qq. 2-3: 51, 64
8, q. 4: 54, 67
8, q. 18: 304
9, qq. 1-2: 67, 151, 153, 160
9, qq. 3-4: 48, 64
9, q. 5: 49, 279, 281
9, q. 14: 47, 48, 65, 134, 330
9, q. 15: 66, 159, 280, 374

In Periherm. I

1, q. 2: 188, 304
1, q. 5: 188, 190
1, qq. 7-8: 190

In Periherm. II

q. 1: 188, 304, 305, 306
q. 2: 190
q. 8: 130

In Porph.

q. 1: 192
q. 3: 191
q. 4: 123, 191

In Praed.

q. 3: 191
q. 4: 58
q. 8: 190
q. 11: 28, 62
q. 15: 62
qq. 16-17: 62
q. 27: 63
qq. 30-6: 31
q. 43: 63
q. 5: 123
q. 7: 123

q. 9: 123
q. 11: 191

In Soph. El.

qq. 15-16: 58

Lect.

prol., pars 4, qq. 1-2: 57, 375, 376
1, d. 2, pars 1, qq. 1-2: 65
1, d. 2, pars 2, qq. 1-4: 60
1, d. 3, pars 1, qq. 1-2: 58, 59, 307, 308
1, d. 3, pars 1, q. 3: 305, 311
1, d. 3, pars 3, q. 1: 304, 305, 307
1, d. 3, pars 3, q. 2: 306, 307
1, d. 3, pars 3, q. 3: 307
1, d. 4, q. un.: 188
1, d. 8, pars 1, q. 3: 60, 61, 68
1, d. 8, pars 1, q. 4: 60
1, d. 17, pars 2, q. 1: 62
1, d. 17, pars 2, q. 3: 62
1, d. 17, pars 2, q. 4: 62, 283
1, d. 22, q. un.: 191
1, d. 23, q. un.: 191
1, d. 27, qq. 1-3: 188
1, d. 31, q. un.: 63
1, d. 39, qq. 1-5: 84, 86, 97, 130, 158, 159, 160, 235, 236, 280, 351
1, d. 40, q. un.: 136, 157, 158
1, d. 42, q. un.: 234
1, d. 43, q. 1: 235
1, d. 44, q. 1: 235

1, d. 45, q. 1: 234
2, d. 1, q. 5: 63
2, d. 2, pars 1, q. 2: 98
2, d. 2, pars 1, q. 3: 99
2, d. 2, pars 2, qq. 1-2: 93, 94, 95
2, d. 2, pars 2, qq. 5-6: 31, 96, 97, 98
2, d. 3, pars 1, q. 1: 107, 123
2, d. 3, pars 1, qq. 5-6: 59, 60
2, d. 3, pars 2, q. 1: 305, 306, 309
2, d. 3, pars 2, q. 2: 296, 306, 308, 309
2, d. 3, pars 2, q. 3: 305
2, d. 12, q. un.: 49, 50, 66, 67, 282
2, d. 15, q. un.: 53
2, d. 25, q. un.: 330, 331
2, d. 41, q. un.: 375

Ord./Op. Ox.

prol., pars 1, q. un.: 238, 261, 262, 308, 350
prol., pars 2, q. un.: 13
prol., pars 3, qq. 1-3: 58
prol., pars 4, qq. 1-2: 57
prol., pars 5, qq. 1-2: 57, 328, 330
1, d. 1, pars 1, q. 2: 308
1, d. 1, pars 2, q. 2: 330
1, d. 2, pars 1, qq. 1-2: 209, 229, 230, 231, 232, 237, 311
1, d. 2, pars 2, qq. 1-4: 60, 61, 65, 233, 280, 283
1, d. 3, pars 1, qq. 1-2: 57, 58, 237, 238, 240, 261, 307, 309
1, d. 3, pars 1, q. 3: 58, 59, 305, 307, 308, 309-10
1, d. 3, pars 1, q. 4: 305, 306, 311
1, d. 3, pars 3, q. 1: 280, 304, 305, 306, 310
1, d. 3, pars 3, q. 2: 47, 64, 66, 191, 304, 305, 306, 307, 310
1, d. 3, pars 3, q. 3: 307

1, d. 3, pars 3, q. 4: 280, 304, 306
1, d. 4, pars 1, q. un.: 13, 188, 192
1, d. 5, pars 1, q. un.: 188
1, d. 7, q. 1: 145, 149, 151, 152, 153, 159
1, d. 8, pars 1, q. 1: 27, 229, 233
1, d. 8, pars 1, q. 3: 25, 26, 56, 60, 61, 68, 228
1, d. 8, pars 1, q. 4: 51, 60, 233, 281
1, d. 10, q. un.: 236
1, d. 11, q. 2:159, 160
1, d. 17, pars 1, qq. 1-2: 236, 331, 351, 375, 376
1, d. 17, pars 2, q. 1: 62
1, d. 17, pars 2, q. 2: 62
1, d. 22, q. un.: 191, 192
1, d. 23, q. un.: 191
1, d. 25, q. un.: 60
1, d. 27, qq. 1-3: 188, 280
1, d. 31, q. un.: 63
1, d. 36, q. un.: 306
1, d. 37, q. un.: 95
1, d. 38, pars 2: 26
1, d. 39, qq. 1-5: 26, 97, 235
1, d. 43, q. un.: 148, 159, 234, 235
1, d. 44, q. 1: 235, 317, 329, 330
1, d. 45, q. 1: 234
1, d. 47, q. un.: 331
2, d. 1, qq. 4-5: 59, 63, 66
2, d. 1, q. 6: 67, 280
2, d. 2, pars 1, q. 1: 97, 98
2, d. 2, pars 1, q. 2: 59, 99
2, d. 2, pars 1, q. 3: 98
2, d. 2, pars 1, q. 4: 97
2, d. 2, pars 2, qq. 1-2: 93, 94, 95
2, d. 2, pars 2, q. 5: 30, 96, 97, 98
2, d. 2, pars 2, q. 6: 65

2, d. 2, pars 2, q. 7: 99
2, d. 3, pars 1, q. 1: 62, 107, 123, 124
2, d. 3, pars 1, q. 4: 282
2, d. 3, pars 1, qq. 5-6: 60, 68, 119, 127, 234
2, d. 3, pars 2, q. 1: 66, 304, 306, 307, 309, 310
2, d. 3, pars 2, q. 2: 308, 309
2, d. 6, q. 2: 280, 351, 374, 376
2, d. 7, q. un.: 331, 350
2, d. 8, q. un.: 282
2, d. 9, qq. 1-2: 309
2, d. 12, qq. 1-2: 66, 67
2, d. 13, q. un.: 305
2, d. 16, q. un.: 60, 67, 280, 281
2, d. 18, q. un.: 66
2, d. 25, q. un.: 66, 351
2, dd. 34-37, qq. 1-5: 342
2, d. 39, q. 2: 351
2, d. 40, q. un.: 351, 375
3, d. 1, q. 1: 62, 279, 284
3, d. 2, q. 2: 55, 67, 282
3, d. 2, q. 3: 52
3, d. 4, q. un.: 66
3, d. 6, q. 10: 62
3, d. 13, q. 1: 62
3, d. 14, q. 3: 308, 309
3, d. 22, q. un.: 62
3, d. 26, q. un.: 351
3, d. 27, q. un.: 316, 375, 376
3, d. 33, q. un.: 351, 374, 375, 376
3, d. 34, q. un.: 351, 374
3, d. 36, q. un.: 331, 374, 375, 376
3, d. 37, q. un.: 313, 314, 328
3, d. 38, q. un.: 375
3, d. 39, q. un.: 375

4, d. 6, q. 10: 62
4, d. 10, q. 1: 94
4, d. 10, q. 2: 67, 93
4, d. 11, q. 3: 51, 52, 54, 67, 282
4, d. 12, q. 4: 65
4, d. 13, q. 1: 67, 278
4, d. 17, q. un.: 329, 375
4, d. 25, q. 2: 13
4, d. 33, q. 1: 321, 322, 330
4, d. 33, q. 3: 329
4, d. 43, q. 2: 228, 278, 279, 283, 309
4, d. 44, q. 1: 283
4, d. 44, q. 2: 282
4, d. 45, q. 1: 305
4, d. 45, q. 2: 285, 309
4, d. 45, q. 3: 309
4, d. 46, q. 1: 375
4, d. 46, q. 3: 23, 281
4, d. 48, q. 2: 93, 98, 99
4, d. 49, q. 6: 351
4, d. 49, q. 8: 309
4, d. 49, qq. 9–10: 280, 331, 374, 375
4, d. 49, q. 11: 376
4, d. 49, q. 12: 309
4, d. 49, q. 14: 283

Quodl.

q. 1: 26, 56
q. 3: 17, 28, 33, 59, 281
q. 5: 26, 27, 59, 61, 66
q. 6: 27, 63, 308, 309, 310
q. 7: 230, 232, 234, 235

q. 9: 54, 278, 279, 282, 283, 284
q. 11: 93, 94, 95, 99
q. 12: 96
q. 13: 38, 47, 287, 304, 305, 306, 308
q. 14: 58, 306, 307, 308, 309, 310
q. 15: 64, 280, 304, 306, 307
q. 16: 141, 143, 159, 236
q. 17: 375, 376
q. 18: 331, 341, 350, 374, 375

Rep.

1A, prol., q. 1, a. 4: 158
1A, prol., q. 3, a. 1: 57
1A, d. 2, qq. 1-4: 65
1A, d. 35, q. 1: 232, 233
2, d. 1, q. 3: 227, 234
2, d. 1, q. 6: 281
2, d. 3, q. 2: 67
2, d. 3, q. 8: 67
2, d. 6, q. 2: 351
2, d. 12, q. 2: 67
2, d. 16, q. un.: 304
2, d. 34, q. un.: 339, 350
4, d. 17, q. un.: 329
4, d. 33, qq. 1-3: 330
4, d. 44, q. 1: 65

Theor.

9, prop. 5: 197
16, prop. 3: 197

Índice remissivo

Autores medievais são indexados de acordo com seus prenomes.

Ação, categoria da, 63
Acidentes: diferentes da substância,56-8; individuação dos, 65-6, 156
Adam Wodeham, 26-7,32, 135
Affectio commodi, 435-40, 447
Affectio iustitiae, 435-40, 447
Agostinho, *passim*... 291, 303-16, 360, 389, 418
Alberto, o Grande, 241
Algazali, 116
Alma, 86-92, 116; imaterialidade da, 334-40; potências, 340-46; relação com o corpo, 347-57
Anselmo, 246, 247, 248, 254, 291, 313-15, 318-19
Antonius Andreas, 26, 28
Apetite: intelectivo435-7; sensitivo, 430-33
Aristóteles, *passim*... *passim*... *passim*...44, 56, 60-1, 66, 96-118 passim, 135, 143, 173-76, 198, 210, 236, 295, 302, 325, 327, 347, 359-91 passim, 422, 442-72 passim
Atributo apropriado,
Automudança, 80-4
Averrois, 131, 136, 175, 361, 454
Averroísmo, 252
Avicena, 136-42, 145-50, 217, 223, 225-26, 253, 287, 298-99, 361

Bento XI, Papa, 23
Bertoldo de St. Denys, 23
Boaventura, 167
Boécio, 418
Boécio de Dácia, 221, 240

Bondade: e ser 417-21, 426-30; moral 323-15, 417-30; primária (essencial) 426-48; secundária (acidental) 428-30.
Bonifácio VIII, Papa, 22-3
Brampton, C. K., 21
Broad, C. D., 118

Callebaut, André, 24
Caridade, 442-43, 443-68, 466, 471
Categorias, 39, 42, 52-66, 158, 251-52; gêneros supremos, 55
Causas, 59-75; acidentais, definidas 69; essencialmente ordenadas 69-75, 181-84, 256-71, 371; *per se* 183; definidas 40; *sine qua non* 69n85; unívocas *vs.* equívocas, 80
Cavaleiros Templários, 24
Caverna, analogia da, 330
Cognição intuitiva, 372, 378-85
Condenação de 1277, 95, 103, 152
Conhecimento (*ver também* intelecto) 259-391; deriva da percepção sensível 39, 303, 373-77; de Deus 301-31; da lei moral 402-8; *vs* compreensão, 320, 323-26
Contingência do presente,171-80
Contingentes futuros, o conhecimento de Deus dos, 120-21, 171-72
Continua, 57-8, 110-16, 124-27
Cross, Richard, 28

Day, Sebastian, 383
Decálogo, 326, 394-99
Dedekind, Richard 113
Dependência não causal 70-4
Descartes, René, 246
Deus (*ver também* liberdade, teologia natural): age contingentemente 178-80,184, 288-92,296; não tem relações reais com as criaturas 68; ideias 279-81; imensidade 121; infinitude 292-94; necessidade de 272; não é o tema da metafísica 37-9; nada em comum com as criaturas 45, 94-5; onipotência 97, 246,

282-87; onisciência 277-82; prova da existência de Deus 70-09, 181-84, 199-202, 247-71, 301-02; simplicidade 49-50, 94-05, 273-76, 304-05, 309-11; unicidade 272.
Diferença individual *(haeceitas)*,162-67, 278, 296, 348, 377
Diferenças últimas, 41-3
Diferente *vs* diverso, 43-4, 94-5, 163-6
dispensa, 314, 319, 322. 323
distinção: formal 46-50, 94, 165, 245, 274-76, 343; modal 50-2, 62, 94-5; de razão 42; real 45-6
divisibilismo 58-9, 112
Dumont, Stephen D., 29, 31, 40, 162

Egídio Romano: sobre a imobilidade de lugar 107; sobre a individuação 156
Elementos, 91
Eminência, ordem de,69, 267-8
Encarnação, 192
Ente/Ser (*ver também* univocidade): e bondade 417-21; infinito *vs.* finito 54-5, 248, 292-3, 316-20; não é um gênio 55; objeto do intelecto 374-5; atributos próprios (*passiones*) 42; enquanto ser, tema da metafísica, 35-43
Espaço, 98
Espinosa, Bento de, 298
Espécies inteligíveis, 209-20, 225, 363-72
Essência (*ver também* universal) 138-51; *vs* existência 92-4, 47
Ética, 35
Etienne (Estevão) Tempier, 97,112

Falácias, 235-9
Fantasmas
felicidade *(beatitudo,)* 325-6, 330, 411-14 422-26, 462-64
Filipe IV, Rei de França ("o justo") 22-3
Filipe de Bridlington, 18, 20

Filosofia da linguagem, 207-43
Física, 34, 36n2
Firmitas, 189-91
Forma (*ver também* alma, formas substanciais) 86-90, 347-8; do corpo (*forma corporeitatis*) 87-9, 348,356; Platônicas, 139-41, 150, 418

Gilles de Ligny, 23
Gonçalo de Espanha, 19, 22, 23, 25
Godofredo de Fontaines, 136, 155-6,368
Guillaume Pierre Godin,
Guilherme de La Mare, 125
Guilherme de Sherwood, 172-3

haeceitas, ver diferença individual
Henrique de Gand 156, 166, 231; sobre cognição 359, 385-91; sobre individuação 136, 153, 156; sobre teologia natural 307, 310; sobre as potências da alma 341-6; sobre o objeto do intelecto 393; sobre a possibilidade de um vazio 103-4
Henry Harclay, 30n33
Hilemorfismo universal, 88n117
Hugo de Hertilpole, 21

Iluminação, divina, 385-91
Imagem sincrônica da modalidade, *ver* contingência do presente.
Imortalidade, 248, 294-6, 355-7, 422, 457
Incipiência: definição de 23; de Scotus, 18.
Indiscernibilidade dos idênticos, 46
Individuação 136-8, 152-67; dos acidentes, 64-7, 156
Indivisibilismo 112-6
Indivisíveis 59, 112-8, 122-8
Instantes (*signa*) da natureza, 175-9, 178n12, 281-2
Intelecto 340n23; age naturalmente 409; possível *vs* agente 360-3; sentido 360, 375-7, 431;

Intensificação e remissão de formas, 50-2, 60-2
Intencionalidade, 364-8
Intuição, *ver* cognição intuitiva.
Islã, 22

Jean Buridan, 148-8, 241
Johannes (Meister) Eckhart, 22
João de Damasco (Damaceno), 345
Jean de Pouilly, 24

Kant, Immanuel, 452
King, Peter, 165

Lei natural, 393-415
Leibniz, G. W., 203-5, 246, 279
Lewis, David, 298
Liberdade (*ver também* vontade) 170, 246-7, 289-92; compatível com necessidade 185-91; divina 287-72; humana 178, 183, 338-9, 409-15, 433-40, 455-49
Little, A. G., 2 0
Locke, John, 216
Lógica 35, 143-4, 207, 243; definição de 225-7
Lógica de Port-Royal, 216
Longpré, E., 25
Lugar 63, 98, 110, definido 98,
Lutero, Martinho, 461

MacDonald, Scott, 332, 333
Major (Mair), John, 19
Malcolm, Norman, 297
Marmo, Costantino, 143
Matemática, 35, 36n2
Matéria 84-6, 347; como princípio de individuação 155-61

McTaggart, J. T. E., 118
Metafísica, 36-95, 248-50; ciência do ser enquanto ser, 36-9
Modalidade, 170-206, 253-7, 298, 437
Modo de significar, 222-5, 277
Moisés Maimônides, 175, 304-6
Movimento (movimento local), 128-33
Mudança (*ver também* automudança), 80, 84, 347
Mundos possíveis, 169, 203-4, 256

Navalha de Ockham, *ver* regra de Scotus
Natureza comum 147-51, 216-20, 256-8, 281, 348
Necessidade *ver* modalidade.
Noone, Timothy B., 28

Objeto *per se*, 36-7
Objeto primário, 36-7
Ocasionalismo, 286
Onde (*ubi*), 98, 99n6
Operações, definidas, 81
Ordem essencial, 72-3, 181, 248
ordinatio, definida, 28

Parte concupiscível, 431-2
Parte irascível, 431-2
Participação, 417-21
Paixão, categoria da, 63
Paixões, 430-4, 465-6
Pelágio, 463
Perfeições puras (não qualificadas), 52-4, 246, 274, 313-4; definidas, 313
Pierre de Auvergne, 155, 221
Poder absoluto *vs.* poder ordenado (ordenador), 98-100, 286, 321-2, 399-400
Primeiras intenções, 143, 225
Plantinga, Alvin, 256, 297

Porfírio árvore de, 163-4
Posição, 98
Possibilidade, (*ver* modalidade)
Potência modal, objetiva *vs* subjetiva, 85-6
Predicáveis, 144, 228
Predicação: *in quid* e *in quale,* 41-2; universal, 143, 150-51
Presentismo, 119-27
Princípio, 80-4
Princípio de razão suficiente, 267
Propositio famosa, 175-6, 191-2
Prudência, 466-7

Qualidade, categoria da, 59-62
Quantidade: como princípio de individuação 155-61; categoria da 53, 57-8; discreta *vs* contínua 57, 110; transcendental 53

Raciocínio contrapossível, 199-202
Radulphus Brito, 221, 240
Regra de Scotus, 444
Regresso infinito, impossível nas coisas essencialmente ordenadas, 76-9, 258-64
Relação: categoria da, 62-8; fundação da, definida, 63, 79n7; individuação da, 64-5; intrinsecamente adveniente *vs* extrinsecamente adveniente, 62-3; igualdade numérica *vs* específica, 105-10; sujeito da, definido, 64; termo da, definido, 64; de terceiro-modo, 66-8
reportatio, definida, 20
Representacionalismo semântico, 215-6
repugnantia,
Richard Middleton, 347
Ricardo Rufus de Cornuália, sobre a imobilidade do lugar, 107
Robert Holkot, 179
Robert Kilwardby, 348
Roberto Grosseteste, 174; sobre a imobilidade do lugar, 107; sobre

o tempo e o movimento, 131
Roger Bacon: sobre o indivisibilismo, 116; sobre a significação, 215, 220, 240; sobre os universais, 137, 151
Rogério Marston, 156
Russell, Bertrand, 118

Segundas intenções, 143-4, 225-30
Sentidos, 361, 373
Sigério de Brabante, 218, 220, 224, 241
Sigério de Courtrai, 224
Simão de Faversham, 220-1, 240
Significação: direta *vs* indireta, 211-6; de termos abstratos, 221-5; de termos singulares,
Sophismata, 218-9
Substância, 156-7; categoria da, 55-8; composta, 91-4, 349-53; é mais ser do que o acidente, 37; não é assunto da metafísica, 37; formas substanciais, 86-92, 347-57; pluralidade delas, 87-91, 347-54
Sucessivos *vs* permanentes, itens, 111-2, 115
suposição, teoria da, 239

Tachau, Katherine, 378
Tempo 118-33, 172-3; e movimento, 128-9
Teologia natural, 246-99, 301
Teologia negativa *(via negativa)*, 304-7
Teorema da transitividade, 75
Tomás de Aquino 298; sobre analogia 251; sobre o ser e a bondade 420-21; sobre a cognição 259, 363; sobre o conhecimento divino 278-9; sobre a felicidade 423-39; sobre a imaterialidade da alma 334-40, 355-56; sobre a imobilidade do plano 107; sobre a imortalidade 294-96, 255-57; sobre a impossibilidade 284; sobre a individuação 136, 155, 279-81; sobre a bondade moral 413-14; sobre a lei natural 394-96; sobre a

teologia natural 303-44; sobre a necessidade no querer 291; sobre as potências da alma 341-44, 347; sobre a significação 218, 240; sobre a unicidade da forma substancial 348-54; sobre os universais 138; sobre a virtude 443, 453-54; sobre a vontade 411-14

Tomás de Erfurt, 207

Tractatus de creditiis, 33

Transcendentais 52-5, 250-3; disjuntivos, 52, 69, 52n50, 245, 248

Trindade, 48, 176, 235-9, 274n67

Tweedale, Martin, 138

Unidade, numérica, definida, 140n7; menor que numérica, 145-50, 165

Universais, 235-51; tratamento lógico *vs* tratamento metafísico dos, 143-4

Univocidade, 246, 276-7, 310-3; definida 58n15, 250; do ser, 39-43, 245, 250-2, 374

van Inwagen, Peter, 438, 439

vazio, 100-4

virtude, 393, 419, 441-72

Visão beatífica, 326, 330, 372-5

vontade (*ver também* liberdade), 189-90, 206, 289, 292, 408-15, 344-40

Walter Burley, 135

William de Alnwick, 31-2

William de La Mare, (ver Guilherme de La Mare)

William de Ockham, 135, 137, 179; sobre os indivisíveis, 117; sobre a cognição intuitiva, 381, 384; sobre teologia natural, 258, 262; sobre a significação, 218; sobre a virtude, 461

William de Sherwood, (ver Guilherme de Sherwood)

William Ware, 137, 145, 166

Wolter, Allan B., 21, 27, 28, 383

Esta obra foi composta em CTcP
Capa: Supremo 250g – Miolo: Pólen Soft 80g
Impressão e acabamento
Gráfica e Editora Santuário